제도로서의 한국 근대문학과 탈식민성

Literary field of modern Korean and the postcolonial

민족문학사연구소 기초학문연구단

구자황 성균관대 연구교수
권성우 숙명여대 인문학부 교수
김명인 인하대 국어교육과 교수
김양선 한림대 기초교육대학 교수
김옥란 한양대 강의전담교수
서은주 연세대 BK연구교수
심진경 서강대 강사
이봉범 동국대 문화학술원 연구교수
이승희 성균관대 대동문화연구원 연구교수
이혜령 고려대 민족문화연구원 연구교수
임병권 인하대 강사
정호순 경기대 강사
차혜영 한양대 한국언어문학과 교수
하정일 원광대 한국어문학부 교수
한수영 동아대 국어국문학과 교수
허윤희 성균관대 강사

제도로서의 한국 근대문학과 탈식민성

2008년 8월 25일 1판 1쇄 인쇄
2008년 8월 31일 1판 1쇄 발행

지은이 _ 민족문학사연구소 기초학문연구단
펴낸이 _ 박성모
펴낸곳 _ 소명출판
등록 _ 제13-522호
주소 _ 137-878 서울시 서초구 서초동 1621-18 (란빌딩 1층)
대표전화 _ (02) 585-7840
팩시밀리 _ (02) 585-7848

somyong@korea.com | www.somyong.co.kr

값 30,000원
ISBN 978-89-5626-316-8 93810

＊이 책은 2003년도 한국학술진흥재단의 지원에 의해 제작됨(KRF－2003－073－AL1002)

제도로서의 한국 근대문학과 탈식민성

Literary field of modern Korean and the postcolonial

민족문학사연구소 기초학문연구단

소명출판

책머리에

민족문학사연구소에 소속된 13명의 한국 근대문학 연구자들이 '제도로서의 한국 근대문학과 탈식민성'이라는 주제로 연구를 시작한 것은 햇수로 5년 전부터이다. 이 연구주제는 '한국학술진흥재단이 인문·자연 분야의 기초학문 육성과 박사급 연구자들의 안정된 연구기반 조성을 위해 의욕적으로 시작한 기초학문 지원사업'의 인문분야 대형과제 부문에 '제도로서의 한국 근대문학과 탈식민성'이라는 주제로 선정되어 공동연구작업을 시작한 것이 2003년 가을부터였다. 그 후 3년 동안 대학 연구소와 같은 공식기관의 행정적·제도적 뒷받침도 없이 오직 소속회원의 자발성과 헌신에 의존할 수밖에 없는 민간연구소의 열악한 조건 속에서도 우리 연구팀은 한국 근대문학 제도의 내재적 메커니즘과 그 식민/탈식민적 길항의 양상을 탐사하는 선구적 연구집단으로서의 자부심과 동지적 연대 아래 성실하게 주어진 과제를 수행했다고 자부하고 싶다.

우리가 사업제안서에서 밝힌 바 있었던 "한국 근대문학의 형성과 정착을 총체적으로 탐사함으로써 근대문학이 근대적 제도의 창안물임을 밝히고, 나아가 그 창안되고 발명된 한국 근대문학의 실체가 식민성의 승인과 탈식민적 저항이라는 양자의 계기를 함께 내포하고 있음"을 밝히고, "그럼으로써 이식론과 내재적 발전론으로 갈라진 채 진행되어 온 한국 근대문학 연구의 오랜 관행을 발전적으로 극복하여 한국 근대문학 전반에 대한 새로운 상을 정립"하겠다는 애초의 목표가 어느 정도 달성되었는지를 평가하는 것은 우리의 몫이 아닐 것이다. 그리고 그것은 또한 우리만의 과제라기보다는 현재 한국 근대문학 연구 전반이 함께 감당해야 할 과제라고 할 것이다.

다만 우리는 우리의 역량이 허용하는 한에서 각자 자신의 학문적 명예와 의지를 극대화하면서 주어진 3년의 연구기간에 그에 합당한 분투를 수행했다는 점만은 말할 수 있다. 그 결과 우리는 20여 권의 주제별 자료집과 『한국 근대문학의 형성과 문학 장의 재발견』(2004), 『탈식민의 역학』(2006) 등 두 권의 묵직한 연구서를 간행해 냈고 이제 그 마지막 연구성과를 『제도로서의 문학과 탈식민성』이라는 제목의 한 권의 책으로 묶어내고자 한다. 이 책에 묶이는 열일곱 편의 연구성과들은 친일 · 이념 · 제도라는 3개의 큰 주제와 하나의 부록으로 나뉘게 되는데, '이념'과 '제도'라는 주제는 한국 근대 문학장의 두 축을 형성하고 있다는 점에서, '친일'이라는 주제는 식민/탈식민의 문제가 가장 첨예하게 충돌하는 지점이라는 점에서 우리의 3년간의 연구성과를 총화하는 큰 주제로서 일정한 적실성을 갖는다고 하겠다.

1부 '친일'편에는 김명인의 「친일문학 재론—두 개의 강박을 넘어서」, 권성우의 「임화, 혹은 세 가지 저항의 방식」, 허윤회의 「1940년대 전반기의 시론에 대하여—김종한의 시론을 중심으로」, 김옥란의 「국민연극의 욕망과 정치학—연극경연대회 작품을 중심으로」, 심진경의 「여성과 전쟁—『여성』을 중심으로」 등 다섯 편의 논문이 실린다.

2부 '이념'편에는 한수영의 「이광수 소설에서의 자유주의와 개인주체 ―자유주의의 내면화 과정 연구를 위한 하나의 시론」, 임병권의 「1930년대 후반기 전통 담론의 탈식민성 연구―서인식 역사철학의 반성적 사유주체」, 김양선의 「탈근대, 탈민족 담론과 페미니즘(문학) 연구―경합과 교섭에 대한 비판적 읽기」, 하정일의 「일제말기 임화의 생산문학론과 근대극복론」, 서은주의 「일본문학의 언표화와 식민지문학의 내면」 등 다섯 편의 논문이 실린다.

3부 '제도'편에는 차혜영의 「학교에서 일상으로(1)―1920년대 중반 『개벽』의 '조선의 자랑'을 통해 본 식민지근대의 내적 전환」, 이승희의 「극예술연구회의 성립―해외문학파의 욕망과 문화정치」, 정호순의 「1930년대 연극대중화론과 관객」, 구자황의 「근대 독본의 성격과 위상(2)―이윤재의 『문예독본』을 중심으로」, 이혜령의 「신문·브나로드·소설―리터러시의 위계질서와 그 표상」, 이봉범의 「잡지 『문장』의 성격과 위상」 등 여섯 편의 논문이 실린다.

그리고 부록으로는 이제까지 널리 알려진 신채호 번역본과는 다른 양계초 원작의 『의태리건국삼걸전』 국문본을 소개하고, 그 원문과 해제를 실었다.

이렇게 되면 우리는 2004년에 나온 『한국 근대문학의 형성과 문학장의 재발견』에서 「제도로서의 근대문학과 그 인식」, 「식민지 근대와 내셔널 아이덴티티」, 「문학장과 젠더의 역학」이라는 제목으로 묶여 실린 13편의 논문, 2006년에 나온 『탈식민의 역학』에 실린 15편의 논문을 합해서 3년 동안의 연구결과로 모두 45편의 논문을 세상에 내놓은 것이 된다.

이 45편의 논문들 모두가 우리가 처음 기획한 한국 근대문학 제도의 내재적 메커니즘과 그 식민/탈식민적 길항의 양상이라는 주제로 효과적으로 집중되었다고 할 수는 없다. 그것은 십수 명의 연구자들이 각자의 생활조건과 연구조건 속에서 3년의 연구기간 동안 지속적으로 팀웍을 유지하고 상호주체적 소통을 견지하는 것이 쉽지 않다는 기본적 한계 때문이기도 하고, 다른 한편으로는 급격히 변화하는 문화적 · 학문적 패러다임과 이데올로기적 지형, 그리고 결코 동질화할 수 없는 연구자 각자의 문학관과 세계인식의 작용이 중심 주제로의 집중을 때로는 부정적으로, 때로는 창조적으로 방해한 결과이기도 하다.

어쨌든 이 한 권의 책을 마무리하면서 우리 연구단의 지난 5년 동안의 행보는 일단락을 짓게 되었다. 다시 한 번 말하지만 우리의 성과가 과연 현재 다양하게 발산하고 변모하는 한국 근대문학 연구의 장 속에서 어떤 의미를 갖고 또 어떤 평가를 받을 수 있을까를 지금 생각하는 것은 이르다고 할 수 있다. 그리고 어떻게 생각하면 이렇게 적당한 제도적 강제를 통해 수십 편의 연구논문을 산출해 낼 수 있었던 것만으로도 의미가 있었다고 할 수도 있을 것이다. 다만 지난 5년 동안 서로의 학문적 입장과 생각의 크고 작은 차이들에도 불구하고 하나의 연구팀으로서 자신의 책임과 소명을 다하여 이렇게 부피 있는 성과를 세상에 내놓을 수 있게 했던, 그리고 무엇보다 민간연구소로서 민족문학사연구소의 연구역량이 그 어떤 대학 연구기관에도 결코 모자라지 않음을 여실히 보여줄 수 있게 했던, 우리 연구진 모두와 함께 서로서로 깊은 감사와 격려의 마음을 나누지 않을 수 없다.

전임 및 일반연구원으로 참여한 구자황 · 권성우 · 김명인 · 김양선 · 김연숙 · 김옥란 · 서은주 · 심진경 · 유성호 · 이봉범 · 이승희 · 이혜령 · 임병권 · 정승철 · 정호순 · 차혜영 · 하정일 · 한수영 · 허윤회 · 홍창수 등 20분의 연구진들과, 궂은 일들을 기꺼이 함께 한 강명효 · 권두연 · 김면수 · 김송리 · 김은경 · 박수용 · 박죽심 · 박진영 · 박태건 · 송명진 · 박숙경 · 박진현 · 이세주 · 임수경 · 장윤미 · 최선정 등 16분의 연구보조진들 모두의 앞날에 건승이 있기를 빈다.

마지막으로 어려운 여건 속에서도 기꺼이 이 세 권의 책을 묵묵히 만들어 주신 소명출판의 박성모 사장님과 편집부 여러분께도 거듭 감사의 말씀 전한다.

2008년 8월

민족문학사연구소 기초학문연구단

차 례

1부 친일

2부 이념

3부 제도

1부

친일

친일문학 재론

두 개의 강박을 넘어서

김명인

1. 머리말

한때 '암흑기'라고도 불렸고 통칭 '친일문학'의 시기라고 불려 왔으며 근년에는 '식민지 국민문학' 시기라고도 불리고 있는 이 시기의 한국문학을 둘러싸고 수년 전, 적지 않은 논자들의 참여 아래 일련의 논쟁이 벌어진 적이 있었다. 이 논쟁은 당사자 사이의 직접적 대거리의 형식을 갖지는 않았지만 한국문학 논쟁사의 한 장을 장식해도 좋을 자못 볼만한 해석투쟁의 풍경을 연출한 바 있다.[1)]

1) 이 논쟁에는 많은 논자들이 참여한 바 있지만 2002~3년간에 『실천문학』을 통해 김재용 · 김양선 · 박수연 · 한수영 등이 선편을 잡는 문제제기를 한 이후 여기에 류보선 · 강상희 · 하정일 · 윤대석 등이 논의를 이어가는 양상으로 전개되었다. 그리고 그 성과들이 2003~6년간에 단행본으로 출간되어 다시 주목을 받으면서 최근까지지도 이 논의는 아직 진행 중이라고 할 수 있다.

2000년대 들어 대표적인 친일문인으로 간주되었던 미당의 이름을 건 문학상이 만들어지고 학계에서는 식민지근대화론 논의가 기존의 식민지수탈론에 이의를 제기하고 나서서 식민지시대의 역사경험의 해석을 둘러싼 논란이 이어지는 한편 민주화운동의 흐름을 잇는 정권이 연이어 들어서면서 '친일잔재 청산'이라는 과제가 다시 활기를 띠는 등 사회적 분위기가 이러한 논쟁을 가능하게 했다고 볼 수 있다.

하지만 이 논쟁이 문제적인 것은 이전까지 단지 친일/저항, 훼절/지절 등의 단순 이분법의 지평에서 가끔씩 떠올랐다 잠잠해 지곤 하던 해묵은 문단사적 논란의 수준을 훌쩍 뛰어넘어 이 시기가 한국 근대문학사 나아가 한국 근대정신사의 한 결정적 국면으로 간주되고 그 위에 근대/탈근대, 식민/탈식민이라는 역사철학적 문제의식이 투사된 상태에서 진행되었다는 데에 있다.

이미 많은 연구를 통하여 식민지시대 내내 작가들에 의해 의식·무의식적으로 추구되었다고 믿었던 근대적이고 민족주의적인 지향이 일본의 침략전쟁이 수행되는 동안 심각한 수준에서 왜곡되면서 식민주의의 논리로 굴절되어 들어간 흔적이 무수히 발견되어 왔다. 이 변명할 수 없는 흔적들을 목도하면서 이제 극렬한 탄압에 굴복했다거나 부득이하게 소극적인 친일을 저질렀다거나 하는 변명은 구차한 것일 수밖에 없게 되었고 어떤 방법으로든 이러한 왜곡과 굴절의 내적 동력을 밝히지 않을 수 없게 되었다.

그 내적 동력을 바라보는 인식틀이 '협력과 저항'이든 '파시즘'이든 '반복과 차이'든 이제 '친일문학'은 강력한 제국/제국주의의 헤게모니 아래서 '식민지 근대'를 살아온 지식인작가들의 역사철학적 인식이 가닿은 하나의 필연적 귀결이라는 점, 그리고 그 안에서 식민지 지식인작가들 내면의 근대지향과 탈근대지향 사이의 혼돈과 착종이 작용하고 있다는 점 등은 이제 어느 누구도 쉽게 부인할 수 없는 공통의 인식이 되었다. 바야흐로 '친일문학'은 이제 원하든 원하지 않든 한국 근대문학사의 빼놓을 수 없는, 논쟁적이지만 결정적인 일부가 되어 버린 것이다.

한편 이러한 일련의 논쟁들은 이처럼 '친일문학'의 역사철학적 함의와 문학사적 중요성을 환기시켰다는 점에서도 분명 생산적이고 의미 있는 것이었지만 그와 함께 그 여러 입장들이 한국문학 및 역사해석을 둘러싼 사상적 층위에서 날카로운 변별점들을 보여주고 있고 그 변별점들이 바로 지금 현재 한국문학연구와 비평계를 관류하는 뚜렷한 단층선을 반영하고 있다는 점에서도 자못 흥미로운 바가 있다. 이 단층선은 곧 근대/탈근대의 미로 속에서 여전히 방황을 거듭하고 있는 현재 한국 지식사회의 난맥상을 보여주는 것이기도 하다.

이 글은 김재용·류보선·강상희·윤대석·박수연·하정일 등 '친일문학' 논쟁에 직간접으로 관련된 논자들과 더불어 '친일문학론'의 고전이 된 임종국, 그리고 1995년과 2001년에 이와 관련하여 주목할 만한 논의를 펼친 바 있는 김철 등의 텍스트들을 따라 읽으면서 논쟁 자체의 전개와 그 배후에 작동하는 사상적 차이들의 발현 양상을 함께 살펴보는 방식으로 진행될 것이다.

2. 전도된 국가주의?−임종국

일제 말에 성장기를 보내고 해방이 되어서야 '민족관념'을 얻었다는 저자의 고백과 함께 시작되는 임종국의 역저 『친일문학론』은 1940년대 '친일문단'의 상황을 상세하게 기술하고 이광수, 최남선에서 채만식, 김사량에 이르는 주요 작가 28명 및 조연현을 비롯한 '신인작가' 십수 명의 '친일 죄과'를 폭로하여 큰 파문을 일으킨 저술이었다.[2] 그 전까지 일종의 침묵의 카르텔에 의해 봉인되어 있던 '친일문학'이라는 판도라의 상자를 열어젖힌 이 저술은 그 당대적 의의와 자료적 가치에도 불구하고 한편으로는 해당 작가들에 대한 일방적 단죄를 가능하게 하는 증거자료로, 다른 한편으로는 거꾸로 집단면죄부 발부의 자료로 오남용되어 온 것에 비해 엄밀한 학적 검토의 대상으로 취급되어 오지 못한 불행한 저술이라고 할 수 있다. 하지만 근년의 친일문학 논의를 통해 이 저술은 다시 호출되어 몇몇 논자들에 의해 적극적으로 재해석되는 양상을 보인다.

"문학과 정치적 상황에 대한 단순대입적 사고가 모든 자료의 해석을 일관"하고 있다는 김철의 평가[3)]나 이 저술을 특정하지는 않았지만 이 저술을 상정하고 있는 것이라 할 수 있는 민족주의적 친일문학 비판의 외재성에 대한 김재용의 비판[4)]을 통해 친일문학에 대한 내재적 접근을 위한 이론적 타자로서 다시 등장한 이 저술은 얼마 뒤에는 전혀 다른 방향으로 재해석되기에 이른다.

> 김팔봉과 임종국이 서 있던 자리는 외면적으로 상극이다. 그러나 섬기는 대상이 일본이었던 것이 문제이지 국가주의 그 자체는 오히려 강조되어야 할 것이라고 말할 때의 임종국과 앞서의 김팔봉이 그 내면에서 어떤 차이와 거리를 지니고 있다고 말하기는 어렵다. 이 두 개의 사례를 가로지르는 공통의 기억은 앞서 말한바 최초의 근대 국민국가에 대한 경험, '국민'으로서의 경험, 나아가 관념 속에서 절대화된 '국가' 그 자체가 아니었을까?[5)]
>
> 주체성을 반동일화 전략의 핵심적인 코드로 제시하고 일제 식민담론에 역대칭의 태도를 취했지만, 오히려 식민담론의 사고체계 내부로 회수되는 모습을 보이고 있는 것이다. 국민국가, 국가주의, 국민문학이 숙명적인 것으로 간

---

2) 임종국, 『친일문학론』, 평화출판사, 1966.
3) 김철, 「친일문학론－근대적 주체의 형성과 관련하여」, 『민족문학사연구』 8호, 1995, 7면.
4) 김재용, 『협력과 저항』, 소명출판, 2004. 38면.
5) 김철, 「총론－파시즘과 한국문학」, 『문학 속의 파시즘』, 삼인, 2001, 16면.

주되면서 일제 식민담론은 『친일문학론』에서 구조적으로 반복되고 있다.[6)]

> 1940년대 전반기의 '식민지적 국민문학'이 대한민국의 '국민문학' 수립에 참고자료가 될 수 있다는 『친일문학론』의 결론을 읽다 보면 묘한 느낌이 떠오를 때가 있다. 40년대 전반기의 최재서 논문을 한편 읽고 있는 느낌이 들기도 하고, 임종국 등의 '친일' 논의를 억압했던 70년대 박정희 정권의 모습을 보고 있는 듯한 느낌이 들기도 하기 때문이다. (…중략…) '친일'과 '친일'비판이 동시에 반대 방향에서 일본 군국주의 파시즘의 논리를 앵무새처럼 반복하고 있었던 것이다.[7)]

> 임종국은 '국민문학'이 문학에 국가 관념을 도입한 점을 긍정적으로 평가한다. 여기서 우리는 임종국에게서 식민국의 민족주의와 피식민국의 민족주의가 서로 거울관계를 이루로 있음을 확인하게 되거니와 그런 점에서 민족 주체성 또한 아무런 제한 조건 없이 무반성적으로 사용될 때 언제든지 식민주의와 공모관계로 돌입할 수 있는 양가적(ambivalent) 범주라 할 수 있다.[8)]

이상의 네 논자들이 임종국의 이 저술에서 공통적으로 발견한 것은 '국가주의'였으며 이는 친일문학과 친일문학 비판이 동시에 국가주의 이데올로기의 산물이었다는 득의의 발견, 혹은 확인으로 이어진다. 후술하겠지만 특히 앞의 세 논자는 한국문학을 기본적으로 탈근대적 관점에서 적극적으로 재해석해 나가는 입장에 서 있으며 그들에게 임종국의 『친일문학론』이 지니고 있는 이 '아이러니'는 그들의 탈국가주의적 담론기획을 뒷받침하는 요긴한 발판이 되고 있다. 그러면 임종국은 정말 일본 제국주의 하의 국민국가 경험을 절대화하여 받아들이고, 식민담론, 군국주의 파시즘 논리를 반복하고 있는 것일까? 이 부분의 원문은 다음과 같다.

---

6) 강상희, 『친일문학론의 인식구조』, 『한국근대문학연구』 7호, 2003, 45면.
7) 윤대석, 『식민지 국민문학론』, 역락, 2006, 16면.
8) 하정일, 「한국근대문학연구와 탈식민」, 『민족문학사연구』 23호, 2003, 17면.

그러나 이러한 과오는 과오로 하고 우리는 몇 가지의 주목할만한 점을 발견할 수 있으니 그 하나가 국가주의 문학이론을 주장했다는 사실이었다. 생각건대, 인간은 개성적 사회적 동물인 동시에 국가적 동물이다. 그런 이상 국가 관념은 문학에서 개성 및 사회의식 시대의식과 마찬가지로 강조되어야 할 것이 아닌가? 그럼에도 불구하고 문학은 장구한 동안 국가를 망각해 왔다. 비록 그들이 섬긴 조국이 일본국이었지만, 문학에 국가 관념을 도입했다는 사실만은 이론 자체로 볼 때 주목해야 할 점일 것이다.[9)]

이 글에서 말한 '국가주의'와 '인간은 국가적 동물이다'라는 말은 일견 군국 파시즘 하의 국가 이데올로기를 방불케 하는 것은 사실이다. 하지만 여기서의 '국가'가 과연 앞의 논자들이 말한 바와 같이 일본제국이나 3공화국 국가 같은 권위주의적으로 조직화되고 통제되는 전체주의적 국가를 의미하고 있는가는 재고의 여지가 있다. 이 원문은 이 저술의 결론의 한 부분인데 임종국은 결론의 시작부분에서 다음과 같이 '국민문학'의 개념정의를 시도하고 있다.

국민문학의 개념은 절대한 의미에서의 그것과 상대적 의미에서의 국민문학이라는 두 방면에서 추구할 수 있다. 그리고 그 중 절대한 의미에서의 국민문학을 말할 때 이는 국민정신에 입각한, 국민생활을 선양하는 문학이라고 할 수 있다. 따라서 이러한 의미에서 볼 때 국민문학이란 세계에 오직 하나가 있을 뿐이다. 다시 말하면 세계의 모든 문학은 그 시대와 유파의 여하에도 불구하고 그 전부가 국민정신에 입각하는 것이요 국민생활을 선양하는 것이기 때문에 국민문학이 되는 것이다. 국민정신을 파괴하는, 국민생활을 표현하지 않는 문학은 존속할 수도 없고 상상할 수도 없기 때문에 세계의 모든 문학은 국민문학이다. 그리고 이 같은 의미에서의 국민문학의 개념을 추구할 때 그것은 문학 자체와 하등 구별할 필요가 없다.

다음, 상대적 의미에서의 국민문학의 개념을 추구할 때 세계는 세계에 있는 국가의 수효만큼의 국민문학을 가지게 된다. (…중략…) 따라서 이러한 의미의

9) 임종국, 앞의 책, 468면.

국민문학은 서로 독립한, 불가침의 관계를 가지게 된다.[10)]

여기서 말하고 있는 '국민문학', 즉 "세계의 모든 문학은 국민문학"이고 그것은 "문학 자체와 하등 구별할 필요가 없다"고 할 때의 국민문학은 통상적으로 말하는 '민족문학'과 다른 것이 아님을 알 수 있다. 임종국이 '일치 말엽의 국민문학'이라고 할 때의 '국민문학'이 그 '일치 말엽'이라는 특수성에 의해 제한되기는 하지만 기본적으로 이런 개념 수준에서 운위된 것이라고 한다면 앞 인용문에서 말한 '국가주의 문학이론'이나 '인간은 국가적 동물이다'라는 말 속에 들은 '국가'라는 말 역시 통칭의 '네이션' 정도의 의미로 사용했다고 할 수 있지 않을까.

국가, 민족, 국민 어느 것이든 근대가 만든 '상상의 공동체'라는 점에서 임종국의 '국민문학' 역시 근대적 국가(민족)주의의 프레임에 갇혀 있는 것은 피할 수 없을 것이다. 또한 그가 식민지적 조건 속에서 "장구한 동안 국가를 망각해" 온 문학이 모처럼 '국가관념'을 도입했다는 사실에 주목했을 때 거기에는 '근대적 국민국가' 수립이 연기되고 있었던 우리 민족의 현실에서 연유하는 강한 경사가 작용했으리라는 것은 짐작하기 어렵지 않다. 임종국이 식민지 말기의 '국민문학'이 지닌 국가주의에 주목한 것은 그가 군국주의 파시즘적 국가관을 내면화해서라기보다는 민족에 기반을 둔 근대적 국민국가와 그 토대 위에서 전개되는 주체적 국민문학의 수립을 열망했기 때문이라고 보아야 할 것이다.

물론 하정일의 지적처럼 임종국이 "한국의 국민문학을 수립하려는 사람들을 위해서 그들의 식민지적 국민문학은 좋은 참고자료가 될 것"이라고 말할 때 그에게 '국민'의 차이와 이질성에 대한 성찰이 결여된 것은 사실이다.[11)] 하지만 김철·강상희·윤대석 등의 임종국 '아이러니'에 대한 적극적 해석에는 과잉이 없지 않다. 임종국의 '친일문학론'

10) 위의 책, 457~458면.
11) 하정일, 앞의 글, 18면.

이 거꾸로 선 식민/파시즘 담론이라는 그들의 해석은 근대 국가, 민족, 국민 등에 대한 탈근대주의적 거부감이 만든 하나의 과잉 이미지일 수 있는 것이며 이는 '친일문학 비판=새로운 국가주의 기획'이라는 완강한 등식에 의해 만들어진 의도된 결론일 수도 있는 것이다.

3. 친일문학의 발생론 (1)–김철

1995년에 발표한 김철의 글 「친일문학론–근대적 주체의 형성과 관련하여」는 '단죄'의 친일문학론을 넘어서 친일문학을 한국 근대사회와 근대문학의 내적 맥락에서 발생론적으로 규명하고자 시도한 첫 작업이었다. 그는 한국문학에 내장된 강력한 주체적 사회변혁의 의지가 친일문학과 어떻게 양립 가능할 수 있었는가라는 도전적 문제의식 아래 친일문학이란 "한국의 근대사회 및 근대문학이 그 출발의 단계에서부터 안고 있던 모순과 갈등이 특정한 역사적 국면에서 그 자신의 개념과 실체를 갖는 하나의 문학적 현상으로 외화된 것"[12]으로 규정을 내리고 그 출발 단계부터의 모순과 갈등이 무엇인지, 그리고 그 특정한 역사적 국면이란 어떤 것이었는지 이광수와 백철의 경우를 들어 그 규명을 시도하고 있다.

그에 의하면 이광수의 경우는 계몽적 주체의 근대지향이 '근대국가의 부재'라는 딜레마 앞에서 국가를 추상화, 관념화한 경우로서 추상화된 국가가 곧 식민지 말기의 일본국가였다는 것이고, 백철의 경우는 카

---

12) 김철, 「친일문학론–근대적 주체의 형성과 관련하여」, 8면.

프의 붕괴 이후 비로소 근대주체로서의 자기인식을 획득한 그가 자기 주체의 건설을 자기 내부에서 수행하지 못하고 외부의 완성태, 즉 '근대 초극론'과 '황민화론'의 이데올로기를 내건 일본국가에게서 찾은 경우인 것이다. 결국 친일문학이란 것은 식민지의 작가들이 근대 실현과 근대 극복이라는 모순된 이중과제를 수행해야 하는 식민지 근대주체의 정체성을 끝내 유지하지 못한 결과라는 것이 그의 결론이다.

> '친일문학'은 한국에서의 근대적 주체가 형성되는 과정에서 나타나는 한 고유한 측면이다. 일제 강점기 이래 지금까지 한국에서의 근대적 주체는, 자기 자신과 사회를 '근대화'하는 동시에 그 '근대화'를 부정과 극복의 대상으로 삼아야 하는 모순에 처해 있었고, 그 모순을 살아냄으로써만 근대적 주체로서 자기동일성을 유지할 수 있었다. 친일문학은 그 실패의 기록이며, 근대적 주체 형성에서의 한 역상(逆像)이다.[13]

이처럼 친일문학을 식민지 근대주체가 자신에게 내재한 모순을 끝까지 '실현'하지 못하고 일본제국에 대한 의탁을 통해 '해소'해버린 결과로 본 김철의 관점은 지금까지도 적지 않은 설득력을 지니고 있는 것이다. 이런 관점은 근대 일반을 국가(민족)주의의 배타적 자기실현물로 파악하고 그로부터의 탈주와 그것의 해체를 최우선의 과제로 삼는 작금의 탈국가적 탈근대론이 지닌 또 다른 이분법의 오류로부터 자유롭기 때문이다.

식민지 근대란 굳이 탈식민주의적 관점을 빌려 올 필요도 없이 기본적으로 분열되어 있는 근대이다. 거기서 '이념형적 근대'에 대한 한없는 동경과 식민주의의 형태로밖에 현전하지 않는 그 실상에 대한 거부가 공존하는 것은 당연한 일이며 이 상황에서 근대를 추구한다는 것은 오로지 수락하면서 거부하는, 혹은 거부하면서 수락하는 '비극적' 형식으

13) 위의 글, 24면.

로밖에는 가능하지 않은 것이다. 이렇게 볼 때 근대/탈근대의 긴장이라는 문제의식을 전제로 한 김철의 관점은 식민지 하의 문학을 식민주의나 군국파시즘 이데올로기의 문학적 소외태로 보는 그 자신의 현재의 급진적 탈근대론과 비교할 때 '친일문학'에 대한 훨씬 유연하고도 풍부한 접근을 가능하게 한다. 이처럼 식민지 근대주체가 자신에게 부과된 비극적 모순을 실현하고, 그 긴장을 유지했는가 아닌가가 친일성 여부를 판별하는 최종심급으로 상정할 수 있다면 친일문학 논의는 보다 큰 깊이를 획득할 수 있을 것이다.

4. 준거의 재구성-김재용

2002년부터 친일문학 논의의 선편을 잡아 온 김재용은 임종국 이후 가장 많은 작가들을 대상으로 실증적 연구를 진행하고 이전까지의 친일문학 논의를 종합 정리했을 뿐만 아니라 자신만의 친일문학론을 새롭게 창안해 냄으로써 이 분야 연구의 가장 중요한 참조대상으로 자리잡고 있다.[14)]

그는 친일문학을 억압과 강제에 의한 훼절의 결과로 보는 민족주의적 친일문학 비판의 외재성을 비판하고 친일문학을 일제의 헤게모니적 지배에 의한 포섭과 당대 문인들의 자발적 협력의 결과로 파악하며 기존의 친일문학론들을 검토하여 새로운 비평적 준거들을 설정하고 있다. 그는 "친일 파시즘문학은 철저하게 자발적이며 내부에는 논리가 있다"

---

14) 김재용, 『협력과 저항』, 소명출판, 2004.

(김재용, 80면)는 명제 하에 자발성 유무를 친일문학의 최우선의 기준으로 두고 기존의 '소박한' 기준들을 비판적으로 해체한다.

그는 일본어 창작, 각종 친일적 사회단체 가입, 창씨개명 등을 일률적으로 친일행위로 규정하는 것을 소박한 민족주의적 외재적 기준으로 보고 이를 유연하게 해체하고 있으며 한 걸음 더 나아가 '생산문학론'과 '집단주의', '동양에의 자각' 등 분명한 '신체제적 인식소'들조차도 일률적으로 친일의 증거로 동원하는 것에 반대한다. 이러한 증좌들에 연루되어 있다고 하더라도 그것이 강제에 의한 부득이한 선택이었거나, 일종의 시대정신으로서 수용한 것이라면 친일적인 것으로 보아서는 안 된다는 것이다. 이러한 유연성은 '자발성'이라는 내적 준거와 더불어 그가 친일문학을 다음과 같이 전쟁 동원과 황국신민화라는 두 개의 조건을 충족시키는 문학으로 재규정하는 과정에서 획득되었다고 할 수 있다.

> 우선 친일문학의 성격 규정을 먼저 할 필요가 있다. 필자가 판단하건대 이 시기의 친일은 다음 두 가지 점에서 드러난다고 본다. 하나는 대동아공영권의 전쟁 동원이다. (…중략…) 대동아공영권을 창출하기 위해서는 이를 수호할 수 있는 전쟁이 요구되었고 여기에는 많은 사람들의 참여가 필요하였다. 그렇기 때문에 이 전쟁을 심지어 '성전'이라고 부르면서 일반 민중들의 동원을 호소하였다. (…중략…) 다음은 내선일체의 황국신민화이다. 대동아공영권의 신체제를 만들어내기 위한 전쟁에서 가장 중요한 것은 조선 민중들의 전쟁 참여이다. (…중략…) 그러자면 필연적으로 조선인과 일본인 사이의 차별이 자연스럽게 부각된다. 이 벽을 넘지 않고서는 자발적인 참여를 요구하기가 힘든 것이다. (…중략…) 따라서 친일문학가들은 내선일체를 강조하고 다양한 방식으로 합리화하는 틀을 마련하였다. (…중략…) 이처럼 대동아공영권의 전쟁 동원과 내선일체의 황국신민화라는 두 가지 입장을 글에 담아내면서 선전한 문학이 바로 친일문학이고 이런 작품을 쓴 이들이 친일문학가이다. 이렇게 친일문학의 성격규명을 할 때만이 이 시기에 나온 작품 중에서 단순히 시대적인 것과 친일적인 것 사이를 구별할 수 있다.[15]

그리고 이러한 유연한 재규정을 거쳐 다시 설정된 것이 곧 '(자발적) 협력/비협력의 저항'이라는 준거였다. "그 이전까지 지속되었던 프로문학, 민족주의문학, 순수문학과 같은 구분은 부차적인 것이 되어 버렸다. 협력과 비협력의 저항, 이것이 당시 문학을 가르는 경계가 되었다"는 선언은[16] 강상희의 말을 빌면 "임종국이 영토화한 친일문학이라는 담론 공간을 재영토화"하는 선언이 되었던 것이다.[17]

이러한 유연한 재규정을 통한 '재영토화'는 이제까지의 친일문학론이 처한 딜레마의 상당 부분을 해소시켜 주고 친일문학(행위)를 판별하는 보다 섬세한 기준을 확보한 측면이 있지만 그 역시 여전히 이분법적 배제와 타자화의 논리에 근거하고 있음으로 해서 또 다른 딜레마를 낳지 않을 수 없게 된다. 특정한 작가들을 협력(친일)문인으로 규정하고 또 다른 작가들을 비협력(저항)문인으로 규정하고 명토 박는 경우 또 다른 층위에서의 문제들이 발생하게 될 가능성이 크다. 협력과 비협력이라는 경계선이 과연 얼마나 선명할 수 있겠는가. 다시 말해 어디까지가 협력이고 어디까지가 비협력인지 어디까지가 자발적이고 어디까지가 강제된 것인지 판단하는 일이 그리 쉬운 일은 아니라는 것이다.

특히 문인작가들의 경우 자발적 협력의 증거들을 그들의 여러 작품 속에서 찾고자 할 때 자칫 '언표된 것'이 곧 '내면화된 것'이라는 입장에 서게 될 경우 본의 아니게 또 다른 외재적이고 폭력적인 재단비평의 우를 범하게 될 가능성이 있다. 친일 '행위'를 비정하는 데에는 정치적 차원의 협력/비협력의 기준이 유효하겠지만 친일 '문학'을 비정하는 데에는 작품을 평가하는 섬세한 미학적 기준이 작동하지 않으면 안 된다. 즉 작가에게는 미학적 협력/비협력의 문제가 최종심급이 되어야 한다는 것이다. 그 역시 "친일문학론은 작가론"[18]이라고 했지만 작품론

---

15) 위의 책, 58~59면.
16) 위의 책, 12면.
17) 강상희, 「친일문학론의 인식구조」, 『한국근대문학연구』 7호, 2003, 47면.

을 떠난 작가론은 공허하다는 사실을 다시 환기하고 싶다.

물론 김재용 역시 이석훈의 「고요한 폭풍」과 김사량의 「천마」를 예로 들어 협력/비협력을 설명하는 경우에는 작품의 내적 분석에 의거하고 있기는 하다. 그러나 고를 달리하여 다시 논의하여야 할 것이지만 김재용의 경우에 가장 아쉬운 점이 바로 그가 종종 외재적 재단비평으로 좀 더 섬세해야 할 미학적 판단을 대신하고 있다는 점이다.[19]

그럼에도 불구하고, 김재용의 친일문학 재론의 목적이 새로운 기준을 설정하여 또 하나의 문학사적 차별과 배제를 수행하는 것이라거나 그의 논리가 신판 국가(민족)주의적 담론이라고 보는 것은 문제가 있다. 김재용의 친일문학 연구의 목적은 협력/저항의 경계를 긋는 데 있는 것이 아니라 1930년대 후반에서 해방에 이르기까지의 식민지 문학에 협력과 저항이라는 두 개의 흐름이 존재했다는 사실을 확인하고 이 사실로부터 한국문학에서의 근대성이라는 문제의 중대함을 환기하는 데에 있었기 때문이다. 물론 그는 중립적이지 않다. 그는 "헛된 전망 속에서 피식민 민중의 자율권을 심각하게 훼손시키면서 전쟁으로 몰아넣었다는 점에서 매우 폭력적이고 반민주주의적 작태"[20](김재용, 75면)인 전쟁동원과 황국식민화에 협력했다는 점에서 친일문학을 질타한다. 하지만 그것은 민족주의적인 파토스가 아니라 차라리 보편적 휴머니즘의 파토스에 가까운 것이다.

---

18) 김재용, 앞의 책, 55면.

19) 예컨대 채만식의 『여인전기』가 미학적으로도 '협력적'인가에 관해서는 좀 더 많은 논의가 필요하다고 할 수 있는데 김재용은 이 작품을 돌이킬 수 없는 친일협력의 작품적 증거로 내세운다(김재용, 앞의 책, 111~114면).

20) 위의 책, 75면.

5. 친일문학의 발생론 (2)–류보선

류보선은 김철의 발생론적 문제의식을 이어받아 친일문학을 한국 근대문학의 한 결절점으로 파악하는 것에 논의의 중심을 둔다.[21] 그의 친일문학(론)에 대한 관심은 이중적인데 하나는 친일문학을 규명함으로써 "근대 이후 한국문학의 법칙성 혹은 정치적 (무)의식을 찾아내는 것"이고 또 하나는 거꾸로 친일문학에 대한 관심의 추이를 통해 그 관심 속에서 한국문학에 작동해 온 정치적 (무)의식을 드러내는 것이다. 그에게는 그 두 지점에서 친일문학은 공히 문제적인 것인 셈이다.

그는 먼저 저간의 친일문학 논의를 추동해 온 정치적 (무)의식에 주목한다. 그에 의하면 임종국의 친일문학론은 전형적으로 저항 / 순응, 추종 / 거부의 이분법에 의해 친일문학 여부를 비정하는 입장인데 이는 1930년대 후반기 대동아공영권론과 신체제론 등의 이데올로기가 당대 문인들에게 준 영향을 전혀 고려하지 않고 '친일'의 범위를 너무 넓게 잡은 경우이다. 반면 김재용의 친일문학론은 생산문학론 등을 친일의 기준에서 제외하는 등 그 범위를 너무 좁게 잡은 경우로서 둘 다 그 기준이 자의적이라는 것이다.

그가 단지 이 두 선행 연구자들이 기준을 너무 넓게, 혹은 너무 좁게 자의적으로 잡은 것을 문제 삼아 이를테면 그 중간쯤에서 친일행위의 적정한 양과 질을 획정하고자 하는 의도는 아니었을 것이다. 임종국처럼 너무 넓게 잡건, 김재용처럼 너무 좁게 잡건 그런 '자의적' 기준은 친일문학 행위가 이루어졌던 시기에 한국의 문인들이 당면했던 객관적 상황과 그에 조응하는 주관적 대응의 복잡한 스펙트럼을 단순화하여 결과적으로 친일문학을 "한국 근대문학을 '민족국가'라는 모더니티를

21) 류보선, 「친일문학의 역사철학적 맥락」, 『한국근대문학연구』 7호, 2003.

중심으로 계보화하고 정전들을 구성"(류보선, 10면)하는 과정에서 제거하거나 적어도 빨리 의미 확정을 해 버려야 할 어떤 '타자'로 취급해 버리고자 하는 '정치적 (무)의식'에 대한 문제 제기를 하고 싶었던 것으로 보인다.

그가 생각하는 친일문학은, 혹은 친일문학에 이르는 길은 그처럼 단순화할 수 있는 것은 아니다. 식민지지배는 비록 전도된 형식이지만 역사철학적 필연성을 동반하고 있으며 봉건성 혁파와 근대사회 창조라는 열정에 사로잡힌 식민지 지식인들은 왕왕 제국주의적 질서의 모방과 이식에 그 열정을 바치는, 그리하여 "식민지 정책에 대한 순응과 민족에 대한 헌신 사이에 어떠한 모순도 발생하지 않는 상황에 빠져들기도 하는 것이다."(류보선, 16면) 그렇다면 '저항과 훼절'의 이분법을 통해 그들을 단죄하거나 배제하는 것은 우리 근대문학사에 대한 인식을 위해서나 친일문학 자체에 대한 진정한 비판을 위해서나 바람직하지 않다는 것이 그의 생각이다.

류보선은 친일문학의 구성 논리를 서구 근대성의 부정과 동양 중심 질서재편 필요성 제기→동양정신 구현체로서의 천황제/일본국가 인정→조선민족 해소 통한 일본 국민성 획득 등의 3단계로 정리한다. 여기서 그는 두 번째 단계와 세 번째 단계에서 오늘날의 관점에서는 이해할 수 없는 '광기와 비합리'가 작동했다고 보고 이 단계에 돌입한 문학을 친일문학으로 규정한다.

> 천황이 세계발전의 중심이며 우리 조선민족은 그 천황의 국민이 되어야 한다고 주장했던 당시의 국민문학론, 총후문학론, 내선일체론, 황도문학론, 신체제론 등등이 바로 친일문학에 해당한다고 할 수 있다. 위와 같은 체계적인 담론의 형태를 띠고 있지 않더라도 조선인을 일본 국민으로 규정하는 모든 텍스트가 친일문학 속에 포함되어야 함은 물론이다.[22]

22) 위의 책, 26면.

그런데 친일문학에 대한 이러한 규정은 의도와는 달리 임종국의 너무 넓은 규정과 대단히 근접해지게 된다. 당대의 '광기와 비합리'에 휘말리지 않고 '최소한의 합리성'을 유지했던 김기림·김남천·임화 등 극소수의 인물들만이 가까스로 이 규정의 그물코에서 벗어날 수 있을 뿐이다. 결국 그의 말대로 "친일문학의 발생은 몇몇 작가들의 변절만의 문제가 아"니고(류보선, 27면) 1930년대 말부터 1945년 8·15까지 일어났던 보편적 현상이 되는 것이다. 이러한 결과는 그가 친일문학의 발생을 다음과 같이 근대 이후 한국문학사의 필연적 맥락에서 구하기 때문에 가능한 것이다.

> 무언가 보이지 않는 '거대한 손'이 작동하고 있다는 것인데, 그 '거대한 손'은 다름 아닌 근대 이후 한국문학이라는 장의 구조다. 근대 이후 한국문학은 구체적인 현실 속에서 잠재적인 가능성을 찾기보다는 상상 속의 모범적인 세계, 그러니까 서구의 보편적인 세계를 끊임없이 동경하는 자리에서 형성되고 전개된 바 있다. 뒤쳐진 현실에 대한 분노가 서구적인 세계에 대한 절대적인 숭배를 낳고, 또 서구 보편세계에 대한 경사가 자신이 놓여 있는 현실에 대한 회복할 수 없는 경멸을 낳는다. 그래서 당시의 작가들은 민족의 아들, 혹은 조선의 아들이기보다는 중심부국가의 양자가 되고자 한다. (…중략…) 이렇게 근대 이후 한국문학에는 현실과 담론체계 혹은 현상과 본질 간에 심각한 전도(顚倒)현상이 존재했던 바, 그 과정에서 식민지적 현실에 대한 밀도 있는 접근은 항시 소수집단의 고독한 외침으로 끝난다. 대신 대부분의 작가, 혹은 한 시기의 주요한 경향은 우리의 구체적인 현실을 지워내고 그 자리에 서구의 보편적인 내러티브를 이식하기에 바빴으니, 임화가 근대 이후 한국문학사를 두고 이식문학사라 비판한 것은 이러한 사정과 관련이 깊다.[23]

식민지시대 한국 근대문학의 정신구조가 이와 같이 서구세계에 대한 숭배와 자기 현실에 대한 경멸을 근간으로 했고 극히 일부만이 그로부

23) 위의 글, 27~28면.

터 벗어났었다는 판단에는 쉽게 동의하기 힘들다. 하지만 여기서 중요한 것은 그 판단을 두고 다투는 것이 아니라 그의 이러한 식민지 근대문학의 근대인식에 대한 비관적 평가와 친일문학에 대한 넓은 규정이 표리를 이루고 있다는 사실을 확인하는 것이다. 류보선의 친일문학의 당대적 보편성에 대한 승인은 그의 식민지 한국 근대문학에 대한 그의 또 다른 의미에서의 '자학적 판단'에서 비롯된 것이다. 아니 그는 친일문학론을 통해 그의 식민지 한국 근대문학에 대한 그의 '자학적 판단'을 확인한 것이라고 해도 좋을 것이다. 이는 그가 김우창의 말을 빌려 친일문학은 한국 근대문학이 "내면으로부터 궤멸"된 어떤 결과라고 한 데서도 잘 나타난다.

김철과 더불어 류보선이 친일문학을 한국 근대문학의 역사철학적 맥락에서 규명하고자 한 것은 다른 친일문학 연구자들과 구별되는 중요한 미덕이라고 할 수 있다. 하지만 앞서 김철의 경우는 그것을 식민지의 작가들이 근대 실현과 근대 극복이라는 모순된 이중과제를 수행해야 하는 식민지 근대주체의 정체성을 끝내 유지하지 못한 결과라고 하여 친일문학의 일반화와는 다른, 변별적 인식의 가능성을 열어둔 데 비해 류보선은 과학적 변별보다는 일반화를 택함으로써 오히려 다른 방향에서의 임종국적 오류를 범한 것이라고 볼 수 있다. 어쩌면 그가 생각하는 식민지 시대의 작가들처럼 그 자신도 역시 허무주의가 문제인지 모른다.

6. 또 다른 선택과 배제의 논리—강상희

류보선의 글과 같은 지면에 실려 있는 강상희의 「친일문학론의 인식 구조」는 근대기획의 장 속에서 친일문학(론)을 사유하는 류보선과 대조적으로 '포스트식민적 기획'을 지향하는 입장에서 친일문학(론)에 접근한다.[24] 그리고 그 접근은 기존의 "친일문학론들에 내장되어 있는 인식 구조가 어떻게 친일문학에 대한 우리의 의식을 구조화했는지 따져보는" 메타비평의 방법을 통해 시도된다.[25]

그는 이제까지의 친일문학론을 크게 '자기동일적 윤리'에 의한 것과 '혼성의 윤리'를 지향하는 것으로 나누고 전자의 예로 임종국 · 김재용을 들고, 후자의 예로 김철과 윤대석 등을 들고 있다. 여기서 '자기동일적 윤리'란 주체와 타자를 나누고 타자에 대하여 주체를 대립시키는 근대적 사유와 관련된 것이고, '혼성의 윤리'란 주체 / 타자의 이분법을 지양하고 주체 속의 타자, 타자 속의 주체를 문제 삼는 포스트근대적 사유와 관련된 것이라고 할 수 있다.

그에 의하면 임종국의 친일문학론은 민족이라고 하는 '해석과 판단의 공동체'를 상정하고 그 해석과 판단의 존재론적 조건으로 '주체성'을 제시하여 이를 기준으로 친일 여부를 가리는 반동일화 전략을 구사한 논리이지만, 친일문학에 내장된 '국가주의'와 '동양주의'를 긍정적인 것으로 평가함으로써 친일문학의 '단절 속의 반복태'가 되었다고 할 수 있다. 즉 친일문학을 비판하면서도 친일문학의 사유구조를 그대로 반복 · 재생산하고 있다는 것이다. 이러한 판단은 분명히 경청할만한 것이긴 하지만 서론에서도 고찰한 바와 같이 임종국의 사유를 원래의 맥락

---

24) 강상희, 앞의 글, 53면.
25) 위의 글, 41면.

에서 분리하여 단순화하고 타자화하는 측면이 없지 않다고 할 수 있다.

이러한 단순화와 타자화는 김재용의 논리를 비판하는 과정에서 조금 더 노골적으로, 그리고 보다 더 거칠게 한 번 더 작동한다. 그의 김재용에 대한 비판은 김재용이 친일/비친일의 경계를 다시 구획하여 임종국이 영토화한 친일문학이라는 담론 공간을 재영토화하고 있으며 그 구획과 재영토화는 그 내부에 배제와 탈락의 기제를 작동시키는, "균질화된 한국 근대문학을 상상하고, 확고한 자기동일성을 갖춘 문학사를 구축하려는 것"[26]일 수 있으며 그것은 『친일문학론』(임종국)의 급진적 반복이 될 가능성이 있다는 것으로 요약된다.

이러한 가설, 혹은 결론을 위해 그는 김재용이 자신의 친일문학론을 입증하기 위해 구사한 입론들을 문제 삼고 있다. '일본어 사용'이 곧 친일의 표지가 될 수 없다는 김재용의 논리가 김사량을 구제하고 서정주를 배제하기 위한 것일 수 있는 것이며 이는 "배제와 탈락의 기제를 강화하기"라는 김재용의 전략의 결과라는 주장이나, 프로문학과 직간접적으로 관련된 문인과 작품들에 대해서는, "발화주체, 글쓰기 주체에 대한 '준비된 공감'"[27]에 의해 '저항 주체의 새로운 모색'이라는 너그러운 평가를 내리고 있다는 견해가 그것이다.

김재용의 논리에서 강상희가 색출해 낸 것과 같은 이런 의도가 전혀 없었다고는 볼 수 없다. 하지만 강상희의 논리에 일정한 편견과 침소봉대가 작용하고 있는 것도 역시 사실이다. 김재용이 협력과 저항이라는 이분법적 논리로 친일문학을 재구획하고 있다는 것은 정당한 판단이다. 하지만 김재용의 새로운 '구획'은 그 이전의 임종국의 '구획'에 비하면 훨씬 더 배제와 탈락의 기준이 완화되고 정교화 되어있다는 것 또한 사실이며, 이는 류보선에 의해서도 너무 좁은 기준이라고 비판받은 바 있다. 또한 프로문학과 관련된 문인과 작품들에 대해서 너그럽다는 평가

26) 위의 글, 50면.
27) 위의 글, 49면.

도 김재용이 이를테면 송영·채만식을 '협력자군'에 넣고, 김기림을 '저항자군'에 넣은 것만을 보아도 그리 설득력 있는 비판은 아니다. 더구나 다음과 같은 진술은 일종의 폭력적 비약에 가깝다.

> 일제 식민담론과의 거리를 판별하여 친일/비친일의 위치를 구획하는 이 위상학적 기제는, 식민권력의 동화정책 일반이 초래하는 식민지 내부의 분리 효과와 유사한 효과를 낳고 있다. 이 내부 분리의 지향점은 어디일까? 배제와 탈락의 과정을 거쳐 균질화된 한국 근대문학을 상상하고, 확고한 자기동일성을 갖춘 문학사를 구축하려는 것은 혹시 아닐까? 국가와 국가주의를 거리낌 없이 용인했던 『친일문학론』의 급진적 반복이 될 수 있다는 추정이 제기될 수도 있을 것이다.[28]

여기서 강상희가 문제 삼는 것이 '일제 식민담론과의 거리를 판별하는 것'인지 '친일/비친일의 위치를 구획하는 위상학적 기제'인지 아니면 둘 다인지 확실하지는 않다. 하지만 식민담론과의 거리를 판별하지 않고 친일/비친일의 정도를 판단하는 일은 어떻게 가능할까? 그리고 친일/비친일에 대한 최소한의 변별준거를 마련하지 않는다면 1930년대 후반에서 해방까지의 역사 및 문학사에는 어떻게 접근할 수 있을 것인가? 게다가 친일/비친일 여부를 판별하는 일이 식민권력의 동화정책 일반이 초래하는 분리효과와 유사한 효과를 낳는다니, 그것은 일종의 범주의 오류라고 할 수 있다.[29] 이러한 무리한 비약의 기저에는 강상희의 김재용에 대한 '준비된 편견'과 '의도된 오독'이 작용하고 있다고 해도 그리 틀린 말은 아닐 것이다.

---

28) 위의 글, 50면.

29) 이런 범주의 오류는 엄밀히 말하면 임종국의 '국민문학'을 곧 '식민지 국민문학'과 동일시하는 데에서도 작용하고 있으며, 크게 보면 거대권력과 미시권력을 동일시하거나 '민족주의' 일반과 제3세계 민족주의를 동일시하는 등의 탈근대 담론 일반에서 자주 저질러지는 오류이다. 구조의 유사성을 본질의 유사성으로 섣불리 치환하는 이런 오류는 탈근대 담론들이 지닌 탈역사적·탈맥락적 속성에서 유래한다고 볼 수 있다.

강상희가 임종국과 김재용의 친일문학 담론을 이렇게 단순화—타자화하는 데에는 또 다른 담론과 담론주체를 설정하고자 하는 욕망이 뒷받침되어 있다. 그것은 친일문학 담론의 주도권을 "분열, 모순, 복합성, 불안정성 등에 주목하면서 친일문학의 참조체계를 확대하고 있는"[30] 또 다른 갈래에게 이양하고자 하는 욕망이다.

> 일제 식민 담론의 구조와 어휘를 반복하면서 이루어져 왔던 친일문학 비판을 넘어서기 위해서도 참조체계의 확장은 필요하다. 그와 같은 확장을 통해 친일문학 비판은 궁극적으로 자기동일적인 윤리가 아니라 '혼성의 윤리'를 지향함으로써 포스트식민적 기획을 수행해 나가게 될 것이다.[31]

> 이 글은 특히 참조체계의 확장을 통해 친일문학의 컨텍스트를 이동시키고 있는 최근의 논의들에 보다 더 큰 가능성을 부여하려 하였다. 이는 친일 자체를 무효화하거나, 반동일시 전략의 부분적 효과와 정당성을 부정하기 위한 것이 아니라, 친일문학에 대한 논의를 단성생식으로부터 다성생식의 생산성에로 이동시키는 데 최근의 논의들이 기여하고 있다고 판단했기 때문이다.[32]

그가 강조하는 분열·모순·복합성·불안정성 등이 '친일문학들'의 또 다른 속성을 구성하고 있다는 데에는 동의할 수 있다. 그리고 친일문학에 대한 논의가 단성생식하지 않고 다성생식할 수 있는 방향으로 나아가는 것도 바람직한 일이라는 데에 이견이 있을 리 없다. 그리고 그 과정에서 "식민권력과 식민화된 주체가 공유했던 모순과 분열, 중층적인 자기정체성"(강상희, 52면)을 확인하고 성찰하는 것은 친일문학을 연구하는 데에 있어서 꼭 필요한 일이라고 생각한다. 하지만 그것이 '혼성의 윤리'를 지향하고 또한 그렇게 하는 것이 '포스트식민적 기획'의 수행이라고 하는 데에는 문제가 있다. 그러한 '포스트식민기획'은 '탈식

30) 강상희, 앞의 글, 50면.
31) 위의 글, 53면.
32) 위의 글, 54면.

민'의 윤리보다는 '후기식민'의 윤리에 더 깊이 잠식되어 있다고 보기 때문이다.

무엇보다 강상희의 글은 스스로가 표면적으로는 그렇게 피하고 싶어 하는 이분법의 충동을 이기지 못하고 다른 담론들을 단순화-타자화하는 또 하나의 반동일화 전략에 의존하며 그리하여 또 다른 단성생식으로 나아가는 길을 향하고 있다는 데에 문제가 있다. 그것은 진정한 대화성과는 거리가 멀다. 진정한 대화성이란 것은 먼저 차이를 인정하는 것이고 소통을 지향하는 것이며 거기서 멈추는 것이 아니라 그를 통해 문제의 해결을 위한 상호주체적 실천으로 나아가는 것이다. 그가 파악한 대로 친일문학 담론에 두 갈래의 경향이 있다면, 해야 할 일은 한 갈래에서 다른 갈래로 건너뛰는 것이 아니라, 두 갈래의 차이 위에서 그 차이를 넘어 소통하고 다시 그 소통을 통해 친일문학이라는 곤경을 넘는 새로운 지평을 모색하는 일일 것이다.

7. 양가성 담론의 경계에서-윤대석

윤대석은 '친일문학'이라는 말을 가급적 사용하지 않거나 따옴표를 붙여 사용하는 대신 '식민지 국민문학'이라는 용어를 사용한다.

> 이 책의 제목인 '식민지 국민문학론'은 임종국 선생의 『친일문학론』에서 빌려왔습니다. 그가 보기에 국민문학은 이어받아야 할 것이고 식민성은 타기해야 할 것이지만, 저의 생각은 다릅니다. 오히려 식민성은 국민문학이 가진 제국주의적 성격으로부터 그것을 일탈시킨다는 것이 저의 생각입니다.[33)]

그는 "식민성이야말로 국민문학이 가진 제국주의적 성격으로부터 그것을 일탈시킨다"는 전복적 명제를 내세우며 임종국이 주체성을 상실한 문학으로 규정한 일제말의 '국민문학' 개념을 탈식민적 관점에서 재전유하여 오히려 그것에 적극적 · 긍정적 의미를 부여한다. 이렇게 본다면 '식민지 국민문학', 즉 '친일문학'은 배신이나 타락의 표지가 아니라 식민적 조건 속에서 탈식민을 추구한, 그리하여 강고한 식민체제와 식민담론에 균열을 일으킨 일종의 해방적 기획으로 전화된다. 그 실증적 입증 여부를 일단 괄호치고 본다면 윤대석의 이러한 견해는 일단 그 이전까지 회피하거나 배제하고 싶었던 상처, 혹은 오욕의 이미지로 점철되었던 1940년대 초반의 한국문학을 모색과 변화의 가능성이 살아 있던 또 하나의 생성의 공간으로 재조명하게 한다는 점에서 각별한 주목에 값하는 견해라고 할 수 있다.

그는 이러한 자신의 전복적 견해의 타당성을 입증하기 위해 '양가성(ambivalence)'이라는 탈식민주의의 주요 개념을 효과적으로 동원한다. 양가성은 식민주의, 식민지배에 따르는 피할 수 없는 모순적 본질이다. 식민지 지배자는 식민지에 대하여 매력과 반감이라는 양가적 태도를 갖는다. 식민지 피지배자 역시 식민자를 모방하는 과정에서 모방하면서 동시에 해악을 끼친다. 식민자와 피식민자 공히 "갈라진 혀"로 말하는 것이다. 물론 식민지배가 심화되고 이를테면 대동아전쟁기와 같이 식민주의적 폭력이 위기의 국면으로 고양될수록 그러한 양가성은 심화될 것이다. 그러므로 1940년대 초반의 상황이라는 것은 암흑기이면서 동시에 이러한 식민-피식민자의 '갈라진 혀'가 모순과 갈등의 소용돌이를 일으키는 혼성적이고 해체적인 시기가 되는 것이다.

이러한 관점은 친일문학을 둘러싼 담론의 지형에서 새로운 위상을 차지한다. 이 관점은 우선 기존의 민족주의적 친일문학론의 '상상된 동

---

33) 윤대석, 「서문」, 『식민지 국민문학론』, 역락, 2006.

일성'을 해체하며, 또 하나 헤게모니적 식민지지배론이 지니는 패배주의 역시 해체한다. 전자는 식민주의의 논리구조를 반복하는 민족·국가주의로 귀속될 뿐이며, 후자는 주체를 소거하여 어떠한 탈식민적 저항도 불가능한 것으로 만든다. 대신 "식민지 본국의 국민적 정체성으로도, 그리고 식민지 이후의 독립국의 국민적 정체성으로도 흡수되지 않는 식민지 담론의 양가성을 포착하고 그 양가성 사이에 벌어진 틈 속에 탈식민의 논리적 근거를 두는 것"으로써 식민주의를 해체하는 전망을 얻을 수 있다는 것이다.[34]

물론 그것은 "근대적·민족주의적 주체·아이덴티티 개념을 경계하면서도 식민지인의 주체성·자율성을 논리화하는 아주 어려운 작업"[35]인데 그는 최병일의 일본어 단편소설집 『배나무』에 나오는 시골사람들의 이야기를 예로 들어 "저항과 협력이라는 논리를 가로지르며 존재"하는 서발턴들에게서 이러한 식민주의에 포섭되지 않는 새로운 주체의 모습을 찾아내고 있다.

그의 견해에는 신선한 점이 없지 않다. 민족주의 담론의 자기동일성론이나 식민주의/민족주의의 상동성을 비판하는 것은 이젠 거의 유행이므로 그렇다고 하더라도 그는 거기서 머물지 않고 식민주의의 헤게모니적 지배력을 과장하거나 절대화하지 않으며 식민-피식민자의 지위를 고착화하지 않는다는 점, 저항 주체의 필요와 존재를 모색하고 긍정한다는 점, 그리고 탈식민주의 담론을 그대로 복제하지 않고 우리의 구체적 상황 속에서 재전유하려고 시도한다는 점 등에서 탈식민을 가장한 식민주의의 수락이라는 함정에 빠지지 않기 위한 의식적 노력을 하고 있기 때문이다.

하지만 그의 논리를 따라가다 보면 이른바 탈식민주의론이 지닌 어떤 딜레마를 감지하게 된다. 그가 능동적으로 전유하고 있는 '양가성'이

---

34) 위의 책, 161면.
35) 위의 책, 198면.

라는 개념을 들여다보자. 식민자/피식민자의 양가성, '갈라진 혀'는 어디에서 유래하는가? 그것은 사물의 양가성이라는 형이상학적 본질에서 비롯되는 것이 아니다. 그것은 한 민족(국가)의 다른 민족(국가)에 대한 지배라는 상황에 내재한 본질적 부자연스러움과 불안정성에서 오는 것이다. 자유로운 주체들 사이의 자발적 계약과 합의에 의한 지배도 그것이 지배인 한 늘 불안정하고 부자연스러운 것이다. 하물며 합의도 계약도 없는 일방적 강압에 의한 지배는 기본적으로 불안정하고 부자연스럽게 마련이다. 그것을 탈식민주의에서는 양가성이라고 부르지만, 사실 그러한 불안정함과 부자연스러움을 일컫는 더 선행하는 이름은 '모순'이다. 하지만 같은 현상을 '양가성'이라고 부를 때와 '모순'이라고 부를 때 그 호명주체의 세계에 대한 태도는 달라진다.

그것을 '양가성'이라 부르는 자는 천지에 미만한 양가성, 즉 세계와 자기 존재의 분열된 모습, 적과 아가 서로 적대하면서도 닮아 있는 상황 앞에서 어쩔 줄을 모르고 방황하는 존재가 된다. 하지만 그것을 '모순'이라고 부르는 존재는 그 부자연함과 불안을 넘어서고자 하는 윤리적 판단(혹은 욕망이라고 해도 좋다)에 의해 그 모순을 극복·지양하는 '운동'을 시작한다. 탈식민주의의 가장 큰 철학적 문제는 '양가성'이라는 이름 아래 일종의 윤리적 판단정지 상태에 빠진다는 점이다. 왜? 모든 윤리적 판별, 정언적 명법은 자기동일적이고 자기동일적인 것은 모더니티에 속한 것이기 때문이다. 하지만 윤대석이 양가성의 '틈'을 발견했을 때, 사실 그는 '양가성'의 왕복구조를 해체하는, 모순을 지양하는 운동의 방향을 발견한 것이다. 이는 윤대석이 최병일과 함께 가장 주요한 '식민지 국민문학' 작가로 인증하고 있는 김사량의 경우에 잘 드러난다. 윤대석은 김사량의 「풀 속 깊이」를 분석한 뒤 다음과 같이 진술하고 있다.

> 조선인과의 차별화와 일본인에 대한 동일화가 거꾸로 자신의 출신을 확인시켜주는 역설을 낳았다. 작가 김사량은 이처럼 식민지인의 양가성을 극대화

> 시켜서 그 속에서 벌어지는 동화와 이화의 틈을 확대시켜 나갔다. 이러한 틈에 대한 인식이 작가 김사량으로 하여금 연안으로 탈출하여 항일의용군에 가담하게 만든 원동력이라고 할 수 있다.[36]

김사량의 연안으로의 탈출은 양가성 담론의 입장에서 보면 '황당한 일'이 아닐 수 없다. 그는 양가성의 긴장 한가운데 자신을 밀어 넣고 식민주의 담론에 틈을 내는 일을 멈추고 그 틈을 통해 식민체제로부터 탈출해 버렸기 때문이다. 즉 피식민자로서의 식민주의적 정체성을 홀연히 버리고 식민체제의 바깥에서 식민체제와 투쟁하기로 결정한 것이다. 이것은 양가성 담론으로는 포획할 수 없는 상황이며, 운동성을 필연적으로 동반하는 변증법적 모순론으로 밖에는 포착되지 않는 상황인 것이다. 이 점에서 윤대석의 탈식민주의는 자못 경계적이고 불안하다. 그에게 양가성은 탈식민적 사유의 중요한 지렛대이지만 그는 그 사유를 밀고 나가는 과정에서 그 사유를 넘어설 길을 어렴풋이나마 찾아낸 것으로 보인다.

그럼에도 불구하고 그의 사유는 아직도 도식화된 탈근대론의 세례에서 충분히 벗어나지 못하고 있다. 다른 탈근대론자들과 마찬가지로 민족·국민·국민국가·민족(국민)적 주체 등에 대한 추상적이고 상투화된 거부감은 제3세계, 혹은 한국에 있어서의 포스트식민주의의 정치사회적 상황들을 깊이 이해하는 데 많은 장애를 낳고 있다. 이를테면 그는 억압/저항, 협력/저항 등 이분법에 기초한 기존의 친일문학론들이 '민족적 주체' 혹은 '국민적 주체'라는 근대적 주체개념에 의존하고 있는 것을 비판하며 그 대신 자율적 주체라는 주체개념을 제시하고 있다. 하지만 국민(민족)적 주체와 자율적 주체 사이에 그렇게 큰 차이가 있는 것은 아니다.

원래 근대적 주체란 자율적 주체였으며 다만 국민국가를 형성한 부

---

36) 위의 책, 174~175면.

르주아들이 그것을 국민(민족)적 주체로 포획했을 뿐이다. 따라서 자율적 주체라는 것은 아직 대자화되지 못한 존재, 즉 즉자적이고 수동적 주체에 다름 아니다. 국민(민족)적 주체, 혹은 시민적 주체로 포획되지 못한 잉여로서의 서발턴에서 자율성, 즉 근대 초기와 같은 자율적 주체성이 발견되고 거기서 근대사회의 동일성 논리의 어긋남을 보는 것은 자연스러운 일일 수 있으나 그들에게 탈근대의 짐을 지우는 것은 일종의 과잉투사라고 할 수 있다. 국민주체와 시민주체가 자본주의적 근대에 포획된 지금은 자율적 주체와 국민(시민)적 주체를 지양한 어떤 새로운 주체, 말하자면 '사회적 주체' 같은 것이 요구되는 시점이며 이는 국민–시민–민중으로부터, 또 그것을 함께 넘어서는 곳에서 비로소 가능해질 것이기 때문이다.

8. 탈식민주의론의 좌선회

1) 박수연–탈식민주의의 정신분석학

박수연은 포스트식민주의 이론이 광범한 호응을 얻고 친일문학 논의도 그에 의해 크게 영향 받고 있는 상황을, 바로 그 포스트식민주의가 깊이 근거하고 있는 정신분석담론을 원용하여 비판적으로 분석하고 있다.

> 사람들은 제국주의의 식민담론에 의해 길러지고 그 담론을 모방하면서 살게 된 역사적 질곡의 경험을 제대로 해결하지 못했다는 자의식에서 해방되지 못한 채, 그 상처의 죄의식을 식민지적 자아의 형성과 관련시키는 것이다. 요

컨대 피식민지인 대부분은 거울에 되비쳐진 것과 같은 형태로 제국주의의 협력자가 되어 살아왔다는 정신분석적 개안(?)이 여기에 있다. 이로써 식민지의 역사적 질곡은 식민 주체에 호명된 피식민지인들의 모방에 상당부분 기인하는 것으로 이해되어 버렸다. 피식민지인들의 자기 반성적 거듭남이 이래서 요구되는데, 정신분석 담론이 분석자의 고백적 자기진술을 통해 자신의 근거를 부여받듯이 그 죄의식의 원인은 역설적으로 식민지 지배의 근원적 원인인 것으로 자리바꿈된다. 이런 기원의 꼬리물림이 있는 한 피식민지인들은 결코 제국주의 담론의 그물망으로부터 벗어나지 못할 것이다.[37]

이렇게 보면 탈식민주의 담론은 이처럼 피식민지인들의 죄의식이 전도된 담론이 되는 것이고 "제국주의의 위치에서 식민지 해방 이후의 담론으로 선택적으로 구성된 것일 가능성"(박수연, 53면)이 있다는 가설도 설득력을 지니게 된다. 박수연의 이런 견해는 바로 식민주의, 제국주의에 대한 저항을 식민지파시즘의 반복으로 환원시키는 '일상적 파시즘론'의 신경증(?)에 대한 설득력 있는 처방이 될 수 있으며 나아가 탈식민주의 담론에 근거한 친일문학 담론들에게도 본질적인 문제제기가 될 것으로 보인다.

나아가 박수연은 라자뤼스의 견해를 빌려 탈식민주의 이론에서의 피식민인은 "진정한 피식민인이 아니라 식민 담론에 의해 호명된 대리인(agent)"에 불과하다고 보며 따라서 피식민주체에게는 내적 분할, 즉 식민주체에 의해 호명된 엘리트들에 의한 부르주아적 민족주의와 호명되지 않거나 호명을 거부하는 민중적 민족주의로의 분할이 일어난다고 본다.

또한 그는 김사량 문학의 탈식민주의적 가능성에 주목한 윤대석의 논의를 언급하는 가운데 김사량의 연안탈출은 그가 식민담론의 외부, 즉 권력의 외부에 있었기 때문에 가능했고 김사량의 탈출을 계기화한 것은 곧 '민족'이라고 할 수 있다고 하면서 결론적으로 민족담론은 "식

37) 박수연, 「내재성 부재의 주체와 문학적 종착지」, 『친일문학의 내적 논리』(김재용 외), 역락, 2003, 52~53면.

민담론의 반복이되 차이나는 반복"이라는 사실을 간과하면 안 된다고 주장한다. 박수연의 이런 견해는 탈식민주의 담론을 그 내부에서 해체하여 제3세계적 시각으로 지양하고 재전유한 것으로써 탈식민주의적 시각에서 이루어지는 민족주의 비판과 친일문학 담론의 전복적 전유를 재비판함으로써 강력한 균형추를 마련한 것이라고 할 수 있다.

2) 하정일—마르크스주의적 탈식민주의론

박수연에 의해 이루어진 이런 전회는 하정일에 의해 보다 견고한 이론적 부피를 획득하게 된다. 하정일은 먼저 전통적인 반제국주의, 민족주의 담론의 한계를 지적하고 탈식민주의적 연구가 식민주의의 내재성의 발견에 기여했음을 인정하지만 탈식민주의적 연구들이 계급과 식민성의 내적 연관에 대해 무관심하고 제3세계에서 민족형성과정의 특수성에 둔감하다는 사실을 지적하면서 글을 시작한다. 그리고 이런 경향이 사이드·스피박·바바 같은 해체론적 탈식민 담론의 무반성적 수용에서 비롯된다고 보고, 그 대신 파농·아마드·패리·라자러스·월러스틴·아민 등 제3세계의 현실에 기반한 탈식민담론—'마르크스주의적 탈식민론'에 주목하여 탈식민주의론의 전회를 시도한다.

이러한 이론적 위상을 토대로 그는 기존의 친일문학 담론들을 비판적으로 검토해 나간다. 그에 의하면 임종국의 친일문학론은 식민주의를 억압적 이데올로기로 인식하여 순응/저항의 양자택일의 대응 외엔 다른 선택이 없다고 생각하게 된다. 반면 김재용은 식민주의를 나름의 내적 논리를 갖춘 헤게모니 담론으로 규정하고 친일 담론을 '자발적이고 일관된 동의'로 해석하여 그에 이르는 내적 과정을 규명하는 것이 친일문학 연구의 초점이 된다고 본다. 하지만 김재용이 자발적 동의 여부를 가리는 기준으로 본 '명시성'이라는 요건은 텍스트의 비명시적이고 무의식적인 부분들을 섬세하게 읽어내지 못하게 한다는 점에서 문제가 있다고 본다. 또한 김재용에 대한 각기 다른 비판을 가한 강상희·류보선 등의 경우에는 식민주의를 헤게모니 담론으로 보는 점에서는 같되 그것을 동의와 포섭을 아우르는 담론으로 파악하고 있다고 보며 이는 동의와 포섭을 구별 못하여 결국 친일의 기준을 실질적으로 무화하는 결과를 낳는다고 비판한다.

하정일은 이처럼 식민주의를 헤게모니 담론으로 보는 견해 모두를 비판한다. 헤게모니 담론은 "식민주의란 수미일관하고 자기완결적 담론"이라는 이론적 전제를 가지고 있기 때문에 저항의 가능성을 협소하게 만든다는 약점이 있다는 것이다. 이로부터 김재용의 '저항' 범주가 협소해지는 결과가 나오고, 앞서의 강상희·류보선의 경우 및 대부분의 해체론적 탈식민론에 의존한 연구들에게서 나타나는 '도저한 비관주의'가 나올 수밖에 없다는 것이다. 그리고 이 지점에서 하정일이 주목하는 것이 지배 이데올로기를 사회구성체 내의 계급관계의 반영으로 본 풀란차스의 이데올로기론이며 그에 따라 식민주의 자체의 양가성론이 도출된다.

> 가혹한 억압과 탄압에도 불구하고 탈식민의 저항이 그치지 않는 것도 견고하면서도 나약한 식민주의의 양가성 때문이다. 식민주의가 견고하기만 한 담론이라면 식민주의는 동일성과 반복만을 피식민지에서 창출해야 한다. 하지만 실제로는 동일성과 함께 차이가, 반복과 함께 단절이 발생하면서 식민주의적 지배 곳곳에 흠집이 새겨진다. 식민주의가 타자 없이는 존립할 수 없는 비자족적 담론이기 때문이니. 이 비자족적 나약함에 탈식민화의 현실적 계기가 존재한다.[38]

이런 입장에서 그는 실제로 탈식민적 저항은 다양한 스펙트럼에서

---

38) 하정일, 「한국 근대문학 연구와 탈식민」, 31~32면.

가능했다고 보며 그것은 "동일성과 반복 속에서 차이와 균열을 생산하는 작은 저항들이 식민주의에 무수한 균열을 만들어내는 역동적 과정을 읽는 맥락적이고 수행적인 독법"을 통해 '친일과 저항'을 동시에 읽는 친일문학에 대한 연구가 보다 심화될 수 있다고 보고 있다. 이러한 결론은 접근의 경로는 다르지만 윤대석의 입장과 상당히 근접하고 있는 것으로 보인다. 다만 굳이 차이를 말한다면 윤대석은 동일성과 반복 속의 차이와 균열이 지닌 혼종성에 더 무게를 둔다면 하정일은 저항의 계기를 찾는 데 더 무게를 둔다고 할 수 있다. 하정일은 '회색지대'가 존재한다는 해석을 두고 맥락을 경시한 텍스트주의적 독법이며 거기서 다양한 저항들을 찾아야 한다고 했지만 정말로 친일도 저항도 아닌 혼종 그 자체인 것, 동요와 혼란 그 자체인 것도 없지는 않을 것이다. 그것들은 물론 식민주의 헤게모니의 균열상을 보여주는 지표이지만 그것을 굳이 '저항'의 맥락에 위치 지으려 하는 것은 부자연스럽고 이분법적인 것으로 보인다.

아무튼 하정일의 이러한 결론에 이르러서 말하자면 친일문학 담론은 회피와 배제를 넘어, 민족주의와 탈민족주의의 긴장을 거쳐 비로소 올바른 과학적 연구의 행정 위에 놓이게 되었다고 할 수 있을 것이다.

9. 맺음말

이상으로 친일문학 문제를 둘러싼 주요한 논의들을 거칠게나마 일별해 보았다. 임종국의 민족주의적 친일문학론에서 하정일의 '마르크스주의적 탈식민론'에 의거한 친일문학 논의에 이르기까지 친일문학을 둘러싼 담론의 흐름은 크게 보아 근대적 관점에서 탈근대적 관점으로, 그리고 다시 근대적 관점과 탈근대적 관점을 동시에 성찰적으로 인식하는 관점으로 진행되어 왔다고 할 수 있다.

임종국의 『친일문학론』이 소박한 민족주의의 입장에서 친일문학론을 최초로 제기했다면 김재용은 임종국의 억압/저항론을 협력/저항론을 통해 비판적으로 갱신하면서 친일문학을 한국 근대문학사의 중심 주제로 가져다 놓았고, 강상희가 이를 또 다른 동일화와 배제의 전략이라 비판하고 해체적 탈근대·탈식민적 관점을 제기했다면 윤대석은 탈식민주의적 관점의 문제에서 탈식민적 실천의 문제로 이를 발전시켰으며, 박수연은 탈근대·탈식민주의의 심리적 근거를 문제삼아 친일문학을 보는 제3세계 민족주의적 관점의 복권을 시도했다면 하정일은 마르크스주의적 탈식민론의 관점에서 제 논의들을 정리하여 논란의 한 단락을 지었다고 할 수 있다. 한편 김철과 류보선은 친일문학 자체에 대한 비정보다는 그 발생론적 맥락을 한국 근대문학의 성격과의 관련 속에서 밝히는 데 더 주력하여 한국 근대문학과 그 작가들이 지닌 식민지 근대라는 조건 속에서의 모더니티 지향의 특수성이 친일문학을 필연적으로 낳을 수밖에 없었다는 결론에 도달한다.

이 같은 2000년대에 다시 제기된 친일문학과 관련된 논쟁들은 결과적으로 볼 때 친일문학의 탈주술화, 혹은 탈이데올로기화의 과정이라고 볼 수 있을 것이다. 분명 이 논쟁들을 통해 친일문학에 대한 민족주의적 강박이 상당 부분 해소되었다고 할 수 있고, 또한 이를 또 다른 방향에서의 이데올로기화의 매개로 삼고자 하는, 이를테면 식민지파시즘론을 위한 전거로 과잉결정하고자 하는 움직임 역시 비판적으로 극복되었다고 할 수 있다. 이 일련의 논쟁적 연구들을 통해 이제는 마치 1920년대 문학, 1930년대 문학을 연구하는 것과 마찬가지로 '친일문학'이 아니라 1940년대 전반기의 문학으로서 온당한 학문적 연구가 진행될 수 있는 토대가 마련되었다고 할 것이다.

이제 이 논쟁적 담론들을 바탕으로 보다 견고하고 실증적인 연구들이 뒤따라야 할 것인데 그를 위해 두 가지의 기본적인 문제를 제기하는 것으로 이 글을 마치고자 한다.

첫째, 1930년대 후반에서 8·15해방에 이르는 시기의 한국문학을 한국근대문학의 전 맥락 속에서 전체적으로 자리매김하는 작업이 무엇보다 중요하다. 이미 앞서 살펴본 바와 같이 김철·류보선 등에 의해 가설적으로는 개괄이 시도된 바 있었고 김재용 역시 "일제 말의 문학은 그 이전 근대문학의 결산이며 또한 분단 이후 전개된 문학의 출발에 놓인 결절점"[39]이라고 하여 문학사적 맥락을 깊이 염두에 두고 있던 것으로 보이지만 아직은 대부분의 연구가 이 시기 자체에 대한 연구에만 집중되어 있는 상황이다. 특히 김철이 제기한 바 '식민지 한국문학에서의 근대/탈근대의 긴장과 그 왜곡된 해결로서의 친일문학'이라는 관점은 이러한 문학사적 자리매김에 여전히 중요한 시사를 주고 있다고 생각된다. 이러한 관점에서 이 시기의 작가와 작품들에 대한 면밀한 총체적 지형도를 그려내는 것이 긴요하다. 여기엔 친일/반일, 협력/저항, 동의/포섭, 참여/탈주 등 비교적 명료한 이분법적 대쌍들은 물론 그 대쌍들로 포획할 수 없는 작가·작품들까지 모두 포함되어야 할 것이다. 이런 접근을 통해 아직도 여전히 작동하고 있는 친일/반일, 지배/저항을 변별하려는 '민족주의적' 통합의 강박과 혼종성의 확인이라는 비역사적인 해체의 강박에서 자유로워지면서 '친일문학'을 해소하고 '식민지 근대문학'이라는 역사적 보편성 속에서 이 시기의 문학현상들의 전체상을 해명하는 일이 가능해 질 것이라고 본다.

둘째, '친일문학'이 작가론이라는 사실은 그것이 대부분 압도적인 객관적 조건에 맞선 '주체'들의 문제라는 점에서 자연스럽게 받아들여진다. 하지만 이러한 작가론 중심의 접근법은 자칫하면 작품에 대한 기계적 이해를 낳을 수가 있으며 작품을 작가의 태도나 입장의 채증을 위한

39) 김재용, 앞의 책, 5면.

한갓 증거자료로 처리하는 오류에 빠질 수가 있다. 과연 '친일문학'을 '친일작가'가 쓴 작품이 아니고 하나의 미학적 범주 혹은 하위장르로 설정할 수 있는가? '친일작가'의 작품들은 과연 미학적으로도 친일적인가? 아직 이 문제에 제대로 대답하는 연구는 접해보지 못했다. 작가에 대한 전기적 연구와 더불어 작품들에 대한 미학적 탐구가 수반될 때 '친일문학'은 비로소 진정으로 과학적인 한국 근대문학 연구의 객관적 대상이 될 수 있을 것이다.

임화, 혹은 세 가지 저항의 방식

권성우

1. 문제제기—임화와 저항의 방식

아시아의 신생제국 일본이 중일전쟁의 승리를 기점으로 본격적으로 군국주의 파시즘으로 달려가던 1937년 이후, 내면적으로 마르크스주의와 진보적 이념을 수용한 식민지의 비평가에게 당시의 정국 및 문화에 대한 어떠한 입장과 저항의 방식이 가능했을까. 이 논문의 화두는 바로 이러한 물음이라고 할 수 있는 바, 이와 연관하여 1940년을 전후한 임화의 비평과 산문은 바로 이러한 질문에 대한 대단히 의미심장한 시사를 던져준다고 생각된다.

주지하다시피 1937년 중일전쟁 이후 일제의 군국주의 파시즘 이데올로기가 식민지 조선사회에 전면화되면서 그 이전과는 비교할 수 없을 정도로 일제의 억압이 강고해지고 노골적인 파시즘이 발호하기 시작했다. 내선일체사상이 전면적으로 확대되었으며 창씨개명자 및 전향자가 속출했다. 일제에 대한 합법적인 차원의 저항이 거의 불가능한 시기가 도달했던 것이다.

이처럼 문제적인 시기에 지하조직이나 망명・절필・낙향을 선택한 것이 아닌 다음에야, 오로지 글(텍스트)을 통해 자신의 뜻을 전할 수밖에 없는 당대의 비평가에게 당시의 문화적 지배 이데올로기에 대한 저항의 방법은 어떠한 방식으로 표출될 수 있을까? 이러한 물음에 답변하기 위해서는 누구보다도 식민지 시대의 대표적인 비평가인 임화가 1938년부터 1941년경 사이에 발표한 텍스트들을 면밀하게 검토해야 한다.[1] 당시에 발표된 임화의 비평문과 산문, 문화담론들은 그 문제적 시기에 이루어지는 저항이 결코 단순하지 않다는 점, 아울러 친일/반일의 이분법으로 포착할 수 없는 다양한 저항의 방법과 의사표시 수단이 존재했다는 점을 여실히 보여주고 있다.

임화는 이 시기에 당대의 문학장과 문단에 대한 비판, 문학미디어와 문화산업에 대한 문제제기, 메타비평적 탐색을 통한 비평적 실천, 예술적 자율성과 장인정신의 강조, 전체주의 문학론에 대한 문제제기, 생산소설에 대한 성찰, 고전문화와 현대문화에 대한 탐색, 언어의 본질에 대한 탐구 등의 다양한 방면에서 당시의 문단과 정국에 대한 임화 나름의 비평적 의제들을 지속적으로 제출했다. 비평가로서의 임화는 누구보다도 의제 설정 능력이 탁월했다. 이처럼 1940년을 전후한 시기에 임화가 제기한 비평적 아젠다들은 각각 심층적인 차원에서 학문적 탐구와 해석이 필요한 중요한 학술적 논점이라고 할 수 있다.

최근의 임화 연구는 유물론적 반영론과 마르크스주의 방법론에서 탈

1) 일제가 태평양전쟁에 본격적으로 돌입한 이후인 1941년 12월 이후 임화가 발표한 평문은 몇 편 되지 않으며, 그나마 문제적이라고 할 수 없는 글들이다. 본격적인 전시체제(총력전 체제)가 가동한 1941년 12월 이후에는 당시 시국에 비판적인 글쓰기가 거의 불가능했다고 볼 수 있다.

피하여 탈식민주의·미디어·문화론 등의 한층 다양한 시각으로 확대되고 있다.[2] 이와 같은 연구들은 당시 임화의 미디어 및 문화산업에 대한 문제제기와 '비평적 자의식'에 주목한 필자의 논의와 임화의 「생산소설론」이 지닌 시대사적 맥락에 대한 하정일의 검토에서 볼 수 있듯이 주로 탈식민주의이론과 1940년을 전후한 임화의 문학담론에 검출된 내적 저항을 연계시키면서 당시 일제 군국주의 파시즘에 대한 임화의 다양한 대응에 연구의 초점을 두고 있다.

위에서 언급한 임화 연구의 최근 성과를 이어받아, 이 논문에서 임화 비평 연구와 연관하여 구체적으로 진전시키고자 하는 대목은 당시 문단 및 문학장과 정국에 대한 임화의 문제의식이다. 임화는 그 시대 문단과 정국에 대해 당대의 어떤 문인보다도 예민하고 복합적인 인식을 보여주었다. 이러한 임화의 인식은 「문단적인 문학의 시대」(1938)·「시단은 이동한다」(1940)·「창조적 비평」(1940)·「전체주의의 문학론」(1939) 등의 그동안 본격적으로 연구되지 않았던 평문들에서 인상적으로 표출되어 있다. 이 글들에 대한 분석은 당시 일제의 군국주의 파시즘 체제하에서 어떤 방식의 '비평적 저항'과 비판이 가능한지를 검증하게 해주는 시금석이 될 수 있을 것이다. 이러한 맥락에서 1940년 무렵 발표된 임화의 글쓰기는 탈식민의 역학과 방향성에 대한 소중한 암시를 던져주며, 식민지 시대 글쓰기와 당시 시국의 연관성에 대한 다층적인 접근의 길을 폭넓게 열어준다는 것이 필자의 생각이다.

아울러 이 글은 최근 근대문학 연구에서 학문적 유행으로 대두되고 있는 국민국가론 및 탈민족주의 이론에 대한 비판적 대화의 과정에서 작성되었음을 밝혀둔다. 이러한 학문적 논리[3]에는 일본 제국주의에 맞

---

2) 이러한 관점에 의한 연구로는 다음과 같은 논문들을 들 수 있다. 권성우, 「임화의 메타비평 연구—비평적 자의식을 중심으로」, 『상허학보』 19집, 2007.2; 권성우, 「임화의 문화담론과 에세이 연구—미디어에 대한 성찰을 중심으로」, 『한민족문화연구』 19집, 2006; 하정일, 「일제 말기 임화의 생산문학론과 근대극복론」, 『민족문학사연구』 31호, 2006.

3) 이를 대표하는 문제적 저작으로 김철의 『국민이라는 노예—한국문학의 기억과 망각』

서서 비판적 문제의식을 보여준 문인들의 입지에 대한 섬세한 고려가 빠져 있다. 김재용의 주장대로 "이들은 일본제국주의에 맞서 싸웠던 문학인들 역시 국민국가와 내셔널리즘의 틀 속에 갇혀 있다고 보기 때문에 저항의 가능성을 일체 인정하지 않게"[4] 되는 논리적 딜레마에 봉착하는 것이다. 그러나 당시 제국주의와 파시즘에 대한 저항과 문제제기는 다양한 스펙트럼에 걸친 글쓰기를 통해 수행되었다는 것이 이 글의 기본적인 전제이다.

지금까지 서술한 문제의식에 기반하여, 이 글은 1938년부터 1940년 사이에 발표된 임화의 몇몇 비평을 대상으로 하여, 당시 임화가 일제 군국주의 파시즘과 역사성과 사회성을 상실한 지리멸렬한 문단에 대해 어떠한 방식으로 저항하고 대응했는지에 대해서 탐색하고자 한다. 궁극적으로 말해서, 1930년대 말에서 1940년대 초반까지 수행된 임화의 비평과 산문을 검토한다는 것은, 군국주의 파시즘으로 달려가던 당시 일제 말의 상황 속에서 제국의 이데올로기에 맞서서, 오래 전부터 마르크스주의를 내면화한 한 비평가의 내면과 심리를 섬세하게 포착하는 작업에 다름 아닐 것이다. 또한 이러한 시도는 식민지 시대를 단순한 친일-반일의 이분법적 구도에서 탈피하여, 일본 제국주의와 파시즘에 대한 다양한 대응과 응전의 방식이 가능했다는 사실을 알려주는 소중한 참조가 될 수 있을 것이다.

(삼인, 2005)을 들 수 있다.

4) 김재용, 『협력과 저항』, 소명출판, 2004, 44면.

2. 1940년을 전후한 역사적 상황과 문학적 선택

1940년을 전후하여 발표된 임화의 텍스트를 제대로 검토하기 위해서는 당시의 구체적인 역사적 정황에 대한 면밀한 검토가 필요하다. 주지하다시피 1937년에서 1940년에 이르는 시기는 일본의 군국주의 파시즘이 급격하게 발호하던 문제적 시기였다. 이때부터 마르크스주의자들의 전향이 급속도로 유행처럼 번지게 된다.

1937년 7월의 '노구교' 사건이 시발점이 된 중일전쟁의 개시 이후 일제는 민심의 안정과 사고의 방지를 내세워 방공정책을 강화하는 데 힘쓴다. 이에 따라 일본은 노동력의 국가적 통제 및 이들에 대한 사상적 공세인 황민화(皇民化) 정책을 노골적으로 수행하였다.[5] 여기서 흥미로운 사실은 중일전쟁에서 일본의 승리를 예견하고 또 그것을 예찬하는 글이 당시 발간되던 매체에 대거 실리고 있었다는 점이다.[6] 또한 일제는 중일전쟁을 전후한 시기에 실시된 사상범보호관찰법과 조선중앙정보위원회의 활동에 기반하여 1938년 7월, 중일전쟁 1주년을 맞아 '국민정신총동원 조선연맹'을 결성하였다. 이와 같은 일제의 정책은 내선일체를 앞세운 전국적인 조직망을 통하여 조선인을 전시동원체제에 동원하는 총동원체제를 정리하고 그러한 목적에 부합되는 방공방첩을 강화하기 위함이었다. 이 시기에 사상범보호관찰법의 집행기관인 보호관찰소가 중심이 되어 사상전향자를 모아 '시국대응전선 사상보국연맹'을 결성한 것도 이 같은 맥락과 밀접하게 연관되어 있다.[7]

---

5) 역사학연구소 편, 「중일전쟁 뒤 일제정책과 민족해방운동」, 『함께 보는 한국 근현대사』, 서해문집, 2004, 218~226면.

6) 이준식, 「파시즘시 국제 정세의 변화와 전쟁 인식」, 『일제하 지식인의 파시즘체제 인식과 대응』(방기중 편), 혜안, 2005, 110면.

7) 전상숙, 「일제의 방공정책 강화와 사상선도」, 『일제시기 한국 사회주의 지식인 연구』,

이러한 군국주의 파시즘이 수행한 일련의 방공정책과 전시체제 시스템의 정립에 따라, 1940년에 접어들면서 일본 제국주의에 대한 저항의 공간은 현격하게 축소되기 시작한다. 1940년 7월 신임수상 고노에 후미마로가 이끄는 일본각의는 '기본국책강요'를 제정·발표하며 이에 따라 일본·만주·중국을 포괄하는 대동아공영권이 한층 확대되면서 남양, 즉 필리핀·인도차이나반도·인도네시아·하와이 등 동남아시아와 태평양 서안 일대까지 포함하는 광역 블록경제로 재편된다. 이와 같은 추세에 즈음하여, 일제는 식민지 조선을 자신들의 정책에 부합되는 공간으로 재편하기 위한 일련의 정책을 실시하게 된다. 이를테면, '창씨개명'이 이에 해당되는데, 일제의 창씨개명에 대한 갖은 압박으로 인해, 1940년 2월부터 실시된 창씨개명은 그 해 7월 불과 5개월 만에 200만 호를 돌파한다. 또한 1939년의 대가뭄으로 인해 1940년부터 군량미 확보를 위한 대규모의 공출이 전국적으로 실시된다.

그리고 문화적으로는 1939년 말부터 단행된 언론기관 통제계획에 따라 신문의 통·폐합이 단행되었다. 이러한 방침에 의해 『동아일보』와 『조선일보』가 폐간된 것이 바로 1940년이었다. 조선총독부 경무국의 출판물 통제 작업은 1941년경 대체로 완료되었다. 국제적인 정치사의 차원으로 보면 1940년 9월 일본·독일·이탈리아의 3국동맹이 결성되면서 일본은 노골적으로 파시즘 세력의 편에 가담하게 되는 것이다.[8)]

지금까지 서술한 일련의 사실들은 일본 제국주의가 1940년부터 노골적인 군국주의 파시즘 체제로 나아가기 시작했음을 확실하게 보여주는 징표들이었다. 그리고 이러한 정국에 부응하는 친일파들이 대거 등장하기 시작했다. 또한 조선에서 상당수의 지식인들은 세계사적으로 민족과 국가의 권력관계가 급격하게 변동하고 있던 1940년을 전후해서 황민화를 선택했다.[9)] 이제 그러한 파시즘에 대한 직접적인 저항이나 비판은 거의 불가

지식산업사, 2004, 263~264면.

8) 역사신문편찬위원회 편, 『역사신문』, 사계절, 2003, 105~107면.

능하며 지하조직운동만이 가능한 엄혹한 파시즘의 시절이 시작되었던 것이다. 그에 따라 이 무렵을 전후하여 카프 논객 및 사회주의자들의 대대적인 전향(轉向)[10]이 본격적으로 이루어지기 시작했다. 1936년 12월의 '조선사상범보호관찰령' 공포에 이은 대검거로 조선공산당 재건운동이 궤멸적 타격을 입은 뒤에 사회주의 운동은 지하활동을 통한 비밀결사조직을 통해 수행될 수밖에 없었다.[11]

전시파시즘기 한국 지식인은 '내선일체'의 억압구조에서 민족적 · 이념적 자기 정체성을 해체당하며 깊은 좌절감을 경험해야 했다. 일부 지식인은 민족해방의 도래를 전망하며 항일운동을 지속해 나갔지만, 현실 공간에서 대다수 지식인은 전향과 '황민화'를 강요당하는 가운데 정책 협조와 체제순응, 절필과 운둔의 길을 선택하지 않을 수 없었다.[12]

이러한 역사적 정황은 임화와 같은 사회주의 사상을 지닌 문인과 비평가들에게 근본적인 의미에서 '실존적 위기감'으로 다가왔을 것이다. 그렇다면 이 역사적 상황 하에서 그 시대의 대표적인 비평가이던 임화의 경우 어떠한 방식으로 일제 군국주의 파시즘에 대응하고 저항할 수 있었을까. 조선공산당이 해체되었으며 마르크스주의 운동이 대대적으로 탄압받는 당시 상황, 일제의 파시즘이 적극적으로 발호하며 전향자들이 대거 양산되던 당시의 상황 속에서 진보적 이념을 간직한 비평가 임화는 어떠한 길을 선택할 수 있었을까? 망명, 지하조직운동, 이민, 절필이 아니라면 그에게 남겨진 유력한 방법은 합법적인 테두리와 검열을 거치면서 수행되는 글쓰기를 통한 우회적인 저항일 것이다. 물론 그 저항은 순전한 비타협적 공간 속에서 진행될 수 없었다. 검열과 당시

9) 윤대석, 『식민지 국민문학론』, 역락, 2006, 47면.
10) 홍종욱, 「중일전쟁기(1937~1941) 사회주의자들의 전향과 그 논리」, 서울대 국사학과 석사논문, 2000.
11) 임경석, 「국내 공산주의 운동의 전개과정과 그 전술(1937~1945년)」, 『일제하 사회주의운동사』, 한길사, 1991, 218면.
12) 방기중 편, 『일제하 지식인의 파시즘체제 인식과 대응』, 혜안, 2005, 6면.

문학제도 및 시스템이 부여한 제한된 공간 속에서 임화는 자기 나름의 당시 지배체제에 대한 대응과 저항을 시도한다. 바로 그 곡예와 같은 문제적 여정의 한복판에 임화가 존재하는 것이다.

3. 문학제도와 문단에 대한 저항—「문단적인 문학의 시대」

카프를 대표하는 당대의 가장 영향력 있는 비평가로서 임화는 늘 당대 문단과 문학장에 대한 위기의식을 느끼며, 자신이 바람직하게 생각하는 문학의 순조로운 건설을 위해 수많은 논쟁과 문제제기를 수행했다. 1926년 11월 『조선일보』에 「정신분석학을 기초로 한 계급문학의 비판」을 발표하고 비평가로 활동하기 시작할 무렵부터 시작된 임화의 의제 설정과 문제의식은 목적의식론 · 방향전환론 · 창작방법론 · 사회주의리얼리즘 논쟁 등을 거치면서 항상 당대 문단과 논쟁의 최전선에 있었다. 이러한 임화의 비평적 의제 설정은 카프가 해산된 이후 문학의 대 사회적 대응력이 현저하게 감소하기 시작한 1938년 무렵부터 한층 근본적이며 비판적인 문제의식으로 수렴된다.

이와 연관하여 「문단적인 문학의 시대」(『조선일보』, 1938.7.17~23, 『문학의 논리』에 재수록)는 당시의 문단과 문학장에 대한 임화의 위기의식이 가장 구체적이며 명료하게 서술된 평문이다. 그 위기의식은 임화의 표현에 의하면 "현하(現下)의 문단(文壇)은 일찍이 조선 신문학상 어느 시대에 비하여서도 대조를 찾을 수 없는 일관(一貫)된 정신, 뚜렷한 신념(信念)이 통틀어 말하여 결여(缺如)된 시대다"[13]라는 진술과 "이즈음 사람들은 여러 가지 내용, 여러 가지 논리를 문학정신의 이름으로 통칭(通稱)하나 높은 의미의 문학정신은 벌써 우리 문단에서 떠나간 지 오랜지도 모른다",[14] "사회현실 가운데 들어 있는 진정으로 가치 있는 부분(역사적 추진력이라고 할까?)이 그대로 문단의 중심으로 표현된 것이 아니라, 사실에 있어선 우리들의 생활에 있어 주변으로서 장차 물러가야 할 온갖 부분이 어우러져서 문단의 중심을 이룬 감이 있다"[15]라는 진술로 요약된다.

임화는 단적으로 말해서 당시의 문학에 제대로 된 역사의식과 문학정신이 결여되어 있다고 판단하고 있는 것이다. 바로 이러한 문학 환경이 비평가로서의 임화에게 가장 근본적인 의미의 '위기의식'을 지니게 만들었을 것이다. 그 무렵 급변하는 역사적 상황에 치열하게 대응해야 할 문학이 적극적인 역할을 수행하지 못하고 있다는 절망감이 임화의 이러한 인식을 낳은 것이다. 그렇다면 이와 같은 변화의 직접적인 동기는 무엇인가. 임화는 "금일의 예술파라고 부를 경향의 득세"를 그러한 원인으로 들고 있다. 그 현상은 "문단에서 왕년(往年)과 같은 사회적 스트러글이 자취를 감추었다는 의미"와 일맥상통한다. 이러한 진단 끝에 임화가 바라본 당대 문단과 문학장의 구체적인 모습은 아래의 예문들과 같이 대단히 비판적으로 설명되고 있다.

> ① 문학은 행동의 廣場에서 예술로 돌아온 것이 아니라 실상은 文壇으로 돌아왔음에 不過하였다. 이리하여 신문학사상 드물게 보는 너무나 문학적인 문단의 시대, 실상인즉 文壇的인 문학의 시대가 시작된 것이다. 그러나 문학이 문단적으로 되면서 불어 내어던진 것은 이른바 「이데올로기ー」뿐 아니라 生活도 내어 던졌고, 중요한 것은 문학에서도 떠나오기 시작한 것이다.[16]

13) 임화, 「문단적인 문학의 시대」, 『문학의 논리』, 학예사, 1940, 269면(앞으로 이 논문에서 인용되는 문장은 필요에 따라 현대식 표기로, 한자를 한글로 변경하였다).
14) 위의 책, 271면.
15) 위의 책, 272면.
16) 위의 책, 273면.

② 무엇보다 내가 문단적인 문학이라 形容함은, 지금의 문학은 작가가 무어라고 廣告標를 붙이든지 간에 벌써 문단 외의 온갖 생활과 접촉을 끊고, 단지 문단이란 좁은 울안을 대상으로 삼고 모든 것이 문단 안의 問題로써 始終하고 있기 때문이다. 이런 문학은 기껏하여 일부 문학청년(이것은 문단의 常備된 주변 인구요 그러므로 때의 主潮에 따라 좌우되는)에게 읽혀짐에 지내지 않는다.[17]

③ 문단이 論爭도 없고 더구나 사회적 의미를 띠인 精神의 존재나 對立은 하나의 부질없는 異端으로 눈치되고, 和平의 濃霧가 去來함은 정히 이유가 없다 말할 수 없는 것이다.[18]

예문 ①과 ②에서 임화는 당대의 문학이 지나치게 문학 내부에 갇혀 있다는 점을 신랄한 어조로 지적하고 있다. 문학이 문단 내부에 한정될 때, 그 시대의 문학은 사상과 역사성을 상실한다는 것이 임화의 전언이다. 이는 궁극적으로 당시의 역사적 정황, 즉 파시즘과 일본 제국주의에 대한 비판과 성찰을 방기하고 있는 당대 문단에 대한 근본적인 문제제기에 다름 아니다.[19]

예문 ③에서 임화는 논쟁이 사라진 시대, 의미 있는 문학적 대립이 사라진 시대를 질타하면서 "화평의 농무가 거래"했다는 표현을 쓰고 있다.[20] 이는 문학적 입장과 세계관에 의거한 논쟁이 사라지고, 오로지 시

17) 위의 책, 274면.

18) 위의 책, 275면.

19) 이러한 발언은 마치 이 시대의 비평적 논쟁을 보는 듯하다. 상당수의 비평가들이 지금 이 시대 비평이 역사성과 사회성을 상실하고 몰가치적인 텍스트주의에 함몰되어 있다고 주장하고 있는데, 이는 1940년을 전후하여 임화가 보여주던 비평적 아젠더와 유사한 맥락을 지니고 있다. 당시 임화의 주장은 일본의 비평가 가라타니 고진의 「근대문학의 종언」 테제가 내장하고 있는 문제의식과 흡사하다는 점에서, 1940년을 전후한 시기와 지금 이 시대 문학판의 유사성과 차이를 정밀하게 탐구할 필요가 있을 것이다.

20) 이러한 임화의 판단 역시 지금 이 시대 문학장에도 유사하게 적용될 수 있는 논리라고 생각된다. 각 문예지와 문학에콜 간의 근본적인 문학논쟁과 유의미한 대립 없이, 유사한 작가들을 공유하면서 전략적 밀월 관계에 의해 유지되는 주류 문학에콜들의

국이 허용하는 문학만을 생산하는 당대의 문단과 문학생산시스템에 대한 중요한 문제제기라고 생각된다. 임화는 이러한 문단시스템의 해악을 "遺憾이나 현대의 특색을 一身上에 具現하고 그 사람의 존재로써 우리 문단의 특성을 聯想할 수 있는 당대적 작가나 비평가를 벌써 우리는 동시대 가운데서 찾기는 어려워졌다"[21]는 현상을 통해 정리하고 있다. 이와 같은 임화의 발언은 바로 그즈음 비평계와 문단이 초래한 문학 시스템의 위기와 문학적 획일성을 상징적으로 잘 보여주고 있다.

임화는 이 평문의 말미에서 "「解釋」과 「說明」 이 두 가지만으론 현대의 얼음과 같은 교착 상태는 타개되지 않을 것이다"라고 말하고 있다. 이 발언은 해석과 설명 위주로 전개되는, 즉 지나치게 작품에 종속되면서 냉철한 가치판단을 상실한 당대 비평에 대한 성찰적 문제제기[22]에 해당된다. 결론적으로 말해서, 「문단적인 문학의 시대」에서 개진된 임화의 전언은 당대 문학과 비평의 능동적인 현실 대응력을 주문하는 임화의 회심의 비평적 테제라고 할 수 있다.

이러한 비평에서 표출된 문제의식을 통해, 임화는 파시즘이 횡행하는 계절에 기교주의와 순수문학론, 즉 문학 내부에 함몰되어 제대로 된 대응을 수행하지 못하는 당대 문학장에 대한 비판을 수행하고 있는 것이다. 요컨대 이 시기 임화의 비평은 특정한 작품이나 작가에 대한 비판에서 더 나아가 정치성을 탈각한 문학장 및 문학제도 자체에 대한 구조적 비판으로 이행하고 있다는 점에서 그 이전의 다소 즉자적인 차원의 이념적 비판과 구별된다.

화기애애한 행태는 바로 임화가 비판해마지 않았던 당시 평단의 모습과 흡사하다.

21) 임화, 「문단적인 문학의 시대」, 『문학의 논리』, 학예사, 1940, 276면.

22) 비평에 대한 임화의 자의식과 입장은 권성우의 「임화의 메타비평과 비평적 자의식」(『횡단과 경계』, 소명출판, 2008)을 참조할 것.

4. 예술적 장인정신과 퇴폐에 대한 옹호 — 「시단은 이동한다」 외

1940년 무렵의 임화의 비평에서 자주 발견되는 단어는 '창조'·'예술성'·'독창성'·'새로움'·'예술적 수단'·'완미(完美)'·'정교한 완성'·'예술의 자율성' 등의 개념들이다. 사실 이러한 용어들은 마르크스주의 비평가들이 1930년을 전후한 내용—형식 논쟁이나 방향전환 논쟁의 과정에서 적극적으로 타매하던 개념, 즉 부르주아 비평가들이 애용하던 개념에 가깝다. 그렇다면 어떤 비평가보다 마르크스주의에 기초한 반영론적 사고와 사회주의 리얼리즘을 적극적으로 수용했던 임화가 1940년경부터 「시단은 이동한다」·「창조적 비평」 등의 몇몇 평문에서 바로 '예술성'·'독창성' 등의 개념들을 자주 구사하는 맥락은 무엇인가. 이에 대해서 구체적으로 살펴보자.

임화는 1940년 발표된 「시단은 이동한다」에서 당시 신인이었던 서정주의 시를 논하면서 다음과 같이 발언하고 있다.

> 狂瀾과 탕란(蕩亂) 가운데서 전율하는 無望이 그대로 結晶한 채 그것은 現實에 대한 하나의 峻嚴한 심판이 될 수 있는 동시에 또한 어떤 정신의 高邁한 상태와 방불할 수 있다. **時俗에 대한 시정배와 같은 協助와 완전한 絶緣에 있어 頹廢가 전하는 높은 향기는** 凜烈한 정신의 상태에 가까울 수 있기 때문이다.[23] (강조—인용자)

임화는 위의 글에서 서정주의 시에 나타난 광란의 어떤 상태가 당시 현실에 대한 준엄한 심판이라는 점, '퇴폐'와 '협조'는 분명히 구별된다는 점을 주장하고 있다. 이러한 예문과 더불어 다음과 같은 임화의 주장 역시 그 시대의 역사적·문화적 콘텍스트와 더불어 면밀하게 검토

23) 임화, 「시단은 이동한다, 三」, 『매일신보』, 1940.12.11.

될 필요가 있다.

> 우리가 頹廢에 대하여 공감하는 이유가 그것이 頹廢的이기 때문이 아니다. 오히려 그것이 旺盛한 現實에 대한 의욕과 人生에 대한 不絶한 好奇心의 不可避한 결과이기 때문이라는 것은 吳章煥 군의 시를 이야기할 때에도 披瀝한 말이다. 바꾸어 말하면 그 否定 가운데서 강한 肯定의 의식이 또한 그 絶望 가운데서 希望의 강고한 保障을 발견하기 때문에 **퇴폐란 것은 비로소 하나의 심판일 수 있다.**[24] (강조—인용자)

사실 이러한 관점은 리얼리즘과 문학의 사회성을 확고하게 고수하는 입장에서는 서정주에 대한 과대해석이라고 여길 정도로 이전에 임화가 신봉하던 작품 평가의 척도, 즉 리얼리즘의 규준과는 완전히 다르다.

위의 인용문들에서 무엇보다도 주목해야 할 대목은 임화가 '퇴폐'의 정서를 시속의 시정배와 같은 '협조'와 완전한 절연된 것으로 간주하면서 높이 평가하고 있다는 점이다. 임화에게는 '협조'가 당시 제국주의 파시즘에 대한 투항을 의미한다면 '퇴폐'는 이와는 분명히 구별되는 거리두기 내지 소극적 저항을 내포하는 것이다. 이와 연관하여 임화가 퇴폐를 현실에 대한 심판의 기능을 수행한다고 거듭 강조한다는 사실도 의미심장하다. 사실 '퇴폐'야말로 과거의 임화의 비평적 입장에서 보면 적극적으로 비판해야 할 전형적인 부르주아적 문학정서가 아니던가.

그렇다면 임화는 과연 무슨 이유로, 아울러 문학관에 어떠한 변화가 동반되어 서정주 시에 나타난 '퇴폐'를 적극적으로 인정하고 평가하는 것인가? 바로 이러한 질문 속에 1940년을 전후한 시대에 대한 임화의 복합적이면서도 미묘한 저항과 대응을 이해하는 핵심적인 문제의식이 존재한다. 말하자면, 그 무렵 임화는 표면적인 세계관이나 문학관의 진보보다 일제의 파시즘에 편승하지 않는 길에 대해서 더욱 근원적으로

24) 위의 글.

고민하고 있는 것이다. 그렇기에 임화는 당시의 시속과 획일적인 전체주의 문화와는 본질적으로 거리가 있는 '퇴폐'적인 미학에 대해서 높이 평가할 수 있는 것이다. 퇴폐가 단순히 병적인 취향이 아니라 당대의 사회적 환경이 문인들에게 가한 문화적 압박에 대한 미학적 대응의 차원에서 해석될 수 있다면, '퇴폐' 역시 시대에 대한 엄연한 대응의 한 방식일 것이다. 그것은 당대 시국에 협조하는 모범적 예술과는 엄연히 구별된다.

물론 '퇴폐'는 당대의 지배 이데올로기에 대한 적극적인 저항으로 해석될 수 없을 것이다. 하지만 '퇴폐'가 당대의 주류 이데올로기에 균열을 생성한다는 점, 아울러 퇴폐적 문학이 당시 전체주의적·획일적 예술정책에 포섭되지 않으려는 독특한 미학적 실천의 하나라는 점은 충분히 인정될 수 있다. 이러한 측면에서 보면 임화가 '퇴폐'에 대해서 높이 평가하는 것은 분명 당시의 시국과 전체주의 문화에 포섭되지 않는 문학적 글쓰기에 대한 적극적인 의미부여라고 생각된다.

임화의 '퇴폐'에 대한 각별한 인식과 연관하여, 해방 직후 임화가 「현하의 정세와 문화운동의 당면임무」(『문화전선』 창간호, 1945.11.15)라는 글에서, "예 하면 전쟁 중 문학의 일면에서 발생했던 퇴폐적 경향은 당시의 중간층을 지배했던 깊은 절망감의 표현임을 알아야 한다"고 주장한 사실에 주목할 필요가 있다. 임화의 이러한 관점은 그의 '퇴폐'에 대한 인식이 단지 미학적인 차원이 아니라, 당대에 대한 가능한 역사적 대응의 차원에서 수행되었음을 분명히 보여주고 있다. 이렇게 보면, 임화의 '퇴폐'에 대한 인식은 제국주의 파시즘이 발호하는 엄혹한 상황에서 탈식민의 길이 어떠한 방식으로 전개될 수 있는가 하는 점에 대한 일종의 시금석이라고 할 수 있다.

물론 서정주가 이후에 발표한 노골적인 친일시를 염두에 두고 볼 때, 임화의 이러한 판단은 결과적으로 오류였다는 사실을 간과할 수 없다. 임화의 판단과는 달리, 서정주는 이후 시속에 대해 적극적으로 협조해

1944년 12월 총독부 기관지인 『매일신보』에 발표한 「오장(伍長) 마쓰이 송가(頌歌)」를 비롯한 노골적인 친일시를 남긴 바 있다.

그러나 이러한 사후적 사실과 별도로, 당시 임화가 담론의 차원에서 퇴폐의 문학적 가능성을 높이 평가하면서 파시즘체제에 추수하는 획일적 문단 풍토에 대한 창조적 저항을 수행했다는 사실은 분명히 기억되어야 할 것이다.

임화의 「소설의 현상타개의 길―병증(病症) 없는 환자」(1940)라는 평문 역시 이러한 맥락에서 새삼 주목될 필요가 있다. 이 평문에서 임화는 "기물의 정교한 완성"을 시종일관 강조한다. 가령 "문학으로서 또는 前言한 소설로서의 정신은 그것이 담아질 작품의 精巧한 구조를 欲求하고 完美한 형성 가운데서만 그 존재를 온전히 할 수 있기 때문이다. 따라서 불완전한 製作品, 濫造된 작품 가운데서 정신은 정말 문학으로서의 혹은 소설로서의 정신이 되지 못할뿐더러 실로 소설로부터의 精神의 탈락을 결과한다"[25]고 주장하고 있는 대목이 이러한 예에 해당한다. 이러한 임화의 언급은 그가 불과 몇 년 전까지 담보하고 있었던 내용 중심의 비평관과 명백하게 배치된다. 임화의 관점은 그가 과거에 줄기차게 비판한 바 있는 기교주의자나 순문학주의자들의 문학관에 가깝다.

그러나 이와 같은 임화의 발언 역시, 당대의 시국과 문학을 둘러싼 콘텍스트와 연관하여 해석할 필요가 있다. 이 대목을 당시 문화적 분위기와의 연관성 하에서 살펴보면 완미(完美)한 문학정신을 강조한 임화의 발언은 어설프게 시국에 봉사하는 노골적인 계몽주의 문학[26]에 대한 비판에 다름 아닐 것이다. 당시 시국에 호응하는 문학이야말로 제대로 된 형식과 구성을 갖추지 않은 노골적인 선전 문학에 해당된다. 그렇다

---

25) 임화, 「소설의 현상 타개의 길」, 『조선일보』, 1940.5.15.

26) 당시 식민지 모국 일본에서도 1937년 중일전쟁 이후 전쟁문학과 국책문학론이 적극적으로 대두되었다. 히라노 겐, 고재석 외역, 『일본 쇼와문학사』, 동국대 출판부, 2001, 216면.

면 이러한 문학을 비판하고 시국에 호응하는 문학조류에 저항하는 유력한 방법 중의 하나는 문학의 정교한 완성과 구성, 장인정신을 강조하는 것일 터이다. 그 무렵 임화로서는 진보적인 문학관의 전파보다 시국에 봉사하는 허위의 계몽주의 문학에 대한 비판이 더욱 절실한 문제였던 것이다.

이와 연관하여 임화가 이 시기에 들어와 비평의 '창조성', '자율성'과 '주체성'을 부쩍 강조하는 사실 역시 바로 이러한 역사적 맥락과의 연관성 하에서 해석되어야 한다.[27] 임화가 「창조적 비평」(1940)이라는 평문을 통해 비평의 주체성과 창조성을 강조한 맥락도 역시 비평이 시국의 도구가 되는, 즉 비평이 군국주의 파시즘의 시녀가 되는 당시의 평단에 대한 적극적인 비판에 있는 것이다.

그즈음 대부분의 예술과 문화가 파시즘 세력의 계몽적 전위대로 급변하기 시작했을 때, 문학과 비평의 자율성과 주체성, 장인정신, 완미한 문학정신 등을 강조한다는 것은 바로 그러한 문화파시즘에 대한 소극적인 저항, 혹은 '내적인 저항'[28]의 전략에 해당된다. 이러한 임화의 선택은 당시의 엄혹한 상황에 대한 '유격술'의 일종으로도 해석되고 있다.[29] 당시 명망가로서 사회적 선택이 제한된 임화로서는 그러한 방식만이 파시즘 세력을 치장하는 수단으로 변질된 당대의 문학과 비평으

27) 이에 대해서는 권성우의 「임화의 메타비평과 비평적 자의식」(『횡단과 경계』, 소명출판, 2008)을 참조할 것.

28) 하정일은 일제 말기 임화의 문학비평을 논하면서 "이 시기 임화의 문학비평은 식민주의의 내부로부터 식민주의를 격파해가는 '내적 저항'의 좋은 사례라 할 만하다"고 평가하고 있다. 하정일, 「일제 말기 임화의 생산문학론과 근대극복론」, 『민족문학사연구』 31호, 2006 참조.

29) 이현식은 1940년을 전후한 임화의 평론을 검토하면서 "우리는 이 시기 임화의 평론에서 유격술을 발견한다. 「전체주의 문학론」이 그렇고, 「시민문화의 종언」·「생산소설론」이 모두 그렇다. 신체제적 지향을 드러내는 듯한 제목을 달고 그는 교묘하게 게릴라전을 수행하고 있는 것인지도 모른다"고 언급하고 있다. 이현식, 「주체 재건을 향한 도정과 실천으로서의 리얼리즘-임화」, 『일제 파시즘체제하의 한국 근대문학비평』, 소명출판, 2006, 261~262면.

로부터 자신을 분리하는 길이었을 터이다.

지금까지 살펴온 맥락에서 임화가 1940년을 전후하여 예술의 독창성과 정교한 장인정신을 강조하고 퇴폐를 옹호한 것은 넓은 의미에서 볼 때, 당시의 시국에 협조하지 않는 길이자 시류에 동화되지 않는 길, 말하자면 일본 제국주의의 군국주의 파시즘의 길에 동화되지 않는 비평적 전략이자 임화 나름의 저항의 방법론이었다고 할 수 있다. 이와 연관하여, 1940년 무렵 임화가 「시단은 이동한다」·「창조적 비평」 등의 평문을 통해, 예술의 자율성과 예술적 수단을 옹호한 사실에 대한 다음과 같은 임화 자신의 사후(事後) 진단은 1940년 무렵의 임화 비평이 담보한 '정치적 무의식'을 이해하는데 소중한 암시를 던져준다.

> 예술성의 擁護를 통하여 모든 종류의 정치성을 거부할 자세를 갖춘 것은 일견 민족주의를 내용으로 삼든 종래의 민족문학이나 '맑시즘'을 내용으로 삼든 종래의 프로문학의 본질과 모순하는 것과 같으나 이 시기의 특징은 문학의 비정치성의 주장이 하나의 정치적 의미를 가지고 있었다. 바꿔 말하면 일본 제국주의의 선전문학이 됨을 거부하는 소극적 수단이었었다.[30]

물론 이러한 임화의 진단은 해방 이후 민족문학론이 새롭게 대두되는 시대적 상황 속에서, 일제 말에 자신이 보여준 비균질적인 관점에 대한 자기 정당화라는 맥락에서 해석될 수도 있다. 그러나 동시에 이와 같은 진술이 1940년을 전후한 임화의 비평에서 산견되는 예술성의 옹호가 근본적으로 일본 제국주의의 선전문학에서 탈피하기 위한 저항의 방법론이라는 사실을 다시 한 번 확인시켜주고 있다는 점도 인정되어야 할 것이다.

이러한 맥락에서 볼 때, 임화가 주창했던 예술의 독창성과 퇴폐의 담론은 전면적인 억압기나 파시즘이 발호하는 역사적 시기에 지배 이데

30) 임화, 「조선민족문학건설의 기본과제에 관한 일반보고」, 『건설기의 조선문학』(조선문학가동맹 편), 백양당, 1946.6, 39면.

올로기에 대한 저항이 얼마나 다양한 방식으로 가능한가 하는 점을 보여주는 시금석(試金石)에 다름 아닐 것이다. 요컨대 임화는 시종일관 지배 이데올로기와 군국주의 파시즘에 대한 그만의 치열하면서도 다양한 의제 설정을 통한 '내적인 저항'을 수행했던 것이다.

5. 전체주의에 대한 저항—「전체주의의 문학론」

1939년 『조선일보』에 발표된 「전체주의의 문학론」은 당시 정국에 대한 임화의 미묘한 관점을 잘 보여주는 평문이라 할 수 있다. 관점에 따라 이 글은 그즈음 임화가 국책에 협력하는 것을 입증하는 평문으로 해석될 수도 있는데, 당시 정국에 대한 임화의 생각과 입장을 검토하기 위해서는 이 글에 대한 면밀하면서도 이중적인 독해를 수행할 필요가 있다.

임화는 이 글에서 당시 독일을 비롯한 유럽에 불어 닥치고 있던 파시즘(전체주의)에 각별하게 주목하면서 이에 대한 자신의 생각을 밝히고 있다.

표면적으로 볼 때 이 글은 그 무렵 서구사회에 닥쳤던 전체주의를 객관적으로 소개하고 있는 것처럼 보인다. 그러나 그 과정에서 임화는 다음과 같은 진술을 통해 그가 분명히 또 하나의 전체주의로 흘러가고 있던 일제의 군국주의 파시즘에 대한 문제제기를 시도하고 있음을 알 수 있다.

> 문화에 있어 전체주의는 이론으로서 주어진 것이 아니라, 行爲로서 힘(力)으로서 招來되었기 때문이다. 바꾸어 말하면 문화에겐 전체주의를 受容하느

냐 안하느냐 하는 採擇의 결정권이 주어지지 않았다.[31]

위의 발언은 바로 당시 전체주의가 주체의 의지에 의해 선택 가능한 것이 아니라 수동적으로, 일방적으로 주어진 문화적 흐름이라는 사실을 의미한다. 또한 "이론과 「이즘」을 수용하고 안하는 것은 자유의사로서 가능하나, 정치는 불가능하다. 정치는 언제나 拘束力을 相伴한다. 정치는 권력이다. 권력은 언제나 强制하는 것이다. 그러므로 정치에 대한 태도는 복종과 반발 양자 중의 하나를 擇하는 수밖에 없다"[32]고 말하고 있는 대목은 그즈음 일제의 군국주의 파시즘이 얼마나 강제적인 권력을 동반했는가 하는 점을 간접적으로 드러내고 있다.

이렇듯 임화는 당시 불어 닥치던 전체주의적 흐름에 대해 분명한 거리를 두는 방식으로 그 문제점에 대해서 은연중에 암시하고 있다. 기본적으로 "파시즘은 민주주의 원칙을 경멸하고 조롱하며 마르크스주의적 평등주의와는 본디부터 척을 졌다. 게다가 자유주의와 개인주의도 파시즘에겐 눈엣가시와도 같다"[33]는 관점을 참조한다면 마르크스주의와 민주주의를 신봉하는 임화에게 파시즘과 전체주의는 도저히 함께 할 수 없는 사상이었을 것이다.

「전체주의의 문학론」에서 각별하게 주목해야 할 대목은 임화가 국가나 국민 등의 관념에 대한 성찰적 사유, 상대적인 인식을 보여주고 있다는 점이다. "國民이라든가 國家라든가는 많은 전체주의의 문화정책이 사용하고 있음에 불구하고 단일한 정신적 실체일 수는 없다. 국민과 국가, 그것은 하나의 구조에 불과하다. 그것은 어디까지나 하나의 형태다. 그것은 사회적으로 구성된 有機體이기 때문이다"[34]라는 임화의 주장은 마치 베네딕트 앤더슨의 『상상의 공동체』의 논리를 연상시킨다.

31) 임화, 「전체주의의 문학론」, 『문학의 논리』, 학예사, 1940, 760면.
32) 위의 글, 760면.
33) 로버트 O. 팩스턴, 손병희 외역, 『파시즘』, 교양인, 2001, 9면.
34) 임화, 「전체주의의 문학론」, 『문학의 논리』, 학예사, 1940, 767면.

이러한 임화의 태도는 그 당시 횡행하던 국민들에 대한 획일적 사상통제와 일제의 전체주의적 국가주의 논리에 대한 근본적인 문제제기에 해당된다.

국민과 국가를 선험적인 실체가 아니라 사회적으로 구성된 형태의 하나로 간주하는 임화의 선구적 혜안은 그의 사고가 생각보다 근원적인 문제의식을 동반하고 있다는 점, 어떠한 도그마에도 얽매이지 않은 채 모든 대상에 대해 성찰적인 태도를 유지하고 있다는 점 등을 잘 보여주고 있다. 이렇게 본다면 실상 임화는 당대의 어떤 비평가보다도 대상의 본질을 투철하게 인식하면서도 유연한 관점을 지닌 비평가였다고 할 수 있다. 그러했기에 임화는 당시 진보적 사상과 마르크스주의에 의한 합법적인 저항과 문제제기가 불가능해졌을 때, 다양한 담론과 방법론을 활용한 당대의 문화와 문학에 대한 비판과 저항을 수행할 수 있었던 것이다.

임화는 「전체주의의 문학론」을 다음과 같이 끝맺고 있다.

> 낡은 「겔만」族의 신화를 현대에 再現한다는 것이 「나치스」문화의 思想이다. 「로젠벅」의 의도와 같이 二十世紀의 세계 신화를 창조한다는 것이 「나치스」의 문학 이상이다. 이것이 세계 문학 가운데 무엇을 가져오느냐는 것은 勿論 역사만이 判斷할 일이다.[35)]

나치스문화에 대한 판단은 결국 역사에 의해 이루어질 것이라는 임화의 전언은 사실 나치스문화와 당시 전체주의에 대한 암묵적인 비판에 가깝다. 물론 임화는 그즈음 일본과 식민지조선사회에도 커다란 영향을 미치고 있던 전체주의에 대해서 단호하고 명확한 반대를 표명하지 않는다. 그러나 임화가 전체주의와 나치즘에 거리를 두고 있다는 점은 위의 예문에서 간접적으로 드러난다. 이러한 다소 애매한 태도는 당

35) 위의 책, 769~770면.

시의 정황에서는 현실적으로 불가피한 입장이었다고 판단된다.

임화의 이와 같은 태도는 그 무렵의 「인고단련(忍苦鍛鍊)의 정신과 전체주의의 성과」[36]와 같은 기사들이 여실히 보여주듯이 전체주의에 대한 긍정적인 관점과 찬양, 고무가 일종의 유행 이데올로기로 등장하던 시대에 전체주의에 대해 거리를 두면서 그 방향성에 대한 회의를 보여주었다는 점만으로도 일정 부분 그 소극적 저항적 의미가 인정되어야 할 것이다. 특히 "식민지 지성의 파시즘기의 경험은 서구의 지성에 비하여 선택의 여지가 극히 제한적이었다. 세계적인 파시즘 지배의 강화는 식민지 지성에게도 마찬가지로 참여와 가담을 도덕적 지상명령으로 내세웠다"[37]는 그 시대의 정황, "식민지 지식인, 특히 일제하 한국 지식인에게 파시즘에 대한 저항이나 대항의 논리를 준비할 수 있는 망명이나 이민의 권리는 차단되어 있었다"[38]는 당시의 냉엄한 현실적 상황을 고려해 보면, 임화가 전체주의에 대해 이 정도라도 거리를 유지하면서 냉철한 인식을 보여주었다는 점은 높이 평가할 필요가 있다.

무장투쟁이나 폭력을 사용한 저항, 혹은 투철한 비판이라는 잣대에서 보면 당시 정국과 문화 및 파시즘에 대한 임화의 입장은 다소 모호하고 애매한 부분이 분명히 존재한다. 그러나 임화는 어떤 순간에도 파시즘과 전체주의, 내선일체 사상, 대동아공영권 등의 이데올로기를 적극적인 의미에서 자신의 신념으로 수용하지 않았다. 물론 임화의 글에도 당시 일제의 국책 논리에서 자유롭지 않은 대목이 존재한다. 그 시대에 삶을 영위했던 대부분의 논객과 문인이 그러했듯이, 임화 역시 일정 부분 시국에 편승하면서, 흔들리면서 자신의 입장을 유지해나갔다고 볼 수 있다.[39] 이러한 점은 당시 합법적인 테두리에서 식민지의 저명한

---

36) 『매일신보』, 1939.6.12.

37) 전상숙, 「파시즘기 지성사 연구와 자료 문제」, 『식민지 파시즘의 유산과 극복의 과제』(방기중 편), 혜안, 2006, 296면.

38) 위의 글, 296면.

39) 예를 들어 임화는 1941년 1월 15일 당시 총력연맹문화부장 야나베 에이사부로[矢鍋

문화인이 마주할 수밖에 없었던 근본적인 실존적 조건이었을 지도 모른다.

그러나 임화의 협력은 분명 제한적이었다. 당시의 시국과 지배 이데올로기에 대한 적극적인 찬동과 동화를 표출하기보다는 오히려 당대의 지배 이데올로기로부터 상대적인 거리를 두고 있다는 점에서 1940년을 전후한 임화의 비평과 담론은 '저항의 다양한 방식'이라는 관점에서 적극적으로 평가될 필요가 있다. 「전체주의의 문학론」은 그러한 임화에 대한 정확한 평가를 위한 중요한 준거점을 제공하는 텍스트이다.

6. 임화 비평의 현재성

임화는 일제 말인 1943년 1월에 발표된 글에서 "이러한 矛盾은 高尙한 의미의 人間의 存在가 不斷히 놓여져 있는 狀態다. 이러한 모순으로 말미암아 인간의 생활은 複雜해지고, 그 복잡한 對立을 통하여 인간은 變化해 가는 것이다. 그것이 外部와의 대립이든지, 또는 內部의 모순이든지 간에 언제나 生은 그렇게 대립하고 矛盾함으로써 深化되어

永三郞와 대담(「失鍋 林和 對談」, 『조광』, 1941.3)을 진행하면서 '직역봉공'(職域奉公)의 방법에 대해 상의하는 등 문화를 통한 시국 협력의 포즈를 보였다. 임화는 대담의 끝부분에서 야나베 에이사부로에게 "부디 저희들 편이 되어 주십시오"(『조광』, 1941.3, 153~154면)라고 말하고 있는데, 이러한 대목은 대단히 상징적이다. 즉, 이 부분에는 피식민지 지식인과 식민권력 사이에 존재하는 문화관의 차이와 불평등한 권력관계가 인상적으로 표출되어 있다. 어쨌든 임화는 일본 제국주의의 국책 논리에 편승한 혐의에서 결코 자유롭지 않았다. 김윤식의 『임화 연구』(문학사상사, 1989, 570~571면)와 김예림의 「초월과 중력, 한 근대주의자의 초상」(『1930년대 후반 근대인식의 틀과 미의식』, 소명출판, 2004, 239면)에서도 임화의 신체제 협력에 대해 지적하고 있다.

간다"[40]고 적은 바 있다.

여기서 주목할 수 있는 것은 임화가 인간 생활의 복잡성에 대해서 근본적인 성찰을 전개하고 있다는 사실이다. 이렇게 본다면, 1940년을 전후한 임화의 비평과 산문, 문화담론은 좀 더 복합적인 맥락에서, 융통성 있게 해석될 필요가 있다. 그 당시 마르크스주의와 진보적 비평이 불가능한 상황에서, 임화는 일제 파시즘의 이데올로기에 흡수되지 않기 위해 자기 나름의 다양한 저항과 문제제기의 방법들을 활용했다. 역사의식을 상실하고 문학 내부에 갇힌 문단에 대한 비판, 퇴폐에 대한 옹호, 완미한 예술정신과 장인정신의 강조는 바로 그러한 상황에서 모든 것이 체제와 파시즘의 이데올로기로 수렴되는 당대의 문학적 정황에 대한 거리 두기이자 '소극적 저항'으로 해석될 수 있을 것이다.

지금까지 설명한 의미에서 1940년을 전후한 시기의 임화의 글쓰기는 탈식민의 역학과 다양한 방법에 대한 소중한 암시를 던져준다. 결론적으로 말해서 「문단적인 문학의 시대」를 비롯한 당시 임화의 평문들은 파시즘이 발호하는 일제 말기의 엄혹한 정국 하에서 한 사람의 진보적 비평가가 어떤 포지션을 통해 일제가 창출한 지배 이데올로기에 맞설 수 있는가 하는 점을 보여주는 바로메터라고 판단된다. 아울러 1940년을 전후한 임화의 평문들은 이른바 저항과 협력 사이에 무수한 선택과 실존적 태도가 존재할 수 있다는 점, 당시 시국과 일본제국주의에 대한 다양한 대응의 방법이 존재한다는 점을 우리에게 환기시키고 있다.

지금으로부터 약 6~70년 전에 발표된 임화의 비평과 산문에는 지금 이 시대 중요한 비평적 쟁점의 대부분이 담겨 있다. 가령, 역사성과 정론성을 상실한 당대 문단에 대한 예리한 성찰, 작품에 지나치게 수동적으로 밀착한 해설 비평에 대한 비판, 공론성을 상실한 제도화된 비평의 문제, 미디어에 종속된 문학과 비평의 위상,[41] 문화적 획일주의에 대한

40) 임화, 「소설의 인상」, 『춘추』, 1943.1.

41) 이에 대해서는 권성우의 「문학미디어 비판과 문화산업에 대한 성찰-임화의 경우」

저항, 논쟁이 사라진 시대에 대한 문제제기 등등은 임화가 비평적으로 고투했던 1930년대 중반부터 1940년대 초반에 이르는 시대뿐만 아니라 바로 이 시대 비평의 핵심적인 논점이자 의제이기도 하다. 당시 임화의 발언은 일본의 가라타니 고진이나 베네딕트 앤더슨·김명인·하정일·이명원 등의 지금 이 시대의 사상가 및 비평가들의 몇몇 발언과 정확히 겹쳐진다. 이처럼 임화의 비평담론에는 지금 이 시대 비평의 풍경을 되비추는 거울을 다양하게 가지고 있다. 역사가 반복되는 것이라면 비평 장르를 둘러싼 의제도 반복되는 것일까?

그러니, 「시단은 이동한다」를 비롯한 1940년을 전후한 시기에 발표되었던 임화 비평의 현재적 의의는 참으로 뚜렷하다. 이 시대의 비평가들은 지금으로부터 약 60여 년 전에 임화가 고민했던 비평적 의제에 대해 여전히 고뇌하고 있는 것이다. 이러한 의미에서 1940년을 전후한 시기의 임화의 글쓰기는 지금 이 시대와 대결하고자 하는 비평가들에게 귀한 시사점을 제공하는 의미 깊은 탐구대상이리라.

(『횡단과 경계』, 소명출판, 2008)를 참조할 것.

1940년대 전반기의 시론에 대하여

김종한의 시론을 중심으로

허윤회

1. 머리말

십여 년 전에 홍콩의 영화감독 양가휘는 아쿠타가와 유노스케의 작품 「남경의 그리스도(南京の基督)」(1995)를 영화로 만들었다. 작품에서 주인공은 병을 앓고 있는 소녀를 살리기 위해 고군분투한다. 결국 그들은 자신이 원하는 것처럼 남경을 벗어나지 못한다. 하염없이 뻗어있는 철길 위에서 소녀는 생을 달리한다. 그들은 마지막 순간까지도 동경에 간다면 병을 나을 수 있다는 희망을 버리지 않는다. 지금 그들이 겪고 있는 어려움은 동경에 가지 못하는 현실 때문이다. 그런데 그 동경이란 곳은 어떤 곳인가? 물질적으로 가장 발전한 문명의 상징이며, 현실적 고통을 해결시켜 줄 수 있는 낙원 그 자체이다. 적어도 작품이 전해주고 있는 묘한 감동은 한 번도 비쳐지지 않는 동경의 이미지와 분명 평

행선을 달리고 있다. 만나지 못하는 철길 위의 레일처럼.

역사적 사건으로서의 '남경학살'이 재조명된 된 것도 그 즈음의 일로 기억된다. 하지만 「남경의 그리스도」에는 왜 '남경'의 역사적 그늘이 조명되지 않았는가라고 질문하기에 앞서 「남경의 그리스도」는 너무나 완벽하게 마무리되어져 있다. 어쩌면 역사와 예술의 다른 차원을 심미적으로 구별시켜주고 있는지도 모른다. 그런데 이를 승인하자마자 「남경의 그리스도」에 남아있는 '이미지로서의 동경'은 더욱 강렬하게 '문명의 중심'으로서 각인된다. 이른바 제국의 중심으로서 '동경'은 난공불락의 요새처럼 식민의 기억을 강화시킨다. 기억의 재영토화든 아니면 기억의 탈영토화든 기억의 실체는 역사의 실체를 바탕으로 하고 있다. 제국과 식민의 관계는 기억 속에서 새로운 역사를 주조해 낸다. 현대사에서 나타나는 협력과 경쟁의 실질적인 관계는 역사의 기억에 긴박되어 있는 것이다.

제국과 식민의 관계에서 보았을 때 1940년대 전반기는 역사와 기억이 정확하게 포개어지는 시점이다. 지금까지 이 시기를 부르는 별칭으로서의 '암흑기문학' 혹은 '친일문학'이란 한국문학에 포함되지 않는 별개의 시기와 대상을 뜻한다. 어떤 면에서 이 시기에 자주 거론되는 윤동주와 이육사의 문학이란 1940년대 전반기와의 차이성을 뜻한다. 하지만 이 시기에 대한 관심은 미답의 상태로 멈출 수만은 없었다. 그도 그럴 것이 역사적 시간대의 인위적 구분이란 또 다른 '맹목'을 의미하기 때문이다. 맹목의 전복은 다른 범주의 설정을 요구하였는데, 식민지시기에 대한 '객관적 시간'의 적용이다. 어쩔 수 없이 받아들인 세계화의 '보편' 시간 속에서 국가와 민족이라는 이름의 시간적 범주는 서서히 자신의 역할을 감소시켜 나아가게 되었다.

김종한은 1939년 정지용의 추천으로 『문장』을 통하여 등단하였다. 김종한과 함께 이한직도 『문장』의 관문을 넘게 된다. 잘 알려진 바와 같이 이들의 뒤를 이어 박남수 · 조지훈 · 박두진 · 박목월 등이 시인으로서 새로운 출발을 하게 된다. 박목월 · 박두진 · 조지훈은 이른바 '청록파'의 일원으로서 한국의 현대시의 명맥을 이어나가는 역할을 담당하게 된다. 하지만 김종한 · 이한직 · 박남수는 '청록파'에 비한다면 비교적 덜한 관심 속에서 오늘에 이르고 있다. 특히 김종한과 이한직의 경우에는 그 관심의 열도가 극히 희박하였는데, 최근에서야 미약한 관심의 대상이 되고 있다.[1)]

김종한의 경우는 지금까지 그의 친일행적이 문제되어 의도적인 경원을 당한 경우라고 할 수 있다. 그마나 김종한에 대한 관심을 촉발시키게 된 것은 그의 '지방문학'의 가능성 때문이다.[2)] 다시 말하면 김종한의 친일은 '내지'와의 동등한 교류 속에서 가능한 것이며, 그럴 때에만이 진정한 '국민문학'이 가능하다는 논리를 펼친다. 이것은 내선일체의 구호 속에서 '조선문학'의 상대적 자율성을 강조한 논리로서 적극적인 해석이 필요하다는 것이다. 적극적인 친일과 침묵의 중간지대에서 김종한의 논리는 제3의 논리로서 관심의 대상이 될 수 있다.

하지만 결과적으로 김종한의 논리는 시간이 지날수록 점증하는 대동아공영권의 압박 속에서 자신의 영역이 줄어드는 광경을 목도하지 않을 수 없었다. 그럼에도 불구하고 그는 자신의 논리를 끝까지 포기하지는 않았던 것으로 판단된다. 1944년 그가 급성폐렴으로 서른 살이라는 적은 나이로 유명을 달리하게 된다. 김종한의 딜레마는 그의 죽음과 함께 영원한 숙제로 남아있다.

---

1) 유정의 「호한고독 김종한」(『현대문학』 98호, 1963.3)과 김광림의 「김종한 소고」(『박남수 · 김종한』, 지식산업사, 1982)는 김종한의 문학을 간략하게 다룬 글이다. 본격적인 논의 이전의 단상이라고 할 수 있다. 이한직의 경우는 신경림, 「이한직－우수와 허무」, 『신경림의 시인을 찾아서』, 우리교육, 1998; 김경수, 「격변기 정체성 탐구의 시적 여정－이한직론」, 『시학과 언어학』 5호, 2003. 아울러 최근에는 그의 전집이 출간되기도 하였다. 후지이시 다카도(藤石貴代) 외편, 『김종한전집』, 동경 : 녹음서방, 2005.

2) 김윤식, 『한국 근대문예비평사연구』, 한얼문화사, 1976; 사에구사 도시카즈, 「상황과 문학자의 자세」, 경희대 석사논문, 1976; 오무라 마쓰오, 「김종한에 대하여」, 『윤동주와 한국문학』, 소명출판, 2001; 윤대석, 『식민지 국민문학론』, 역락, 2006 등을 참조.

임종국은 김종한의 친일을 1942년 『국민문학』의 편집 이후로 그 시기를 잡고 있다. 김종한의 대표적인 평론이라고 할 수 있는 「일지의 논리」(1942.3)와 「새로운 사시의 창조」(1942.8)도 이때 『국민문학』에 각각 실리게 된다. 임종국에 의하면 김종한의 친일은 "단순한 직업이요 관심의 표백일 뿐 전쟁에 협력한다는 의식이 동반된 것이라고 보기는 어렵"고, "대세에 휩쓸려간 사람 중의 하나"로 파악하고 있다.[3] 하지만 이러한 나이브한 의식으로 일본 제국의 통치가 막바지에 이른 시기까지 '국어문단'에서 활동했다는 것은 어딘가 의심스럽다. 이 글에서는 무엇이 김종한이라는 개인에게 '암흑기의 문학'을 걸어가게 했는가에 대한 물음을 던지고 싶다.

2. 시의 절대성

김종한은 『문장』의 추천직후에 자신의 문학관을 피력할 기회를 갖게 되는데, 「나의 작시설계도」가 바로 그것이다. 김종한은 폴 발레리의 말을 인용하고 있다.

> 우리가 시에 요구할 사상성은 본질적으로 그러한 산문으로서도 가능한 관념이 아니다. 그것은 사상이 너무도 생동하는 또는 선율적인 내지는 비반성적인 운동에서만 가능한, 그러한 관념(사상)이어야만 한다.[4]

---

3) 임종국, 『친일문학론』, 평화출판사, 1966, 232~234면.
4) 김종한, 「나의 작시설계도」, 『문장』, 1939.9, 129면.

김종한은 이른바 환원불가능한 절대의 시를 말하고 있다. 발레리가 말하고 있는 사상은 관념이 순전히 현실이 되어야만 가능한 순수 현실의 관념화를 의미한다. 김종한이 제시한 문학적 기준은 일체의 타협을 거부하는 절대적인 문학의 옹호이며, 시는 그것의 대표성을 지시한다. 이어서 그는 최재서와 김기림의 문학을 비평적 대상으로 공격한다. 그들의 문학은 산문의 문학이지 절대로 시가 될 수 없다. 다만 예외가 있다면 정지용이 「장수산」에서 보여준 "벌목정정(伐木丁丁)"의 세계'만'이 시의 산문 됨을 막을 수 있다. 이것은 자신을 입신시켜준 스승에 대한 예의라고 볼 수 있다.[5)]

김종한의 정지용에 대한 경의는 단지 형식적인 것이 아니다. 정지용의 에피고넨을 스스로 자처하고 나서는듯한 김종한의 태도에는 무언가 심상치 않은 점이 있다. 그것의 첫 번째 원인은 '시의 언어문제'에서 찾을 수 있다. 「시문학의 정도」(『문장』, 1939.10)는 임화의 「시단의 신세대」(『조선일보』, 1939.8, 18~26면)라는 글을 직접 겨냥하고 있다. 우선 "특히 시에 있어서는 내용이 형태에 내속하는 것이므로 언어 자체의 미를 떠나서는 여하한 시상도 사상도 공허한 개념에 불과한 것"임을 전제하고 있다.[6)] 이어서 임화는 물론 최재서와 김기림 그리고 이상(李箱)까지도 시의 정도에서 벗어난 것으로 비판한다. 여기에서도 "낡은 것과 동시에 우리는 새로운 것도 멸시해야"할 것을 주문하고 있는 발레리의 사상이 인용되고 있다.[7)]

> 어즈버 「최고의 순간」에의 지향과 염원을 가지지 못한 감정이란 것이 얼마나 저급한 것인가를 우리는 절실히 깨달아야 할 것입니다. 그것은 「시적 법열」이나 「신에의 일치」나 「기운생동」이나 또는 「사무사」 「진성」 등의 용어로 번역하야도 좋습니다. 순수시의 이론도 쉽게 말하면 한산시의 서문인 「凡讀我詩者, 心中須

5) 위의 글, 같은 면.
6) 김종한, 「시문학의 정도」, 『문장』, 1939.10. 199면.
7) 위의 글, 201면.

護淨」에 근대성을 가미한 것에 불과할 것입니다. (…중략…) 寒山道 無人道, 시문학의 정도를 걷는 참의 시단의 신세대들이여. 고만(高慢)하라. 비로-드 의복을 입고 가슴에 해바라기 꽃을 차고 진고개 골목을 거닐 만큼 고만하라. 어느 時代에서나 詩人은, 비록 그들이 침묵하였을지라도, 또한 최고의 비평가였든 것입니다.8)

정지용은 후배 시인들에게 "시인은 정정(亭亭)한 거송이어도 좋다. 그 위에 한 마리 맹금이어도 좋다. 굽어보고 고만하라"라고 주문한 바 있다.9) 위에 인용에서 김종한의 정지용에 대한 경외의 감정과 서술의 부연이 교차하고 있음을 발견하기란 어려운 일이 아니다. 그러나 정지용은 접근하기 어려운 주문을 던지고 일체의 산문적 부연을 삼가고 있다. 정지용의 에피고넨에 머물지 않으려면 자신의 세계를 개척해 나아가지 않으면 안 된다.10)

김종한의 문학적 이력을 살펴보면 정지용에 의한 『문장』 추천이전에 '소곡(小曲)'이라는 형식의 「임자 없는 나룻배」(『별건곤』, 1934.3)와 「결별」, 「거종」(『중앙』, 1934.3)으로 거슬러 올라간다. 김종한은 이후에도 민요시와 시를 다수 신문지상에 발표하고 있다. 민요에 대한 관심은 특별한 것이어서 이에 대한 평론을 남기기도 한다.11) 이는 김소운의 「조선가요의 재출발」(『조선중앙일보』, 1934.3.6~12)에서 계발 받았을 가능성을 충분히 짐작할 수 있다. 김종한의 민요에 대한 관심은 조선문학의 독자성에 대한 의욕에서 비롯된 것으로 볼 수 있다. 그 과정에서 제작된 작품이 바로

---

8) 위의 글, 202면.

9) 정지용, 「시의 옹호」, 『문장』, 1939.6, 127면.

10) 김윤식은 『한국 근대문예비평사연구』(일지사, 1976, 362~363면)에서 김종한의 시론을 '한산시론'으로 개념화하고 이를 다시 동양문화론 혹은 복고주의 등과 등치시키고 있다. 하지만 김종한의 글에 나타난 '한산시'는 비유적인 접근과 표현의 측면도 있음을 함께 다루어야 할 것으로 판단된다. 일반시론의 측면에서 다루어진 '동양적인 것'의 성격이 강하다.

11) 김종한, 「민요를 통해 본 길주명천 1~3」(『조선일보』, 1936.8.7~9); 「신민요의 정신과 형태 1~4」(『조선일보』, 1937.2.6~13).

「낡은 우물이 있는 풍경」(『조광』, 1938.9)이다. 조선의 낯익은 풍경과 서구적 이미지의 기법이 결합된 것으로 보여 지는 이 작품을 통하여 김종한은 시인으로서의 입지를 마련했던 것이다.

김종한이 강조하고 있는 것은 시의 독자성과 자율성이다. 시의 독자성이란 시가 써지기 이전에 가져야 할 "시 자체에 대한 비판성이나 객관성"을 의미하며, 시의 자율성이란 "과학을 내포하고 다시 그 위에서 연소되는 이념인 것"이다.[12] 그리고 김종한은 "조선에 있어서는, 시란 예술형식의 장르(독자성, 자율성)의 개념조차" 갖추어져 있지 않은 불모성을 강조하기에 이른다. 일면 고답적인 김종한의 시에 대한 생각은 현대성이란 무엇인가라는 관심의 표현으로 이어진다. 당시에 소개되기 시작한 피카소나 달리의 그림에서 '기괴'한 형식적인 측면에만 관심을 둘 것이 아니라 색채의 표현이라는 측면을 도외시해서는 안 된다. 미술의 색채는 시의 언어에 해당하기 때문이다. 시의 언어는 시인의 표현 수단임과 동시에 시인의 정신을 전달해 준다. 그리고 예술이란 합리적인 세계와는 거리가 있는 것이다. 이러한 간극을 넘어서는 것이 시의 본령에 도달할 수 있는 방법인데, 김종한은 다음과 같이 말하고 있다.

> 그러므로 시는 "팡"이 아니오 피요 생명인 것이다. 인간의 최고 감정의 표현, 영혼의 행진곡, 이 환희와 정열 속에서 인간생명을 지속하여야 한다. 시를 사랑함이 인간을 사랑함이 되고 자연과 인생을 배우고 느끼는 가운데서 위대한 세계관은 수립된다. 인생은 짧고 예술은 길다. 육체는 없어져도 시정신은 영원히 존재한다.[13]

이성이 아닌 신비와 과학의 합리성이 아닌 '비과학적인 재분(才分)'을 강조하는 것이 김종한의 정치적 선택을 가능했던 원인이라고 성급하게

12) 김종한, 「현대시와 모뉴멘털리즘」, 『동아일보』, 1939.11.14; 김종한, 「에피그램의 서정시적 가치」, 『동아일보』, 1939.11.15.

13) 김종한, 「예술에 있어서의 비합리성 상」, 『동아일보』, 1940.2.22.

진단하기 이전에 그가 추구했던 시의 세계는 무엇일까를 찬찬히 되짚어 볼 필요가 있다. 김종한은 예술의 비합리성과 시의 신비를 가로질러서 예술적 직관을 이야기 하고 있다.[14] 김종한은 박남수・조지훈・장만영・노천명 등의 신진시인들이 활동할 수 있는 영역을 제시를 그는 이렇게라도 만들어가고 싶었다. 그리고 이 지점에서 그의 스승 정지용과의 시에 대한 관점과 어긋나기도 한다. 정지용은 조지훈을 추천하는 과정에서 조지훈이 말하고 있는 '선적 언어'에 대한 상당한 불편한 심기를 드러낸 바 있다.

김종한은 정지용의 시적 언어에 대한 기율을 지키면서도 동시에 확장하여 적용하고 있는 듯하다. 그것이 바로 '시적 직관'이 지시하는 비합리적인 측면이기도 하다. 김종한은 이렇듯 정지용의 영역을 벗어나면서 동시에 이를 보완할 수 있는 비평적 대상을 발견하게 되는데 바로 그것은 백석의 시세계이다. 김종한은 백석의 시에서 "생에 대한 치열한 긍정 정신"을 발견하고, 이러한 발견의 기반을 '미적 직관력'에서 찾고 있다. 김종한은 백석의 시를 통하여 시적 이념을 구가할 수 있는 유일한 자유의 통로를 찾고자 하였다. 백석의 존재는 김종한이 추구하는 시적 이념으로서의 '순수시'와 '조선시'를 연결하는 가교의 상징인 셈이다. 백석에 대한 시사적 위상의 부여가 이처럼 분명하고 빠르게 부여되었다는 것은 놀라운 일이다. 이는 김종한의 시에 대한 명민한 감식안의 우수성을 의미한다. 김종한의 냉정하면서도 오만한 문학관의 이면에는 이러한 버팀목이 있었는지도 모른다.

그리하여 김종한의 급진적인 포즈에는 심상치 않은 분열의 조짐이

14) 김종한, 「예술에 있어서의 비합리성 상」, 『동아일보』, 1940.2.22. "충실한 과학사의 애독자들은 과학(科學)의 분야(分野)에서도 『신비파』와 『이성파』와의 구별을 발견하게 되는 것이다. 전자들은 한 문제에서 딴 문제로 비약하며 비합리적으로 방향・습관・태도를 변화하는 이상인이다. 후자들은 인내와 노력으로 일보일보 전진하야 가는 것이다. 그리고 시와 같은 직관적인 예술의 창작심리의 과정에는 『이성파』적인 양식 이외에 『신비파』적인 비과학적인 재분을 절대로 필요로 한다."

내포되어 있다. 앞에서 살펴본 것처럼 김종한의 시적 언어에 대한 생각은 '상승의 기류'를 타고 있었다. 발레리에게 의탁한 생각은 "시인은 언어에 의한 일종의 유물론자입니다. (…중략…) 시에 있어서의 서술의 현실적인 것은 다만 언어뿐이란 것을 시인은 알아야" 함을 재차 강조하고 있다.[15] 하지만 이에 대한 현실적 판단은 매우 회의적이다.

> 그러나 당신(발레리)의 시론도 작시의 실제에는 의외에도 무력하다는 것을 느끼고 있습니다. 조선말로서는 「순수」한 시를 쓸 수 있어도 「순수시」는 쓸 수 없지나 않을까 절망도 해보았습니다. 지용의 일대(一代)는 Naked Poetry(라프캐디오 · 하안)의 조선적 완성이었습니다. 나는 당신의 시론과 화가 마티쓰의 쓰타일과 독일낭만파의 정신을 지양하야, 조선말로 쓸 수 있는 Pure Poetry를 창조해 보려고 합니다.[16]

이것은 김종한의 시인이자 비평가로서의 출사표라고 할 수 있다. 시적 이념으로서의 순수시를 완성하기 위한 수단으로서의 표현의 단순화와 매개를 통하지 않는 직관의 제시는 1930년대 후반의 시적 인식이 도달한 마지막 고처(高處)임에 틀림없다.

3. 경계인의 초상

1942년 무렵 김종한은 『국민문학』의 편집을 담당하게 된다. 김종한은 같은 잡지에 「일지의 논리」(『국민문학』, 1942.3)와 「새로운 사시의 창조」

15) 김종한, 「시단개조론」, 『조광』, 1940.3, 159면.
16) 위의 글, 같은 면.

(『국민문학』, 1942.8)를 발표한다. 당시의 김종한의 국민문학을 대하는 태도는 '신지방주의'라고 요약할 수 있다. 대동아공영권의 이상이 일본과 조선의 상호 대등한 관계 속에서의 효율적인 분업을 의미하는 것이라면 문학도 당연히 이러한 관계에 따라야 한다는 것이다. 김종한 자신은 그러한 연결의 임무를 자신의 몫으로 생각했을 것으로 판단된다. 지방의 맹주로서 중앙을 향해서 호령하고 싶은 문학적 야망의 표출이라고 할 수도 있겠다. 그 선택의 기로에서 김종한은 매우 유리한 고지를 차지하고 있는 것처럼 보이기도 한다.

> 지방경제와 지방문화에 대한 관심이 높아진 것도 사변이래의 일이지만 전체주의적인 사회기구에 있어서는 동경도 하나의 지방이라고 생각하는 것이 올흘 것입니다. 라기보담 지방이나 중앙이란 말부텀 정치적 친소를 부수하야 좋지 않은 듯합니다. 동경이나 경성이나 다 같은 전체에 있어서의 한 공간적 단위에 불과할 것입니다. 그 경과의 중앙이라든가 전체라든가 하는 것은 국가란 관념적인 것이 아닐가 생각합니다. 그러한 자부와 자각을 가질 때 비로소 우리는 한 지방에서 봉공하는 자신의 지매한 직역에 안심입명할 수가 있을 것입니다.[17]

김종한이 말한 '신지방주의'론을 가장 잘 표현한 대목으로 자주 인용되는 대목이다. 중앙과 지방간의 관계성을 강조하면서 중앙과 마찬가지로 '지방'의 독자성이 '자부와 자각'의 수준으로 고양될 때 진정한 국민문학이 성립될 수 있다는 논리이다. 「사또선생에게」는 니혼대학(日本大學) 재학시절의 스승이었던 사또 하루오[佐藤春夫]와의 만남을 떠올리면서 자신의 현재적 모색을 시도하고 있는 편지 형식의 수필이다. 이 글에서는 방법적 타개책의 매개물로서 김소운의 『조선시집』이 등장하고 있다. 우연히 서점에서 『조선시집』을 염가에 판매한다는 생각이 들었는데, 사또와의 면담이 떠오르면서, 김종한은 『조선시집』을 '내선문화 교

17) 김종한, 「일지의 논리」, 『국민문학』, 1942.3, 36면.

류'의 한 상징으로 내세운다. 그리고 이어서 그는 다음과 같은 질문을 던진다. "어떻게 조선에 새로운 문학운동을 일으킬 수 있을까?"[18]

그러한 '현실'은 김종한의 뜻대로 움직이지 않는다. 김종한이 말한 위의 내용을 인용하면서 최재서 역시 '국민문학'은 일본과 조선의 구분 없는 국민전체의 비판적 능력과 함께 창조적 능력"에 달려있음을 강조한다.[19] 김종한은 「새로운 사시의 창조」에서 김용제의 『아세아시집』에 대한 비판을 시도한다. 국민의 이상이란 시대의 필요에 따라서 언제라도 변할 수 있는 것이지만, 자신이 바라는 것은 인간(국민)의 생명력을 진실로 표현할 수 있는, 영원의 관점에서 본질적 미가 구현되어야 함을 강조하고 있다.[20] 김종한의 '국민시'에 대한 생각은 순수시의 이념이 신지방주의 문학론과 만났을 때의 형국이다. 김종한은 애초부터 전쟁을 소재로 한 시들에 대하여 매우 부정적인 생각을 갖고 있었다. 임학수의 『전쟁시집』에 대한 비판은 김용제의 『아세아시집』과 조우식·주영섭 등의 시와도 일정한 거리를 두게 하였다. 시는 시적 언어로 이루어져야 하는 것이다. 김종한의 시에 대한 순결한 생각은 국민시에 대한 생각을 정리하고 있는 1942년의 시점에서도 늦추어지지 않고 있었다.

김종한은 정지용의 「이토(異土)」를 「조선시단의 진로」의 글머리에서 다루고 있다. 다른 전쟁시와 구별하여 「이토」를 매우 아름다움 작품으로 추어올리면서 동시에 작품의 진실성을 참된 '국민시'의 모범으로 내세우고 있다. 주지하는 바와 같이 정지용은 「이토」라는 작품이외에는 다른 친일시를 제작하지 않는다. 김종한은 슬그머니 정지용의 「구성동」을 제시하면서 지용시의 우수성을 과시한다. 그 비교의 대상이 되는 것이 바로 미요시 다츠지[三好達治]이며, 지용과의 비교를 통해 국민시의 성격을 동양적인 것에서 찾는다. 정지용의 『백록담』이 보여준 시세계는

18) 김종한, 「佐藤春夫先生へ」, 『국민문학』, 1942.4, 74면.
19) 최재서, 「조선문학의 현단계」, 『국민문학』, 1942.8, 19면.
20) 김종한, 「새로운 사시의 창조」, 『국민문학』, 1942.8, 22면.

동양 어느 나라의 시와 비교해서도 빠지지 않는 우수성을 갖고 있다는 것이 김종한의 판단이다. 그리고 이어서 홍사용·주요한·백석의 시가 거론된다. 특히 백석을 다루는 과정에서 김종한의 조선시에 대한 생각은 직설적인 것이다.

> 가장 진정한 의미에서는 조선에는 모더니즘이란 것은 업섯다. 서울의 생활도 일종의 반도시적인 생활에 불과한 것이오, 소위 「근대」적인 도시생활은 아니엿다. 근대적인 생활이 업는 곳에 진실한 근대주의가 잇섯슬 리가 잇는가.[21]

백석의 시는 일본과 조선의 시적(문화적) 격차를 줄이는 역할도 하지만, 시대적 공통감정의 표현으로서 이바지 할 수 있다. 어려운 외줄타기를 하는 과정에서 김종한은 진정한 국민시의 수립을 위한 항목으로서 '전통'을 강조한다. 지용이나 백석에서 알 수 있듯이 "비록 소수의 천재들에게 의○하였지만 여하간 전통이란 것은 형성(○: 판독불가)"하고 있었다면, 새로운 국민시를 개척해 나아가야 할 시점에서는 타매의 대상이었던 그들을 하나의 '전통'으로서 인정해야만 함을 역설하고 있다. 일보전진을 위한 이보후퇴인가? 김종한의 앞에 놓인 현실이라는 급류 앞에서 김종한의 국민시는 위태로운 자세를 취하고 있음을 알 수 있다.

아무튼 이즈음 국민시의 논의는 점증하는 동양문화론의 세력권 안에서 대동아공영권 수립을 위한 협력에 일차적인 주안점이 두어져 있다. 그것의 단적인 표현은 김종한에게 있어서 「원정」이라는 시로 나타나며, 『설백집』(박문서관, 1943)이라는 조선시의 일어번역을 통해 구체화된다.[22]

---

21) 김종한, 「조선시단의 진로 ①~⑤」, 『매일신보』, 1942.11.13~17 ③.

22) 『설백집』의 내용을 간추리면 다음과 같다. 『설백집』〈壽之章〉 정지용: 「백록담」·「인동차」·「구성동」·「조찬」·「비로봉」·「옥류동」·「장수산」·「폭포」·「진달래」, 〈福之章〉 홍사용: 「그것은 모다 꿈이었지만은」, 정지용: 「별똥」, 백석: 「머리카락」·「탕약」·「모닥불」, 김동환: 「무슨 죄」, 주요한: 「봉선화」, 정지용: 「붉은 손」, 김종한: 「낡은 우물이 있는 풍경」, 김상용: 「남으로 창을 내겠오」, 〈富之章〉 백석: 「두보나 이백같이」·「조당에서」·「수박씨, 호박씨」·「안동」, 유치환: 「수」, 〈貴之章〉 김종한: 「원정」·「합창에 대해

『설백집』은 수 · 복 · 부 · 귀 · 희의 5장으로 구성되어 있다. 〈수지장〉에서는 모두 정지용의 작품이 실려 있다. 1940년을 전후한 『백록담』 이후의 작품을 김종한이 일역시집의 첫 장에 배치하였다는 것은 단순한 예우의 차원을 넘어선 존경의 마음을 표현한 것으로 볼 수 있다. 김종한은 더 나아가서 이를 "정통적인 반도인의 자연에 대한 느낌"을 표현한 것으로 그 특징을 지적하고 있다.

이어서 〈복지장〉에서는 다양한 시인들의 작품이 실려 있는데 이들의 공통점은 "반도의 농민의 생활과 풍속을 노래한 작품의 모음"이라는 것에서 찾을 수 있다. 특히 근대적이면서도 합리적 문화와는 차이가 있다는 점을 부각시키려는 듯하다. 형식에서도 김종한은 이들의 작품은 근대적 시라기 보다는 '노래'에 가까움을 강조하고 있다. 김종한은 조선시단이 보여주고 있는 지체와 가능성을 여기에서 보여주고자 한 것이다. 〈부지장〉과 〈귀지장〉에서는 일본의 대륙진출과 징병제실시에 따른 자신의 시작을 제시하고 있다. 「일지의 논리」 등에서 알 수 있는 이중적인 노력의 과정에서 일본과의 협력이라는 항은 빠질 수 없는 현실적 실체이다. 이에 대하여 김종한은 「원정」·「합창에 대하여」·「풍속」·「유년」 등을 작품으로 통하여 자신의 이중구속의 한 측면을 드러낸다.

이 시집에는 〈희지장〉이라는 장이 있지만, 그 내용을 살펴보면 「서시」와 「후기」만 실려 있다. 후기는 자신의 의도를 객관적으로 제시하고 있어 등단이후 시론으로 단련된 김종한의 시적 수준을 엿볼 수도 있다. 그리고 이 시집의 「서시」는 이 시집의 마지막을 장식하고 있다.

이 시집의 제목은 "月白雪白天地白, 山深夜深客愁心"이라는 김립의 시구에서 따온 것이다. 〈귀지장〉의 끝에는 김립의 시구가 인쇄되어 있다. 이 시집에는 각 장이 끝날 때마다 일본의 고사기와 연암의 시구 그리고 지용의 글씨가 각각 장식되어 있다. 일본적인과 조선적인 것 그

서」·「풍속」·「유년」, 〈囍之章〉 김종한 : 「서시」·「후기」.

리고 일본적인 것과 조선적인 것의 결합 혹은 지양의 양태로서의 지용과 자신을 위상을 이 『설백집』에서 오롯이 표현하고 싶었던 것이다. 그리고 「서시」를 보자

下關에서 친 電報에서 종일
김치 냄새가 난다
그리고 자네는 왔다
——마중 나오지 않으면 미아가 되네

그리고 자네는 왔다
天下大將軍 같은 얼굴을 하고
그리고 자네는 왔다
투박한 손을 불쑥 내밀었다

그리고 나는 案內했다
天神님의 비둘기에 콩을 주었다
두 사람 잔등에 햇살이 따사로와
幼年시절이 거기 있었다

그리고 나는 안내했다
동까쯔 식당 허름한 발을 제치고 들어서면
고향의 淳朴한 風俗이
향수처럼 모락모락 피어 올랐다

그리고 자네는 돌아갔다
투박한 손을 내 손 위에 얹고
그리고 자네는 돌아갔다
迷兒가 되지 않고 무사히

그리고 나는 남겨졌다
丸빌딩의 階段을 헤아리고 있다
그리고 나는 남겨졌다
아아 點心 싸이렌이 울린다

—김종한, 「선부고독」, 전문

「선부고독」이라는 제목의 위의 시는 '김치냄새'를 풍기며 자기를 찾아온 '투박한 손'을 손님을 마중 나갔다가 안내를 마치고 투박한 손을 '미아가 되지 않'게 되돌려 보냈다는 내용이다. 하지만 안내를 마치고 나서 남겨진 자신에게서 알 수 없는 허기를 표현하고 있다. '환빌딩의 계단을 헤아리"는 나는 '점심 싸이렌' 소리에 잠시 막막한 자신의 내면을 드러내고 있다. 그것은 알 수 없는 자신의 '고독'이다. 아마도 경계인으로서의 초상이 당시 김종한의 내면을 잠식하고 있었는지도 모른다. 자신은 논리를 통해 현실의 영역을 넓혀가고 싶었지만 그것은 현실에서 좀처럼 멀어지기만 하였다.

당시 시국의 요청에 의하여 씌어진 것 같은 그의 글에서 우연히 만난 지용에 대한 묘사에는 반가움보다는 김종한 자신의 쓸쓸함이 더 깊이 배어 있다.

> 그의 힘은 기교다. 거는 애수를 죽이지도 않고, 딛고 일어서지도 않고, 자기의 몸을 다치지도 않고 올가미를 씌워서 산 채로 잡는다. 그러니까 관객들은 그가 제시하는 로칼 색의 애수보다도 그가 그 애수를 사로잡는 묘기에 더 매료된다.[23)]

김수영은 김종한의 시적 주제를 '애수'라고 지적한 바 있다. 김수영에 의하면 김종한은 '한국적 애수에 현대적 의상을 입히는 일에 골몰'

23) 김수영, 「한국인의 애수」, 『김수영 전집』 2, 민음사, 1981, 274면.

했다. 그런데 그의 조선적 애수가 김억이나 윤곤강과 달리 수준작을 얻게 된 이유는 그의 시적 기교에 있다. 감상에 떨어지지 않고 그 감상을 현대적으로 포획하여 보여주는' 것이 김종한이 생각한 근대시의 구경이다. 소재로서의 '로컬색의 애수'와 애수를 사로잡는 기술의 사이에서 김종한의 시세계는 깊은 심연을 발견한다. 토속적인 노래의 세계인 조선과 근대적인 모던의 일본 사이에서 논리로 메울 수 없는 심연은 그의 의식적인 친일을 통해서도 메울 수 없는 공허로 남는다. 이것은 정지용이 침묵한 1940년대 전반기 시단의 실체라고 볼 수 있다. 어릿광대를 자처하고 나선 김종한의 '선부고독'은 따라서 자명한 결론에 이를 수밖에 없는 것이지만, 김종한은 그 고독을 따라가겠다는 선명한 치기와 오만이 있었다. 그리하여 김종한은 전시대의 감상을 애수에 차원에서 그치게 하지 않고, 해방 후의 모더니즘과 연결시키는 매개의 역할을 하게 되는 것이다. 김수영의 초기 시에 등장하는 '설움'의 작은 기원으로서 김종한을 의식적으로 살펴볼 필요가 여기에 있는 것이다.

4. 국민시의 행방

말하자면 국민시는 국민문학의 하위범주이다. 국민시는 국민문학의 정책적 유포와 제작에서 자유롭지 못함을 의미한다. 국민문학이 대동아전쟁이라는 시대상황하에서 총동원체제의 수단으로 여겨지는 것은 어쩌면 당연하다. 그런데 이러한 정황아래서 지방문학의 독자성을 찾는다는 것은 어떤 의미에서 국민문학의 일원화에 대한 부정을 의미한다. 국민문학은 현실적인 의미에서의 국민문학과 이상적인 의미에서의 국민문학으로 이원화된다. 최재서와 김종한의 주장은 이상적인 의미에서의 국민문학을 강조한 경우이다. 현실과 이상의 틈을 통해 겨우 문학의 영역을 확보하려는 전략인 셈이다. 하지만 이에 못지않게 현실로서의 문학을 강조하는 경우를 심심치 않게 발견할 수 있다. 국민문학이라는 정책의 하위범주로서의 국민시에 대한 강조가 바로 그것이다.

스기모토 나가오[杉本長夫]는 「國民詩の方向について」(『국민문학』, 1942.4)에서 "현대는 참으로 국민적 감격의 시대"라고 전제한 다음에 "국민적 자각 혹은 의식의 앙양"을 잊지 말 것을 강조하고 있다. "대동아제민족의 문화적 지도자로서의 시인"은 "국민시의 수립"에 전념해야 함을 강조하고 있다.[24] 정책으로서의 국민문학이 현실화되는 순간이라고 할 수 있다. 이상으로서의 국민문학은 수단으로서의 국민문학의 무한 증식 가운데 더 이상 설 자리가 없다. 사토 기요시[佐藤 清]은 「詩의 誠實性について」(『국민문학』, 1942.4)에서 "시는 감동의 율동적 표현"이라고 전제한 후에 '애국시'는 "애국적이며, 국민적 감동의 율동적 표현"임을 강조한다. 국민시 혹은 애국시는 시가 감동의 율동적 표현을 충실히 해야 하는 것처럼 개인의 국민으로서의 자각을 함께 필요로 한다. 이것은 논리적으로 이중적 과제를 시의 표현에 부과하는 것이다. 사토 기요시는 이러한 이상의 국민시는 시인의 '성실성'을 통해서만이 실현됨을 강조한다. 이때 성실성이란 시인의 참조해야 할 당위의 다른 이름이다.

이러한 지침을 잘 따라간 인물로는 주요한, 김동환 등을 거론할 수 있다. 특히 주요한은 「국민시가의 경향—신춘문예 선후감(시)」(『매일신보』, 1942.1.8)에서 국민시에 대한 명시적인 강조를 선언한 이후에 「시의 모색시대」(『매일신보』, 1943.1.9)를 통해 정책적인 국민시의 이념을 강조한다. 여기에 김억의 활동까지를 포함하면 이들은 '조선적 전통으로서의 민요를 강조한 시인'들로서 자신들이 내세운 '조선주의'를 '또 다른 동양적

24) 스기모토 나가오[杉本長夫], 「國民詩の方向について」, 『국민문학』, 1942.4, 55면.

에스니시티로 대대적으로 전환'한 경우에 포함된다.[25)]

이 과정에서 나름대로 국민시에 대한 생각을 글로 표현한 이들로서 김종한 · 서정주 · 윤두헌 등이 있다. 김종한의 국민시에 대한 생각에 대해서는 앞에서 살펴본 바와 같다. 서정주는 이때 「시의 이야기—주로 국민시가에 대하여」(『매일신보』, 1942.7.13~7.17)라는 비교적 긴 글을 발표한다. 서정주의 이 글은 본격적인 시론(詩論)의 성격을 보여주고 있다. 그는 국민시는 "전통의 계승 속에서 우러나는 전체의 언어공작"이어야 함을 전제한 뒤에 괴테나 푸슈킨의 이름을 거론하고 있다. 적어도 이들의 수준에 걸맞아야 '국민시인'이라고 부를 수 있지 않겠는가 하는 점을 강조하고 있다. 서정주는 글자그대로의 '국민시'에 대한 요소들, 이를테면 전통과 개성 등을 요건으로 내세우면서, 당시 점증하는 동양에 대한 관심에서 어떻게 시화할 것인가를 글로 표현하고 있다. 그러나 정작 서정주가 하고 싶은 말은 다음에 표현되어 있다.

> 그러나 최근에 국민시가라고 하여서 잡지나 신문 등에 발표되는 시는 나로 하여금 오랫동안 이저 버렷든 환멸을 자아내게 하였다. 취재야 아무데서 하여도 조흔 것이다. 조국의 전란의 때엔 전란을, 개선의 때엔 개선을, 시인은 또한 노래해서 조흔 것이다. 그러나 요는, 자기가 자기의 작품을 씃까지 밋어야 하는 것이다. (…중략…) 시문학의 역사는 문학가운데에서도 제일 오래인 것이다. 그러기에 그것은 먼저 언어로서 만흔 세련을 통과해온 것이다. 언어를 그러케 홀대허는 사람들이 시를 쓰는 것이라면 가두의 인단장사나 옛날 무성영화의 변사도 넉넉히 시를 썻겟다.[26)]

서정주가 이 글의 말미에서 강조하고 있는 것은 시 본연의 품격이다. 시를 쓰는 시인은 자신의 작품에 대한 전적인 책임을 져야 하는데 그것을 가능케 하는 것은 언어의 세련과 조탁 그리고 '언어'에 대한 인식이

25) 박수연, 「일제 말 친일시의 계보」, 『우리말글』 36집, 2006.4, 214~215면.
26) 서정주, 「시의 이야기—주로 국민시가에 대하야 ⑤」, 『매일신보』, 1942.7.17.

다. 정지용이 말한 '언어미술'의 유효성이 서정주의 글에서 표현되고 있거니와 이러한 생각은 김종한의 생각에서 크게 벗어나지 않는다. 다만 김종한과의 차이점이라면 김종한이 언급하고 있지 않은 김영랑에 대한 명시적이고 분명한 언급이다.[27] 서정주의 「시에 대하여」에서 시에 대한 시인의 책임을 강조하면서 다시 한 번 시의 이중적 과제에 자신을 얽어매는 것 같은 포즈를 취한다.

한편 윤두헌은 「국민시의 이상과 인간」(『동양지광』, 1942.11)에서 국민시에 대한 입장을 개진한다. 여기엣 특기할 만한 사항은 김종한의 문학적 입장을 비판하고 있는 점이다. 김종한은 「새로운 사시의 창조」에서 김용제의 『아세아시집』에 대하여 보다 인간적이고 생명력 있는 표현을 주문한 바 있다. 이에 대하여 윤두헌은 인간의 역사와 절대적인 순간을 절대적인 생기게 하는 연속은 상대적인 영원성이 형성이어야 한다고 강조하면서 영원은 절대적 시간의 가장 절대적인 순간에 나타나는 인간에게 부여한다는 이른바 영웅주의를 제시한다. 그리스 시대의 영웅을 노래한 호머가 있듯이 현시대의 영웅적인 인간과 이상을 노래한 시인이 필요하다는 논리를 전개시킨다. 김종한이 말한 대로라면 김용제의 『아세아시집』이 가장 국민시에 걸맞은 작품인데, 그는 김용제에 대한 김종한의 입장을 이해할 수 없다는 자세를 취하고 있는 것이다.

김종한이 미학적 직관을 통하여 비합리적 예술을 옹호하였다면, 윤두헌도 예술에 있어서의 직관을 강조한다. 윤두헌은 더 높은 이상과 먼 미래의 관점에서 두 민족의 융합을 지향한다. 이러한 관점에서 쓰여진 글이 윤두헌의 「藝術は直觀する」(『동양지광』, 1944.4)와 「とり高とり遠」(『동양지광』, 1944.4) 등의 글이다. 그렇다면 이러한 차이를 어떻게 받아들여야 할 것인가? 김종한 자신이 「일지의 논리」에서 '영원'의 문제를 제기한 것은 '국민적인 것'이라는 이념의 아래에서 가능한 것이었다. 하지만 김종한에게 있어서 그

27) 위의 글, 같은 면.

것은 가능태의 것이었지, 현실태의 것은 아니었다. 그것을 가능케 하는 장치로서 시인의 예지를 강조한 바 있다. 윤두헌은 현실적인 의미에서의 국민시와 가능태로서의 국민시를 매개 없이 일치시키고 있다. 그리하여 남은 것은 이상적인 국민시에 대한 도정만이 남아있다. 그 과정에서 언어는 국민시의 표현 수단으로 전락하고 만다. 여기에 김종한과 윤두헌의 차이점이 놓여 있다고 할 수 있는데 국가란 시대의 현상 속에서 변할 수 있다는 입장과 국가란 시대의 현상 속에서 변하지 않는 고정불변의 실체라는 입장간의 차이인 것이다.

이즈음에 국민시를 강조한 이로 조우식을 들 수 있다. 조우식의 국민시에 대한 생각은 국가에 봉공하는 수단으로서의 문학과 크게 다르지 않다. 하지만 문학의 내용과 함께 형식으로서의 국민시를 고려할 때 독자적인 시론의 안출에까지는 이르지 못하고 일본 시인들의 생각을 소개하는 수준에서 머물고 있음을 보여주고 있다.[28)]

1943년 11월 『동양지광』에는 신세대문인들에게 지면을 할애하여 새로운 문학을 전기를 꾀한다. 여기에는 김경린 · 김경희 · 조연현 · 조우식 · 윤두헌이 참가한다. 앞에서 살펴본 것처럼 윤두헌과 조우식은 보다 진실한 새로운 문학에 동참할 것을 강조하고 있으며, 김경린과 김경희는 모더니즘의 세례를 받은 신세대 문인들이 어떻게 시대와 협력할 것인가를 강조하고 있다. 특히 김경린은 국민시와 아울러 문학의 '국제적 코스'를 강조한다.[29)] 이처럼 이들 신세대들은 자신이 지향하는 문학적 관점과의 길항 속에서 다양한 스펙트럼을 보여주고 있음을 알 수 있다.

그런데 이즈음 조연현의 활약은 주목을 요하는 바이다. '국민시'가 처한 딜레마를 헤쳐 나아가는 유니크한 자세를 조연현은 보여주고 있다고 판단되기 때문이다. 1940년대 전반기에 조연현이 취하고 있는 자세는 크게 두 가지로 요약할 수 있다. 하나는 대동아공영권의 점증하는

---

28) 조우식, 「愛と祈りの歌」, 『조광』, 1943.2.
29) 김경린, 「新しさと時代性」, 『동양지광』, 1943.1.

관심 속에서 아시아부흥론의 제창이다. 다른 하나는 '새로운 문학'에 대한 이론적 모색이라고 할 수 있다. 일찍이 조연현은 『시림』을 통한 문학 동인활동을 보여주고 있다. 이후에 '학생문사'로서 자신의 글을 『매일신보』와 『동양지광』 등에 발표하고 있다. 앞에서 말한 '동양주의'에 대한 관심은 「동양에의 항수」(『동양지광』 1942.5) · 「아세아부흥론서설」(『동양지광』 1942.6) · 「岡倉天心について」(『동양지광』 1942.10) 등의 글에 잘 나타나 있다.[30)]

조연현이 말하고 있는 '새로운 문학'은 현상적으로는 동양주의의 경사에서 비롯되고 있으나 이를 가능케 하는 내적인 동력은 '차라투스트라'라는 초인으로 대표되는 니체의 사상이다. 조연현은 니체의 사상을 통해 발레리가 테스트씨에서 말한 문학적 절대의 기준을 자신의 문학적 준거로 삼고 있다. 한발 더 나아가서 니체의 '차라투스트라'는 문학의 테러리즘으로서 기능하고 있다. 즉 문학에 대한 기존의 생각을 혁신하고 새로운 문학에 대한 가치의식의 태동을 그는 니체에서 찾고 있는 것이다.

니체는 "진리는 무 nihil 이다"라는 점을 내세운 사람이다. 니체는 유럽 문명의 본질을 '니힐리즘'에서 찾고 있다. 서구문명을 유지해 온 유럽이 막다른 골목에서 보여주고 있는 '니힐리즘'은 새로운 가치의 생성을 도모하게 되는 데 니체는 이를 '힘에의 의지'에서 찾고 있다.[31)] 새로운 가치의 생성은 기존의 모든 문명이 '힘에의 의지'에서 비롯됨을 인정하고, 새로운 가치의식은 이를 바탕으로 새로운 가치의 모색이 우선

30) 이에 대해서는 김명인, 『조연현, 비극적 세계관과 파시즘 사이』, 소명출판, 2004, 89~90면 참조. 이밖에 이 시기에 집필된 조연현의 글로는 「ツアラツストラを想ふ」, 『국민문학』, 1942.6; 「ニーケエ的創造」, 『동양지광』, 1942.12~1943.1; 「文學者の立場」, 『동양지광』, 1943.1; 「小說以前の 問題」, 『내선일체』, 1943.4; 「青春斷想」, 『동양지광』, 1943.5; 「藝術の機能」, 『동양지광』, 1943.7~8; 「自己の問題から」, 『동양지광』, 1943.8; 「評壇の一年」, 『신시대』, 1943.12. 등이 있다.

31) 고드스 불룸, 천형균 역, 『니힐리즘과 문화』, 문학과지성사, 1988, 60~61면.

되어야 한다. 그것은 '존재자로서의 존재자 자체에 대한 인간의 관계'란 무엇인가 하는 점으로 요약할 수 있다.[32] 그런데 『권력에의 의지』를 비롯해서 서구문명에 대한 비판과 함께 새로운 가치의 대상으로서 불교와 '아시아'에 대한 관심을 니체는 보여주고 있다. 쇼펜하우어의 영향에서 기인한 것으로 파악되는 니체의 이러한 관심은 슈펭글러가 말하고 있는 '서구의 몰락'과 맞물리면서도, '동양주의'를 강화하는 방향으로 기운다.

이러한 니체의 사상이 갖고 있는 동양주의와의 연관성은 조연현에게 유익한 입각점을 제공하고 있다. 동양에 대한 관심과 아시아적 부흥이라는 대동아공영권의 이상이라는 흐름에 거슬리지 않으면서도 자신의 문학적 준거를 구체화하는 모습을 구체화할 수 있는 계기가 되었던 것이다.

보들레르와 스탕달이 갖고 있는 문학의 본질에 대한 접근은 일상과는 다른 차원의 것이다. 그리고 서정주의 「방랑기」를 언급하면서 보들레르가 갖고 있는 상징적 함의에 대하여 그는 강한 긍정의 태도를 취하고 있다. 하지만 그것은 근대의 문학적 표준이 될지언정 현대의 그것은 아니라고 보았다. 다시 말하면 현대적인 문학적 상(이미지)에 대한 관심은 그의 '새로운 문학'의 대강을 이루면서 1940년대 전반기를 지탱하는 힘으로 작용하게 된다. 조연현뿐만이 아니라 곽종원·이원섭 등 이들 신세대의 문인들은 모두 '새로운 문학'에 심한 갈증을 느끼고 있었다. 새로운 인간과 문학은 이전의 모더니즘이라고 지칭된 문학적 자장을 초과하게 할 만한 강력한 것이었다. 그리고 근대적인 의미의 계몽에 긴박된 조선문학에 대한 일종의 '조용한' 반란을 이들은 준비하게 되는

32) 마틴 하이데거, 『니체와 니힐리즘』, 철학과현실사, 2000, 178~179면. "권력에의 의지의 형이상학에서 인간화가 갖는 이러한 현저한 역할로부터 동시에 우리는 형이상학 일반에서는 '존재자로서의 존재자에 대한 인간의 관계'가 형이상학의 내적인 구조와 그것의 역사, 그리고 그것의 완성양식에 본질적으로 속한다는 사실을 통찰한다."

것이다.[33] 엄밀한 의미에서 이것은 이들의 친일행적을 보여주는 것에 불과한 것이라고 단정하기 이전에 암흑기의 어두운 불빛을 이제는 응시해야 한다. 왜냐하면 이들은 강력한 중력이 작용하는 근대적 모더니즘의 협곡을 분명 지나고 있었기 때문이다.

5. 예지(叡智)에 대하여

해방 후 서정주는 「시의 표현과 기술－감각과 정서와 표현의 단계」(『조선일보』, 1946. 1.20~24)라는 자신의 시론을 발표한다. 이 글에서 서정주는 시의 표현을 세 단계로 나누어 설명하고 있다. 첫 번째가 감각의 표현이이라면, 두 번째는 정서의 표현이다. 첫 번째에 해당하는 예로서 그는 정지용의 초기시를 예로 들고 있다. 두 번째에서는 김소월과 김영랑의 시를 예로 들고 있다. 그리고 그 다음의 단계로 설정된 것이 '예지 혹은 묘법의 단계'이다. 서정주 자신은 이를 다음과 같이 설명하고 있다.

> 이 제삼단계를 나는 예지,――혹은 묘법의 경지라고 상상해 보았다. 불교에서 각자의 경지를 표현하는 말로 묘법이라는 말이 있지만, 물론 이것과 시와 직접 연관을 부치려함은 아니다. 다만 시로서 통달할 것을 통달할 수 있는 각자의 의미를 여기다가 내포시키고 싶었다. (…중략…) 내가 위에서 「모든 항구적인 정서의 종합축적한 것을 취사선택할 자격」이라 말한 의미는 가령 말하자면, 희랍의 정서면 희랍의 정서를, 신라의 정서면 신라의 정서를, 이조 말기 내지 한일합병 사십년간의 정서면 또 그런 것을――능히 종합할 수 있고

33) 조연현, 「근대정신의 해체(이상의 문학사적 의의)」, 『문학과 사상』, 문학세계사, 1949, 94~96면.

> 취사선택하여 민족과 인류의 앞에 형성 제시할 수 있는 시인의 자격이란 말이다.[34)]

서정주는 시는 시로서 말해야 함을 강조하고 있다. 시업(詩業)에 전념하고 이를 통하여 하나의 경지를 이룰 때, 다시 말하면 시로서 시에 통달할 때가 바로 '예지 혹은 묘법'의 경지인 것이다. 서정주가 설명하고 있는 것처럼 묘법이란 불교에서 각자의 경지를 표현한 것, 다시 말하면 부처의 말씀을 뜻한다. 가섭의 미소처럼 부처의 뜻은 물질적인 언어의 표현으로 전달되지 않는다. 그리하여 깨달음을 얻은 자만이 그 뜻을 간취할 수 있다는 의미에서 논리를 벗어난다. 이러한 묘법이라는 말 앞에 서정주는 예지라는 말을 함께 적어놓고 있다. 사전적인 의미로 예지란 사물의 본질을 꿰뚫는 뛰어난 지혜를 뜻한다. 묘법과 함께 생각한다면 일상의 논리적 틀을 벗어난 초월적인 시선으로 세상의 이치를 해득함 정도로 설명할 수 있겠다. 그리고 이러한 시각을 통해 옥석을 가려내었을 때 보다 본질적인 시의 영역을 찾을 수 있다는 것이 서정주의 주장인 듯하다. 하지만 아직 예지의 뜻이 분명해지는 것은 아니다. 근대문학의 과정에서 예지라는 단어는 아주 특수하게 사용된 말이라고 판단되기 때문이다.

> 시가의 근원을 민족의 예지에 있다고 보고 그 시가는 민족성의 형성력으로서만이 존속할 수 있다고 보는 것이 나치스 문예이론의 근저를 이루고 있는 것 같다. 그런데 이런 문학의 윤리적 방면을 강조하는 것은 비단 독일이나 이탈리아에 국한된 것이 아니다. 민주주의 제국에 있어서도 이미 대전 전부터 휴머니즘 속에 그런 경향이 현저하게 나타난 대전 발발 이후에도 특히 그것이 농후해진 것 같다. 한때 전혀 인기 없는 상태에 빠졌던 영국의 시인 '테니

34) 서정주, 「시의 표현과 그 기술—감각과 정서와 표현의 단계」, 『조선일보』, 1946.1.20~24(서정주 · 박목월 · 조지훈 공저, 「시의 감각과 정서와 예지」, 『시창작론』, 선문사, 1949, 70~71면).

슨'이나 '브라우닝' 등의 교훈시가 대한한 형세를 가지고 부활되어 왔다는 것은 그 일례일 것이다.[35)]

1930년 주지주의를 조선에 소개한 이래 줄곧 비평의 기준을 제시하던 최재서는 1941년 『국민문학』을 간행하기에 이른다. 국민문학이란 "의식적이든 무의식적이든 국가의 선전수단"하에 놓이게 되는데 이때 문학은 "국민의 성격을 형성"하는데 기본적인 역할을 담당해야 한다.[36)] 국민성격의 형성을 위해서 문학은 윤리적, 교육적 기능의 강화를 필요로 한다. 위의 인용은 최재서가 문학의 교육적 기능을 위한 배경과 방향을 설명하면서 기술된 내용이다. 영국 · 독일 · 이탈리아 등에서 시는 국민 성격의 형성을 위해서 교훈성이 강조되었다는 것이다. 테니슨이나 브라우닝도 이런 시각에서 새롭게 재조명되고 있다. 그리고 이를 극단으로 이끌어간 경우가 나치스 독일의 이론가들인데 그들은 "시가의 근원을 민족의 예지에 있다"고 보았다.

서정주는 앞서의 글에서 "시란 수백, 수천 년 사상언어의 승화된 집중표현"이라고 정의한 후에 "우리가 가지고 있는 모든 정서를 통솔할 수 있는 한 '사상의 재건"을 강조하면서 그것의 능력과 단계를 '예지'라고 파악하고 있다.[37)] 시인은 민족의 감각과 정서적 표현을 취사선택하여 새롭게 표현해야 한다. 이것이 시인의 기능이라고 보았을 때, 시적 자아는 문학의 교훈성과 효용성에서 크게 벗어나지 않는다. 민족이라는 하나의 이데아에 투영된 시적 자아의 예지는 현실에서 기능적 자아로 전락할 가능성에 항상 노출되어 있다. 각설하고 이러한 서정주의 시적 포즈는 문명 최재서의 문학적 경사와 상당한 친연성이 발견되는 것이 사실이다. 그리고 서정주의 「시의 표현과 그 기술」은 「시의 이야기-주로

35) 최재서, 「국민문학의 요건」, 『국민문학』 창간호, 1941.11, 45면.
36) 위의 글, 39~40면.
37) 서정주, 『시창작론』, 71~71면.

국민시가에 대하야」와 비교해서 하나의 각론(各論)으로 비쳐진다. 독일의 괴테나 러시아의 푸슈킨과 같은 시인을 의욕 하던 시인은 이제 희랍이나 신라의 시적 정취를 헤아리는 예지와 영통의 시인으로 변모한다. 그 과정에서 한국 근대시의 언어적 세련에 많은 공적을 남긴 정지용과 김영랑의 경우 「시의 이야기」에서는 대등하게 취급되고 있으나, 「시의 표현과 그 기술」에서 정지용은 '감각의 시인'으로, 김영랑은 '정서의 시인'으로 위계화 된다.

한편 '예지'에 대한 자신의 입장을 밝힌 이로는 김종한을 빼놓을 수 없다. 그는 예지를 정의하여 "모든 시간적인 감격이나 사고를 영원의 형태에까지 승화시키지 아니치 못하는—그러한 정열과 애의 정신과 그것을 효과적으로 수리하기 때문에 필요한 기술"이라고 정의하고 있다.[38] 이를 정리하면 현실의 정서를 영원한 것으로 승화시키기 위해서는 정열과 사랑의 정신 못지않게 형식으로서의 '기술'이 필요한데 그것이 바로 예지라는 것이다. 현실의 분방한 감정적 정서를 간추려서 시적 질서로 환원할 수 있는 시인의 능력이라고 바꾸어 말할 수 도 있을 것이다. 바로 시인의 능력이 유한성을 영원성으로 변화시킬 수 있는 척도이다. 그 척도의 기준이 '예지'인 셈이다. 이어진 김종한의 말은 다음과 같다.

> 감격한 두부장사는 고염(固鹽)으로 두부를 형성하는 것으로 봉공하기에 성공하고 있습니다. 감격한 과학자는 촉매의 힘을 과학하기를 게흘리 하지 않습니다. 그러나 문학자만은 감격했기 때문에 시적예지를 상실하고 높은 의미로서의 문학의 국가적 효용을 잊어버린다면 그것은 어떠한 결과를 초래하는 것일가요. 참으로 예지란 감격을 감격하고 다시 그것을 초극하는 것에서 붙엄 시작되는 것이나 아닐가합니다. (…중략…) 요새 조선서 발표된 시국에 취재한 시편들은 정직히 말하면 하나도 독자들의 감상을 만족시켜주는 작품이 없었

38) 김종한, 「일지의 논리」, 『국민문학』, 1942.3, 30~31면.

> 습니다. 모든 시인들의 대시대적 예지에 대하야 우리는 근본적으로 의혹조차 하게 되는 것입니다.[39]

헤겔은 논리적으로 근대국가의 철학적 근거를 제공한 사람이다. 그는 국가를 "하나의 현실, 즉 내적 본질과 외적 존재의 직접적으로 이룩된 통일, '강조된' 어의에 있어서 본 하나의 현실"로서 바라보았다.[40] 그러나 "현실적인 것은 추상의 언어로는 표현되지 않는다. 현실이란 사유와 존재의 가설상의 추상적 일치 사이에 개재하는 것이다."[41] 이러한 비판은 키아케고어에 의하여 이루어진다. 헤겔의 문제점을 마르크스가 추상적 현실을 공적세계를 통해 극복하려 했지만, 키아케고어는 단독자의 입장에서 문제를 제기한다. 시대의 혼란에 대처하는 방법은 "인간적 실존에 필요한 '거점(Ballast)'을 주어, 영원 앞에 서는 것으로서 시대의 흐름에 말려들지 않는 것밖에 없다"는 것이다.[42] 영원한 것이란 순간 속에서 인간 현존재의 의미를 되비치는 것을 통하여 가능한 것이다. 영원의 개념을 절대화하는 것이 아니라 현실 속에서 구현함으로써 영원을 현재화 할 때 비로소 국가의 효용적 가치는 극대화될 수 있다. 이것은 사실상 불가능에 가까운 것이지만 이것을 통해서만이 '문학적 가치'도 동시에 회복될 수 있다. 김종한이 최재서와 서정주처럼 예지를 말하고 있음에도 불구하고, 매력적으로 보이는 이유는 단독자로서의 시인이 갖는 현실과의 대결의식에서 찾을 수 있겠다. 그런 의미에서 김종한의 입장은 상당히 시적이고 낭만적이다.

---

39) 위의 책, 31면.
40) 칼 뢰비트, 『헤겔에서 니체에로』, 민음사, 1985, 63면.
41) 위의 책, 177면.
42) 위의 책, 187면.

6. 맺음말

1940년대 전반기에 대한 접근은 한국문학에 있어서 공백이자 하나의 금기이다. 암흑기문학 혹은 친일문학이란 또 다른 명칭 앞에서 한국문학의 조건을 탐색하는 것은 불가능한 것처럼 여겨져 왔던 것도 사실이다. 하지만 한국문학의 조건을 잠식할 만한 강력한 중력에 대한 탐색이 멈춘 적은 없었던 것 같다. 기실 카프문학의 연구와 분단문학에 대한 심화된 연구는 결국 친일문학의 정체에 대한 길을 터준 예비적 과정이었다고 볼 수도 있을 것이다. 그리고 강력한 중력이 작용하는 암흑기의 문학에서 가는 빛의 복사(輻射)를 보기 시작한 것이다.

김종한은 정지용의 추천으로 『문장』을 통하여 등장한 시인이다. 이전에도 자신의 시작품을 발표하였지만 본격적으로 자신의 문학을 펼친 것은 『문장』을 통해서라고 할 수 있다. 김종한은 정지용의 언어미술을 충실히 계승하면서도 신세대 시인들의 입장을 충실하게 대변하려 하였다. 그리고 김종한의 임화나 김기림의 이성적 입장과는 다른 입장에서 시 본연의 절대성을 주장하기에 이른다. 새로운 시에 대한 갈망을 김종한은 그렇게 표현하고 있었다. 이것은 김종한 자신의 근대시에 대한 평가에 근거한 것이다. 조선의 근대시는 아직 현대의 문턱을 넘어서지 못하고 있었던 것이다.

김종한에 관심이 최근 높아진 이면에는 그가 보여준 '친일문학론'의 특이성 때문이다. 그가 내세운 이론은 최재서의 생각과 유사하게 '신지방주의'라고 일컬어지는 것이다. 일본이 조선에서 경제적 이득을 취하는 이상 일본과 조선은 동등한 입장에서 하나의 이상을 위해 분화된 역할을 담당하는 것이며, 이러한 시각에서 '조선문학'도 다루어져야 한다는 것이다. 하지만 '내지'로 공급되는 '쌀'과 달리 '문학'은 그럴 만한 것이 없었던 것도 사실이다. 김종한은 시의 번역을 통해 이러한 균형을 보충하려고 하였다. 하지만 이러한 노력은 당시의 대동아공영권의 압박 속에서 크게 빛을 보여주지는 못했다.

결국 1940년대 전반기에 관심의 초점이 되어야 할 것은 '국민시'의 개념이다. 국민문학의 하위범주로서 기능하는 국민시에 대하여 김종한은 일정한 원칙을 제공하려 했지만, 이에 대한 반대도 만만치 않아서, 결국 시대의 흐름에 따른 '국민시'로 귀착되고 말았다. 하지만 '국민시'란 개념적 절충의 문학에 대한 반성이 전혀 없었다고 할 수는 없다. 김종한 뿐만 아니라 서정주, 조연현, 김경린의 경우 1930년대 중・후반 시문학의 새로운 가치를 모색하는 과정에서 1940년대 전반기라는 시대와 조우하게 된다. '국가'라는 근대이성의 최고 발현태를 목도하면서 문학(시)이라고 하는 절대가치의 모색은 필연적이었다. 논리적으로 수단으로서의 국민시 생산은 목적(이념)으로서의 국민시를 전제하기 마련이지만, 현상으로서의 국민시는 이념으로서의 국민시를 부정하기도 한다. 이렇게 '부정된 이념으로서의 국민시'는 순수시 혹은 절대시의 다른 이름이라고 할 수도 있다. 친일의 행적에도 불구하고 해방의 다음날 그들이 서울 거리를 행보할 수 있었던 알리바이는 여기에서 찾을 수밖에 없다.

국민연극의 욕망과 정치학

연극경연대회 작품을 중심으로

김옥란

1. 한국연극의 트라우마, 국민연극

최근 국민연극에 대한 연구가 활발해지고 있다. 국민연극(National Theatre)은 원래 근대국가 성립기인 19세기 말의 근대극 운동을 지칭하는 말이다.[1] 근대 민족주의를 기반으로 국민국가 성립을 바탕으로 한 국민의식을 반영하고 있는 것이 국민연극이다. 그런데 근대 국민국가의 성립 자체가 민족주의와 인종주의·제국주의·식민주의와 밀접히 연관되어 있고, 주로 전쟁을 통해 강력하게 '국민'의 의식을 환기해왔던 역사에 비추어보았을 때, 명칭에서부터 국민의식을 강조하고 있는 국민연극은 그 이데올로기적 측면으로부터 자유롭지 않다.

1) 양승국, 「1940년대 국민연극론」, 『한국 근대연극비평사연구』, 태학사, 1996, 418면.

한국연극에서 국민연극은 더더욱 문제적이다. 국민연극은 그 용어나 내용 자체가 일제에 의해 고안된 것이며 태평양 전쟁으로 제2차 세계대전에 참여하고 있었던 일제의 군국주의적 이익을 극대화시키기 위해 식민지 조선에도 그대로 강요된 것이다. 1937년 중일전쟁 이후 전시체제를 갖추고 있었던 일제는 북쪽으로 소련과 중국에 이어 남쪽으로 말레이시아・인도차이나 등으로 남진 정책을 펴게 되고 이를 견제하던 미국과 1941년 진주만 공습을 계기로 태평양 전쟁의 전면전으로 치닫게 된다. 일본은 스스로를 아시아의 대표자로 자처하며 '대동아공영권(大東亞共榮圈)'의 논리로 서양 세력의 대표격인 미국・영국에 맞섰으나 역부족이었고[2] 신체제(新體制)의 이념을 전 국민에게 의식화시키는 '국민총력운동(國民總力運動)'에 혈안이 되었다.

한국연극사에서 국민연극이 문제적인 것은 국민연극의 '국민'이 어느 국민인가의 문제, 곧 일제 말기 한국 연극인들이 일제를 자신의 국가로 인정했느냐의 문제, 친일의 문제와 직결되기 때문이다. 구체적으로 1940년 조선연극협회 결성, 1941년 현대극장 창립, 1942년 조선연극문화협회의 활동과 관련한 국민연극 운동론자들은 그동안 한국연극의 정통성을 주장하던 신극인들이었고,[3] 이들은 일제의 후원을 받아 조직적이고 광범위한 영역에서 연극에 대한 국가의 직접적인 관리 체제 구축에 적극 협력했다.[4] 그리하여 국민연극은 해방 이후 현재까지도 즉각적으로 식민지의 기억을 환기시키는 한국연극의 트라우마로 남아있다.

최근까지 국민연극에 대한 연구가 부족한 것은 이러한 사정과 무관하지 않다. 국민연극의 존재가 감추고 싶은 과거 기억으로만 봉인된 채

---

2) 앤드루 고든, 김우영 역, 『현대 일본의 역사』, 이산, 2005, 380~393면.

3) 양승국은 1940년 종래 '신극'과 구별하여 '신연극'의 개념이 형성되고 이것이 이후 '국민연극' 개념으로 수렴되어 가는 과정을 극예술연구회 중심의 신극론자들에 의해 정당화되고 이론화되었음을 밝히고 있다. 양승국, 앞의 논문, 410~422면.

4) 일제 말기 문화 기구 정비를 통한 연극 통제의 양상에 대해서는 박영정, 「국민연극론」, 『유치진 연극론의 사적 전개』, 태학사, 1997, 166~178면.

남아있었기 때문에 구체적인 자료가 공개되거나 공유되지 않았고 그렇기에 적극적인 논의 또한 어려웠다. 국민연극 연구가 본격화된 것은 1994년 이미원이 「국민연극 연구」를 통해 미국 하버드 엔칭연구소에서 발굴한 자료의 존재를 공개하면서이다.[5] 지금까지 유실된 것으로만 알려졌던 현대극장과 조선연극문화협회 주최의 연극경연대회 작품 거의 대부분이 발굴되었다고 보고되면서 학계의 비상한 관심을 불러일으켰다. 그러나 이렇게 발굴된 자료 또한 제대로 공개되지 못했는데 이미원의 발굴 자료는 저작권 등의 이유로 10여 년 뒤인 2003년에야 영인본의 형태로 발간되었다.[6] 그리고 그 뒤를 이어 2004년 이재명에 의해서 활자본의 형태로 자료들이 거의 대부분 완전 공개되었다.[7]

동시에 1990년대 중반 비평사적 측면에서도 국민연극 논의가 정리되기 시작하였는데, 신극론자 중심의 국민연극 개편 과정에 대한 자세한 분석을 담고 있는 양승국(1996)의 논의와, 유치진을 중심으로 한 국민연극 활동 양상에 대한 박영정(1997)의 논의 등이 있다.[8] 이중에서 흥미로운 것은, 실제 이 시기 "극작가들은 국민연극 이념에 입각한 작품 활동에 소극적이거나 회의적"인데 반하여 "일부의 비평가들은 꾸준히 자신들의 국민연극에 대한 이념을 실천하기에 노력"했음을 비교하고 있는 양승국의 논의이다.[9] 기존에 국민연극 자료 발굴과 공개 여부를 둘러싼 미묘한 신경전의 양상이 주로 친일적 경향의 국민연극을 쓴 작가들에

5) 이미원, 「국민연극 연구」, 『한국 근대극 연구』, 현대미학사, 1994, 350면.

6) 이미원, 『국민연극』 1~4, 월인, 2003. 이 책의 머리말에는 국민연극의 친일 논란으로 인한 자료 공개의 어려움과 아직도 저작권법 등의 이유로 공개되지 못하는 작품들에 대한 아쉬움을 표명하고 있다.

7) 이재명 외, 『해방 전 공연 희곡집』 1~5, 평민사, 2004. 그러나 이 자료집에서도 저작권 등의 이유로 유치진의 작품이 누락되어 있다.

8) 2000년대 이후 후속 논의로는 이상우·김재석의 논의를 들 수 있다. 이상우, 『근대극의 풍경』, 연극과인간, 2004; 김재석, 「〈흑룡강〉에 나타난 계몽·선전의 기법과 작가적 의미」, 『한국연극학의 위상』, 태학사, 2002; 김재석, 「국민연극 시기 '조선연극문화협회' 연구」, 『경북대 어문논총』 40집, 2004 등을 참고.

9) 양승국, 앞의 논문, 427면.

게 초점이 맞춰져 있는 것에 비해 일종의 집단적 예술형태인 희곡 장르의 특성상 작품 자체의 친일성 여부를 작가들만의 책임으로 돌리는 것은 일면적인 판단일 수 있다는 이러한 문제제기는 앞으로 국민연극 비평 및 창작 분석 태도에 유용한 시사점을 제시해준다.

실제로 국민연극은 일제에 의해 체계적이고 조직적으로 전개된, 대표적인 관주도의 연극운동의 하나였고, 국민연극 시기 내내 작가들은 국민연극의 이념에 대한 확신 없이 창작에 임해왔거나[10] 또 때로는 기계적인 적용 등으로 비판을 받아왔다.[11] 이에 따라 이 글에서는 이 시기 국민연극 작품들을 대상으로 그 구체적인 면모를 확인해보고자 한다. 특히 일제 말기 조선연극문화협회의 대표적인 사업 중의 하나였던 연극경연대회(1942~45) 작품들을 중심으로 위로부터 강요된 국민연극의 이념이 각각의 작품들에 어떻게 반영 혹은 굴절되고 있는지의 양상을 살펴보도록 하겠다. 이 글은 대표적인 친일 목적극인 국민연극 작품들을 통해 명확한 친일의 증거를 찾기보다는 그 안에 굴절되어 있는 피식민 주체들의 내면의 논리를 따라가 보고자 한다.

---

10) "아까 말한 바와 같이 국민연극이란 숙어가 등장한지 불과 5~6개월은 지나지 못함으로 우리에게는 아직껏 그 이론이 확고히 수립되지 못했다." 함세덕, 「신극과 국민극」, 『매일신보』, 1941.2.7.

11) "요즘 항간에는 신체제하의 연극이라면 무대에 나와서 국기나 내두르고 군가나 합창하면 괜찮은 줄 알고 있다." 유치진, 「국민연극 수립에 대한 제언」, 『매일신보』, 1941.1.3; "금년도의 국민연극이 대개 사상의 선전적인 경향이 연극적인 것보다 너무 앞섰다는 것이다." 함대훈, 「국민연극에의 전향—극계 일년간의 동태」, 『매일신보』, 1941.12.13.

2. 국민연극과 연극경연대회

국민연극은, 1940년 8월 일본이 전시 체제의 강화를 위해 일본 신극 운동의 본거지였던 신협과 신축지 양 극단을 해산시킨[12] 직후 정보국과 대정익찬회가 '신극'의 명칭을 '국민연극'으로 바꾸도록 제시하면서 등장한 개념이다. 이후 일본은 1941년 3월 기존 연극잡지들을 통합하여 『국민연극』을 창간하고, 1941년 4월 일본연극협회를 조직하는 등 철저한 전시 문화 통제에 박차를 가한다. 이에 맞추어 국내에서는 오히려 일본보다 민첩하게 국민연극의 개념을 수용하는데, 1940년 11월에 이미 나웅은 신극 운동의 새로운 방향으로 국민연극의 확립을 요구하고 있다.[13] 이후 유치진 · 함대훈 등의 비평가들이 합세하면서 국민연극론이 연극계의 시급한 논제로 자리 잡게 된다.

1941년 3월 현대극장의 창단은 바로 이러한 국민연극론의 실천적인 대응을 위해 마련된 것이다. 총독부 경무국 성출(星出) 사무관이 유치진과 함대훈을 앞세워 각각 현대극장과 국민연극연구소를 만들게 했던 것으로, 현대극장은 일제 당국의 주선으로 만들어진 대표적인 친일연극 단체였다. 이들은 출발부터 국민연극을 표방한 순전한 국민연극 단체로

12) 일본 신극운동의 중심 역할을 했던 쓰키지[築地] 극단은 1929년 조직 개편을 통해 신쓰키지 극단으로 활동하다가 1940년 8월 신쿄[新協] 극단과 함께 당국에 의해 "사회주의적인 색채가 농후한 두 극단은 국가 상황에 맞지 않기 때문에 바로 해산한다"라는 결의를 '권장'받고 자진 해산하게 된다. 1940년 들어 신쓰키지 극단은 "진정 국민적인, 민족적인 연극을 수립"하라는 일본 당국의 압력을 받고 갈등을 겪고 있었다. 스가이 유키오, 박세연 역, 「신쓰키지 · 신쿄극단의 해산」, 『쓰키지 소극장의 탄생』, 현대미학사, 2005, 205~210면.

13) 양승국, 앞의 논문, 418~419면. 나웅은 앞으로 신극 운동의 방향을 "자아공리(自我功利)의 사행(私行)을 배격하고 국가봉사(國家奉仕)를 제일의로 하는 국민연극의 확립"과 "각자직능(各自職能)에 따라 국가에 봉사하는 것을 기초로 하는 신국민연극(新國民演劇)의 확립"에 있다고 주장한다. 나웅, 「국민연극으로 출발—신극운동의 향방」, 『매일신보』, 1940.11.16~18.

활동하였다.[14] 1942년 9월 조선연극문화협회 주최의 연극경연대회는 이러한 국민연극 공연활동을 더욱 독려하고 강화하기 위한 수단으로 마련된 것이다. 실제로 1942년, 1943년, 1945년[15] 연속 3회 개최된 연극경연대회에 성군・아랑・현대극장・고협・청춘좌・예원좌・황금좌・태양・신생극단 등 당시 연극계를 대표하는 총 9개 극단이 매년 당국의 지원을 받으며 연극제에 참가하여 이 시기 전 연극인들의 활동의 중심점 역할을 하였다. 곧 이 시기 연극인들은 연극경연대회에 참가하면서 자의든 타의든 국민연극의 개념을 습득하고 그것을 매년 즉각 창작물로 생산해내도록 지속적인 강요 아래 있었다.

참여횟수	4	3	2	1
극작가	송 영	박영호, 임선규	김태진	김 건, 김승구, 양 서, 유치진, 이광래, 조명암, 조천석(=박노아), 함세덕
연출가	안영일	나 웅, 이서향	전창근, 한노단	박 진, 박춘명, 서항석, 신고송, 안종화, 유치진

이상은 총3회의 연극경연대회 참가 극작가 및 연출가들의 목록이다.[16] 위에 언급된 극작가 및 연출가들은 신극론자로부터 대중극 연극인 모두를 망라해서 식민지 시기 한국 연극계를 대표하는 이들이다. 작품 창작 및 연출을 겸한 유치진의 경우를 제외하고[17] 극작가군과 연출가군의 분업 시스템이 확고히 정착되어 있음을 알 수 있다. 그리고 참여횟수의 경우도 직접적으로 친일의 정도차라기보다는 우선 당시 연극계에서의 실제 활동 비중을 거의 그대로 반영하고 있다고 할 수 있다.

14) 박영정(1997), 179면.

15) 제3회 연극경연대회는 애초에 1944년 11월 개최 예정이었으나 태평양 전쟁이 막바지에 이른 한편 1944년 10월 고정(高井)간첩사건으로 연극계 지도급 인사들이 대거 검거된 사건으로 예정보다 늦춰진 1945년 2월 간소하게 치러졌다. 서연호, 『식민지 시대의 친일극 연구』, 태학사, 1997, 79면.

16) 제1~3회 연극경연대회 참가작 목록은 위의 책, 70~83면 참고.

17) 유치진의 경우, 극작 활동과 연출 활동을 통합하여 계산하면 총 2회 참석에 해당한다.

연극경연대회가 조직적으로 치러진 1942~45년은 전시체제가 본격적으로 진행된 때였고, 연극인들에게 징병·증산·총후활동을 고무하는 전시 목적극인 국민연극을 빠른 시일 내에 제때 공급해야 하는 역할이 주어졌다고 했을 때 총 4~3회로 거의 매년 연극제에 참여한 송영·박영호·임선규·안영일·나웅·이서향 등은 그만큼 그들의 작품 생산력 자체에 대한 공인된 신뢰가 있었다고 할 수 있다.

오히려 여기서 놀라운 것은 식민지 시기 대표적인 신극 운동가인 유치진, 카프 출신 작가 송영으로부터 대중극 연극인인 임선규·김건·악극단 작가인 조명암 등에 이르기까지 당시 연극계 전체를 망라하는 연극인들이 그야말로 총동원되고 있다는 사실이다. 1941년 현대극장 창립 이후 연극경연대회가 시작된 1942년에서 1945년까지 대략 2~3년간 비교적 짧은 시기 동안 이렇듯 한국 연극계 전체가 총독부에 의해 고스란히 장악되고 있는 점은 총독부의 조직적인 동원력뿐만 아니라 예나 지금이나 지원금에 의존할 수밖에 없는 연극계의 현실을 다시 한 번 확인시켜준다.[18)]

18) 오정민은 당국의 지원을 받는 국민연극 단체들에 대한 앞으로의 기대를 다음처럼 밝히고 있다. "신춘의 극계는 일반적으로 성황을 이루고 있다. 경연 참가 극단(제1회 연극경연대회 참가 극단-필자주)의 남북선 순연(南北鮮巡演)이라든가 만주 진출이 빈번하여 모두가 좋은 성적을 올리고 있음은 물론 계절의 관계도 있으나 무엇보다도 연극경연을 계기로 하여 지방 인심에 파급시킨 선전력이 위대하였음을 알 수 있다. 경연 참가의 다섯 극단은 아무래도 반도 극계에서는 최고의 수준을 걸어가는 것으로 지방인의 절대한 지지 밑에 이제는 경제적 기반도 확립되었으니만큼 앞으로는 더욱더 각 부문의 기술적 동○을 꾀하여 일반의 기대에 어그러짐이 없도록 하여야 할 것이다." 오정민, 「전문기술의 종합화」, 『조광』, 1943.4.

3. 제도화된 사실주의극과 내서널한 욕망의 복수성

1940년대 전반기 국민연극은 국내 연극운동의 흐름에서 자발적으로 등장한 것이 아니라 1941년 대동아 전쟁으로 미화된 태평양 전쟁의 다급한 상황에 처해있었던 일제에 의해 일종의 전시문예로서 강요된 것이다. 그렇기에 국민연극의 실제적인 호명 대상은 국민연극의 관람 대상인 일반 대중뿐만 아니라 국민연극을 효율적으로 생산해내야 하는 연극인들 자신이기도 했다.[19] 국민연극론 초기에 국민연극의 정당성과 창작방향을 제시하는 많은 글들은 국민연극의 개념을 제대로 이해하지 못하거나 새로운 창작방법론을 적용하고 있지 못한 연극 생산 주체들에게 향해있다. 그리고 이러한 글들에서 연극인들은 대중을 선도해가는 지식 계급으로서의 사명감을 부여받고 있다.[20]

국민연극을 생산해내야 하는 선도적 역할을 부여받은 지식 계급으로서의 연극인. 이와 같은 논리에는 지식 계급으로서의 어떠한 성찰이나 사유 없이 오로지 당위로서의 원칙론만이 강조되고 있는데, 여기에는 제국의 전쟁에 동원되고 있는 피식민 주체로서의 민족적 위치는 철저히 지워진 채 선도적 연극인이라는 계급적 위치만을 확인함으로써 국민연극 창작 주체들의 심리적 부담감을 희석시키고자 하는 의도가 내재해 있다. 그러나 국민연극의 당위성을 옹호하기 위해서 그리스 연극

---

19) "이번 대회는 경연을 위한 경연이란 감이 없지 아니하였으나 대체로 말하면 조선에 있어서의 참된 국민연극의 지표를 탐구하려는 노력이 보인 점, 연극인 자신이 문화의 부담자, 건설자로서의 긍지와 신념을 가지려 한 점, 위정 당국의 연극에의 관심을 앙양시키고 일반 대중의 연극에의 홍미를 재연시킨 점 등은 적지 않은 성과라 하겠다." 서항석, 「금년의 극계」, 『춘추』, 1942.12.

20) "그리하여 예민한 감각과 총명한 지성을 특질로 하는 지식계급은 이 성질 때문에 국민 중의 여하한 계급보다도 우월하게 신속히 그 또한 명확하게 이 외면적·내면적 운명(지나사변의 확대와 장기화—필자주)의 의미를 감득 파악하게 되었다." 함대훈, 「국민연극의 현단계」, 『조광』, 1941.5.

으로부터 셰익스피어 극, 입센과 스트린드베리의 서양 연극사의 흐름을 끌어들이는가 하면, 연극이 인간의 본능을 발산시키는 동시에 조정·통제·단련시키는 사회적 기능을 가지고 있음을 거듭 강조하는[21] 형이상학적 수사의 나열 속에는 역설적으로 피식민 주체라는 이미 손상된 지위의 공허함이 짙게 배어있다. 곧 국민연극론은 자신의 허약한 계몽의 위치를 스스로 연극의 범주로만 한정시킴으로써 민족적 현실은 공백의 진공상태로 남겨두고 있다.

그럼에도 불구하고 국민연극론자들이 국민연극을 통해 얻고자 했던 것은 무엇이었을까. 국민연극론의 대표적인 비평가인 함대훈은 국민연극에 대한 원론적이고 형이상학적인 글에서 국민연극 전용극장을 강력히 요구하고 있다. '공익우선, 국가목적 달성'의 목표를 위해 대중적으로 인기 있는 영화관 하나를 국민연극 전용극장으로 내달라는 과감한 주장까지 펼친다.[22] 결국 국민연극론자들의 연극인으로서의 사명감이란 대중적인 흡인력에서 뒤떨어지는 연극의 지위를 '공익우선, 국가목적'의 힘에 의해 끌어올리고 극장과 같은 현실적인 물적 토대를 요구하는 데로 나아가고 있다. 그리하여 한편으로 이는 침체된 연극계를 되살려보려는 기존 신극론자들의 안타까운 노력으로 인정할 수도 있지만, 다른 한편으로는 대중적인 기반을 잃어버리고 곧바로 국가에 기댈 수 밖에 없는 문화적 약자의 위치로 밀려난 연극의 씁쓸한 위상을 거듭 확인하게 한다.

이렇듯 국민연극의 출발점은 처음부터 피식민 주체라는 사회적 약자, 대중문화와의 경쟁력에서 밀려나기 시작한 문화적 약자라는 이미 손상

---

21) 함대훈, 「국민연극의 현단계」, 『조광』, 1941.5.

22) "그러기에 나는 모 좌담회에서도 역설한 바 있지만 현재의 일류 영화관 중의 그 하나를 국민극을 상연할 국민극장으로 만들어 달라는 것이다. 영화가 오늘날 관중의 대부분을 흡수하고 있으나 그러나 오늘의 우리는 공익우선, 국가목적 달성의 커다란 목표이니만치 이 영화관 하나를 국민극장으로 변모시킨다는 것은 그리 난사가 아니라고 보는 것이다." 함대훈, 「국민연극의 현단계」, 『조광』, 1941.5.

된 지위를 안고 있다. 그리고 이는 3회에 걸쳐 시행된 연극경연대회 내내 다급함과 절박함으로 표현되고 있다. 특히 제1회 연극경연대회의 경우, 국민연극 운동의 선봉에 선 현대극장을 비롯하여 당시 대중연극계를 대표하는 성군·아랑·고협·청춘좌의 총 5개 극단[23]이 참가하고 있어 연극계 전체가 통합된 양상을 보여준다. 그리고 제1회 연극경연대회를 지켜보는 논자들의 관심 또한 이들 기성 극단들이 새로운 연극 이념이라 할 수 있는 국민연극을 위해 얼마나 변모된 모습을 보여주는가에 모아졌다.[24] 결국 1942년 제1회 연극경연대회는 주요 극단을 중심으로 기존 작가·연출가·연기자들의 참가 여부 자체가 중요시된, 따라서 연극인들에게는 국민연극 운동에 동조하고 있다는 일종의 자기 고백 혹은 증거의 대회이자 일제 당국의 입장에서는 전체적이고 효율적인 통제 장치로 기능했다.[25]

그리고 이때 이미 연극 내적 양식에도 제도화가 이루어졌는데, 우선 당시 공연 대본을 보면 일률적으로 작의, 경개(梗槪), 본 내용의 형식을 갖추고 있다. 작가의 의도와 그것을 뒷받침하는 전체 내용을 한눈에 검토할 수 있는 요약 줄거리가 첨부되어 있는 대본 형식은 결국 심의용 대본의 성격을 가지는 것이고, 작품 자체의 예술성보다는 창작자의 의

---

23) 이 5개 단체는 군 보도부 고급촉탁인 일본인 고정(高井)에 의해 보도부 추천단체로 지정되어 특별 지원을 받았다. 서연호, 앞의 책, 79~80면.

24) "이 극단(아랑-필자주)은 재래의 신파를 벗어나 〈성길사한(成吉思汗)〉 이후로 장족적인 약진을 도모하고 있는 전제 아래 이번의 참가공연은 크게 주목되었다." "조선 극단의 일대 암(癌)인 경영난과 동지들의 이반 때문에 오랫동안 비운에 빠져 있으면서도 유치진 씨를 맹주로 하야 굳건히 그 예술적 지조를 사수하는 이 극단(현대극장-필자주)이 대다수의 신인 연기자를 이끌고 이번 제전에 참가한 것은 나로서 매우 경하하여 마지않는 바다." "고협은 조선의 전진좌라는 별칭을 듣는만치 이 극단은 오늘까지 문제시 속에서 항상 연극 행동을 지속해왔다. 그럼으로 아랑과 더불어 일반의 주목이 집중되었었다." 김건, 「제1회 연극경연대회인상기」, 『조광』, 1942.12.

25) 연극경연대회 참가 작품들이 전체적인 맥락에서 함께 조명을 받은 것도 제1회 대회에 한해서이며(김건, 「제1회 연극경연대회인상기」, 『조광』, 1942. 12.), 이후 연극경연대회 작품들은 개별적인 작품평의 형태로만 언급되고 있다.

도가 무엇인지 사전 검열이 더 중요시되었음을 알 수 있다. 일반 조선 관객을 대상으로 공연해야 한다는 연극의 특성상 일제 당국이 일어 대사 사용을 강조했음에도 실제 공연상 일어 사용의 빈도가 높지 않았던 데 비해 작의나 경개는 일어 사용 비율이 높다는 점도 연극경연대회 참가 작품들의 사전 검열의 주체가 누구였는지 더 확연히 알 수 있다.

또한 작품의 대부분이 사실주의극 양식의 장막극 분량이라는 점도 일률적으로 적용되고 있는 부분이다. 이는 지원금의 규모에 맞추는 기획 연극의 전형적인 예이다. 하나의 작품이 장막극의 대작 규모라 함은 그 자체로 그만한 공연을 올릴 수 있는 물리력이 뒷받침되었음을 말해준다.

이 시기부터 장치가의 존재가 중요하게 부각되기 시작한 것도 이러한 맥락에서 이해할 수 있다. 연극경연대회 시상 목록에 단체상・작품상・연출상・연기상과 함께 장치상이 명시되어 있고[26] 실제 작품마다 각 막의 시작 부문은 정교하고 자세한 무대 지시문으로 이루어져 있다. 연극경연대회 작품들은 전시 목적극인 국민연극의 특성상 농촌・어촌・탄광・황무지 공사 현장・현해탄・만주 등 웅장한 스케일과 사실적인 장면 재현이 많이 요구되고 있으며 실제로 장치가들의 활약이 활발했던 것으로 보인다.[27] 그리하여 이 시기 연극인들의 오랜 염원이었던 사실주의극 양식이 외면상 완성 단계에 이른 것처럼 보인다.

그러나 다른 한편 이렇듯 제도화된 사실주의극을 통해서 우리는 사실주의 정신을 잃어버린 사실주의극이 얼마나 가짜 현실의 재현에 충실할 수 있는지 그 생생한 현장을 목격하게 된다.

---

26) 연극경연대회 장치상 시상자는 다음과 같다. 1회는 원우전, 2~3회는 김일영. 시상자 목록은 서연호, 앞의 책, 71, 75, 81면 참고.

27) "조명은 문제 삼을 여지가 없으며 김일영 장치는 제3막의 내전이 화려한 반면에 다른 장면이 빈약하였다." 오정민, 「〈에밀레종〉을 보고」, 『조광』, 1943.6. "그런데 장치가 강호(예원좌 〈역사〉 공연－필자주)의 창의성 있는 무대구성은 따분한 이 극을 살리기에 매우 효과적이었고, 이러한 양식화에의 경향은 극단 태양이 〈그 전날 밤〉을 상연했을 때 김일영 장치에도 볼 수 있는 일이었지만, 청신미가 있었다." 오정민, 「연극경연대회출연 예원좌의 〈역사〉」, 『조광』, 1943.10.

> 이 생경한 제재를 어떻게 요리해서 우리 관객에게 소화시킬까 하는 것이 내가 가장 고민한 일이었고 또 힘을 쏟은 부분이기도 합니다. 처음에는 사실주의적 수법을 사용하여 하나의 보고서를 만들 생각이었지만, 이것이 우리 관객에게는 불친절하다는 점을 알게 되어 끝내 멜로드라마로 만들기로 했습니다. 그러자 자연히 주격인 강제 이주 사건은 뒤로 돌려지고 줄거리만이 노정된 데다, 더욱 좋지 않았던 것은 하룻밤의 상연물로서는 너무 길다는 것이었습니다. 그러나 시일이 급박했기 때문에 손을 볼 수도 없었고, 중간에 한 막과 마지막 한 막을 잘라버리고 어떻게든 희곡의 형식만은 만들어냈지만, 자신에 대한 불만은 어쩔 수가 없다고 해도, 관객에 대한 부실함을 사과할 방법이 없기 때문에 더더욱 괴롭습니다. 다음 기회에 1~2부로 나누어서 좀 더 다듬어진 연극으로 만들 수 있기를 염원하고 있습니다.
>
> —임선규, 「빙화—작극상의 메모」, 65면[28]

이상은 제1회 연극경연대회 참가작이었던 〈빙화〉의 작가 임선규가 작성한 「작극상의 메모」의 전문이다. 여기서 임선규는 작가에게 주어진 국민연극의 소재를 '생경한 제재'라고 말하고 있다. 그리고 그 '생경한 제재'를 곧이곧대로 '사실주의적 수법'으로 만들 경우 관객들에게 호응을 얻기 힘들어 멜로드라마로 만들 수밖에 없었음을 고백하고 있다. 결국 이는 국민연극에 대한 작가들의 '생경한' 거리감을 직접적으로 드러내는 매우 솔직한 입장으로, 자신에게 체화되지 않은 '생경한' 이야기를 사실적으로 그릴 수 없는 작가의 입장을 대변하고 있다.

물론 이는 다른 한편으로 신파극 작가인 임선규가 대중극 작가로서 멜로드라마와 친연한 관계를 보여주는 예라 할 수도 있다. 그러나 정극 작가이든 대중극 작가이든 있는 그대로의 현실이 아니라 보여주어야만 하는 특수한 현실을 그릴 때 낯선 거리감을 느끼는 것은 마찬가지가 아니었을까. 유치진이 국민연극 〈흑룡강〉을 쓰기 위해 3개월간 만주에 체

28) 이하 텍스트 인용은 이재명 외, 『해방 전 공연희곡집』 1~5(평민사, 2004)의 자료집에 따르되, 이미원(2003)의 영인본을 참고하였다.

류하며 취재를 했던 것처럼 이 같은 현실은 실제로 실재하긴 하지만 일종의 샘플, 시범 지구(示範地區)로서 존재하는 현실이다. 정극 작가들이 국민연극이 보여주어야 할 특수한 현실을 '있는 그대로' 그려내기 위해 답사를 하고 현황을 파악하고 견문기를 참고하거나 실제 사례를 수집하는 데에 노력을 기울였던 것은 그만큼 국민연극이 그려내야 할 현실이 작가들 스스로에게는 텅 빈 현실이자 가짜 현실이었음을 반증한다. 그러니 이러한 태도는 임선규가 사실주의적으로 그려내기에는 어려우니 대신 멜로드라마로 쓰겠다라는 태도와 무엇이 다른가. 오히려 임선규는 인기 있는 대중극 작가로서 자신의 입장에 좀 더 솔직할 수 있었던 것이라고 생각한다.

그리고 이후 〈빙화〉는 실제로 관객들의 높은 호응을 얻었다. 그러나 국민연극 비평가들로부터는 비판을 받게 되는데, 임선규가 표방한 멜로드라마가 논란의 표적이 되었다.

> 박수갈채－관중의 환호－탐정소설적인 긴장－고협의 의기와 아울러 민중의 호응도 병행되었다. 그러나 건축 재료의 질악(質惡)으로 말미암아 드디어 큰 집이 무너지고 말았다. 큰집을 건축할만한 장공(匠工)이 있음에도 불구하고 설계도의 결함이 컸기 때문에 붕괴를 본 것이다. 「빙화」는 작가 자신이 변호한 것처럼 멜로드라마라고 한다. 그러나 우리는 「빙화」를 보고 멜로드라마의 개념을 재파악하지 않으면 안 될 의분을 느꼈다. 의도가 좋았음에도 불구하고 이번 제전의 의의를 소원히 한 것은 작가의 약점인 것 같다. 멜로드라마란 무엇이냐? 어떤 것이냐? 이 문제는 우리가 손을 잡고 좀 더 탐구할 과제인 줄 안다.[29)]

이상은 제1회 연극경연대회 관람 총평을 쓰고 있는 김건이 〈빙화〉에 대해 언급하고 있는 부분이다. 김건은 임선규와 마찬가지로 1930~40년대 희극좌 · 청춘좌 · 호화선과 같은 대중극단과 동양극장에서 공연을

---

29) 김건, 「제1회 연극경연대회인상기」, 『조광』, 1942.12.

올리던 대중극 작가로,[30] 대중극단인 고협과 아랑이 이번 연극경연대회에 참가하고 있는 것에 높은 기대감을 표시하면서 고협의 〈빙화〉 공연에 대해서 웅장한 스케일과 테마, 연기자들의 열정에 큰 박수를 보내고 있다. 그러면서도 '설계도의 결함', '건축 재료의 질악'을 언급하며 작가 임선규의 책임을 묻고 있다. 임선규가 언급한 멜로드라마에 대해 '의분'이라는 표현을 쓰며 반발하는가 하면 임선규가 '이번 제전의 의의'를 제대로 파악하고 있지 못했다며 그의 작가로서의 '약점'을 맹비난하고 있다.

한편으로 이는 기존 대중극과 신극 계열 연극인들을 국민연극으로 통합하는 과정에서 일어났던 대중성/예술성의 논란이 지속적으로 반복되고 있는 것으로도 볼 수 있다. 그런데, 여기에서 흥미로운 것은 김건이 임선규와 같은 대중극 연극인으로 임선규의 멜로드라마 개념에 대해 더 민감하며 신랄한 태도를 보이고 있는 점이다. 그리고 이후 김건은 제2회 연극경연대회에 〈신곡제〉를 출품함으로써 임선규와는 다른, 작가로서의 자신의 투철한 입장을 직접 웅변하고 있다.[31] 〈신곡제〉는 '증산이라는 애국심과 시대 인식의 굳은 열의'[32]를 가진 주인공을 전면에 내세워 불가능한 조건에서 황무지 관개(灌漑) 공사를 관철해내는 과

30) 정호순, 「해제」, 『해방 전 공연희곡집』 5, 평민사, 2004, 374면.

31) "황기 2603년—대동아전쟁은 이미 결전 단계에 들어섰다. 적 미영의 대일 사념(糸念) 반정(反政)도 금년에 달렸다고 한다. '먹느냐—멕히느냐—' 전쟁의 의의는 필승에 있다. 육·해·공의 열화 같은 결전에 모든 국력을 총집결시키자 '배급 쌀이 적다.' '일일 삼반(三飯)도 제대로 먹지 못하고는 일을 할 수가 없다' 등등……. 불평불만을 말하기 전에 우리는 무엇보다도 먼저 한 톨의 양곡이라도 더 많이 만들어 낼 것을 생각하지 않으면 안 된다. (—증산이다—), (—생산력 보강이다—), (산업전력화다—) 그렇다고 해서 생산이 소비만을 목적해서는 안 된다. 생산의 본의는 어디까지나 유사지추에 '비치(備置)'하는 국력의 일단이 되어야만 할 것이다. 보라—흙을 사랑하고—흙을 살려낸 사람—그는 증산운동에 모든 것을 받쳤다. '자아'라는 것을 버리고 '공아'에서만 살기를 원했다. 그리고 허위 속에서 진실을 건설했다. 그 모양은 마치 '정(正)'으로 '사(邪)'를 제압하고 '정(正)' 앞에 '사(邪)'를 굴복시키려는 이번 전쟁의 진의와 같았다. 생산전사여—재궐기하라. 이번 싸움을 이기기 위해서—(김건)." 김건, 「신곡제—작의」, 『해방 전 공연희곡집』 5, 10면.

32) 김건, 「신곡제—경개」, 『해방 전 공연희곡집』 5, 10면.

정을 보여주는 작품으로, 임선규 〈빙화〉의 주인공이 '이상의 파탄자'로 무기력하게 만주를 떠돌고 있는 것과는 대조적이다. 결국 김건은 작품으로 국민연극에 대한 자신의 신념을 직접 증명하고 있으며, 대중극 작가가 '대중'을 버리고 '국민'을 취하는 순간 혹은 김건 자신의 말대로 '자아(自我)'를 버리고 '공아(公我)'를 살기를 원하는 순간 자신의 작품을 외부 이념의 목적에 충실한 도구로만 전락시켜버리는 분명한 예를 보여준다.

이상 대중극 작가가 국민연극의 이념에 더 적극적인 한편 대중극 연극인들 내부에도 작가들에 따른 명백한 편차가 존재함을 살펴보았다. 그렇다면 동일한 시기 신극 계열 연극인들은 어떠했는가. 대표적인 국민연극 연극인으로 알려진 유치진의 경우, 제1회 대회에 〈대추나무〉를 출품하여 작품상(정보과장상)을 탄 이후 현대극장 연출 활동에만 주력함으로써 더 이상 작품 활동을 하지 않았다.[33] 반면에 작품의 양적 측면에서 눈에 띠는 작가는 송영이다. 송영은 제1회 대회부터 매년 연극경연대회에 참여하고 있으며 간첩사건과 연극인들의 검거로 전문 연극인 확보가 어려워진 제3회 대회에는 〈신사임당〉과 〈달밤에 걷던 산길〉의 2편의 작품을 동시에 출품하는 한편 그중 〈신사임당〉은 유래 없는 호황을 이루어 대중적인 인기 또한 얻었다.[34]

> 극작가들의 일반적인 경향으로 생산증강 또는 징병제에 관련한 적극성을 무대화하려는 그 성의는 나도 모르는 바가 아니나, 아무래도 사건적 흥미와 극적인 박력을 제하고 나면 연설에 빠지기 쉽고 인물묘사가 관념적임을 면치 못한다. 거기에는 물론 연령에서 오는 주관의 광협(廣狹), 심천(深淺)도 큰 원인이겠지만, 극계에서 가장 오랜 경륜을 가졌으며 극작에 일관해온 송영은 타

33) 유치진은 국민연극 시기 동안 〈흑룡강〉·〈북진대〉·〈대추나무〉의 총 3편의 작품을 남겼으며, 〈대추나무〉는 해방 전 유치진의 마지막 작품이다. 박영정, 앞의 책, 46면.

34) 고설봉의 증언에 의하면 1,700명 수용인원의 동양극장에서 회당 2,500명이 입장하여 1주일 동안 유래 없는 호황을 이루었다고 한다. 서연호, 앞의 책, 81면.

인이 따르지 못할 심오한 경지에 다다랐음을 알 수가 있었다.

〈역사〉가 가진 고아하고 유현(幽玄)한 극적 정서. 〈산풍〉에 그려진 눈물겨운 모성애. 그리고 〈산풍〉에서는 불교, 〈역사〉에서는 유교가 가진 이조적(李朝的)인 윤리관을 취재하여, 그것을 무리 없이 초극시킨 작자의 극작술이야말로 황도정신(皇道精神)의 혈육화(血肉化)함이 없이는 도저히 불가능한 일이었다.35)

이상은 송영의 연극경연대회 참가 작품 〈산풍〉과 〈역사〉에 대한 오정민의 글이다. 여기서 오정민은 생산증강과 징병제를 직접적으로 무대화하는 다른 작가와 달리 송영은 '황도 정신'을 체화하고 있는 '심오한 경지'를 보여주고 있다고 극찬하고 있다. 앞서 임선규의 멜로드라마를 비난하며 증산을 작품 전면에 내세워 강조하고 있는 김건과는 또 다르게 오정민은 국민연극의 소재가 아닌 '정신'적 측면을 강조하고 있다. 실제로 송영의 작품은 목적극인 국민연극치고는 표면상 목적의식을 분명히 알기 어렵다. 신라 시대에 건립되었으나 지금은 폐사(廢寺)가 된 절을 배경으로 불구자인 어머니가 남겨진 자식들을 기르는 이야기인 〈산풍〉이나 조선시대를 배경으로 신사임당의 일대기를 그리고 있는 〈신사임당〉은 전시 상황의 급박함과는 거리가 멀다. 오히려 오정민의 지적처럼 송영의 '심오함'은 불교나 유교와 같은 동양 정신을 일본 정신으로 연결시켜 그것을 정당화시키고자 하는 정신적 측면의 강조에서부터 나온다.

현대인은 자칫하면 이 그윽하고 고상한 동양의 사상에서 벗어나 방종하고 제멋대로의 생활로 달려가고 있다. 게다가 동아공영권 확립에 무엇보다 필요한 것은 강인한 정신이다. 이는 현대인을 본래의 동양인으로 돌아가게 하고 일본정신을 체득시키는 일이다. 이는 우리 일본인이 유구히 수천 년 면면히 이어온 강의(剛毅)한 의지 속에서 순진함과 온화함으로써 모든 난관을 돌파해

35) 오정민, 「연극경연대회 출연 예원좌의 〈역사〉」, 『조광』, 1943.10.

가는 기백이기도 하다. 이 사상—자립 자활, 다른 사람들 못지않은 의기, 나아가 사람들을 지도하는 부모의 마음—을 도회문화로부터 동떨어진 깊은 산속 사람들의 생활로부터 건어 올리고자 한다. 그리고 그것을 긍지로 여긴다는 의도 하에서 이 소품이 창작된 것이다.

—송영, 「산풍—의도」, 54면

지금 우리 반도에는 역사적인 일대 감격, 징병제의 실시가 눈앞에 다가왔다. 이러한 일대 사건은 결코 일시적인 우발은 아니다. 먼 옛날 백제 시대, 아니 그 이전부터 맺어진 내선일체의 꽃이 세월의 흐름과 역사의 변천과 함께 더 한층 성숙하여 결실을 맺은 결과, 지금의 감격을 낳은 것이다. 그러므로 우리들 반도의 인민도 '외양'의 기쁨보다 필연적 결과로서 내심의 기쁨, 아울러 그것에 대한 새로운 마음가짐이 필요하다. 이 「역사」 한 편도 이런 작품 사상 하에서 창작되었다. 즉 그것은 이 작품의 의도이기도 하다.

—송영, 「역사—의도」, 143면

이상은 송영의 제1~2회 연극경연대회 참가작인 〈산풍〉과 〈역사〉의 작가 의도이다. 여기서 송영은 거듭 '일본 정신'의 체득을 강조하고 있으며 '내선일체'의 역사를 먼 삼국 시대 백제로까지 거슬러 올라가 그 정당성을 찾고 있다. 이 작품들에서 송영은 굳이 만주나 증산의 현장을 배경으로 하고 있지도 않으며 징병이나 증산의 실질적인 호명 주체인 젊거나 굳센 의지의 남성 인물도 아닌 불구자인 여성이나 시대의 흐름에 동떨어진 완고한 노인을 내세워 극을 이끌어가고 있다. 과연 이 작품들에서 우리는 '오랜 경륜'에서 오는 송영의 작가적 여유로움과 침착함을 확인하고 감탄하게 된다.

그런데 문제는 전시 상황의 즉각적인 반영이 아니라 인물의 내면을 다루는 이러한 '정신'의 강조 —'내심의 기쁨'—가 가짜 현실의 반복적인 모사보다 더 위험하다는 것이다. 송영은 어쭙잖게 만주나 탄광을 다루기보다 익숙한 현실을 배경으로 내면 자체의 문제를 다룸으로써 그것이 진짜이든 가짜이든 외면적인 현실을 가뿐히 넘어서버린다. 대신 송영은 내면의 차원에서 더 철저히 일본적인 것을 받아들이고자 한다.

요컨대 대중극 작가들이 즉각적인 선전 선동이나 멜로드라마라는 대중성의 길로 나가는 방향과 달리 스스로 지식 계급임을 자처하는 송영은 지식 계급의 선도적 역할의 방향으로 일본 정신의 체화를 거듭 강조하고 있다.[36] 그리고 이는 작가인 송영뿐만 아니라 오정민과 같은 신극 계열 국민연극론자들도 함께 동의하는 내용이다. 따라서 한편으로 이는 신극 계열 연극인들이 대중극 계열 연극인들과 스스로를 차별화하기 위해서 내세운 '예술성'이라는 이데올로기의 하나로 이해할 수도 있다. 그러나 다른 한편 그랬을 때 신극 계열 국민연극 연극인들의 왜곡된 이데올로기, 즉 허위의식을 문제 삼지 않을 수 없다. 피식민 주체로서의 민족적 위치를 지운 자리에 대신 대리 보충물로서 선도적 연극인이라는 우월한 계급적 위치를 채워 넣고 스스로의 예술성을 확인하는 행위는 결국 지배 계급으로서의 자신의 계급의식만을 확인하는 일이다. 그리고 그 논리로 동원된 동양 정신·일본 정신·내선일체의 역사라는 것도 새로운 국가를 향한 내셔널한 자기 욕망을 여실히 드러내는 것이다. 스스로 동양을 대표한다는 '위장된 대표자 자격'[37]으로서의 동아·대동아 담론이 그 자체로 일본의 제국주의적 욕망을 드러내고 있는 것처럼.

이상 연극경연대회 참가 연극인들을 중심으로 국민연극에 대한 상이한 관점과 태도를 확인해보았다. 명백한 친일 목적극인 국민연극의 경우, 그 주제나 내용이 획일적일 것이리라는 예상과 달리 국민연극 내부에도 엄연한 편차가 존재한다. 기존의 대중극과 신극의 대립 혹은 극단·작가·연출가·배우들의 위계화된 차이와 그에 따른 욕망의 편차

---

36) 송영은 다른 글에서도 이와 같은 입장을 분명히 하고 있다. 송영, 「국민극의 창작－작가의 입장에서」, 『매일신보』, 1942.1.15~1.20.

37) 고야스 노부쿠니, 이승연 역, 『동아·대동아·동아시아』, 역사비평사, 2005, 88면.

에 따라 각각 다른 양상을 보이고 있다. 예컨대 대중극 창작 주체들은 적극적인 선전 선동의 방향이나 멜로드라마로의 경도를 보여주며, 신극 계열 연극인들은 직접적인 목적성의 현실 재현보다는 동양 정신이나 내선일체의 역사를 강조하는 내면성의 방향을 보여준다. 결국 1940년대 전반기 제도화된 사실주의극은 가짜 현실의 충실한 모방, 멜로드라마의 감정 과잉, 민족적 · 계급적 현실과 맞지 않는 허위의식의 세계를 보여주고 있으며, 또한 그것이 어떠한 방향이든 그 기저에 깔려있는 내셔널한 욕망의 복수성을 확인하게 한다.

4. 국민 / 비국민의 경계와 약자의 정치학

앞서 국민연극 시기 사실주의극들이 가짜 현실을 충실히 재현하기 시작했음을 지적했다. 국민연극의 사실주의극이 그리고 있는 탄광 · 황무지 · 만주 · 북해안 · 서해안 · 일본의 동경과 북큐슈 등은 국민연극의 목적에 충실한 배경이자 일본의 제국주의적 욕망이 직접적으로 투사된 장소들이다. 하나같이 거대하고 웅장한 스펙타클[38]을 보여주는 이 장소들은 징병과 증산, 총후활동이라는 목적 아래 호출된 장소이다. 그리고 동시에 일본의 제국주의적 열망이 언제 무너질지 모르는 암담한 굴속이나 해안선 절벽 끝, 더 이상 밀려갈 곳이 없는 국경선 경계 등과 같이

38) 함세덕이 일본 유학 후 썼다는 〈황해〉의 2막의 경우, 풍랑 속에 휩쓸리는 2층 무대의 배의 갑판 위를 재현하고 있으며, 3막에선 인천항 어업조합연합회의 자세한 무대장치를 선보이고 있다. 그 외 김건 〈신곡제〉의 거대한 무대장치, 이광래, 〈북해안의 흑조〉 4막 정어리 어장의 역동적인 장면, 조명암 〈현해탄〉 1막 현해탄 해상 묘사 등도 인상적이다.

비장함과 극단성을 동반하고 있음 또한 보여준다. 그러나 다른 한편 이 장소들은 조선인의 관점에서는 사실주의극의 현실성에 해당하는 일상성이 지워진 장소이다. 이곳에서의 조선인들은 전시의 급박함 속에서 산금 전사 · 석탄 전사 · 지원병 · 애국반 부인 · 적십자 간호부 등 공적 역할만을 맡고 있으며 죽음의 장소로 내몰리고 있다. 작품 속 조선인들이 위치하는 곳은 일본의 변방이자 전시의 사지(死地)들이다.

그렇기에 경성 인왕산 부근 서울 한복판, 그것도 대대로 물려온 칠량(七樑) 지붕 고옥의 양반 집안의 일상적 풍경을 그리고 있는 송영의 〈역사〉가 눈에 띠는 것이다. 〈역사〉에는 우물물을 먹고 가족들이 둘러앉아 식사를 하고 손녀들이 학교에 가는 일상적 풍경이 자연스럽게 그려져 있다. 그리고 대중극 작가들의 경우, 작품의 도입부나 인물들의 갈등을 형성하기 위한 부분적인 장면들에서, 예컨대 객주집에 모인 인부들이나 공사장 합숙소 풍경 등에서 하층 계급 인물들의 살아있는 대사를 통해 해학과 서정성을 보여주기도 한다. 그리고 군국모(軍國母)의 이데올로기에도 불구하고 아들의 출세나 안전을 염려하여 시골 의료 봉사를 못마땅해 하거나 어업 증산의 역할을 반대하는 어머니의 장면에서 일본 제국주의 전쟁에 대리 희생당하는 조선인의 입장이 오히려 솔직하게 표현되어 있다. 물론 이러한 장면들은 결말에 가서 전사(戰士) 혹은 군국모의 이데올로기로 봉합되며 안전하게 막을 내리지만.

결국 역설적이게도 국민연극의 사실주의극에서 억압된 일상성의 영역을 통해 당대의 진짜 현실을 읽을 수 있다. 이러한 장면들에서 국민연극의 의식의 차원이 아닌 무의식의 차원, 곧 탈식민의 풍경들을 접하게 된다. 예컨대 임선규의 〈빙화〉에서 '이상의 파산자'(72면)로 만주를 방황하는 주인공 박영철, 박영호의 〈별의 합창〉에서 '마음의 무적자(無籍者)'(428면)이자 '불령선인(不逞鮮人, 후데이 선인)'(382면)의 부정적 인물로 지목된 지옥성목 이에게서 국적(國籍)을 잃고 유랑하는 이산자(離散者)들의 모습을 보게 된다. 그리고 이광래의 〈북해안의 흑조〉에는 해군 지원병 아들을 자랑하며 쌍놈 집안의 열등감을 한순간에 극복하는 아버지의 순진할 정도로 솔직한 욕망이 표출되어 있다. 여기서 일본의 지원병 제도는 조선인이 일본인이 되는 일종의 대리 자격시험의 역할을 하고 있으며, 제2국민 조선인으로부터 제1국민 일본인으로의 승격은 대대로 내려오는 신분차별의 구질서를 한꺼번에 뒤바꿔놓을 정도로 강력한 것으로 제시되고 있다. 이렇듯 국민연극은 일본이 처리하기 곤란한 피식민 주체의 비국민의 문제를 다루고 있으며, 그것도 손상된 지위의 약자들을 대상으로 적극적인 대중동원의 논리를 펴고 있다.

동일한 시기 독일 파시즘이 인종주의를 통해 국민의 안과 밖, 국민/비국민의 구별과 위계화를 통해 정체성의 정치학을 펼쳤던 것처럼 일본 또한 내선일체의 담론을 통해 조선인에게 일본인으로서의 정체성을 강요했다. 그러나 실제로 그러한 일본인으로서의 정체성은 병사나 전사(戰士)의 죽음을 담보로 한 값비싼 대가를 치러야 하는 것이지 거저 얻어지는 것은 아니었다. 지원병을 소재로 한 모든 극이 지원병으로 나가기까지의 갈등 과정을 그리고 있고 그러한 갈등을 해결한 뒤 해피엔딩으로 지원병 출정을 결말로 제시하고 있을 뿐 그들의 미래에 대해서는 침묵하고 있는데, 결국 이들에게는 지원병으로 선택되는 지금 현재 순간의 환각 상태만이 남겨져 있다. 그리고 이들을 환송하며 만세를 부르는 남겨진 자들의 집단 최면 상태의 유지,[39] 이것이 국민연극이 궁극적으로 보여주고 있는 것이다.

이와 같이 국민연극은 내선일체의 거짓 환상을 이념이나 구호의 차원뿐만 아니라 대중심리에 기반 한 감정의 영역에서도 적극적으로 그리고 있다. 특히 지원병과 간호부 모집의 대상이 되는 젊은 청춘 남녀의 사랑 이야기를 통해서 감정의 고양을 이끌어내고 출정 군인·증산

39) 라이히는 파시즘과 신비주의의 관계에 대해서 언급하면서 의미심장하게도 일본의 제국주의적 교리로 이용된 '신도(神道) 사상'을 언급하고 있다. 빌헬름 라이히, 황선길 역, 『파시즘의 대중심리』, 그린비, 2006, 200~201면.

전사 · 적십자 간호부의 행위에 정당성을 부여해준다. 곧 여기서 멜로드라마는 이념 고취의 목적극에서 감정적으로 효과적인 극 구성 방법으로 이용되고 있다. 실제로 젊은 청년의 징병을 고무하거나 의료봉사나 군진과학을 독려하고 있는 극들에선 대부분 남자 주인공을 중심으로 한 사랑 이야기가 채택되고 있다. 따라서 이하에서는 젊은 청춘 남녀가 등장하는 징병 · 증산과 관련한 멜로드라마, 특히 국민연극의 주된 주제라 할 수 있는 국민/비국민의 경계를 다루는 작품들에 대한 논의를 전개해보고자 한다.

구체적으로 임선규의 〈빙화〉(1942), 이광래의 〈북해안의 흑조〉(1943), 박영호의 〈별의 합창〉(1945)을 다뤄보고자 한다. 이 작품들은 각각 만주와 조선, 일본을 그 배경으로 하고 있어 일본 제국주의의 욕망이 투사되어 있는 각기 다른 장소에 대한 고찰이 가능하다. 먼저 〈빙화〉는 일본이 세운 만주국 3년째인 1934년부터 소련의 조선인 강제 이주가 본격화된 1937년 9월까지를 배경으로 하고 있다. 1937년 7월은 중일전쟁이 발발하여 중국의 항일 민족통일전선이 본격화하던 시기로, 과거 1931년 만주사변 당시 중국 정부의 미온적 태도로 일본이 손쉽게 만주를 손에 넣었던 것과는 전혀 다른 양상이 펼쳐졌던 때이다. 곧 1937년은 일본으로서도 그야말로 총력전 체제를 전면적으로 가동할 수밖에 없는 급박한 상황이었다. 그리고 이때의 만주국은 중국 · 일본 · 소련이 첨예하게 대치하고 있는 전략적 요충지이자 민족 갈등의 용광로와 같은 곳이었다. 게다가 임선규는 만주사변 이후 한풀 꺾인 만주의 반일운동의 분위기를 암시하는 '이상의 파산자'인 주인공을 내세워 일본의 입장에서든 조선의 입장에서든 문제적인 장소로서의 만주의 문제를 절묘하게 부각시키고 있다.[40)]

40) 만주 문제에 대해서는 다음을 참고. 임성모, 「만주국협화회의 총력전체제 구상 연구」, 연세대 박사논문, 1997; 김경일 · 윤휘탁 · 이동진 · 임성모, 『동아시아의 민족이산과 도시－20세기 전반 만주의 조선인』, 역사비평사, 2004.

1934년이다. 만주국이 생긴 지 3년이 지난 해이다. 예의 그 무서운 폭풍이 젊은 지식인들을 심하게 흔들고 지나가, 아직 그 상흔이 생생한 무렵이다. 만주국 건국으로 동양의 각성을 세계에 시위하여 새로운 건설적 낭만이 대륙에 불타오르는 반면, 폭풍의 여파와 격렬한 역사의 유빙(遊氷) 속에서 쓰러져 간 창백한 세대의 가망 없는 회의와 고민에 멍들어 가는 모습이 있었다.

박영철도 그 시대의 자식이었다. 오랫동안 고학으로 대학을 나오자, 모교인 경성의 성남사립중학교 교단에 섰다. 원래 결벽하고 외골수이며 어려운 환경에서도 오직 진리만을 추구하고 학문을 닦아온 그였다. 그러나 격렬한 시대의 변동과 혼미한 현실, 그리고 주위의 회색 분위기는 마음 약한 그를 깊은 회의 속으로 이끌어갔다.

한번 시대의 병에 걸리자 모든 것이 추한 것으로 과대하게 보일 뿐이다. 눈 내리는 어느 날 밤, 그는 쫓기는 듯한 마음으로 경성을 떠났다. 그의 신상을 염려한 애인 순영도 그 뒤를 좇았다.

— 임선규, 「빙화—경개」, 70면

이상은 〈빙화〉의 경개에 소개된 주인공 박영철에 대한 묘사이다. '무서운 폭풍'·'생생한 상흔'·'격렬한 역사의 유빙'·'창백한 세대의 가망 없는 회의와 고민'·'회색 분위기'·'시대의 병' 등 비유적이고 추상적인 표현으로 모호하게 설명하고 있지만 일본의 괴뢰정부인 만주국이 들어선 이후 깊은 좌절감에 빠져 반일운동의 방향성을 상실하고 '깊은 회의 속으로' 빠져 들어간 조선인 지식 계층의 리얼한 상황을 정확히 반영하고 있다. 일본 제국주의의 이익을 극대화해야 한다는 국민연극의 속성상 일본의 적을 설정하게 되고 그로 인해 역설적이게도 조선인의 실제 상황을 일정 부분 그대로 노출시키고 있는 것이다. '이상의 파산자' 박영철은 바로 이러한 국민연극의 역설을 보여주는 흥미로운 예이다. 물론 그는 극의 마지막에 일본인과 전우의식을 확인하며 새로운 인간으로 교정되지만.

村上船長 : 우리들은 형제야. 처음엔 당신을 의심했지만, 도와주고 말았어.

알겠지. 우리에게 뭔가 보이지 않는 뭔가가 있어. 자 갑시다. 본토에서 모두들 전쟁을 하고 있어. 가자고. 알겠지. 우리들은 형제야. 불쌍한 동포에게도 조국을 갖게 하는 거야.

朴永哲 : 선장……. 고마워요. 전 아무것도 할 수 없어요. 실력도 없고 용기도 없어요. 하지만 죽는 것만은 할 수 있어요. 선장 나를 데리고 가서 멋지게 죽여 주시오. 누가 뭐라고 해도 할 겁니다. 혼자라도 할 겁니다. 혼자서는 아무것도 못하지만 혼자서 시작할 겁니다.

村上船長 : 그래. 공산주의에 서로 꽤 괴로움을 당했지. 바보 같은 공산주의. (밖을 향해 외친다)

朴永哲 : 바보 같은 놈.

二人共 : 바보 같은 놈.

— 임선규, 〈빙화〉, 176~177면[41]

이상은 〈빙화〉의 마지막 장면이다. 여기서 박영철은 자신을 구해준 일본인 선장과 소련으로 상징되는 공동의 적 공산주의를 야유하며 '형제' 의식을 거듭 확인한다. 위의 장면에서 박영철의 전향이 너무 갑작스럽게 그려져 오히려 극적 설득력은 떨어진다. 그러나 다른 한편 이러한 박영철의 전향은 1930년대 후반 반일운동의 방향을 잃어버리고 실제로 친일의 길로 발을 들여놓은 조선의 많은 지식인 계급의 행보를 연상케 한다.

여기서 새삼 임선규의 작가로서의 역량에 놀라게 된다. 비록 여러 이민족들이 뒤섞여 살아가는 만주라는 이질적인 공간과 러시아 정부(情婦)의 설정 등 이국적이고 선정적인 여러 모티브를 긴장과 서스펜스의 추리극 형식으로 긴박하게 끌고 가는 대중극 작가로서의 능력이 유감없이 발휘되고 있는 점이 두드러지게 눈에 띄지만 1930년대 후반의 만주와 '이상의 파산자'라는 문제적인 인물을 포착하고 있는 점만은 그의

41) 이 인용문은 원래 일본어 대사 부분이다. 한국어 번역은 『해방 전 공연희곡집』 3에 따른다.

작가적 역량으로 인정해야 할 부분이라고 생각한다.[42)]

이에 비해 조선 내 북해안을 배경으로 하고 있는 이광래의 〈북해안의 흑조〉는 국민연극의 평균적인 작품이라고 할 수 있다. 다만 눈에 띠는 것은 1930년대에 〈촌선생〉·〈석류나무집〉과 같은 사실주의극 작가로 활동한 이광래[43)]의 이력을 염두에 두었을 때 북해안 정어리떼 고기잡이의 꿈을 안고 전국에서 몰려든 다양한 인물 군상에 대한 장면 묘사가 뛰어나다는 점이다.

> 長교 : 앗다 싸게싸게 쓰랑게 그려.
> 鳳姬 : (한숨쉬며) 여기서 절라두 광주까지 몇 천리나 되라오. 내 소리 그 잡것 귀에 들린다면야 속 시연하게 목청데로 뽑갯서라오.
> 長교 : 앗다 그럼 "이 잡것아! 해깨끼(葉書) 한 장 이전(二錢)인디 엇재 편지 한 장 안 해준다여" 이러케 쓰랑게.
> 鳳姬 : 오장육부를 사진으로 찍을 수 잇다면 말이라오. 속 타는 이 내 간장을 콱 찍어 보내겠으라오. 이까짓 거 이까짓 거……. (편지 쓰든 것을 찌저 버린다)
> 長교 : 에이—. 난 모르겟네. 마음대로 하소.
> 圭福 : (그물을 메고 나가다가) 아나 일마야. 새댁이 궁둥짝에 무슨 꿀이 붙엇나. 황금보화가 쏟아지나. 일 안하고 와 이카노.
>
> —이광래, 〈북해안의 흑조〉, 209면

> 命壽 : 와? 양코백이는 무슨 부랄 네 쪽식 달렷닥아드나. 이래봐두 남선(南鮮) 바다를 거미줄 타듯 타든 일등 사공이다. 경상도에서 수로 수천

42) 그러나 이 작품 외에 연극경연대회 참가작 중 임선규의 다른 두 작품 〈꽃피는 나무〉(2회)·〈상아탑에서〉(3회)가 작품명만 기록으로 남아 있을 뿐 작품이 전해지지 않아 아쉬움이 남는다. 그 외 미영에 대한 적개심을 고취하기 위해 악질 미국인 광산가에게 이용당하는 조선인 처녀와 혼혈아 아들의 내용을 담고 있는 〈새벽길〉이라는 작품이 제3회 연극경연대회 참가작으로 『해방 전 공연희곡집』 3에 소개와 함께 작품이 수록되어 있으나 이미원·서연호 등 다른 기록과 일치하지 않아 정확한 확인이 필요하다.

43) 정호순, 「해제」, 『해방 전 공연희곡집』 5, 377면.

리를 멀다 안코 저 배를 타고 온 최명수다. 어짠 말고.

億吉 : 짜! 이 간나 실로 셀쓰지비.

命壽 : 비러먹을 내사 요깐 놈의 쫀겐 바다 코딱지 만해서 못 살겟닥앙이.

億吉 : 넷까짓 건 왼배지기 한 번이면 다 알아 본당이.

命壽 : 한번 해 볼낙아나?

億吉 : (와락 덤비어) 떳다. (명수를 왼배직이로 떠올린다.)

一同 : 야―.

―이광래, 〈북해안의 흑조〉, 213면

전라도 광주 애인에게 편지를 쓰는 주막집 색시와 "전라 부안 땅에서 북관 수천리 멀다 안코 돈버리 하러"(240면) 온 어부, 툭하면 씨름으로 힘자랑을 하는 경상도 어부와 함경도 어부의 장면은 서정성과 해학이 잘 살아있다. 특히 전라도·경상도·강원도·함경도 사투리가 왁자지껄 함께 섞이는 장면은, 주로 지식 계급 인물들이 일본 순사나 관리들과 일어로 대화하는 모습과 대조적으로 하층 계급 인물들의 일상적이고 전통적인 생활 영역의 모습을 잘 보여준다. 이러한 조선어 사투리는 일어로는 표현이 불가능한 대중적 친밀감을 작품에 불어넣어줌으로써 국민연극에서 조선어 사용이 허용될 수밖에 없는 실제적인 상황을 보여준다. 목적극인 국민연극의 대중 선동력을 높이기 위해서라도 조선어 사용을 인정할 수밖에 없는 것이다.[44]

그리고 조선인의 입장에서 이러한 장면은 그 자체로 북쪽 바다 끝까지 내몰린 사람들의 절박한 현실을 보여준다. 이들은 '일당 3환에 3개월분 노임'(240면)을 보장한다는 계약서 한 장 달랑 믿고 전국 각지에서 몰려든 사람들이다. 그러나 실제로는 계약서대로 약속이 이행되기 힘든

44) 당시 국민연극의 수용 대상인 조선 관객은 국어(일어) 이해도가 낮아 총독부 관리인 성출(星出)조차 국민연극에서 국어사용을 강요하지 않았다(星出壽雄, 「조선연극의 신발족」, 『조광』, 1942.10). 그러나 점차 연극경연대회의 회를 거듭하면서 점차 일어 사용의 비중은 높아진다. 정호순, 「일제 말기 연극경연대회 작품 경향 연구」, 『해방 전 공연희곡과 상영 시나리오의 이해』, 평민사, 2005, 161~162면.

상황이고 발동선이 아니라 열악한 목선이라도 타고 바다로 나가야하는 처지이다. 비록 결말 부분에서 이들의 열악한 상황을 수평선 위로 떠오르는 붉은 해와 힘찬 어부들의 뱃노래, 풍악소리로 미화시키며 '대동아해(大東亞海)'(261면)에 대한 강력한 환상을 제시하고 있지만 그렇다고 해서 이들의 '칠성판(七星板) 타고 다니는 신세'(208면)가 달라지는 것은 아니다.[45] 결국 이 작품은 만주의 경우와 비슷하게 각 도의 이질적인 언어와 인물들이 한데 섞여있는 이산(離散)의 풍경을 보여주는 한편 그러한 이산과 유랑의 인물들이 해양 제국 일본의 이상[46]이라는 단 하나의 목표로 수렴되어 가는 모습을 보여주고 있다.

또 한 가지 이 극에서 흥미로운 것은 봉건적인 신분차별의 관습을 해군지원병을 통한 일본 국민으로의 신분상승과의 대립구도를 통해, 즉 이전의 지배/피지배 계급의 문제를 국민/비국민의 문제로 대체하여 해결하고 있는 모습이다. 주인공 호철은 대를 이은 종살이 집안의 자식으로 신분 차별을 피해 아버지와 함께 강원도에서 북해안으로 도망쳐 나오기까지 했으나 종의 신분이 발각되자 운영하던 야학이 마을 사람들에 의해 중단되고 약혼한 양반 집안으로부터 파혼당하는 등 여전한 봉건적 신분차별로 인해 고통 받는다. 그러나 호철이 해군지원병에 합

45) 모든 열악한 상황에도 불구하고 바다로 나가자는 명수의 설득은 다음과 같다. "얼런 갑시더. 보소. 아모래나 헤염치고 세발 막대로 내저어도 양코백이 간습 못하거로 해주소. 그라문 내사 고만 저 목선 타고 '우라지오스토크'도 가보고 '캄차카'도 가보고 '대동아해' '인도양'을 네 활개 치면서 개기 한번 수두룩이 잡아 볼랍니더."(261면) 그러나 죽음의 바다로 또다시 나가야만 하는 이들의 현실적인 이유는 돈을 벌어야 고향에 갈 수 있다는 억길의 다음과 같은 말 속에 담겨 있다. "우리 북선 어부들은 정어리 어장으 한목 봐야지비. 못 보면 죽는당이."(247면)

46) 이 작품에 이광래의 작의는 첨부되어 있지 않다. 대신 비슷한 해양 소재의 박영호의 〈물새〉의 작의에 이러한 해양 제국 일본의 이상이 조선인 작가의 입을 빌어 잘 표현되고 있다. "이번 대동아전쟁에 혁혁한 전과로 황군이 서남태평양상에서의 적 미영의 근거지를 탈환한 것도 해양 일본의 세계적 비약의 열쇠이다. '바다의 일본'의 기초가 되는 것은 어디까지나 '바다의 일본인'이며, 인간과 바다의 숙명적 투쟁에 지성을 다하는 일본인의 전통이다. 이것이 해군력이 되고 해운력이 되며 수산력이 되고 무역력이 되는 것이다." 박영호, 「물새-작의」, 『해방 전 공연희곡집』 1, 132면.

격하자 상황은 확연히 달라진다. 양천은 그토록 반대하던 호철의 지원병 출전을 지원병 입소 축하 플래카드와 호화로운 과거 행차의 모습과 단순하게 동일시하면서 호철의 지원병 신분, 새로운 일본 국민으로의 신분을 거리낌 없이 받아들인다.[47] 곧 여기서 출생과 함께 주어지는 신분과 달리 누구나 국민이 될 수 있다는 동원의 논리를 확인할 수 있는데, 과거의 신분제와 같은 견고한 구질서를 뛰어넘을 만큼 강력한 국가 이데올로기의 위력이 전시되고 있다. 또한 그러한 국가 이데올로기는 대대로 종살이를 했던 양천의 경우처럼 사회적 약자에게 더욱더 선명하고 큰 효과를 거두고 있다. 따라서 여기서 '일본 국민'에 대한 이들의 열망을 단순히 '일본 국민'에 대한 동의로만 읽을 수는 없는데, 일본 또한 이러한 상황을 묵인하고 있었던 것으로 보인다. 오히려 일본은 국가 이데올로기로 향하는 이러한 다양한 욕망을 역으로 대중 동원의 논리로 효과적으로 전환시키는 다양한 방법을 구사했다고 할 수 있다.

마지막으로 박영호의 〈별의 합창〉은 연극경연대회 작품 중 유일하게 내선결혼의 문제를 다루고 있는 작품이다. 내선결혼은 창씨개명·징병제 등과 함께 중요한 식민지 동화정책 중 하나로, 조선인의 '피와 살도 모두 일체가 되는 내선일체의 최후 단계'로 1936년 미나미 지로(南次郎) 총독부임 이후 적극적으로 권장된 정책이었다.[48] 내선결혼은 말 그대로

---

47) "1938년부터 육군특별지원병령이 실시되자 많은 한국인 청년들이 군대에 지원하였다. 지원자 자격은 17세 이상의 남자로서, 국민학교 4년 수료 정도 이상의 학력을 가지고, 행장(行狀)이 방정하고 지조(志操)가 견고하며 가계가 곤궁하지 않은 자로 되어 있었으나, 지원자는 매년 격증하였다. 1938년 2,964명이었으나 1940년 84,443명으로, 마지막 해인 1943년에는 일약 30만 명에 달했다. 중류 이상의 가정이나 부유한 가정에서는 지원자가 전연 나오지 않았으며, 중등학교 졸업자도 매우 적다는 비판이 제기되었다. 그 대신에 자발적 지원자보다는 강제 또는 공리적 동기에 의하거나, 각종 지원 정책을 기대하여 지원하는 자가 많았던 듯하다. 이를 보면 지원병 제도는 단지 한국인 중하층민의 신분상승 기회로 이용되었다고 할 수 있을 것이다." 윤해동, 『식민지의 회색지대』, 역사비평사, 2003, 47~48면.

48) 이상경, 「일제 말기 소설에 나타난 내선결혼의 층위」, 『친일문학의 내적 논리』, 역락, 2003, 119면.

"두 민족의 이해관계를 떠난 개인과 개인, 가정과 가정의 친밀한 접촉"을 가능하게 하는, 그리하여 언어와 문화가 다른 두 민족을 동화시킬 수 있는 가장 일차적이고도 중요한 방법으로 간주되었다.[49]

그런데 내선결혼 부부에 대한 표창 수여 등 대대적인 정책 홍보에도 불구하고 실제 내선결혼의 효과에 대해서는 통계적으로도, 일반 정서상으로도 회의적이었다.[50] 그도 그럴 것이 조선인과 일본인의 결혼 문제는 단순히 남녀 간의 사랑의 문제를 넘어서 일본이 국민국가의 동원의 논리를 펼칠 때 은폐하고자 했던 뿌리 깊은 민족의 문제를 건드리고 있기 때문이다. 내선일체의 이상적 이념은 우생학과 인종주의, 민족주의적 감정 등으로 인해 조선과 일본 모두에서 현실적으로 받아들이기 어려운 일이었다. 실제로 내선결혼을 다룬 소설의 경우에도 식민지 남성과 제국 여성의 결합이 해피엔딩으로 끝나는 경우가 거의 없어 사랑은 내선일체의 불가능성을 확인시켜주는 '유일한 예외'를 이룬다.[51] 가장 사적이고 낭만적인 사랑의 영역에서 오히려 공적 담론에서 은폐하고 있는 내면의 무의식이 표출되고 있는 것이다.

북큐슈 나가사키 항 부근 단도 섬 탄광을 배경으로 하고 있는 박영호의 〈별의 합창〉에서 다루고 있는 내선결혼의 문제도 마찬가지이다. 〈별의 합창〉은 조선인 합숙소 분대장 시라이 노보루[白井登]와 지옥성목(地獄成木) 이, 일본인 식모 스미에[澄技] 간의 삼각관계를 다루고 있다. 스미에는 일본 여성이지만 탄부인 아버지를 위험에서 구해준 조선인 시라이를 사랑하고 있으나 그의 마음을 얻고 있지 못하며, 대신 '뜨내기 갱부, 마음의 무적자'(428면)로 불리는 '후데이 선인[不逞鮮人]'(382면) 지옥성목 이에게서 구애를 받고 있다. 곧 이 작품은 스미에를 사이에 두고

49) 심진경, 「식민/탈식민의 상상력과 연애소설의 성정치－내선결혼의 문제를 중심으로」, 『탈식민의 역학』, 소명출판, 2006, 422면.
50) 이상경, 앞의 책, 122~123면.
51) 심진경, 앞의 책, 434~444면.

두 명의 조선 남성이 대치하고 있는 구도를 가지고 있고 자연스럽게 두 명의 남자를 양자택일의 관점에서 바라보게 한다. 그리하여 각각 시라이와 지옥성목 이를 지칭하는 좋은 조선인/나쁜 조선인, 훌륭한 응징사(應徵士)/후데이 선인, 총후를 지키는 정착조/뜨내기 등의 대립항이 성립된다.

그런데 문제는 주인공 시라이의 스미에에 대한 태도가 애매하다는 것인데, 시라이와 스미에의 사랑의 결말도 확실하게 이루어지지 않는다. 지옥성목 이가 질투에 눈이 멀어 시라이를 밀고하여 분대장 완장을 빼앗기게 하는가 하면 스미에에게 청혼을 거절당하자 동반자살을 기도하는 등 맹목적이고 저돌적인 사랑의 모습을 보여주는 데 반하여 시라이는 스미에에 대한 감정 표현을 회피하고 있다.

白井 : 澄技 씨, 북구주에는 말이죠. 후쿠오카현에 18만, 나가사키현에 6만에서 7만의 반도인 노무자들이 살고 있어요. 이 사람들은 현재 현의 협화사업의 지시를 받고 있기는 합니다. 실은 그 사람들 중에는 머릿수로 당신들이 미친 놈, 마음의 무적자, 비뚤어진 놈이라 하면서 미워하고 싫어하는 地獄成木 李 같은 사람도 틀림없이 들어가 있어요. 이 사람들을 대체 어떻게 하란 말이요(부르짖음이 아니라 내향적인 애원). (… 생략 …) 우리들이 북구주의 화석전사로써, 일본인으로써, 이 황토(皇土)를 지킨다. 이런 정착욕으로. 눈에 보이지도 않는, 실로 시시한 견해일지도 모른다. 地獄成木 李와 같은 그런 뜨내기 갱부, 마음의 무적자에게 진심으로 애정을 갖고 따뜻한 훈련을 시키고 싶은 것입니다. 어떻습니까. 澄技 씨.

澄技 : 그러면 제 경우는 어떻게 되지요? 白井 씨 아무것도 숨김없이 모두 말씀해 주세요.

白井 : 澄技 씨. (사이를 두고) 단순한 용기는 용기가 아닌 것처럼 단순한 사랑은 사랑이 아닐 것입니다. 덕이 있어야 진정한 용기라 한다면 덕이 있는 사랑은 어떨까요. 澄技 씨?

澄技 : 네. (똑바로 쳐다본다)

地獄成木の李, 문 열고 그들 앞에 나타난다. 잔인(殘忍)도 없어지고 시기(猜忌)도 없어지고 참회(懺悔)와 감사(感謝)가 얼굴에 넘친다.

白井 : 모두 잊어버리고 당신은 먼저 적십자의 마음이 되세요. 당신이라면 地獄成木 李를 훌륭히 마음의 고향으로 돌아가게 할 수 있습니다. 저 반짝반짝 빛을 내는 북구주의 하늘 가득한 별들이 정말로 감사의 별로 보이고, 저 별들 아래에서 늠름한 실로 행복한 감사와 참회의 석탄전사가 한 사람 태어나게 됩니다. 澄技 씨.

澄技 : 아, 네. (운다)

—박영호, 〈별의 합창〉, 428~429면[52)]

이상과 같이 마지막으로 시라이의 마음을 확인하고자 하는 스미에에게 시라이는 오로지 '마음의 무적자' 지옥성목 이가 '마음의 고향'을 찾도록, 곧 '북구주의 화석전사'로 '황토(皇土)' 일본에 정착할 수 있도록 노력해달라는 말만 반복하고 있다. 시라이의 사랑을 확인받고 싶어 하는 스미에에게 시라이는 북구주 25만 반도인 노무자들의 입장만을 대변하며 스미에 또한 '적십자의 마음'을 갖도록 설교하고 있다. 요컨대 시라이는 시종일관 사랑이 거세된 탈성애화된 관념적 인간의 모습을 보여주고 있다. 이에 비해 비록 교정 대상인 불령선인이라 하더라도 지옥성목 이의 사랑은 그 맹목성으로 인해 오히려 순수한 면이 있고, 그가 불평불만으로 털어놓는 일본 내 조선인 노무자의 삶도 훨씬 현실감 있다.

地獄の李 : 뭣 허는 게 뭐야. 벌러 나섯스면 벌어야 장사지. 명예의 '오오쪼—시[應徵士]'니 '강앗셍이[官 斡旋]'니 하고 밤낫 탕광에 있서 보라구, 쥐뿔이나 생기는 게 있나. 하로에 고작해서 4~5환 꼴박게. 더 질여 거기서 밥갑 빼구 져금 빼면 '야미' 떡 한 개나 입으로 들어가는

52) 이상 시라이와 스미에의 대화는 모두 일어로 이루어져 있다. 번역은 『해방 전 공연 희곡집』 1에 따른다.

게 있나.

頭山君 : 그런 소리 마세요. 우리가 어듸 돈 벌러 나선 품파리꾼인가요.

地獄の李 : 글세, 이 맹추야. 요 압서두 자네가 날 보구 콩나물장수 '곤죠'니 메시바 아들 '곤죠'니 했지만, 그게 다 쓸데업는 소리야. 소린 것이 갓튼 갑시면 갓튼 나라 일에도 돈 잘 벌이는 일이 좃찬너.

頭山君 : 어듸 그런 일이 있어요.

地獄の李 : 하, 이게 입때 밤중일세 그려. 이건 적어도 軍일야.

頭山君 : 軍일요.

地獄の李 : 그리구 2천 자 3천 자 색캄한 땅속에 드러가서 석탄가룰 밥먹듯이 하면서 하는 일도 아니거든. 飛行場 닥는 일이란 말야. 그리고 하로에 공전이 2십 환도 좃쇼, 3십 환도 좃소, 이게란 말야. 이런 버으리가 어디 잇서.

頭山君 : 그런 좋은 버리가 있는 줄 알면서 리상은 뭣 허러 입대 여기 있엇수.

地獄の李 : 그럿키에 내가 밋친 놈이지. 스미에 그년 때문이야. 그년한테 환장이 돼서. (한숨) 그 지집애의 어듸가 그럿키 존지 몰나. 지금도 澄枝에 생각을 하면 그냥 옷뚝이가 되어 버리구 마러.

頭山君 : (몃 거름 옴기며) 못해, 못허구 말구. 오쬬시는 상품이 아니야. 아니구 말구.(自問自答)

—박영호, 〈별의 합창〉, 396~397면

여기서 지옥성목 이는 '오쬬시[應徵士]'로 미화하여 부르는 일본 내 조선인 징용 노동자들에 대해 '돈 벌러 나선 품파리꾼'이라는 냉정한 현실 인식을 보여준다. '오쬬시는 상품'일 뿐이고 게다가 값싼 노동력을 착취당하고 있다는 것이다. 전시체제 하에서 일본은 군수 중화학 공업과 병력 충원의 절박한 필요에 봉착했고 그것을 값싼 노동력의 조선인으로 충당하였다. 이에 따라 1941년 이후 조선인의 일본 이주가 격증했고 일본 내에서 조선인 이주자들에 대한 문제가 부각되었다.[53] 그리하

53) 1941~44년 사이 일본 이주는 36만 명으로 격증하였다. "일본군수산업의 기저를 이루는 석탄광업 등 중요 산업에 조선인 노동자를 배치하기 위해 1939년 7월 조선인 대량집단모집 허가정책이 강행되었으며, 나아가서 1942년 3월부터 이른바 '관 알선' 정

여 일본에 반감이나 적의를 가진 '불령선인'의 존재를 의심에 찬 시선으로 주시하기 시작하였는데 더불어 일제의 호적법 정리에 응하지 않은 '무적자(無籍者)'의 존재도 문제시되었다. 징용이든 징병이든 기본적으로 호적을 사무의 기반으로 할 수밖에 없기 때문에 효과적인 인력 동원을 위해서도 호적 정리는 중요한 전시 정책이었기 때문이다.[54] 그렇기에 이 작품에서 지옥성목 이가 끊임없이 '마음의 무적자'로 지목되며 절대 악인으로 그려지고 있는 것이다.[55]

이상 〈별의 합창〉은 조선 남성 시라이와 지옥성목 이, 일본 여성 스미에 간의 삼각 갈등을 통해 1940년대 전반기 일본 내 조선인 징용 노동자들의 현실을 그리고 있다. 그런데 전체 작품 구도상 시라이, 지옥성목 이, 스미에 간의 멜로드라마가 중심축을 이루고는 있지만 이 작품의 무게 중심은 사랑 이야기보다는 '명예의 오오쪼시' 시라이가 '마음의 무적자'인

책으로 전환됨에 됨에 일본으로의 조선인 강제연행이 조선총독부를 매개로 하여 한층 조직적·강제적으로 실시되었다." 김경일 외, 앞의 책, 47면.

54) 실제로 징병제 실시가 조선인들의 차별철폐 운동으로 이어질 것을 우려하여 징병제나 그에 따른 호적법 정리 등에 미온적이었던 일본이 서둘러 병역의무나 호적법 정리에 나선 것도 전쟁 말기 노동력과 전력의 심각한 부족 때문이었다. 1927년까지만 해도 호적법의 대상 밖에 놓여 있었던 조선과 대만은 징병의 대상에서 제외된다는 점이 병역법에 명문화되어 있었다. 그러나 전쟁 말기에 이르러 전력 충원에 어려움을 겪던 일본은 1943년 3월 1일 만 20세 이하 조선인 남자에 대해 일제조사를 통해 빠짐없이 호적을 취하도록 강제했다. 참고로 1942년 말 조선·일본·만주·중국 재주자 총수의 약 5할이 조선인 무적자였다. 그리고 당시 일본 거주 조선인은 100만 명, 만주국 재류자도 100만 명에 달했다. 최유리, 『일제 말기 식민지 지배정책연구』, 국학자료원, 1997, 197~202면.

55) 그리고 이러한 비난이 조선인들 내부에서 일어나고 있는 것도 흥미로운 현상이다. 곧 '마음의 무적자' 문제는 일본과 조선의 관계에서뿐만 아니라 조선인들 내부의 분열 상황도 야기시키고 있다. 예컨대 지옥성목 이와 시라이는 각각 이전의 '자유이입시대'(382면)의 이주 조선인과 1940년대 이후 '훌륭한 일본 국민'(412면)으로 정착하고 있는 조선인으로 구분되고 있다. 지옥성목 이는 전시상황 이전부터 경제적인 이유 등으로 일본에 건너와 있었던 이주자 출신으로 전시체제 하 관주도의 정책적 필요에 의해 이주해온 새로운 조선인 노동자들과는 차별되고 있다. 지옥성목 이는 다른 징용자들로부터 '대판 인삼엿장수'(381면), '메시바(함바집) 아들'(397면)로 불리는가 하면 "조선 사람 망신은 저것이 다 식히지"(382면), "조선 노동자 등이나 쳐먹는 그런 드런 조선놈"(403면)이라며 지탄받고 있다.

불령선인 지옥성목 이를 헌신적인 노력으로 감화시키는 교화의 이야기에 기울어 있다. 시라이는 스스로 자신의 사랑의 감정까지 거세시키며 지옥성목 이가 '마음의 고향'을 찾아 훌륭한 일본 국민이 되도록 이끈다. 그리하여 시라이의 탈성애적 사랑의 이야기는 궁극적으로 시라이와 지옥성목이 사이의 '뜨거운 우정'(430면)을 확인하는 이야기로 끝난다.

표면상 조선총독부의 내선결혼이 정책적으로 권장되고 있었기에 주변 인들에 의해 간접적으로 시라이와 스미에 간의 결합이 암시되는 형태로 절충되고 있지만 극의 결말에 강조되는 것은 시라이와 스미에의 해피엔딩이 아니라 일본 군가 〈적은 기천만 있어도〉의 합창소리이다. 임선규의 〈빙화〉의 갑작스런 결말에서 '이상의 파산자' 박영철이 일본인 선장과 전우의식을 확인하는 것처럼 〈별의 합창〉의 최종적인 심급도 적을 향해 돌진해야 하는 남자들만의 우정, 전투의식의 확인이다.[56]

5. 위장된 해피엔딩과 죽음의 파토스

이 글에서는 연극경연대회 국민연극 작품들을 대상으로 1940년대 전반기 국민연극의 구체적인 양상을 살펴보았다. 그러나 명백한 친일 목적극인 국민연극의 선입관에 의해 획일적인 주제의식이나 선동적인 목적의식을 확인하기보다는 국민연극 작품들에 내재해있는 피식민 주체들의 내면의 논리를 따라가 보고자 하였다. 징병・증산・총후활동의 전시 목적극의 이념에 부합하는 의식의 차원이 아니라 그것을 받아들이

56) 파시즘 분석에서의 남성들만의 우정, 전우의식에 대해서는 조지 모스, 서강여성문학연구회 역, 『내셔널리즘과 섹슈얼리티』, 소명출판, 2004. 참고.

는 피식민 주체들의 굴절된 내면, 무의식의 차원에서 탈식민의 풍경을 찾아보고자 하였다.

그리하여 먼저 창작 주체의 차원에서, 명백한 친일의 예로 간주되는 국민연극의 경우에도 그 안에 다양한 편차가 존재함을 알 수 있었다. 대중극 작가 임선규의 경우 대중극의 멜로드라마라는 양식을 통해 목적극의 생경한 주제의식을 빗겨나가는 방법을 택하는가 하면 같은 대중극 작가인 김건은 '대중'을 버리고 '국민'을 취하는 방식으로 더욱 더 직접적으로 친일의 길을 보여준다. 그리고 송영의 경우 표면상 목적의식을 드러내놓고 말하고 있지 않아 친일의 정도가 약한 것처럼 보이나 동양 정신·일본 정신의 강조를 통해 내면으로부터 뿌리 깊게 일본적인 것을 받아들이고자 한다. 곧 1940년대 국민연극 내부에는 기존의 신극/대중극의 질서가 재편성되는 한편 각각의 작가·연출·극단들이 다양한 욕망의 편차를 드러내면서 이질적으로 섞여있었다. 국민연극에 내재해있는 내셔널한 욕망의 복수성을 인정하는 일, 이는 국민연극을 한국연극사의 일부분으로 받아들일 때 무조건적인 비판이나 수동적인 합리화가 아니라 좀 더 진지한 접근을 가능하게 할 것이다.

다음으로 구체적인 작품 분석을 통해 흥미롭게 발견할 수 있었던 것은 국민연극의 '국민'의 범주에서 벗어나 있는 '비국민'의 존재들이었다. 국민연극은 전시체제 하 국민동원의 목적상 농촌이나 어촌·탄광·만주·일본 등 일본 제국주의적 욕망이 투사되어 있는 장소들을 배경으로 계몽의 대상이 되는 '불령선인'이나 '마음의 무적자', '이상의 파산자'와 같은 비국민의 존재를 부정적으로 다루고 있다. 그러나 다른 한편 이는 탈식민의 다른 풍경들로 재구성될 수 있었다. 이들을 통해 우리는 만주 혹은 일본에서 국경의 경계를 넘나드는 무적자들, 그리고 조선 내에서도 전국 각지에서 몰려든 군중들의 유랑과 이산의 풍경을 볼 수 있었다. 국민연극에는 이러한 비국민의 존재들이 다양한 방식으로 '일본 국민'으로 통합되어 가는 과정을 보여주고 있는데, 만주국의 성립과 함께 반일운동의 침체에 따른 상황의 변화, 신분상승의 욕구, 계급적·경제적 이유 등 1940년대에는 이전보다 훨씬 복잡하고 다층적인 상황이 전개되고 있었다. 그리고 실제로 일본의 황민화 정책은 조선인들 내부를 분열시킴으로써, 즉 내부의 갈등을 통해 사회적 약자들을 국가와 국민의 이름으로 수렴시켜 나갔다.

마지막으로 국민연극의 최종적인 심급에서 작동하고 있는 '국민'의 실체가 무엇이었나를 정리해볼 수 있다. 지원병 출정 군인을 환송하는 가족과 마을 단위 애국반의 환송 행렬, 어업 증산·석탄 증산의 결의를 다지며 떠오르는 태양을 바라보는 사람들 혹은 점점 더 짙어지는 밤하늘의 별빛 아래 서있는 사람들에게서 짙은 죽음의 그림자만이 드리워져 있는 것은 어떻게 해석할 수 있을까. 아무리 흥겨운 풍악소리를 높이 울리고 군가의 합창소리가 멀리 울려 퍼지더라도 결국 이들이 가야 할 곳은 불리한 전세의 전장(戰場)과 죽음의 바다, 2천 자 3천 자 땅 속 깊은 사지(死地)이다.

위장된 해피엔딩과 죽음의 파토스. 이 기이한 불균형을 어떻게 받아들여야 하는가. 국민연극의 결말은 한결같이 전장과 사지로 나가는 남성들만의 우정과 전우의식을 강조하고 있다. 그런데 죽음을 전제로 남성들만의 강력한 연대의식을 확인하는 이러한 모습은 얼핏 일본의 무사도(武士道) 정신을 연상시킨다. 관객을 동반한 일종의 퍼포먼스이자 의례로서의 할복, 소년들로 이루어진 자살특공대 가미카제[神風], 전쟁 말기 '1억 자결'이라는 말로 이루어진 군인 및 민간인들의 집단 자살 등[57] 비극적 죽음을 찬양하고 미학화하는 태도는 해학과 신명(神明)의 우리의 미의식과도 동떨어진 것이다. 흔히 슬픔과 비애의 미로 대변되는 '한(恨)'의 미학도 우리 고유의 미의식이 아니라 식민지 시기 일본인 야나기 무네요시[柳宗悅]의 오리엔탈리즘적 입장에서 우리에게 덧씌워

57) 일본의 군국주의에 이용된 무사도 정신에 대해서는 김려실, 『일본 영화와 내셔널리즘』, 책세상, 2005, 21~28면 참고.

진 것처럼[58] 국민연극의 죽음의 파토스는 제국 일본의 전쟁에 동원된 피식민 주체들에게 덧씌워진 일그러진 욕망이다.

그리고 이는 총후에 남겨져 있는 여성들에게도 마찬가지였다. 사랑하는 사람과의 결실을 맺지 못하고 대신 '적십자의 마음'을 가지고 전선을 따라다니거나 어린 아들을 아낌없이 국가에 바쳐야 하는 '군국의 어머니'는 전장에 나가는 남성과는 또 다른 위치에서 국가의 호명을 받고 있었다. 한편으로 이는 전통적인 가부장적 위계질서를 군국주의적 체계로 그대로 유지시킨 익숙한 모습이면서 다른 한편으로 적십자 간호부, 애국반 부인과 같은 이름으로 여성이 국가 체제에 직접 연결되어 있는 새로운 모습을 보여준다. 그리고 남성 인물들이 주로 남성들만의 집단 속에서 전우의식이든 형제의식이든 우정의 연대를 강조하는데 반해 여성들은 개별적인 형태로 국경이나 민족의 경계를 넘나든다는 사실 또한 흥미롭게 발견된다. 임선규 〈빙화〉에서 러시아 정부로 그의 아이를 임신한 순영, 임선규 〈새벽길〉에서 악덕 미국인 광산가의 혼혈아를 낳은 마리야, 박영호 〈별의 합창〉에서 조선인 노동자에게 사랑을 고백하는 일본인 여자 스미에 등은 국민/비국민의 경계가 단지 일본인/조선인의 구분에서뿐만 아니라 훨씬 더 광범위한 영역에서 문제되고 있음을 보여준다. 군국모의 모성 이데올로기와는 또 다른 사랑과 성, 육체의 차원에서의 혼성성의 문제는 앞으로 좀 더 구체적인 논의가 필요하다.

58) 야나기 무네요시의 미의식에 대해서는 야나기 무네요시, 심우성 역, 『조선을 생각한다』, 학고재, 1996; 강영희, 「야나기 무네요시의 한국 예술론」, 『금빛 기쁨의 기억—한국인의 미의식』, 일빛, 2004. 참고.

여성과 전쟁

『여성』을 중심으로

심진경

1. 『여성』의 구성 방식

『여성』은 월간지로서 조선일보사에서 1936년 4월 1일에 발간되어 1940년 12월에 폐간된 잡지이다. 통권 57호, 4×6배판이며 매호 100쪽 내외로 호화로운 도색인쇄로 이루어졌다. 『여성』은 『신가정』과 함께 해방 전 여성지의 쌍벽을 이룬 잡지였으며, 해방 전 여성지로는 최장수 잡지였다. 편집 겸 발행인은 방응모였고, 편집진에는 윤석중·노천명 등이 참여하고 있었다. 워낙 파격적인 원고료 대우로 인해 당시 문단의 쟁쟁한 문사는 모두 집필에 참여하였다. 대표적인 인물로는 이광수·이효석·김기림·김남천·이희승 등이 있었다. 특히 윤석중·노천명 등 작가가 편집에 참여했기 때문에 다른 종합여성지에 비해 상대적으로 문학작품이 많이 실렸다.[1)]

『여성』에 대한 기존논의는 의외로 많지 않다. 1920~30년대 여성잡지를 개괄적으로 소개하는 논문에서 부분적으로 다뤄지고 있기는 하지만, 대개는 잡지에 나타난 여성의식이라는 문제에만 초점을 맞춰서 아주 간략하게 언급하고 지나가는 경우가 대부분이다. 『여성』에 대한 본격적인 논의로는 김양선의 「식민주의 담론과 여성 주체의 구성」이 있다. 이 글은 1930년대 발간된 『여성』지에 초점을 맞춰서 1930년대를 규정짓는 여성담론과 그러한 담론에 의해 구성된 여성 주체의 성격을 규명하고 있다. 특히 저자는 여성을 호명하는 담론을 '남성/지식인의 호명'과 '제국주의 담론의 호명'으로 나눈 뒤, 각 담론에 의해 구성되는 여성 정체성의 내용을 밝히고 있다. 이 글은 『여성』에 대한 본격적이고 구체적인 논의라는 점에서 주목할 만하며, 식민지 시대 여성의 정체성이 전통적인 가부장제와 총력전 체제하의 파시즘 논리에 의해 구성될 수 있는 가변적인 것이라는 사실을 암시하고 있다는 점에서도 그러하다. 그럼에도 불구하고 이 글에서 저자는 이러한 가변성에 주목하기보다는 오히려 '여성'을 지식인과 제국으로 상징되는 남성 담론에 의해 수동적으로 구성되는 균질한 대상으로 설정함으로써 특히 전시라는 위기 상황에서 여성을 부르는 서로 이질적이면서 상호 모순되는 이름들의 충돌과 습합의 미묘한 지점들을 간과하고 있다.

또한 이 글을 주도하는 "전장은 남성, 총후는 여성의 영역"[2]이라는 젠더분리적 시각은 총동원체제 하에서 만들어진 여성동원의 담론을 명확하게 이해한 것으로 보기 어렵다. 특히 남성과 여성을 '전선'과 '후방'으로 나누는 전략을 "집안/집밖, 사적/공적 영역으로 나뉜 성별 역할 분업을 국가 차원으로까지 확대한 것"[3]으로 보는 방식은 여성과 남성을 엄격하

---

1) 이소연, 「일제강점기 여성잡지 연구—1920~30년대를 중심으로」, 『이화사학연구』 29집, 2002, 224면 참조.

2) 김양선, 「식민주의 담론과 여성 주체의 구성—『여성』지를 중심으로」, 『여성문학연구』 3호, 2000, 274면.

3) 위의 글, 276면.

게 분리하는 이분법적 젠더 시각에 기초한 것으로, 이는 총동원체제가 여성을 국민으로 호명하는 과정에서 어떻게 내적 모순과 분열에 봉착하게 되었는가를 잘 설명해주지 못한다. 담론은 균일할 수 없다. 특히 여성에 관한 담론이 그러한데, 이 글은 남성과 여성이라는 젠더분리적 시각에 지나치게 의존함으로써 여성담론의 비균질성과 탈경계성이라는 특성을 간과하고 있다. 게다가 남성담론의 주도성에 수동적으로 구성되는 여성이라는 도식에 묶여 전시체제와 여성이 결합해서 만들어내는 다양한 담론의 지도를 구체적으로 보여주지는 못한 것 같다.

종합 여성지로 출발한 『여성』은 창간호부터 여성의 연애 · 결혼 · 출산 · 육아 등은 물론 화장법 · 조리법 · 옷 짓는 법 등의 다양한 여성적 일상을 소개함으로써 여성 독자의 소비 욕구를 자극하는 동시에, 전시체제 하에서 그러한 욕망을 억압해야 한다는 선전구호가 충돌하면서 공존하는 잡지이다.[4] 특히 1938년 중일전쟁 이후부터 이러한 두 가지

---

4) 조금씩 바뀌기는 했지만 창간호부터 『여성』은 대체로 다음의 항목을 중심으로 이루어진다. 구체적으로 살펴보면 다음과 같다. 우선 '명사방문기'는 명사들의 가정을 방문하여 그들의 가정생활을 소개하는 코너인데, 주로 모범적인 결혼생활의 사례로 제시된다. '가정관리'는 육아 · 양재 · 요리와 같이 여성이 가정 내에서 어머니와 주부로서 해야 할 역할을 다루고 있다. '미용'은 화장법을 다루는데, 화장문답, 메이크업 시크리트와 같이 제목은 바뀌지만 창간호부터 지속적으로 다루는 항목의 하나이다. '성'은 임신 · 피임 · 정조 · 호르몬 등과 관련된 문제를 다룬다. '취미'난은 음악감상법, 영화감상법을 소개하거나 새로운 레크리에이션과 계절별로 적합한 스포츠를 제안하기도 한다. '문학'에서는 시 · 소설 · 수필은 물론 외국작가와 작품에 대한 간략한 소개가 제시되기도 한다. 그런데 특기할 만한 점은 일반 여성의 기구한 삶이나 역사나 전설 속에서 전해 내려오는 여성의 삶에 대해 '실화'라는 큰 제목으로 꾸준히 게재한다. 그런데 그 내용을 살펴보면 대개 그릇된 연애로 인생을 망친 여학생에 관한 과장된 이야기이거나 현모양처에 관한 소개 글인 경우가 많다. '강연'은 주로 남성평론가가 여성이 갖춰야 할 미덕에 관해 소개하는 형식으로 되어 있다. 그런데 1930년대 후반부터는 '전시경제'라는 타이틀 하에 여성이 어떻게 하면 가정경제를 살릴 수 있는가에 대해 설명하는 내용으로 바뀐다. '보도'는 1938년 지나사변 이후에 본격적으로 잡지의 지면을 차지하는데, 이 난에서는 전쟁 현황을 보고하거나 강령을 발표하고 국책을 선전한다. 그리고 당시 여성들의 일상을 다소 상투적인 방식으로 소개하는 '일기와 편지'난도 있다. 그리고 '광고'가 이다. 창간 초기에는 대하자궁병이나 신경쇄약 · 정력증진 · 폐병 · 중풍 · 고혈압 등의 질병을 치료하는 약품에 관한 것이거나 『현대조선여류

서로 다른 욕망과 이데올로기의 경합은 매우 두드러지는데, 이에 더하여 『여성』은 전통적 부덕을 갖춘 구여성의 이미지와 사회적, 경제적 활동에 전력하는 신여성의 이미지를 나란히 배치하고 있다. 그 과정에서 여성은 어머니·아내·전사·노동자, 그리고 소비자 등의 이질적인 정체성이 조합된 익숙하면서도 낯선 존재로 구성된다.

이에 본고는 『여성』에서 여성을 재현하는 방식을 통해 여성이라는 주체가 어떻게 구성되는지에 초점을 맞춰서 논의를 전개하고자 한다. 전시라는 위기 상황은 지금까지 고수해온 가치관과 새롭게 요구되는 가치관들이 충돌하면서 낯선 기대와 전망을 생산해낸다. 그러한 상황에서 여성은 서로 모순되는 여러 이미지들이 경합하고 중첩되고 조정되는 어떤 '공백의 장'으로 기능하는데, 특히 『여성』처럼 서로 다른 성격의 글들이 잡다하게 나열되는 종합지에서 이러한 여성의 공허한 정체성은 더 잘 드러날 수 있다고 본다. 이와 같은 맥락에서 또한 『여성』은 전시 담론을 여성의 일상 속에 개입시킴으로써 과도기에 여성이 어떻게 구성되고 해체되고 재구성되는가를 살펴보기에 적합한 매체라고 본다. 따라서 본고는 이러한 『여성』의 성격에 초점을 맞춰서 총동원체제의 담론을 통해 구성된 여성의 허구성과 모순을 밝히고자 한다.

문학선집』과 같은 책광고가 대부분이었다. 그러나 나중에는 점점 여성미용 관련 광고가 더 많아진다. 이는 총력전 체제가 여성의 일상적 욕망과 완전히 대치되는 것은 아니었음을 짐작하게 한다.

2. 자본주의적 욕망과 파시즘의 논리 사이에서

앞에서 지적한 것처럼 『여성』은 창간호부터 여성의 외모 가꾸기 · 여가 활동 · 집안 꾸미기 · 요리 등의 내용을 통해 일정 정도 중산층 이상의 생활이 가능한 여성 독자를 겨냥해 왔다. 즉 중산층 여성의 일상생활을 꾸미고 가꾸는데 중점을 둔 것이다. 실제로 『여성』에는 농촌 여성의 일상생활에 대한 내용은 거의 나타나지 않는다. 물론 창간호부터 연재된 「13도 여성순례」에서 지방에 거주하는 여성의 일상을 다루고 있기는 하지만 그 내용이 매우 개략적이고 각 지역의 특산물이나 특이한 생활방식을 소개하는 정도에 그치고 있기 때문에 구체적인 농촌여성의 일상을 다룬다고 보기 어렵다. 그리고 『여성』에서 유일한 농촌관련 기사인 임정식의 「시국과 농촌부인」(1940.4) 또한 기아에 주리고 있는 조선 농민들의 "생활정도를 높이기 위해" 총독부에서 "조선농지령"과 "소작료통제령"을 시행한다는 사실을 선전하고, 그러기 위해서 "시국에 처한 농촌부인의 임무"(30)를 확실히 인식해야 함을 강권하는 글로 농촌여성의 일상과는 무관한 내용이다. 그런 점에서 『여성』은 중산층 여성을 대상으로 하는 여성잡지라고 할 수 있다.

예컨대 '전기다리미를 경제적으로 쓰는 법'(1936.12), '크림의 종류와 쓰는 법'(1937.5)과 같은 기사는 전기다리마를 살 수 있는 여유가 되거나 '무지방성 크림 · 지방성 크림 · 중선 크림 · 물 크림 · 클린싱 크림'의 종류를 나누어서 쓸 수 있는 소비능력을 갖춘 여성을 대상으로 한다. 『여성』의 중산층 여성 지향성은 '아지노모도'라는 조미료 광고의 문구에서 좀 더 분명하게 드러난다. "규범잇는집 부인들은 반드시 아지노모도를 몬저 준비한다. 이상하게도 아지노모도가 잇는집은 평화스럽고 사람마다 건강하다"(1937.5)는 광고 문구에서 '규범 있는 집 부인들'이 결코 생활이 곤궁한 여성이 아닌 것은 분명하다. 또한 『여성』에서 빈번하게 다뤄지는 각 달의 화장법 소개 코너와 수영 · 스키 · 테니스 등과 같은 레포츠 소개 코너는 이 잡지가 대상으로 삼은 독자층이 누군가를 확실하게 보여준다. 이처럼 『여성』은 창간 초기부터 모범적인 아내와 어머니상을 제시하면서도 여성의 관심과 호기심을 자극할 만한 새로운 라이프 스타일(화장 · 레크리에이션 · 인테리어 · 요리 등)을 통해 자연스럽게 신상품 구매능력이 있는 여성을 독자로 확보할 수 있게 된다.

그러나 1930년대 후반부터 전시상태를 대비하여 '국민정신총동원운동'이 실시된 이후 "사람도 물건도 돈도 부족한 상태에서 전쟁에 임하여 승리하기"[5] 위한 압박이 심해지면서 『여성』 또한 잡지의 구성과 내용을 서서히 바꾸기 시작한다. 그리하여 1938년부터 『여성』은 전쟁 현황 보고, 강령 발표, 국책 선전과 같은 '보도'성 글들을 본격적으로 다루기 시작하는데, 맨 처음 전쟁을 여성의 일상 속으로 끌어오기 위해 선택한 논리는 바로 근검절약 정신을 강조하는 것이었다. 1938년 신년호에 실린 이건혁의 「가정시사독본—장기전과 가정경제」는 국민정신총동원령 이후 여성담론의 변화를 구체적으로 보여주는 첫 번째 글이다. '조선일보사 경제부장'인 이건혁은 이 글을 필두로 이후 『여성』에서 전쟁과 관련된 다양한 보도내용은 물론 일본의 정책(증세 정책이나 사치품 금지령과 같은)을 선전하고 전시체제 하에서 여성의 역할과 임무를 계몽하는 종류의 글들을 쓰기 시작한다. 이 글에서 이건혁은 1937년 7월부터 시작된 중일전쟁 이후 전시체제로 서서히 바뀌는 과정을 '시사적으로' 보여준 뒤 여성이 이러한 변화에 어떻게 대처해야 하는가를 구체적으로 제시하고 있다.

> 값많은 양복은 찌저지면 꿰매어 입고 무명같은 것도 오래될수 있는대로 새로작만치 말라고 합니다. 지금까지 말슴한 것은 우리가 사는데 가장 중요한

---

5) 최유리, 『일제 말기 식민지 지배정책연구』, 국학자료원, 1997, 86면.

쌀과 옷감에 대해서 대강 말한 것이지만 우리 가정생활에 영향되는 것은 이 두가지 뿐이 아니라 모든 것에 상관이 됩니다. (…중략…) 이 우에 말슴한 것을 통트러 한말로 하면 전시체제라는 것인데 이 전시체제는 비록 이번 전쟁이 의외로 얼른 끝이난다드래도 즉시로 없어지고 평상시같이 되는 것이 아니오 계속 될 것을 알아두어야 합니다.[6)]

이 글에서 필자는 전시체제 하에서 여성이 해야 할 구체적인 활동으로 물자 절약을 강조하는데, 이는 전쟁이 끝난 뒤에도 지속해야 할 미덕이라고 주장한다. 이제 평시도 전시의 논리를 강요받기 시작한 것이다. 그런 점에서 제목인 '家庭時事讀本'은 시사적(示唆的)이다. 그것은 우선 가정의 소소한 일상적 사건조차 사회정치적 사건, 즉 시사(時事)가 된다는 의미인 동시에, 『여성』이 그러한 전쟁의 논리를 가르쳐주고 일깨워주는 길잡이, 즉 독본(讀本)이 되겠다는 의미이기도 하다. 그런데 1938년도까지 전쟁관련 논설과 기사는 그렇게 많지 않다가,[7)] 1939년부터 본격적으로 잡지의 중심 테마로 자리잡는다. 그런데 주목할 점은 그러한 전쟁 관련 논설과 기사가 대부분 근검절약과 물자절약을 강조하는 내용이라는 것이다. 1939년 신년호에 연두사로 실린 「장기전과 부인의 임무」에서 '절약'과 '저축'은 총후부인의 중요한 역할의 하나로 강조되고 있다.

이런 점에서 새해를 당하여 우리 부인의 임무는 매우 크다. 일반가정에 있어 물자를 절약하고 무용한 물품을 구매치말고 근검저축하며 일방으로 공채를 사서 조금이라도 국가경제에 공헌하는 것은 총후부인의 당연한 임무이오 또는 그

---

6) 이건혁, 「가정시사독본—장기전가 가정경제」, 『여성』 창간호, 1938, 97면. 이후 『여성』의 인용문은 발표년월과 면수만 밝히도록 한다.

7) 1938년도 『여성』에 실린 전쟁 관련 기사의 제목을 살펴보면 다음과 같다. 이숙종, 「부인과 의상—스테이플 파이버란 무엇인가」(1938.3); A기자, 「면직대용품—스테이플 파이버란 무엇인가」(1938.5); 이건혁, 「전시하의 가정경제」(1938.8); 이건혁, 「경제통제와 생활대책」(1938.10).

렇게 하지 않으면 아니될 것이다. 부인된 이는 전지에서 총을 들고 활약하는 병사와 함께 물자애호와 저축실행에 최선을 다하여야 할 것이다(1939.1, 12면).

이 글에서 강조하는 '근검저축'과 '물자애호', '저축실행' 등의 표어는 이후 『여성』을 주도하는 전쟁담론의 주요 내용으로 빈번하게 등장한다. 흔히 일본의 여성 정책이 반영된 일제 말 여성담론을 '군국의 어머니' 담론과 '근검절약'의 담론을 꼽는데,[8] 여성 교양 종합지를 표방하는 『여성』에서 주로 강조되는 것은 물자절약을 통한 후방 지원이었음을 알 수 있다. 물론 「나치스의 산아정책—히틀러는 어떻게 산아장려를 하나」(1939.9), 「이세국민의 전시교육」(방영숙, 1940.1)과 같은 글에서 황국신민의 육성을 위한 여성의 노력을 강조하고 있기는 하지만, 『여성』에서 이러한 군국의 어머니 담론은 그다지 눈에 띄지는 않는다. 대신 「장기전가 생활합리화」(1940.1 특집) · 「한끼에 십전으로 되는 반찬」(같은 호) · 「전시하의 생활과 절주」(1940.4) · 「전시와 생활개선의 급무」(1940.6) · 「전시하의 가정과 식량의 해결방법」(1940.8) · 「전시국민과 사치」 · 「사치와 취미를 말하는 좌담회」 · 김광섭의 「여성과 사치」(1940.9) 등 사치와 소비를 억제하고 근검과 절약을 강조하는 내용이 주를 이룬다. 이러한 자료에 근거해볼 때, 『여성』은 총후부인의 역할 중, 군국의 어머니의 역할보다는 알뜰한 주부의 역할을 더 강조했다는 점을 확인할 수 있다. 그렇다면 『여성』은 왜 총후부인의 임무를 주부의 역할에 중점을 두어 다루었는가?

그 이유는 우선 『여성』의 폐간일자를 통해서 알 수 있다. 여성은 1940년 12월호를 마지막으로 폐간되는데, 그 시기는 '국민총력운동'(1940~패망)이 본격적으로 가동되기 시작할 즈음이다. 앞서 1938년부터 발효된 '국민정신총동원운동'과 달리, 확실히 '국민총력운동'의 목적은 일본의 침략전쟁을 구체적으로 뒷받침할 수 있는 체제 만들기에 좀 더 비중을 두고 있었다. 즉 전쟁 수행을 위한 체제 확립에 조선민중을 직접 참여시

8) 이선옥, 「평등에 대한 유혹」, 『실천문학』, 259면 참고.

키는 것을 그 목적으로 했던 것이다.[9] 따라서 본격적인 전시체제로 돌입하기 시작한 1940년도에 폐간된 『여성』이 직접적인 전쟁 참여를 종용하는 '군국의 어머니' 담론보다는 전쟁 준비를 위한 국민의 정신개조에 더 중점을 두는 '물자절약' 운동에 집중한 것은 어찌 보면 당연한 일일 것이다.

그리고 그 다음 이유는 『여성』의 취지와 대상 독자에서 찾을 수 있다. 앞서 지적했듯이 『여성』은 중산층 여성을 대상으로 새로운 라이프 스타일을 제안하는 종합지이다. 그래서 1938년 이전까지는 여성의 외모와 취미·생활양식 등을 아름답게 가꾸기 위한 방법을 구체적으로 제시하는데 주력해온 것이다. 물론 이러한 내용이 근검절약과는 거리가 먼 것은 당연하다. 따라서 전쟁기의 경제를 부양하고 일본의 정책을 선전하기 시작한 시점에 『여성』을 구독하는 여성독자를 설득하기 위한 좀 더 효과적인 파시즘의 논리는 아마도 모성파괴적인 군국의 어머니보다는 물자절약이나 생활개선을 주장하는 내용일 수 있을 것이다.

그러나 이러한 파시즘의 논리의 다른 한편에서는 여전히 자본주의적 소비 욕구를 자극하는 광고나 기사가 공존하는데, 이는 여성의 경제적 활동의 변화는 "기본적으로 자본주의화 과정과 궤를 같이"[10]하기 때문이다. 이 말은 일차적으로는 자본주의적 생산양식의 유입으로 인해 여성이 생산부문에 노동자로 새롭게 흡수된다는 것을 의미하지만, 그와 동시에 여성이 소비부문에도 적극적으로 참여하게 될 것임을 암시하기도 한다. 즉 여성은 '소비자'로서의 정체성 또한 새롭게 부여받게 된 것이다. 실제로 여성의 직업 활동이라는 측면에서 살펴보면, 1920년대 후반부터는 초기의 문명개화나 국권회복과 같은 국가적 목표보다는 개인주의적이고 세속적인 지향이 점차 우세하게 나타나는데,[11] 이를 가능케

9) 최유리, 앞의 책, 126면 참조. 저자에 따르면, 국민총력운동의 본격적인 가동은 1940년 10월 12일에 출범한 '대정익찬회'에서 비롯되었다고 한다.

10) 정진성, 「식민지 자본주의화 과정에서의 여성노동의 변모」, 『한국여성학』 4집, 52면.

한 것은 바로 대중문화의 확산과 소비적 생활양식의 보급이다. 그런 맥락에서 볼 때, 『여성』과 같은 대중적인 여성교양잡지가 중산층 여성의 생활양식을 기준으로 삼아 일반 대중의 자본주의적 소비 욕구를 자극한 것은 어쩌면 너무 당연한 일일 것이다. 실제로 『여성』에는 물자절약을 강조하는 기사 옆에 '명색구리무'나 '아이혼 미안기'[12]와 같은 이미용 관련 제품 광고가 나란히 놓여 있다. 그리하여 『여성』은 여성의 일상을 전시체제로 재정비하려는 파시즘의 논리와 자본주의적 소비욕구가 충돌하는 낯선 풍경을 연출하게 된다. 다시 말해서 "황민화의 동원의 이념은 생활·여가·근대 문명에 대한 관념 등 민족적 정체성의 문제로 환원되지 않는 복합적인 지점을 포괄하고 있"[13]기 때문이다. 그러니 그 속에서 이루어진 여성의 자기정체성은 일방적인 억압과 그의 순응을 통해 이루어진 균질하고 자기동일적인 것이기보다는 이질적이고 모순적인 상황들의 충돌과 갈등을 거친 비균질적이고 이율배반적인 것이라고 볼 수 있다.

---

11) 김경일, 「일제하 여성의 일과 직업」, 『사회와 역사』 61, 2002.5 참조.

12) 이 제품을 홍보하는 광고 내용은 다음과 같다. "잠자는 동안 몰라보리만큼 아름답게 되는 수면미용법"(1940.4), "쓰신 그날부터 보기 좋은 쌍가풀이 된다. 영화스타는 모두 애용"(1939.11) 특히 '아이혼 미안기' 제품 광고는 「아메리카 배우군」을 소개하는 기사와 같은 호에 실려 있는데, 이를 통해 잡지의 기사 내용과 제품 광고의 상관관계를 짐작해볼 수 있다.

13) 권명아, 『역사적 파시즘—제국의 판타지와 젠더 정치』, 책세상, 2005, 66면.

3. 계몽의 수사학과 일상의 논리

잡지, 특히 일본의 대중 선전과 선동 정책이 중요했던 총력전 체제 하에서의 대중잡지란 개개 필자의 사적인 의견을 피력하는 장이라기보다는, 특정 담론을 생산하고 유포하기 위한 공론장의 성격이 더 강하다. 그런 맥락에서 『여성』지에 실린 일련의 총후부인 담론은 일정한 전략 하에서 집단적으로 생산되어 유포된 것이라고 볼 수 있다. 따라서 총후부인이나 내선일체 담론의 생산 과정에서 사용되는 수사적 표현은 주된 독자인 중산층 여성에게 일정한 이데올로기적 효과를 발휘할 수 있다고 본다. 『여성』은 창간호부터 '남성작가—여성독자'라는 구도 속에서 잡지 편집이 이루어졌는데, 창간호부터 3회에 걸쳐 연재한 이광수의 「여학교」는 이러한 성별위계적 관계를 잘 보여준다. 작가 이광수가 여학생을 대상으로 하는 강연의 형식으로 이루어진 이 코너는 각각 '결혼', '모성', '모성으로서의 여자'라는 제목의 강연 내용을 다루고 있다. 나이든 남자교사와 어린 여학생이라는 기본 구도 속에서 여성은 자연스럽게 권위 있는 남성의 가르침을 받는 계몽적 대상으로 설정된다. 그리고 이러한 성별분리적 위계관계는 1938년을 전후로 한 총후부인 담론에서 더욱 노골적이고 비합리적인 방식으로 나타난다.

앞장에서 다룬 이건혁의 「가정시사독본—장기전과 가정경제」에서 눈에 띄는 '독본'이라는 말은 『여성』에서 여성독자를 대하는 기본적인 태도가 바로 계몽적이라는 사실을 암시한다. 『여성』에 1938년 4월호부터 연재된 「신석녀소학」이라는 제목의 글은 "원래 초랜 옛날 지금부터 칠백 오십년 전에 지은"(38면) '소학'을 새롭게 오늘날 여성에게 적합하도록 해석한 일종의 소학 해설서다. 따라서 이 연재물을 읽는 여성독자는 작가가 의도했든 그렇지 않든 간에 자연스럽게 기본 예의범절과 도덕을 배워서 교화되어야 하는 어린 학생의 위치에 놓이게 되고, 그 결과 여성은 언제나 배움이 필요한 어리고 무지하고 어리석은 존재들이 될 수밖에 없다. 나아가 이러한 계몽적 어조는 여성의 사치와 향락 생활을 비난하고 가정경제 활성화를 위한 물자절약과 저축을 강조하는 총후부인 관련 글들에서 더욱 노골적으로 드러나게 된다. 이건혁의 다음 글을 보자.

> 신여성 여러분 옛날로 돌아가십시다. 전쟁 때문에 나라에서 금하니까 할 수 없다는 생각을 버리고 할아버지 할머니께서 하시던 것같이 물건을 소중히 아는 덕행을 닦읍시다. 굽높고 끝뾰족한 발등 내다보이는 가죽 구두를 신어야만 핸드빽을 들어야만 고급향수를 써야만 훌륭한 사람이 아니오 집신에 팥비누를 써도 미인이 되고 훌륭한 안해 훌륭한 어머니가 될 수 있습니다.
>
> —「경제통제와 생활대책」, 1938년 10월, 45면

'…… 합시다'라는 청유형 어조의 반복과 '훌륭한 안해 훌륭한 어머니'가 되기 위해서는 사치의 습성을 버리고 옛날 할아버지 할머니 시대로 돌아가야 한다는 퇴행적 주장은 신여성을 외모 가꾸기에만 몰두하는 생각 없는 존재들로 규정짓는 동시에, 그러한 존재들을 깨우쳐서 올바른 길로 이끌어주어야 한다는 계몽적 의도를 노골적으로 드러낸다. 이렇듯 물자절약을 강조하는 글에서 대체로 (신)여성은 절약이 몸에 배지 않은, 아직도 세상 물정을 모르는 사치스러운 철부지 어린이로 설정되고 남성은 그러한 철부지 여성을 꾸짖고 가르쳐주는 계몽자 역할을 맡는다.

1939년 12월호에 실린 좌담회 「생활은 괴로워진다—이건혁씨에게 전시생활을 묻는다」에서 이건혁과 좌담회 참석자 여성의 관계는 이러한 상명하복의 젠더 관계를 좀 더 분명하게 보여준다. 예컨대 여성참석자 중 한 명인 장문경씨가 "광목이 없어지면 그래두 대용품이 나오겠지 했드니 나오지를 않어서 아, 지금은 그걸 그때에 몇필 사두었드면 좋았을

걸 하고 생각이 나요" 하고 불평을 늘어놓자, 이건혁은 "헌데 장래 소용될 물건을 미리 사두었드면 여유가 있을 것을 하는 생각을 하지만 그 물건을 그때 사두었드면 너도 나도 모두 그랬을 것이니 그 물건값이 얼마나 올랐을지 그 물건만 오르는 것이 아니라 이것저것 모다 올라서 그야말로 큰 야단이 날 것입니다"라고 시국을 모르는 여성을 훈계한다. 그러자 이건혁의 이러한 훈계를 들은 여성은 곧 "가정 경제상 써야 할 것을 못쓰니까 도리어 경제가 됩니다. 옷같은 것도 떨어지면 기워서 입구 그래두 부끄럽지두 않어요. 그래 도리어 그만큼 경제가 되지 않나 합니다"라고 말한다. 물자부족의 불편함은 곧바로 물자절약의 경제성으로 역전된 것이다. 그런데 이러한 계몽적 언설은 위기의 수사학과 결합하여 좀 더 강제적이고 폭력적인 협박의 형태를 띠기도 한다. 이건혁의 「증세와 가정생활—생활비를 절약하자」(1940.6)의 다음 구절을 보자.

> 통제경제에 위반해서 규칙을 직히지 안는 사람에게는 다른 죄인같이 징역을 시키는 것이 아니라 전시체제를 문란케하는 자라 하여 당장 총으로 쏘아서 죽이고 다시는 그런 사람이 생기지 않도록 본보기를 내고 있다 합니다.(34면)

이건혁은 위 인용문 바로 앞에서 세금이 늘게 된 배경을 설명하면서 그러한 부담을 잘 참고 견뎌 나갈 것을 권장하는데, 이러한 권유 뒤에 이어지는 협박성 발언은 여성에 대한 계몽적 태도가 언제라도 물리적 폭력으로 변질될 수 있는 것임을 암시한다. 앞에서도 지적한 것처럼 이 시기가 '국민정신총동원'과 같이 "정신운동의 강화, 세련"(「국민정신총동원과 국민총훈련」, 1940.6, 16면)을 강조하는, "정신적으로 전쟁에 동원케"(위의 글, 33면)하는 상황이었기 때문에 설득과 계몽의 수사학이 좀 더 전면에 등장한 것으로 본다. 그러나 위의 인용문에 비춰볼 때, 전시동원체제가 강화되는 1940년 이후에는 여성에 대한 이러한 계몽적 논설은 협박과 회유의 수사학으로 변화했을 가능성이 큰데, 이는 위안부여성 동원과 징병제 실시를 위해 대중매체가 어떤 수사법을 사용하고 있는지를 통해서 좀 더 분명하게 밝혀질 수 있을 것이다. 그러나 『여성』은 아직 그렇게 강압적인 직설화법을 구사하기보다는 전쟁의 논리와 메커니즘으로 여성의 일상을 직조하는 방식으로 급박한 전시상황을 간접적으로 환기시키는 방식을 선호한다. 이는 물자절약과 가정경제 활성화를 주장하는 일련의 논설과 정책 선전문은 물론 부엌개조와 같은 가정살림에 관한 글에서도 나타난다.

> 이 비상시, 이 새로운 시대에 처해가지고서는 새로운 살림의 마련(신생활체제)이 있어야 할 것이며 이것을 위해서는 다시 부엌의 새로운 마련(신체제)을 꾀해서 한 가정의 경제생활을 새로히 규모있게 하지 않으면 안되리라고 생각하는 것입니다.
>
> — 전홍진, 「부엌의 신체제」, 1940.9, 34면

새로운 살림의 마련을 '신체제'의 논리와 결합시키는 이러한 화법은 전쟁의 논리와 메커니즘이 어떻게 여성의 일상에 관한 내용의 기저를 이루는가를 잘 보여준다. 여성의, 사적인 공간이라는 제한적 가치와 의미를 부여받던 가정, 특히 '부엌'은 이제 전선의 논리를 통해 '새로운 마련'을 도모할 수 있는 남성의, 공적인 공간이라는 새로운 의미를 얻을 수 있게 된다. 그런데 『여성』에서는 이와는 반대로 전시체제에 대한 선전과 선동을 위해 여성의 일상적 삶과 관련된 용어와 수사법을 활용하기도 한다. 다시 이건혁의 「장기전과 부인의 임무」를 보자.

> 우리의 부인된 이는 신년부터 이상의 표어를 가지고 전시가정을 요리하지 아니하면 아니된다. 생각건대 작년 일년에 있어서 애국부인회 국방부인회 애국금융회 등 부인의 활동이 많았고 또는 생활개선과 국민의 정신작흥을 위하여 지방을 순회한 분이 많었지마는 금년부터는 더욱더 이런 운동이 많어서 우리는 우리의 총후임무를 다하여야 할 것이다(1939.1, 12면).

이 글에서 강조하는 부인의 임무는 "전지에서 총을 들고 활약하는 병사"(같은 면)의 임무와 다르지 않은데, 주목할 점은 그러한 여성의 임무 수행을 '요리'에 빗대어 표현하고 있다는 것이다. 이러한 표현은 우선 전시체제 하에서 이루어지는 애국부인회·국방부인회·애국금융회와 같은 활동을 표면적으로는 사회진출의 한 방법인 것처럼 선전하면서도 여전히 그러한 활동을 가정생활의 일환으로 축소하려는 의도로 해석할 수 있다. 그러나 다른 한편으로는 그만큼 전쟁이 여성의 일상생활과 멀지 않은 아주 가깝고 익숙한 상황임을 암시하기도 한다. 이렇게 『여성』은 일상생활의 논리를 전쟁의 수사학 속에 담아냄으로써 파시즘의 논리가 일상생활 속에서 적용되는 정황을 잘 보여줄 뿐만 아니라, 여전히 그러한 논리의 생산과 유포가 남성 전달자와 여성 수용자 혹은 남성 교사와 여성 학생이라는 전형적인 젠더위계적 구조 속에서 이루어지고 있다는 사실을 확인시켜주고 있다.

4. '여성'이라는 이름의 역설

앞장에서 살펴본 것처럼, 전시기 여성을 구성하는 기본적인 담론은 바로 '총후부인'인데, 본격적인 총력전체제로 돌입하기 직전에 폐간된 『여성』에서는 모성파괴적인 군국의 어머니 담론을 노골적으로 다루는 대신 전쟁에 대비한다는 차원에서 '물자절약'과 가정경제 활성화에 힘쓰는 주부(어머니)의 일상에 대해 더 많이 다루고 있다. 보통 담론을 구성하기 위해서는 대상에 대한 인식을 어느 한 방향으로 구조화시키는 담론구성의 법칙을 필요로 한다. 그래서 전시기 여성담론을 다룬 대개의 논의들은 '전방과 후방'·'안과 밖'·'가정과 사회'·'남성과 여성'·'근검과 사치'·'향락과 절제' 등의 이분법적 대립항을 통해 담론지형을 구성하고 그러한 지형도 안에서 총력전 체제하에서의 여성 재현이나 주체성 구성의 문제를 검토해왔다. 이러한 방식은 일차적으로는 총력전 체제가 요구하는 여성상이 무엇인가를 살펴보고 나아가 그러한 여성상의 재현체계를 확인하기 위해 요구된다. 그러나 권명아의 지적처럼 전시체제하에서 여성주체의 위치는 "(다양한) 주체 위치들이 접합되는 지점"[14]에서 해체와 재구성의 반복을 통해 구성되기 때문에 다층적이고 비균질적으로 구성될 수밖에 없다. 실제로 『여성』에서 재현되고 있는 여성의 이미지는 전통적인 젠더 구분의 범주에 포섭되기 어려운 다중적인 모습으로 연출된다. 그리하여 이제 여성은 '자애로우면서 씩씩하고 가정의 천사이면서 직업여성이며, 외모가꾸기에 능하지만 근검절약하는'과 같은 서로 상충하는 이미지들의 공존을 통해 재구성된다.

분명 식민지 말기에 "'사치와 향락만을 일삼는' 신여성적 정체성과 '동양적'인 부인으로서의 정체성이라는 대립선이 강력하게 구축되어 있"[15]었던 것은 사실이다. 『여성』 또한 예외는 아니었다. 그러나 『여성』에서 신여성에 관한 담론의 변화를 세분화해서 좀 더 구체적으로 살펴보면 이러한 여성 정체성의 대립선이 사실상 그렇게 뚜렷하지는 않았다는 사실을 확인할 수 있다. 앞에서 지적한 것처럼, 『여성』은 중산층 여성(신여성)의 성, 사랑, 결혼, 가정은 물론 취미와 놀이문화까지 상세하게 다룸으로써 그들의 일상을 모방하고픈 바람직한 표준으로 제시해왔다. 당연히 이때 신여성은 결코 비판의 대상이 아니었다. 일례로 1936년 10월호부터 연재된 「우리학교자랑」난에서는 '중앙보육원', '동덕여고', '이화여고', '정신여학교'를 차례로 다루면서 고등교육을 받은 여성에 대한 호감을 드러내고 있으며, 1937년 2월에는 「신여성 특집」을 통해 신여성의 결혼·성·소

14) 위의 책, 56면.
15) 위의 책, 165면.

비 · 진로 등에 대해 비교적 상세하게 설명하고 있다. 이는 앞에서도 지적한 것처럼 종합여성지로서의 『여성』의 편집방향과 관련된다. 즉 이 잡지를 구독할 수 있는 독자층의 취향과 라이프스타일을 고려했을 때 신여성은 결코 배척되어서는 안 되는 존재였던 것이다.

그러나 1937년 후반부터 신여성에 대한 우호적이거나 적어도 중립적인 태도의 글들은 완전히 사라지고 대신 그들의 사치와 향락을 원색적으로 비판하는 글들이 노골적으로 등장하기 시작한다. 예를 들면 최재서의 「여성시비」(1937.10) · 이숙종의 「부인과 의상—최근 유행의 화려한 의상을 논함」(1938.3) · 이매명의 「신여성시비」(1938.11) · 김문집의 「김연실의 정조문제—조선여성의 정조형에 관하야」(1938.11)와 같은 글들에서, 신여성은 "화냥년보다 더러운 정조부인"(김문집, 36면)과 같이 반어적 조롱의 대상이 되거나 "그들의 무지각한 교만을 생각하면 후려갈기고 싶은 분만"(최재서, 69면)을 느끼게 할 정도로 혐오와 비난의 대상으로 다뤄진다. 물론 그 이면에는 전통적인 미덕을 갖춘 '동양적' 여성에 대한 옹호가 내재되어 있었다. 이러한 신여성에 대한 비판의 내용은 대개 '생활이 무절제하고 사치스러우며 예의 없는'으로 요약될 수 있다. 또한 비판의 논조 또한 논리적이기보다는 감정적이다.

그러다가 1939년부터 『여성』에서 신여성 비판의 어조는 조금씩 바뀌는데, 대체로 신여성을 전면적으로 비난하기보다는 가정 내 긴축재정과 물자절약을 강조하는 과정에서 부정적 사례로서 간접적으로 언급하는 경우가 대부분이다. 설령 비판을 하더라도 감정에 치우치기보다는 신여성 문제에 합리적으로 접근하는 경우가 많았다. 김광섭의 「현대여성의 고뇌」(1940.4)와 김오성의 「여성의 교양문제」(1940.5)는 꽤 진지한 역사적 · 현실적 통찰에 근거해서 신여성을 비판하는 예라고 할 수 있다. 김광섭은 이 글에서 '노라'에서 '코론타이 녀사'에 이르는 신여성의 역사를 검토한 뒤 다음과 같이 신여성의 공로를 인정한다.

> 그렇게 열열하게 자유를 찾고, 평등을 부르짓고, 새사회와 새시대를 동경하고 리상을 세우랴하였고 또 무법한 남자의 손에 잽히지 않을랴고 싸웠으니 거기에는 정말 큰 고민이 있었습니다. (…중략…) 참으로 조선의 신녀성은 가지가지로 큰 희생을 겪으면서 오늘에 일으렀읍니다. 그러나 이렇게 험한 길을 걸어온 오늘 조선녀성은 어떠한 마음과 뜻을 가지고 있읍니다(18면).

그러나 현대여성[16)]에 대해서는 "별로 생각하려고 하지도 않고, 일할려고도 하지 않고, 어떻게 고생없이 잘 지내라는 걱정뿐만 가진 것 같습니다"(18면)라고 비판하면서 너무 남자에게만 기대지 말고 "여자로써도 인류에 공통된 어떤 고민을"(19면) 찾도록 노력해야 한다고 주장한다. 김오성은 지금까지 신여성이 추종해온 개인주의적 자유주의의 교양이 이기주의로 변질되어 서구식 "권리의식 때문에 의무의식을 망각한"(18면) 폐단이 나타나게 되었음을 지적한다. 그러면서 그 '조선여성의 새로운 교양'을 위한 해결책으로 "서구의 권리의식과 동양의 의무의식이 서로 지양을 통해 종합"(19면)되는 방법을 제안한다. 이처럼 김광섭과 김오성은 모두 신여성의 도덕적 타락과 이기주의에 대해서는 비판하면서도 새로운 사회에 대한 여성의 이상과 권리를 주장함으로써 여성의 사회적 위상을 높인 신여성의 공로를 인정하고 있다.

그런데 공교롭게도 이러한 신여성에 대한 어조의 변화는 직업여성과 여성의 사회적 활동을 옹호하는 논설이 본격적으로 등장하기 시작한 시기와 맞물리는데, 바로 그 시기는 중일전쟁 이후 '국민정신총동원령'이 발포된 때이기도 하다. 1938년 7월에 실린 「여자 혼자 경영할 상점」과 1938년 8월에 실린 이상호의 「여성과 직업」을 시작으로, 『여성』은 여성에게 가정 밖으로 나가서 직장을 찾아야 한다고 주장하기 시작한다. 이렇게 여성의 사회 활동을 강조하는 글에는 노재근의 「가정에서

16) '현대여성'이라는 명명법이 어떻게 신여성의 부정성을 상쇄하고 전통적 미덕을 덧붙이면서 새롭게 등장하게 되었는가에 대해서는 김경일의 「한국 근대 사회의 형성에서 전통과 근대」와 김양선의 앞의 글을 참고.

가두로!」(1939.11)·이헌구의 「여성시평—생활의 균형」(같은 호)·「주부의 임무」(같은 호)·「국민정부와 여성의 힘—아울러 반도부인의 시국에 대한 인식을 촉함」(1940.5) 등이 있다. 그 중에서 노재근의 「가정에서 가두로!」는 이미 제목에서부터 여성의 새로운 거주지가 바로 가정 바깥, 즉 '가두'임을 분명히 하고 있다. 이 글의 저자는 우선 "동경 있는 동안이 때마침 지나사변 발발 이후 연간이었음으로 내지여성들의 물밀릴듯하는 가두진출을 목도"(24면)한 경험에 근거하여 여성의 사회 진출이 세계적 추세임을 지적하면서 글을 시작한다. 그 뿐만 아니라 그는 "이 지나사변이란 경고의 국가적 처사에서 여성의 가두활동을 할 기회를 얻었고나 하는 것을 느끼게"(24면)까지 되었다고 주장한다. 즉 1938년의 중일전쟁이 내지여성의 가두활동을 가능케 하는 기회와 발전의 계기가 되었다는 것이다. 한다. 따라서 조선여성도 "농촌에서 가정에서 뛰여나와 남자직공과 같이 팡을 구"(25면)하기 위해 노력해야 하며, 이를 위해서는 "여성의 기술적 교육, 사무적 교육 등이 더욱 필요하다고 단언"(26면)한다. 그리하여 저자는 마지막 장인 '조선여성이어 분투하라'에서 다음과 같이 주장하기에 이른다.

> 여성의 사회적 정치적 의식에 있어서 과거에 우리는 동경구미유학의 선진들이 싸혀논 공로의 탑이 역연이 솟아있것만은 근간에는 아주 영성한 생각이 적지 않다. 물론 나의 필봉은 한편에 치웃진 점이 농후한 바 없지않다마는 요약해서 말하면 아래와 같다. '좀더!'라는 희망과 아울러 '보수에서 진보에!' '가정에서 가두에!' '도피에서 투쟁으로!' 등 이러한 희망이다. 나도 남성이지만은 남성과 싸워도 좋고 사회와 싸울 기회에 용감히 싸워달라는 충고이다. 그리하여 '노리개의 여성'에서 인간 여성에의 환원을 비장히 애원하는 바이다(26면).

이 글에서 주목할 점은 두 가지다. 하나는 조선여성을 '가두'로 나오게 하는 결정적 사건이 바로 중일전쟁이라는 것이고, 다른 하나는 비록 어설프기는 하지만 "동경구미유학의 선진들이 싸혀논 공로"를 부분적으로 인정하고 있다는 것이다. 이 두 가지 사실을 종합해보면 결국 신여성의 성과를 표피적으로, 부분적이나마 인정하게 된 계기는 신여성에 대한 근본적인 인식의 변화가 아니라 바로 전쟁 이후 부족한 노동력을 메우기 위해 여성인력을 동원하기 위한 일본의 전시 정책과 그에 대한 조선지식인의 부응이라고 할 수 있다. 그러나 중일전쟁 이후 본격적인 전쟁 준비를 위해 물자절약의 구호를 외치던 일본의 전시 정책은 그러한 정책의 효과적인 홍보와 선전을 위해 신여성을 사치와 허영의 원인으로 싸잡아 비난하기도 한다.

확실히 '(신)여성'은 처음부터 근대사회의 부정적이고 어두운 측면을 비판하기 위한 식민지 근대의 타자로 도구화되었기 때문에 지속적인 비판의 대상이 된 것은 사실이다. 그러나 지금까지 살펴본 바에 따르면, 『여성』에서 신여성에 대한 논점은 일관되지 않은 채, 잡지의 편집방침이나 '국민정신총동원운동'과 같은 전시기 일본의 식민정책에 따라 그때그때 다르게 유동적으로 변화해 왔음을 알 수 있다. 그리고 그렇게 신여성에 대한 옹호와 비난이 교차하면서 반복되는 과정은 그대로 '동양적인'·'전통적인'·'구'여성의 가치와 미덕에 대한 논의가 수면 위로 떠올랐다가 가라앉기를 반복하는 과정과 일치한다. 그래서 많은 논자들은 여성이 더 이상 "가정에만 얽매여지내고 거기에만 충실할 수 없다"(이헌구, 「여성시평-생활의 균형」, 43면)고 주장하면서도, 동시에 "가정의 어머니된 사람으로서 집을 읽고 밖앗의 활동에만 마음을 빼앗기운다면 그 나라의 국민의 불행처럼 큰 것은 없을 것"(방영숙, 「이세국민의 전시교육」, 1940.1, 264면)이라고 두려워하기도 한다. 분명 "식민지 조선의 전체 동원은 전시 사회의 요구에 맞는 신여성의 재창조를 요구했"[17]지만, 실제로 『여성』에서 생산된 여성과 전쟁 담론 속에서 여성은 '동양과 서양', '전통과 근대', '가정과 사회', '보수와 진보',

17) 마이클 김, 김지혜 역, 「식민 후기 조선의 시각 문화에 나타난 전체 동원의 미학」, 『대중독재 2-정치 종교와 헤게모니』, 책세상, 2005, 237면.

'생산과 소비', '노동과 여가', '사치와 절약'과 같인 대립항의 양 극단에 자리하면서도 쉽게 어느 곳에도 자리 잡지 못하는 모순된 상황에 처하게 된다. 그런 점에서 전시기에 '여성'이라는 이름은 모든 것이면서 아무것도 아닌 역설이라고 할 수 있다.

5. 여성과 전쟁

앞서 살펴본 것처럼 『여성』은 창간호부터 여성을 둘러싼 잡다한 일상을 대중적 흥미와 호기심을 자극하는 방식으로 구성해서 제시하는 여성종합지의 성격을 강하게 드러낸 잡지였다. 그래서 총동원령이 내려지고 대국민정책을 홍보하고 여성을 계도하는 글이 본격적으로 나타나기 시작한 1938년 이후에도, 『여성』의 화장품 광고와 여성미의 중요성을 강조하는 기사들은 계속되었다. 예컨대 『여성』에서는 치열한 전투상황을 보고하는 기사 바로 뒷페이지에 쌍거풀을 만들어주는 미용기구와 여성의 피부를 환하게 해주는 화장품 광고가 배치되고 있는데, 이러한 배치가 가능한 것은 『여성』이 기관지가 아니라 중산층 여성을 대상으로 하는 상업적 대중잡지이기 때문이다. 그 결과 『여성』은 일상생활의 경험과 전쟁의 수사학이 서로 습합되면서 만들어내는 파시즘의 논리를 여성이 처한 모순적인 상황 속에서 드러낼 수 있게 한다. 특히 그러한 논리의 생산과 유포와 기존의 남교사-여학생의 위계적인 구조 속에서 이루어지기 때문에 『여성』은 여성을 둘러싼 다양한 모순의 양상들을 더 잘 보여줄 수 있는 대중매체가 될 수 있다.

게다가 본격적인 전쟁 준비에 돌입하면서 유포되기 시작된 '총후부인'의 담론은 여성이 처한 모순적이고 분열적인 상황을 더욱 가속화한다. 그리하여 여성은 어머니와 전사, 가정의 천사와 역량 있는 노동자, 근검절약의 화신과 사치스러운 소비자 등과 같은 상반된 역할과 이미지를 동시에 부여받게 된다. 분명 여성은 여전히 전통적인 유교적 가부장제의 구속력에서 벗어나지 못한 것은 사실이지만, 그럼에도 불구하고 전시기의 혼란과 위기 속에서 익숙한 여성의 이미지는 조금씩 균열되면서 혼란스러워진다. 물론 그 과정에서 형성된 낯선 여성 이미지가 결국에는 기존의 어머니, 주부, 아내로서의 역할을 과장하거나 확장한 것에 불과하며 여성을 생산노동의 현장으로 끌어내면서도 전통적인 가족 이데올로기를 강조하는 이중 플레이를 벌이는 일본의 식민 정책의 결과라는 사실을 확인한다고 하더라도, 중요한 것은 급변하는 사회정치적 상황 속에서 여성은 익숙한 여성의 서사를 벗어나 낯선 이야기의 주인공 역할을 해본다는 것이다. 예컨대 여성은 평시에는 수동적이고 소극적인 가정부인을, 전쟁과 같은 위기 상황에서는 적극적이고 씩씩한 전사의 역할을 연기하도록 요구받는 것이다.

그렇게 본다면, 여성을 규정하기 위해 부과되었던 '사적 · 소극적 · 수동적 · 예민한 · 자애로운 · 헌신적인' 등과 같은 수식어들은 사실 여성에 대해 아무것도 설명해주지 못하는 공허한 기표놀이에 불과한 것일 수 있다. 그런 점에서 여성은 언제든지 다른 성격과 특성을 지닌 존재로 얼마든지 변화할 수 있다. 어머니에서 전사로, 가정의 천사에서 가두의 노동자로, 성모에서 화냥년으로 말이다. 그리고 이러한 '여성'이라는 이름의 가변성과 불연속성, 비본질성을 가장 잘 드러낼 때는 바로 전시와 같은 위기 상황이다. 그런 점에서 대중적인 여성 교양 종합지로 출발한 『여성』이 총력전 체제 하에서 보여주는 이질적이고 모순적인 여성 이미지는 지금까지 일반명사로 호명되어온 '여성'이 단지 허구적 구성물에 불과하다는 사실을 역설적으로 보여준다.

2부

이념

이광수 소설에서의 자유주의와 개인 주체

자유주의의 내면화 과정 연구를 위한 하나의 시론(試論)

한수영

1.

이 글은 이광수의 초기 소설들을 중심으로 하여, 그의 문학사상을 '자유주의'와 연관지어 검토하기 위해 쓴다. 자유주의는 계몽주의자로서의 이광수에게는 거의 절대적인 내용요소임에도 불구하고 그 연관관계나 역사적 맥락이 엄밀하게 검토된 일은 의외로 매우 드물다. 이광수와 자유주의란 언제나 일종의 신화로서, 특히 '자유연애'와 관련하여 그의 계몽주의와 거의 동격으로 취급받아온 것과 함께, 일찍이 임화의 다음과 같은 규정에 의해 하나의 문학사적 평가가 마무리된 것으로 인식되어 왔다.

『무정』 속에는 주로 자유 연애, 개인의 도덕상·윤리상의 권리 요구, 부권

(父權)에 대한 부정 등이 형태로 표현되었다. 그러나 이것은 이것으로부터 벌써 명확한 것과 같이 거의 토착 부르주아의 소극적 반면(反面)의 표현과 더 많이 소시민들의 정신적으로 왜곡된 자유의 표현이다.

이곳에는 자유의 전체 자태가 아니라 그 한정된 반분, 즉 기본적인 사회적 정치적 현실성을 사상한 불구의 정신이 일면적으로 과장되어 표시되었다.

즉 당시 조선 사람이(토착 부르주아까지도) 생활적 현실 가운데서 한 개 통일적 목표로서 요구하던 자유로부터 윤리상·도덕상의 개인적 자유를 분리하야 마치 그것이 전부와 같이 과장한 그 '사상적 과장'이 춘원의 낭만적인 이상주의의 기초이다.

동시에 춘원의 문학에 있어 '전허위(全虛僞)'의 핵심으로서 이것은 그의 예술적 묘사의 사실성을 날카롭게 제한하였다.[1)]

임화의 이러한 비판은 당연히 이광수가 함몰되어 있는 부르주아적 자유주의의 제한성의 빗장을 풀고 전면적으로 자유의 문제를 논의할 프롤레타리아문학의 역사적 정당성을 확보하기 위한 것이다. 그러나 한국 근대문학사에 대한 임화 자신의 이해와 성찰이 깊어질수록, 이러한 비판이 지닌 일면성을 스스로도 조정하게 되거니와, 엄밀한 의미에서 말하자면, 『무정』을 중심으로 한 이광수식 자유주의에 대한 임화의 비판은 구체성을 띠고 있지 못한 것이었다. 그것은 이광수(와 그 텍스트)를 한국 근대사상사의 맥락과 계보 안에서 해명한 것이 아니라, 부르주아 자유주의에 대해 일반적으로 가해지는 계급적 제한성에 관한 테제를 이광수에게 덧씌운 형국이라고 할 수 있는 것이다. 다시 말하면, 임화에게는 이광수의 자유주의가 문제였던 것이 아니라, 부르주아 자유주의의 계급적 제한성이 문제였던 것이며, 이광수라는 특정한 작가는 거기에 대입할 하나의 대표단수에 지나지 않는 것이었다. 나중에 자세히 살펴보겠지만, '자유연애'나 '개인의 윤리적·도덕적 자유'라는 특정한 자유주의의 현상형식은, 부르주아적 자유주의의 제한성을 증명하는 하나의

1) 임화, 「조선신문학사론서설—이인직으로부터 최서해까지」, 『조선중앙일보』, 1935.10.9.

지표로서보다는, 한국 근대사상사의 발전 과정에서 나타나는 특수한 현상형식으로서의 의미가 훨씬 각별한 것이었다.

잘 알려진 바와 같이, 임화의 이러한 비판에 훨씬 앞서, 이광수식 자유주의와 그에 기반한 작품들은 단재 신채호의 신랄한 비판의 대상이 되었다. 단재는 이광수를 꼭 집어서 비판한 것은 아니었지만, 3·1운동 이후 전개되는 조선의 신문예운동 전반을 비판하면서, "민중 생활과 접촉이 없는 상류 사회, 부귀가 남녀의 연애 사정을 그림으로 위주하는 장음문자(奬淫文字)는 문단의 수치"[2]라고 했다. 이러한 흐름의 중심에 이광수가 놓여 있었던 것은 말할 것도 없다. 비타협적 민족주의자의 처지에서는, 3·1운동 이후의 조선문단이 제국주의 세력과의 투쟁을 포기하고 '자유주의적 문약(文弱)'에 빠진 것으로 판단되었던 것이다.

결국 1910년대 이후 한국의 자유주의는 비타협적 민족주의자와 사회주의자들로부터 협공을 당하는 처지에 놓이게 됨과 동시에, 두 세력이 자유주의를 부정 또는 비판함으로써 자유주의는 흔히 '준비론자'라고 불리는 민족주의 우파 노선의 사상적 전유물인 것처럼 이해되어 온 것이 사상사 해석에 관한 전반적인 지형도라고 할 수 있다. 자유나 자유주의를 둘러싼 이러한 삼각 구도는 다소 도식적인 느낌을 주기는 하지만, 당시의 정황과 그리 어긋난다고 보기는 어렵다. 흥미로운 점은, 사회주의와 비타협적 민족주의, 그리고 민족주의 우파 어느 쪽도 '자유' 자체를 부정하거나 도외시한 적은 없었다는 점이다. 문제는 그들이 때로 부정하거나 비판하고 때로는 전유하는 그 '자유'가 어떤 '자유'인가, 혹은 누구의 '자유'인가 하는 데 있다.

단재와 임화의 비판은 언뜻 보면 자유주의의 제한성에 방점을 찍고 있다는 점에서 일맥상통하는 것처럼 보이지만, 논리의 안을 들여다보면 서로 다른 지점에 기반 해 있음을 알 수 있다. 단재의 이광수 비판이

2) 신채호, 「낭객의 신년만필」, 『단재신채호전집』 하, 형설출판사, 1982, 33면.

'민족 대 개인'의 구도에서 비롯된 것이라면, 임화의 비판은 '부르주아 대 프롤레타리아'의 구도에 입각해 있다. 앞의 것은 민족의 자유(혹은 '독립')가 개인의 자유에 우선한다는 논리여서, 이 경우에 '개인의 자유'는 유보되거나 '민족의 자유'로 환원된다. '민족의 자유'가 확보되면 '개인의 자유'는 저절로 보장되는 것인가 하는 질문이 당연히 제기될 수밖에 없다. 임화의 경우는 '부르주아적 자유'의 제한성을 풀고, 그 자유를 '프롤레타리아'를 포함한 전 인민의 자유로 확대해야 한다는 논리이다. 이 경우에도 역시 계급의 자유와 개인의 자유의 관계는 어떻게 되는 것인지 더 깊은 논의가 필요해진다.

엄밀한 의미에서 자유주의는 실체를 가진 이데올로기가 아니다. 그래서 자유주의는 사전적 정의나 개념보다도, '자유'를 둘러싼 투쟁과 논의가 역사의 발전과정에서 나타나는 여러 국면과 조건에서 어떤 내용과 형식으로 발현되었는가를 검토하는 것이 곧 자유주의의 이해를 가름한다. 국면과 조건이 다르다면, 당연히 '자유'를 둘러싼 투쟁과 논의의 내용 및 형식도 달라질 수밖에 없다. 그러므로 자유주의의 발원지인 유럽과, 그것을 수입한 아시아가 다른 것이 당연하며, 같은 유럽이라고 하더라도, 영국과 프랑스가 그리고 네덜란드와 독일이 꼭 같을 수는 없으며, 수입하는 처지는 같더라도 일본과 중국과 한국이 '자유주의를 받아들이고 이해한 것이 다르다.

본질론의 차원에서 자유주의의 내용을 규정하는 것이 전혀 의미 없는 것은 아니다. 영국의 한 자유주의 사상가는 20세기 초반에 자유주의의 구성요소를 다음과 같이 세부적으로 규정했다. ①시민의 자유 ②재정(財政)의 자유 ③개인의 자유 ④사회적 자유 ⑤경제적 자유 ⑥국가의 자유 ⑦지역, 인종, 민족의 자유 ⑧국제적 자유 ⑨정치적 자유와 인민주권.[3)]

3) Hobhouse. L. T., *Liberalism*, 김성균 역, 『자유주의의 본질』, 현대미학사, 2006, 37~60면.

홉하우스가 세분한 자유주의의 원리는 다시 더 크게 묶으면 서너 개의 상위항목으로 포괄할 수 있다. 논자에 따라 다소 차이는 있지만, 자유주의의 구성원리는 크게 ① 개인의 자유 ② 관용과 이성 ③ 평등 ④ 자본주의 ⑤ 법치로 묶을 수 있다. 이 가운데 한두 가지가 자유주의 운동의 발현 과정에서 두드러질 때, 역사적으로 제한되는 특수한 자유주의가 생겨난다. 이를테면, 개인의 자유를 말하더라도, '경제적 자유'가 강조되고, 그 때의 '개인'이 그야말로 '소유자로서의 개인(possesive individual)'에 한정될 경우에는, 사유재산이 강조되고 경제행위에 정부와 국가의 개입을 극단적으로 기피하거나 최소화하려고 하며 시장의 논리에 일임하는 '자유방임주의'라는 자유주의의 한 분파가 형성되는 것이다. 다른 자유주의자들이 자유주의 구성원리의 중요한 요소로 설정한 '평등'이 이들에게는 어불성설의 무리한 요구가 된다. 자유주의를 둘러싼 투쟁과 논의의 역사가 우리보다 오래된 유럽도 그러했지만, 최근의 우리 사회를 보더라도 '자유'와 '평등'은 한데 어울릴 수 없는 빙탄불상용(氷炭不相容)의 관계인 것처럼 보일 때가 있고, 실제로 자유주의가 고전적 자유주의로부터 시작해 오랜 세월을 거치면서 여러 형태의 도전과 내부의 모순들에 직면해 나가는 동안, 아마도 이 문제가 가장 어렵고도 중요한 과제였음이 틀림없을 것이다.

그러나 역시 중요한 것은, 자유주의의 본질에 관한 개념적 이해보다는 그것이 운동 과정에서 나타나는 발현의 양태일 것이다. 자유주의는 그 자체로서는 '진보'나 '반동', 혹은 '급진'과 '보수'를 규정할 수 없으며, 그것이 활동하는 맥락 안에서 역사적 규정을 얻을 뿐이기 때문이다. 그러한 관점에서, 이 글을 통해 주목하고자 하는 것 또한, 이광수의 자유주의가 지닌 계급적 제한성 여부, 혹은 그것의 진보성과 반동성 여부가 아니라, 그러한 현상형식의 출현을 둘러싼 사상사의 맥락과 문학텍스트의 상호관련성이다. 그러므로 나는 이 글에서, 이광수의 문학 텍스트를, 그가 견지하고 설파한 자유주의의 진보성이나 반동성을 평결할 증거자료로서 채택하는 것이 아니라, 자유주의의 내면화 정도를 파악하는 자료로서 채택하고자 한다. 19세기 말에 서구의 자유주의가 이 땅에 도입된 이래, 자유주의와 관련해서 우리가 진정으로 검토해야 할 것은, 누가 얼마나 선진적이고 진보적인 자유주의를 내세우고 주장했는가가 아니라, 자신이 설정한 자유주의를 얼마나 치열하게 내면화하고자 했는가의 문제라고 생각한다. 그런 점에서 자유주의에 관한 우리 사회의 맹목을 지적한 한 서양사학자의 다음과 같은 지적은 경청할 필요가 있다.

> 우리나라에서 자유민주주의를 말하는 사람들이 자유와 민주주의라는 말은 꽤 자주 말하고 있지만 자유주의를 말하는 일은 별로 없다. 이는 참으로 괴이한 일이다. 자유민주주의란 자유주의를 바탕으로 하는 민주주의인데 자유주의를 말하지 않고 어찌 자유민주주의를 말할 수 있을까.
>
> 그리고 우리는 일제시대에는 일본 식민통치의 군사적 파시즘을 경험했고, 해방 후에는 내건 간판에 불과하기는 했지만 자유민주주의의 깃발 아래 북한 공산주의와 대결해 왔다. 그런데 20세기는 정치 이데올로기를 기준으로 해볼 때 파시즘과 공산주의 및 자유민주주의의 삼자의 각축전이 전개된 시대이다. 우리는 불행인지 다행인지 알 수 없으나 이 삼자를 다 경험하였고 또 경험하고 있다. 그런데 우리의 그 경험은 우리 역사의 내적 필연의 요청에 따른 것이라기보다는 바깥으로부터 밀려오는 세계사의 거센 파도에 의해 피동적으로 겪은 경험이었다. 그러기에 그 경험은 우리가 주체적으로 내 것으로 만드는 내면화의 과정을 거치지 않으면 역사적 경험이 될 수가 없다. 아무리 엄청난 경험이라도 역사적 경험이 되지 못하면 그 경험은 아무것도 얻지 못하고 그저 고통과 치욕의 상처만 남기는 의미 없는 것이 되고 만다.[4)]

이러한 내면화의 문제는 자유주의의 과잉이나 결핍과는 다른 차원의 논의를 필요로 한다. 과잉이나 결핍은 양(量)의 문제이지만, 내면화는 질(質)의 문제다. 다시 말하면, 한 사회가 자유를 어느 정도로 구가하고 있

4) 노명식, 『자유주의의 원리와 역사—그 비판적 연구』, 민음사, 1991, 24면.

느냐 하는 것은, 그 사회가 확보하고 있는 자유의 양(量)으로도 측정할 수 있겠지만, 그 사회가 '자유'의 문제에 대해 얼마나 성숙하고 합리적인 대응을 하는가, 그리고 사회 구성원 전체의 의사와 주장을 매개하여 조정할 수 있는가 하는 것으로도 측정할 수 있다. 물론 양과 질은 엄밀한 의미에서 분리할 수 없다. 노예사회의 노예에게 자유의 내면화를 문제 삼을 수는 없기 때문이다.

내면화의 정도와 관련해서 한국 사회가 지닌 자유주의의 탄력성과 조정능력을 시험할 몇 가지 놀랄 만한 사건이 있었다. 예를 들자면, 양심에 따른 병역거부와 대체복무제 도입, 기독교재단 설립 학교에서의 종교수업 거부 파동 등이다. 생활에 밀착된 더 미시적인 사례를 꼽자면 중·고등학교 학생들의 두발자유화 운동이나 국기에 대한 경례를 비판한 교사 사건도 빼놓을 수 없다. 이 주장의 옳고 그름을 떠나, 이러한 일련의 사건들은 한국 사회의 자유의 내면화에 관한 일종의 시금석으로 작용했다는 점에서 커다란 의미가 있다. 그것은 민족의 독립이나 독재권력의 붕괴와 민주정부의 등장만으로 해결되거나, 또는 그것으로 환원시킬 수 없는 또 다른 자유주의의 난제들이기 때문이다. 국가나 민족의 독립, 혹은 독재 권력의 타도와 같은 것에 견주자면, 앞서 예를 든 이러한 사례들은 한결 미시적인 문제들이다. 그러나 나는 이러한 미시적인 과제들이 거시적이고 추상적인 과제들보다 역설적으로 더 중요하다는 이야기를 하고자 하는 것이 아니다. 또한, 국가와 개인, 혹은 민족과 개인이 자유주의를 매개로 해서 반드시 배타적인 관계항을 구성한다고 주장하는 것도 아니다.[5] 자유주의를 둘러싼 여러 가지 사안의 내

5) 독립신문의 논설을 분석하여 국가주의와 개인주의는 하나가 크면 하나가 줄어드는 배타적 관계가 아니라 오히려 둘이 서로 강력하게 요구하는 동전의 양면과 같은 것이었다고 지적하는 논자도 있다. 박주원, 「독립신문과 근대적 '개인', '사회' 개념의 탄생」, 『근대계몽기 지식개념의 수용과 그 변용』(이화여대 한국문화연구원 편), 소명출판, 2004 참조. 엄밀한 의미에서 이러한 역설적인 정식화는 일반론으로 전화하기는 힘들다. 국가와 개인의 이해가 만나는 특정 국면과 특수한 논리 아래에서 그럴 수 있을 뿐이다. 그러나

부적 위계, 선행(先行)과 유보, 혹은 부정과 비판의 모든 현상들이 사실은 자유주의의 내면화 과정의 현상 형식이다.

자유주의에 대한 역사적 고찰이 필요한 또 한 가지 이유는, 최근 한국 사회에서 거론되는 자유주의가 경제적 자유주의 일색으로만 치닫고 있다는 사실이다. 2차 세계대전이 끝난 직후부터 하이에크, 프리드만 등의 경제학자에 의해 탄력을 받기 시작한 이른바 현대판 '신자유주의'가 한국 사회를 점령하면서, 자유경쟁의 논리 아래 비정규직과 실업의 양산, 빈부격차의 심화, 환경파괴 등과 같은 근본적인 문제점들이 심각하게 제기되고 있다. 신자유주의자들이 독점한 자유주의가 자유주의의 전부가 아니라는 점에서 이러한 현상에 대한 근원적인 사회적 성찰이 필요하지만, 무엇보다도 우려스러운 것은 신자유주의에 저항하는 움직임에 대해 사회 저변에 깔려 있는 냉소적 시각이며, 이러한 사회경제적 혼란의 극복에 대한 대안으로 과거 개발독재시대를 향한 정치적 향수(鄕愁)가 확산되고 있다는 점이다.

자유주의를 둘러싼 한국 사회의 최근 동향은 다시 한번 자유주의에 대한 역사적 고찰의 필요성을 환기시킴과 동시에, 자유주의의 내면화에 대한 비판적 성찰의 중요성을 각인시켜 준다. 1910년대 조선의 자유주의는 19세기 말에 형성된 자유주의 사상을 이월·계승하는 동시에 그것이 변형·굴절되는 과정이기도 했다. 그리고 그 중심에 이광수가 놓여 있다.

한국의 자유주의가 지닌 기원적 특수성을 이해하기 위해서는 이러한 입론의 유효성이 존재한다고 생각한다.

2.

한국에 자유주의 사상이 전파되기 시작한 것은 19세기 말, 유길준 · 서재필 · 윤치호 등 일본과 서구(또는 미국) 경험이 있는 개화파들에 의해서이고, 이것이 하나의 정치운동으로서 확고한 자리를 차지하게 된 것은 『독립신문』과 '만민공동회'를 중심으로 한 독립협회를 통해서였다.[6] 그리고 이들의 사상은 서구의 자유주의로부터 직접 영향을 받았다기보다는 서구의 자유주의 사상을 수입한 일본의 자유주의로부터 많은 자양분을 얻고 있었다. 물론 이러한 영향 관계는 단선적인 것이 아니며, 자유주의의 운동 과정과 그를 둘러싼 정치사회적 국면에서 조선과 일본이 크게 달랐으므로 단순 비교로 그 이입경로와 영향 관계를 추적하는 일은 신중을 기해야 한다.

서양에 대한 소개 및 자유주의와 관련된 다양한 정치학 저술에 힘쓰는 한편, 정부 안에서 그리고 재야에서 자유주의의 전파에 가장 적극적이었던 개화 지식인의 대표격이 유길준이라고 할 수 있다. 유길준이 1889년에 탈고하고 1895년에 출판한 『서유견문』에 나타난 자유주의 사상을 국가와 개인을 중심으로 재구성해 보자.

유길준은 인간의 권리를 구체적으로 셋으로 나눠 보았다. 첫째가 일신을 안온히 보호하는 권리, 곧 생명권이고, 둘째가 일신을 자유롭게 하는 권리, 곧 자유권이며, 셋째가 사유(私有)의 권리, 곧 재산권이다. 생명권과 관해서 그는 신체의 자유를 함께 논하면서 '신명(身命)의 권리'라는

6) 대한제국기를 전후해서 서구 자유주의 사상의 수용과 전파에 관한 개괄적인 이해를 위해 이 글이 참고한 자료는 김학준, 『한말의 서양정치학 수용 연구—유길준 · 안국선 · 이승만을 중심으로』, 서울대 출판부, 2000; 김효전, 『서양헌법이론의 초기 수용』, 철학과현실사, 1996; 이나미, 『한국 자유주의의 기원』, 책세상, 2001 그리고 박주원의 앞의 글 등이다.

표현을 쓴 뒤, 신명의 권리는 천부의 권리로서 법으로써만 이 권리를 제약할 수 있을 뿐 군주라고 해서 이 권리를 제약할 수 없다고 주장해 죄형법정주의의 개념을 도입하고 있다. 재산권에 관해서도 그는 절대불가침의 천부의 권리임을 역설했다. 이어 금전과 전토(田土) 및 재화의 소유자는 자유롭게 대차(貸借)해 이자와 지대를 수익할 수 있다는 계약자유의 원칙을 이해하고 국가가 공공복지를 위해 사적 소유권을 침해할 경우에는 정당한 가격으로 보상해야 한다는 손실보상의 근대적 제도도 아울러 설명했다. 그는 앞에서 말한 세 가지 천부인권 이외에 영업의 권리 · 집회의 권리 · 종교의 권리 · 언론의 권리 · 명예의 권리 등 다섯 가지의 천부인권을 소개했다.[7)]

이어서 세계 각국의 정부의 형태를 '군주천제(君主擅制)', '군주명령하는 정체 또는 압제정체', '귀족이 주장하는 정체', '군민공치(君民共治)하는 정체 또는 입헌정체', '국인(國人)이 공화하는 정체 또는 합중체제(合衆體制)'의 다섯 가지로 분류하고, 이 중에 '가장 아름다운 체제'가 입헌정체라고 찬양했다. 『서유견문』에 드러난 그의 핵심사상은 입헌군주제를 통해 군주 권력의 법적 제한을 꾀하고, 천부인권을 바탕으로 한 개인의 자유와 권리(그리고 인민의 권리)의 신장을 통해 조선을 근대적 국가로 일신시키는 것이었다. 유길준의 이러한 사상, 즉 입헌군주제를 통한 군주 권력의 통제와 민권의 신장을 통한 국권의 강화는 '독립협회'의 정치강령이기도 했다. 그러나 유길준 개인으로서나, 그가 몸담고 활동했던 '독립협회'의 성쇠를 보더라도 이러한 정치적 구상은 제대로 실현되지 못하고 좌절되고 말았다. 우선 유길준 자신은 유학과 망명, 그리고 귀국과 유폐, 정부요직에의 발탁과 재망명 등 파란만장한 정치파동의 희생물이 되면서 제대로 자신의 정치적 구상을 실현하기가 어려웠다. '독립협회'는 『독립신문』이라는 매체와 '만민공동회'라는 실천적 공간

---

7) 김학준, 앞의 책, 48면.

을 통해 기세를 올렸지만, 정부에 의해 와해당하는 처지에 놓이고 만다.

입헌군주제와 개인주의적 민권론에 입각한 개화파들의 좌절은 19세기 말 명치기 일본의 자유민권 운동의 좌절과 비견될 만하다. 구체적인 정치적 정황, 그리고 자유민권운동의 흥망을 둘러싼 원인은 다르지만, 한국과 일본에서의 자유(민권)주의 운동의 경과를 비교해 볼 필요가 있는 것은, 두 나라 근대문학의 발달 과정에 자유주의 운동의 성패가 일정한 영향을 미치고 있기 때문이다. 그 점에서, 이 글은 이광수의 1910년대 저작들이 좌절된 19세기 말 자유주의 운동의 한 현상형식이라는 전제에서 출발한다. 좀 더 구체적으로 언급하자면, 그가 논설과 소설을 통해 보여주는 자유주의 사상은, 여러 원인이 작용하고 있을 터이지만, 궁극적으로 입헌군주제와 민권의 신장을 바탕으로 한 근대국민국가의 창출이 실패하게 되면서, 그것의 새로운 출구이자 또 다른 방식의 내면화의 현상으로 나타났다는 것이다.

이러한 입론의 정당성을 피력하기 위해서 간략하게나마 일본 자유민권운동의 흥기와 쇠락의 과정을 정리하고, 그에 연동되는 일본 근대문학의 추이, 특히 이광수의 자유주의의 현상형식인 '자유연애'와 '도덕적 개인'의 문제와 대비되는 일본 사소설의 문제를 검토해 보기로 하겠다.

3.

논자에 따라 다소의 차이는 있지만, 일본의 자유민권운동은 1874년에 시작되어 청일전쟁이 끝나는 1894년에 완전히 국권론에 흡수되어 소멸되는 과정을 밟게 된다고 알려져 있다. 그리고 실질적으로 흥기(興起)의 분위기가 패퇴로 꺾이게 되는 결정적인 전환점은 1882~84년 사이였다. 공교롭게도 이 두 해에는 조선에서 각각 임오군란과 갑신정변이 일어난 해이기도 하며, 조선에서 일어난 일련의 정치적 격변이 일본 국내의 자유민권운동가와 정부의 정치동력에 커다란 영향을 미치게 되었다.[8] 도야마 시게키의 설명에 따르면, 조선에서 일어난 임오군란은 조선에 대해 전통적인 지배권을 행사해 왔던 청나라에 대한 일본의 대립의식을 한층 강화시키는 계기가 되었고, 메이지 정부는 이 사건을 십분 이용하여 군비 대확충 계획과 그것을 실행하기 위한 증세 계획을 세웠다. 임오군란을 전후한 시기만 하더라도 일본의 자유민권운동 진영은 국권보다 민권을 더 중시하는 종래의 태도를 바꾸지 않았다. 그러나 2년 후에 일어난 갑신정변에서 일본이 지원했던 개화파의 쿠데타가 실패하고 일본의 세력이 전면적으로 후퇴하는 것이 불가피해지자, 일본 언론들은 중국에 대해 강경책을 취해야 한다고 애국심을 선동하고, 결국에는 이러한 분위기에 자유민권 지도자들도 편승하게 되었다. 1870~80년대에 걸쳐 있는 메이지 10년대는 번벌(藩閥)들을 중심으로 한 정부 주도의 국권론과 서구 자유주의 사상에 기반한 자유주의자들의 민권론이 팽팽한 줄다리기를 했었는데, 1880년대 중반에 이르러서는 더 이상 그러한 상호긴장 관계는 유지되기 어렵게 되고, 국권론이 민권론을 압도하는 형국으로 전환하게 되었던 것이다.

유길준을 비롯한 개화파들의 사상 형성에 많은 영향을 주었던 후쿠자와 유키치[福澤諭吉]나 도쿠토미 소호[德富蘇峰] 가토오 히로유키[加藤弘之] 등은 하나같이 자유주의 사상가로서 일본 근대화의 무대에 등장한 사람들이었지만, 그들 역시 이 시기를 전후하여 대부분 국권론자로

8) 도야마 시게키[遠山茂樹], 「삼취인경륜문답의 역사적 배경」, 원래의 게재처는 『中江兆民の世界'三醉人經綸問答'を讀む』(木下順二 · 江藤文夫 編, 筑摩書房, 1977). 여기서는 연구공간 '수유+너머' 일본근대사상팀이 번역한 『삼취인경륜문답』(소명출판, 2005)의 부록 논문, 158~159면.

전향하면서 서구적 근대국가의 모델 대신 천황제국가 일본을 형성하는 데 기여하게 된다.

19세기 말 이후에 전개된 이러한 일본 사상계 및 사회운동의 국가주의화를 베네딕트 앤더슨은 '관주도 민족주의(official nationalism)'라는 개념을 동원해 설명한다. 원래 이 개념은 시튼-왓슨의 개념으로, 민족과 왕조제국(dynastic empire)의 의도적인 결합 과정을 설명하기 위해 고안된 것이다. 시튼-왓슨은 다중언어를 사용하고 균질적인 구성원으로서의 '민족'을 지니지 못한 동유럽 왕조제국의 정치적 필요(구체적으로는 1820년대 이후에 유럽에서 급격히 확산된 대중민족주의 운동에 대한 반동으로)에 의해 등장한 것인데, 앤더슨은 이러한 민족주의화 모델이 동유럽 이외의 지역, 특히 일본의 국가주의화에도 적용될 수 있다고 보았다. 그는 막말(幕末) 쵸슈와 사츠마의 번벌들이 메이지 정부의 과두정치가로서 권력을 장악한 뒤 군사적 용맹성만으로 정치적 정통성이 자동적으로 보장되지 않는다는 것을 알게 되었고, 미국·영국 등 일본의 지정학적 안전을 위협하는 제국주의 세력은 1868년 이전과 마찬가지로 여전히 일본의 위협이 되고 있는 상황에서, 국내 정치를 강화하기 위한 목적으로 '관주도 민족주의' 모델을 선택하게 되었다고 설명한다. 폐번치현(廢藩置縣)·사무라이 계급의 폐지·징집제도 도입·문자보급·보통선거권의 부여 등, 메이지 정부가 취한 일련의 근대화정책을 그는 '관주도 민족주의' 프로그램으로 파악한다.

> 이렇게 순서대로 정연하게 정책을 추진함에 있어서 메이지유신을 일으킨 사람들은 반은 우연적인 세 가지 요인들에 의해 도움을 받았다. 첫째, 2세기 반에 걸친 고립과 막부에 의한 국내 평정으로 일본인들의 종족문화적(ethnocultural) 동질성이 높았다. 큐슈에서 하는 일본얼르 혼슈에서 대부분 알아들을 수 없었고 에도 및 도쿄 그리고 쿄토와 오사카 사이의 말이 서로 통하는 데도 애로가 있었으나, 반은 한자화된 표의문자 체계가 일본열도에서 오래 동안 쓰여왔다. 그 결과 학교와 인쇄물을 통한 대중문자 보급은 쉽게 확산되

고 별 문제가 없는 것이었다. 둘째, 황실가가 유일하게 고대로부터 있었다는 것이다. (…중략…) 셋째, 야만인들(제국주의 세력을 가리킴-인용자)의 침투가 급격하고 대량적이며 위협적이어서, 정치적으로 의식 있는 대부분의 사람들이 민족이라는 새 용어로 포장된 자기방어의 계획을 지지하게 만들었다.[9)]

스즈키 토미는 앤더슨이 일본 근대사의 전개과정에 적극적으로 도입한 '관주도 민족주의' 개념을 일본 근대문학사의 해석에 연결한다. 스즈키는 특히 일본근대문학의 독특한 개념인 '사소설(私小說)'의 발생과 기원을 독자적인 방식으로 설명하는데, 그는 '사소설'이 일본 안팎에서 알려진 것처럼 '쓰기'와 관련된 어떤 실체를 가진 형식이 아니라, '읽기'와 관련된 실체없는 형식이라고 주장한다.

사소설은 대상 지시적 · 주제적 · 형식적 특성 등과 같은 그 어떤 객관적인 특성에 의해 정의될 수 있는 장르가 아니다. 그 대신 독자가 해당 텍스트의 작중 인물과 화자 그리고 작자의 동일성을 기대하고 믿는 것이 궁극적으로 그 텍스트를 사소설로 만든다. 사소설은 일종의 읽기 모드로 정의하는 것이 가장 타당하다.[10)]

사소설의 형식적 실체를 부정하고, 콘텍스트에 의한 구성물로 이해하는 것은 매우 독특한 관점이다. 이 관점의 연장선에서 그는 '사소설'의 핵심을 이루는 '자기' 또는 '나'에 대한 관심이 일본 근대문학사에 본격적으로 등장하는 것은 바로 자유민권운동의 좌절 때문이라고 본다.

1880년대 초반, 메이지 정부는 자유민권운동이 펼친 일종의 '민중적 내셔널리즘'을 국가 주도형의 '공정 내셔널리즘(베네딕트 앤더슨의 용어)'으로 수렴,

---

9) Anderson, Benedict, *Imagined Communities —Reflections on the Origin and Spread of Nationalism*, 윤형숙 역, 『상상의 공동체-민족주의의 기원과 전파에 대한 성찰』, 나남출판, 2002, 131~132면.

10) 스즈키 토미[鈴木登美], 『語られた自己-近代日本の私小說言說』, 한일문학연구회 역, 『이야기된 자기』, 생각의나무, 2004, 31면.

회수하기 시작했으며, 헌법을 제정하여(1889년 공포) 모든 국민을 천황 아래에서 평등한 '신민(臣民 subjectus)'으로 법적 규정함으로써 천황의 '신성한' 통치를 근대 국민국가의 통합을 위해 합법화했다.

이렇게 새로이 규정되고 제한된 '정치적 주체'에 대한 반동으로서, 자립·독립한 윤리적·정신적 주체subjectum로서의 '자기'라는 이념이 1880년대 말부터 1890년대 초에 걸쳐 급속히 부상한다. 이렇나 움직임을 조장한 것이 기독교, 특히 프로테스탄티즘의 확산이었다.[11]

스즈키는 자유민권 운동이 좌절되면서(동시에 정치적 자유를 실현할 주체가 국가에 귀속되어버림으로써) 그 대신 정신적 자유를 구현할 주체를 '기독교'에서 찾게 되었다고 설명한다. 기타무라 도코쿠·시마자키 도손 등 자유민권운동에 고무되었다가 그 좌절을 경험한 후 기독교에 입문한 이들은 다시 기독교와 등지게 되는데, 그것은 이들이 정신의 자유와 독립을 '신성한 연애'를 통해 구현할 수 있다고 생각했는데, 이 '신성한 연애'는 '연애의 정신성'에 대한 희구와 끊임없는 육욕(肉慾)의식 사이의 갈등을 낳았고, 기독교에 의해 환기된 이 양극성은 그들에게 기독교 자체의 속박을 느끼게 만들었기 때문이다. 그래서 그들은 1890년대 중반 이후, 기독교에 등을 돌리고, 이교도의 전통, 특히 유럽의 르네상스, 고대 그리스, 고대 로마를 상찬하면서, 진정한 자기를 실현하는 궁극적 수단으로 연애와 예술에 기대의 시선을 던지게 되었다.[12]

나는 스즈키의 이러한 일련의 정식화를 '사소설'의 기원과 발생에 관한 설명의 패러다임으로서보다는, 일본 근대문학사에서 '자유'의 내면화의 한 과정을 짚어낸 것으로서 더욱 중요한 의미를 부여하고 싶다. 역설적으로 표현하자면, 자유민권운동이 좌절되면서 비로소 '자유'의

11) 스즈키 토미, 앞의 책, 71~72면. '공정(公定) 내셔널리즘'은 'official nationalism'의 또 다른 번역어이다. 앤더슨의 『상상의 공동체』의 번역자인 윤형숙 교수는 이것을 '관주도 민족주의'로 옮겼다.

12) 스즈키 토미, 앞의 책, 77~78면.

내면화가 시작되었던 것이다. 그리고 그들이 자유의 내면화를 위해 최초로 '자기(신분이나 계급, 혹은 민족이나 국가에 귀속되거나 환원되지 않는 순수한 개인주체로서의)'를 실험하는 계기를 '연애'로 설정했던 것이다. 물론 이 구분의식은 명료한 경계가 있는 것은 아니었다. 스즈키는 니체의 '개인주의'에 경도되었던 타카야마 초규[高山樗牛]의 예를 들면서, "초규의 '개인주의'와 '본능'의 찬미에서 보이는 것처럼, 이 시기에 대두한 '개인'·'자아'·'자기'라는 중심 개념은 '국민(nation)' 또는 민족주의적인 '국민(nation)정신' 등의 개념과 불가분하게 연결되어 있었으며 그것들과 확실하게 구별되어 있는 것은 아니었다"13)고 부언했다. 그러한 애매모호함에도 불구하고, 아니 오히려 바로 그러한 경계의 불분명함이 자유주의의 내면화를 겪는 19세기 말~20세기 초반의 일본근대문학의 진솔한 풍경이며, 이것은 한편으로는 우리 근대문학사에서 자유주의가 걸어갔던 경로와도 부분적으로 겹치는 것이기도 하다.

이런 일련의 과정을 염두에 둔다면, '연애'를 매개로 한 자유주의적 발언의 재개(再開)(나는 이러한 문학적 형식이 자유주의의 내면화 과정인 동시에 또 다른 '발언'이라고 본다)는, 자유주의의 퇴보나 위축이 아니라, 자유주의를 둘러싼 콘텍스트의 영향 때문이라고 해석할 수 있다.

4.

독립협회의 와해, 그리고 유길준 등의 2차 망명을 전후로 해서 한국

---

13) 위의 책, 80면.

에서의 자유주의 첫 세대의 운동은 실패했다. 그러나 이것은 일본의 경우처럼 정부가 주도하는 '공적 내셔널리즘'에 민권운동이 흡수되는 방식으로서는 아니었다. 이것은 '국권 대 민권'의 대결의 형태를 띠고는 있지만, 일본의 경우처럼 '근대적 국민국가의 국가주의'와 '근대적 자유주의'의 충돌이라기보다는 다분히 '봉건적 왕권 대 근대적 자유주의'의 충돌이라고 할 수 있다. 대한제국이 이러저러한 근대적 개혁정책을 폈던 것은 사실이지만, 메이지 정부의 역할과 같은 경우는 아니었다. 근대적 개인주의에 기반한 자유주의 운동이 이념적으로 새로운 지평에 봉착한 것은, 일본의 경우처럼 '정부'나 '국가'가 아니라, 제국주의 세력 특히 이웃 일본의 대외팽창 욕구에 위협을 느낀 '애국계몽운동'세력이었다. 이러한 민중 주도의 민족주의는 그동안 민족주의 운동의 가장 중요한 위상을 차지해 왔는데, 최근에 이루어진 일련의 연구들[14]에 의하면, 이 시기 애국계몽운동, 특히 그 중심에 서있던 매체인 『대한매일신보』의 '국민'·'인민'·'민족' 담론의 내용과 성격은 근대적 개인주의에 기반을 두고 있던 '독립협회'의 그것과는 사뭇 다른 양상을 띠고 전개된 것이었다.

정선태는 『대한매일신보』의 논설을 분석하면서, 제국주의에 저항하는 정신적 기점을 확보하기 위해 신문은 '신성하고 위대한 민족'이라는 근대적 신화를 만들어내는 동시에, 국가가 있고서야 개인이 존재할 수 있는 까닭에 새로운 국민이 된(또는 되고자 하는 자) 개인은 국가라는 신성한 제단에 모든 것을 바쳐야 한다고 역설함으로써, 제국주의의 적자생존론과 식민지주의로 나아갈 수밖에 없는 논리적 근거에 기반해 있다고 비판했다.[15]

---

14) 개화기 텍스트의 국민국가 담론의 전반적인 검토는 이화여대 한국문화연구원, 『근대계몽기 지식 개념의 수용과 그 변용』(소명출판, 2004)을 참조. 『대한매일신보』와 관련해서는 특히 정선태, 「근대계몽기 민족·국민 서사의 정치적 시학—『대한매일신보』 논설을 중심으로」, 『인문연구』 50집, 영남대 인문과학연구소, 2006; 이혜진, 「근대계몽기 '민족'의 탄생과 '국민'의 거처—『대한매일신보』 논설을 중심으로」(위의 책)를 참조.

이처럼 국가라는 숭고한 대상 앞에 선 국민은 자신이 가진 모든 것을 헌납해야 한다. "세계의 각 민족이 눈을 부릅뜨고 국가주의를 주장하며 경쟁을 벌이고 국가 세력을 자랑하고 있는 시대"에 자기만 알고 나라를 모르는 자들은 나라를 멸망하는 주의를 주장하는 자들이다. "그대의 몸은 곧 국가의 몸이요, 그대의 집은 곧 국가의 집"이다. "나라를 버리고 (해외로) 가는 자는 국가의 마적"이며, "나라를 버리고 가는 자는 곧 나라를 멸망케 하는 죄인"이다. 살길은 하나밖에 없다. 사사이익을 버리고 "국가의 정신으로 통일 연합하여 동심협력"하는 것이 그것이다. 국권을 위해서라면 민권도 기꺼이 버려야하며, 개인주의를 가진 자는 큰 칼과 넓은 도끼로 그 용렬한 성품을 급급히 끊어버리고 민족주의를 분발해야 한다. 개인주의는 사람을 죽이는 주의이기 때문이다. 이것이 '이십세기 신국민'의 참모습이다.[16]

이혜진 역시 같은 논지로 『대한매일신보』의 담론을 비판하면서 "이것은 국가가 부재한 상황에서 개인의 권익을 대변해 줄 국가의 탄생을 과잉적으로 열망하는 과정에서 생겨난 모순과 갈등의 양상이 포착되는 계몽의 한계이다. 즉 이 문제는 호명된 개인의 주체와 호명하는 사회, 국가 세계 간의 이질적인 힘들이 갈등 없는 봉합에서 발생한 것이라 할 수 있다"[17]고 분석했다. 이런 분석의 시각은 1990년대 중반 이후부터 한 주류적 경향으로 나타난 민족주의 해체 전략에 기반하고 있다. 우리(민족과 국민)가 굳건한 이데올로기적 근간으로 삼아왔던 '민족주의'가 결국은 제국주의 이데올로기의 '베껴쓰기'에 불과했다는 것. 그러나 내가 여기서 강조하고 싶은 것은, '베껴쓰기' 자체보다도, 1900년대 초반에서 1910년대에 이르는 이 시기에도 역시 '자유'의 내면화 과정은 확인하기 힘들다는 것, 그것은 담론의 차원에서만 존재하고, 더구나 계몽의 서사 내부에서는 오히려 '개인의 자유'가 '집단(국가, 민족)의 자유'에 의해 유보되는 방식으로 전개된다는 사실이다. 더 좁혀 말하면, '유보' 자체도

15) 정선태, 앞의 글.
16) 위의 글, 166면. 인용문 안의 인용 부분은 『대한매일신보』 논설의 구절들이다.
17) 이혜진, 앞의 글, 75면.

중요한 것이 아니다. 국가와 개인의 관계, 혹은 민족과 개인의 관계는 어떤 것인가에 관한 근원적인 물음이 『대한매일신보』의 담론 안에 자리를 얻지 못했다는 것, 만약 그 관계에 대한 발본적인 질문이 있고 난 다음에 도달한 '유보'의 결론이라면, 그것은 또 다른 차원의 문제라는 것이다. 왜냐하면, 이후에 등장할 자유주의적 질문은 그 기반 위에서 또 다른 모습으로 전개되었을 것이기 때문이다. 결국에 '자유'의 역사적 경험, 그리고 자유주의의 가장 기초가 되는 '개인의 자유'의 경험과 그 과정에서 필연적으로 산출될 '내면화'의 과정은 유보되거나 그 다음으로 이월되는 과정을 밟을 수밖에 없게 동시에, 근원적인 질문의 기회를 여전히 이후로 떠넘기게 되었다는 점이다.

5.

이광수의 자유주의는 이렇게 긴 역사적・문학사적 우회(그것은 좌절과 실패, 혹은 유보와 이월의 과정이었다)를 거쳐 등장하게 되었다. 지금까지 검토해 온 이광수 자유주의의 전사(前史)는 전부 이광수 자유주의의 형성에 직・간접으로 영향을 끼친 요소들이다. 이광수를 '독립협회'를 중심으로 한 개화파의 적자(嫡子)라고 규정할 수는 없으나, 사상적으로 그 그늘로부터 완전히 벗어나 있지 못하다. 그 가운데에는 물론 도산 안창호가 매개되어 있지만, 도산을 매개로 한 것일지라도 춘원에게는 자유주의 첫 세대의 문제제기와 그 좌절의 경험들이 녹아 있었다. 또한 두 차례의 일본 유학을 통해, 이광수는 명치기와 대정기 일본 문학의 동향을 이해하고 있었다. 비록 그가 자유민권 운동의 좌절이 일본 문예의 발달

과정에 어떤 영향을 끼쳤는가, 그리고 조선 근대문학은 그러한 과정과 어느 지점에서 겹치거나 달라지는가에 대한 분명한 자의식이 없었다고는 해도, 유학을 전후한 시기의 일본 근대문학을 통해 비로소 근대문학의 현상을 목도했던 것은 틀림없다. 이 외에도, 그가 착목한 '도덕적 개인'은, 자유주의적 개인주의뿐 아니라, 기독교의 영향, 그리고 좀 더 직접적으로는 도산의 영향 같은 것이 다양한 경로로 작용했음을 짐작할 수 있다.[18)]

이광수와 그의 사상에 관해 가장 광범위한 해석을 시도한 바 있는 김윤식은, 이광수 문학을 관류하는 '연애'를 가장 이광수다운 문학형식으로 이해한다는 점에서 주목할 만한 견해를 내놓았다.[19)] 그러나, 그는 이광수 소설의 연애(더 넓히자면 '혼인'의 문제까지 포함해서)를 자유주의의 내면화와 관련짓기보다는, 그가 이광수를 해석하는 가장 핵심적인 그물코인 '고아콤플렉스'로 결부시켜 해석해버림으로써, 자유주의가 이광수에게 과연 무엇이었는가를 질문할 기회를 스스로 닫아버리고 만다. 그는 "춘원에게 그 사상은 시류에 맞게 당시 상황에 기민하게 대처한 것이 아니라 그의 성격에서 기인되고 있다는 사실이야말로 간과할 수 없다는 점"[20)]라고 주장한다. 이런 연장선상에서 이광수의 '연애'를 이해하는 까닭에 그는 "작자 개인이 고아 의식에서 빚어진 사랑 기갈증(콤플렉스)이 민족적인 고아 의식으로 승화될 때 『무정』은 탄생하였고, 따라서 『무정』의 깃발 아래 많은 고아들이 환호하였다"라고 분석할 수밖에 없었다.[21)]

---

18) 이런 점에서 자유주의를 중심으로 한 이광수 사상의 형성과정은 새롭게 조명될 필요가 있다. 이 글은 이것을 다 감당하지는 못한다.

19) 김윤식은 이광수의 '사랑' 또는 '연애'의 형식이, 논설에서의 준비론 사상에 대응하는 기제이며, 실제로 그를 소설가로 만드는 중요한 발생론적 원인으로 보았다. "논설에서의 이러한 현상(준비론을 가리킴—인용자)과 대응 관계에 놓이는 것이 창작에서의 누이 콤플렉스와 '사랑인가'에서 '윤광호', '방황', '어린 벗에게'로 일관하는 주제인 사랑 기갈 콤플렉스이다." 김윤식, 『이광수와 그의 시대』 1, 한길사, 1999, 623면.

20) 위의 책, 228면.

서두에서도 밝혔듯이, 이 글은 '연애자유론'이나 '혼인자유론'으로 귀착한 이광수의 자유주의를 기존의 방식과는 다른 관점에서 검토하고자 하는 의도를 지니고 있다. 그 점에서, '혼인의 자유'나 '연애의 자유'와 관련된 이광수 문학의 특유의 형식은 다음 두 가지 면에서 주목해 볼 필요가 있다.

첫째로, 이러한 주제화는 자유주의 첫 세대의 시도가 실패한 후 다시 제기된 자유주의적 질문방식이라는 점이다. 발전 경로의 외형적 성격으로만 한정할 때, 이러한 귀결 방식은 자유민권운동의 흥기와 실패를 전후한 일본근대소설의 진행 과정과 매우 흡사한 양상을 보여주고 있다. 자유의지를 지닌 근대적 개인은 도대체 어떤 것이며, 어떻게 가능한가에 대해 일체의 역사적 경험을 지니지 못한 상태에서, 서적과 풍문, 그리고 담론으로서만 그것을 경험한 세대들은 한번은 이 질문에 정면으로 봉착하지 않을 수 없다. 그러한 과정이 없다면, 결국 '자유'나 '근대'를 포함해 모든 사상과 이데올로기는 한낱 관념에 불과한 것으로 그치기 때문이다. 그리고 관념의 힘으로 그 관념을 체화한 것으로 위장할 경우에는, 언젠가는 반드시 원래의 자리, 즉 관념의 방식이 아니라 역사적 시공간 안에서의 경험과 내면화의 과정의 출입구로 되돌아오게 되어 있는 것이다. 이광수가 첫 세대의 자유주의 운동의 실패 이후 다시 이 문제를 제기했다면(얼마나 성공적으로 그것을 제기했는가, 그 내면화의 과정은 치열했는가의 문제는 별도로 하더라도), 프롤레타리아문학운동은 1930년대 중반 이후, 그들이 관념 안에서 극복했다고 생각한 원래의 질문의 자리로 되돌아오는 경험을 같은 형식으로 반복하게 된다. 그들은 다시 질문할 수밖에 없었다. "조선에서 시민계급은 무엇이며, 프롤레타리아계급은 무엇인가? 그것은 과연 있기나 한 것이었는가? 조선의 프로문학 운동은 어떤 근거 위에서 형성되고 진행되었던가?" 이광수의 소설과 논설

21) 위의 책, 244면.

은 자유주의를 둘러싼 이런 종류의 질문의 입구에 되돌아 와 있었다. 아니, 어쩌면 자유주의 첫 세대들이 생략하고 넘어간 질문을 그가 가장 최초로 제기하고 있는 것인지도 모른다.[22)]

그러면 그 경험은 어떻게 가능한가? 혹은 질문의 범위를 좁히자면 '근대적 개인 주체'는 어떻게 가능한가? 문학은 이 질문을 해결하기 위해 준비된다. 일상 공간 안에서 개인의 자유의 질량(質量)이란 계량적으로 드러나지 않는다. 허구적 주체를 내세워 자유의 억압과 그 저항의 과정을 경험하게 만들 수밖에 없다. 이광수의 자유주의를 검토하면서 새겨 두어야 할 두 번째의 문제가 이것과 관련된다. '내면화'란 분열의 자각에서 비롯된다. 즉 이념과 현실, 혹은 주체와 타자, 그리고 마침내는 주체 내부에 도사리고 있는 균열의 흔적들. 진정한 내면화란 이 분열을 자각하지 않고서는 불가능하며, 그러한 자각의 과정을 거치지 않은 '내면화'란 필시 '가짜 내면화'이거나 불철저한 내면화로 그치게 된다. 그리고 앞서 말했듯이, 통과한 듯 보였던 원래의 질문 자리로 회귀하게 된다.

6.

『무정』이 기념비적인 것은, '연애의 자유'와 관련된 개인 주체를 내세우면서, 육욕을 지닌 구체적 개인의 소망과 그 리비도를 통어하는 현

22) 현재의 우리도 이 질문으로부터 자유로울 수 없다. 자유주의의 역사적 경험, 혹은 그 내면화의 과정을 거꾸로 되밟아 재구성하고자 하는 이 글의 논리적 근거 자체도 그것에서 말미암는 것이다.

실의 질서 사이에 존재하는 균열을 솔직하게 드러내 보여주었다는 점에 있다.

> 경성학교 영어교사 리형식은 오후 두 시 사년급 영어 시간을 마치고 내려 쪼이는 유월 볕에 땀을 흘리면서 안동 김장로의 집으로 간다. 김장로의 딸 선형이가 명년 미국 유학을 가기 위하여 영어를 준비할 차로 리형식을 매일 한 시간씩 가정교사로 고빙하여 오늘 오후 세 시부터 수업을 시작하게 되었음이라. 리형식은 아직 독신이라 남의 여자와 가까이 교제하여 본 적이 없고 이렇게 순결한 청년이 흔히 그러한 모양으로 젊은 여자를 대하면 자연 수줍은 생각이 나서 얼굴이 확확 달며 고개가 저절로 숙여진다. 남자로 생겨나서 이러함이 못생겼다면 못생겼다고도 하려니와 저 여자를 보면 아무러한 핑계를 얻어서라도 가까이 가려하고 말 한 마디라도 하여보려하는 잘 난 사람들 보다는 나으니라. 형식은 여러 가지 생각을 한다. (…중략…) 그러면 입김과 입김이 서로 마주치렸다. 혹 저 편 히사시가미가 내 이마에 스칠 때도 있으렸다. 책상 아래에서 무릎과 무릎이 가만히 마주 닿기도 하렸다. 이렇게 생각하고 형식은 얼굴이 붉어지며 혼자 빙긋 웃었다. 아니아니? 그러다가 만일 마음으로라도 죄를 범하게 되면 어찌하게. 옳다? 될 수 있는 대로 책상에서 멀리 떠나 앉았다 만일 저 편 무릎이 내게 닿거든 깜짝 놀라며 내 무릎을 치우리라. 그러나 내 입에서 무슨 냄새가 나면 여자에게 대하여 실례라 점심 후에는 아직 담배는 아니 먹었건만 하고 손으로 입을 가리우고 입김을 후 내어 불어 본다. 그 입김이 손바닥에 반사되어 코로 들어가면 냄새의 유무를 시험할 수 있음이라. 형식은 아뿔사 내가 어찌하여 이러한 생각을 하는가. 내 마음이 이렇게 약하던가 하면서 두 주먹을 불끈 쥐고 전신에 힘을 주어 이러한 약한 생각을 떼어버리려 하나 가슴 속에는 이상하게 불길이 확확 일어난다.[23]

『무정』의 제일 앞부분에는 '도덕적 주체'와 '육욕을 가진 주체'가 리형식이라는 한 개인 주체 안에서 서로 분열하며 충돌하는 모습을 흥미

23) 이광수, 『무정』, 35~37면. 이 글이 저본으로 선택한 것은 김철 교주, 『바로 잡은 무정』(문학동네, 2003)이며, 맞춤법과 띄어쓰기, 마침표는 인용자가 현대어법에 맞게 고쳤음을 밝힌다.

롭게 제시하고 있다. 정확하게 말하자면, 이러한 두 개의 주체는 춘원 자신에 내재한 분열의 모습이기도 하다. 또한 근대적 개인은 하늘에서 땅으로 갑자기 떨어지는 것이 아니라, '개인이란 무엇으로 구성되는가?' '개인의 자유는 어디까지 허용되는가?'라는 질문의 끊임없는 공세를 견뎌내는 동안 가능해질 수 있다. 익숙한 오해지만, 리형식은 작가 이광수와 겹치지 않는다. 작가는 리형식 안에 존재하는 분열의 이중성 중에서 하나를 선택하고 나머지 하나를 끊임없이 지워나가는 방식으로 '근대적 개인'을 형성한다. 그리고 그것은 마침내 '도덕적 주체'로 귀결된다. 이 점이 이광수의 한계다. 다시 말하면, 그가 주제로 내세운 '연애의 자유'가, '민족의 자유'나 '인민의 자유'에 비해 위축되거나 '작은 이야기'여서 문제적이라기보다는, 스스로 제기한 '자유주의적 질문'을 끝까지 밀고 나가지 않고, 서둘러 '도덕적 주체'에 위임하는 방식으로 물러 나앉게 되는 것. 그러므로 가까스로 마련한 한국 근대문학에서의 문제적 주인공 '리형식'에 대해 그는 멀찍이 물러나 앉으며 대상화하는 방식으로 그를 처리한다. 그러므로 126장은 사족(蛇足)처럼 불필요하게 덧붙여진 것인 동시에, 작가인 이광수 자신으로서는 작가가 곧 '리형식'이 아님을 증명하기 위해 동원할 수밖에 없는 '고육지책'으로서의 증거자료인 셈이다. 125장에서도 이러한 '거리두기'가 등장한다.

> "나는 교육가가 될랍니다. 그러고 전문적으로는 생물학을 연구할랍니다." 그러나 듣는 사람 중에는 생물학의 뜻을 아는 자가 없었다. 이렇게 말하는 형식도 물론 생물학이란 참뜻은 알지 못하였다. 다만 자연과학을 중히 여기는 사상과 생물학이 가장 자기의 성미에 맞을 듯하여 그렇게 작정한 것이라. **생물학이 무엇인지도 모르면서 새 문명을 건설하겠다고 자담하는 그네의 신세도 불쌍하고 그네를 믿는 시대도 불쌍하다.** (…중략…) **"저는 수학을 배울랍니다" 하고 있는 힘을 다하여서 말하였다. 학교에서 수학을 잘 한다고 선생에게 칭찬받던 생각이 난 것이다. 다른 사람들도 수학이 좋은 것인 줄은 알았으나, 수학과 인생에 어떠한 관계가 있는지를 모른다.**[24] (강조는 인용자)

이렇게 말하는 서술자는 물론 작가의 목소리를 대변한다. 그는 분열을 자기 것으로 받아들이지 않는다. 작가는 완결된 계몽주체로 서사의 바깥에 위치한 채, 자신에 내세운 허구적 주체들로 하여금 '사이비 자유의 내면화'를 지시하고 있는 셈이다. 이러한 내면화 과정의 불철저성이 더욱 두드러지게 드러난 것이 뒤이어 발표된 『개척자』라고 할 수 있다. 이 소설에서 가장 문제적인 인물은 '전경(全敬)'과 '성순'이다. 전경의 내력은 1900년대 초반 애국계몽운동가를 짐작하게 만들기도 하고, 다른 한 편으로는 19세기 말 개화파를 연상하게도 한다. 그러나 중요한 것은, 그 모델이 어느 노선이었던가 하는 것보다도, 우선 그는 미치광이로 묘사되고 있다는 점이며, 무엇보다도 그는 스스로가 하는 일의 목적을 '모른다'는 점에 있다.

"본래 어느 학교 출신인가요?"

"이전에 일진회에서 세운 광무학교라는 학교가 있었습니다. 어떻게 되어서 돌어갔던지 일진회원이 되어 가지고는 그 학교에 다녔지요. 전군이야 말로 참 늙은 개화군이지요."

"그러면 나이 많게?"

"지금은 서른 하나인가 그렇지요."

"그런데 아직 혼인도 아니하고?"

"혼인할 새가 있나요. 불사가인생업(不事家人生業)하고 지사(志士)랍시고 돌아다니면서 ……"

"아, 교사 된 뒤에도 혼인을 아니 해요?"

"한달에 십 오원 받아 가지고 혼인을 어떻게 하오? 그뿐더러 선생은 자기의 목적한 일을 성공하기까지는 집도 아니 이루고 혼인도 아니한다고 그러지요."

"그 목적이란 무엇이야요?"

"무엇인지도 모르지. 그래도 무슨 목적이 있노라고 그러지요. 무엇이 목적이냐고 물으면 이렇게 대답하지요—내 목적을 이루는 날까지 말하지 못할

24) 이광수, 앞의 책, 712면.

것이라고. 그러면 언제나 성공할 듯 하오? 하고 물으면 성공할 날은 모르지요. 성공할 날이 없겠지요, 하고 대답하지요. 성공할 날은 없겠지마는 그 목적을 버릴 수는 없다고 그러지요."

"아따 그게 무슨 목적이야요" 하고 민은 이상한 듯이 웃는다.[25]

이 때의 '모른다'는 것은 이중적인 의미를 지닌다. 그것은 문맥상 '알지 못한다'의 의미라기보다는, 성재의 시각(이자 작가의 시각)에서 볼 때 전경은 시대착오자(anachronist)여서 결코 '자신의 시대'가 다시 도래하지 못한다는 것을 뜻하기도 하면서, 전경의 꿈이 너무 원대하고 요원한 것이어서 결코 '이루어질 수 없다'는 뜻을 내포하기도 한다. 그러나, 그 어느 쪽으로 해석하더라도, 춘원은 1900년대 초반의 자유주의 운동이나 국권론(애국계몽운동)을 대상화하고 있음은 분명하다. 그렇다면, 이 시대착오의 다음 세대, 즉 성순은 어떠한가?

그 때까지 성순은 어떤 전제 왕국의 일신민에 불과하였으나, 그때부터 성순은 이미 지존의 여왕이다. 만사를 자기의 지혜대로 정의대로 처결하여야 할 군주다. 그러니까 그는 분명히 자기의 사상과 목적을 검사하여 볼 필요가 있다. 성순의 상상의 눈앞에 민을 세워야 한다. (…중략…)

자기를 위한다 함은 자기로서 대표하는 신시대를 위함이니, 장래에 무한히 길 신시대와 무한히 번창할 자손은 부모보다도 중하다. 아니 모든 과거를 온통 모아놓는 것보다도 중하다. 자녀를 부모의 소유로 아는 도덕은 결코 신시대에 깨칠 것이 못된다. 민의 말과 같이 우리는 부모 중심, 과거 중심이던 구시대의 대신에 자녀 중심, 장래 중심의 신시대를 세워야 한다. 그리하려면 우리는 우선 구시대를 깨뜨려야 하고, 깨뜨리려면 깨뜨리는 사람들이 있어야 하고, 깨뜨리는 사람들이 있으려면 맨 처음 깨뜨리는 사람이 있어야 한다. 민의 말과 같이 우리가 그 첫사람이 되어야 할 것이다. 큰 전쟁의 첫탄환이 되고 첫희생이 되어야 할 것이다.[26]

---

25) 이광수, 「개척자」, 『이광수전집』 1, 삼중당, 1971, 232~233면.

26) 위의 글, 260~26면.

그러므로 성순은 춘원이 설정한 '자유연애'의 당위를 자각한 여성전사이자, 일종의 리트머스 시험지와 같은 역할을 한다. '개척자'라는 소설의 제목도 이러한 성순의 의지와 결단으로부터 비롯된 것일 터이다. 그러나 『무정』에서 형식 등의 청년들을 대상화하는 '완결된 계몽 주체'가 배후에 숨어 있듯이, 「개척자」에서도 역시 '성순'은 '전경'이 그러한 것과 마찬가지로, 자신이 스스로 선택한 '연애의 자유'가 무엇에 의한 것인지 '모르는 채' 자살에 이르고 만다.

> "성순씨 – " 하고 불렀다. "네." "확실히 성순씨가 여기 계시지요. 이것이(하고 한번 몸을 흔들며) 확실히 성순씨지요?" "네." "네, 성순씨지요?" "네." "어찌해서?" "몰라요!" "모르셔요?" "몰라요!" 양인은 웃었다.
>
> "성순씨 – " "네." "왜 저를 사랑하세요. 무엇을 보고, 무엇을 취해서 사랑하세요?"
>
> "……" "네, 제게서 무엇을 취하십니까. 저는 재산도 없고, 명예도 없고, 재주도 없고, 게다가 용기도 없고, 아무 경륜도 없고 한데 …… 암만해도 성순씨가 저를 잘못 보셨지요. 네? 왜 저를 사랑하세요?" "몰라요!" "몰라?" "몰라요!" "그러면 왜 사랑하는지 이유도 모르고 사랑을 하세요? 이유도 모르고 일생을 허하셨어요?" "제가 바가[馬鹿]인가 보지요?" "왜?" "그 이유도 모르니까."[27)]

이러한 불철저한 내면화 과정은, '연애의 자유'와 '도덕적 주체'라는 두 개의 양립하기 어려운 테제가 이광수의 자유주의를 동시에 떠받치고 있기 때문에 나타났다. 더구나, 이광수는 아직도 이 두 테제가 '국가'나 '민족'이라는 다른 주체와 분명하게 나누어진다는 자각에도 이르지 못했다. 그러므로 결국에 자유주의 첫 세대가 실패했던 '근대적 개인의 형성'이나 그 내면화가 이광수에 이르러서도 다시 한번 실패하게 되고 만 셈이다. '연애의 자유'는 '도덕적 주체'와 '육욕을 가진 주체'가 충돌하는 과정을 끈질기게 추적함으로써, 비로소 내면화의 한 계기를 확보

27) 위의 글, 273면.

하는 것인데, 그는 서둘러 '도덕적 주체'로 선회하면서 '육욕을 가진 주체'를 부정했던 것이다. 그러면서도 '연애의 자유'가 지니는 '자유주의적 가치'나 '신성성'은 포기하려고 하지 않았다. 나아가서는 이러한 '도덕적 주체'들이 모여서 이룬 세계가 곧 '아름다운 근대 세계이자 근대 조선'을 이룩할 수 있을 것이라고 생각했다. 이 불철저한 과정은, 곧 문학사적 반동을 낳거니와, 그 반동의 한 축을 담당했던 것이 바로 김동인이었다. 그러므로, 정리하건대, 김동인은 자유주의 첫 세대로부터 치자면, 세 번째로 다시 이 물음을 문학사에 제출하는 역할을 떠맡게 되었던 것이다. 그리고 그 다음에 프로문학의 질문이 놓인다. 자유주의를 둘러싼 이 내면화의 과정은, 사상사와 문학사에서 다시 진지하게 질문되어야 할 문제가 아닐 수 없다.

1930년대 후반기 전통 담론의 탈식민성 연구

서인식 역사철학의 반성적 사유 주체

임병권

1. 서론

1930년대 중반부터 후반까지 다양한 전통 담론이 논의되었고, 또한 시대의 위기를 돌파할 수 있는 이론적 근거로서의 '전통' 개념을 둘러싸고 여러 담론들이 서로 각축을 벌였다. 이런 전통 논의가 활발하게 된 것은 그 시기가 위기 또는 전환기라는 의식이 당시의 식민지 조선을 장악하고 있었다는 점과 연관이 있다. 위기에 처한 것은 근본적인 차원에서 보자면 근대적인 인식 체계였다. 만주사변 이후 전 세계적인 파시즘의 대두는 불안감을 조성하였고, 또한 근대적 체제를 설명해주는 개념이라고 할 수 있는 개인주의 · 자유주의 · 휴머니즘 · 민주주의 등이 몰락할 수 있다는 위기의식이 이른바 '근대의 위기'를 거론하게 만든 것이다. 근대의 위기를 논하면서 전통이란 개념이 문제시 된 것은 근대적 인식 체계의 대립적 요소로서 전통만큼 근대적 담론의 문제를 예각화 시키기 좋은 개념이 없기 때문이다. 전통은 '근대'라는 관념이 주도적 담론으로 제기될 때마다 언제나, 그 개념이 무엇이든지 상관없이, 근대의 대립적 개념으로서 폐기되어야 할 그 어떤 것이었다. 따라서 위기에 처한 근대성 담론에 접근할 때 근대성 자체를 통해서 문제에 접근하는 것보다는 그 대개념이라고 볼 수 있는 '전통' 개념에 기대어 출발하는 것이 좀 더 현실적인 방법이 될 수 있는 것이다. 그것은 전통이란 개념이 근대적인 인식체계로부터 거리를 두고, 주체와 대상 사이의 자명한 관계를 설정하게 했던 근대성 개념에 대해 다시 한 번 확립할 수 있는 안전한 출발 지점 역할을 하기 때문이다.

1930년대 문학과 관련한 전통에 대한 다양한 논의 중에서 그동안 비교적 적게 다루어진 전통 담론은 역사 철학자들이 다룬 전통 담론이다. 그 이유는 이들이 역사철학자들이었다는 점 자체에서 오는 이질감 때문이었다. 그러나 이들이 다룬 전통 담론 역시 30년대 전통 담론에서 중요한 역할을 한다. 이들 논의가 중요한 이유는 30년대 후반의 '고전부흥론'과 일제 말기의 '동양문화(론)' 또는 '동양적 전통'을 논의를 동일한 맥락에서 살펴볼 수 있는 근거를 제공하기 때문이다. 30년대 전통론 전체를 조감할 수 있는 토대를 제공하는 것이다. 이들 논의는 위기와 전환기의 시기라고 볼 수 있는 30년대 말 자기 정체성 확보에 논리적 근거를 제공한다.

30년대 후반 전통 담론에 참여한 진영은 대별하면 4그룹으로 나눌 수 있다. 전통 담론을 먼저 촉발한 진영은 민족주의 진영이다. 이들은 전통 담론을 30년대 후반 주체 위기를 해결하기 위해서, 상상의 공동체로서의 근대적 민족국가 형성을 주창하기 위해서 전통에 기댔지만 많은 문제점을 노정하였다. 이에 대한 반성으로서 전통 담론을 위기에 대한 반성적 기제로 설정한 모더니즘과 마르크스 진영이 또 다른 전통 담론 참여 진영이다. 이들 역시 일본의 식민지를 정당화하는 동양문화론에 결과적으로 포섭되는 이론을 개진한다. 그리고 이들과 다른 학문적 배경을 갖고 전통 담론에 참여한 이들이 있는데 바로 역사철학적 관점에서 참여한 이들이다.

1930년대 중반을 전후 역사철학적 입장을 견지하면서 비평의 장에 참여했던 일군의 그룹이 존재하는데, 김오성 · 서인식 · 박치우 · 신남철 등이 그들이다. 이들에 대한 논의는 당대에는 물론 요즘도 그리 활발한 편은 아니다. 당대의 경우에는 1940년대 이후 최재서나 김남천 등이 주로 이들에 대한 논의를 본격적으로 이끌어갔고, 그렇지 않은 경우에는 주로 이들 역사철학자들 개개의 글에 대한 단편적인 논의가 주를 이루었다. 물론 이 경우에도 그리 많은 편은 아니었다. 이들 중에서 김오성의 네오휴머니즘론은 비교적 예외의 경우에 해당한다. 김오성의 네오휴머니즘론에는 구카프의 비평가들(임화와 한효 등)이 주로 참여해서 논쟁을 벌였다.

그러나 40년대 이후 일제 말기의 시점이 되면서 이들에 대한 평가가 집중적으로 이루어진다. 여러 논의가 있었지만, 이들이 제시한 역사적 전망이 대체로 세계사의 전환기에 처한 시점에서 이를 극복할 원리가 될 수 없음을 지적하는 글이 주를 이룬다. 이유는 대체로 이들 역사 비평가들이 제시하는 전망이 추상화된 논리를 중심으로 이루어졌기 때문에 당대의 상황을 극복할 현실적인 정합성을 획득하지 못하기 때문이라는 것이었다.

문학과 관련해서는 최재서가 중심에서 논의를 펼쳐갔는데, 그는 1939년 평론계를 개관하면서 그 특징으로 문화에 관한 논의가 특히 많았고, 철학계 사람들이 참여한 점을 꼽고 있다. 이런 사람들 중에서도 최재서는 특히 서인식을 높이 평가한다. 문학계에서 활동하던 최재서가 서인식을 높이 평가한 것은 의미심장한 사건이다. 그것은 서인식이 보편주의를 받아들여 논지를 전개했기 때문인데, 실상 최재서의 보편주의와 서인식의 보편주의는 논의의 출발 지점부터 판이하게 달랐다. 최재서는 보편적 주체의 위기를 곧 지성의 위기로 판단하고 보편적 사고를 할 것을 촉구한다. 이런 점은 최재서의 논의를 일본 제국주의의 합리화 담론인 동양문화론에 결과적으로 동조하는 것으로 이끈다.[1)]

1930년대 말은 일반적으로 '암흑기'라는 이름하에 접근이 되는 시기이지만, 다양한 역사적 실험과 모색이 이루어지던 시기였다. 이 시기에 논의된 전통 논의는 문학과 역사를 관통하면서 전근대와 근대와 탈근대 또는 민족과 식민과 탈식민의 다양한 관점들이 충돌하고 경쟁하는 개념적 장소였다. 전통이란 정의하기가 상당히 폭넓은 개념이지만, 30년대 중후반 전통 논의는 결국 '조선적인 것'이 무엇인가의 문제와 '조선적인 것'을 어떻게 바라볼 것인가의 문제로 귀결된다.

이 글의 목적은 1930년대 중・후반 전통을 둘러 싼 다양한 논의들이 충돌하는 담론장 내에서도 다른 입장을 취했던 서인식의 담론을 탐구하는 것이다. 전통을 둘러싼 서인식의 담론이 어떻게 탈식민적 담론과 연결이 되는지, 또 그런 탈식민적 담론이 30년대 말 조선의 사상계를 장악하려는 일본의 동양문화론과 어떻게 충돌하는지, 그리고 대부분의 전통논의들이 일본의 동양문화론에 포섭되는 과정에서도 서인식이 어떻게 이 포섭과정을 주체적으로 극복해 가는지 살펴보고자 한다.

2. 전통 담론의 형성과 충돌

잘 알려진 것처럼, 전통에 대한 담론이 30년대 중후반에만 성행했던

1) 최재서, 「각서–현대적 지성에 관하여」, 『문학과 지성』, 인문사, 1938; 「고전연구의 역사성」, 『조선일보』, 1938.6.10.

것은 아니다. 1920년대 중반 이후 본격적으로 담론의 장에 나타난 국학 운동과 시조 부흥론과 민요시 운동 등의 담론은 근대적 민족문학의 내포와 외연을 전통에 기대어 확장하고, 근대문학 개념을 통해서 과거를, 즉 전통을 형식적 차원과 실질적 차원에서 근대문학 담론의 장으로 끌어 들이는 역할을 담당했다.[2] 즉 전통 개념을 포섭하면서 근대적인 의미에서 민족문학을 설립하고자 했던 것이다.

그러나 30년대 중후반에 다시 출현한 전통과 고전 그리고 문화 등에 대한 담론은 20년대와는 성격을 달리한다. 그것은 30년대가 지배적인 문학 이념을 상실되자 이른바 '전형기' 혹은 '전환기'라는 시대 규정을 당시 지식인들로부터 받았던 것과 관련이 있다. 30년대는 그동안 당연한 것으로 여겨져 왔던, 즉 자명한 것으로 여겨져 왔던 근대적 가치들에 대한 전도가 발생했다. 근대의 위기가 목전의 논쟁 사안으로 등장한 것이다.

30년대의 지식인에게 다가온 과거의 의미는 일종의 심급으로 다가온다. 근대가 파국으로 끝날지도 모른다는 불안감을 극복하는 방편의 근거로서 전통을 20년대 이어 다시 논쟁의 전면으로 끌고 나온 것이다. 전통담론의 중요성은 식민지적 무의식까지 포착할 수 있다는 점에서 중요하다.[3] 이렇게 식민지적 무의식까지 포착될 수 있는 가능성이 전통담론에 존재하는 이유는 여러 층위의 담론들이 이 전통이라는 개념을 둘러싸고 충돌하고 있기 때문이다.

앞에서 언급한 30년대 후반 전통 담론을 동양문화론을 염두에 두고 개괄적으로 보자면, 대체로 4가지 경향으로 압축할 수 있다. 첫 번째는 당대 일본문단에서 일본 낭만파를 중심으로 진행되었던 이른바 '일본적인 것'에 대한 탐구로부터 영향을 받고 일본과 유사하게 국수주의적인 경향을 내포한 전통 담론이 존재했고, 두 번째는 총독부가 주도했던 관

---

2) 임병권, 「'조선(문)학' 개념의 형성과 변모」, 『탈식민의 역학』, 소명출판, 2006, 44~69면.
3) 고모리 요이치(小森陽一), 송태욱 역, 『포스트콜로니얼리즘』, 삼인, 2002.

주도 성격의, 즉 신민지학 성격이 강했던 조선학에 저항하고 조선의 독자성을 주체적으로 확립하고자 했던 민족주의적 성격의 전통 담론이 존재했고, 세 번째는 카프 계열 논자들의 경우인데, 이들은 마르크시즘의 사적 유물론의 관점에서 보편성을 판단 기준으로 제시하면서 '조선적인 것'에 대한 탐구를 파시즘의 변형태로 간주하고 비판했고, 네 번째는 역사적 전환기의 새로운 원리로서 조선적인 것의 탐구에서 한 걸음 더 나아가 이른바 '동양적 전통'을 발견하려고 시도했고, 이 담론은 일본의 근대 초극론에 흡수되는 모습을 보였다.

30년대 전통 담론의 다양한 층위를 알기 위해서는 기존의 논의를 살펴보는 것이 좀 더 확실한 방법이 될 수도 있다. 기존의 논의를 살펴보면, 30년대 고전부흥론에 관한 논의로부터 문장의 전통지향적 미의식를 다루고 여기서 한 걸음 더 나아가 동양문화 논의로 어떻게 이어질 수 있는지 그 계통을 포괄적으로 살펴보는 논의가 우선 있다. 대표적인 논의는 김윤식의 소론인데, 김윤식은 프롤레타리아문학비평을 검토하면서 고전론과 동양문화론을 전형기 비평의 한 양상으로 파악하였다.[4] 그는 30년대 전통론을 고전부흥론과 『문장』에 내재된 전통지향적 미의식, 그리고 이런 고전부흥론과 『문장』의 미의식이 역사철학자들의 '동양문화' 논의로 연결된다는 점을 일목요연하게 제시한다. 동시에 그는 1930년대 후반 고전부흥론과 역사철학자들의 동양문화론에 이론상 본질적으로 내재되어 있는 체제 순응적 측면을 비판적으로 제시한다.

일제 말기 전통론을 본격적으로 다각적인 층위에서 다룬 연구는 황종연의 논의가 있는데, 황종연은 고전 부흥 운동이 대두된 역사적 맥락을 살피고, 이병기와 김태준, 최재서, 이원조, 마르크스주의자들(임화·이청원·김남천) 등의 논의를 쟁점별로 살핀다. 그는 전통논의를 단순히 전통이 곧 민족주의라는 단순 도식으로부터 거리를 두고, 전통 논의가 한

---

4) 김윤식, 『한국 근대문예비평사연구』, 일지사, 1993, 320~42면.

국학의 성장에 따른 것이고, '서양적 근대'에 대한 부정의 계기들이 결합된 것으로 포착한다.[5]

30년대 전통논의를 사적인 전개과정에서 폭넓게 다룬 최근의 논문들도 전통 논의에 참여한 집단의 공통적 지향점을 다루는데 주안점을 둔다.[6] 이들 논의 역시 전통 담론이 서구적 근대를 초극하기 위한 새로운 세계사 구성의 핵심적 제안으로 제시되었던 것이지만, 결국은 일본을 위한 근대 초극론에 포섭되었다는 점을 부각시킨다. 달리 말하면 이른바 '조선적인 것'이 '일본적인 것'과 동일한 기반에 있었기 때문에 태생적으로 30년대 후반 전통론은 실패할 수밖에 없었다는 것이다. 이것은 제국과 식민지가 서로 대척하는 관계에 있으면서도 서로에게 기댈 수밖에 없는 모순적 식민지 상황과 관계가 있다.

그러나 전통론에 내재한 모순적 의미를 파악하는 이런 논의는 한편 우리에게 전통론의 식민지의 포섭논리를 제시하지만, 또 한편 비록 전통론에서 주도적 담론의 역할을 하지 못했을지 몰라도 전통론에 내재한 이질적 시각에 대한 담론이 묻힐 수가 있다.

이런 논의의 공백이 발생하는 이유는 전통론과 깊은 연관을 갖고 있는 '동양문화'론에 대한 연구가 부족하다는 데 있다고 볼 수 있다. 동양문화론 내부에는 동질적 시각으로만 바라볼 수 없는 이질적 지점들이 있다. 그런데 동질적 시각에서 바라보게 된 것은 아마도 이 논의에 참여했던 이들이 대체로 역사철학자들이었다는 점과 무관하지 않을 것으로 생각된다. 그것은 문학연구자들이 역사철학이라는 분야와 직접적인 연관성을 맺고 있지 않은 것과 관련이 있을 것으로 추정된다. 이 점은

5) 황종연, 「1930년대 고전부흥운동의 문학사적 의의」, 『한국문학과 근대성의 형성』(동국대 한국문학연구소 편), 아세아문화사, 2001, 335~94면.

6) 차승기, 「1930년대 후반 전통론 연구—시간 · 공간의식을 중심으로」, 연세대 박사논문, 2003; 차원현, 「1930년대 중 · 후반기 전통론에 나타난 민족 이념에 관한 연구」, 『민족문학사연구』 24호, 민족문학사학회, 2004, 93~125면; 김병구, 「고전부흥의 기획과 '조선적인 것'의 형성」, 『민족문학사연구』 31호, 민족문학사학회, 2006, 12~38면.

당대에도 그랬고, 그 후에도 역시 동일한 맥락에서 이들에 대한 접근을 막는 요소였던 것으로 작용했다.

이들 역사철학자들의 연구 활동에 처음으로 본격적인 접근을 시도한 연구로는 손정수의 논의가 있다.[7] 이 논문에서 손정수는 서인식 · 박치우 · 신남철 · 김오성 등이 일제 말기 휴머니즘론 · 지성론 · 모랄론 등의 문학논쟁에 참여하는 과정과 이들 각각의 입장을 정리했다. 초점은 이들의 의식의 지향, 혹은 '전환기 의식'이라고 부를만한 의식의 문제에 맞추어져 있다. 이밖에 여러 논의들이 있었지만, 기존의 논의는 주로 전통이 곧 민족 전통이라는 자명성의 관점을 확인하는 논의들이 많았다. 그러다보니 논의의 내용은 대체로 전통주의자들의 정신적 지향성을 살펴보고 확인하는 내용이었다. 즉 동일성의 관점에서 정리하려는 시도가 주를 이루었다고 볼 수 있다. 그러나 당시의 전통 논의가 그리 단순했던 것은 아니었다. 비록 '전통'이라는 개념을, 또는 '조선적인 것' 앞에 동일하게 내세우고 자신의 토대를 마련하려고 애를 썼지만, 그런 동질성을 균열시키는 이질성 또한 그 내부에 만만치 않게 도사리고 있었다. 이 '이질성'을 구분하는 것이 좀 더 생산적인 논의가 아닐까? 이렇게 이질성을 논의의 중심에 놓고 바라본다면 '동양문화'론과의 관련성을 좀 더 분명하게 드러낼 수 있지 않을까?

7) 손정수, 「일제 말기 역사철학자들의 문학비평연구」, 서울대 석사논문, 1996.

3. '상상'의 전통 담론과 포섭의 식민성

1930년대 후반 전통 논의에서 이질성을 가장 극명하게 드러내는 집단은 이른바 역사철학자로 불리는 일군의 철학자자들일 것이다. 그 이유는 우선 전통 논의에 가담한 다른 대부분의 인물들이 문학과 직간접적으로 관련을 맺고 있는데 반해, 이들 역사철학자 그룹은 문학과는 그리 큰 관련이 없는 집단이기 때문이다. 이들이 보여준 근대 비판 의식은 이른바 '과거적인 것'을 어떤 방식으로 대상화했는지를 살펴볼 수 있는 하나의 준거가 될 수 있다. 사실 이들이 보여준 근대의식이 표면적으로 근대비판이지만, 이면적으로는 결국 일본이 제안한 동양문화론에 포섭되었다고 보는 시각이 일반적인 시각이다. 그러나 이들 역사 비평가들 내부에서도 단일한 시각만이 존재했다고 보기는 어렵다. 이들 중 특히 서인식의 경우는 조금 다른 인식의 틀을 설정하고 문제에 접근하고 있는 모습을 보여준다. 일제 말기의 근대 비판 의식의 한 유형을 보여준다.

이 논의 과정에서 일종의 전제로서 중요한 것은 과연 '전통'이란 것이 실재하는 것이냐 하는 문제와 관련이 있다. 우선 전통이란 개념은 일반적으로 "과거로부터 현재로 전래되거나 물려받은 모든 것"을 의미한다.[8)] 이 개념은 전통에 관한 일반적인 개념일 것이다. 대체로 자기 동일성에 대한 확인을 염두에 둔 개념일 것이다. 자기동일성은 곧 권위를 상정한다. 반면에 이런 전통 개념에 대한 거부로서 전통을 부정되거나 수정되어야 할 실재로 파악되는 경우도 있지만, 결국 이런 개념조차 앞서 언급한 전통의 일반적 개념 안에 이미 내재되어 있는 개념일 것이다.

---

8) Edward Shils, 김병서·신현순 역, 『전통—변하는 것과 변하지 않는 것』, 민음사, 1992, 24면.

그것은 이와 같은 전통이란 것이 항상 동일성에 대한 이질적인 것의 도전 속에서 완성되어가는 것이라는 생각을 전제하고 있기 때문이다.

전통을 실재와 관련지어 생각하지 않고 구성된 개념이라는 방향에서도 생각해 볼 수 있다. 이런 구성된 개념은 일반적으로 근대 이후에 발생한 개념으로 여겨지는데, 그것은 근대라는 것이 '민족'에 근거를 두고 출발한 것이고, '민족'이란 것도 상상된 것이기 때문에, 전통과 관련된 민족문화 개념 역시 상상된 것이라고 볼 수 있다. 상상된 것임에도 전통이 근대의 자장 내에서 중요한 개념인 것은 전통을 발견하는 것이 주체의 (재)구성 문제와 분리될 수 없고, 근대성의 개념을 재정립하는 문제와도 역시 분리될 수 없기 때문이다.

30년대 후반의 고전부흥론과 동양문화 혹은 동양 전통론을 둘러싼 논의 모두 근대성의 문제와 전통의 문제 안으로 들어올 수 있는 문제이다. 전통의 민족적 경계 자체가 근대에 들어와서 발견된 것이고, 특히 중일전쟁 이후의 담론인 동양문화와 대동아공영권의 관계를 이해시키기 위해서 새롭게 구성된 개념의 전통이 발생한다. 전통은 주지하다시피 근대의 초극을 주창하는 동양문화론의 맥락에서 재탄생된 되었다는 점을 알 수 있다. 이런 점을 고려해보면, 30년대 말의 전통 논의는 두 가지 맥락에서 이루어졌다는 점을 알 수 있다. 한편으로는 일본과 관련된 근대에 저항하는 개념으로, 다른 한편으로는 위기 상황에서 서양과 관련된 근대에 저항하는 개념으로, 결국은 일본의 새로운 제국주의의 논리에 편입되는 개념으로 이용이 된다. 이런 이중적 맥락에 대해 당시 한국의 지식인들은 어떤 방식으로 저항하거나 편입되어 갔는가? 또한 이 이중성은 서로 별개의 것이 아니라 내적으로 연결되어 있다는 점에서 더욱 문제적이라고 하겠다. 근대에 저항하는 개념으로서 조선적인 것은 결국 동양문화론이 조선에서 제국주의적 사고로 확장되어 나가는 밑바탕이 되었다. 실제로 일본의 동양사학은 표면적으로는 객관성과 실증성을 강조하면서도 실제로는 아시아를 대상화했고, 이를 바탕으로 일본의 아시아 지배를 뒷받침했다.[9] 이런 점은 동양사학이 설정한 '동양사'가 아시아와 서양에 대한 기존의 인상이나 관념들을 수용한 과학 이전의 역사철학을 근거로 하였다는 점에서 잘 알 수 있다.[10]

30년대 중반 이후 민족주의 계열을 중심으로 논의된 이른바 '조선적 고유성'론은 『문장』의 전통주의 담론으로 넘어가면서 창작을 통한 과거적인 것의 재전유 시도가 진행되었다. 대체로 두 흐름이 있었다. 마르크스주의 입장에서 전통 문제를 바라본 문학가들과 역사철학자들이 있었고, 모더니스트 입장에서 전통을 미학적이고 역사적 관점에서 바라보았던 일군의 인물들이 있었다. 최재서의 경우가 대표적인 인물이다. 이 두 입장은 현실을 구성하고 인식하는 방식에 있어서 근본적인 차이를 보이면서도 전통(조선적인 것)에 대해서는 유사한 입장을 취한다. 즉 근대성의 가치전도에 대해 유사한 입장을 취하는 것이다. 이들 입장에서 볼 때 근대적인 것(발전과 진보)을 자명한 것으로 인식한 것의 기반이 무너지면서 유행처럼 과거의 것, 즉 조선적인 것으로 회귀하는 것은 문제이다. 양 진영 모두 이런 유행에 대해 비판적인 입장을 취한다. 조선적인 것은 구체적인 것이라기보다 상상 속에서 진행된 비구체적인 것이라고 본다.

최재서나 김남천 등 많은 이론가들이 모두 고전 부흥론자들의 조선적 고유성 논의에 비판적 거리를 유지하면서 과거와의 단절을 돌이킬 수 없는 명제로 받아들인다.[11] 이들이 전통 논의에 이토록 날을 세운 것은 1930년대 후반 근대의 위기를 주체의 위기로 파악했기 때문이다. 보편적 주체로서 세계를 조망하는 것을 가능케 해주었던 토대가 위태로워 진 것이다. 이런 위기의식은 그 토대에 대한 반성을 요구한다.

9) 스테판 다나카, 박영재 · 함동주 역, 『일본 동양학의 구조』, 문학과지성사, 2004.
10) 위의 책, 278면.
11) 이 부분에 대한 대표적인 글로는 김남천의 「고전에의 귀환」(『조광』 23호, 1937.9), 이청원의 「'조선얼'의 현대적 고찰」(『비판』 36호, 1937.2), 한식의 「문화의 민족성과 세계성」(『조선일보』, 1937.4.29), 최재서의 「문화기여자로서」(『조선일보』, 1937.6.9) 등이 있다.

문제는 그런 비판이 단순히 비판으로 끝나는 것이 아니라 일제의 동양문화론에 포섭될 수 있는 계기가 되었다는 데 있다. 이에 대한 논의는 그동안 많이 있어 왔다. 포섭될 수밖에 없었던 이유는 조선적인 것에 대한 역사적 연구를 통해서 그 과거 속에 내재된 근대적 인식체계나 틀을 고려하지 않고 논의를 전개한 나머지, 결국 과거 담론은 근대의 진정한 위기를 은폐시키는 내적 원리를 내포할 수밖에 없었던 것이다. 그러나 이렇게 포섭될 수 있는 논의 중에서 서인식의 논의는 동양문화론으로부터 일정 부분 거리를 두고 자신만의 논리를 확보한다. 서인식의 논의는 전통 논의의 허구성을 지적하면서도 동시에 일제의 논리에 포섭되지 않는 자신만의 논리를 내세운다.

서인식과 대비될 수 있는 사람이 최재서이다. 최재서의 전통 논의는 '조선적인 것'을 생략한 채 전통의 존재 및 운동 방식에 대한 일반적인 논의만을 집중적으로 한다.[12] 최재서는 고전과 전통을 논의하면서 조선의 현실에서 벗어나 논의를 일반적 차원으로 옮겨간다. 최재서가 말하는 전통은 말하자면 조선적인 것과 관련이 있다고 보기는 어렵고, 오히려 본편적인 문학 전통에 대해서 논의하고 있다고 보는 것이 타당하다. 최재서는 「고전연구의 역사성」에서 전통은 과거적인 것임이 분명하지만 발전을 가로막는 것이 아니라 보편적 역사의 발전을 가능하게 해주는 초월적 실재로서 이해될 수 있다고 지적한다.[13] 최재서는 고전을 언급하면서 세계문학의 고전과 동일시하고, 그런 고전이 인간 정신의 총체를 구성한다고 지적한다. 이런 점은 모더니즘 계열의 최재서의 전통 논의가 스스로 논의 안에 일본의 동양문화론에 포섭될 가능성을 자발적으로 내재시킨 것이라고 해석될 수 있다.

---

12) 차승기, 「1930년대 후반 전통론 연구」, 연세대 박사논문, 2002, 87면.

13) 최재서, 「고전연구의 역사성」, 『조선일보』, 1938.6.10. 최재서는 이 글에서 전통의 개념을 고전과 관련지어 논하고 있다. 전통이라는 것이 "전체의 질서"에서 작동해야 하며, 전통에서 중요한 역할을 하는 것이 고전이라고 규정한다. 그러면서 고전 논의를 티보데나 엘리엇의 논의에 기대어 전통의 세계사적 보편성을 강조한다.

4. 반성적 주체와 부정성의 탈식민성

서인식 역시 전통에 대한 역사적 탐구와 철학적 탐구를 통해 일반의 논리로 변화시키고 있다. 그러나 서인식은 이런 일반화에 내재될 수 있는 포섭의 문제점을 직시한다. 서인식이 최재서와 다른 점이 바로 그런 점이다. 서인식은 「전통론」에서 전통의 개념을 다음과 같이 밝히고 있다.

> 전통은 일면 과거적 객체적의 것으로 과거와 현대의 역사에 속하는 것이나 또한 인간의 현재적 부정적 행위를 매개로 하고 끈임없이 갱생하여나간다는 점에서는 생성으로서의 역사(원시역사)에 속하는 것이다. 더욱 소상히 말하면 그는 과거로부터 전달되여 온 점에서는 과거의 역사에 속하며 현대생활에서 반복되는 점에서는 현대의 역사에 속하나 부정적 행위를 매개로 하고 갱생하는 점에서는 미래의 역사에 속하는 것이다.[14]

서인식이 바라보는 전통은 모든 과거적인 것이 다 전통이 되는 것은 아니다. "과거의 것으로서 현대에 전달되여 와서 현재를 반복하는 것"만이 전통으로 인식되는 것이다. 또한 전통은 그 존재의 관점에서 고려하면 과거의 역사에 속하는 것으로, 달리 말하면, 과거의 대상이다. 이런 점에서 살펴볼 때, 전통은 그 성격이 단일하지 않고 양가적 존재가 된다. 즉 과거에 속한 객체이면서 동시에 과거의 시간 속에서 그대로 사라지지 않고 현재에서 다시 반복되는 존재인 것이다. 이런 점에서 전통은 과거적이면서 동시에 현재적이다. 또한 전통은 그 자체가 대상이면서 주체이기도 한 것이다. 이런 이중적 성격 때문에 전통은 과거로서 인식될 때, 비판 혹은 부정의 대상으로 받아들여질 수 있다. 앞서 언급했던, 마르크스주의자나 모더니스트가 취했던 입장이 이런 입장이었다.

---

14) 서인식, 「전통론」, 『역사와 문화』, 학예사, 1939, 162면.

그런 서인석은 전통의 이중성을 명확히 파악했다. 서인석은 전통이란 것이 인간의 부정적 행위를 통해 완전하게 소멸되는 것이 아니란 점을 분명하게 파악하고 있었던 것이다.

> 우리는 전통의 이 특성을 명확히 인식하야 두지 않으면 안 될 것이다. 사람들은 흔히 전통은 한번 부정되면 죽어없어지는 듯이 말한다. 그러나 부정을 통하야 소멸하는 것은 일은바 관습이고 전통이 아니다. 관습이 한 개의 사회형태와 운명을 같이 하는 것임에 반하야 전통을 그 부정을 매개로 하고 사회에서 사회로 끈임없이 『지양』되여 나가는 것이다.[15]

과거와 현재, 객체와 주체가 지양되는 장소로서의 전통 개념을 적실하게 설명하고 있다. 과거와 현재의 관계는 현재와 미래의 관계에서도 동일한 맥락에서 반복된다. 서인식의 관점에서 결국 전통이란 것은 관습처럼 부정을 통하여 소멸하는 것이 아니라 그 부정을 매개로 하여 삶과 죽음을 반복하여 그 존재를 확립하여 나가는 존재이다. 전통은 그 자체 내에 변증법적 원리를 내포하고 있는 것이다. '지양'이란 단어가 암시하는 것처럼, 전통의 변증법적 운동은 전통 자체에 과거와 현재와 미래를 이어주는 지속성의 성격을 부여한다. 서인석은 행동(behaviour)과 행위(conduct)를 질적으로 구분하여 자신의 논지를 확장한다. 행위적 현재란 행동적 현재가 현대와 맺는 관계와는 상이한 개념인데, 그것은 행동적 현재가 기존 사회의 행동기구를 무의식으로, 그리고 긍정적으로 반복하는 것인데 반해, 행위적 현재는 바로 그 현대에 대한 부정적 실천을 전제로 하는 견해이다. 행위적 현재의 관점은 미래적 현재가 된다.[16]

> 전통의 화신인 인간이 전통의 탈을 벗고 행동적 주체에서 행위적 주체로 이행하는 것은 일정한 사회기구가 성원전체의 일상생활을 합리적으로 「콘트롤」

15) 위의 글, 161면.
16) 위의 글, 170면.

할 수 없는 시기 즉 사회의 형식과 내용이 심대한 대립과 분열의 상태에 있는 시기이다. (…중략…) 전통이 「행동」의 주체로 존속할 수 있는 것은 역사의 상대적 안정기이며 「행위」의 객체로 전화하는 것은 역사의 전형기라고. 역사의 전형기에 있어서는 전통은 관습과 같이 「행동」을 매개로 하고 무의식적 긍정적으로 반복될 수 없고 「행위」를 매개로 하고 의식적 부정적으로 전달될 수밖에 없는 것이다.[17]

서인식의 인식체계 속에서 30년대 후반은 전형기로 인식이 되는데, 이런 시간 의식은 전통에 대한 새로운 해석을 낳게 한다. 서인식이 전형기라고 명명한 이 시기는 그 당시에도 일반적으로 주체의 위기가 증폭되는 시기로 파악되곤 했다. 주체의 위기라 함은 주체와 객체의 이분법적 사고에 기인하는 것으로 전통 개념의 이분법을 강조하는 것과 관련이 있다. 이는 앞서 언급한 마르크스주의자나 모더니스트들이 주장했던 지점과 통한다. 그러나 서인식에게 있어서 전형기는 전통의 발전과 비약이 가능하게 되는 부정적 실천의 시기라고 규정된다.

서인식에게 전통의 발전은 계제(階梯, Stufe)에서 성층(成層, Schichte)으로 진행하는 발전을 의미한다. 계제는 시간의 축을 따라 역사적 시대를 변천해 온 문화 원리의 종적인 연쇄를 말하고, 성층은 각각의 해당 시기의 문화원리가 횡적으로 전개되고 축적된 상태를 말하는 것으로, 전통의 개념을 일면적으로 파악하지 않고 시공의 개념을 바탕으로 파악하고 있는 것이다.[18] 그리고 이 부정적 실천은 구체적으로 행위적 주체에 의해 수행된다. 달리 말하자면 전형기라는 것은 과거 질서의 총체적인 붕괴 혹은 전환을 의미하며, 나아가서 그 질서 속에서 안정적으로 자리잡고 있었던 주체의 붕괴까지도 의미한다고 볼 수 있는 것이다.[19]

서인식 역시 전형기를 주체의 붕괴와 관련시켰지만, 주체 개념을 이

17) 위의 글, 174면.
18) 위의 글, 178면
19) 차승기, 앞의 글, 90면.

분함으로써 이런 논리에서 벗어난다. 붕괴되는 것은 과거의 사회적 토대와 문화적 토대이고, 붕괴되는 주체는 이러 토대 위에서 무의식적이고 긍정적으로 활동했던 행동적 주체일 뿐이다. 반면에 전형기의 성격을 올바로 인식하고 이런 성격에서 기인하는 위기를 반성하면서 전통에 대해 부정적 실천을 수행하는 행위적 주체는 구제되고 있다. 서인식이 볼 때 이런 부정적 실천을 수행하는 행위적 주체는 전형기라는 전환점의 와중에서 진정으로 필요한 반성적 주체이다. 따라서 이 반성적 주체야말로 전환기라는 위기를 극복하기 위해서 사람들이 추구해야할 그런 주체이다. 이 반성적 주체는 부정적 실천을 통해서 새로운 질서 속으로 전통을 지양할 수 있도록 노력한다. 이런 노력이 모일 때 역사는 계제로부터 성층의 수준으로 연속적 발전을 도모할 수 있는 것이다.

이런 발전의 최종적 지향점은 서인식이 판단하기에 마땅히 인류 보편의 일원적 문화체계이어야 한다는 것이다. 즉 전통의 참다운 발전이란 "문화의 특수태로서의 전통이 자기를 해체하고 문화의 일반태로서의 그것에 지양되여 나감을 의미"한다.[20] 이런 논의가 가능한 것은 서인식에게 전형기는 근대에서 현대로 이행하는 과정으로 이해되는 시기이기 때문이다.

> 전통이 문화행위의 목표점으로 정립될 때에는 그곳에는 진보와 묵수뿐 남을 것이 없다. 그리고 전통은 문화행위의 출발점인 만큼 목표점이 긍정되기 위하여서는 그는 늘 부정되지 않으면 안 된다. (…중략…) 사람들은 현대를 「라약슈날」한 시대라고 말한다. 그것은 즉 전통과 창조의 대립적 관계에 있어서 전통이 우위를 점하고 있다는 사실을 말하는 것이다. 전통의 이러한 유세는 역사의 운동 曲率을 쓸데없이 비대시킬 뿐이다. 현대야말로 전통이 부정되어야 할 시기이다.[21]

전통이 지양될 때 주체의 위기를 극복할 수 있다고 서인석은 본 것이

20) 서인식, 앞의 글, 180면.
21) 위의 글, 184~5면.

다. 30년대 주체의 의기 논의가 전통논의를 촉발시킨 것을 염두에 둔다면, 이런 서인식의 관점은 당대의 전통담론에서 한발 비켜서서 전통을 단순히 과거와 연결시키지 않고 근대를 넘어서는 현대를 고찰할 수 있는 계기를 마련한다. 전환기의 의식이 지식인들에게 점점 더 깊게 다가올수록 전환기의 위기의식을 극복할 수 있는 계기가 필요했는데, 그런 계기의 출발점 역할을 전통에 부여한 것이다.

서인식은 “단순한 과거에의 향수에서 출발한 고전의 회고를 미래에의 문화종합으로 전환하는 것이 옳지 않을까?”[22]라는 시각을 견지하면서 위기를 출발점으로 삼는다. 이와 같은 부정적 실천이 특수태로서의 전통과 문화의 일반태로서의 전통의 상호관련성에 주목한 점은 이후 동양적 전통의 담론에 내재되어 있는 일본의 새로운 식민지 사관에 비판을 수행할 수 있는 단초가 된다.

서인식이 언급하고 있는 전통의 개념은 당시 중요한 담론으로서 논의되고 있던 고전 혹은 조선적인 것과는 일정 정도 거리를 두고 있는 개념이다. 이 점은 상당히 중요한 점이다. 서인식이 부정되어야 할 전통의 개념으로 제시하는 것은 세계자적인 의미에서의 근대문화의 전통과 더 깊은 관련을 갖고 있는 것으로 보인다. 그 이유는 서인식이 언급하는 전형기 혹은 전환기는 근대에서 현대로 이행하는 과정을 지시하는 것이기 때문이다. 서인석은 부정될 대상으로서의 전통을 근대 시민문화 혹은 ‘리베랄리즘’이라는 특정한 문화 원리에 의하여 구성된 그런 문화적 전통이라고 규정한다. “낡은 사회의 문화 원리인 「리베랄리즘」에 의하야 이들 제형상을 통일적인 「문화상」에 재체계화할 수 없을 것만은 틀림”[23]없다고 주장한다. 개인을 사회와 문화의 근본 구성단위로 파악하는 리버럴리즘의 원리는 이제 시효가 다 되었다고 본 것이다.

그렇다고 이른바 민족적 전통이나 전근대적 질서 속으로 다시 돌아

22) 서인식, 「고전과 현대」, 『역사와 문화』, 279면.
23) 위의 글, 271면.

갈 수도 없는 것이었다. 민족의 독자성에 목말라 했던 민족주의 계열의 이론가들, 즉 김억·김진섭·김태준 등이 민족의 동의어로서 제시했던 전통의 개념에는 이런 고민이 존재하지 않았다. 이들의 이런 개념이 명확하게 드러난 것이 이들이 고전부흥운동의 핵심으로 제시한 '조선학'이란 명칭에서 이다. 민족의 근원을 문화의 고유성에서 찾는 것이다. 근대의 위기 해결책을 문화적 고유성에서 찾는 우를 범한 것이다.

이런 딜레마를 해결하고자 한 것이 서인석 논의의 핵심이었다. 당시 이런 딜레마의 해결책으로서 전체주의 담론이 성행하고 있었지만, 서인식은 전체주의는 리버럴리즘만큼이나 역사적 한계를 드러냈다고 경고한다. 그런 역사적 한계를 극복할 수 있는 구체적 방법론으로서 변증법적 종합의 원리를 제시한다.[24] 즉 부분에 앞서면서도 또한 부분에 의해서 매개되는 매개적 전체성의 원리만이 전형기에 우리가 탐구할 유일한 문화원리라고 제시한다.

서인식의 논의가 다른 이른바 역사철학자들이나 마르크스와 모더니스트 논의와 구별되는 지점은 바로 전통 담론을 펼치면서도 일본의 동양론에 내포되어 있는 전체주의에 함몰되지 않고 오히려 비판적으로 접근하는 데 있다. 서인석이 날카롭게 포착한 것은 근대의 인식의 틀을 이항대립적 틀로 파악했다는 것이다. 예를 들어, 과거와 현재, 전체와 개인, 동양과 서양 등의 대립개념이 바로 그것이다. 주지하다시피, 근대의 인식틀은 이항대립적 사고에 기초한 사고틀이다.[25] 따라서 서인식이 근대를 벗어나 현대로 나아가기 위해서는 이와 같은 이항 대립적 사고의 틀을 뛰어넘어야 한다고 보는 것은 너무나 당연한 논리적 귀결이다. 실제로 서인석은 전체주의적 사관을 비판하면서, 만약 전체주의 사관이 새로운 미래의 주도적 원리가 되고자 한다면, "전체주의사관이 적어도

---

24) 위의 글, 274~5면.

25) Zygmunt Bauman, *Modernity and Ambivalence*, Ithaca, New York : Cornell Univ. Press, 1991, pp.1~18.

장래할 인간의 영도사관이 되려면 그는 한 민족의 특수사와 제국민의 보편사를 합리적으로 연결할 수 있는 구체적 보편적 원리를 가진 사관이 되지 않으면 안 될 것"[26]이라고 갈파한다. 달리 말하자면, "우리의 정신을 지배하는 시민문화"와 "생활을 지배하는 전통문화"가 융합되지 못한 근대적 삶의 문제점을 극복하기 위해서 "동양문화와 서양문화의 종합형식"을 탐구할 것을 요구한다.[27]

과거, 즉 조선적인 것으로의 회귀를 강하게 비판했던 모더니스트와 마르크스주의자들은 전통에 내재된 이중적 성격을 간과했다. 전통은 한편으로는 과거적인 것, 조선적인 것이었지만, 또 다른 한편으로는 시민적(현대적)인 것이기도 했다. 모더니스트와 마르크스주의자들이 이런 이중적 성격을 간과한 것을 정확하게 파악한 서인식은 종합을 시도한 것이다. 서인식은 근대화와 현대화를 동시에 수행할 수밖에 없는 이중적 과제를 잘 인식하고 있었다. 이런 점을 인식한 모더니스트와 마르크스주의자들은 일제 말기에 전통을 '현재하는 잔여적인 것'으로 파악하고 새로운 시각에서 전통문제에 접근을 시도한다.[28] 이런 논의는 역사철학의 전통 논의가 세계사의 관점에서 이루어진 것과 관련이 있다. 즉 중일전쟁 이후 일본에서 성행한 역사철학적 담론의 영향이 전통 담론을 새롭게 할 수 있는 일정한 시각을 제시한 것이다. 또한 이런 맥락에서 전통논의는 동양문화 논의로 전환된다.[29] 실재하는 동양이 아니라 '동양'이 창안되는 단계로 나아가게 되는 것이다.

26) 서인식, 「전체주의 역사관」, 『역사와 문화』, 233면.

27) 서인식, 「고전과 현대」, 280면.

28) 일본 지식계에 등장한 교토학파로 대표되는 역사철학자들의 시각이 이런 괘도 수정에 큰 영향을 준다.

29) 스테판 다나카, 「근대 일본과 '동양'의 창안」, 『동아시아, 문제와 시각』(정문길 외편), 문학과지성사, 2004.

5. 상상의 '동양' 담론과 제국주의 식민성

1938년 11월 동아신질서를 주창하는 이념인 동아협동체론이나 동아연맹론 등과 같은 이념이 일본에서 미키 기요시[三木靑]가 주도하는 혁신좌파 지식들이 주창되었다.[30] 미키 기요시가 주창한 동아협동체론은 일본과 중국이 충돌하게 되면, 일본이 제국주의적 팽창을 더 이상 시도하지 못하게 되고 이런 변화가 일본의 정치적 변혁을 촉진시키고, 그 결과 아시아 전체의 행방을 실현하게 된다는 것이다. 중일전쟁이 아시아의 탈식민지화와 자본주의 문제점을 극복할 수 있는 계기를 마련해 주는, 질서 전환의 계기로 여겨졌던 것이다. 이런 의식은 후에 근대의 초극 논의로 확장이 된다.

이런 맥락에서 일본의 또 다른 대표적 역사 철학자인 코우야마 이와오[高山岩男]는 근대적 세계가 몰락했고, 이런 상황을 극복할 수 있는 새로운 세계, 즉 현대적 세계가 대두하고 있다고 주장한다. 일본의 역사철학에서 특히 교토학파의 역사철학은 30년대 후반 전통 담론에 심대한 영향을 미친다. 교토학파의 역사철학은 대립적 시각에 의문을 제기하면서 전통에 그 역할을 부여한다. 특수와 보편, 부분과 전체, 동양과 서양 등의 대립적 이분법에 내재되어 있는 문제를 돌파하기 위해서 전통의 개념을 새롭게 정립한 것이다. 즉 서구 중심의 세계 이해를 서양과 동양의 문화적 차이와 근대 초극 담론에 수용하면서 새로운 세계이해를 구축하려고 하면서 전통의 개념을 새롭게 설정한 것이다.

---

30) 영미와 동일한 성격의 본래의 자본주의는 수정되고 억제될 수밖에 없고, 동아협동체의 건설을 목표로 하는 일본도 제국주의적이어서는 안 된다는 당시 일본 지식계는 보았다. 오자키 호쓰미[尾崎秀實], 「동아협동체의 이념과 그 성립의 객관적 기초」, 『동아시아인의 '동양' 인식』(백영서 · 최원식 편), 문학과지성사, 1997.

종래 단적으로 「세계」라고 생각되어 온 유럽적 세계가, 실은 하나의 근대적 세계에 지나지 않는다는 것이 의식되어 오고, 유럽적 세계 그 자체의 근대적인 내적 질서가 스스로 붕괴의 시기에 도달했다는 것을, 현대의 세계사적 대전회가 보여주고 있다고 생각하는 것이다. 이것은, 비유럽적 세계가 유럽적 세계와 점차 대등한 존립성을 요구해왔음을 의미하며, 따라서 여기에서, 근대적 세계와는 다른 질서와 구조를 지닌 현대적 세계가, 혹은 진실한 의미에 있어서 「세계사적 세계」가, 처음으로 성립의 단서에 도달했다는 것을 의미하는 것 이외에 다른 것이 아니다.[31)]

코우야마 이와오는 유럽 중심적 세계관에 의문을 제기한 것이다. 유럽 중심적 세계관을 마치 세계의 보편적 질서인 듯 받아들인 것이 문제라는 것이다. 따라서 세계라는 개념에는 비유럽에 대한 유럽의 지배권이 당연한 것처럼 받아들이게 하는 은폐의 인식이 숨겨있다는 것이다. 그런데 일본이 이에 대한 반론을 제시하고 유럽 세계와 대등한 관계를 주창해야만 한다고 코우야마는 주장한다. 이 논의에서 문제는 유럽 중심적 세계관을 지우는 대신 또 다른 중심 일본을 설정했다는 것이 문제이다. 코우야마는 대동아공영권의 건설을 주도하는 동아의 맹주로서의 일본을 설정하고 이에 해당하는 세계를 구상한 것이다. 일본을 중심에 설정한 것은 문제적이다.

그러나 교토학파의 또 다른 주요 인물인 미키 기요시는 세계사 논의를 하면서 비판의 대상으로 삼은 것은 앞에서 언급한 것처럼, 제국주의와 식민주의이다. 코우야마와 미키 기요시 두 사람은 이른바 동일한 이름의 세계사의 철학을 하였지만 그 지향점은 전혀 다르다고 볼 수 있다. 두 사람 모두 현대로의 문명사적 전환이 필요하다고 생각했지만 그 지향점이 다름으로서 전혀 다른 담론을 생산한 것이다.

서인식에게 주도적 영향을 미친 것은 미키 기요시였고, 마르크주의

31) 고야마 이와오[高山岩男], 「세계사의 이념」, 『사상』, 1940, 2면(차승기, 앞의 논문에서 재인용, 97면).

자들과 모더니스트들에게 주도적 영향을 미친 것은 코우야마였다.[32] 서인식은 교토학파 역사철학 담론의 영향을 받아 동양문화와 서양문화의 이분법적 대립항을 통해 자신의 논리를 전개했지만, 이들의 동양문화의 동일성 담론에서는 거리를 두었다. 그 이유는 서인식이 동일화 담론이 문화적인 토대로 제시하고 있는 동양문화의 전통이란 것이 실질적으로는 동양세계의 문화적 통일성을 뒷받침하는 근거라기보다는 일종의 정치적 목적에 의해 인위적으로 구성된 담론에 불과한 것을 간파했기 때문이다.

> 저들(전통주의자-인용자)은 그것(전통의 가치-인용자)을 창고한 것 중에서도 특히 특수한 것에서 찾는다. (…중략…) 그러나 특수한 것이 반드시 규범성을 가질 수 있을가? 적어도 형식적으로 볼 때에는 특수가 특수되기 위하여서는 일면적 개별성을 갖지 않으면 안 될 것이나 규범이 규범이 되기 위하여서는 보편적 일반성을 갖지 않으면 안 될 것이다.[33]

전통담론에 참여한 서인식은 동양문화의 동일성을 지나치게 강조하는 논리 속에 이미 내적으로 다양한 동양문화 속에 내재하는 이질성을 억압하는 기제가 들어있다는 점을 잘 인식하고 있는 것이다. 서인식은 일제의 동일화 이데올로기를 내부로부터 비판하는 전략을 취한다. 소위 지나학이란 것이 일본의 우월성을 확립하기 위해 대립적 개념으로 내세운 학문분야란 점을 날카롭게 지적한다. 실제로 지나학은 일본에서 동양사학의 하위학문이었다. 아시아는 하나가 아닌 것이다.

> 우리가 유럽제국의 문화를 일괄하여 서양문화라고 부르는 의미에서 동양문화라는 것을 말할 수 없다는 것은 오늘날 지나학의 권위 쓰다 소키치[津田左

---

32) 미키 기요시, 「신일본의 사상 원리」, 『동아시아인의 '동양' 인식, 19~20세기』(최원식·백영서 편), 문학과지성사, 1997.
33) 서인식, 「전통론」, 182~183면.

右吉] 박사를 비롯하여 여러 학자들이 공인하는 모양 같아.

> 유럽의 제국민은 근대 이전부터 세계문화라는 한 개의 통일된 문화권을 형성하고 살아왔지만 동양의 제국민은 군대에 이르기까지 각기 독립한 문화권을 형성하여 가지고 문화사적으로도 서로 깊은 내면적 연관 없이 각기 고립하여 살아왔다.[34]

위의 인용문의 내용은 유럽은 통일된 문화권을 형성하고 살아왔지만 동양의 경우 서로 깊은 내적 관련 없이 고립하여 살아왔기 때문에 동일성 담론이라는 것이 일종의 신화에 불과하다는 점을 서인식의 관점을 적실하게 잘 드러낸 글이다. 서인석은 여기서 한걸음 더 나아가,비록 교토학파의 미키 기요시의 논의에서 영향을 어느 정도 받았지만, 보편성을 지향하는 태도를 유지하면서 중일전쟁의 세계사적 의미를 규명하고자 했던 미키 기요시의 논의도 비판한다. 이렇게 세계사 역사철학에 영향을 받았으면서도 그 담론에 함몰되지 않고 서인식은 자기만의 논리를 세우고 당대 조선에 필요한 탈식민주의 시각을 새롭게 제시하고 있는 것이다. 서인식은 중일전쟁의 의미에 대해서 의문을 제기한다.

> 오늘날의 사변을 세계사적 의의를 가진 것이라 말할 때에 그 말을 단순한 정체적 「레토릭」으로 사용한다면 몰라도 그렇지 안는 한 그 의미를 적당히 한정하여 오늘날 세계사적 현재가 당면하고 있는 보편적 절대적 과제에 연결하여 해석하지 않을 수 없다. 그렇지 안는 한 그것이 설사 금후의 동아제민족의 흥망에 지대한 결과를 재래한다하더라도 그러한 민족흥망사적 사실은 한 나라에 있어서의 왕조변천사적 사실과 같이 역사에 있어서의 단순한 「포텐즈」의 기복은 표현할 망정 결코 그것의 「에폭」을 결정하려는 것은 아니다.[35]

중일전쟁이 진정한 의미에서 세계사적 의의를 지니려면, 단순한 정

---

34) 차승기 · 정종현 편, 「동양문화의 이념과 형태－그 특수성과 일반성」, 『서인식 전집－신문 · 잡지 편』 II, 역락, 2006.

35) 서인식, 「현대의 과제(其2)－전형기 문화의 제상」, 『역사와 문화』, 207면.

치적 수사로서가 아닌, 단순히 민족국가의 이해관계나 요구에 한정되지 않고, 보편적 성격을 지닌 현재의 문제, 즉 '캐피탈리즘'의 문제를 해결할 수 있어야한다는 것이다. 일본이 주장하는 서양으로부터의 동양의 해방이란 구호도 결국 이런 자본주의 문제를 해결하는 원리가 되지 않는다면, 세계사적 의의도 결국 하나의 수사에 불과할 것이고, 단순한 '흥망사적 사실' 이상의 그 무엇이 될 수 없다. 서인식은 동양에서 이루어지는 변혁이 진정으로 세계사적 의의를 지닐 수 있으려면 보편성은 물론이고 동양과 서양을 모두 장악하고 있는 자본주의 원리까지도 뛰어넘을 수 있는 새로운 원리를 끌어내야한다고 주장한다.

서인식은 세계사의 철학과 동아협동체론의 담론을 그 내부로부터 비판한다. 담론의 표면에서는 드러나지 않는 제국주의 담론의 특징을 폭로하는 것이다. 그럼으로써 탈식민의 논리를 확보하는 것이다. 실제로 오자키 호쓰미[尾崎秀實]의 동아협동체론에 담겨있는 민족 문제에 대한 재확인에서 분명하게 드러나는 것처럼, 동양의 신질서 구상은 전형기의 세계 정세 속에서 일본의 정치적 이익과 경제적 이익을 도모하기 위해 동아시아에서 정치 경제적으로 하나의 세계를 추진하려고 했던 일본 군산복합체의 식민주의적 시각이 반영한 것이다.[36] 일본의 역사철학자들이 식민주의와 제국주의 시각을 은폐한 담론을 서인식은 그 담론의 은폐성을 드러내는 내부 비판 전략으로 역사철학 담론의 새로운 위장 식민성을 드러낸다. "오늘날 제창하는 사상적 원리로서의 동아협동이론도 그것이 단순한 동양적 「뮤토-쓰」로서 논의되는 한 전자(동양의 전통적인 가족주의)와 다를 것이 없으며 또는 설사 세계적 「뮤토-쓰」로서 諸義된다 하더라도 그가 「캬피탈리즘」의 문제와 근본적 연관을 갖고 제

36) 오자키 호쓰미[尾崎秀實], 「동아협동체의 이념과 그 성립의 객관적 기초」, 『동아시아인의 '동양' 인식, 19~20세기』(최원식 · 백영서 편), 문학과지성사, 1997; 미키 기요시[三木淸], 「신일본의 사상 원리」, 『동아시아인의 '동양' 인식, 19~20세기』(최원식 · 백영서 편), 문학과지성사, 1997.

기되지 안느 한 그야말로 단순한 「뮤토-쓰」에만 끈치고 말"[37]것이라는 점을 서인식은 명확히 인식한다. 서인식은 동양문화론 내부의 동일성 담론의 신화성의 모순을 그 자체 내부의 모순을 드러냄으로써 아시아는 절대로 하나가 아니란 점을 강조한다.

서인식은 일제의 지배 이데올로기와 문화주의적 헤게모니 담론의 내적 허구성을 비판하기 위해 일본 역사철학계가 제시한 보편성의 개념을 받아들였다. 이런 점에서 서인식은 다른 역사 철학자들, 모더니스트, 마르크스주의자들 등과 구별되었다. 내선일체, 오족협화 등의 정치 이데올로기와 동양문화론과 같은 문화론 이데올로기가 동일화 담론을 통해 이질성과 차이를 제거하는 것을 간파하고 이의 내적 모순을 지적한 것이다.

서인식은 문학의 문제에도 개입을 했는데, 「문학과 윤리」란 글에서 현대를 '짓테(Sitte)'와 '게뮤트(Gemut)'로 분리된 사회, 즉 윤리와 심정 사이의 분리가 극에 달한 시대로 규정하면서 문학 역시 균형과 조화를 상실한 인간의 모습을 일반화시켜 그리고 있다고 주장한다.[38] 서인식은 현대의 시대성에서 기인한 이런 분리가 다시 통합되어야 한다고 역설한다. 이 역시 전통 논의의 연장선에 있다고 볼 수 있다. 비록 서인식은 문학을 전공하지는 않았지만, 30년대 후반 전통 담론이 문학을 주도하고 있었던 논객들 사이에서 벌어지고 있었다는 점을 인식하고 있었다. 그래서 전통 담론을 문학의 영역으로까지 확장시켜 논의한 것이다.

서인식은 기본적으로 통합의 논리만이 그 해결책이라고 본다. 이런 시기에 작가에게는 자명한 윤리적 진실이 주어져 있지 않기 때문에 '부재의식'이 그 특징을 이룬다. 이런 부재 의식의 해소나 통합의 길도 반드시 현대의 에토스에 대한 비판과 풍속비판의 길을 통해 모색되어야만 한다고 주장한다.[39] 내재적 비판을 통해서만이 전형기의 문제를 해

37) 서인식, 「현대의 과제(其2), 213면.
38) 서인식, 「문학과 윤리」, 『서인식 전집』 II, 2006, 241~264면 참조.

결할 수 있다고 본 것이다. 내재적 비판만이 일본의 제국주의를 정당화 시키려는 의도에서 창안되었던 동양문화 담론에 포섭되지 않고 '주체 위기'의 시대를 돌파할 수 있다고 믿었던 것이다.

6. 결론

30년대 후반 전통논의는 대부분 일견 서로 다른 입장에서 다른 논의를 전개한 것처럼 보이지만, 실상 그 내면을 들여다보면 동일한 지향점을 향하고 있다고 볼 수 있다. 지향점에 끝에 존재하는 것이 바로 '동양문화'론이다. 30년대 전통논의에 참가한 이들은 최초에는 조선적인 것을 환기시키려는 노력에서 시작하였지만, 결과적으로 서구적인 것을 염두에 둠으로써 가치의 전도를 불러왔다. 이런 가치의 전도는 결과적으로 일본 식민지 합리화 논리의 연장선인 동양문화론에 포섭되는 계기를 만들었다. 또한 당대 현실에서 유리되는 결과를 낳았다. 동양문화론에 포섭되는 과정에서 주체적으로 받아들여야했던 조선적인 것은 타자화 되었다. 전통을 둘러싼 담론은 민족과 계급의 범주를 초월한 새로운 역사의 원동력을 동양문화론에서 찾으려고 함으로써 스스로를 타자화 시켰던 것이다.

서인식은 이런 전통 담론의 문제점을 인식하면서 전환기에서 기인하는 위기를 너무나 쉽게 해결하려고 하지 않는다. 그는 전환기의 위기를 진정으로 극복하려면 위기에서 다른 담론의 장소로 탈출하지 말고 그

---

39) 위의 글 참조.

위기를 견디면서 부정적 실천을 수행해야 한다고 주장한다. 서인식은 새로운 보편주의로 조선 지식계에 스며들어왔던 동양문화론의 동일성 담론에 저항하는 의미에서 새로운 이념으로서의 보편성을 제시하고, 이런 이론적 기초에서 동양문화론의 동일성 이론에 저항하는 이질성을 강조한다. 새로운 문화이념으로서의 동양문화론에 포섭의 논리가 내재되어 있음을 간파한 서인식은 반성적 사유의 주체를 설정한다. 이 반성적 사유의 주체는 전통 담론에 필연적으로 내재될 수밖에 없는 양가적 특성을 간파할 수 있는 존재이다. 이 존재는 동양 내부에 존재하는 현실적인 억압 구조를 인식하고 이에 대해 탈식민주의적 담론의 출발점으로서의 역할을 할 수 있는 존재인 것이다.

탈근대, 탈민족 담론과 페미니즘(문학)연구

경합과 교섭에 대한 비판적 읽기

김양선

1. 문제제기

여성문학론이 본격적으로 우리 사회에 소개된 1980년대 이후 문학연구 방법론이자 실천적인 담론으로서의 여성문학론은 항상 당대의 지배적인 담론과 건강한 긴장관계를 유지해 왔다. 1990년대 근대 비판과 근대 이후를 모색하는 일련의 움직임들 속에서 여성문학론은 탈근대 기획을 대표하는 문학이론으로서 그 입지를 굳히게 된 듯하다. 탈근대 담론은 동일성보다는 차이, 통일성보다는 틈과 균열에 주목했고, 그 와중에 여성문학론은 탈근대 담론이 내세우는 차이의 정치를 효율적으로 수행할 수 있는 이론으로 여겨지게 되었다.

국문학 연구의 동향과는 별도로 2000년대 들어 탈근대 · 탈민족 · 탈주체 담론이 문학담론의 중심에 서게 되면서 여성성이 특권적인 의미를 지니게 된 것은 주목할 만하다. 최근 탈근대, 탈주체 담론에서는 여성성을 배제되고 억압된 것, '재현불가능한 것'을 총칭하는 개념[1]으로 쓰면서 거기에 긍정적인 가치를 부여한다. 가령 차이의 성 정치학에서는 "개별자들의 수만큼 많은 성적 주체성", 복수의 젠더를 용인한다. 하지만 이처럼 단일한 주체는 없고 주체'들'이 있을 뿐이라는 탈주체 담론의 맥락을 수용한다면 기존의 여성성과는 다른 새로운 상상력을 여성문학의 관점에서, 그리고 여성의 시각에서 무엇이라 명명해야 할지 알 수 없게 된다. 기존의 동일성의 정치에 포함되지 않는 '모든' 문학을 지칭하는, 그래서 궁극적으로는 '성차'가 지워지거나 모호하기에 더 이상 여성문학이라고 부를 수 없는 어떤 것을 지칭하는 게 되어 버리기 때문이다.[2] 다시 말해 최근 탈근대, 탈주체 담론에서 여성(성)은 여성문학론이 애초에 지향했던 현실과의 접점을 상실한 채 문학주의의 순환회로 안에서 전복성과 주변성을 인증하는 데 전용되고 있다는 게 필자의 판단이다.

한편 한국문학 연구에서는 근대성 연구가 전 방위적으로 확대되고, 식민성에 대한 고찰이 탈식민주의 이론과 만나면서 여성문학론 역시 1990년대와는 또 다른 차원에서 전개되고 있다. 범박하게 말해 1990년대 여성문학 연구가 여성성, 여성적 글쓰기, 여성작가들의 작품 발굴과 재해석을 중심으로 이루어졌다면 2000년대 여성문학 연구는 기왕의 연구 성과를 수렴하면서 제도사와 일상사·문화사 등 학제 간 연구로 그 범위를 넓히고 있다. 또한 근대성·민족주의·식민주의·파시즘 등을

1) 페미니즘 문학비평이 주변화되면서도 여성성 담론은 범람하는 역설적인 상황이 비단 한국문학의 현실일 뿐만 아니라 일종의 전지구적인 현상임은 아래 글에서 지적된 바 있다. 정소영「성차와 영문학비평—케이트 쇼팬의『깨어남』읽기」,『안과밖』20호, 창비, 2006.4, 149면.

2) 이상 최근 비평 담론에서 흔히 보이는 여성성의 과잉담론화에 관한 논의는 필자의 아래 글을 참고하였다. 김양선,「2000년대 여성문학비평의 쟁점과 과제」,『안과밖』21호, 창비, 2006.10.

젠더 정치학이나 젠더 위계질서와 관련하여 조망하는 작업이 활발하게 진행되고 있다. 본고에서는 이와 같은 최근의 연구동향을 비판적으로 재검토하고자 한다.

민족 담론이 근대의 산물이라면, 탈민족 담론은 선험적으로 주어진 '민족'으로 단일화되지 않은 다양한 정체성의 구성에 주목한다. 즉 민족주의를 "미리 결정되어 있거나 단일한 역사 경로 위에 고정된 것이 아닌, 유동적이고 가변적이며 구성된 범주로 이해"[3]하는 것이다. 민족주의를 단일한 것으로 보지 않게 되면, 식민주의와 근대성이 결합할 경우 다양한 정체성의 구성이 용이해진다. 이 과정에서 여성은 한편으로는 민족의 자기 구성에 동원되었고, 다른 한편으로는 민족이 설정한 배타적인 경계를 벗어나고자 했다. 탈민족 담론이라든가 탈근대 담론은 민족과 근대, 여성 사이에 차별과 억압 · 강제만이 아닌 경합과 협상, 동조의 다양한 스펙트럼이 존재한다는 것을 역동적이고 세밀하게 드러냈다는 점에서 의미가 있다. 또한 '국민국가'와 '여성'을 탈자연화, 탈본질화 한 후, 즉 국민국가를 젠더화[4] 한 다음 그것을 탈구축[5]하려는 다양한 시도들을 보여준다.

필자는 이와 같은 젠더의 관점에서 탈근대 · 탈민족 이론을 펼치는 이론가들의 작업이 거둔 성과는 성과대로 수용하되, 이들의 작업이 '차이'와 '다양성'을 이론과 실천, 담론의 수준에서 수행하고 있는지 비판적으로 접근할 것이다.

---

3) 마이클 로빈슨 · 신기욱 편, 도면회 역, 『한국의 식민지 근대성』, 삼인, 2006, 39면.

4) 탈근대주의 · 탈민족주의 입장을 취하고 있는 우에노 치즈코는 국민국가에는 젠더가 있다고 본다. 그는 '여성의 국민화'는 근대 국민국가가 여성에게 떠맡긴 배리를 체현한 것이고, 따라서 역으로 근대 국민국가의 틀 안에서는 여성 해방이 불가능하다는 점을 근거로 여성이 국가를 초월해야 한다고 주장한다(우에노 치즈코, 이선이 역, 『내셔널리즘과 젠더』, 박종철출판사, 1999, 92~96면 참조).

5) 위의 책, 207면.

2. 탈민족 담론과 젠더

최근 민족과 젠더 사이의 역학관계를 규명하려는 시도들은 특히 근대의 산물인 민족(주의)가 자기를 구성하는 과정에서 어떻게 젠더 정치학을 작동시켰는지를 발본적 차원에서 제기하고 있다. 이처럼 민족이라는 개념에 함의된 자기동일성의 모순을 성별화된 시각으로 분석하고, 해체하고 새로운 입지점을 세우려는 시도들은 대체로 둘로 나눠진다.[6]

먼저 탈식민 페미니즘론이나 민족주의적 국가파시즘에 대한 분석의 측면에서 여성의 '이중 식민화' 현상을 분석하고 남성중심적 민족주의를 비판하는 입장이다. 가령 『위험한 여성』에서 최정무는 "본질주의적, 폐쇄적 민족주의의 경계를 허무는 탈영토화의 시도"라는 문제의식 아래 "한국의 반식민적 민족주의가 제국주의와 합의를 할 뿐만 아니라, 역설적이게도 제국주의가 제도화한 인종, 계급, 젠더에 관한 편견을 제국주의적 입장에서 내면화하고 있다"[7]고 주장한다. 특히 그는 식민 종주국인 자아와 식민지 타자 사이의 관계가 젠더의 관계로 표현되어 왔을 뿐만 아니라, 피식민국의 반식민지 민족주의 역시 자기 안의 타자(여성)을 타자화함으로써 자신들의 불안한 정체성을 보장받는 모순적 측면이 있다고 지적한다. '성애화된 민족', '성별화된 민족주의'라는 개념이 그것이다. 『위험한 여성』에 실린 대부분의 글들은 남성 주체가 자신의 '식민성'을 여성에게 투사하는 이른바 '이중의 식민성'을 여러 텍스트를 통해 분석함으로써 피식민자 남성의 식민지 무의식을 밝히는 데 유효

6) 민족과 젠더 사이의 관계에 대한 상반되는 두 입장은 필자의 아래 논문 내용을 참고, 수정한 것임을 밝혀둔다. 김양선, 「식민 시대 민족의 자기구성 방식과 여성」, 『한국근대문학연구』 8호, 한국 근대문학회, 2003 참조.

7) 최정무, 「한국의 민족주의와 성(차)별 구조」, 『위험한 여성－젠더와 한국의 민족주의』(일레인 김·최정무, 박은미 역), 삼인, 2001, 8면.

한 단서를 제공한다.

하지만 "식민지 남성과 식민 지배자는 식민지 여성을 억압하는 동지적 관계를 이룬다"(30면)거나 "민족주의는 남성주의적 담론의 정수"(45면)라는 식의 분석은 지나친 일반화이자 해당 시기 다양한 계층, 다양한 지역 여성 내부에서 진행되고 있었던 탈식민의 다양한 시도들을 간과한 지적이다. 식민지 남성과 식민 지배자를 '남성적'인 자질로 함께 묶을 수 있을까? 식민지의 민족주의 담론과 제국주의 담론의 구조적 동일성은 인정한다 하더라도 그것은 담론 생산방식과 구조상의 동일성을 확대해석한 것이다. 따라서 양 자를 '동지적 관계'라는 모종의 형제애로 묶는 것은 민족(주의)의 발생 배경과 효과를 고려하지 않은 것이라 할 수 있다. 이와 같은 지나친 일반화는 제국주의와 식민지간의 차이를 설명하지 못할 뿐만 아니라 제국의 여성과 식민지 여성 간의 차이, 식민지 여성 내부에서도 계층이나 지역, 교육의 정도, 내면화든 의식적으로든 받아들인 이데올로기의 입지점 등에 따라 빚어지는 다양한 차이들을 간과한 것이라는 점에서 문제가 있다.

반면 이상경과 이선옥은 민족주의에 내재된 젠더 정치의 문제점은 충분히 의식하되 페미니즘과 민족주의, 페미니즘과 반식민주의를 서로 배타적인 것으로 인식하는 것은 문제라는 입장을 견지하고 있다. 그런 점에서 이들의 관점은 앞서 탈민족주의 및 탈근대론과는 차이가 있다. 가령 이상경은 식민 상태로부터의 해방과 가부장제의 억압으로부터의 해방이라는 두 가지 목표를 함께 추구했던 식민지 여성의 경험에서 페미니즘과 내셔널리즘은 일방적이지도, 이분화된 것도 아닌, 서로의 요구를 수용하면서 타협해 가는 다면적인 과정을 거쳤다고 주장한다.[8] 일본과 조선에서 여성과 민족, 내셔널리즘의 관련성이 차이가 있었으며, 식민지 조선에서 여성적 자의식은 민족적 자의식과 배치되거나 모순되

8) 이상경, 「식민지에서의 여성과 민족의 문제」, 『실천문학』 69호, 실천문학사, 2003 봄, 55면.

는 것이 아니라 밀접하게 관련되어 있다는 것이다.[9] 이선옥 역시 "민족주의가 만들어내는 담론에서 민족 문제와 젠더 정치가 결합할 때 젠더에 대한 억압이라는 동일성의 측면이 있지만, 민족 간의 차이에 따라 젠더 정치는 전혀 다른 상황과 효과를 지니게 된다"[10]고 강조한다. 그런 관점에서 '여성범주'의 구성방식이 '민족주의의 성격과 민족의 동질성을 형성하기 위한 균열과 선택과 배제의 원리'를 읽어낼 수 있는 잣대가 된다고 본다. 가령 그는 친일작품과 비협력의 작품을 비교하면서 민족 간 위계 만들기에 남녀관계가 작동하는 과정을 분석한 글[11]에서 두 계열의 작품이 여성을 추상화하고 차이를 드러내지 못한다는 점을 비판하면서도 내적 논리를 따져 보면 제국주의 서사에 균열과 틈새를 내느냐 여부에 따라 차이가 있다고 주장한다.

지금까지 살펴본 두 입장은 여성이 민족-국가의 형성 원리에 선택/배제의 중층적인 방식으로 전유되고 있는 것까지는 동의하는 듯 보인다. 하지만 첫째 여성이 주체로서 민족-국가의 형성에 개입할 가능성을 보고 있느냐 하는 점에서, 두 번째로는 '어떤' 민족이냐에 대한 인식 내지 세계관에서 갈리는 듯하다. 요컨대 제국의 민족(주의)와 제3세계 식민지 경험을 가진 민족(주의)로 일컬어지는 저항적 민족(주의)간의 논리적 유사성에 착목하느냐, 아니면 양자 간의 차이를 강조하느냐에 따라서 민족과 젠더 정치 사이의 관계를 바라보는 데에서 차이가 난다.

실제로 민족 '안'의 무수한 개인들과 집단들의 자기동일성 확보를 위한 쟁투 속에서 '어떤' 민족이냐를 묻는, 소위 민족을 호명해 거기에 의미를 부여하는 방식에는 다기한 차이들이 노정되어 왔다. 따라서 초남성적 관제민족주의에 대항해 온 진보적·저항적 민족주의 역시 남성중

9) 이상경, 「일제 말기의 여성 동원과 '군국의 어머니'」, 『페미니즘연구』 2호, 동녘, 2002.
10) 이선옥, 「우생학에 나타난 민족주의와 젠더 정치」, 『실천문학』 69호, 실천문학사, 2003 봄, 88면.
11) 이선옥, 「민족 간 위계 만들기와 젠더 정치」, 『여성문학연구』 15집, 한국여성문학회, 2006.

심적 질서를 승인하고, 젠더 위계적 담론 전략을 구사했다는 비판은 양자 간의 본질적 차이를 무시한 채 민족(주의)담론의 구성방식이라든가 배제의 메커니즘에서 드러나는 유사성에만 함몰되어 있다는 점에서 한계가 있다.

그럼에도 불구하고 민족주의 담론을 (초)남성적인 담론의 정치학으로 규정하고, 그것이 여성을 배제시키는 동학에 한국 근·현대문학 연구가 정향되어 있는 까닭은 무엇인가. 첫째 이런 관점이 한국의 특수한—하지만 제3세계나 일종의 아시아적 경험에서는 보편성을 띠고 있는—'식민지' 근대의 무의식을 해석하는 유효한 단서를 제공하고 있기 때문이고, 둘째 식민 시기와 식민 이후의 시기를 연속적인 관점에서 파악할 수 있는 있는 틀이 되기 때문이다. 민족이 강제적으로 지워진 시기이든, 민족을 강제적으로 재기입하는 시기이든, 이와 같은 삭제와 재기입의 방식에 여성이 식민화–탈식민화–재식민화의 과정을 거치면서 남성(성)의 형성에 전유되었다는 것은 부정적으로나마 문학사를 연속적인 관점에서 파악하려는 시도에서 흥미로운 관점이 아닐 수 없다. 하지만 이와 같은 관점은 현재 우리 문학사 서술이나 연구에서 제대로 성취되지는 않고 있다는 것이 필자의 판단이다. 전체 문학사를 초남성적 민족주의 담론이라는 틀로 바라볼 경우 매 시기 이런 담론의 틀에 포함되지 않는 텍스트들은 배제되고, 틀에 맞는 텍스트만 선규정하여 선택하는 일종의 환원주의의 오류에 빠질 수 있기 때문이다. 그런 점에서 최정무의 탈민족 이론은 탈식민주의나 탈근대 이론에서 모방과 조롱, 균열과 틈을 통해서나마 탈식민적 저항의 여지를 남겨놓는 것과도 거리가 있다.

3. 탈식민주의 페미니즘의 또 다른 얼굴–텍스트주의

최정무가 '초남성적 민족주의 담론'의 질서를 '식민 시대'·'개발 독재 시대' 등 대표적인 시기 별로 규명하면서, 견고한 구조적 동일성에 주목하는 것과는 달리 최경희는 식민시기에 생산되거나 식민시기를 배경으로 한 특정 텍스트를 세심하게 분석하는 방식을 취한다. 본고가 대상으로 삼는 글은 「친일문학의 또 다른 층위–젠더와 〈야국초〉」,[12] 「식민지적이지도 민족적이지도 않은: 박완서의 「엄마의 말뚝 1」에서 '신여성'의 형성」[13]이다.

후자의 글에서 최경희는 "근대 또는 식민지시기를 한국의 남성과 여성이 어떻게 서로 다르게 경험해 왔는지"에 주목한다. 필자는 '식민지적이지도', '민족적이지도 않은', 즉 그 양쪽에 포섭되지 않은 틈새가 있다는 관점을 취한다. 필자에 따르면 민족주의와 남성의 관점에서, 그리고 거시적인 사회적 맥락에서 보면 근대화와 식민주의가 진행되고 있었지만, 엄마 개인의 입장에서 보면 근대성에 대한 열망과 실현은 있었지만 "식민지 여성으로서의 의식은 없었고, 사적 영역에 식민주의가 영향을 끼치지는 않았다."(341면) 오히려 "엄마의 어머니다운 기획인 신여성 프로젝트에 대한 박완서의 묘사는 국가의 식민지적 위기—한국의 남성, 특히 남성 엘리트들의 지배를 위협한—이 몇몇 한국 여성들에게는 다른 영향을 끼쳤고 심지어 식민 통치의 어느 단계에서는 그들에게 혜택을 주었을지도 모른다"(336면)는 관점을 취한다. 식민지적 근대의 맥락에서는 여성이 민족에 의해 배제되거나 타자화된 채 전유되었지만

---

12) 이 글은 김일영·김철·박지향·이영훈 편, 『해방 전후사의 재인식』 1(책세상, 2006)에 수록되어 있다. 앞으로 인용은 이 책의 면수를 따를 것이다.

13) 이 글은 앞서 『한국의 식민지적 근대성』에 수록되어 있다. 앞으로 인용은 이 책의 면수를 따를 것이다.

근대성의 실현에서는 전복적인 측면이 있다는 것이다. 물론 그는 엄마의 신여성 기획, 즉 근대 기획이 그 안에 내포된 식민지적 함의를 보지 못했지만 일제 말기에 이르러서는 엄마의 의지와는 무관하게 식민지 질서에 포섭될 수밖에 없었다는 점을 적실하게 지적하고 있다.

하지만 필자의 기본적인 입장에서 문제가 되는 것은 "문안에 대한 엄마의 집착은 일본 식민주의자들이 제국의 중심부와 주변부를 내지(일본)와 외지(일본의 식민지들)로 구분한 사실과 기묘하게 공명한다"(343면)든가 "딸의 여성상을 근대화시키는 데 있어 엄마의 중개는 대체로 한국을 근대화시키는 데 있어 일본의 위치와 겹치는 면이 있다"(350면)는 식의 기계적인 구조적 상동성에 기댄 과잉해석이다. 이와 같은 필자의 논점은 일면 최근에 제기되고 있는 식민지 근대화론을 떠올리게 한다. 식민성과 민족을 괄호 친 근대 기획이 여성에게 평등과 해방을 향한 물꼬를 텄다는 점은 동의하는 바이다. 하지만 일제 말기에 신여성을 부정적으로 묘사한 담론들의 폭발을 고려한다면, 그리고 여성의 근대성이 식민지와 제국에서 다른 양상으로 전개되었던 점을 고려한다면 '식민지적'이지도 '민족적'이지도 않은 '근대적' 기획의 허구성은 좀 더 비판적으로 논의될 필요가 있다.

최경희는 여성의 입장에서 근대성의 이율배반적 측면, 식민성과 탈식민성의 계기들을 텍스트 분석에 입각해서 세심하게 규명하고 있다. 하지만 텍스트가 말하는 바를 지나치게 과잉 해석하거나 남성과는 다른 여성의 근대성 추구를 '민족'과 '식민성'의 요인에 비해 더 결정적인 것으로 규정하는 오류를 범하고 있다. 가령 그는 「친일문학의 또 다른 층위－젠더와 「야국초」」에서 신여성의 근대성을 향한 열망을 적극적으로 읽어내고 있다. 조선의 엘리트 남성들은 근대성의 기획을 끝까지 추구하지 못했고, 성적 책임이 부재했다는 점을 전제로 해서 신여성들이 이들에 대한 비판의 맥락에서 친일에 이르게 되었다는 분석이다. 최정희의 「야국초」는 근대 여성의 평등을 향한 고투, 근대 여성 작가의 고

투를 그리고 있다. 따라서 '친일문학'이기는 하지만 문학적으로 가치가 있다는 것이 필자의 기본 입장이다.

필자는 작품에서 '나'와 '당신'의 관계를 조선의 남성 지도자들과 조선 여성들과의 관계로 병렬 배치한다. 옛 애인인 당신에 대한 나의 환멸을 "엘리트 남성들에 대한 조선민중의, 특히 여성들의 깊은 배신감이 은유적으로 드러난 것"(416)으로 파악[14]하는 필자의 태도는 여성작가의 친일행위가 지닌 자발적인 측면을 간과하고 나아가 당시 실재했던 엘리트 여성들의 친일행위를 역으로 정당화할 위험성마저 있다. 당시 조선의 젊은 남성, 여성을 일본 제국의 신민으로 호명하는 담론을 유포하고, 이들을 전쟁에 동원하는데 적극 협력한 층에는 남성지식인뿐만 아니라 여성지식인들도 다수 포함되어 있었다. 이런 점을 간과한 필자의 과잉 해석과 오독은 텍스트를 결정짓는 여러 요소 중 성(性)을 최종심급으로 파악하고 있기 때문에 빚어진 것이다.

필자는 자신의 작품 읽기가 "친일협력을 정당화하거나 민족문제를 희생시켜 여성의 자기 결정권을 옹호하려는 의도로 쓴 것이 아니"며, 다만 심층 텍스트에 내재된 불확정적인 의미들, 균열을 읽어낼 경우 이 작품을 개인적, 예술적 강직성을 향한 근대 식민지 조선 여성 작가들의 고투라는 맥락에서 새롭게 볼 수 있다고 말한다.[15] 하지만 '나'와 '당신'

---

14) 필자는 제국의 어머니상 획득이 자발성에 기초한 것이 아니라 자식의 예견된 죽음을 전제로 한 것이기에 모성을 부정하는 모순적인 개념이고, 이처럼 모성 부정의 근본적인 원인이 "자식을 가진 어머니들에게 아들들을 죽음의 전장으로 내보내라고 촉구한, 무능한 조선 남성 엘리트"에게 있다고 해석한다. 하지만 이와 같은 해석 역시 여성들의 친일행위에 대한 엄격한 비판이나 성찰을 불가능하게 하는 것이다.

15) 이선옥 역시 이 작품에서 복수의 대상은 '나'를 미혼모로 만든 무책임한 남성이고, 이 남성 때문에 그녀가 "모자를 당당한 국가의 일원으로 받아주는 일본 제국"을 선택한다고 해석한다. 즉 젠더의 측면에서 보이는 기대감으로 민족문제를 뛰어넘기에 이 작품은 아이러니하게도 "친일문학 중 드물게 형상화가 잘된 작품"이라는 것이다. 좌절된 신여성들의 욕망이 친일 논리와 부합될 가능성을 이선옥 역시 지적하고 있다. 하지만 이선옥은 이와 같은 논의가 중상층 여성(교육받은 여성, 신여성)을 대상으로 삼으면서 계급적·민족적 차이를 보지 못했다는 점을 적실하게 지적하고 있다(이선옥, 「여성

의 유비적 관계를 (민중)여성 일반과 남성 지도자로 보는 것과 지식인 여성과 남성으로 보는 것은 차이가 있다. 식민주의에 자발적으로 복속한 것은 일부 지식인 여성들이었고, 이들은 (민중)여성들에게 총후부인으로서의 역할을 다하거나 국책에 협력할 것을 당부하는 담론을 지속적으로 유포했다. 그런 점에서 보자면 비판의 대상은 지식인 남성뿐만 아니라 지식인 여성도 포함되어야 할 것이다. 따라서 최경희의 젠더적 독법은 '위장' 혹은 '문학적 가장무도회'라는 이론적 수사로 지식인 여성들의 친일 혐의에 면죄부를 주는 것이다.[16] 이처럼 민족·계급 등 당시 식민지적 정황을 둘러싼 다양한 맥락을 고려하지 않고 성 요소만 특화시켜 볼 경우 역설적으로 식민 지배가 성별뿐만 아니라 계층이나 교육 정도 여부에 따라 달리 관철되는 복합적 지배구조를 보지 못할 수도 있다.

그렇다면 탈식민주의와 페미니즘의 독법으로 이 작품을 새롭게 읽을 여지는 없는 것일까? 이 작품의 심층 텍스트는 두 가지 점에서 친일 논리를 감성적으로 전달하는 효과를 자아낸다. 첫째, 표층/중심 텍스트가 일본의 제국주의 담론이 유포했던 군국의 어머니 담론을 최경희의 표현대로라면 프로파간다식으로 직설적으로 충실하게 모방하고 있다면

해방의 기대와 전쟁동원의 논리」, 『친일문학의 내적 논리』(김재용 외), 역락, 2003).

16) 또 다른 문제점은 최정희의 친일행적에 대한 기본적인 역사적 사실에 대한 정보가 갖춰져 있지 않은 상태에서 논지를 전개하고 있는 것이다. 필자는 최정희가 「야국초」(1942)를 발표한 이후 해방 때까지 절필했으며, 때문에 그의 친일행위가 외적 압력, 특히 관계를 맺었던 지식인 남성의 친일 행위에 따른 것이라는 논지를 편다. 그런데 역자 주에서 밝히고 있고, 『실천문학』이 발굴한 자료에서도 드러났듯이 최정희의 친일행위는 이후에도 계속되었으며, 나름의 내적 논리 및 일관성을 지니고 있다. 또한 그는 작품 활동뿐만 아니라 강연회·방송활동 등을 통해 다양하게 친일부역행위를 했다. 이와 같은 기본적인 사실이 중요한 이유는 「야국초」를 표층적인 친일 텍스트 이면에 또 다른 의도가 감춰져 있다고 보면서 결과적으로는 작가의 '친일행위'에 면죄부를 주기 때문이다. 즉 자신에게 친일 행위를 강제한 외부의 세력(남성)에 대한 비판과 친일 행위를 할 수밖에 없는 자신에 대한 가학적 성찰이 복합적으로 작용한 결과가 「야국초」이고, 그래서 이 작품은 진정성이 있다는 결론은 이후 작가의 행적에 비추어 봤을 때 온당하지 못한 평가라 할 수 있다.

심층 텍스트는 이와 같은 공적 담론을 사적 담론의 장으로 끌고 들어와 자연화 하는 효과가 있다. 둘째, 이 작품의 표층 텍스트가 식민지의 여성과 아동을 국민화 하는 논리를 설파하고 있다면, 심층 텍스트는 이를 지식인 여성의 자기 갱생의 서사와 맞물리도록 한다. 자기 갱생의 서사에는 지식인 남성에 대한 원한과 복수만 있는 것이 아니다. 과거 자유연애를 추구했던 신여성이 맹목적인 모성을 반성하고 군국의 어머니로 거듭나는 과정은 회고조의 언술에 기대 감상적으로 전개된다. 일종의 여성화된 전략이라 할 수 있는 감성에 기댄 서술방식이 '여성의 국민화'를 효과적으로 드러내는 데 기여한다면 여성작가의 고투는 이미 식민 체제에 순응하고 자발적으로 협조하는 한계를 노정하고 있는 것이다. 감성에 기댄 서사전략, 일종의 연성화(軟性化) 전략은 모성성과 여성성을 특화하면서 전개된다는 점에서 다른 여성작가들의 친일담론과도 차별화된다. '국가주의'에 맞게 재규정된 '여성성'과 '모성성'은 지배 담론이 여성에게 할당한 영역을 그대로 추인하고 있다는 점에서, 그 외 계급, 민족과 같은 요소들을 암묵적으로 배제한다는 점에서 문제가 있다. 따라서 이와 같이 심층 텍스트의 차원에서 개진된 여성화된 서사 전략은 남성작가들과는 다른 차원에서 전개된 여성작가들의 친일 담론의 양상을 보여주는 것으로 파악하는 것이 더 온당하다.

지금까지 탈민족·탈근대·탈식민의 관점에서 한국의 근대문학과 담론의 지형도를 살펴보는 연구들이 지닌 문제점을 살펴보았다. 최정무의 경우 반식민주의 민족주의 담론과 관제 민족주의 담론, 제국주의 담론의 '초남성적' 성격에 주력한 나머지 동일성과 환원주의의 오류에 빠진 것이 문제이다. 반면 최경희의 경우 식민성과 민족주의에 포섭되지 않는 여성의 근대성이 지닌 자발적 측면을 밝히는 데 주력하여 텍스트의 심층적 의미를 과잉 해석하는 일종의 텍스트주의의 오류에 빠졌다고 생각한다.

문제는 최근 몇 년 동안 한국문학 연구자들이 탈식민주의 페미니즘이나 민족주의와 젠더 간의 관련성을 연구하면서 이론적 전거로 삼는 것이 이들의 논의라는 것이다. 민족(주의) 담론과 여성 담론 간의 불편한 관계, 즉 민족(주의) 담론이 여성(성)을 전유하면서 자기 담론의 정당성을 입증해 온 한국문학사의 과정은 이미 여성문학적 관점에서 문학사와 문학을 해석해 온 연구자들에 의해 누차 지적된 바 있다. 하지만 최정무와 최경희 등은 탈식민주의 페미니즘이나 정신분석학 등 서구의 체계적인 이론을 통해 좀 더 '세련된' 방식으로 이와 같은 문제를 입론화하는데 기여했다. 이들은 한국의 식민/탈식민 현실을 대상으로 식민시대의 무의식이나 국가주의뿐만 아니라 식민 이후 시기 진보적 민족주의 진영에서 여성(성)을 전유하는 양상을 탁월하게 분석해 낸다. 그리고 이들의 이론은 국내의 페미니스트 이론가들에게 수입되어 한국 문학을 해석하는 유효한 전거로 활용되고 있다.

그런데 이들의 이론은 대개 민족, 계급, 젠더의 역학 관계 중 젠더에 우선순위를 부여하고, 저항적 민족주의와 관제 민족주의를 구별하지 않은 채 민족(담론)이 여성을 전유하는 양상을 비판하고 있다. 식민 상황과 강요된 국가주의를 경험하고, 아직까지도 분단 상황에 처해 있는 한국의 특수한 현실을 충분히 고려하지 않은 것이다. 더욱이 '젠더'에 우선순위를 둘 경우 국가주의나 민족주의 담론의 그늘에 놓인 여성은 '식민화-탈식민화-재식민화'의 과정을 밟는 식으로 동일화되어 버리고 만다. 정반대로 성·계급·인종(민족)·세대 등 주체를 둘러싼 복잡한 정황은 고려되지 않는다. 성 범주를 주체형성의 주요 범주로 부각시키는 탓에 작품과 작가에 대한 총체적인 이해 및 평가가 이루어지지 못한 채 특정 작품이나 텍스트의 일부분만 과잉 해석하는 경우도 있다.

또 다른 문제는 젠더 혹은 성 범주에 대한 고려가 여성의 근대성과 자발적 욕망에 지나치게 의미를 부여한 나머지 그것들이 식민주의와 민족주의에 포섭되어 버린 점을 놓치고 있다는 것이다. 식민주의와 민족주의에 포섭되는 동시에 배제되면서 야기되는 양가성은 남성뿐만 아니라 여성에게서도 발견되는 현상이다. 저항의 계기라는 것도 반드시 남성의 근대성에 대한 여성의 근대성에만 있는 것이 아니라, 식민주의에 대한 저항, 민족주의에 대한 저항 등 다양하게 나타날 수 있다. 그런 점에서 이들이 강조하는 틈새와 균열은 실증적인 면과 거대 담론과의 교섭이라는 맥락에서 좀 더 복합적으로 고려될 필요가 있다.

다시 말해 탈민족 담론, 탈근대 담론은 그간 침묵했던 여성의 행보와 목소리를 복원시켰다는 점에서 의의가 있다. 하지만 민족과 여성은 서로 배타적인 범주가 아니다. 근대 민족 국가의 경계 안에서 여성은 근대성과 민족 담론과 경합하면서 교섭과 협상을 거듭해 왔다. 이와 같은 측면에 좀 더 세심한 관심을 기울일 필요가 있다.

4. 담론 투쟁과 정체성 투쟁으로서의 파시즘 연구

한국문학 연구의 장에서 파시즘의 젠더 정치를 꾸준히 연구해 온 권명아의 기본 입장 역시 넓게는 탈민족주의 자장 안에 있다. 「수난사 이야기로 다시 만들어진 민족 이야기」와 「여성 수난사 이야기와 파시즘의 젠더 정치학」이 역사와 교과서 등 다양한 실증 자료들을 원용하면서도 기본적으로는 문학텍스트를 대상으로 파시즘의 젠더 정치를 규명했다면, 『역사적 파시즘』에 실린 최근 연구 성과들은 의도적으로 문학 연구의 협소한 틀을 깨고자 한다. 이 장에서는 여성 수난사 이야기를 파시즘의 젠더 정치학 관점에서 규명한 두 글[17]이 최정무의 입장과 어떻게 공명하면서도 차이가 있는지를 살펴본 연후에, 최근의 작업들이 지닌 의미를 규명하는 순으로 논의를 전개하겠다.

필자는 "한국 근대사를 수난사의 구조로 서사화하는 과정에서 가장 빈번히 드러나는 이야기 구조가 강간당하고 짓밟히는 여성들의 이야기"(236면)이며, 이와 같은 '여성 수난사 이야기'는 "민족이라는 가부장과 여성의 배타적인 경계를 재구축하는 복합적인 과정을 내포"(236면)하고 있다고 본다. 필자는 공격적인 민족주의 정치학뿐만 아니라 대항적 민족주의 서사형식에서도 동일한 표상과 정체성을 빚어낸다는 점에 주목(241면)한다. 「여성 수난사 이야기와 파시즘의 젠더 정치학」은 여기서 더 나아가 순수문학이나 진보적인 민중 서사에서도 여성의 섹슈얼리티를 관리하고, 여성의 수난을 민족/민중의 수난사로 환원시키고 있다는 점을 여러 텍스트를 들어 증명한다. 공격적인 민족주의, 관제 민족주의와 대항적 민족주의, 진보적인 민중 서사가 파시즘의 젠더 정치라는 측면에서 유사하다는 지적은 앞서 최정무의 기본적인 논지와도 이어지는 면이 있다. "근대가 젠더 중립적인 체제가 아니라 이미 젠더화된 정치학에 기반하여 구성된 체제"(243면)라는 지적 역시 최정무의 입장과 유사하다. 다만 파시즘 이데올로기의 핵심을 이루는 남성적 환상의 구조가 파시즘뿐만 아니라 반파시즘적 정치학에 이르기까지 재생산된다는 점을 지적했다는 점에서 최정무보다 내부의 동학을 좀 더 치밀하게 파고드는 면이 있다.

필자는 파시즘이 여성에게도 매혹적인 이유가 억압뿐만 아니라 해방적 측면이 있기 때문이라는 점을 세심하게 밝히고 있다. 하지만 필자의 기본 논지는 민족수난사를 여성수난사로 구성하는 서사 구성방식에서 민중이나 여성 표상은 "스스로는 아무것도 해명할 수 없고 말할 수 없는 존재"(302면)가 되어버린다는 것이다. 과연 탈식민주의 이론에서 하위주체에 해당하는 민중이나 여성 표상은 말할 수 없는가? 말할 수 없는

17) 앞으로 두 글은 김철 · 신형기 외, 『문학 속의 파시즘』(삼인, 2001)의 면수를 따르기로 한다.

하위주체는 그야말로 전유와 배제의 대상이기만 한 것일까? 이와 같은 정체성, 혹은 주체의 구성방식 연구가 빠지기 쉬운 함정은 하위주체가 행하는 다양한 협상과 경합의 양상들을 상대적으로 소홀하게 다룰 수 있다는 점이다. 이 같은 난점은 범위가 확장된 최근의 연구들에서도 확인된다.

권명아는 문학 연구자들이 젠더 연구나 포스트콜로니얼리즘 등 새로운 이론적 지형을 수용할 때 그러한 이론들을 문학 작품에 대한 해석의 준거로 도입하는 것[18]이 문제라고 지적한다. 이런 새로운 이론들이 역사에 대한 접근 방법, 해석자의 위치, 역사 자료에 대한 새로운 시각, 발굴, 재배치와 이에 따른 상이한 자료에 대한 해석의 복합성을 요구(142면)하기에 문학 텍스트에만 협소하게 쓰일 경우 이론의 수용이라는 측면에서 문제가 있다는 것이다. 기존 연구들이 여성 작가의 파시즘 체제 인식이나 문학 텍스트에서의 여성성의 표상 등에 대한 제한적 연구를 벗어나지 못하고 있다[19]는 지적 역시 현재 한국문학 연구에서 탈식민주의 페미니즘이나 근대/탈근대와 젠더와의 관계 관련 연구들이 텍스트만 달리 할 뿐 동어반복적인 연구 관행을 되풀이하고 있다는 점을 비판하는 것이라 공감할 수 있다.

필자는 대안으로 파시즘 연구를 제안하면서 "파시즘 이론은 다양한 정체성을 지닌 집단의 문제를 다루면서 한편으로는 포스트모더니즘의 근대 비판에 대한 안티테제를 제시[20]하고 있다고 주장한다. 특히 젠더적 관점의 파시즘 연구는 기존의 계급이론과 주체에 대한 근대적 개념을 비판하면서 새로운 방식의 주체성 이론을 모색하는 것(56면)이라고 말한다. 주체구성의 방식에 주목하므로 주체 개념을 삭제하는 포스트모

18) 권명아, 『역사적 파시즘－제국의 판타지와 젠더 정치』, 책세상, 2005, 142면.
19) 권명아, 「식민지 경험과 여성의 정체성－파시즘 체제하의 문학, 여성, 국가」, 『한국근대문학연구』 11집, 한국 근대문학회, 2005, 77면.
20) 권명아, 앞의 책, 56면.

더니즘과는 거리가 있다는 입장이다.

「식민지 경험과 여성의 정체성—파시즘 체제하의 여성, 문학, 국가」는 일제 말기 여성정체성과 관련하여 "복합적이고 이질적인 여성정체성들의 갈등과 헤게모니 투쟁의 국면을 고찰"한다는 점에서 주체 구성의 방식을 실증적으로 제시하고 있다. 가령 마르크스주의적 사상과 실천을 보여준 여성들에 대한 현실적, 담론적 삭제와 서구화와 퇴폐의 상징으로 급진적인 신여성적 정체성을 부정하는 과정(83면),[21] 총후부인, 군국의 어머니를 기치로 한 동양적 여성 정체성이 살아남는 과정을 당시 자료들을 전거로 들어 분석하고 있다. 필자는 정체성과 담론 경합의 복합적 국면을 엘리트 여성과 비엘리트 여성, 계급과 지역에 따른 차별적이고 위계화된 정체성을 통해 규명한다. 다양한 계층과 지역에 산포된 주체들의 헤게모니 투쟁과 담론 투쟁을 실증적으로 규명하는 권명아의 작업은 주체는 구성된다는 식의 소박한 구성주의적 관점을 넘어선다. 여성을 비롯한 피식민자들이 피식민자들 간의 정체성 투쟁을 내면화함으로써 '자발적 동조'에 이르게 되는 과정을 규명하고 있기 때문이다.

논의의 주를 이루는 것은 파시즘적 주체화의 과정에서 헤게모니 투쟁에 승리한 "총후부인으로서 여성정체성은 일부 엘리트 여성의 정체성 자질로 전유되었다"(92)는 점이다. 그렇다면 이 일부 엘리트 여성 중심의 자발성에 기초한 담론은 파시즘 체제의 가공할 위력을 다시금 확인해 주는 격이 되어 버린다. 그리고 이와 같은 관점은 파시즘 체제 안에서의 다양한 '반식민적' 저항의 계기들, 파시즘 체제 바깥에 대한 사유를 가로막는다는 점에서 문제가 있다.

또 하나, 담론 투쟁의 주체, 헤게모니 투쟁의 주체를 과연 주체라고

---

21) 필자에 따르면 일제 말기 파시즘 체제하 담론 공간에서 여성 정체성의 문제는 총후부인이라는 긍정적 준거와 '서구화되고 퇴폐적이고 방탕한' 신여성이라는 부정적 준거를 중심으로 유동한다. 특히 신여성적 정체성은 사회체의 부정적 오염을 투영하는 퇴폐와 몰락의 상징으로 표상되면서, 풍속문제 · 스파이문제 · 교통문제에 이르기까지 광범위한 담론 공간에 등장한다고 본다.

할 수 있을지도 의문이다. 필자는 각종 매체에 드러난 담론 분석을 통해 의견을 개진하고 있으며, 그렇다면 이 매체를 운용하는 식민지배세력이나 지식인 남성, 여성이 담론의 주체일 수밖에 없다. 다시 말해 각 주체들 간의 헤게모니 투쟁이 아닌 일방적인 담론의 설파일 가능성이 높으며, 하위 주체 여성들은 담론에 의해 구성되거나 전유된 존재에 불과하지 않은가라는 의문이 제기될 수 있다.

물론 필자 역시 어느 부분에서는 주체의 대응양상을 억압과 자발적 동의, 저항과 수탈로 나누는 것의 문제점을 이야기하면서 이질적 욕망과 상이한 이해관계가 빚어내는 틈새에 관심을 보인다.(97면) 호미 바바의 탈식민적 저항을 떠올리게 하는 개인적 거부감·비껴서기·움츠러들기·조롱하기·일탈적 태도·무해한 유머 등 '틈새 공간'은 파시즘 체제에 대한 부정적 반응으로서 "기존의 '정치적이고 조직화된' 투쟁과 저항의 담론과는 구별"(110면)된다. 하지만 "반사상이나 동의의 만연이라는 구도로도 설명되지 않는"(113면), 주체들의 대응과 협상이 지닌 복합성이 정치와 일상의 영역, 공적 영역과 사적 영역을 가르는 또 다른 준거점이 되지 않기 위해서는 틈새 공간의 전략이 지닌 실천성을 좀 더 부각시킬 방안이 필요할 듯싶다.

5. 탈근대와 탈민족 담론의 구조적 동일성을 넘어서기

필자는 지금까지 젠더 연구의 관점에서 현재 진행되고 있는 탈근대론, 탈민족주의의 의의와 문제점을 짚어보았다. 먼저 국외 거주 한국문학 연구자들의 탈식민주의 이론과 탈민족주의 이론은 지나치게 젠더의 관점만 부각시키고, 계급·민족·인종·지역 등 다른 복합적 국면들을 사고하지 못했다는 점, 치밀한 텍스트 독해가 전체 사회·역사적, 문학사적 지형 속에서 조망되지 않고 있다는 점을 지적했다. 가령 최정무의 초남성적 민족주의론은 탈식민 이론에서 말하는 균열과 저항의 지점들을 세밀하게 포착하지 못하고 있다. 최경희의 세밀한 텍스트 분석은 근대성과 젠더 사이의 관련 양상을 세밀하게 포착하면서 여성이 민족(주의)의 강고한 틀에 균열을 낼 수 있는 가능성에는 주목했으나 그 과정에서 여성이 취한 자발적 동조의 측면에는 눈을 감는 한계를 드러내고 있다. 즉 탈민족 담론은 민족주의가 여성을 전유하면서 자기를 구성하는 방식에 대해서는 잘 드러내고 있으나 제국주의와 식민지 간의 차이, 다양한 민족 간의 차이, 민족 내부 구성원들의 차이, 엘리트 여성과 하층계급 여성간의 차이와 같은 다양한 차이들을 제대로 설명하지 못하고 있다는 점에서 한계가 있다. 또한 파시즘 이론에 근거한 담론 연구와 주체성 연구의 경우 기존의 문학 텍스트 중심의 연구를 비판하고 탈신화화 하는 것은 좋으나 이 경우 연구의 입지점이 문제가 될 수 있다. 즉 학제 간 연구가 지닌 실천성은 인정하되, 문학연구와의 접점을 어떻게 찾을지는 여전히 과제로 남는다. 더욱이 파시즘 이론에 기댄 담론 연구가 과연 당시의 다양한 실천과 목소리들을 포괄하고 있는지도 의문이다. 방대한 자료에 근거한 치밀한 실증주의적 분석에도 불구하고 그 결과가 성별이나 세대, 지역에 따라 위계적으로 구성된 황민-순응적 주체를 재확인하고, 파시즘 체제의 공고함을 확인하는 데 그친다면 이 역시 일면적인 논의일 수밖에 없다. 파시즘 체제 안에서 그것을 내파하는 다양한 목소리들, 파시즘 체제 바깥을 사유하는 목소리들을 포착할 필요가 있다는 것이다. 혹은 침묵을 통해 저항한 존재들은 없었는지에도 눈을 돌려야 할 것이다.

탈근대, 탈민족의 관점에 선 젠더 연구들은 식민 시기와 식민 이후 시기의 단절이 아닌 연속성의 관점에서 파악하고 있다. 이와 같은 관점은 온당하나 문제는 '초남성적 민족주의' 혹은 '파시즘'의 시각에서 파악한 연속성이 다양한 주체들의 가능성, 저항의 가능성을 봉쇄하거나 축소할 우려가 있다는 것이다. 성애화 되고(sexualized) 젠더화된 관점에서 민족주의나 파시즘을 바라볼 경우 일차적 대상이 되는 것은 체제 및 제도의 강고함이나 동일성의 논리일 수밖에 없다. 행위자로서의 여성의 대응방식, 여성이 내는 목소리들 역시 균열이나 틈새의 전략과 같은 영역만 할당받게 될 수 있다. 다시 말해 최근 국문학계에서 진행되고 있는 탈근대, 탈민족주의 관점에 선 젠더 정치학은 또 다른 의미에서의 동일성의 정치학을 구사하고 있다는 생각이 든다. 마치 "해체론적 탈식민론이 한국 근대문학 전체를 식민주의의 반복이나 재생산"(하정일)으로 보듯이 젠더화된 탈민족 담론은 한국 문학사 전체를 "여성의 이중식민화"로 볼 위험성이 있다. 또한 해체론적 탈식민론에서 "식민주의의 그물망에서 자유로운 영역이나 주체가 없"듯이 성별화된 민족주의 역시 한국문학사를 지탱해 온 강고한 이데올로기적 틀로 여겨질 위험이 있다.

그렇다면 이와 같은 탈근대, 탈민족 담론을 여성의 입장에서 전유한 연구들이 지닌 구조적 동일성에서 벗어나서 민족과 여성, 근대와 여성 사이의 다양한 경합과 협상, 배제, 차이의 동학을 사유할 방안은 어떤 것이 있을까. 무엇보다도 역사적 맥락을 고려하면서 매 시기 민족과 근대에 대한 여성의 대응양상이 지닌 복합성과 다양성을 세심하게 규명하는 노력이 필요하다. 복합성과 다양성이 그야말로 공허한 담론의 유희에 빠지지 않기 위해서는 같은 사안에 대해 여성 작가들이 취하는 다양한 담론의 양태들을 살피는 자세가 필요하다.[22] 이들은 엘리트 여성이라는 계층적, 성적 정체성을 지녔다는 점에서는 같지만 정치적 입장, 문학과 현실을 바라보는 관점 등에 따라 각기 다른 행보를 걷는다.

---

22) 가령 일제 말기 강경애·임순득의 행보와 최정희·모윤숙의 다른 행보, 또 이선희의 행보는 반일/친일/비일로 갈라진다. 이에 대해서는 좀 더 구체적인 분석이 필요하나, 본고의 주요 논지와는 거리가 있으므로 차후에 다른 논문을 통해 규명할 예정이다.

또 하나 동일성의 젠더 정치학에서 벗어나기 위해서는 현재 한국문학연구에서 식민 이후, 즉 해방기와 한국전쟁기, 개발독재기 여성담론의 양상과 여성작가들의 활동을 실증적인 면에서 좀 더 복합적으로 살펴보아야 할 것이다. 따라서 학제 간 연구나 실증적인 연구는 그것대로 의미가 있되 문학사나 텍스트에 대한 연구 역시 소홀히 해서는 안 된다. 식민 체제에 자발적으로 동조했던, 담론 투쟁의 와중에서 헤게모니를 장악했던 여성작가들은 해방 이후 어떤 행보를 보였는가, 이들의 작품은 무엇을 말하고 있는가, 식민성 · 민족 · 근대성 · 젠더간의 연관성은 해방 이후 작품에서 어떻게 식민 시기와 '같으면서도 다른' 방식으로 추구되었는지를 연구하는 것은 앞으로 해결해야 할 과제이다.

탈근대 담론

해체 혹은 폐허

하정일

1. 탈근대 담론과의 '생산적 대화'

탈근대 담론이 한국의 지식계에 소개된 것은 꽤 오래되었지만, 그것이 학문적 실세로서 강력한 힘을 발휘하기 시작한 것은 1990년대 이후라 할 수 있다. 십여 년이 흐른 지금 탈근대 담론은 한국 지식계의 지배 담론이 되었다고 해도 과언이 아니다. 1970~80년대를 주도했던 민족·민중 담론은 90년대를 경과하면서 영향력을 급속히 잃어버렸다. 따지고 보면, 그 과정은 일종의 거품이 빠지는 과정이기도 했다. 당시에도 민족·민중 담론은 결코 지배 담론 혹은 주류 담론이 아니었다. 보수 세력에 의해, 그리고 스스로의 착각에 의해 그렇게 여겨졌을 뿐이다. 그런 점에서 거품 빼기는 민족·민중 담론의 자기갱신을 위해서도 필요한 일이었다. 엄밀히 말해 거품은 아직도 남아 있다. 2000년대 들어 민족·

민중 담론이 끝났다고 말하곤 하지만, 김대중 정권과 노무현 정권을 이끌어온 이념은 민족·민중 담론이었다. 물론 그 민족·민중 담론은 신자유주의와 뒤섞이면서 우스운 꼴이 되어버렸지만, 어쨌든 정치적으로나 사회적으로나 민족·민중 담론은 확고한 지분을 차지한 것이 사실이다.

이러한 현상을 우리는 민족·민중 담론의 제도화라 부를 수 있을 것이다. 민족·민중 담론의 제도화는 이미 1990년대부터 시작되었다. 그러면서 1970~80년대의 급진성을 잃어버리는 모습을 보여주기 시작했으니, 신자유주의와의 결합은 그 과정의 정점이라 할 수 있다. 1970~80년대의 민족·민중 담론이 갖고 있던 영향력은 반체제적 급진성에서 연유한 것이었는데, 제도화에 따른 반체제성의 상실은 민족·민중 담론에게 정치적 힘을 부여한 대신 이론적 영향력을 빼앗은 셈이다. 이 과정의 출발점에, 문학에 국한시키면, 노동해방문학과 주체문학이 놓여 있다는 것은 참으로 아이러니한 일이다. 당시 노동해방문학과 주체문학은 가장 급진적인 문학이념으로 여겨졌고, 많은 이들이 그 지나친 급진성 때문에 좌절했다고 말한다. 그러나 노동해방문학과 주체문학은 기실 소련과 북한의 '체제'문학에 불과했을 뿐이다. 요컨대 거기에는 처음부터 반체제적 급진성이란 존재하지 않았던 것이다. 당(파)성론과 수령론에서 극명하게 드러나듯 그것은 일종의 국가주의 프로젝트였다. 90년대 이후의 민족·민중 담론 또한 현실화 내지는 정책화를 명분으로 국가와 유착하는 경향을 보여주었고, 이러한 국가주의화 경향이 제도화의 실제 내용이었다고 할 수 있다. 말하자면 국가를 '변혁'한 것이 아니라 국가에 '포섭'된 것이다. 물론 변혁과 포섭의 비례관계는 보다 정밀한 고찰을 요구한다. 또한 변혁과 포섭의 상호 습합은 담론의 현실화 과정에서 불가피한 일이기도 하다(탈근대 담론도 여기서 예외가 아니다). 그러나 '변혁'보다 '포섭'의 비율이 갈수록 높아지고 있는 것은 분명하다는 점에서 민족·민중 담론에서 반체제적 급진성이 탈각된 것은 부인하기 힘들다.

탈근대 담론의 대두가 갖는 진정한 의의는 여기에 있지 않은가 하는 것이 필자의 생각이다. 민족·민중 담론이 반체제적 급진성을 잃어가고 있는 국면에서 담론의 급진성을 복원하고자 하는 욕구가 탈근대 담론에는 일정하게 담겨 있었다는 것이다. 많은 맑스주의자들이 탈근대 담론을 수용하는 과정을 보더라도 그 점을 확인할 수 있다. 그들이 푸코·데리다·들뢰즈·네그리를 받아들인 저변에는 사상적 전향을 넘어선, 반체제적 급진성의 회복이라는 문제의식이 놓여 있다. 탈근대론자 모두가 그런 것은 아니지만, 탈근대 담론의 일정 부분에 그러한 문제의식이 담겨 있다는 것은 그 자체로 중요하다. 두 가지 점에서 그러한데, 하나는 그것이 민족·민중 담론의 자기갱신이 어떤 방향으로 이루어져야 할지를 환기한다는 것이고 다른 하나는 탈근대 담론이 비판받아야 할 이유도 거기에 있다는 것이다.

첫 번째 사항과 관련해서는 민족·민중 담론, 좁혀서 민족문학론의 자기갱신은 결국 반체제적 급진성을 회복하는 방향으로 이루어져야 한다는 것을 지적하지 않을 수 없다. 이는 민족문학론이 자본주의 근대를 극복하기 위한 기획으로 거듭나야 함을 의미한다. 노동해방문학이나 주체문학과 같은 국가주의 프로젝트는 그 대안이 될 수 없다. 이들처럼 국가에 '포섭'된 이념은 관료주의에 따른 또 다른 계급모순을 잉태할뿐더러 자본주의 근대를 온존시키는 국가간체제를 강화해주기 때문이다. 그러므로 국가의 '변혁'을 통해 제국주의적 국가간체제에 균열을 만들고 그럼으로써 자본주의 근대를 극복할 근거지들을 만들어가는 탈식민문학, 곧 자본주의 근대의 내부에서 자본주의 근대와 맞서는 '진지전'적 문학이념으로 민족문학론을 갱신해 나가야 할 터이다.

두 번째 사항은 본고의 주제에 해당한다. 과연 지금 한국 근대문학 연구에 적용되고 있는 탈근대 담론이 반체제적 급진성을 내장하고 있는가. 나아가 탈근대 담론이 제시한 탈근대라는 대안이 대안적 근대성으로 요약할 수 있는 민족문학론을 대체할 만한 구상인가. 그리고 탈근대 담론의 주요 개념들이 한국 근대문학의 반체제적·급진적 잠재력을 제대로 설명할 수 있는가. 이에 대한 필자의 판단은 회의적이다. 탈근대 담론이 한국 근대문학을 조망하는 새로운 시각을 제공한 것은 인정해야 할 터이다. 무엇보다 탈근대 담론은 근대성에 대한 발본적 성찰을 촉구했다. 90년대 이래의 근대성 연구는 거기에 영향 받은 바 크다. 민족문학론이 본디 급진적 근대 기획임에도 불구하고 근대성 그 자체에 대한 자기의식은 부족했던 것이 사실이다. 탈근대 담론의 도전은 민족문학론으로 하여금 근대의 복합성과 양면성에 새롭게 주목하도록 강제했다. 그러나 그와 동시에 탈근대 담론은 여러 측면에서 한국 근대문학을 왜곡하고 단순화했다. 한국 근대문학의 풍부한 성취와 가능성을 외면한 채 한두 개의 코드로 한국 근대문학을 '본질화'시켰다. 한국 근대문학을 서구 근대의 확장 내지는 모방으로 과잉 일반화해 비(非)서구(반)주변부, 곧 제3세계문학으로서의 한국 근대문학이 지닌 차이와 특수성을 은폐했다. 민족·민중 담론을 전면 부정함으로써 한국 근대문학이 제국주의와 자본주의에 맞서면서 이룬 반체제적 진보성을 평가절하했다.

필자는 탈근대 담론에 대해 이런저런 비판을 지속적으로 해왔다. 이는 탈근대 담론이 무가치해서가 아니라 반대로 풍부한 가능성을 함축하고 있다고 생각하기 때문이다. 사실 사회운동 쪽을 보면 민족·민중 담론과 탈근대 담론은 일정한 긴장 속에서도 다양한 연대와 협력을 벌이고 있다. 민주주의라는 가치와 자본주의 근대의 극복이라는 문제의식에서 양자가 겹치는 부분이 적지 않기 때문이다. 그에 비해 인문학, 특히 한국 근대문학 분야에서는 양자가 평행선을 달리고 있는 모습을 보여준다. 이러한 대립은 자칫 진보 담론의 동반 몰락으로 이어질 위험성을 안고 있다. 그런 점에서 민족문학론과 탈근대 담론 또한 '생산적 대화'가 필요하다. 다만 이때의 대화란 상호존중에 바탕한 비판적 대화여야 할 것이다.

2. 주체의 해체와 저항

탈근대 담론의 가장 중요한 목표는 '주체의 해체'라고 생각된다. 탈근대 담론은 근대성의 핵심에 '주체'의 문제가 놓여 있다고 본다. 그 주체가 인간이든 남성이든 부르주아든 백인이든 근대의 주체 중심주의는 주체에 속하지 않는 타자들을 배제하고 억압해 왔다고 탈근대 담론은 비판한다. 근대의 계몽 기획이 주체를 세우고 확장하기 위한 노력이었다는 점에서 탈근대 담론의 비판은 정곡을 찌르는 바 있다. 하지만 주체 해체가 초래한 주체의 부재 상태는 '누가' 근대 극복을 실천할 것인가라는 상식적인 질문 앞에서 탈근대 담론을 곤혹스럽게 만든다. 근자에 유행하고 있는 해체론적 후기식민론의 경우도 그러한 곤경에서 자유롭지 못하다.

해체론적 후기식민론에 따르면, 식민주의의 헤게모니에서 벗어날 수 있는 주체는 존재하지 않는다. 알뛰세 식으로 말하면, 피식민 주체는 식민주의가 호명할 때 비로소 주체로 정립된다. 당연히 피식민 주체는 순응할 때뿐 아니라 저항할 때조차도 식민주의의 권역을 벗어날 수 없다.[1] 바바가 혼종을 탈식민 저항의 유일한 방안으로 생각한 것도 그와 관련이 깊다. 그러나 혼종에서 식민주의의 극복을 기대하기란 현실적으로 불가능하다. 혼종적 저항이란 '주체 없는 과정'이기 때문이다. 해체론적 후기식민론의 관점에서 보자면, '주체' 자체가 식민주의의 산물이다. 식민주의가 호명하기 전에는 주체란 존재하지 않았기 때문이다. 그때 존재한 것은 규정할 수 없는 타자이다. 식민주의가 호명하고서야 비로소 '민족'이라는 주체가 구성된다. 당연히 그 '민족'은 제국의 복사가

---

1) 이에 대한 좀더 자세한 비판으로는 하정일, 「한국 근대문학 연구와 탈식민」, 『탈식민의 미학』, 소명출판, 2008, 57~64면 참조.

된다. 제국의 복사인 '민족'의 저항이 식민주의의 메아리가 되는 것은 필연적이다. 해체론적 후기식민론이 제국과 민족을 공모 또는 거울관계로 비판하는 것은 그래서이다. 바바는 이러한 이론적 곤경을 해결하기 위해 혼종적 저항을 구상한다. 그러나 혼종적 저항은 식민주의의 양가성이 낳은 효과, 곧 '구조의 효과'이다.[2] 여기에 혼종적 저항의 궁극적 한계가 담겨 있다. 왜냐하면 식민주의의 극복은 그것을 기획하고 실천할 주체 없이는 불가능한 일인데, 혼종은 주체가 결여된 효과라는 점에서 탈식민 주체의 형성에 의미 있는 기여를 하기 어렵기 때문이다. 이러한 문제점은 바바가 식민주의를 텍스트주의적으로 이해하는 것과 긴밀히 연관되어 있다. 여기서 텍스트주의라는 말은 바바가 식민주의를 구체적이고 경험적인 현실이라기보다는 일종의 담론으로 이해하고 있다는 의미이다. 당연히 양가성 또한 현실과 상호작용하면서 유동하고 변이하는 역사적 운동이 아닌, 텍스트에 내재된 담론적 본질처럼 다루어진다.[3] 해체론적 후기식민론 계열의 연구들이 이태준과 이광수의 차이, 임화와 최재서의 차이를 제대로 읽어내지 못하곤 하는 것도 그 연장선상에 놓여 있다. 어째서 일제 말기 이들의 글이 비슷하게 혼종적임에도 불구하고 그 실천적 효과는 판이한 것일까. 그것은 이들의 글에 함축되어 있는 혼종성의 비례관계, 곧 텍스트를 구성하는 상충하는 의미 요소들 간의 역관계가 다르기 때문이거니와 이 비례관계의 차이는 다름 아니라 주체의 차이가 만든 것이다. 주체의 문제에 사려 깊게 접근해야 하는 것은 그래서이다. 만약 주체를 지울 경우 이 차이를 설명하기 힘들어진다. 탈근대 담론이 종종 과잉 일반화의 오류에 빠지곤 하는 것도 이와 무관하지 않아 보인다. 주체를 괄호 속에 묶어놓을 때 모

---

2) H. 바바, 나병철 역, 『문화의 위치』, 소명출판, 2002, 223면.

3) 이에 대해서는 H. 바바, "Cultural Diversity and Cultural Differance", *The Post-Colonial Studies;* Reader, New York, 1999, pp.206~209 참조. 여기서 바바는 양가성이 문화 자체의 내적 속성이기 때문에 모든 문화는 동일성과 차이를 동시적으로 산출한다고 말한다. 그런 점에서 양가성은 모든 담론 또는 문화의 보편적 본질이 된다.

든 담론은 오십보백보가 되기 십상이기 때문이다.[4]

최근의 한국 근대문학 연구는 주체를 괄호 칠 때의 문제점을 고스란히 보여준다. 특히 일제 말기의 한국문학에 대한 많은 연구들이 이 시기의 문학을 식민주의에 순응하거나 포섭된 것으로 단순화하는 경향을 극심하게 보여주는데, 이는 주체를 인정하지 않거나 식민주의에 호명된 존재로 보는 선입견과 무관하지 않다. 그러니 이광수와 이태준·임화와 최재서가 똑같아 보이는 것이다. 그 결과 일제 말기 한국문학에 대한 최근 연구들은 기이하게도 탈근대론자들이 극력 비난하는 민족주의자인 임종국의 친일문학론과 비슷한 결론을 내놓고 있다. 하지만 주체와 맥락의 상호관계에 주목해 일제 말기의 한국문학을 조망하면, 최소한 세 유형의 탈식민 저항이 존재했음을 발견할 수 있다. 식민주의를 전면적으로 거부하면서 대안적 이념이나 세계상을 모색하는 대안적 저항, 식민주의 내부에서 양가성의 모순관계를 추궁하는 내적 저항, 식민주의의 자기 완결성에 균열을 일으켜 양가성을 구조화시키는 혼종적 저항이 그것이다.[5] 이 세 유형의 탈식민 저항에서 우리는 한국 근대문학의 저항적 전통이 대단히 복합적이고도 다층적이라는 사실을 확인할 수 있거니와 탈식민 저항에 주목하지 않고서는 한국 근대문학이 이룬 풍성한 성취를 온전히 이해할 수 없는 것도 그래서라고 할 수 있다.

탈근대 담론이 주체 문제를 풀기 위해 내놓은 대안적 주체는 소수자, 서발턴(subaltern), 다중(multitude) 같은 것들이다. 이들은 민족이나 민중이 빠지곤 하는 주체 중심주의에서 상대적으로 자유로운 주체들이다. 타자를 만들고 그들을 배제하거나 억압하지 않는다는 점에서 그러하다. 서로 이론적 맥락이 다르긴 하지만, 이들은 공통적으로 근대성의 외부에 존재하는 주체들이다. 다중은 탈근대적 주체임을 표방하고 있으니 말할

4) 이에 대한 좀더 자세한 비판으로는 하정일, 「탈식민의 역학」, 『탈식민의 미학』, 16~18면 참조.

5) 탈식민 저항의 세 유형에 대한 좀더 자세한 설명으로는 위의 글, 32~36면 참조.

것도 없고, 소수자나 서발턴 역시 근대의 영원한 타자들이라는 점에서 근대성의 바깥으로 추방된 존재들이다. 그러나 다중은, 네그리의 주장과는 달리, 실존하지 않는 이념형적 가상이라는 점에서 이론적 개념이라기보다는 일종의 메타포에 가깝다. 실체성 자체가 모호한 다중이 대안적 주체가 되는 것은 현실적으로 거의 가능성이 없다.[6] 그에 비해 소수자나 서발턴은 '타자 속의 타자'라는 의미에서 근대성의 맥락에 자리 잡고 있다. 민족·민중 담론과 탈근대 담론이 이들을 매개로 연대하고 협력할 수 있는 것도 그런 연유에서이다. 특히 소수자나 서발턴은 민족과 민중이 주체 중심주의로 흐르는 것을 견제해준다. 이들은 민족과 민중 내부에도 타자가 존재함을 성찰하도록 해주기 때문이다. 그런 점에서 민족문학은 소수자나 서발턴에 진지한 관심을 기울여야 할 것이다. 그러한 관심은 민족문학이 대안적 근대성을 넘어 근대 극복의 이념으로 자기갱신하는 데 소중한 디딤돌이 될 것이다. 하지만 이들이 민족이나 민중을 대신한 대안적 주체가 될 수 있을지는 의심스럽다. 소수자는 계급적·민족(인종)적·성적으로 분할되어 있는 이질적 집단이라는 점에서 자본주의 근대와 소수자의 관계는 그야말로 혼종적이다. 그런 만큼 자본주의 근대에 맞선 집합적 주체로의 결사를 이루어내기가 민족이나 민중보다 훨씬 어려울뿐더러 대항 헤게모니나 대안적 이념을 창출할 가능성도 그다지 많아 보이지 않는다. 서발턴은 자기 규정적 주체가 아니라는 점에서 주체 형성의 잠재력이 더욱 적다. 스피박이 말한 의미에서의 서발턴은 스스로를 재현할 수도 다른 누군가에 의해 재현될 수도 없다. 그렇게 되는 순간 그들은 더 이상 서발턴이 아닌 것이다. 그 결과 주체 중심주의의 덫에서는 빠져나올지 모르겠으나 저항 주체로서의 잠재력은 상실된다.

이들이 근대 극복의 주체로 재정립되려면 민족·민중과 결합되어야

---

6) 다중 개념에 대한 좀더 자세한 비판으로는 하정일, 「탈민족 담론과 새로운 본질주의」, 『탈식민의 미학』, 소명출판, 2008, 73~77면 참조.

한다. 그럴 때 소수자나 서발턴이 자본주의 근대에 맞선 자기 정체성을 실천적으로 구성할 수 있기 때문이다. 문제는 소수자나 서발턴이 민족·민중과 결합할 때 탈근대 담론이 해체하고자 했던 대문자 주체를 다시금 불러들이는 꼴이 될 수 있다는 점일 터이다. 이 문제는 민족과 민중 또한 단일한 정체성으로 환원되지 않는다는 사실의 인식을 통해서 해결할 수 있을 것이다. 민족과 민중도 내적으로 다양한 정체성들로 분할되어 있는 이질적 집합체이다. 다만 내적 이질성에도 불구하고 그들이 결사와 연대를 이룰 수 있는 것은 제국주의와 자본의 타자라는 역사적 공통성 때문이다. 그렇게 보면, 탈근대 담론이 민족과 민중에 극도의 부정적 태도를 표명하는 것은 일종의 과민반응이라 할 수 있다. 민족·민중이 원천적으로 대문자 주체인 것은 아니기 때문이다. 오히려 탈근대 담론이 민족·민중을 대문자 주체로 인식하는 것 자체가 민족과 민중의 유동적이고 복합적인 정체성을 읽지 못한 본질주의적 단순화라고도 할 수 있다. 주체 해체의 적극적 의미는 대문자 역사를 해체하고 소문자 역사'들'을 복권시키고자 하는 데 있다. 따지고 보면, 민족·민중 담론이야말로 서구 중심적이고 자본 중심적인 대문자 역사를 해체하고 세계사적 근대를 다양한 근대'들'의 역사로 재구성하고자 한 기획이었다. 그 과정에서 민족과 민중을 특권화하고 타자를 배제하는 주체중심주의에 빠지기도 했지만, 민족·민중 담론 전체가 그랬던 것도 아닐뿐더러 90년대를 거치면서 소수자나 서발턴과 같은 타자들까지 포괄하려는 자기갱신의 노력을 계속해왔다. 반면에 탈근대 담론은 주체의 해체에 몰두한 나머지 중심주의의 극복이라는 원래의 문제의식을 잊어버리고 해체 자체가 목적이 된 듯한 문제점을 노정하고 있다. 해체의 끝은 폐허일 뿐이다. 해체가 폐허로 종결되지 않으려면 탈근대 담론은 새로운 주체의 구성에 능동적으로 나서야 한다. 특히 탈근대 담론이 반체제적 급진성을 잃지 않으려면 자본주의와 제국주의에 맞설 주체를 고민해야 한다. 소수자나 서발턴의 문제가 중요하지 않다는 것이 아니다. 이들만으로는 자본주의와 제국주의를 극복하기에 역부족이라는 뜻이다. 그런 점에서 소수자와 서발턴을 포괄하되 보다 집합적이고 실천적인 연대가 필요하다. 하지만 민족과 민중에 대한 재인식이 선행되지 않는 한 탈근대 담론에서 이를 기대하기는 현재로서는 어려워 보인다.

3. 풍속과 대중

2000년대 들어 풍속론적 문학연구는 한국 근대문학 연구의 새로운 분야로 각광받고 있다. 소장 학자들을 중심으로 미시사나 일상사 혹은 대중문화에 대한 재조명이 적극적으로 이루어지고 있는 현상에 대해 필자는 두 가지 이유를 지적한 바 있다. 하나는 문학이 과거와 같은 권위를 잃어버림에 따라 문학을 문학 자체의 틀이 아니라 문화나 풍속과 같은 좀더 넓은 시야 속에서 새롭게 이해해야 할 필요가 생겼다는 점이며, 다른 하나는 문학 중심주의의 폐단을 극복하기 위해서라는 점이다. 문학 중심주의는 문학과 비(非)문학을 단절시켰고, 그 결과 이른바 '문학적인 것'에 대한 배타적 연구가 횡행했으며, 이러한 배타성은 다시 문학의 고립화를 조장해왔다.[7] 기실 문학의 위상 변화와는 별개로 문학 중심주의는 많은 폐단을 낳았던 것이 사실이다. 무엇보다 문학 중심주의는 문학을 특권화함으로써 문학의 사회적 연관을 부정했다. 문학의 참된 자율성이란 문학과 사회를 분리시킴으로써 얻어지는 것이 아니라 사회의 한 주체로서 현실에 능동적으로 개입할 때 실현되는 것이다. 그

7) 하정일, 「'개인'의 이데올로기를 넘어서」, 『탈식민의 미학』, 147~148면.

런 점에서 문학의 특수성이란 것도 사회의 다양한 심급들이 갖고 있는 각각의 특수성 그 이상도 이하도 아니다. 문학 중심주의는 문학의 특수성을 '그 이상'의 것인 양 오도해왔다. 가령 미적 저항만을 자본과 시장에 대한 진정한 저항으로 치켜세우는 논리가 그 대표적인 예라 할 수 있을 것이다. 이러한 미적 저항의 과대평가는 문학과 비문학 사이에 얼토당토않은 서열관계를 만들어내기도 했지만, 그것은 문학의 위기라는 부메랑이 되어 돌아왔다. 그런 점에서 풍속론적 문학연구는 문학과 비문학 혹은 문학과 사회 사이의 분리를 메워줄 새로운 시도로 많은 이들에게 받아들여졌다.

하지만 최근의 풍속론적 문학연구는 이러한 기대에 부응하고 있다고 말하기 어렵다. 지금의 풍속론적 문학연구는 문학 중심주의의 역편향으로 치닫고 있는 실망스러운 모습을 보여준다. 풍속론적 문학연구의 문제점은 문학 작품을 한갓 풍속 자료로 취급함에 따라 문학의 특수성이 풍속사적 일반성, 즉 지배 문화 속에 흡수되고 만다는 데 있다. 이렇게 될 때의 가장 심각한 결과는 '차이'가 지워진다는 것이다. 이경훈의 연구[8]를 언급하면서 지적했듯이, 문학을 풍속의 자료로 취급하게 되면 가령 이기영·이태준·현경준·안수길 등의 만주 인식에 나타나는 차이가 '만주 로맨티시즘'이라는 풍속 혹은 지배 문화에 묻혀 소실되어 버린다. 그러나 이들의 차이는 풍속사적 일반성으로 균질화할 수 없는 식민주의의 균열상을 드러내 보여준다는 점에서 '미세하지만 중요한 차이'이다. 이 차이를 통해 식민주의의 자기 완결적인 동시에 비(非)자족적인 양가성, 곧 지배 문화의 헤게모니가 결코 봉합할 수 없는 모순을 확인할 수 있기 때문이다. 문학이 풍속의 자료로 화하는 순간 이러한 양가성과 모순을 볼 수 없게 된다.

풍속사 연구가 빠질 수 있는 가장 위험한 함정이 균질화이다. 풍속이

8) 이경훈, 「만주와 친일 로맨티시즘」, 『오빠의 탄생』, 문학과지성사, 2003.

란 김남천의 말마따나 제도에 대한 개인들의 습득 감각을 가리킨다. 다시 말해 풍속이란 제도나 구조가 개인 차원에서 혈육화된 상태를 뜻한다. 그런 점에서 풍속은 '개체화된 구조'이다. 하지만 풍속의 주체인 개인은 철저히 대중으로서의 개인이다. 대중으로서의 개인이란 평균화된 개인, 익명화된 개인이다. 그런데 이때의 평균화된 개인이 사적 개인이라는 점에 주목해야 한다. 사적 개인만이 대중으로 전화(轉化)될 수 있다.[9] 사회적 개인, 그러니까 계급적 개인이나 민족적 개인 또는 성적 개인은 결코 대중으로 균질화되지 못한다. 이들은 계급적·민족적·성적 적대(敵對)로 인해 날카롭게 분절되어 있기 때문이다. 반면에 사적 개인은 적대가 지워져 있거나 은폐되어 있다(가령 사적 개인들은 시장에서는 그들의 계급적·민족적·성적 차이와 관계없이 똑같은 '소비자'이다). 적대가 없을 때 통합될 수 있는 법. 그래서 사회적 개인들이 적대가 지워진 사적 개인들로 분절되면서 그들의 집합체로서의 대중이 성립되는 것이다. 풍속 역시 마찬가지다. 개개인이 가진 차이나 개성이 균질화될 때 풍속의 형성이 가능해진다. 평균화되고 익명화된 사적 개인들의 집합인 대중이 풍속의 주체가 되는 것은 그런 연유에서이다.

물론 제대로 된 풍속사 연구는 풍속 혹은 대중의 이면에 감추어져 있는 균열과 차이를 드러내고 그것이 자본주의 근대와 맺고 있는 복합적 관계를 보여준다. 하지만 근래 우리 한국 근대문학 학계에서 제출되고 있는 풍속사 연구는 그러한 자의식이 심히 부족한 듯하다. 연애나 성 풍속, 대중문화, 금광 열풍, 취미 오락 등에 대한 논저들이 쏟아져 나오고 있지만, 이 연구들은 그것을 자본주의화 과정의 자연스러운 산물로 설명하는 데 그친다. 반면에 그 풍속들이 어떻게 계급적으로 혹은 민족적으로 분절/위계화되어 있고, 어떻게 균질화된 대중을 창출하며, 식민지 자본주의가 대중사회를 관리하고 자신의 모순을 은폐하는 데 어떤

9) 하정일, 앞의 글, 149~150면.

방식으로 기여하며, 나아가 대중들이 풍속을 통해 어떻게 식민지 자본주의에 포섭되거나 맞서는지 등등에 관해서는 별다른 관심을 보여주지 않는다. 풍속사 연구가 대중용 '고급' 읽을거리로 끝나지 않으려면, 이 문제들에 대한 규명은 필수적이다. 그럴 때 근대의 해체와 급진적 비판이라는 탈근대 담론 본래의 목적을 달성할 수 있기 때문이다. 그러나 대부분의 풍속사 분야 저작들은 그렇지 못하다. 이는 풍속사 연구가 현재 '고급' 상업문화의 일부가 되었음을, 즉 시장의 시스템에 자발적으로 편입했음을 의미하는 심각한 징후이다.

그런 점에서 풍속론적 문학연구는 무엇보다 문제적 개인이라는 프리즘을 통해 모든 것을 양적인 평균성으로 균질화시키는 대중사회의 위력에 균열을 일으키고 풍속 내부에 잠복해 있는 '미세하지만 중요한' 차이를 포착해내는 문학의 특수성에 주목하는 노력을 기울일 필요가 있다. 그런데 풍속 내부의 이러한 차이는 대중 내부의 차이와 상호 조응하고 있다는 데 주목해야 한다. 앞에서 언급했듯이 대중은 '소비'의 차원에서는 획일화된 집단이지만, '생산'의 차원에서는 계급적으로 민족적으로 성적으로 날카롭게 분할되어 있다. 말하자면 대중은 동일성과 차이라는 이중성을 내포한 존재인 셈이다. 물론 대중의 이중성은 지배 이데올로기에 의해 소비 쪽만이 과잉 노출되고 생산 쪽은 은폐되는 비대칭적 이중성이다. 그래서 풍속과 대중의 표면에 주목할 경우 지배 문화에 포섭된 획일성만을 발견하게 되는 것이다. 최근의 풍속론적 문학연구를 포함한 풍속사 연구에서 발견되는 획일주의는 바로 대중에 대한 이러한 일면적 인식과 깊이 관련되어 있다. 요컨대 '생산관계 속의 대중'을 보지 않고 있는 것이다. 대중을 생산관계의 맥락에서 바라볼 때 대중의 이중성을 통찰하고 대중 내부의 차이를 분별하는 것이 가능해진다. 풍속론적 문학연구에서 문학에 방점이 찍혀야 하는 참된 이유도 실로 여기에 있다고 할 수 있다. 문제적 개인의 영역인 문학이 주목하는 것이 바로 대중의 이중성과 차이, 그리고 그와 깊이 연동된 풍속 내부의 차이—예컨대 만주 로맨티시즘 내부의 차이—이기 때문이다. 그렇게 보면, 향후 풍속론적 문학연구의 향방은 문학의 '문학됨'을 어떻게 살려내느냐에 달려 있다고 해도 과언이 아닐 것이다.

대중 내부의 차이에 주목한 탈근대 담론이 없는 것은 아니다. 가령 천정환의 『근대의 책읽기』가 대표적인 경우라 할 수 있다. 이 저서는 대중을 전통적 독자층, 근대적 대중 독자, 엘리트적 독자층으로 나누어 세 독자층의 길항관계 속에서 한국 근대문학의 형성과정을 규명한다. 독자 '대중' 내부의 차이에 대한 강조는 한국 근대문학의 형성과정을 '순문예' 중심으로 단선적으로 설명해온 기존의 연구 관행에 대한 의미 있는 도전이다. 그러나 천정환의 연구 역시 소비자로서의 대중에만 초점을 맞추고 있기는 마찬가지다. 이로 말미암은 가장 큰 문제점은 독자를 실제 독자로 한정하게 된다는 점이다. 말하자면 잠재 독자에 대한 배려가 부족하다는 것인데, 그에 따라 『근대의 책읽기』는 대안적 주체의 문제를 다루지 못하는 한계를 보여준다. 대안적 주체는 가능성의 영역에 속한다는 점에서 잠재 독자와 밀접히 연루되어 있기 때문이다. 잠재 독자는 생산관계 속의 대중을 문제 삼을 때 포착된다. 이른바 '민중'이 그러하다. 민중은 실제 독자—소비자로서의 대중—라는 측면에서는 전통적 독자층이나 근대적 대중 독자에 속하지만, 잠재 독자의 측면에서 보면 천정환이 말하는 '순문예'의 주요 동력 가운데 하나이다. '순문예'의 분화, 특히 부르주아문학과 프롤레타리아문학으로의 분화에 결정적인 계기가 된 것이 바로 잠재 독자로서의 민중이었기 때문이다. 소비자로서의 대중에만 초점을 맞추는 한 이 문제를 설명하기 어렵다.

이와 관련하여 음독(音讀)과 묵독(默讀)을 다룬 장은 아쉽다. 천정환은 "'고독한 묵독'은 돌이킬 수 없는 추세였고 역사발전의 정방향이었다"[10] 고 단언하면서 마치 음독의 전통이 근대문학의 형성과 함께 끝난 것처럼

10) 천정환, 『근대의 책읽기』, 푸른역사, 2006, 120면.

간주한다. 그러나 음독 혹은 구술적 전통은 '순문예'의 역사에서 당당한 한 축을 차지해왔다. 민요시라든가 이야기시가 그것이며, 소설에서도 『임꺽정』이나 『고향』 같은 작품에서 구술적 전통을 확인하기란 그리 어렵지 않다. 해방 이후에도 이야기시의 전통은 신동엽이나 신경림 등에 의해 이어져왔고, 『장길산』 같은 소설에도 구술적 전통은 깊이 각인되어 있다. 이러한 구술적 전통은 잠재 독자로서의 민중과의 소통을 위한 것이라 할 수 있다. 프롤레타리아문학이나 민족문학이 구술적 전통을 적극 활용하고 있는 데서 그 점을 확인할 수 있다. 생산관계 속의 대중 혹은 생산자로서의 대중에 관심을 기울여야 하는 까닭이 여기에 있다. 생산자로서의 대중이 곧 민중이기 때문이다. 천정환의 연구에는 이에 대한 관심이 부족하다. 그것이 '순문예' 내부의 차이라든가 잠재 독자의 의의를 보다 깊이 있게 규명하지 못한 중요한 이유라는 것이 필자의 생각이다. 『근대의 책읽기』는 소비자로서의 대중 내부의 차이를 끈질기게 파헤치고 있다. 그 점에서 이 연구는 기존의 풍속사 연구나 문화 연구보다 한 걸음 나아가 있다. 그러나 대중을 소비자라는 측면에서만 바라보고 있는 점에서는 기존 연구들과 대동소이하다. 풍속이나 문화는 계급투쟁, 좀더 포괄적으로 말하자면 헤게모니 투쟁의 장이다.[11] 이 헤게모니 투쟁은 소비의 영역과도 관계가 적지 않지만, 근원적으로는 생산의 영역에서 비롯된다. 『근대의 책읽기』는 헤게모니 투쟁을 다루지만, 그것은 시장에서의 헤게모니 투쟁에 한정되어 있다. 소비자로서의 대중에만 주목하고 있기 때문이다. 그래서 한국 근대문학의 형성과 분화과정이 자본주의화의 과정과 그대로

11) 이에 대한 좀더 자세한 설명으로는 스튜어트 홀 외, 「하위문화, 문화, 그리고 계급」, 『문화, 일상, 대중』(박명진 외 편역), 한나래, 1996, 216~225면 참조. 특히 스튜어트 홀은 "문화에 관한 정의는 복수(cultures)이지 단수(Culture)가 아니라고" 강조하면서 "문화들 간에는 투쟁 · 긴장 · 갈등이 필연적이며 문화들은 계급 문화, 계급 형성 및 계급 투쟁 — '하나의 생활 방식'의 진화라기보다 '여러 생활 방식들' 사이의 투쟁 — 에 연결되어 있다"고 주장한다. 그러면서 이 점을 규명한 선구적 업적으로 E. P. 톰슨의 『영국 노동계급의 형성』을 든다. 스튜어트 홀, 임영호 편역, 『스튜어트 홀의 문화 이론』, 한나래, 1996, 147면.

일치하게 되는 것이다. 물론 한국 근대문학의 비(非)자본주의적 부분은 소수이고 비주류이다. 그러나 이 소수와 비주류를 배제하고는 한국 근대문학의 '특수성'을 설명할 수 없다. 이들을 제외한 한국 근대문학이란 서구 근대의 반복일 뿐이기 때문이다. 특수성을 통과하지 않는 근대 극복은 관념에 불과하다.

4. 본질주의와 단수(單數)의 근대

근대성을 파시즘과 연결시켜 해석하는 작업들이 역사학·사회과학·문학연구 등에서 심심치 않게 이루어지고 있다. 파시즘을 근대성으로부터의 일탈로 볼 것인가 아니면 근대성의 한 속성으로 이해할 것인가는 오랜 논쟁의 역사를 갖고 있다. 필자 역시 최근의 파시즘 연구가 보여주는 주된 입장, 곧 파시즘을 근대성의 한 속성 혹은 근대의 한 측면으로 설명하는 논리에 동의하는 편이다. 하지만 최근의 파시즘 연구는 여기서 한걸음 더 나아가 근대성과 파시즘을 동일시하는 면모까지 보여준다. 이런 식의 발상은 파시즘 연구에만 국한된 것이 아니다. 요즈음의 연구에서 근대성=식민주의, 근대성=남성 중심주의, 근대성=서구 중심주의, 근대성=주체 중심주의 같은 주장들을 발견하기란 그리 어렵지 않은 일이다. 탈근대가 유일한 대안으로 제기되곤 하는 것도 그래서일 터이다. 근대성이 이처럼 총체적 '악'이라면 탈근대 말고는 다른 대안이 존재할 수 없기 때문이다. 필자는 이러한 근대관을 '단수의 근대'라고 명명하면서, '단수의 근대'가 근대의 복합성을 단순화함으로써 근대가 보여준 역동성과 해방적 가능성을 보지 못하게 만드는 이데올로기적

기능을 수행하고 있음을 비판한 바 있다.[12)]

특히 파시즘 연구가 갖는 위험성은 그것이 민족문학의 가치와 가능성을 전면 부정하는 데까지 이르렀다는 사실에 있다. 신형기의 논문을 비판하는 글[13)]에서 언급했듯이 이 계열의 연구들은 민족 이야기를 배제와 억압의 내러티브로 읽는 경향을 강하게 보여준다. 이 민족 이야기에는 저항적 민족주의를 비롯한 모든 민족 담론이 포괄된다. 신형기에 따르면, "민족사 쓰기는 결국 자기 중심적으로 선별되고 꾸며진 역사"이다. 당연히 민족 이야기는 대중을 억압하고 동원하는 파시즘적 기제가 된다.[14)] 신형기를 비롯한 이 계열의 연구들은 민족 혹은 민중 담론에 내재해 있는 선별/배제/동원/억압의 논리에 주목한다. 이러한 분석이 전적으로 틀린 것은 아니다. 민족·민중 담론이 무언가를 배제하거나 동원하는 서사인 것은 부인하기 힘들기 때문이다. 따라서 민족문학은 이러한 비판도 겸허하게 경청할 필요가 있다. 문제는 이러한 주장들이 보여주는 본질주의적 단순화이다. 파시즘론이나 민족주의 비판론들은 대개 민족문학 또는 한국 근대문학을 하나의 본질로 환원시킨 다음 그것을 다시 전체로 일반화하는 담론 전략을 보여준다. 가령 이런 식이다. ① 한국 근대문학의 이런저런 작품들에서 타자를 배제하고 동원하는 특징이 나타난다. ② 그것은 한국 근대문학이 원래부터 그러한 속성을 지니고 있었기 때문이다. ③ 그러므로 모든 한국 근대문학은 그러한 속성을 지니고 있다.

①은 그 자체로는 틀리지 않은 진술이다. 한국 근대문학의 역사에는 그런 작품들이 산재해 있기 때문이다. 다만 그때의 해석이 주체와 맥락을 고려하지 않는 텍스트주의적 독법에 의거해 이루어지는 바람에 종

12) 이에 대한 좀더 자세한 논의로는 하정일, 「복수(複數)의 근대와 민족문학」, 『탈식민의 미학』, 소명출판, 2008, 92~100면 참조.

13) 하정일, 「탈민족 담론과 새로운 본질주의」, 『탈식민의 미학』, 소명출판, 2008, 85~90면 참조.

14) 신형기, 「민족 이야기를 넘어서」, 『당대비평』, 2000년 겨울, 181~185면.

종 작품에 대한 자의적 해석이나 오독에 빠지곤 하는 것은 지적하고 넘어가야겠다. 필자는 현실까지도 상호텍스트성으로 환원시키는 텍스트주의적 독법 대신에 주체와 맥락에 주목하는 수행적 독법을 대안으로 제시한 바 있다. 그럴 때 이태준이나 신동엽 혹은 김정한이나 최정희에 대한 오독과 자의적 해석을 극복할 수 있기 때문이다. 텍스트주의에는 주체와 맥락이 빠져 있다. 주체는 구조의 효과이거나 담론의 등가물이며, 맥락은 유물론적 의미의 독자성과 경험적 기반을 상실한 채 텍스트의 하나로 흡수된다. 따라서 텍스트주의적 독법은 텍스트를 매개로 벌어지는 주체와 맥락의 상호작용을 읽을 수 없다. 바흐찐에 따르면, "의미는 본질적으로 아무것도 의미하지 않는다. 의미는 단지 잠재성—구체적인 주제 속에서 의미를 가질 수 있는 가능성—을 지닐 뿐이다." 잠재성이 현실화되는 과정, 즉 말이 의미를 갖게 되는 과정은 "그 말이 실현되는 구체적 상황과 분리될 수 없"다. 따라서 담론의 의미를 "이해한다는 것은 스스로를 그것(발화 주체－인용자)에로 방향지우고, 그에 상응하는 맥락 속에서 발화의 적절한 위치를 발견하는 것"이다. 그런 점에서 "모든 진정한 이해는 본질적으로 대화적이다." 바흐찐이 의미의 생성과 이해의 과정을 이렇게 설명하는 가장 근본적인 이유는 언어를 "사회적 상호작용의 산물"로 생각했기 때문이다.[15] 언어의 수행성이란 바로 이러한 사회적·화행적(話行的) 상호작용을 가리키는 개념이다. 텍스트주의와는 반대로 담론조차도 하나의 사회적 실천으로 읽어야 하는 것은 그래서이다.

②는 전형적인 본질주의적 환원론이다. 본질주의적 환원론은 존재를 '하나의 본질'로 환원시켜 그것만으로 존재의 전체를 설명하는 논리이다. 이 계열의 연구에 따르면, 한국 근대문학의 본질은 민족주의·전체주의·파시즘·식민주의·중심주의와 같은 것이다. 그러면서 이들은

15) M. 바흐찐, 송기한 역, 『마르크스주의와 언어철학』, 한겨레, 1988, 140~142면.

한국 근대문학의 다른 측면들을 의도적으로 지워버리는데, 이러한 본질주의적 환원론은 사실상 그들이 그토록 비난하는 배제의 논리와 똑같다. 본질주의는 '단수의 근대' 인식과 밀접히 결부되어 있다. 근대를 복합적이고 모순적인 체제로 이해하지 못하고 하나의 본질로 수렴되는 '표현적 총체성'의 구조로 생각하는 것이 그것이거니와 그 연장선상에서 한국 근대문학을 하나의 본질로 단순화하는 이론적 폭력이 발생한 것이다. 이것이 한국 근대문학의 전체상과 어긋나는 것임은 물론이다. 더욱 심각한 것은 이러한 본질주의적 단순화가 한국의 근대를 서구 근대의 확장 내지는 재생산으로 보는 서구 중심주의에 깊이 침윤되어 있다는 사실이다. 가령 민족(주의) 비판이 대표적인 사례일 터이다. 이들이 생각하는 민족은 서구적 의미의 민족이다. 단수의 근대 인식이 그러하듯 이들 역시 세계사적 근대를 서구 근대의 확장과정으로 이해한다. 민족 역시 그 연장선상에 있다.[16] 그래서 민족은 언제나 서구적 의미의 민족일 뿐이고, 민족문학 또한 마찬가지다. 하지만 차테르지의 설명처럼 피식민 민족은 서구적 의미의 민족에 '지배되면서도 다른', 즉 동일성과 차이를 동시에 지닌다. 이들은 그 중 동일성에만 주목해 피식민 민족(주의)를 단순화시킨다. 피식민 민족(주의)에 대한 올바른 입장은 동일성과 차이를 통일적으로 읽으면서 그것이 맥락 속에서 어떠한 효과를 발휘하는가를 규명하는 것이다. 그럴 때 가령 민족문학의 민족 서사가 자본주의 근대와 (신)식민주의에 맞선 민중의 '주체화'라는 맥락적 효과를 발휘했음을 온당하게 간취할 수 있다.

파시즘론이 보여주는 또 하나의 본질주의적 단순화의 사례는 민족이나 계급 같은 집단을 동원의 산물로 일면화하는 점이다. 그러나 최서해와 강경애의 문학을 검토하면서 필자가 확인한 것은 이들에게 민족이란 선험적 실체나 동원의 산물이 아니라 개인의 자발적 선택과 참여로

16) 이에 대한 자세한 비판으로는 하정일, 「『해방전후사의 재인식』의 민족과 민족주의」, 『창작과 비평』 2007 봄 참조.

형성된 결사라는 점이다. 민족이 "매일매일의 국민투표"라는 르낭의 유명한 명제처럼 민족은 끊임없이 새롭게 선택되고 만들어지는 결사체이다. 종족(ethnos)과 민족의 결정적 차이가 이 점에 있거니와 근대적 민족은 "동의, 함께 공동의 삶을 계속하기를 명백하게 표명하는 욕구"에 의해 구성되는 결사인 셈이다. 가령 최서해와 강경애의 문학에서 독립운동에의 투신은 바로 그러한 의미를 갖고 있다. 엄밀히 말해, 조선인 이주민들은 종족적으로만 같을 뿐 하나의 온전한 민족(nation)을 이루지 못한 상태이다. 고립된 개인으로 뿔뿔이 흩어져 있기 때문이다. 독립운동에의 투신을 통해 종족은 비로소 민족으로 전화(轉化)한다. 이처럼 피식민 민족은 개인의 실존적 위기를 해결하기 위한 민중 결사적 성격을 갖고 있다. 물론 근대적 민족의 형성과정에 부르주아 지배체제를 수립하기 위해 민중을 동원하려는 계급적 전략이 작동하고 있음은 부인할 수 없다. 그런 점에서 근대적 민족은 양면성 — 결사와 동원 — 을 갖는다. 피식민 민족의 경우도 마찬가지다. 피식민 민족은 제국주의에 맞서 스스로를 지키기 위한 저항의 공동체라는 결사적 측면과 함께 민족 부르주아의 헤게모니를 강화하려는 동원적 측면을 동시에 갖고 있다. 부르주아 계몽 문학이 그 가운데 후자를 대표한다면, 최서해와 강경애는 전자의 입장에 서 있다. 부르주아 계몽 문학이 '위로부터의 민족', 즉 부르주아 헤게모니에 바탕한 민족을 상정하고 있었던 데 비해 최서해와 강경애는 민중이 중심이 된 '아래로부터의 민족'의 가능성을 보여준다. 그래서 부르주아 계몽 문학의 민족이 언제나 민중에게 '부과된' 민족인데 비해 최서해와 강경애 문학에서 민족은 민중이 스스로 '만들어가는' 민족이다. 이들 문학의 민족에서 민중 동원적 성격보다 민중 결사적 성격이 훨씬 강한 것은 그 때문이라 할 수 있다. 이는 최서해와 강경애의 문학이 부르주아 민족주의와 구별되는 민족 인식을 갖고 있음을 의미한다.[17] 최서해나 강경애가 보여준 '아래로부터의 민족'은 파시즘과는 거리가 멀다. '아래로부터의 민족'은 동원의 산물도 아니고, 선험적 실체도 아니며, 초월적 대주체도 아니라는 점에서 그러하다. 오히려 그것은 개인의 사회성에 대한 자각, 실존적 위기를 극복하기 위한 결사, 아래로부터의 참여와 연대를 특징으로 한다는 점에서 급진적 민주주의의 상과 부합한다. 근대성=파시즘의 시각으로는 근대의 이러한 해방적 가능성을 결코 읽어낼 수 없다는 점에서 파시즘론은 근대화론의 맹목과는 반대 방향에서의 맹목을 보여준다.

③은 본질주의적 환원론에 바탕한 과잉 일반화이다. 본질이 하나라면 한국 근대문학의 역사는 그 하나의 본질이 이런저런 방식으로 실현되어온 과정일 뿐이다. 말하자면 한국 근대문학은 특정한 본질 또는 기원의 반복과 변형에 불과한 셈이다. 이러한 과잉 일반화는 근대를 하나의 공시적 구조로 보기 때문이라 할 수 있다. 장기 지속이라는 맥락에서 근대를 공시적 구조로 이해하는 것은 가능하고 또 필요한 일이다. 그를 통해 우리는 한국 근대문학에 관한 통역사적 경향을 발견할 수 있기 때문이다. 그러나 그것을 위해서라도 단수의 근대라는 관점을 넘어 근대의 복수성을 적극 인정하는 자세가 필수적이다. 단수의 근대 인식으로는 근대 내부에서 벌어지는 '근대들' 간의 역동적 경쟁과 각축이라는 '통역사적 경향'을 결코 읽어낼 수 없기 때문이다. 따라서 근대성을 파시즘이나 민족주의 같은 하나의 본질로 환원시키는 한 장기 지속적 근대의 상은 항상 빈곤할 수밖에 없다. 그렇게 보면, 탈근대 담론이 무엇보다 먼저 탈피해야 할 것은 단수의 근대 인식이라 할 수 있겠다.

---

17) 이에 대한 자세한 설명으로는 하정일, 「민족과 계급의 변증법」과 「강경애 문학의 탈식민성과 프로문학」, 『탈식민의 미학』 참조.

5. 소결—탈근대 담론과의 '생산적 대화'는 가능한가

돌이켜 보면, 탈근대 담론이 민족문학(론)에 끼친 긍정적 영향이 적지 않다. 민족과 계급으로 포괄할 수 없는 타자들에 대한 성찰을 촉구했다는 점에서 그러하다. 그러한 성찰이 탈근대 담론 때문만은 아니고 오래 전부터 내부적으로 민족문학(론)을 쇄신하려는 노력이 한켠에서 진행되었지만, 탈근대 담론이 그 작업을 촉진시키는 데 일조한 것은 틀림없다. 하지만 탈근대 담론은 과연 스스로에 대한 성찰에 얼마나 진지했는지 궁금하다. 필자가 보기에, 탈근대 담론은 자신의 모순과 한계를 확대 재생산하면서 스스로를 극단화하고 있는 듯하다. 본질주의, 텍스트주의, 서구 중심적 보편주의, 단수의 근대 인식, 탈주체론 같은 문제점들이 갈수록 심화되고 있기 때문이다. 그러면서 탈근대 담론은 자본주의 근대와 제국주의에 대해 무력해지다 못해 자발적으로 포섭되는 징후마저 보여준다. 근대에 대한 발본적 비판을 슬로건으로 내세웠던 탈근대 담론이 시장의 메카니즘에 흡수되고 있는 모습은 아이러닉한 사태이다. 이대로 가면 해체는 마침내 폐허로 귀결될 것이다.

이러한 극단화는 아마도 민족문학(론)의 퇴조와 더불어, 빠르게 진행되고 있는 자본주의의 전지구화와 맞물려 있는 것으로 보인다. 일찍이 맑스는 자본주의가 만물의 상품화와 세계의 시장화를 초래할 것이라고 예견한 바 있다. 한국의 탈근대 담론은 이러한 예견에서 얼마나 자유로운지 자문해볼 필요가 있다. 시장의 논리를 내면화한 것은 아닌지, 시장을 현실 전체와 동일시하고 있지는 않은지, 대중을 소비자로 단순화한 것은 아닌지, 그럼으로써 대중을 턱없이 신비화하거나 반대로 혐오하고 있지는 않은지, 주체를 이데올로기에 호명되는 수동성으로 폄하한 것은 아닌지, 그리하여 주체를 국가와 자본에 포섭된 비(非)주체로 일면화하지는 않았는지 등등. 그런 점에서 탈근대 담론은 자본주의와 제국주의와 서구 중심주의에 견결하게 저항해온 민족문학(론)에서 배울 것은 배우는 유연함과 겸손함을 가져야 한다. 그럴 때 주체 형성과 근대 극복의 지혜, 생산자로서의 대중과 민중에 대한 새로운 인식, 한국적 근대의 특수성에 대한 통찰이 가능해질 터이다. 물론 역도 마찬가지다. 이러한 상호 배움의 과정을 통해서만 민족문학론과 탈근대 담론의 참다운 '생산적 대화'가 가능해질 것이다.

일본문학의 언표화와 식민지 문학의 내면

서은주

1. 일본문학에 대한 식민지 문인의 자의식

한국 근대문학을 대표하는 작가 김동인과 염상섭은 자신들의 회고록에서 문학소년 시절의 독서 경험을 다음과 같이 술회하고 있다.

> 나는 그 때 소년다운 야심이 만만하던 시절이라, 더욱이 나의 아버지가 나를 기르실 적에 유아독존의 사상을 나의 어린 머리에 깊이 쳐박았으니만치 일본문학 따위는 미리부터 깔보고 들었으며 '빅토르 위고'까지도 통속작가라 경멸할이만치 유아독존의 시절이었다. 따라서 일본동창 아이들과 문학담을 하면서도 너희 섬나라[島國] 인종에게서 무슨 큰 문학생이 나랴 하는 생각이 늘 속에 품고 있었다.[1]

1) 김동인, 「문단 30년의 자취－문학과 나」, 『신천지』, 1948.4; 『김동인평론전집』, 삼영

이 시절의 우리가 받은 교육이 일어를 통하여 일본 문화의 주입을 생으로 받은 것임은 합병 후의 고통한 운명이었지마는, 나는 소년기의 후반을 좀 더 한국적인 것에서 떨어져 지냈다는 것이 더욱 불리하였다. 가령 춘향전을 문학적으로 음미하기 전에 도쿠도미 로카[德富蘆花]의 『不如歸』를 읽었고, 이인직의 『治岳山』은 어머님이 읽으실 때 옆에서 몰래 눈물을 감추며 들었을 뿐인데 오자키 코요[尾崎紅葉]의 『金色夜叉』를 하숙의 모녀에게 읽어 들려주었다든지 하는 것은, 문학적 출발에 있어 한국사람으로서, 나 개인으로서 불명예요, 불행이라 할 것이다. 일본 작품으로서는 나쓰메 소세끼[夏目漱石]의 것, 타카야마 초규[高山樗牛]의 것을 좋아하여, 이 두 사람의 작품은 거지반 다 읽었다. 자연주의 전성시대라, 그들 대표 작가들의 작품에서, 사조상으로나, 수법으로나, 영향을 적지 않게 받았을 것도 부인할 수 없다. 시조는 이때껏 한 수도 지어본 일이 없으면서, 소년 시절에 일본의 『和歌』는 지은 일이 있었다. 이것이 결코 자랑은 아니다. 일본에 있는 동안 대학 시절이 겨우 2년쯤 되고 3·1운동을 치른 뒤에 귀국하였으니, 나의 문학수업이란 중학시절 5년간 문학 소년으로서 닥치는 대로 체계 없이 읽은 것뿐이었지마는, 초기의 문학지식의 계몽은 주로 『早稻田文學』(월간지)에서 얻은 것이라 하겠다. 작품을 읽고 나서는 월평이나 합평을 좇아다니며 구독하는 데서 문학 지식이나 감상안이 높아갔다고 하겠지마는, 『中央公論』·『改造』 기타 문학지 중에서도 태서작품의 번역·소개와 비판 및 문학이론 전개에 있어 『早稻田文學』은 나에게 있어 독학자의 강의록이었다.[2]

두 사람 모두 비슷한 시기에 문학 활동을 시작했고 일본유학의 경험 또한 공유하고 있었지만, 일본문학의 영향을 둘러싼 기억에서는 커다란 차이를 보인다. 나쓰메 소세끼가 활약하던 시절에 동경 명치학원에서 유학생활을 했던 김동인은 일본문학을 얕잡아 보고 주로 서구의 번역소설, 특히 톨스토이의 문학에 심취했다고 술회하고 있다.[3] 일본 자연

사, 1984, 432~433면 재인용.

2) 염상섭, 「문학소년시대의 회상」, 『민족문화독본』(양주동 편), 문연사, 1955; 『염상섭 전집』 12, 민음사, 1987, 215면 재인용.

3) 김동인, 앞의 글, 432~433면.

주의 문학이 김동인의 문학에 습합되었음은 이미 여러 비교 연구를 통해 실증된 바 있는데, 일본문학에 대한 김동인의 이런 발언은 그의 기질 탓도 있겠지만 무엇보다 이 발화가 이루어진 시점의 사회적 분위기 탓도 있을 것이다. 식민지 말기의 친일 협의로부터 자유로울 수 없었던 김동인으로서는 해방 공간에서 일본문학의 영향을 부정할 수밖에 없었을 것이다. 이에 비해 염상섭은 어려서부터 일본문학 작품을 탐독하고 일어로 시를 짓고, 일본문학 잡지를 통해 문학적 식견을 축적했음을 솔직하게 고백하고 있다. 일견 김동인의 회고보다 염상섭의 고백이 객관적 사실에 가깝게 느껴지지만, 시각을 달리해 보면 일본문학을 둘러싼 두 작가의 기억은 제각기 진실의 일면을 투영하고 있다. 일본문학의 영토 안에서 문학적 성장을 이룬 것이 식민지 문인의 자연스러운 운명이었다면, 피식민자로서의 자의식이 제국의 문학을 순수하게 승인하지 못하게 만드는 상황의 객관성도 외면할 수 없는 진실이기 때문이다.

한국 근대문학의 성립과 발전이 일본문학의 수용을 통해 그 기반을 구축해 나갔음은 주지의 사실이다.[4] 그런데 한국 근대문학 초창기의 문인들의 대다수가 일본 유학 경험을 가지고 있고, 따라서 직간접적으로 일본문학으로부터 강한 영향을 받았음에도 공론 장에서 담론화되는 문건은 그렇게 많지 않다. 실제로 식민지 시기 신문이나 잡지에 게재된 외국문학 관련 자료를 검토해 보면, 외국문학의 수용에서 영국이나 프랑스, 독일 등의 서구유럽이나 러시아 등의 문학에 주로 편중되어 중국이나 일본 등의 아시아 인접국의 문학은 소외되고 있음을 확인할 수 있다.[5] 그나마 중국문단의 동향이나 중국 근대문학에 대한 관심은 한문

4) 임화는 조선의 신문학이 "서구문학의 이식과 모방" 가운데 성장했고, 그 서구문학을 "일본문학을 통해서 배웠기 때문"에 조선의 신문학사에 대한 연구는 일본의 메이지·다이쇼 문학사에 대한 상세한 연구를 필요로 한다고 말한 바 있다(임화, 「조선문학 연구의 일 과제」, 『동아일보』, 1940.1.16).

5) 서은주, 「1930년대 외국문학 수용의 좌표—세계/민족, 문학」, 『탈식민의 역학』, 소명출판, 2006, 260~261면 참조.

소양이 풍부한 전문가들의 노력에 의해 명맥이 유지되었는데, 전통적으로 이어져온 중화주의와 더불어 제국주의의 피해자로서의 동류의식이 함께 작용해 중국의 반제 운동의 동향에 주목하였기 때문일 것이다.[6] 요컨대, 일본문학이 조선문학에 미친 실질적인 영향에 비해, 그것에 대한 담론의 양과 질은 빈약하고 초라한 수준임은 분명한 사실이다.

식민지 문인들은 누구라고 할 것도 없이 의식적으로든, 무의식적으로든 일본문학과의 영향관계를 언표화하는 것을 꺼려했으며, 이러한 분위기는 암묵적인 승인을 거쳐 식민지 문단 전체에 자연스럽게 정착되었다고 해석할 수 있다.[7] 그런데 피식민지 문인들의 내면에 작동했던 이러한 은폐의 욕망을 정당화시켜 주었던 하나의 근거는, 일본문학이라는 것도 순수한 오리지날리티를 지닌 문학이 아니라는 인식이다. 다시 말해 근대 이후에 국한되는 것이겠지만 일본문학이란 서구문학의 이식 및 모방의 결과물에 지나지 않는다고 판단했던 것이다.[8] 또 하나의 근거는 대부분 일본어 읽기와 쓰기, 그리고 말하기 능력을 지녔던 식민지 지식인들에게 일본문학은 결코 영국문학이나 러시아문학과 같은 외국문학이 아니었다는 사실이다. 물론 이점은 식민지 시기 전체에 전일적으로 적용할 수 있는 사안은 아니다. 그러나 분명한 것은 피식민자의

---

6) 중국문학은 김광주와 정래동을 중심으로 그 근대적 전개 과정에 대한 지속적인 소개와 분석이 이루어졌으며, 경성제국대학에서 중국문학을 전공한 김태준도 18회에 걸쳐 중국 근대문학을 프롤레타리아문학의 관점에서 소개하고 있다(「문학혁명 후의 중국문예관－과거 14년간」, 『조선일보』, 1930.11.12~12.8). 중국문학에 대한 평문은 긴 분량의 기획연재가 많아 어느 정도 수준을 담보하고 있으며, 전체적인 양에서도 일본문학에 대한 글보다는 압도적으로 많다. 민족문학사학회 기초학문연구단 자료집, 『외국문학의 수용과 번역의 시각 2－국가별 : 중국 · 일본 편』, 해제 및 목록 참조.

7) 정인문, 『1910 · 20년대의 한일 근대문학 교류사』, J&C, 2003.5, 10~11면 참조.

8) 이런 상황은 일본문학 스스로도 인정하는 것이기도 해서, 고바야시 히데오는 "메이지 이래의 일본문학사는 서양 근대문학에 대한 오해사(誤解史)"라는 명제를 내놓기도 하였다. 나카무라 미츠오 · 니시타니 게이지 외편, 이경훈 · 송태욱 외역, 『태평양전쟁의 사상－좌담회 '근대의 초극'과 '세계사적 입장과 일본'으로 본 일본정신의 기원』, 이매진, 2006, 21면 참조.

저항적 시선으로 제국의 문학을 타자화하는 한편으로, 제국의 언어를 전유함으로써 일본문학을 자기의 것으로 삼고자 하는 동일화의 욕망이 동시에 작동했다는 사실이다.

최근 식민지 문학 연구에서 일본이 조선문학을 어떻게 인식했는가의 문제가 집중적으로 부상하고 있다. 더불어 제국의 시선으로 식민지를 어떻게 표상했는가의 문제는 최근 역사·문화 분야 전반의 유행이 되었다. 그렇다면 그 반대의 시선에 대해서는 충분히 논의되었는지 의문이 생긴다. 물론 식민지 시기의 역사나 문학·문화 연구가 거의 그 범주에 속하는 것이 아니냐고 할 수도 있지만, 제국을 향한 식민지의 의식과 무의식을 구체적인 물증 속에서 면밀하게 고찰하는 경우는 그리 많지 않다. 이는 아마 일차적으로는 피식민자의 의식을 확인할 수 있는 실증적인 자료가 절대적으로 부족하기 때문일 것이고, 다음으로는 남겨진 것들의 자료적 가치에 대한 회의적 시각 때문일 것이다. 혹은 의식과 감각에서 '가진 자'로서의 제국의 시선이 더 풍요롭고 문제적인 내용성을 함유하고 있을 것이란 판단도 작용했을 것이다. 사실 피식민자는 여러 억압적 제약으로부터 자유로울 수 없는 까닭에 식민자에 대한 시선 자체를 회피하기 쉽다. 물질적·정서적 결핍이 근본적으로 무언가 표현하는 행위를 어렵게 만들며, 혹시 무언가 표현했다 하더라도 억압이 가식을 강요할 가능성이 높다. 따라서 식민자에 대한 피식민자의 시선을 포착하는 것은 이런 점에서 근본적인 한계를 지닌다.

이 글은 식민지 조선 문인들이 일본문학에 대해 언표화한 글을 대상으로 타자화와 동일화 사이를 진동하며 일본문학을 의식했을 식민지 조선문학의 내면을 추적해보고자 한다. 그것은 조선문학과 일본문학의 관련양상을 고찰하는 과정으로, '저항과 협력'이라는 이분법만으로는 설명되지 않는, 식민-탈식민의 그 착종의 양상을 확인하는 과정이기도 하다.

2. 견제와 승인, 식민-피식민의 거리 두기

일본문학은 근대적 의미의 새로운 문학 개념이 등장하면서 동아시아라는 문학 공간에서 기존의 한문학적인 세계를 대체할 새로운 정전으로 부상하였다. 1895년 청일전쟁의 승리를 계기로 내셔널리즘의 정신이 고양되었고, 이런 분위기에 힘입어 일본문학은 동아시아 지역으로 확산되었다. 일본의 제국주의적 지배 정책과 일본인의 해외 이주 증가와 같은 외부적인 요인과 더불어, 근대화의 필요성을 절감하고 능동적으로 수용에 나선 중국과 한국 등의 내부적 상황도 일본문학의 확산에 기여하였다.[9] 문제는 근대 초기에 식민지 지식인들이 수용한 일본문학이라는 것 안에는 서구작품의 일본어 번역이나, 서구작품을 저본으로 한 일본어 번안, 그리고 일본인에 의한 일본문학 등이 혼재되어 있었고, 따라서 일본문학에 대한 개념이나 범주가 제대로 정립하지 않은 상태에서 급속도로 광범위한 수용이 이루어졌다는 점이다.

일본의 경우도 'literature'의 번역어로 '문학' 개념을 만들었지만, 그 다의성으로 인해 개념 정립에 많은 혼란을 겪었다. 일본에서 '일본문학'이라는 명칭이 공식적으로 처음 등장한 것은 1875년에 후쿠치 오치[福地櫻痴]가 쓴 「일본문학의 부진을 개탄한다」에서이다. 이 글에서의 '문학'은 읽고 쓰는 능력, 혹은 저술 일반, 그리고 언어예술 등을 지칭하는 다의적 개념으로 쓰이고 있는데, 언어 내셔널리즘을 반영하여 일본문학 안에 한시를 제외함으로써 일본어로 쓰인 저작으로 그 경계를 긋고 있는 점이 인상적이다.[10] 이후 '일본문학'의 개념 정립 과정에는 내셔널 아이

9) 허석, 「근대 일본문학의 해외확산과 국가이데올로기에 대한 연구-명치시대 한일양국의 번역물을 중심으로」, 『일본어문학』, 2005.3, 414~416면 참조.

10) 스즈키 사다미[鈴木貞美], 『일본의 문학개념-동서의 문학개념과 비교고찰』, 보고사, 2001, 198~206면 참조.

덴티티의 기획이 분명하게 개입함으로써 필연적으로 '문학사'와 결합하게 된다. 1890년 미카미 산지[三上參次]와 다카쓰 구와사부로[高津鍬三郎]이 공저한 『일본문학사』의 간행을 계기로 주로 교과서의 용도로 다양한 '문학사'들이 편찬되었다. 정병호에 의하면 이들 일본문학사는 "1890년대 중반까지는 서양(문학)이나 동양(문학)에 대해 비교나 배제의 전략을 통해, 20세기에 접어들면 동서양문학을 포용·조화시키는 일본문학의 표상을 통해 내셔널 아이덴티티를 구축"해 나갔다. 특히 1900년을 전후하여 일본문학사에서 한문학의 기술은 필수적이 되었는데, 이는 한자로 쓰어진 고전을 정전화하기 위한 필연적인 과정이었다고 볼 수 있다.[11] 이렇게 '일본문학사'가 "발명"[12]됨으로써, '일본문학'의 외연과 내포도 그 윤곽을 잡아나가게 되었던 것이다.

'일본문학' 혹은 '일본문단'이라는 용어가 한국의 담론 장에 공식적으로 등장하는 것은 1920년대에 들어서면서부터였다. 1910년대의 외국문학 수용은 문학 작품의 번역이나 번안이 많은 반면 상대적으로 소개나 비평의 글이 극히 드물었고, 서구의 문학에 대해서도 내셔널 아이덴티티와 결부된 국민(민족)문학의 개념으로 언급된 경우는 별로 없던 시기였다. 그러던 것이 1920년대로 넘어 오면서 '영(英)문단'이나 '노서아문단' 등과 함께 '일본문단'이라는 용어가 등장하는데, 주로 동시대의 문학현상을 열거하며 소개하는 방식을 취하고 있다. 식민지 조선에서의 외국문학 수용은 개별 작가나 작품 등의 개체적 범주에서 출발해 민족 혹은 국가 단위의 집단적 범주로 그 대상을 확장해 나가는 것이 일반적이었는데, 일본문학의 경우는 특정의 작가나 작품에 대한 소개나 논의가 거의 없는 대신 대부분의 글이 문단 상황을 포괄적으로 개괄하고 있다는 점은 주목할 만하다.[13] 물론 이런 글들은 일본 평단의 논의를 그

11) 정병호, 「근대 초기 〈일본(인)론〉의 전개와 〈일본문학사〉의 위치－〈일본문학사〉의 서양 및 아시아 표상을 중심으로」, 『일본어문학』 33집, 2007.6, 315~6, 324~6면 참조.
12) 스즈키 사다미, 앞의 책, 309면.

대로 요약, 소개한 것일 가능성이 높지만, 그만큼 일본문학계에 대한 관심과 이해가 거의 '자기 문학'의 수준에 육박했음을 짐작하게 한다. 개괄적인 글은 얕고 상식적인 인상을 주지만 전체에 대한 장악력이 없이는 쓸 수 없는 글쓰기이기 때문이다. 조선의 문인들은 거의 시차를 두지 않고 동시대 일본의 문단 상황을 중요한 정보로 취합하고 있었고, 언제나 그것에 비추어 조선문학의 상을 구성하고자 했다.

1920년에 발표된 황석우의 글은 당대 일본문단의 구체적인 상황을 언급하며 일본의 시 경향을 소개하고 있다.[14] 일본시단은 근대화의 영향에 힘입어 구어시 중심의 자유시운동이 주조를 이루고 있음을 언급하면서, 미키 로쿠[三木露風]를 비롯한 청년시인에 의한 상징주의운동과 이에 대립하는 후쿠다 마사오[福田正夫] 중심의 민중시가운동을 두 개의 큰 흐름으로 분석하고 있다. 특히 상징주의 문학 운동의 경향을 상세히 소개하면서 일본 상징주의 시들을 직접 번역하여 글의 말미에 붙여놓고 있다. 상징주의에 매료되었던 황석우의 입장에서, 일본시단이 서구의 상징주의를 주조로 하고 있음을 소개하는 것은 단순한 정보 제공의 차원을 넘어 일종의 자기 정당성을 확보하기 위한 근거 제시라고 볼 수 있다. 즉 일본시단의 주류가 상징시임을 지적함으로써 한국 근대시단에서 상징주의 운동의 명분을 확보하고자 하는 의도가 개입된 것이다. 외국문학을 언급할 때 개인의 문학적 기호나 이념에 따라 특정의 문학적 현상이나 조류의 의미를 강조하는 방식은 자국 문학 안에서의 자신의 문학적 권위를 확보하려는 노력의 일환이다. 따라서 이 시기에 소개되는 외국문학은 객관적이기보다는 주관적 의도에 의해 취사선택되는 경향이 강하고, 그 경중의 기준 또한 자의적으로 설정될 여지가 있었음을 주지해야 할 것이다. 이에 비해 1924

13) 러시아나 서구문학의 경우, 주로 '위대한 작품'과 '돌출한 개인'이라는 측면에서 특정 작가와 작품이 매개가 되어 그것이 속한 집단(민족이나 국민)의 문학으로 관심이 이동하는 것이 일반적이다. 반면 일본문학을 대상으로 특정한 작품이나 작가가 신화화되는 경우는 별로 없다(서은주, 앞의 글, 256~263면 참조).

14) 황석우, 「일본 시단의 이대 경향-附상징주의」, 『폐허』 1, 1920.7.25.

년 『개벽』지에 게재된 박종화의 「아직 알 수가 없는 일본문단의 최근 경향」은 비교적 객관주의적 태도를 보여준다.[15] "현문단의 세계적 경향"이라는 특집 하에 중국 · 프랑스 · 독일 · 러시아 · 영국 · 아메리카 문학 등과 함께 소개된 이 글은 관동 대지진 이후 자연주의 시대를 막 벗어나 다양한 유행 사조가 뒤섞여서 혼란한 양상을 보이는 일본문단을 가볍게 스케치하고 있는 글이다. 프로문학의 등장을 큰 축으로 하여, 기성문단의 맥을 잇는 군소작가들의 활약, 인도주의 문학, 다다이즘의 등장, 독일표현주의 작품의 수입, 전통주의 대 사회시인의 대립, 사회시인 대 프롤레타리아 선전주의의 논전 등 일본문단이 '분규의 문단'이 되었다고 정리하고 있다. 요약적인 글이지만 비교적 근대 일본문단의 전체적인 상황을 당대의 사회적 상황과 연관하여 서술하고 있다는 점에서 의의가 있다. 이 외에도 1927년에 발표된 이북만의 「최근 일본문단 조감」[16] 등도 일본문단을 부르주아문학과 프롤레타리아문학으로 양분하여 조망하고 있다. 당대 일본문단의 동향을 개괄하고 있는 이런 글들은, 서구의 근대문예사조가 일본에 수입되어 각축하면서 역동적으로 재배치되는 상황을 보여줌으로써 일본문학의 근대적 위상을 확인시켜 주고 있다. 또한 한자 문화권에 속하면서도 일찍이 서구의 근대문학을 수용한 일본문단의 상황은, 당대 조선의 문인들에게 일본문학이야말로 가장 가깝게 따라잡을 수 있는 근대문학의 '실물'임을 각인시켜 주고 있다.

주지하다시피 식민지 조선의 문인들은 일본 유학을 통하거나 혹은 간접적인 경로를 통해 외국문학을 접하면서 적어도 일본의 파시즘 체제가 강화되기 이전까지는 러시아나 서구 문학에 대해 자유로운 논의를 펼칠 수 있었다. 그러나 일본문학에 대해서는 식민지인으로서의 콤플렉스가 작용하여 공공연하게 '일본적인 것'을 옹호하거나 비판하는 것이 모두 쉽지 않았다. 아마도 이 시기 식민지 문인들의 내면에서는

15) 박종화, 「아즉 알 수가 없는 일본문단의 최근 경향」, 『개벽』 44, 1924.2.1.
16) 이북만, 「최근 일본문단 조감」, 『조선일보』, 1927.9.8~17.

제국을 의식하면서 어떻게 피식민지 지식인으로서의 포즈를 구성할 것인지에 대한 자기검열의 기제가 작동하고 있었을 것이다.

이광수는 조선문학의 근대적 상을 정초하려는 견지에서 서구문학이나 일본문학의 사례를 비교의 대상으로 자주 언급하고 있는데, 일본문학 자체에 초점을 맞춘 논의는 드물다. 그는 당대의 바람직한 '문사(文士)'의 상을 논하고 있는 「문사와 수양」에서 "문사란 천재라기보다 많은 공부의 축적으로 형성되는 것"이라고 하면서 메이지(明治) 이래 일본문단에 공헌도가 높은 쓰보우치 쇼요[坪內消遙]·모리 오가이[森鷗外]·나쓰메 소세키[夏日漱石] 등은 모두 의학자이거나 외국문학 전공자로서 근대적 지식을 축적한 전문가임을 강조한다.[17] 그러면서 일본으로부터 문사의 풍모를 수입한 당대의 식민지 문인들이 이러한 긍정적인 면은 본받지 못하고 일본문단의 퇴폐적인 일면만을 모방하는 태도를 질타하고 있다. 또한 서양인에게 소개할 만한 조선문학사의 부재를 안타까워하며 일본이 영문학사를 참조하여 일문으로 문학비평론이나 문학개론서, 그리고 일본문학사를 집필한 사실을 높이 평가하는가 하면,[18] 일본문학이 메이지 초년 이래로 야마다 비묘[山田美妙]의 신문체에 달하기까지는 삼십 년이나 넘게 걸린 데 비해, "문체뿐 아니라 묘사의 수완이며 제재선택의 적부(適否)며 구상과 기예의 모든 방면에 있어서 적더라도 소설 하나만은 일본문학에 지지 아니하리라고 믿을 만한 진보"를 이루었다고 자찬하기도 한다.[19] 여기서도 확인할 수 있듯이, 이광수는 일본문학에 대해 적절한 거리를 유지하면서 그 장단점을 조선문학이 어떻게 수용하느냐에 주로 강조점을 두고 있다. 일본문학의 근대적 위상을 인정

17) 이광수, 「문사와 수양」, 『창조』 8호, 1921.1; 『이광수전집』 16, 삼중당, 1963, 21면 재인용.

18) 이광수가 열거하고 있는 문헌은 夏日漱石의 『문학론』; 本間久雄의 『문학개론』; 坪內消遙의 『영문학사』; 五十嵐力의 『일본문학사』 등이다(이광수, 「문학에 뜻을 두는 이에게」, 『개벽』 21호, 1922.3; 『이광수전집』 16, 47면 재인용).

19) 이광수, 「조선문단의 현상과 장래」, 『동아일보』, 1925.1.1.

하면서도 은연중 조선문학의 근대적 약진을 자부하는 그의 태도에서 식민지 근대주의자의 자신감이 반영되어 있다. 이광수는 세계문학이라는 구도 아래 일본문학을 근대문학의 전범으로 참조함과 동시에 경쟁의 대상으로 의식하고 있었던 것이다.

한편 1927년 『동아일보』에 총 6회로 연재된 염상섭의 「배울 것은 기교－일본문단잡관」은 조선문단의 입장에서 일본문단의 수준을 상대화하여 평가하고 있다는 점에서 의의가 있는 글이다.[20] 염상섭은 도입부에서 일본문단 사정이나 인상을 문제 삼는 것이 새삼스럽고 우습지만 "실상은 아는듯하면서도 모르고 넘기는 경우가 적지 않"고 "일본문단과의 거리가 동경과 경성간의 그것 이상으로 밀접한듯하나 사실은 그렇지도 못한 것"임을 솔직하게 인정한다. 이 글에서 주목해야 할 부분은, '문학은 생활의 기록'이라는 관점에 입각하여 일본문학을 일본인 혹은 일본인의 생활 태도 및 환경과 관련하여 접근하고 있는 점이다.

> 그들은 허리띠 한줄기로 옷을 입고 목판에 세 구멍을 뚫어서 신이 되고 피자 떨어지는 것이 그들의 꽃이다. 죽음은 그들이 언제든지 심리에 준비하여 가지고 있는 가장 간단 경쾌한 최후의 답안이다. 집착과 준순(逡巡)이라는 것은 사(死) 이상으로 그들의 끌리는 바이다. 집착이니 준순이니 하는 것은 결국에 고민의 옷껍질이다. 집착이 없는 곳에 고민은 꼬리를 감추는 것이다. 그리고 준순을 물리치게 명쾌를 느낄 것이다. 그러나 그 명쾌가 반드시 깊은 뿌리를 가진 것은 못된다. 다만 그것이 선도됨에 진취의 기상을 엿보일 따름이다. 일본인은 그 선도의 묘법을 알따름이다.[21]

이 글에서는 수사나 표현에서 미미하게나마 일본문화에 대한 폄하의 시선을 발견할 수 있다. "허리띠 한줄기"로 옷을 만들고, "세 구멍을 뚫어" 신을 만들며, 꽃은 피자마자 바로 져버린다. 압축적이고 단순한 수

20) 염상섭, 「배울 것은 기교－일본문단잡관」, 『동아일보』, 1927.6.7~13.
21) 위의 글(3).

사 속에 일본문화를 소박하고 단순한, '얕고 가벼운' 어떤 것으로 규정하고 싶어 하는 염상섭의 욕망을 읽을 수 있다. 이어서 그는 역사적으로 일본이 타민족의 외침을 별로 받지 않아 "민족적으로 부대낀 백성이 아니"며, 문화적으로 외래문화를 배척하고 자기의 것을 고집할 만큼 특수한 문화를 가지지 않았기 때문에 별다른 고통과 갈등 없이 오히려 갈망을 가지고 외래문화를 수용했다고 설명한다. 심각한 고난과 갈등을 경험하지 않은 생활을 반영한 일본문학은 "물론 우리보다는 세련이요 우리보다는 수완과 역량을 가지고 있고 우리보다는 깊은 관찰을 갖고 있겠지마는 우주와 인생사회에 대하여 좀 더 근간에 부닥치는 큰 눈이 없고 호흡에 세차지 못한 것은 가릴 수 없는 사실"이다. 이를 토대로 염상섭은 조선문단이 일본문단에서 배울 것은 '기교와 표현'뿐이라고 결론짓는다. 즉 내용과 형식의 이분법적 구도 속에서 근대적인 일본문학이 비록 형식의 선진성은 확보하였지만 문학의 정신이나 의식의 측면에서는 별로 참조할 내용성을 담보하지 못했다는 판단이다. 1920년대 중반만 해도 일본의 식민지배에 대한 거부감이 강했던 시기인 만큼 일본문학에 대한 이러한 언표화는 피식민지 문인의 자존감을 견지하는 효과적인 방식으로 기능했다. 그러나 조선문학에 대한 자부심을 바탕으로 일본문학을 상대화했던 이런 시각이 명백하게 언표된 경우는 염상섭의 경우가 거의 유일하며, 이후로 갈수록 견제의 시선은 급격히 사라진다.

1920년대 후반과 1930년대 전반까지 일본문학을 주로 언급하고 있는 집단은 프로문학 계열이었다. 조선의 프로문학 진영은 일본 프로문학과 긴밀한 연계를 통해 국제주의적 노선을 취함으로써, 동류의식을 기조로 일본 프로문학에 초점을 맞춰 일본문단의 상황을 이해하고자 노력했다. 그러나 조선의 프로문학 진영이 일본문학에 대한 집중적인 언표화를 진행하고 있던 1930년대 전반은 이미 일본의 프로문학이 쇠퇴의 길을 걷던 시기로, 만주사변 이후 국가권력과 극단적으로 대치했던 일본 프로문학은 1935년을 전후해 대표적 조직인 나프, 코프가 연이어 해체됨으로써 급격하게 붕괴되어 갔다.[22] 일본에서 벌어지는 이러한 상황을 충분히 파악하고 있었던 식민지 문인들이지만, 적어도 1930년대 초반까지는 일본 부르주아문학을 비판하면서 일본문학에서 프로문학이 대세이자 대안이라는 주장을 굽히지 않는다. 「일본문학 신경향」에서 김용제는 사회현상과 마찬가지로 문학현상도 계급적 분화를 반영하며, 일본의 문단도 이 철칙을 보여준다고 설명한다.[23] 부르주아와 프롤레타리아 계급의 대립이 세계경제공황에 의해 심각화 되고 있는 상황을 소개하면서, 일본문단은 1920년 경 1차 세계대전 이후의 호경기에 의해 문학의 상품적 가치를 백퍼센트 실현했지만 세계경제의 불경기로 인해 일본의 출판계도 파산을 맞았다고 분석하고 있다. 일본문학을 크게 부르주아문학, 신흥문학파, 사회민주주의 문학, 프롤레타리아동맹 작가들로 개관하면서, 부르주아문학은 경제적 곤경에 직면하여 예술적 양심을 잊어버렸고 신흥문학파의 작가들도 순전히 부르주아 저널리즘의 소산으로 출판계의 특수총아일 뿐 과거 부르주아 예술파의 작가들과 다를 것이 없다고 비판한다. 사민주의 문학은 입으로만 프롤레타리아를 외칠 뿐 노동대중의 행동을 좌절시키고 점차 파쇼화 되어가고 있다고 지적하면서, 결론적으로 대세는 프롤레타리아문학이라고 정리한다. "일본의 프롤레타리아문학의 성장이 얼마나 큰 것인가를 증명함에는 무엇보다도 1930년 11월에 하리코프의 국제작가대회에서 일본프롤레타리아문학이 세계적으로 승인되었다는 것"이 중요하다고 강조하고, 일본작가 도쿠나가 스나오[德永直]의 「태양 없는 거리」같은 것이 독일어로 번역된 것을 두고 "일본의 프롤레타리아문학은 능히 독일프로문학과 상대를 겨눌 수 있을 만큼 성장"했다고 평가한다. 특히 하리코프대회의 지시에 의해 동

22) 히라노 겐, 고재석 · 김환기 역, 『일본 쇼와문학사』, 동국대 출판부, 2001, 119~144면 참조.

23) 김용제, 「일본문학 신경향」, 『혜성』 11호, 1932.2.15.

맹 내에 농민문학연구회를 두었고, 이에 대한 이론적 토론과 실제 구체적 작품행동이 실현되고 있다고 소개함으로써 프로문학의 국제주의 노선을 과시하고 있다.

역시 프로문학의 관점에서 일본문학의 경향을 소개하고 있는 백철의 「총괄적으로 본 해체기의 일본문단」은[24] 당대 일본문학을 '일본 근대문학의 해체기'로 규정하고 있다. 이는 과거 순문학의 쇠퇴를 의미하는 것으로, 결론적으로 순문학과 대립되는 프롤레타리아문학의 성장을 당시 일본문단의 대세로 파악하고 있다. 이 글에서의 '일본 근대문학'이란 '순문학', 혹은 프롤레타리아문학의 등장 이전의 문학을 범박하게 지칭하는 것으로 해석할 수 있는데, 그런 의미에서 일본 근대문학의 해체는 다른 말로 프로문학의 성장을 의미한다. 백철은 메이지 유신 이후의 자본주의 발전에 의하여 성장한 일본 근대문학은 자연주의·주관주의·개인주의를 기본적 성격으로 삼아 성장했기 때문에, "그것이 자신의 대립물로서 새로운 진영문학의 출발과 함께 그의 全진보성을 상실하여 전진을 중지하고 하강"하였다고 본다. 그리고 순수문학 진영의 분열과 혼란을 틈타 '사회성'을 내세우는 통속문학이 등장하여 대중잡지의 진출과 함께 득세한다. 백철의 글에서 주목할 것은, 파쇼문학이 통속문학의 일부로서 성장했다는 지적이다. 그는 만주사변 이후 결성된 파시스트 작가 그룹 '7일회' 등의 등장을 언급하며, 통속대중문학은 '신사회파'라는 이름으로 문학의 사회적 기능을 시인하지만 문학의 공리성을 가장 비속화 시킨 경우라고 비판한다. 결론에서 일본 프로문학을 옹호하는 것으로 마무리하고 있는데, 일반 좌익 출판물이 현저하게 감소하고 좌익 기관지가 폐간되는 상황을 열거하면서도, 그것을 일본 프로문학 운동의 쇠퇴로 연결 짓기를 거부한다. 오히려 일본 프로문학은 500여 명의 맹원과 수만의 써클 및 통신원 등에 의해 성장하고 있고, 방향

24) 백철, 「총괄적으로 본 해체기의 일본문단」, 『조선일보』, 1933.5.5~12.

전환 이후 질적으로 괄목의 성장을 이루어 유물변증법적 창작방법이 창작과정에 구체적으로 구현되고 있음을 강조하고 있다. 그러나 이러한 부언에도 불구하고 만주사변 이후 정세의 변화와 더불어 일본 프로문학이 급격히 침체하게 됨을 전제할 때, 백철의 견해는 객관적인 현상 제시라고 보기는 어렵다. 일본문학의 파시즘화와 통속화 현상을 비판적으로 인식하고 그것에 대한 위기감이 높았던 만큼, 상대적으로 프로문학의 역사적 당위성을 힘주어 강조할 수밖에 없었던 것이다.

이 외에도 정노풍의 「일본평단의 경향—아울러 논객의 태도소관」,[25] 곽복산의 「일본 잡지계 전망」,[26] 유치진의 「일본신극운동의 현상과 그 동향」[27] 등은 개별 장르나 매체를 중심으로 일본문단의 경향을 일별하고 있다. 1936년에 발표된 유치진의 「최근일본문단 편신(片信, 특집—해외문학의 동향)」[28]은 파시즘의 암운이 일본문단에 드리워지는 상황을 잘 포착하고 있는 글이다. 일본 프로문학의 분열과 대립을 언급하면서, 하야시 후사오[林房雄]와 같은 일본의 프로문학 작가들이 "리얼리즘을 이보란 듯이 차 던지고 낭만주의문학을 감연히 제창하고 나선 것은 그 기개에 있어서 우리의 눈을 새롭게 하는 바 없지 않을 것"이라고 덧붙이고 있다. 더욱이 이것에 영향 받아 임화가 「당래할 조선문학을 위한 신제창」이라는 글에서 "위대한 낭만적 정신"을 강조한 것을 지적하며, 자기가 보기에 "'로망'이니 '리얼'이니 하는 것은 결국 손바닥의 앞뒤와 같은 것"이라고 단언한다. 조선 프로문학 진영의 국제적 추수주의는 그것의 해체 이후에도 '추수'의 행보를 계속하고 있었던 것이다. 한편 분열의 일본 프로문학 진영이 광범위한 의미에서 대동단결을 모색하려는 경향을 소개하면서, 이는 "작년 6월 파리에서 국제적으로 열린 '문화수

25) 『동아일보』, 1930.4.13~16.
26) 『동아일보』, 1934.2.6~9.
27) 『동아일보』, 1935.3.6~7.
28) 『사해공론』, 1936.2.1.

호국제작가대회'의 일본문단에의 영향"으로 파시즘의 공세에 대항하려는 진보적 작가의 결속이 시급하기 때문이라고 설명하고 있다. 이 외에도 다양한 레퍼토리를 개발하려는 일본극단의 희곡열을 비롯해, 역사소설이나 풍자문학의 경향도 소개하고 있다. 특히 주목할 부분은 일본주의문학의 발흥에 대한 언급인데, 이 경향은 일본주의운동의 일환으로서 우수작품에 상금을 주거나 수상작품을 영어나 불어로 외국에 번역 소개하는 특전을 내걸어 하나의 '사업'으로 운영되고 있다고 설명한다. 문예잡지를 발간함은 물론이고 일본문화연맹, 일본민요협회, '방인'전기학회('邦人'傳記學會) 등을 축으로 음으로 양으로 광범위한 일본주의운동이 착수되고 있음을 소개하고 있다. 일본문학 내부에서 일어나는 이러한 변화는 분명, 일방적 서구 추수주의에 대한 반성의 측면도 있겠지만 파시즘 체제의 진전과 밀접한 관계를 지닌다. 유치진의 글은 파시즘의 공세에 대한 위기감을 언급하고 있지만, 이미 일본문학 내부에서 '일본주의' 문학 운동이 자본 및 대중적 지지를 기반으로 득세하고 있음을 보여줌으로써 파시즘에로의 흐름이 거스를 수 없는 대세임을 짐작하게 해준다.

이처럼 파시즘이 본격화되기 이전 시기에 전개된 일본문학에 대한 언표화에서는 염상섭의 사례를 제외하면, 내셔널 아이덴티티와 결부된 문제적인 의식보다는 주로 동시대 일본문학계에서 벌어지는 현상을 하나의 정보로서 선점하려는 식민지 문인들의 지(知)에의 욕망이 지배적으로 배어 있다. 이러한 욕망은 식민지 문단에서 자기 위상을 정립하는 문제와 긴밀하게 결부되어 있으며, 조선문학의 근대적 상을 구성하려는 식민지 엘리트로서의 사명감도 동시에 작동했다. 일본문학은 식민지 문단에게 서구문학을 되비쳐주는 거울이기도 했지만, 그 자체가 현상하고 있는 근대적 문학상이 결코 무시할 수 없는 수준임을 식민지 문인들도 인식하고 있었다. 따라서 식민지 문인들은 일본문학에 대한 견제와 승인을 반복하며 그 거리를 조절해야만 했다. 특히 프로문학의 경우는 프롤레타리아문학의 국제적 연대라는 명분을 내세워 일본 프로문학을 지지함으로써 식민-피식민의 수직적 경계를 돌파하고자 시도하였다. 그러나 일본문학을 대상으로 한 식민지 문인들의 거리 조절은 내선일체의 파시즘 체제가 강화되면서 근본적으로 불가능한 것이 된다.

3. '국민문학'의 과제와 조선문학의 배치

일본의 파시즘 체제가 강화되는 1930년대 후반은 문학 활동 전반이 위축되었던 상황이었기 때문에 외국문학에 대한 논의도 자연스럽게 줄어들었다. 특히 1938년 3월에 발표된 '제3차 조선교육령 개정'에 의해 '국어'로서의 일본어 상용이 전면화 되고 내선일체의 동화정책에 부응하는 '국민문학'의 과제가 제시됨으로써, 식민지 조선인에게 일본문학은 그야말로 외국문학이 아닌 '자기의 문학'으로 강요되었다. 따라서 이 시기 일본문학에 대한 언표화에서는 '국민문학'에의 과제가 전면에 부각됨으로써 조선문학의 일본문학화, 혹은 일본문학 속의 조선문학의 위상 등과 같은 양자의 관계 설정의 문제가 중요한 쟁점으로 부상하였다. 그런데 이 문제는 필연적으로 '합방' 이후 지면 아래로 잠복해 있던 조선어, 혹은 조선문학의 독자적 존립을 둘러싼 민감한 뇌관을 건드리고 만다.29) 특히 당시 조선인 작가들이 쓴 일본어 작품이 일본에 소개되면

29) 이 문제와 관련하여 이양숙은 조선어·조선문학의 독자성 여부의 문제가 크게 두 지점에서 제기되었다고 분석한다. 하나는 내선일체의 구체적 실천 과정에서 그 방법에 대해 논란하는 가운데 제기된 것이고, 다른 하나는 일본의 대륙침략전쟁의 확대로 일본에서 조선문학이 소개되던 중 조선문학의 독자성 문제가 논란이 되면서 이루어진 것이다. 전자는 내선일체의 진정한 실현을 위해 조선어의 완전폐지를 주장했던 현

서 촉발된 조선문학에 대한 일본문단의 관심은 결국 내선일체의 과제를 식민지문학이 어떻게 수행하느냐의 문제로 귀결되었다.[30] 내선일체가 당위가 된 상황에서 조선문학에게 허용된 여지란 완전한 '국어'로의 창작이거나 아니면 "조선어 창작을 염두에 둔 번역의 길"뿐이다.[31]이런 상황에서 누구보다도 언어문제에 민감했던 임화는 논란의 한 가운데로 뛰어든다.

임화의 「동경문단과 조선문학」[32]은 내선일체 정책이 강화되는 1940년을 전후해 만주문학과 마찬가지로 조선문학이 일본문단의 관심을 끌게 된 상황을 문제적으로 분석하고 있다.[33] 먼저 임화는 조선문학에 대한 일본문단의 관심에 대해 "最近 三四년 이래로 동경문단이 경험한 어떠한 변화의 소산"이라고 언급하면서, 이것을 두고 "동경문단이 조선문학을 똑바로 평가하기 시작한 결과라든가 혹은 그 간에 조선문학의 수준이 상승된 결과"라고 생각한다면 어리석은 것이라 못 박고 있다.

영섭의 논의나, 조선에 대한 자부심과 사랑 속에서 내선일체를 세워야 한다는 윤치호의 입장, 그리고 이 둘의 절충안을 내놓았던 율전강(律田剛)의 입장으로 대표된다. 후자의 상황은 일본이 전쟁을 계기로 하여 피식민지의 민족을 포섭하기 위해 그 민족을 이해하려는 노력의 일환으로 조선문학에 관심을 보이면서 촉발된 것이다. 이양숙, 「최재서 문학비평 연구」, 서울대 박사논문, 2003.2, 163~168면 참조.

30) '국민문학' 개념이 공식적으로 등장하기 이전부터 언어문제가 첨예하게 부상하게 된 계기는 장혁주가 일본에서 일본어로 각색한 「춘향전」 공연이었다. 일본어로 조선인의 생활감정을 표현할 수 있느냐의 문제를 둘러싸고 열린 좌담회(「朝鮮文化の將來と現在」, 『京城日報』, 1938.11.29~12.8)에서 조선문인들과, 장혁주를 포함한 일본문인들 사이에 대립적 진영이 형성되었다. 이에 대한 자세한 내용은 윤대석, 「식민지 국민문학론 I」, 『식민지 국민문학론』, 역락, 2006, 17~21면 참조.

31) 황호덕, 「제국과 픽션, 일제 말 조선어(문단) 해소론의 사정(射程)」, 『동아시아 근대어문 질서의 형성과 재편』, 대동문화연구원 동양학학술회의 발표집, 2006.1.20, 87~88면 참조.

32) 임화, 「동경문단과 조선문학」, 『인문평론』 9호, 1940.6.1.

33) 임화는 조선문학에 대한 일본문단의 관심을 확인할 수 있는 근거로 『朝鮮小說代表作集』·『朝鮮文學選集』의 발간과, 동경에서 발행되는 『新造』·『文學界』·『文藝』 등의 각 문예잡지에서 조선문학을 특집으로 다루면서 소개 내지 평론의 글이 일시에 게재된 것을 든다.

조선문학을 급작스러히 밝은 각광(脚光)앞으로 끌어 내인 것은 역시 동경문단의 새로운 환경이다. 물론 그것은 시국이다. 시국이 비로소 일본문학 앞에 지나와 만주와 그리고 조선이라는 새 영역을 전개시켰다. 이른바 대륙에의 관심이다. 만주 더구나 조선은 새삼스레히 시국이 전개한 새로운 영역에 속하지 아니 할지 모르나 그러나 지나라는 것이 일본의 앞에 출현하면서 만주 그 중에서도 조선이라는 것의 객관적 위치가 선명히 드러나고 그 중요성이 새삼스럽게 인식된 것도 역시 사실이다. 다시 말하면 단순한 국내의 특수한 일 지방으로서가 아니라 지나사변이라는 돌연한 대사변을 통하여 출현한 대륙이라는 것의 한 부분 혹은 그것과 연결된 중요지점으로서 각개의 지역이 전혀 신선한 양자를 정하고 일본문학의 면전에 출현한 것이다. 다시 말하면 시국이라는 추상적인 것이 일본문학의 새로운 환경이 아니라 그 실은 대륙이라는 광대한 영역이 일본문학의 새로운 현실이 된 것이다. 주체적으로는 또한 일본민족의 새로운 환경으로서 대륙의 제 민족이 등장한 것이다.[34]

임화는 아사미 후카시[淺見淵]의 견해를 빌어 조선문학에 대한 일본문단의 변화는 시국, 즉 '대륙에의 관심' 때문이며, 그것은 '국민주의'적 입장에서 협력과 동화를 위한 과정으로 봐야 한다고 강조한다. 이 점을 확인시키는 배경에는, 조선문학에 대한 일본문단의 관심을 과장하며 그것에 고무되어 일본어 창작의 당위성을 설파했던 장혁주에 대한 불편한 심기가 반영되어 있다. 임화는, 일본이 제일 먼저 번역한 것은 중국의 근대문학이며 이어서 만주문학을 소개하였고, 그나마 그 다음에 조선문학을 소개하였음을 덧붙이고 있다. 그렇지만 한편으로는 "문학이란 단순히 사회적 필요로만 교류된다고 할 수는 없다"라고 하면서 시국의 상황을 부정할 수는 없지만, 여러 작품 가운데 유독 몇 작품이 혹은 여러 민족의 문학 가운데서 특정 민족의 문학이 선택되는 것에는 이유가 있다고 본다. 그도 결국 조선문학이 부상하는 것에 일종의 문학 내적 의의를 부여하고 있는 것이다. 임화의 이 글은 동경문단에 하나의 주제

34) 위의 글, 40~41면.

로 부상한 조선문학을 고찰함으로써 식민—피식민 문학의 관계성을 문제 삼은 본격적인 글로서, 제국의 시선에 포착되는 조선문학 혹은 '조선적인 것'에 대한 자의식이 복잡하게 개입되어 있다. 특히 임화를 자극한 것은 장혁주이었는데, 그가 「조선의 지식인에게 소함」이라는 글에서 '격정성 · 비침착성 · 정의심의 결핍 · 질투심' 등을 조선민족의 성격적 결함으로 든 것이 화근이었다.[35] 조선인 작가에 의해 규정된 조선민족의 특성이 일본 평단에 의해 객관적 사실로서 확정, 수용됨으로써 상황은 더욱 복잡해졌기 때문이다. 이에 임화는, "그것은 격정이 아니라 살아가기 위하여 악귀와 같이 타산적이고 현실적으로 된 인간의 자태"이며, 그런 모습으로 인간을 그리는 조선 작가에게는 "인간을 그렇게 만든 현실 가운데 사는 애수와 그렇게 된 인간에 대한 깊은 슬픔의 정"이 존재함을 강조한다. 작품에 재현된 인물의 형상을 바로 그 민족의 본질로 확정하고 유포해 버리는 일본평단의 태도를 임화는 비판적으로 지적하지 않을 수 없었던 것이다.

무엇보다 임화는, 조선문학에 대한 호감을 바로 조선어 창작의 문제로 쟁점화 하는 일본문단의 태도에 주목했다. 조선문학이 일본문단의 관심을 받지 못한 것은 "조선문학이 조선어로 씌어진다는 것" 때문이라는 지적을 상업적인 포즈라고 비판하면서 『문학계』에 실린 가와카미 데쓰타로[河上徹太郎]의 후기를 인용해 자신의 입장을 대신한다.

> 만주문학이나 조선문학의 대두는 최근 일이 개월의 현저한 경향이다. 이것은 국책에 편승한 것도 아니요 「엑조티즘」도 아닌 순정한 문학적 기운이라고 나는 생각한다. 즉 그들의 작품은 각각 그 민족문학의 전통 위에서의 현代의 것이 아니고 또 일본현대문학의 식민지적 출장소도 아닌 세계문학이 이 이십세기라는 시대에 지방적으로 개화한 근대문학의 일종이라는 것을 똑똑히 말할 수가 있다.[36]

35) 장혁주(張赫宙), 「朝鮮の知識人に訴ふ」, 『文藝』, 1939.2.

임화는 이 글의 서두에서 조선문학에 대한 관심이 "조선문학의 수준이 상승된 결과라고 생각한다면 약간 어리석다"고 단정했지만, 조선문학을 "지방적으로 개화한 근대문학의 일종"으로 규정함으로써 근대문학으로서의 조선문학의 존재를 새삼 강조하고 있다.[37] 이는 근대문학이라는 보편 혹은 세계성을, 특수 혹은 지방성으로서의 조선문학 안에 담지하고 있다는 논리이다. 달리 말하면 어차피 지구상에 현상적으로 존재하는 모든 문학은 지방문학이며, 적어도 그것이 근대문학인 한은 추상적 개념으로서의 세계성을 담지하고 있다는 말이다. 그는 조선문학이 근대문학의 맹아기를 벗어나 도약기에 있고 이러한 조선문학의 자극이 '시야의 확충'이라는 점에서 일본문학에 유익하다는 점을 강조하며 글을 맺는다. 임화의 이런 해석은 일본어 창작을 통해 전면적인 '국어'의 문학으로 투항하는 내선일체의 상황에 대항하는 최소한의 방어 논리라고 볼 수 있다. 요컨대 임화는 조선문학을 바라보는 일본문단의 몇 가지 시선을 분석하는 가운데 외지문학을 '국어'로 완전히 포섭하기보다는 다양성을 허용하는 포용력을 일본문학의 바람직한 가능태라고 강변함으로써 조선어로 된 조선문학의 존재 근거를 확보하고자 했던 것이다

한편 최재서는 임화와는 다른 지점에서 일본의 '국민문학' 안에 조선문학을 어떻게 위계화 할 것인가를 고민했던 인물이다. 최재서는 『국민문학』의 편집주간으로서, '국민문학'의 이념을 조선에 생산, 전파하는 선봉대의 역할을 담당했다. '국민문학론'은 일본의 태평양 전쟁을 사상적, 문화적으로 지원하는 대표적 담론으로서, 국가의 가치를 최우선으로 하는 전형적인 파시즘론에 입각하여 '국체에 위배'되는 민족주의적,

---

36) 임화, 앞의 글, 49면.

37) 임화는 『문예』의 조선문학 특집에서도 이와 유사한 논지를 펼치고 있는데, 특히 '고유한 문학'을 만드는 '고유한 환경'을 강조한다. 일본에서 생산되는 밀감이 조선에서는 나오지 않고, 조선에서는 단밤이 그것을 대신한다는 예를 들면서, 문학도 이처럼 자연스럽게 환경과 풍토에 따라 독특한 방식을 형성함을 역설한다(「現代朝鮮文學の環境」, 『文藝』, 1940.7).

사회주의적 경향은 물론 일체의 개인주의, 자유주의, 그리고 나아가 코즈모폴리타니즘을 철저히 배격한다.[38] 1940년대에 일본문학을 논한다는 것은 '국민문학'을 논하는 것과 다르지 않으며, 마찬가지로 조선문학에 대한 논의 또한 필연적으로 '국민문학론'으로 귀결하게 된다. 최재서의 인식 안에서는 일본도 '우리'이며 조선도 '우리'이지만, '국민문학' 개념을 둘러싸고 일본문학과 조선문학을 배치하는 과정은 그렇게 단순하지만은 않다. 최재서는 1943년에 발간한 『전환기의 조선문학』 서문에서 다음과 같이 진술하고 있다.

> 이 보잘 것 없는 평론집은, 개인적으로는 문예의 세계에서 일본 국가의 모습을 발견하기까지의 영혼의 기록이라고 할 수 있다. 나는 어린 시절부터 일본말과, 그 예의바름과, 언제나 생기 있는 학문적 호기심과 특히 메이지문학이 좋았었다. 그리고 내가 알게 된 몇몇 내지인과는 아무 거리낌도 없이 사귈 수 있었다. 이렇게 해서 나는 일본을 호흡하고 일본 안에서 성장해왔다. 그러나 그러한 것을 하나하나 일본국가와 연결시켜 생각하려 하지는 않았다. 말하자면, 그것은 취미의 문제이며 교양의 문제 같은 것이기 때문이다.
>
> 이렇게 해서 오랫동안 익혀온 것을 새롭게 자신으로부터 떼어내어 의식적으로 일본과 연결시켜 생각한다고 하는 것은 나에게 있어서는 충격이었으며, 때로는 낯간지러운 일이기까지 했다. 그러나 금방 그것이 나의 동포가 밟고 일어서지 않으면 안 될 가시밭길임을 알았다. 그 날 이후, 나는 묵묵히 나 자신의 길이 아니고 내 동포의 길을 걸었다. 그것을 말하자면 일억 국민의 길이다.[39]

이 글은 내선일체라는 절대적 과제를 대면하고 있는 식민지 지식인의 착잡한 자의식이 정직하게 투영되어 있다. 개인적 취미와 교양의 차원에서 '일본적인 것'을 애호했던 '자신의 길'을 버리고, 모든 것을 일본이라는 국가와 연결해 의식하는 '동포의 길', 즉 '일억 국민의 길'을

38) 최재서, 노상래 역, 「문학자와 세계관의 문제」, 『전환기의 조선문학』, 영남대 출판부, 2006.
39) 위의 책, 머리말.

당위로 제시하는 최재서의 논리는 일면 비장하기까지 하다. 최재서는 식민지 조선인들이 자기 신체에 드리워진 '조선적인 것'을 지우고 '일본적인 것'을 체화하는 과정을 '가시밭길'에 비유하고 있다. 노골적인 친일문인이었던 그도 일본화의 과정을 '충격'이고 '낯간지러운 일'로 의식했던 것이다. 그러나 '사(私)'를 지우고 '공(公)'을 받드는 이러한 '국민됨'의 논리는, '사'라는 항목에 개인으로서의 최재서는 물론이고 전체로서의 조선이 함께 존재한다는 점에서 여전히 긴장과 균열의 지점을 내포하고 있다.

최재서는 '국민문학'의 체제를 취하는 것은 더 이상 조선문학이 아니라는 비판에 대해, 일본문학과 대립하여 조선문학이 있는 것이 아니라 일본문학의 일환으로서 조선문학이 존재한다는 논리로 반박한다. 그는 "조선문학의 멸망을 외치는 절망론"이나 "조선문학을 말살하려는 획일론" 모두를 비판하면서, 조선문학이 큐슈문학이나 동북문학, 또는 대만문학 등이 가지고 있는 지방적 특이성 이상의 것을 가지고 있음을 내세운다. 조선문학은 사고형식상으로나 현실적인 문제의식에서 일본과는 다르며 오랫동안 독자적인 문학적 전통을 견지해 왔음을 강조한다. 그는 "국가가 없으면 문학도 없다"는 일본문인의 자극적인 발언을 문제 삼으며, 조선문학을 향한 어설픈 동정론이나 나치 투의 민족순혈주의를 모두 경계해야 한다고 주장한다. 결국 최재서는 일본문학을 향해 포용력을 요구함과 동시에 여러 식민지문학의 배치에 있어 조선문학의 특별한 위치, 즉 우위를 촉구하고 있다. 물론 조선문학은 일본문학의 재질서화에 '국민문학'적 체제를 취함으로써만이 개입할 수 있다.[40)]

최재서는 식민지 '국민문학'의 선도자답게 내선일체의 과제를 실현하기 위해 구체적 실천 방안을 모색하였는데, 일본과 조선의 문화적 교류가 불균형함을 지적하며 교류 확대를 제시하고 있다. 조선에서 일본

---

40) 「조선문단의 현단계」, 위의 책, 73면.

문학이 널리 읽히는 것처럼 일본에서도 조선문학을 읽히게 하자는 주장은 표면적으로는 내선일체의 실천으로 보이지만, 수신자의 입장에서 일방적으로 제국의 것을 받아들여야만 했던 식민지 문인의 피해의식이 송신자에 대한 욕망으로 전화한 것이라고도 해석할 수 있다. 흥미로운 것은 이러한 주장에 이어진 다음의 진술이다.

> 종래 일본문학이 조선작가에 의해서 압도적으로 읽혔다는 것은 좀 전에도 말한 대로지만, 그것이 과연 자기의 문학으로서 읽혔는지 의문이다. 다만 자기 수업의 양식으로써, 혹은 정진의 목표로써, 심한 경우 서양문학의 소개자나 단지 관문으로써 읽혔다고 말하면 지나칠까? 어떤 쪽이라고 하든지 내지문학이 자기의 문학으로 의식되지는 않았다.[41]

여기서는 조선에서 일본문학이 압도적으로 읽혔음은 인정하지만, 그것이 주로 지적 교양의 수단으로 수용되거나 서양문학의 소개자 정도로 간주되었음을 분명히 언표화 하고 있다. 최재서가 말하고 싶은 것은 물론 일본문학을 '자기의 문학'으로 의식하지 못한 '조선의 문제'를 지적하고자 한 것이지만, 한편으로 조선의 문인들이 일본문학을 '자기의 것'을 가지지 못한 서구문학의 모사물, 혹은 '투명한 매개' 정도로 인식하고 있었음을 분명하게 확인시켜 주고 있다. 이처럼 최재서는 일본문학과 조선문학의 관계 설정의 문제를 언급하는 과정에서 은폐해야 할 의식을 노출함으로써, 내선일체를 선동한 '국민문학론'의 주창자에게서도 완전히 매끄럽게 봉합되지 못한 균열의 지점이 있음을 보여준다. 이 지점이야말로 세계 전쟁을 향해 급박하게 전개되었던 시국의 압박 속에서 '일체'시킬 수 없는 것을 급조된 논리로 봉합해야만 했던 식민지 내선일체론자들이 처한 현실이었다.

일본 제국주의의 확대 정책에 따라 정치적으로는 조선이 중요하게

---

41) 「우감록(偶感錄)－국민문학을 중심으로 하여」, 위의 책, 135면.

부각되어 조선문학을 소개할 필요성은 있으나, 일본문단 혹은 일본사회가 그것을 어떻게 위치 지어야할지 명확히 인식할 수 없었던 때가 1940년을 전후한 시기이다. 이 시기에 진행된 일본에서의 조선문학 소개는 정책 선전의 도구에만 머문다고 볼 수는 없으며, 이는 분명 제국과 식민지 간에 벌어진 문화교류의 의미를 지닌다고 볼 수 있다. 중요한 것은 비록 '국민문학'이라는 당위에 의해 파생된 상황이기는 하지만, 이 시기에 와서야 일본이 '조선문학'을 본격적으로 호명하게 되었다는 사실이다. 그러나 아이러니하게도 조선문학은 일본문단에 의해 공식적으로 호명되자마자 그 독자적 존재를 위협받는 상황에 처하고 만다.

4. 일본문학의 '자기 문학화', 과잉과 균열

일본은 중일전쟁을 거치면서 '대동아공영권'의 구상을 전면화함으로써 전쟁의 당위성을 설파하고 총동원 체제를 효과적으로 유지하기 위해 '성전(聖戰)'의 개념을 적극 활용하였다. 이러한 동원 체제는 식민지 문인들에게 '강요된 자발성'을 부추겨 '황군위문 문단사절단'을 구성하게 만들었고, '조선문인협회'(1939.10)와 '조선문인보국회'(1943.4) 등과 같은 선전조직을 결성시켰다. 전방과 후방을 따로 구별하지 않는, 말 그대로의 전쟁 수행을 위한 총동원 체제는 식민지 문인들의 환경이 되었고 그 속에서 자연스럽게 '전쟁문학'이라는 문학적 주제가 부상한다. 1940년을 전후해 활발하게 전개된 '전쟁문학'에 대한 논의에서는 내선일체의 논리 속에 일본의 제국주의 전쟁을 자신들의 전쟁으로 '수리(受理)'하는 식민지 문인들의 의식을 확인할 수 있다.

1939년 1월 『삼천리』에 게재된 「'전쟁문학'과 '조선작가'－전쟁과 문학과 그 작품을 말하는 좌담회」라는 글은, 전쟁이라는 절박한 시국이 식민지 문인들을 얼마나 이상한 열기로 충동하였는지를 적나라하게 보여주고 있다. 김동환은 일본의 전쟁문학은, 애국문학이란 견지에서 "전쟁의 숭고함"이나 "국가혼의 찬미"를 주제로 한다고 정리하고 있다. 박영희도 같은 글에서 "아국(我國)의 전쟁"은 "동양의 영원한 평화를 위한 성전"임을 강조하고 있다.[42] 이 좌담회에서는 일본의 전쟁문학 작품이 많이 거론되고 있는데, 그중에서도 히노 아시헤이[火野葦平]의 『보리와 병대』·『흙과병대』와 우에다 히로시[上田廣]의 『황진(黃塵)』 등이 대표적이다. 특히 당시 "낙양의 지가를 올리며" '진정한 전쟁문학'으로 고평되었던 『보리와 병대』(『개조(改造)』, 1938.8)는 총독부가 주재하여 조선에서 번역단행본을 낸 최초의 작품으로 일본은 물론이고 조선에서도 대단한 반향을 불러일으켰다.[43] 전장에서의 직접 체험을 바탕으로 쓴 이 보고문학 작품에 대해 『삼천리』의 좌담회에서는, "국기의 밑에서 제가 소집되어 전장에 나가는 것을 조금도 두려워하지 않고 기쁘게 아는 그 감정"의 소산을 드러낸 훌륭한 전쟁문학이라는 데에 합의하고 있다. 그런데 이 시기 일본의 전쟁문학에 대해 가장 집중적인 글을 쓴 백철은 이와는 다른 시각에서 『보리와 병대』를 해석한다. 그는 「전쟁문학일고」에서 『보리와 병대』를 포함한 일본의 전쟁문학이 "지나사변이란 역사적 아페야를 콩크리－트한 형상으로 그려내질 못했다"고 지적하고, 이 작품이 성공한 것은 "독자자신의 지우(知友), 또는 친족을 직접 전장에 보낸 흥분된 감정이 다분히 기분을 조장"했기 때문이라고 설명한다. 그러면서 중일전쟁을 반대의 입장에서 다룬 중국의 전쟁문학인 소군(蕭軍)의 『유격대기』가 탁월한 인물 묘사를 보여줌으로써 "인간이 있다"라는 실

---

42) 김동환·박영희·김기진, 「'전쟁문학'과 '조선작가'－전쟁과 문학과 그 작품을 말하는 좌담회」, 『삼천리』, 1939.1, 21~22면.

43) 「번역된 『보리와 병대』 시정(市井)에 수(遂)데뷰」, 『동아일보』, 1939.7.18.

감을 느끼게 한다고 고평하고 있다.[44] 이 글보다 앞서 발표한 「일본문학상의 전쟁」에서는 '고대에서 덕천시대, 명치시대, 현대'로 나누어 일본의 전쟁문학을 통시적으로 개괄하고 있는데, 『보리와 병대』의 내용을 인용하며 "작가에게서 진실한 인도주의적인 것과 인류적인 것"을 느끼며 특히 "지나 포로에 대하여 묘사한 곳은 인도주의적 색채가 농후"하여 이러한 경향이 "일본내지문학의 신경향"을 주도하는 '동기'가 될 것이라고 진단하고 있다.[45]

『삼천리』 좌담회의 내용과 비교해 볼 때, 그리고 전쟁문학이야말로 "일본정신의 예술화와 문학화"라고 말한 박영희의 사례에 비춰 볼 때,[46] 백철의 일본 전쟁문학 논의는 일반적인 '국민문학론'과는 거리가 있다. 그러나 김윤식이 분석한 바대로 이 시기 이미 백철은 중일전쟁을 지식인의 입장에서 '세계적 사실'로 수리함을 공언하였고, 이 '사실'을 파시즘적 '신화'와 결부시킴으로써 자신의 변모에 대한 '논리적' 기반을 마련해 가고 있었다.[47] 그는 파시즘 전쟁을 '사실'로 수리한 후, 그러한 '사실'을 배경으로 탄생한 전쟁문학 속에서 인도주의적 측면을 찾아내고, 그것을 인류적 보편성이라는 이상주의와 연결하여 나름의 문학적 돌파구를 모색했던 것이다. 그러나 가해자의 입장에 있는 제국 일본의 전쟁문학 속에서 피해자로서의 중국포로를 배려하는 것에서 인도주의를 발견하는 것, 또한 그것을 보편적 인류애라는 이상주의로 포장하는 것은 자기 안에 존재하는 피식민의 의식을 지움으로써만이 가능한 일이 아니었을까? 물론 실제로 죽고 죽이는 전쟁에서 가해자 · 피해자를 구분한다는 것이 무의미할 수도 있지만, 전쟁 자체를 근본적으로 문제삼는 것이 아닌 이상 알량한 동정심 에서 인도주의를 운운하는 것은 그

44) 백철, 「전쟁문학일고」, 『인문평론』, 1939.10, 46~51면.
45) 백철, 「일본문학상의 전쟁」, 『조광』, 1939.2, 59~61면.
46) 박영희, 「전쟁과 조선문학」, 『인문평론』, 1939.10, 42~43면.
47) 김윤식, 『한국 근대문예비평사연구』, 일지사, 1986, 396~402면.

야말로 논리의 비약이 아닐 수 없다. 그런 점에서 백철의 '타협적 추수주의'는 '성전(聖戰)'을 노골적으로 부르짖었던 다른 식민지 문인들만큼이나 적극적으로 제국의 시선을 자기화했던 하나의 사례라고 하겠다.

한편 1940년대의 매체에서 일본문학에 대한 지속적인 언표화를 수행하고 있는 돌출된 개인을 발견할 수 있는데, 바로 경성제국대학에서 유일하게 일문학을 전공한 서두수이다.[48] 일본문학이 공식적인 제도교육 속에서 본격적으로 수용된 것은 경성제국대학의 설립과 그 궤를 같이 한다. 1924년 예과가 개설되고 이어서 1926년 경성제국대학에 법문학부가 설치되면서 문학과가 생겼고, 그 안에 '국어 · 국문학', '조선어 · 조선문학', '지나어 · 지나문학', '외국어 · 외국문학'의 4개 영역으로 세부전공이 정해졌다. 일본문학은 예과의 '고전과(古典科)'와 본과 '문학과'에서 주로 강의되었는데, 대부분 일본의 상대로부터 근세에 이르는 시기의 일본문학(사)을 다루었으며, 일본인 교수들에 의해 식민지 교육의 목적에 부합하여 '국학(國學)'의 견지에서 운영되었다.[49] 식민지 문인들이 일본문학을 아무리 적극적으로 수용한다 하더라도 일본의 고대, 중세문학을 본격적으로 읽기란 어려운 일인 만큼, 제도적 교육을 통한 일본문학의 학습은 개인적 차원에서 문학적 지식이나 교양의 습득을 위해 동시대의 일본문학을 접했던 경우와는 분명한 차별성을 지닌다. 즉 경성제국대학이라는 제도적 영역에서 일본문학(사)을 접했던 새로운 부류가 생겨남으로써, 일본문학에 대한 독서의 내용과 수준, 혹은 접근의 방식 등에서 기존의 시선과는 차이를 갖게 되었던 것이다. 이 새로운 부류의 선두에 서두수의 자리가 있다.

서두수는 일본문학의 특징을 분석하는 「(특집)동양문학의 재반성—

48) 경성제국대학에서 일본문학을 전공한 사람은 서두수와 최성희로 2명이지만, 최성희는 후에 다시 법학을 전공한다. 따라서 일본문학 전공자로 문학활동을 한 사람은 서두수가 유일하다(이충우, 「부록—조선인 입학생 명단」, 『경성제국대학』, 다락원, 1980 참조).

49) 김영심, 「식민지조선에 있어서의 원씨물어(源氏物語)—경성제국대학의 교육실태와 수용양상」, 『일본연구』, 2003.12, 31~34면 참조.

일본문학의 특질」,[50] 「문학의 일본심」[51]을 발표했고, 메이지 문학에 대한 장르별 해설인 「明治の小説」(『춘추』, 1942.9)·「明治の詩歌」(『춘추』, 1942.11)·「明治の劇文學」(『춘추』, 1942.12) 등 일본문학에 대한 다수의 글을 썼다. 그의 논의는 일본문화, 혹은 문학의 특성에 대한 일본 내에서의 논의를 다양하게 인용함으로써 비교적 학술적인 연구의 면모를 보이고 있다. 연구의 대상은 객관적 거리를 확보해야 한다는 전제에 입각해 서두수는 경성제국대학에서 학습한 내용을 바탕으로 주로 메이지 이전의 일본문학에 초점을 맞춰 일본적 특성을 이끌어 내고 있다.[52] 그가 인용하고 있는 '일본적인 것'과 관련된 내용을 요약해 보면, 우선 하세가와 뇨제칸[長谷川如是閑]의 「일본적 성격(日本的性格)」을 참조하여 일본의 "국민적 성격은 어떤 경우에 반동으로서 보여진 배타적 경향보다는 긴 역사에 배양된 동화적 경향"이라고 특징짓고 있다. 다음으로 오자키 요시에[岡岐義惠]의 「일본문예의 양식(日本文藝の様式)」을 인용해 일본문학의 표현방법을 "무구조적 단편적"이라고 요약하고 있으며, 쓰즈미 쓰네요시[鼓常良]가 「일본 예술양식의 연구(日本藝術様式の硏究)」에서 일본예술의 특성으로 규정한 "무한계성" 개념과, 야마구치 노리스케[山口論助]가 「無の藝術」에서 말한 "공백의 예술" 개념, 오니시 요시노리[大西克禮]의 "陰鬱的 美"(「幽玄とあわれ」) 개념 등을 부분적으로 소개하고 있다.

> 말을 간단히 하고 말의 의미를 달리 표현하는 상징적 수법을 그들은 퍽 좋아하였다. 즉 될 수 있으면 말을 적게 이르는 바 言靈(ことたま) 가 번창하지

---

50) 『인문평론』 9, 1940.6.17.

51) 『조광』 79, 1942.5.1.

52) 김채수는 한국인의 일본문학 연구사를 검토하는 글에서, 식민지 시대 조선인을 위한 일본문학 연구는 경성제국대학의 교수였던 일본인 학자들에 의해 출발했고, 그것은 일본의 제국주의 정책에 부응해 이 대학에 입학했던 조선인들에 의해 계승되었다고 설명하고 있다(김채수, 「한국인의 일본문학 연구의 목적과 방법」, 『일본문화연구』 2집, 2000.5, 41~42면 참조).

만 言擧(ことあげ) 아니하는 수법을 당연히 말이 많을 극적 연출에 있어서 더구나 오고가고 주고받고 하는 것이 본성일 말의 회화체를 줄이면서 말을 하여도 수줍게 독백체로 하는 것이 그들 성품의 안존한 맛에 어울려졌던 것이 그들의 能樂, 淨瑀瑠 내지 歌舞伎가 아닌가. 이에 무대나 연기의 설명격으로 작가의 주관적 혼입인 地과는 부분의 버젓한 위치가 가져진 것이 아닌가 한다. 물론 본래의 狂言은 좀 다르다. 그러나 여기서도 전자에 준할 형(かた)이 힘 있는 권자이다. 대체로 현실적 템포를 가지면서도 すり足니 座이니 하는 룰인 표현의 유형화에 의미를 두어서 말(언어)을 구속하고 있다. 그러면 이렇게 말하는 것이 문학적 표현에 어떻게 되어 있나. 여기에 단편성과 무한계성, 무구축성이 논자에 일컬어지는 근거가 있다. 작가는 결코 샅샅이 다 뒤쳐내지는 아니한다. 미를 온통 나체화하질 아니한다. 오히려 감상자에게 마음이 활동할 여지를 주기 위하여 단편적으로 표현하면서 감상자의 상상의 활동을 기다려 작가가 말하고 보일 것을 餘情 餘韻으로 남겨 끼친다는 말이다.[53]

'언령(言靈)'이 번창하고 '언거(言擧)'가 빈약한 것을 여운과 여정의 개념으로 설명하고, 이를 다시 '무' 혹은 '공백'의 개념과 '무한계성', '무구축성'과 연관시키며, 여기에다 '음울'을 더하여 그것이 동양의, 특히 일본의 예술이 가지는 美임을 강조하고 있다. 흥미로운 것은 이 음울이 결국에는 '제약'이고, 이것은 '낭비'와 대칭의 지점에 존재한다는 해석이다. 그는 『源氏物語』 등의 일본 고전작품에 그려진 여성상을 예로 들어, 여성은 묘사된 '개성'덕분이 아니라 오직 '여자'이기 때문에 남성으로부터 연모의 대상이 된다고 설명한다. 즉 여성이 "낮으론 자태를 보이지 않고 어두운 밤 장막에 숨어있어 달빛같이 창백하고 벌레소리같이 힘없고 초로같이 덧없는 것"으로 그려짐으로써 "보이지 않는 함축"의 미를 창조할 수 있었다는 것이다.

한편 일본이 민족 간 투쟁이나 정치 형태의 변동이 별로 없어 "외연적 성장으로는 위축하여 버리고 내포적으로 진화하는 경향"이 강화됨

53) 서두수, 『인문평론』 9, 1940.6.17, 7면.

에 따라 '과대'와는 거리가 먼 '왜소성'을 숙명적으로 내재하게 되었다고 본다. 『고사기』 내지 『일본서기』까지도 객관적 사료로서 일관성을 지니지 못하고 예술적 표현이 많아 결국 '물어(物語)'문학의 선구 자리에 놓이게 된 것도 이 '왜소성'과 무관하지 않다는 해석이다.

> 그러면 이상의 것은 무엇에 의거하느냐. 흔히 말하는 사색적 비판의 결핍, 지성의 결핍에 이는 의존한다. 바꾸어 보면 감성에 倚支함이 과다하다. 무릇 감성의 세련은 일본문화적인 것의 외형보다 훨씬 강하게 그 문화적 개성을 형성하고 있다. 그러나 이때에 있어서 그것은 감각의 낭비를 배척하는 제약적인 문화적 감각이다. 과대와 煩瑣를 부정하는 감각이며 制約抑壓에 의한 岡倉天心의 소위 불완전의 미가 이로해서 이루어지는 그러한 것이다. 생활자극의 무한한 증진을 요구하는 본능적 기호를 외관으로는 원시문명에 환원시키는듯하면서 내적으로 원시적 형태를 무한히 세련하는 감성이 문학에 소박한 감동을 도입한다. (…중략…) 이 幽玄이란 불명석, 불확실한, 혼잔한, 비애 내지 적막감을 발견하는 것이다. 이 역시 수다하게 뒤덮어 두고 불러온 餘情과 隣置되는 내재적, 비합리적, 不可說的, 微細性的이며 깊이에서 오는 陰鬱的 美이다.[54]

일본문학의 특성에 대한 논의에서 광범위하게 수용되고 있는 개념인 유현(幽玄)은 비교적 일본문학에 국한시켜 적용되는 개념임이 분명하지만, 이 글에서 일본적 특징으로 언급되는 '아와레(あわれ)'는 슬픔과 덧없음을 의미하는 것으로 비애와 무상의 이중적 개념으로 번역 가능하다. 그런데 문제는 이 개념들이 동시대 조선미의 특성으로 지칭되고 있었다는 사실이다. 잘 알려진 대로, 1920년을 전후한 시기에 이미 일본인 야나기 무네요시[柳宗悅]는 비애미와 무상감을 조선의 미, 혹은 조선적인 특징으로 규정한 바 있으며,[55] 이 담론은 일본인에게는 물론이고 식

54) 서두수, 「文學의 日本心」, 『조광』 79, 1942.5, 11면.

55) 야나기 무네요시[柳宗悅]는 「조선의 미술」이라는 글에서 중국・일본・조선의 자연환경과 역사적 경험 등을 근거로 각각의 민족적 특성을 차이화 하고 있다. 여기서 일

민지 조선인들에게도 광범위하게 수용되었다. 1937년 조선문학의 전통을 논하는 홍명희와 유진오의 대담도 이 담론을 기반하고 있는데, 여기서 유진오는 일본문학의 전통으로 '사비(さび, 閑寂)' 혹은 '모노노아와레(もののあは(わ)れ)'가 언급되지만 마찬가지로 조선문학의 특징으로 '무상'이 논의되는 사례를 들면서, "일본문화의 독특한 점이라는 것도 결국은 세계적 문화의 영향에 따라 된 것이므로 인류공통적인 것"이라고 말한 바 있다.[56] 일본문학과 조선문학에 공통적으로 적용되는 이런 개념들은 불교의 영향이나, '동양적' 특성으로 설명되기도 하였다. 그런가 하면 서두수는 일본문학의 감성적 우세를 강조하는 가운데 그것이 '선량성(善良性)'을 지닌다고까지 말한다. 윤리적 개념을 동원해 문학의 내셔널 아이덴티티를 운위하는 방식은 그야말로 비논리의 전형이다. 이처럼 일련의 사례에서는 본질주의의 시각에서 문학의 내셔널 아이덴티티를 포착하려는 논의가 주관적이고 상대적임을 확인할 수 있다.

사실 근대국가의 형성과정에서 발명되는 전통 담론은 근대성의 합법적 보호 아래 진행되는 전근대성으로의 귀환이다. 즉 부정하고 외면되었던 것들이 근대의 결핍을 보상해주는 노스탤지어의 대상으로 재구성되는 것이다. 서두수의 글에서 확인할 수 있듯이 일본문학의 특성으로 내세우고 있는 내용들은 거의 전근대적 세계의 속성과 동일하다. 서두수는 일본의 고전 문학에 대한 지식을 기반으로, 그리고 동시대에 전개된 일본 내에서의 전통 담론을 참조하여 마침내 당대 일본인들이 그리워하는 근대 이전의 세계를 매우 신비로운 아우라로 재구성하고 있다. 그런데 이런 방식으로의 규정은 '일본적인 것'의 신화화에는 어느 정도 기여하지만 제국의 전쟁 수행이라는 보다 급박한 시국적 과제에는 부

본의 특성은 외침의 공포없이 온화한 기후 속에 살았기 때문에 힘이나 무게, 강함보다는 자연에 따르는 조용함과 부드러움으로 설명되고 있다(『조선과 그 예술』, 신구, 1998, 85~93면 참조).

56) 유진오 · 홍명희 대담, 「조선문학의 전통과 고전」, 『조선일보』, 1937.7.17.

응하지 못한다. 서두수는 이 점을 재빨리 인식하고 '일본적인 것'을 보다 능동적인 개념으로 재정의 한다.

「문학의 일본심」에서 서두수는 먼저 일본문학에 대한 기존 정의를 재검토하면서 다소 부정적인 성격 규정에 대해 방어적인 태도를 취한다. 일본문학의 특성이라고 자신의 입으로도 말했던 '왜소성'에 대해서는 『源氏物語』 같은 방대한 작품을 예로 들며 반박하고, 사상성의 빈곤함도 민족성의 영향과 결부하여 재검토가 필요하다고 강변하고 있다. 일본의 민족성은 투쟁적이 아닌데, 신화 같은 것만 봐도 다른 나라와 같은 "음산하고 어두운 싸움"의 모습은 찾아보기 힘들고, 기본적으로 명랑하여 비극적인 사상과는 거리가 있다는 것이다. 역시 여기서도 풍토성의 문제와 결부시킨다.

> 또 한편 문학은 풍토성에도 많은 영향을 받고 있습니다. 다름이 아니라 자연적 환경을 말함입니다만은 비가 어지간하지 않은 것과 海流가 기온을 조절하는 그 관계가 일본국토의 경치를 아름답게 하며 생활을 즐겁게 하고 있습니다. 이것이 한편에 있어서 애국심을 강하게 하는 한 원인이 되기도 합니다마는 이것은 어쨌든 문학에 어떠한 큰 것을 가져오겠으리는 못되었습니다. 그러나 여기서 생각할 점은 형체가 적은 그것에 어느편 아기자기한 맛이 있기도 합니다. 바꾸어 말하면 얼핏 보아서는 단순히 단순함에 머물러 있는 것으로 생각되나 알뜰하게 살핀다면 이 단순 속에 무한량이라는 것과 순수라는 것을 혼동하여서는 알나위 없지요. 복대이를 쳐 통제를 잃은 것은 걸핏해서 쉽사리 파산하는 것. 간소한 形 속에 샘솟듯하는 생명을 지속하는 것은 순수한 것 그것입니다. 한때 번듯하다가는 그만그대로 퍼썩 해버리는 것과는 아주 다른 것을 알아야 합니다. 동양서는 대체로 순수한 것이란 형식의 적은 것에 엉켜드는 것을 말하는 편도 됩니다.[57)]

결국 작고 단순한 것으로 표상되는 '일본적인 것'을 긍정적인 차원에

57) 위의 글, 197면.

서 해석하고 있다. 무상과 음울이 명랑과 순수의 이미지로 대체되고, 국토의 아름다움이 생활의 즐거움을 보장하는 근거가 되어 결국 애국심을 강화하는 요인으로 설명된다. 이 글은 앞의 글에 비해 '국민문학'의 과제를 분명히 의식하면서 '일본적인 것'을 명랑하고 건강한 이미지로 연결 짓고 있다. 이처럼 서두수의 두 글에서 확인할 수 있는 것은, 학술적 접근이라는 의장 속에 내셔널 아이덴티티라는 것이 얼마나 허구적으로 구성되고 있는가 하는 점이다. 백철의 사례에서도 보았듯이 '국민문학'이라는 과제에 부응했던 식민지 문인들의 의식세계는 이미 합리적인 논리의 경계를 벗어나 있었다. 서두수의 아카데미즘도 결국 이러한 비정상적 담론장의 구속력을 벗어나지 못했던 것이다. 주목할 점은, 일본문학의 언표화에서 늘 조선문학의 존재를 언급했던 최재서와는 달리 일본문학을 논하는 서두수의 글에서는 조선문학에 대한 표현이 전무하다는 사실이다. 일본문학을 대상으로 한 서두수의 글은 내용의 측면에서 거의 일본인에 의해 씌어진 것처럼 보인다. 경성제국대학에서 제국의 문학을 전공한 서두수에게 일본문학은 적어도 표면적으로는 '자기의 문학'이었던 셈이다. 최재서가 식민지 문인들을 향해 반성적 목소리로 그렇게 강조했던 일본문학의 '자기 문학화'는 서두수에게서 마침내 실현되는 듯 보인다.

그런데 흥미로운 사실은 일본문학 전문가였던 서두수가 한편에서는 조선문학에 대한 연구 작업을 지속하고 있었다는 사실이다. 서두수는 경성제국대학에서 조선어문학을 전공한 조윤제 · 이희승 등과 교류하며 1931년에는 '조선어문학회'를 조직하여 활동하였으며,[58] 조윤제와 함께 『朝鮮詩歌史綱』(1937)을 출판한 바 있다. 또한 「妄論 '춘향가, 춘향전'」(『문장』, 1939.4)을 썼고, 일문으로 조선시가의 일본어 번역의 문제를 다룬 「時調のまこと心, 朝鮮時調の國語譯 (1)」(『대동아』, 1943.3)라는 글을 썼

58) 이충우, 앞의 책, 196면.

다. 조선문학에 대한 이러한 작업을, 단지 제도교육 속에서 문학사 연구의 의의와 근대적 실증주의 방법론을 학습한 서두수의 순수한 아카데미즘적 욕망의 결과라고 볼 수도 있겠다. 그러나 학문적 연구라는 객관적 의장 속에서 조선어로 된 조선문학을 지속적으로 대상화한다는 것은, 모국어로서의 조선문학의 존재를 확인하고 知의 체계 속에서 재구성하고자 하는 피식민자로서의 자의식이 작동하고 있음을 의미한다. 비록 그것이 식민주의 담론의 자장을 크게 벗어나지 못한다 하더라도 말이다. 이처럼 서두수는 일본문학과 조선문학을 동일한 지면 속에서 하나의 논리적 틀로 연루시키지 않음으로써, 즉 그것을 분리하여 독립적으로 대상화함으로써 식민-피식민의 직접적 도식화의 부담을 돌파하고 있는 것이다.

5. 맺음말

실제로 식민지 문인들은, 외국문학의 직접 번역을 강조한 해외문학파의 번역 작업을 무용한 행위라고 비판할 정도로 일본어에 익숙해 있었고, 일본어로 번역된 외국문학은 물론 일본어로 창작된 일본문학을 읽으며 문학적 감수성과 의식을 성숙시켜왔다. 그들이 식민지 근대문학을 형성한 주체라고 볼 때, 한국 근대문학이 일본문학과 맺는 관계는 단순한 영향 관계 그 이상의 것이라고 할 수 있다. 그럼에도 식민지 조선의 담론 장에서 표면적으로 일본문학이 참조의 대상에서 배제되는 현상은 일본문학과 조선문학이라는 특수한 식민-피식민의 관계를 투영하는 문제적인 지점이 아닐 수 없다. 조선의 문인들은 일본근대문학을 독자성을 지닌 하나의 국민(민족)문학이라는 차원에서 참조했다기보다, 서구의 근대문학을 모방·이식한 문학으로서, 즉 조선에게 근대문학을 전수하는 '투명한 매개'로서 인식했다. 서구문학의 보편성을 앞서 이식했다는 점에서 일본문학은 조선에게 선망의 대상이지만, 그것이 모방물이라는 점에서는 결함을 지닌 불완전한 존재이다. 어쩌면 그 불완전함을 과장함으로써, 식민지 조선의 문인들은 '원본'이 아닌 일본문학을 이식하는 행위, 혹은 그 이식성을 은폐하려는 태도 모두를 정당한 것으로 합리해 했던 것은 아닐까.

1930년대 후반 파시즘의 강화로 '국민문학'으로의 편입이 강요되기 이전에는, 조선의 문인들은 일본문학이라는 명명 속에서 내셔널 아이덴티티를 의식했다기보다 서구 문학을 추종·이식함으로써 담보하게 되는 모더니티, 즉 '보편성'에 주목했다고 하겠다. 물론 그 이면에는 일본문학의 독자성을 평가절하하고 동시에 일본문학에 대한 조선문학의 식민성을 희석화시키려는 욕망이 깔려 있었다. 더불어 외국문학으로서 일본문학을 의식하지 않으려는 태도의 근저에는 일본문학과 조선문학의 경계를 지워버림으로써 제국의 문학을 자기 것으로 삼고자 하는 동일화의 욕망도 존재했다. 그러나 1940년을 전후해 '국민문학'으로 포섭되는 시기에 이르면 '강요된 자발성'에 의해 일본문학을 '자기의 문학'으로 전면화하는 모습을 보이지만, 비약적 논리로 봉합된 표면적 승인은 그 과잉으로 인해 오히려 곳곳에서 균열의 흔적을 노출하고 말았다.

요컨대, 식민지 조선의 문인들에게 일본문학은 가장 절대적인 참조의 대상이었지만 그것을 굳이 언표화하거나 대상화하지 않아도 되는 그런 존재였다. 그럼에도 일본문학에 대한 언표화는, 식민지 조선의 문학적 성격을 규정하고 그 곳에서 각축하는 문인들의 헤게모니 투쟁을 위해서는 필수적인 선택이었다. 달리 말해 일본문학의 영향을 은폐하거나 그 특성을 폄하하는 경우도, 반대로 적극적으로 일본문학을 자기화하는 경우도 모두 식민지 문학 내부에서의 자기 위상과 관련된 인정투쟁의 일환으로 기능했다는 것이다. 즉 균열하고 봉합되는 식민지 주체의 위치에 따라 일본문학은 타자화 혹은 동일화의 대상이 되고, 제국 일본과의 역학관계 속에서 식민지 문학의 자기 위상이 좌우되었던 것이다. 이처럼 식민지 문인들에 의한 일본문학의 언표화는 필연적으로 조선문학의 식민성과 탈식민성의 착종 양상을 문제적으로 투사하고 있다.

3부

제도

'학교'에서 '시장'으로의 전환(1)

1920년대 중반 『개벽』의 '조선의 자랑'을 통해 본 식민지 근대의 내적 '전환' 연구

차혜영

> 모든 것이 똑같은 수준으로 바뀌기 위해서는, 맨 먼저 환영(phantom)과 그 혼(魂), 과도한 추상화, 모든 것은 포괄하지만 실제는 아무것도 아닌 신기루 같은 것을 만들어내야 한다. 그리고 그 환영은 공적인 것(the public)이다.
>
> — 키에르케고르[1]

1. 문제제기

우리는 흔히 독일국민은 무뚝뚝하지만 법과 질서를 칼같이 지키고, 영국인은 타인에 대해 친절한 신사이고, 프랑스인은 낭만적이고 예술적

1) 키에르케고르(『The present Age』, New york : Haper and Row) · 에드워드 렐프, 김덕현 · 심승희 역, 『장소와 장소상실』, 논형, 2005, 257면 재인용.

감수성이 풍부하다고 생각한다. 이에 비해 우리나라 사람은 인정 많고 순수하며 우리의 김치와 청명한 기후는 그 어느 외국의 장점과도 바꿀 수 없는 우리만의 자랑이라고 생각한다. 이는 세계의 개별국가들에 각각의 독특한 특징(개성, 고유성)을 할당하고, 우리 역시 마땅히 그런 고유한 개성이 있을 것이라고 전제하는 사고방식이다. 그리고 이런 개성·고유성은 반드시 '근대화'·'문명화'의 정도와는 일치하지 않는(않아도 되는), 일종의 사람들의 집단적 심성·습속·문화나 정신의 영역이라고 생각하는 사고방식이다.

이를 소위 '국민성' 개념이라고 할 수 있을 텐데, 이처럼 세계 각국을 각기 독특하게 차별화된 개성을 갖고 있다고 할당하고, 그 세계각국의 국민성 속에서 우리 한국인(조선인)의 국민성은 어떠어떠하다라고 생각하는, 지금 돌이켜 본다면, 너무나 자명해서 상식화되어있는 이 감각—세계이해와 자기정체성의 방식—은 언제 어떻게 생겨난 것일까?

본고는 누구나 다 그렇게 생각하기 때문에 그 기원과 정착의 구조화 방식이 선명치 않은, 소위 자명화된 감각이나 대중적 상식으로 구조화된 '조선적인 것', 민족성이나 국민성으로 호환될 수 있는 집단적 자기 정체성의 형성의 국면을 분석하고자 한다. 본고가 대상으로 삼은 『개벽』 61호(1925.7) 텍스트에서는 이것을 '조선의 자랑'이라고 이슈화했고, 때에 따라 조선의 자랑, 장점, 특징, 조선적인 것으로 혼용되었다. 본문에서는 이를 그대로 사용하지만, 그 의미망은 위에서 언급한 대중적 감각으로 축조된 국민성 개념에 가깝다.

베네딕트 앤더슨이 근대를 상상된 민족주의와 근대 국민국가 구성 과정에서 신문과 소설(사실주의 소설)의 역할을 논의했을 때, 그 신문과 소설이 갖는 사실성과 동시대성의 감각이 어떻게 단위 국민국가의 내부를 묶고 동일성의 환상을 만들어내는가의 측면에 주목한 것이라 할 수 있다.[2)] 우리 식민지 시대에 대해서도, 그동안 근대 국민국가의 형성과 민족의 창안 과정에 핵심적으로 기능한 '조선학', '조선적인 것'의 의미와 기능에 대해서는 다각도의 연구가 있었고, 이중 '문화' 개념의 개념사적 방법이나, 이광수·최남선·안확·조윤제 등 이 분야 대표적 지식인의 저작을 대상으로 한 연구들이 축적되어오고 있다.[3] 그러나 필자가 보기에 이처럼 개념사적 비교연구나 대표적 지식인의 완결된 저작물 중심의 연구들에서의 '조선적인 것'의 개념은, 위에서 언급한 것과 같은 당대 대중들에게 상식화된－피상적이면서도 단단하게 고착된, 대중적 미디어를 통해 유포되면서 자명화된－'조선적인 것'의 해명에는 무력하다고 생각된다.[4]

본고가 주목하는 것은 우리에게 상식화된 채 굳어진 자기인식으로서의 국민성, 조선적인 것, 조선적 심성이라는 것이 형성되고 축조되는 국면이다. 필자는 이런 대중적 자기표상이 형성되는 시기를 1920년대 중반에서 1930년대 초반으로 보려한다. 이 시기는 한국의 근대문화 형성에서 중요한 축을 담당한 잡지매체의 성격, 독자대중과의 관계설정방식이 세분화되고 거대한 변화의 국면을 맞는 시기이기도 하다.

본고에서는 일단 『개벽』의 1925년 특집 '조선의 자랑'의 담론 분석을 통해 그 시초를 확인하고자 한다. 분석을 통해 조선적인 것에 대한 대중적 정체성, 자기긍정의 에피스테메는, 타자(해외)의 시각을 경유하는

2) 베네딕트 앤더슨, 윤형숙 역, 『민족주의의 기원과 전파』, 나남, 1991.

3) 류준필, 「1910~20년대 초 한국에서 자국학 이념의 형서과정－최남선과 안확을 중심으로」, 『대동문화연구』 52집; 김현주, 「문화, 문화과학, 문화공동체로서의 '민족'－최남선의 '단군학'을 중심으로」, 『대동문화연구』 47집.

4) 이 당시 조선적인 것, 혹은 민족 담론의 지형은 최남선·안확 등의 지식인들의 사상, 잡지미디어 『개벽』과 『동명』의 담론 등 다양한 차원들이 존재한다. 그리고 『개벽』 잡지 내에서도 시기별로, 한 시기 내에서도 문화주의·개조론·실력양성론 등 다양한 입장에서의 민족 담론이 존재한다(이에 대해서는 이경돈, 「1920년대 민족인식의 전환과 미디어의 역할－『개벽』과 『동명』을 중심으로」, 『사림』 23호, 성균관대 수선사학회 참조). 그러나 본고에서는 이 시기에 존재한 민족 담론의 다양성을 보여주기보다는 민족·국민성 혹은 조선적인 것의 개념이 '무엇에서 무엇으로 변화하는가'에 초점을 맞추어 살피고자 했다. 다양성이 아니라 변모 혹은 전환에 관심을 가졌고, 이 전환의 내용과 여기에 개입된 미디어나 지식담론체계의 변모를 살피고자 했다.

국면, 미디어의 담론 기획이 관여하는 차원, 담론주체(여론 주도층으로서의 지식인)의 교체, 근대에 특유한 역사철학적 전망의 변모 등의 차원이 연루되면서 형성된다고 보았다.

『개벽』 창간 5주년 기념호인 61호(1925.7)는 특집으로 "조선의 자랑"을 기획한다.[5] 이 특집 하에 세부적으로 ①'조선의 자랑'이라는 항목에서 「조선민족이 가진 우월성－김기전」, 「천혜가 특다한 조선의 지리－청오」, 「고구려민족의 기상과 노력－이병도」, 「마침내 조선사람이 자랑이여야 한다－권덕규」, 「조선의 13대화가－고희동」, 「조선의 산업과 그 가치－선우전」의 장문의 계몽적 논설문들이 실린다. ②「외국인이 본 조선의 인상」이라는 이름의 인터뷰 혹은 짧은 감상식의 기사가 실리는데, 여기서는 국내에 거주하는 선교사나 교육계의 외국인들이 들고 있는 조선의 장점으로 "애정, 효도, 예의 세 가지 장점", "자연미 인정미" 등을 꼽는다. ③「조선인이 본 조선인의 자랑」은 '조선일보사 이상재', '의사 김용주', '근화학원장 김미리사여사', '중앙기독청년회총무 구자옥씨', '변호사 김찬영', '보성고등보통학교 장석철씨', '동아일보사 한위건씨', '시대일보사 홍명희씨' 등의 직업이 명기된 필자들에 대한 간략한 설문-답변으로 이루어져 있다.

이 특집의 하위 세 항목들은 담론주체(필자)의 차원에서 조선의 명망가적 계몽지식인/조선 거류 외국인/전문직업인으로 나눌 수 있다. 담론 형식의 측면에서는 공통적으로는 편집부 주재의 기획 '조선의 자랑' 하에 비교적 긴 분량의 논설(명망가적 계몽지식인), 인터뷰(외국인), 설문조사－답변(전문 직업인)의 형식을 취하고 있다.

이 세 항목의 글들은 조선적 아이덴티티, 즉 자기를 타자와 구별되는

5) 5주년 기념호! 엇더케 편집해야 기념호다울고? 5주년이니만큼 그만큼 갑이 잇서야 될터인데…… 엇더케 할고? 올타 되얏다. 여태것 朝鮮의 단점은 만히 들추어 보앗지만 朝鮮의 장점은 말해보지 못햇스니 이번엘낭 특별히 「朝鮮자랑」이나 좀 해보자. 光明面으로 朝鮮을 보아보자. 올타 그럿타. 그러케하자－이것이 편집 前言이엿다. 『개벽』 61호(5주년 기념호), 1925.7.1, 94면.

고유한 정체성이 무엇인가를 둘러싸고 이루어진 1920년대 중반의 담론 지형에서, 당대 사회의 모더니티의 방향성의 변모, 미디어가 기획하는 담론지형의 변모, 식민지 조선의 자기정체성의 내용과 형식, 여기에 관여하는 타자의 기능과 위상에서 의미있는 차이를 보여준다. 이는 당대의 역사철학적, 정치적 전망 에피스테메의 변모와 밀접한 연관을 맺고 있다고 보았다.

본고에서는 이 전환, 형성의 국면을 예각화하기 위해 ① 명망가적 계몽지식인의 논설과 ② 외국인 인터뷰 / ③ 국내 전문직업인 설문－답변으로 둘로 나누어 비교 분석하고, 그 차별성을 추론함으로써, 1920년대 중반 자기인식의 '변모'를 둘러싼 의미망을 해석하고 한다.

2. 문명이라는 '학교'에서의 자기와 타자

1) 계몽적 논설 속의 '조선의 자랑'

위에서 언급한 세 항목 중 첫 번째 특집인 '조선의 자랑'은 「조선민족이 가진 우월성－김기전」, 「천혜가 특다한 조선의 지리－청오」, 「고구려민족의 기상과 노력－이병도」, 「마침내 조선사람이 자랑이여야한다－권덕규」, 「조선의 13대화가－고희동」, 「조선의 산업과 그 가치－선우전」으로 이루어져 있다.

'조선의 자랑'의 필자들은 김기진·차상찬처럼 『개벽』의 주요 필진이자 천도교인이거나 당대 연희전문 교수로서 물산장려운동에 관여하던 선우전, 그리고 역사학자이자 국어학자인 권덕규, 역사학자인 이병도, 그리고 조선 최초의 서양화가인 고희동 등으로, 당대 명망가적 계몽 지식인이거나 학자이고, 이들의 글은 뒤의 ①, ②와 달리 상당히 길고 학술적 · 종교적인 논설 형식의 글들이다.[6)]

그런데 이들의 '조선의 자랑'에 관한 글들은 특집제목이 무색하게 자학적이기까지 할 정도로 매우 비관적이고 부정적이다. 대부분 자랑할 것이 없다는 것을 표나게 언급한다.

> 참, 알다가도 몰을 일이지, 근래의 우리 사람들은 함부로 자기 종족을 罵하는 경향이 잇것다. 툭하면 가로되 亡國人種이니, 해 볼 수 업는 種子이니 하며, 甚한 者는 講演會에 '야지'를 한번 당하고도 朝鮮民性 全體를 시비하며, 流行會合의 流會 한 번을 보고도 朝鮮將來의 一般을 悲觀한다. 이뿐이냐, 黨派싸움은 朝鮮사람에게만 專有한 것으로 알며, 始勤終怠는 朝鮮 사람의 第2天性으로 녁이것다.[7)]

이는 이보다 1922년 『개벽』에 게재되어 독자들로부터 엄청난 항의를 받았던 이광수의 「민족개조론」을 암시하면서, 조선에 대한 부정적 인식을 비판하고 있다. 그러나 정작 김기전 자신 역시 "그러나 내가 지금 말하고자 하는 것은 어느 것이 좋고 어느 것이 낫쁘다는 是非의 말이 아니라, 是非와는 거의 別問題인 특이한 점"을 강조하면서 자랑, 장점에 대해 주저하고 있다. 결국 그가 "朝鮮及朝鮮民族의 특색"으로 꼽는 것은 '단군신화'이다. 신화는 민족의 원시시대의 우주관 · 인생관 · 사회관을 상징한다고 보고, 천내인(天乃人) · 인내천(人乃天)의 우의(寓意)를 가진 조선민족의 신화의 '특이'성을 강조하지만, 역사적으로 "江隣(西의 者

6) 이와 비슷한 성격의 글로 『동명』에서 1922년 창간호부터 장기간 연재되었던 「조선시민론」과 권덕규 · 최남선 · 유종열 · 문일평 등의 학술적 논설, 안확의 『조선문학론』 등을 들 수 있다. 이처럼 계몽적 지식인 또는 전문지식인의 학술담론 속에서 조선적인 것에 대한 논의는 1920년대 초반부터 존재했고, 1925년 특집 속의 첫 번째 필자군의 글들은 이런 기존의 논의들과의 일관성 속에 존재한다고 볼 수 있다.

7) 김기전, 「朝鮮民族만이 가진 優越性」, 앞의 책.

와 東의 者)의 정치상 또는 문화상의 侵掠"을 받아, 정치・사상・경제의 각 방향에서 시련을 받고 있다고 본다. 그럼에도 종교적, 신화적 관점에 입각해 "한울이 장차 큰 任責을 그 사람에게 내리려 할진대, 먼저 그 心志를 若케 하며 그 骨을 勞케 하야" 조선민족으로 하여금 '동양, 아니 전 세계'를 구원할 큰 책임을 주었다고 언급하고 있다.

이처럼 김기전이 종교적 관점에서 신화를 해석함으로써 민족의 미래와 정체성을 구성하면서, 관념적이고, 추상적인 논의를 전개했다면 차상찬은 외국과의 자연(지리)을 비교함으로써, 조선이 가진 지리적 장점을 말하고, 특산물을 자랑하고 있다. 이 과정에서 비교하는 각 나라들—인도, 중국, 몽고, 이태리, 일본—에 대해 수치와 구체적 지명 등을 언급하면서 자연지리적으로 접근하면서 객관적 사실 전달 중심으로 글쓰기 특징을 보여준다. 이를 통해 기술된 조선의 장점은 다음과 같다.

> 어느 나라던지 그 地理가 결점이 업는 곳이 업다. 日本도 그러코 中國도 그러코 印度도 그럿코 其外 歐米 몃 나라도 다 그러하다. 그러되 유독 朝鮮은 조흔 것은 잇슬지언정 결점은 별로 업다. 산수도 조코, 기후도 조코 물산도 만코 인물도 우수하려니와 日本이나 伊太利가티 화산, 지진도 업고 惡病도 업스며 印度, 中國과 가티 언어가 不統一되거나 인종이 複雜치 안타. 米國가티 大旋風과 酷署도 업고 英國가티 濃霧도 업고 瑞典諾威가티 酷寒도 업다. 그 얼마나 樂地며 태평세계이냐.[8)]

이런 자연지리적 비교를 통해 조선의 자랑, 장점으로 내세우는 것은 각 지방의 특산물이다. 천산물(천연자원)・동물・농산물・과물(과일)로 범주화한 후 다음과 같이 상세히 언급하고 있다.

> 인삼은 不老名藥으로 세계에 名價가 高하고 광물은 각종이 다 無盡藏이고 가축중 牛는 품질이 양호하기로 저명하야 西班牙牛를 凌駕하고 농산물은 극

---

8) 靑吾, 「天惠가 特多한 朝鮮의 地理」, 앞의 책.

히 豊産하는 중 大小麥, 豆類등이 最著하니 其中 三南의 米와 黃海의 麥類와 경기도의 豆類(특히 長湍大豆)는 외국시장에까지 수출이 甚多하며 果物은 근래에 또한 산출이 격증한 중 平壤의 栗과 黃海, 慶尙의 苹果와 忠淸의 胡桃 역시 외국에 수출이 甚多하야 자연의 地理로는 세계 어느 나라던지 其比가 無하니 이것이 엇지 朝鮮에 대한 天의 恩賜가 아니냐.[9]

이처럼 자료와 사실이 말하게 하는 글쓰기 특징은, 차상찬이 1923~24년경 『개벽』사에서 행한 「조선팔도 기본조사」 사업을 통해 보고 듣고 획득한 객관적 자료를 활용하고 있기 때문인 것으로 보인다.[10] 그리고 이 때문에 다른 대부분의 필자들이 보이는 조선에 대한 부정적 인식, 비관, 체념적 어조 등은 약화되어 있다. 여기서 산수 · 기후 · 물산 등 자연환경은 이 시기 이후에 등장하게될 문화적 상징이나 심성의 영역이 아닌, 물질적 환경－정복이나 인간의 개발에 방해되기도 하고 이용되기도 하는-으로 고려되고 있고, 인삼 · 과일 · 농산물 · 동식물처럼 개발대상으로서의 자원으로 위치지어져 있다. 국가 특유의 정서나 심성을 반영하거나 상징하는 정신이나 문화의 영역으로 사고되지 않는 것이다.

또한 역사학자 이병도는 고구려 국민의 상무정신과 전쟁을 불사하는 용맹이 자랑이라고 언급한다.

약골빈혈의 현금 朝鮮人으로서 想을 往古에 馳할 때에 多少의 자극, 흥분, 或, 위안을 주는 것이 잇다 하면 그것은 곳(東方)삼국의 史蹟이겟다. 삼국중에도 저 眇眇한, 압록강 반일우의 地에 興起하야 드듸어 (…중략…) 滿鮮地

9) 위의 글.

10) 개벽사는 1923년 신사업으로 '조선문화의 기본조사'로 정하고 조선의 각도의 상황을, 사회문제의 원인과 경향, 중심인물 및 주요사업기관의 소개와 비평, 인정풍속의 실제, 산업교육, 종교 형황, 명승고적, 전설 및 기타 일반상태로 구체화해 조사하고, 이를 1923년 4월호부터 1925년 12월호까지 특집으로 게재하였다. 이 조사사업에 박달성, 차상찬 등이 주로 현지조사를 담당했고, 이에 대한 기사와 후일담으로서의 여행기와 감상을 싣고 있다. 차혜영, 「식민지인 스스로 생산한 자기에 대한 앎－『개벽』의 지역조사에 대하여」(동학학회 월례발표회, 2007.6.22) 참고.

> 域을 포괄한 동방미증유의 大國을 건설하얏든 高句麗의 역사를 繙할때에 더욱 吾人의 感을 절실케 하는 자가 만히 잇다 (…중략…) 고구려인의 이 氣象과 主義는 실로 천고에 亘하야 價値를 失치 아니하는 者이다. 아마 現今病廢한 朝鮮人을 위하야는 이것들이 훌늉한 頂針, 또는 일종의 血淸療法이 될 만한 것이다.[11]

조선의 지금 현재는 약골빈혈하지만, 과거 고구려의 역사는 전쟁의 역사가 대부분임을 강조하면서 이를 "普魯西(프러시아)와 고구려가 국민성에 잇서도 유사"하다고 본다. 이후 매우 상세하게 고구려 역사를 소개하고 당시 발견된 고구려 벽화도 이런 상무정신의 기상으로 해석한다. 권덕규는 비장하고 체념적인 어조로 지금 조선에는 자랑이 없다고 단호하게 부정한다.

> 지금 조선 사람은 자랑이 업다. 제 아무리 哲學을 공부하엿다 하자. 그리하기로 조선사람의 속정을 캐어 본적도 업는 哲學者가 병신 바보 哲學者가 아니냐. 제 아무리 博物學者라고 하자. 그리하기로 조선 식물의 무엇이 잇는 줄도 모르고 식물 니름 하나 조선말로 記憶하는 것이 업는 學者가 무엇이 그리 찐다 우냐.[12]

이런 진술 후에 조선의 자랑은 그나마 과거에 있다고 보고 그 대상으로 활쏘기 재주, 구텐베르크 보다 앞선 활자의 창제, 4세기 전의 철갑선 창조, 고구려의 벽화, 이조(李朝)의 측우기나 고려의 자기, 경주의 석굴암, 원효로 대표되는 불교철학, 팔만대장경의 귀서거질(貴書巨秩), 인삼의 영약(靈藥), 한글을 든다. 이외에 고희동은 조선의 신라 이래의 화가를 13명을 통시적으로 나열, 소개하고 있고, 선우전은 "朝鮮사람된 것을 붓그러워하는 그네들에게 朝鮮의 자랑꺼리를 말하면 그녜들은 그것

11) 李丙燾, 「高句麗 國民의 氣象과 努力」, 앞의 책.
12) 권덕규, 「마침내 조선 사람이 자랑이여야 한다」, 앞의 책.

이 무슨 朝鮮에 자랑꺼리가 되느냐고 우슬 것이다"라고 자조적인 태도로 당대의 물산장려 운동의 방향성을 비판한다.

2) 문명위계의 승인과 자기부정

(1) 과거 - 근대의 거울로 호출된 자기

이처럼 개략적으로 살펴 본 바와 같이 이들 계몽지식인의 글에는 '조선의 자랑'거리가 없다고 공통적으로 지적하면서, 매우 비장하고 비관적이며, 체념적인 태도로 자기 긍정성을 찾지 못하고 있다. 그나마 찾는 자랑 혹은 특색이라는 것 역시 통일성이 결여된 채 다양한 영역에 걸쳐 있다. 예컨대, 단군신화에서부터 과거에 발명된 발명품이나 예술품, 자연지리적 특색과 지방별 특산물, 고구려인이 갖는 용맹 등 다양하다. 그러나 이런 다양성 속에서 공통점을 찾을 수 있다.

조선의 과거 중에서 선택된 것은 측우기 · 철갑선(거북선) · 활자 · 고려자기 등은 '만들어진 것'이다. 과학적이고 합리적이며 정교하게 만들어진 발명품이라는 점에서 이 자랑거리들은 '과거의 것'임에도 불구하고, '근대적 제작'의 기준에서 호출되고 선택된 것이다. 이는 차상찬의 글에서 나타나는 자연에 대한 과학적이고 구체적이며 사실적인 접근이 놓인 기반과도 관계가 있다. 그가 세계의 자연지리를 비교하는 시각에서 보이는 '측량', 정확성의 시각, 국내의 지방별 특산물에 대해 보여주는 '개발자'적 시각은 서로 연관되어 근대적 제작과 생산성의 멘탈리티를 보여준다. 그리고 유일하게 인간의 '품성'을 자랑거리로 선택한 이병도의 '고구려인 예찬'도 이와 함께 해석될 수 있다.[13] 전쟁을 불사하는 용

13) 지금까지도 은근과 끈기, 신라 예찬이 우리 정체성의 주류를 이루어왔기 때문에, 전쟁을 불사하는 용기와 정복을 추구하는 고구려인의 기상이 우리의 정체성으로 호명된 것은 아주 최근의 일이다.

기나 정복과 모험을 마다하지 않았다고 언표되는 고구려인은, 이런 근대적 인간상의 대표로서 호명된 것이다.

이처럼 조선의 과거에서 산견되는 무수한 대상들 중에서 선택된 자랑거리의 기준과 범주는 근대적 기계 제작자, 자연에 대한 개발자의 시각이 중심에 놓여있다.[14] 이는 권덕규가 세계에 내놓을 자랑거리로 유일하게 언급하는 '한글'에서도 관철된다. 한글이 자랑거리인 이유는 "우리의 생각으로 맨들어낸 訓民正音이야말로 한 점도 티가 업는 가장 高等된 합리한 글ㅅ字이다. 그 모양의 아름다움과 소리의 넉넉함과 배우기 쉽고 쓰기에 편한" 것이라는 점에서, 합리성과 실용성이라는 근대적 보편가치가 전면화되어 있고, 의외로 민족문화의 우수성이나 자부심에 관한 언급은 보이지 않는다.

이처럼 자기의 과거를 선별하고 호출하고 배제하는 기준은 근대적 합리성, 제작과 개발의 멘탈리티라는 점에서 '문명', '근대', 서구라는 타자의 기준이라고 할 수 있다. 즉 선택된 대상으로서의 자기(과거, 자기긍정)와 선택하는 기준(근대, 문명)의 외부성, 타자성 사이에서 아이덴티티는 분열하는 것이다. 개화기 이후 이 당시 1920년대 전반기의 '개조론의 시대'까지 시대를 이끌어온 주요한 추동력 역시 이런 문명화의 강박이었고, 이 때문에 '개조론'의 중심에 있던 『개벽』의 담론은 항상 조선사회의 구석구석을 비판하는 것이 주요한 테마였다. 여기에 조선에 대한 자랑, 자기긍정의 에피스테메가 들어설 여지는 별로 없다. 이들에게서 공통적으로 보이는 비장과 체념, 자랑을 주저하는 태도, 비관적 문체는 이 때문에 발생하는 것이라고 볼 수 있다. 세계를 지배하는 기준에 대한 승인과 나의 인정욕망 간의 불일치 속에서 나타나는 이런 비관, 체념, 부정적 태도는, 문명개화와 당위성의 승인과 열등감을 동시에 안고 있는 식민지 하의 근대 지식인들에게는 어쩌면 아주 보편적인 태도였

14) 근대성의 구조에 핵심적인 '제작'의 개념에 대해서는, 이마무라 히토시, 이수정 역, 『근대성의 구조』, 민음사, 1996 참조.

을 것이다.

(2) 자기부정과 발전의 시간감각

그런데 주목할 점은 이런 과거에서 추출된 조선적 특징, 자랑거리들은 이후에 보이는 조선학 담론이나 이후의 특집(외국인 / 전문직업인)에서처럼 어떤 '자질'로 특징화되지 않는다는 것이다.

조윤제의 '은근과 끈기'라든가 이후의 다른 두 개의 특집담론(외국인 / 전문직업인)에서 언표화되는 '인정', '순량한 도덕'이라는 자질은 개개의 개별적 행동이나 사태, 상황을 일반화해서 더 상위의 범주로 보편화할 수 있는 어떤 대표성의 성격을 갖는 것이다. 그렇기에 그 자질들을 국민성으로 언표한다는 것은 동시에 그 정체성을 무역사성 혹은 역사적으로 변치 않는 초월성이나 공시성 속에서 특정자질을 영원화한다는 것이기도 하다. 국민성, 민족성 담론이 문명이나 근대화, 발전의 정도와 구분되는 문화나 심성, 정신의 영역으로 언표되는 것은 이처럼 특정의 개별적 사태를 다른 것으로 대표(표상, 재현)하고 그것을 이미지화하면서 역사성을 지우는 기제를 통해 축조된다고 할 수 있다.

그러나 이들의 논설류에서는 과거에서 선택한 자랑거리들을 개별화시킨 채, 자연, 특산물, 발명품처럼 '사물성', '대상성'의 영역에 한정하고 있다. 자연이나 기후, 특산물을 정신으로 연결시켜줄 이미지화가 (아직) 없다는 것이다. 이는 개별 사실들을 통일할 정체성의 준거를 정착시키지 못한 때문이기도 하지만,[15] 사실은 이들의 자기부정의 태도에 관류되고 있는 역사의식 때문이라고 할 수 있다. 이들 계몽지식인의 논설류에서 보이는 강렬한 자기부정의 태도는 식민지 근대지식인이 갖는 열등감(바깥, 타자에 대해)이기도 하지만, 다른 한편으로는 자기가 '되어야

15) 이 정체성의 준거가 정착되는 것은 이후 단군 연구 등을 소재로 이루어지는 지식인들의 조선학 담론을 경유해, '문화' · '미' · '심성'을 통해서이다.

할' 기준(바깥, 타자이자 '동시에 아직 오지 않은 나의 미래로서의 근대')을 견지하기 때문에 필연적으로 발생하는 것이라고 할 수 있다. 이는 근대 역사철학적 전망이 자기부정과 결합된 형태로 볼 수 있는 것이다.[16] 즉 발전해 가야할 미래의 시간표 때문에 현재의 나를 긍정할 수없는 것이다.

이런 역사철학적 전망과 결합된 자기부정은 사실상, 이들 논설 몇 편 뿐만이 아니라, 『개벽』이 창간이래 지속적으로 견지해온 태도이다. 사회비판, 풍자, 논설, 계몽의 형식으로 당대 사회의 제반 정치적, 계급적 문제들을 꾸준히 비판해왔다.[17]그리고 이런 자기부정, 비판의 태도는 다른 한편에서는 자기 시대의 역사철학적 전망과 결합되어 '격변', '혁명', '위기', '신흥국' '부흥국' 등의 이미지로 외국(세계, 타자)를 이해하는 방식과 닿아 있는 것이라고 할 수있다. 즉 다른 나라를 '신사의 나라'라든가 '예술의 나라' 같은 방식으로 '이미지'로 이해하는 것 보다는, 변화하는 역사의 물결 속에서 끊임없이 분쟁과 갈등, 혁명, 전쟁, 일촉즉발의 위기가 편재하는 것으로 이해하는 것이다.[18] 즉 이들의 자기부정의 감각의 단순한 부정이나 비관이 아닌, 나와 타자를 내・외부적 변화 가능성 속에 위치시키는 사고틀의 필연적 국면인 것이다.

결국 이들 논설류의 글 속에서 '조선의 자랑'이라는 미디어의 기획은 실패한다고 볼 수 있다. 문명의 기준을 내면화한 지식인의 열등감과 자기부정, 그리고 그 자기 부정의 방식을 통해 견지되는 역사철학적 전망이 비역사적 공시적 자질로서의 자기에 대한 긍정을 만들지 못하게 했다고 볼 수 있는 것이다.

---

16) 근대의 독특한 시간의식으로서 진보・발전・혁명과 연관된다. 라인하르트 코젤렉, 한철 역, 『지나간 미래』, 문학동네, 1996 참조.

17) 『개벽』에 펼친 사회비판에 대해서는 다양한 논의가 있다. 대표적으로 임경석・차혜영, 『『개벽』에 비친 식민지 조선의 얼굴』, 모시는사람들, 2007; 김정인, 「일제강점기 천도교의 민족운동 연구」, 서울대 박사논문, 2002.

18) 이에 대해서는 차혜영, 「1920년대 지(知)의 재편과 타자표상의 상관관계－『개벽』의 해외관련기사를 중심으로」, 『역사와현실』 57호, 2005.9 참조.

이런 성격은 이들의 '장문의 논설'이라는 완결적이고 주체중심적 글쓰기 안에서 분열의 모습을 보인다고 할 수 있다. '완결적이고 주체중심적인 글쓰기'는 이후 두 가지(외국인 / 전문직업인) 기획과 대비된 특징이다. 뒤의 두 가지 특집담론(외국인 / 전문직업인)이 미디어 기획의 의도와 배치가 전면화 되고 개별필자의 의견이 축소되는 형식이라면, 이들 장문의 논설류 글은 자기완결성을 갖고 있고, 글쓰는 주체의 내면과 사고의 분열이 고스란히 드러나는 것이다. 이 때문에 '조선의 자랑'이라는 새로운 기획은 무산되고 『개벽』이 기존에 유지해온 계몽, 비판, 역사적 관점이 지속되고 있다고 할 수 있다.

3. 균질화된 개별자들의 전체–'시장'

이상의 계몽적 논설류에 비해, 국내의 비교적 젊은 청년지식인 혹은 전문직업인에 의해 씌어진 「조선인이 본 조선인의 자랑」, 「외국인이 본 조선의 인상」은 다른 특징을 보인다. 전자는 '순량성이 제일자랑-조선일보사 이상재', '건강상으로 본 조선 사람의 우월성–의사 김용주', '여자의 정조는 세계에 그 비가 업습니다–근화학원장 김미리사여사', '윤리도덕이 첫재 자랑임니다–중앙기독청년회총무 구자옥씨', '조선민족은 장래의 세계의 모범이되겟습니다–변호사 김찬영', '나는 이러케말하고십습니다–보성고등보통학교 장석철씨', '잔인성 업는 것이 자랑–동아일보사 한위건씨', '우리 자랑은 정음문자–홍명희' 등의 제목과 필자로 이루어진 간략한 설문–답변이다. 그리고 후자 「외국인이 본 조선의 인상」은, '才藝는 세계 제일–독일인 노병조', '세가지 감탄–불국인

천주교회신부 이류사씨 담－애정, 효도 , 예의 세가지 장점', '禮節足각국제일－北京永盛舍 대리 중국인 孫洞忱씨담', '朝鮮에는 四美가 잇습니다－법학전문학교장사무취체 교수 노송룡존씨 담', '조선의 장래-협성신학교장 미국인 왕영덕씨', '자연미 인정미－露人 부라긴 씨'의 인터뷰로 이루어진 짧은 글들이다.

1) 미디어의 공적 담론을 통한 자기긍정의 기획

앞서 「조선의 자랑」이 당대의 명망가 국학전문가 혹은 계몽적 지식인들이 직접 쓴 학술적 계몽적 논설이었음에 비해, 이 특집은 개벽사가 제시한 질문에 "비교적 짧게, 장점만"이라는 요구에 대한 간략한 답변이다. 그리고 그 필진들은 앞서의 특집 필진에 비해 각 개별 직업분야의 전문가로서 명망가적 지도자와는 세대나 직업적인 차원에서 차이를 보인다. 예컨대 언론사에 종사하거나 보통학교나 여학교 교육자, 변호사, 종교단체의 청년간부, 의사 등 전문직업인들이다. 이들의 글은 장문의 계몽적 논설[19]이 아닌 미디어가 요구한—'장점만 짧게'—내용과 형식대로 기술되고 있다. 그래서 앞서의 특집보다, 더 도식적이고, 더 확연하게, 말 그대로 장점만 단순하게 부각되고 있는 것이 특징이다. 이는 '조선적 장점'이라는 내용을 사적인 필자 개인의 사상에 일임하는 것이 아닌, 미디어가 내용과 형식을 기획하고 배치한 공적 담론기획물이기 때문이라고 할 수 있다. 그래서 이런 잡지매체의 공적 기획으로 배치된 이 자랑은 그 잡지미디어가 목표로 하는 (독서)대중의 인식 형성에 더욱 핵심적이고 합목적적으로 작용한다고 볼 수 있다..

---

19) 물론 이런 정도의 직업이라면, 그리고 이들 지식인 개개인들로 볼 때는 당대에 계몽적 지식인이라고 볼 수 있지만, 이들의 담론이 호출되는 맥락과 형식에서 계몽성과 차별화된다고 할 수 있다.

이런 공적 담론의 기획성을 통한 조선의 자랑은 외국인 인터뷰에서도 관철된다. 이 「외국인이 본 조선의 인상」 특집은 조선에 거주하는 외국인들을 인터뷰한 방식으로 기술하고 있다.

> 나를 볼나고 오섯서요 고맙습니다. 이리 안즈십시오. 네네. 開闢이요. 알겟습니다. 우리 학교에서도 開闢을 계속해 봄니다. 즉 이 책이지요 감사함니다. 네네 新女性, 어린이도 봄니다. 아구 일 만히 하심니다. 감사합니다.朝鮮을 본 감상이요? 네 알겟습니다 (…중략…) 나는 朝鮮에 온지가 14년재임니다. 14년 동안에 만흔 朝鮮 사람을 맛나 보앗습니다.[20]

> 저더러 朝鮮을 본 감상을 말슴하라구요. 호감만이요. 그러지요. 朝鮮온 지 멧 해나 되얏느냐구요. 38년재임니다. 나는 朝鮮 사람에게서 세가지 美點을 발견햇습니다.[21]

> 나는 中國에 잇슬 때부터 朝鮮이 東方禮義之國이라는 말을 만히 드럿습니다. 그런데 朝鮮에 와서 보닛가 참으로 朝鮮 사람은 예절을 잘 지킵되다.[22]

이처럼 인터뷰 형식을 그대로 생중계하는 형식의 글이다, 구어적 현장성을 인쇄매체 가상적으로 재현함으로써 낯설고 먼 외국인의 말에 신뢰성과 친밀성을 부가시키고 있는 것이다. 실제로 대부분 외국인의 말들은 번역되었거나, 서툰 한국어일 가능성이 높지만, 이 글을 통해 곰살맞고 친근한 서울 사투리로 재현되어있고 이런 형식을 통해 조선의 장점, 즉 '인심이 순후하고 평화로우며 부모에 효도하고 예절바른' 조선인의 특징이 전달되는 것이다. 이과정에서 조선인 필자들의 내면에 있는 복합성도 거세되고, 외국인들에게서 있을 수 있는 소통불가능성과 이질성은 삭제된 채, 단순하고 강렬하게 장점이 기획되고, 그 기획이 놓

---

20) 獨逸人 盧炳朝 氏 談, 外國人이 본 朝鮮의 印象－「才藝世界第一」, 같은 책.
21) 佛國人 天主教會 神父李類斯氏 談, 「세가지 感嘆」, 같은 책.
22) 北京永盛合代理 中國人 孫洞忱氏 談, 「禮節是各國第一」, 같은 책.

인 변모의 징후가 더 확연하게 전면화된다고 할 수 있다.

2) 자기긍정의 에피스테메

(1) 발견된 자기 – '순량한 도덕성'

이와 같은 설문과 인터뷰에 의해 추출된 조선의 자랑은 주로 인민(국민)의 순량한 도덕성, 잔인성이 없고 평화적이라는 것이 가장 공통적이다.

> 우리 조선 사람의 제일 지랑거리는 인민의 淳良한 것이 올시다. 朝鮮사람이야 말로 참 淳良한 인민이 올시다. 남이 때리면 그저 맛고 욕하면 그대로 먹고 심지어 남이 무엇을 빼서도 그대로 빼기고 잇습니다. 그것을 잠간 보면 朝鮮사람처럼 아주 우매하고 열등하고 鄙怯하고 유약한 사람은 업슬 것 가트나 사실은 그럿치 안습니다. 眞所謂 柔能制强하고 弱能制强이라고 그 弱해뵈고 柔해뵈는 중에도 무한한 强力이 잇습니다. 그것은 즉 도덕이올시다.[23]

이상재 외에도, 기독청년회 총무 구자옥 역시 「倫理道德이 첫재자랑임니다」에서, "내가 본 몃 나라 사람에 비하야 보면 朝鮮사람이 제일 傷人害物의 惡心이 업고 柔順淳良함니다. 그야말로 平和泰平國의 인민이올시다. 이것은 즉 우리 朝鮮사람의 倫理道德이 自來 발달된 까닭"이라고 말하고, 동아일보사 한위건은 「殘忍性업는 것이 자랑」이라는 제목에서 역시 '조선인의 평화로운 성질'을, 근화학원장 김미리사 역시 '여자의 정조'와 그와 연결된 '순결' '고상'을 강조한다.

앞서의 계몽적 지식인들이 보여준 자기부정, 부끄러움, 비관의 태도에 비하면, 이런 조선인의 심성에 대한 전폭적 긍정과 자랑은 매우 낯설고 이질적이다. 앞서의 계몽적 논설류의 특집 이외에도, 『개벽』 창간호부터

---

23) 조선일보사 이상재, 「순량성이 제일자랑」, 같은 책.

지속적으로 견지된 사회비판적 논조의 각종 담론들—풍자, 비판, 논설—과 비교했을 때도, 더 나아가서는 문명개화를 당위로 받아들이면서 성립된 개화기 이후, 자기를 규정하는 정체성의 내용—지식인의 내면에서건, 대중을 대상으로 한 계몽적 담론에서건—에서 자기부정과 열등감이 가장 큰 축이었다는 점을 상기한다면, 더욱 이질적이다.

그토록 부끄러웠던 자기, 동시에 자기를 부끄럽게 만든 기준(문명, 근대, 역사적 발전, 개조)에 대한 인정은 대체 어디로 간 것일까? 더구나 중요한 것은 이 그 당대의 담론 맥락에서 이질적인 이 내용들이 지금 현재 우리가 우리를 보는 상식이나 스테레오타입과 유사하다는 것이다. 어떻게, 왜 이런 자기에 대한 인식, 정체성이 급격하게 변경되었던 것일까?

(2) 균질화된 상대성의 전체 - '타자 - 자기'의 새로운 배치

이 두 개의 특집담론(외국인 / 전문직업인)에서는 조선인의 인심이 순량하다고 언표되는 맥락에서 조선의 장점이 외국과의 비교를 통해 배치된다는 것이 가장 큰 특징이다. 조선 여자만의 정조를 장점으로 부각시키면서도 김미리사의 "나는 中國이나 美洲에 잇슬 때에 그 나라 사람들에게 항상 朝鮮 여자의 貞操를 자랑하엿고 또 그 사람들도 항상 충찬하엿습니다"라는 언급 속에서 타자의 인정을 통해 자기를 보증받고 싶어한다.

자기긍정에 타자가 관여하는 가장 직접적인 방식은 사실상 간단하다. 바로 눈 앞에서 외국인의 입을 통해 생생하게 직설적으로 우리의 자랑을 듣는 것이다. 그러나 사실 조선의 독자대중이 이런 경험을 할 수는 없을 것이다. 그러나 『개벽』의 「외국인이 본 조선의 인상」 특집은 앞서 3절 1)에서 언급했듯이 미디어의 기획에 의해, 바로 이런 요구, 조선인으로서의 자기긍정에 타자인 외국인이 직설적이고, 직접적이며, 생생한 현장성의 감각을 통해 보증해주는 담론장을 창출한다.

저더러 朝鮮을 본 감상을 말슴하라구요. 호감만이요. 그러지요. 朝鮮온 지 몟 해나 되얏느냐구요. 38년재임니다.

나는 朝鮮 사람에게서 세가지 美點을 발견햇습니다. 첫재는 애정이요 둘재는 효도요 셋재는 예의임니다. 이 세가지 美點은 세계 어느 나라 민족에게서 듣지 보지 못할 美點이라고 생각함니다. 舍廊(客室)을 지어노코 가는 사람 오는 사람 알고 몰으고 欣然히 마저 음식대접하고 잠 잘 재워보내는 예는 朝鮮 사람에게 뿐 잇는 美風임니다. 이러케 애정이 만슴니다. 그리고 부모에 대한 효도는 감탄치 안을 수가 업슴니다. 그러나 近日의 청년남녀는 그렇치 안은 듯 십습듸다. 섭섭하게 생각함니다. 그리고 예의범절이 매우 좃습듸다. 나는 朝鮮人에게서 이 세가지 미점을 보앗슴니다. 이것이 세계에 자랑할 만한 것으로 생각합니다. 하든 일 잇서서 이것으로 실례함니다.[24)]

이 인용문에서 보이는, 인정 많고 예의 바르고 부모에게 효도한다는 심성이, 외국인이 보는 가장 대표적인-또는 외국인의 입을 통해 듣고 싶은, 인정받아온- 조선적 특징일 것이다.이런 심성 — 애정(인정이 더 적절하겠지만 번역이기 때문에 애정으로 표현된 것으로 보인다), 효도, 예의 — 의 긍정은 인용문 외에도 거의 대부분의 인터뷰 대상자에게서 보이는 공통된 특질이다. 예컨대 '예절'을 칭찬하는 중국인, 조선의 네 가지 아름다움(산수 기후와 같은 자연미, 애정, 조선여자의 의복, 김치 신선로와 같은 조선 음식)을 칭찬하는 프랑스인[25)] 자연미와 인정미를 최고로 뽑는 러시아인 등이 그들이다. 이처럼 1920년대 중반 새로 나타난 자기－타자관계의

---

24) 佛國人 天主敎會 神父 李類斯 氏 談 「세가지 感嘆」, 같은 책.

25) 朝鮮 사람은 특히 애정이 만히 잇습니다. 학교에서만 볼지라도 학생간에 매우 친애하야 인종의 구별도 안이하고 동학생중 무슨 불행한 일이 잇스면 반듯이 서로 救助하야주며 또 졸업생을 보와도 현재에 혹은 판검사 혹은 변호사와 기타 사회에서 상당한 지위와 신분을 가지고서도 학교 직원에 대하야 경애하는 것이 학생시대와 조곰도 다름이 업습니다. 내가 지방에 출장을 갈 때에 보면 그 지방에 잇는 졸업생들이 모도 와서 환영을 하고 위로를 하야 줍니다. 그런데 그것은 무슨 형식이나 교제적이 안이요 진정의 사랑으로 하는 것이 기색에 나타납니다. 이것만 보와도 朝鮮 사람이 얼만나 애정이 만흔지 알 수 잇습니다. 法學專門學校長 事務取扱 敎授 鷹松龍種氏 談, 「朝鮮에는 四美가 잇습니다」, 같은 책.

사고틀을 전형적으로 보여주는 글은 장석철의 것이다.

> 무엇이던지 남의 것을 보아야 내 것을 알 것 갓습니다. 내가 朝鮮에 잇슬 때에는 별로 朝鮮의 조흔 것을 알지 못하겟더니 年前에 日本으로, 米洲로, 印度로, 南洋群島로, 中國, 또는 露領을 다녀보닛가 朝鮮의 조흔 것을 알겟습듸다. 제일에 **朝鮮은 인심이 淳厚하고 선량합니다.** 朝鮮사람은 米人이나 露人처럼 음흉하지도 안코, 日人처럼 輕悍하지도 안코 印度나, 南洋人처럼 卑怮치도 안코 中國人처럼 遲鈍치 안코 大陸性과, 海洋性, 島性을 兼有하야 義氣가 잇고도 평화스러우며 淳古하고도 野昧치 안습니다. 이것은 地理上 영향도 다소 잇겟지만은 과거 長遠한 문명의 역사를 가진 동시에 道德禮義를 尙한 까닭임니다.[26] (강조는 필자)

이 글에서 조선의 인심이 순량하다는 것을 비교의 방식으로 보증하는 각 외국의 국민성—음흉·경한·지둔·비겁이라는 인간의 심성이 실제로 인도·중국·일본·미국이나 러시아인의 특징은 아닐 것이다. 사실상 이글에서 나열된 외국인들의 국민성은 바로 3년전 1922년『개벽』(23호)에 게재된 이광수의 「민족개조론」에서 조선인의 가장 부끄럽고 한심한 심성으로 나열된 것들이기도 하고 일부는 기존까지의 사회비판 논조 속에 유지된 내용이기도 하다. 그렇다면 결국 이는 조선인의 나쁜 심성을 타자에게 부여하고, 그 타자와의 비교 우위를 통해 인심, 도덕이라는—기존의 문명개화적 관점에서 결코 우월할 수 없는—심성을 '가치화'하는 것이다.

이런 자기와 타자의 가치의 역전이라는 담론의 구조는 필자 정석철이 보유하고 있는 해외지역체험의 절대성에 의해 보증되고 있다. 여기서 필자 장석철[27]이 가진 체험의 우위를 통해 보증된 타자의 시각, 그

26) 普成高等普通學校 張錫哲 氏 談, 「나는 이러케 말하고 십습니다」, 같은 책.

27) 장석철은 일제 공문서 기록에 '민족적 배일사상을 가진 용의조선인'으로 분류되어 있고, 1912년부터 기독교 전도사로서 중국 및 美國에 도항하여 있는 자로서 1934년 大連市 老虎灘 144에서 人蔘商을 했다고 한다(한국사데이타 베이스, 근현대인물자료

것을 통해 분류·배치·비교된 각국의 개별적 국민성을 통해 해외 지역은 각기 상대화된다. 사실상, 기존의 '문명'으로서의 타자는 구체적인 영국이나 프랑스·미국·유럽과 같은 국가나 지역이 아니다. 문명이 도달해야할 미래이고 힘이라는 점에서 일종의 '편재하는 중심'이라고 할 수있을 것이다. 그래서 그 타자는 다양한 것이 아니라 하나인 것이고, 때로는 유럽이거나 미국이라는 지역일 수도 때로는 자기 미래의 시간일 수도, 때로는 가치자체이기도 하다. 그러나 장석철이 말하는 외국(세계, 타자)는 이런 일원화된, 편재하는 중심으로서의 타자가 아닌, '경험된 구체성'으로서의 지역인 것이다. 이 담론배치 속에서는 서구나 문명제국은 미국인·러시아·일본인·인도인·남양(동남아시아)인으로 개별화되어 각각 음흉하거나, 비겁하거나, 둔하고 게으르거나, 경박하고 성급하다. 해외, 바깥의 타자의 세계를 '힘', '문명', '미개'와 같이 단일 가치로 수렴시키는 것이 아니라 '수적 다양성과 가치의 상대성'으로 파악하는 것이다. 이를 통해 '문명제국'으로 여겨진 바깥의 세계(열강)는 개별적이고 다종다양한 지역으로 상대화되고, 그 타자(들)의 상대성들 속에서, 타자들과 평등하게 조선은 고유한 특징을 갖는 것이다. 자기긍정으로의 전환에 놓인 자기와 타자 간의 이와 같은 새로운 담론 배치는 이후 개벽사가 주도하는 매체에서 주요하게 전면화된다.[28)]

이 '수적 다양성과 상대성으로 상상된 조선 바깥의 타자'들과 그 타자들이 놓인 '장'이라는 감각은, 1920년대 중반 들어 새로 나타난 세계 이해의 사고틀이다. 이런 자기와 타자의 관계는, 이전에 지배적이었던 시간적 뒤처짐과 문명화의 강박을 강요하는 문명개화의 틀이 아니라, 균질화된, 그러면서도 저마다의 차별성을 갖는 개별자들을 포함하고 있

참조).

28) 『개벽』의 폐간과 같은 시기에 1926년부터 발간되기 시작한 『신여성』과 『별건곤』에서는 이런 경향이 더 전면화된다. 이런 이유에서 본고는 1925년의 시기를 전환의 시기로 보는 것이다.

는 어떤 '장', '전체'를 상정하고 있는 것이다. 그 '전체' 속에 개별자는 문명이라는 위계적 가치가 아닌, 상대적 차별화의 정체성(개성-국민성)으로 속해 있는 것이다.[29] 1920년대 중반 대중미디어에 의해 기획된 '국민성의 담론'[30]은 조선이라는 개별자와 바깥의 타자가 새로운 틀로 배치되면서 나타난 자기인식이라고 할 수 있다.

(3) 시장 진입 비용 - 역사철학적 상상력의 소거

그러나 이와 같은 조선인의 심성이 — 순량함, 평화로움, 잔인성 없는 순후함 — 이 사실은 역사적으로나 문명사적으로 패배자라는 것과 동전의 앞뒷면임은 이들-조선의 전문가 지식인들도 인식하고 있다. 때문에 자랑이 결코 자랑일 수 없음을 알고 있는 것이다.

---

29) 이런 새로운 사고틀, 감각을 어떻게 이론화할것인가에 대해서는 이후의 연구과제로 과제로 남겨야할 것 같다. 그러나 문명의 강박에서 이런 상태로의 전환은 일단 은유적 차원에서나마 '학교에서 시장으로의 전환'이라고 명명하고자 한다. 식민지 근대 사회에서 자기와 타자(해외-서구, 근대, 문명)가 시간적 뒤처짐과 문명화의 강박으로 맺는 관계틀을 '학교'로, 1920년대 중반 새로 나타나는 위와 같은 사고들과 담론의 배치는 일종의 '시장'으로 생각고자 하는 것이다. 균질화된 평등성의 룰로 이루어진, 보이지 않지만 실재하고 작동하는 '장' 혹은 '전체'의 감각이 자본주의적 시장과 상동적으로 논구될 필요가 있다는 생각이다. 또한 필자는 이 '학교와 시장'은 '제국과 식민성'의 폐쇄성과 순환성을 피하면서, '세계체제의 심상지리'를 파악할 수 있는 틀로 유용하다고 본다.

30) 1927년부터 『별건곤』에서 '조선의 자랑'이 보다 확대되고, '세계각국'을 비교하는 기사들이 계속되고, 1930년 「세계각국의 국민성」이라는 논설이 실린다. 또한 1924년 11월부터 1925년에 걸쳐서 『조선문단』은 해외문학을 이전의 '문예사조' 중심의 소개에서 탈피하여 '세계각국문학개관'이라는 이름으로 세계 각 나라마다 고유한 특성을 갖는 '국민문학'의 틀로 소개한다. 특히 『조선문단』에서 국가, 지역을 기후나 자연과 그에 따른 국민성, 혹은 민족성으로 차이화하고, 이 차이를 각 국가의 고유한 개성으로, 그래서 문학에 있어서 정당하고 필연적인 자기위치를 갖는 문화로 보는 시각이 관철되어 있다. 세계 수준에서 각 국가, 지역을 분할하고, 그 개개의 지역이 고유의 개성과 권리를 갖는 국민문학의 상을 통해 '부재하는 국가 조선문학의 상'을 상상하고 이것이 『조선문단』 한편의 기획인 '조선혼'의 기획과 함께 놓여있다고 할 수있다. 이에 대해서는 차혜영, 「「조선문단」연구」, 『한국문학이론과 비평』 32집, 2006.9 참조.

예컨대 한위건의 경우, "侵略時代에 잇서서는 혹 劣敗될 민족이라 할넌지 엇잿든"이라고 언급한다. 의사 김용주는 「건강상으로 본 조선 사람의 우월점」에서 조선인이 건강하다는 지극히 자연과학적 영역의 발언을 하면서도 바로 그 물리적 건강이 문명의 낙후성의 증거일지도 모른다는 자의식을 보이는 것이다.[31] 여성교육자 김미리사 역시 조선여자의 정조관념을 자랑하지만, 그것이 이미 과거적인 것임을 알고 있는 자의식을 "근래 여자의 風紀가 解弛해지는 것을 보면 참으로 가슴이 압푸고 뼈가 제립니다"라고 역으로 드러낸다.

이처럼 조선의 자랑—국민성 인성, 혹은 심성—은 자랑이면서 사실은 근대 문명의 관점에서 열패의 증거이다.[32] 그리고 이 열패감은 앞서 계몽적 논설류에서 본 것처럼 시간적으로 뒤떨어져 있다는 자의식과 뒤따라가야한다는 당위성 사이에서 발생하고, 이는 궁극적으로 '진보, 발전'의 근대적 시간의 패러다임이 만들어낸 것이다.

그렇다면 이 열패감이 극복되고 자기를 긍정하는 길은 무엇일까? 미리 말한다면 그것은 진보, 발전의 시간감각이 쇠퇴, 혹은 적어도 약화시

---

31) 「健康上으로 본 朝鮮사람의 優越点」—의사 김용주—우리 朝鮮사람은 眼力이 매우 조코, 또 치아가 건강하며 전염병(특별히 痢疾에)에 대한 저항력이 강합니다. 日本사람이나 서양사람을 보면 아모리 신체가 건강하고 체력이 장대하다 하야도 대개 眼力이 부족하야 近視眼이나 遠視眼이 만코 또 치아가 약하야 충치가 만흐며 전염병에 잘 걸리고 일차 걸리면 완치하기가 어렵되 우리 朝鮮사람은 그럿치 안습니다. 그런데 일부의 사람들은 말하기를 미개한 민족일사록 眼力과 齒牙가 조코 腸胃가 건전한 즉 朝鮮사람의 眼力조코, 치아 강하고 전염병의 저항력 강한 것은 결국 조선 사람이 미개한 까닭이라 하나 결코 그럿치 안습니다.

32) 이런 열패감은 홍명희에게 아주 과격하고 솔직하게 나타나기도 한다. "지금 우리는 자랑꺼리 말할 처지가 아닙니다. 우리의 자랑꺼리를 뭇는 사람이 잇스면 '가서 흙 속이나 뒤저보라'고 말하고 십흡니다. 오랜 역사를 가진 거룩한 민족으로써 자랑을 말하랴면 거리가 업슬 리는 업겟습니다마는 그 자랑꺼리가 우리에게 붓그럼꺼리가 되고 남에게 웃음꺼리가 되는 처지라 하면 차라리 말하지 안는 것이 조흘 것 아닙니까. 元曉를 노코 親鸞을 말하며 李舜臣을 두고 '넬손'을 말하는 세상에 우리가 무슨 자랑꺼리를 말한다는 말입니까. 지금 우리는 자랑꺼리를 말할 처지가 아닙니다."—時代日報社 洪命熹氏, 「우리 자랑은 正音文字」, 같은 책. 이런 논조는 앞의 계몽적 지식인의 논조에 가깝다.

킴으로서, 열패감을 제거 혹은 약화 시킨다는 것이다. 근대초기부터 부여된 '근대적 시간—존재론적 열등감'의 짝패가 다른 방식으로 대체된다는 것이다. 이를 이상재의 글과 김찬영의 글을 통해 살펴볼 수 있다.

> 現今에 다른 민족들은 모도 돈이 만코 세력이 잇서 弱肉强食을 일삼지만은 이후로 세계가 평화되고 순연한 도덕으로 새 세계를 건설한 후 최후의 審判을 할 것 가트면 아마 朝鮮사람이 제일 罪惡이 업고 따러서 優待도 바드며 福도 바들 것이 올시다.[33] (강조는 필자)

> 現今의 世界는 强者의 世界요 권력자의 세계이닛가 弱者요 無權力한 지위에 잇는 우리 朝鮮사람으로서 무슨 자랑할 말이 잇스며 또 우리가 자랑한들 그 누가 인정하겟습닛가. 그러나 이 세계가 아모 변천이 업고 强者 그네들만 지금가티 잘산다면 아모 문제가 업겟지마은 전세계의 일반 인류가 희망하는 세계 평화가 되고 不遠한 장래에 이상적 신세계가 건설될 것 가트면 今日에 賤待밧는 朝鮮사람은 도로혀 세계 민족의 모범이 될 것이올시다. 朝鮮民族은 참 평화의 민족이올시다. 남을 害치도 안코 爭鬪도 안이하며 다만 도덕과 禮讓을 숭상합니다. 今日의 강한 민족은 장래의 세계로 보면 죄악의 민족이오, 今日의 문명한 민족은 장래의 세계로 보면 또한 야만의 민족이겟습니다. 그런데 우리 朝鮮사람은 남처럼 강하지 못하고 문명치도 못한 까닭에(소위 현대문명) 따러서 죄악도 업고 야만적 행사도 업습니다. 아주 순결하기가 淸風明月과 갓습니다. 인류중 신선의 기상이 잇는 인류올시다. 미래에도 이상적 평화세계가 업스면 근어니와 잇다면 朝鮮人을 모범치 안코 엇지 되겟습닛가?[34] (강조는 필자)

둘 다 지금 현재의 세계는 강자가 패권을 쥐고 있는 약육강식의 세계이지만, (훗날) 언젠가 이상세계가 도래해 평화가 도래한다면, 약자로 천대받은 우리가 세계의 모범이 될 것이라는 것이다. 자기긍정을 보장하

---

33) 이상재, 앞의 글.

34) 변호사 김찬영, 「朝鮮民族은 將來 世界의 模範이 되겟습니다」.

는 것은 '먼 훗날 이상적 평화의 세계가 도래한다면'이라는 비현실적 가정법이다. 이는 근대의 역사철학적 전망이라기보다는, 다분히 종교적이거나 유토피아적인 가정법이다. 실제로 이상재는 "최후의 심판"이라는 말로, 김찬영은 조선인을 "순결하기가 청풍명월 같은, 인류 중 신선의 기상이 있는 인류"라는 표현을 통해, 현재의 부당한 역사를 인간이 주체가 되어 변혁할 수 있고 해야한다는 근대의 역사철학적 전망과 결별하고 있다.

1920년대 중반, 적어도 『개벽』의 담론 및 이후 매체를 통해 짐작해본다면, 부정에서 긍정으로의 자기인식의 획기적 전환, 그것을 '국민성'—각기 다른 문화나 심성을 소유한 개별체로서의 국가(민족)—으로 개념화하는 방식, 그 자기인식에 타자—해외, 세계—가 기존과는 다른 방식(학교에서 시장으로)으로 작용하고, 여기에 이전까지 전일화되었던 발전, 진보에 대한 역사철학적 전망의 후퇴라는 정치적 전환이 함께 놓여 있는 것이다. 이런 전환을 개벽5주년 기념 특집 「조선의 자랑」은 이 전환의 국면을 예각적으로 보여주고 있다고 할 수 있다

4. 학교에서 시장으로-식민지근대와 타자(세계)의 관계틀에 대한 메타포

본고에서는 조선적 정체성이라는 자기인식과 타자(외부)가 관계 맺는 방식에 있어서, 근대초기부터 이어져온 문명화의 강박으로부터 1920년대 중반 새로운 사고틀, 혹은 담론 장으로 변모하는 과정을 살펴보았다.

분석의 대상으로 삼은 텍스트를, 계몽적 논설류 특집과 외국인 및 전문직업인의 기획담론을 비교하는 방식을 취했고, 이 비교 분석을 통해

1920년대 중반, 자기인식의 에피스테메를 해석해보았다.

텍스트 비교를 통해 추출한 변모의 내용은 첫째, 타자와의 관련해서는 문명의 열등감에서 상대적 다양성 속의 개별자로, 둘째, '지금 현재'를 미래 기획의 관점에서 자기투사하는 역사철학적 전망의 소거(약화)와 동시성의 전체로 상상하는 감각의 등장, 셋째, 담론 주체(여론주도층)의 차원에서는 명망가적 계몽지식인에서 전문직업인으로의 변모, 넷째, 지식인의 글쓰기를 통한 대중과의 소통방식의 측면에서, 지식인 주체의 독점적 자기완결성의 글쓰기로부터 대중미디어에 의해 기획된 공적 담론으로 변모한다고 보았다. 특히 이 넷째의 변모는 1926년부터 개벽사에서 후속되는 대중잡지들을 통해 더욱 확산되고 전면화되는 점이라는 점에서 징후적으로 독해할 수 있다고 보았다.

그런데 이런 '변모'는 차후의 연구를 통해 구체적이고 다양한 양상, 그것이 가진 기능과 의미가 더 확대 심화되어야하지만, 본고에서는 이 '변모'를 잠정적이고 은유적으로나마, '학교에서 시장'으로의 변모로 명명할 수 있다고 언급했다(주 26). 문명의 강박에서 '수 적 다양성과 상대성으로 상상된 조선 바깥의 타자'들과 그 타자들이 놓인 '장'으로의 전환을 이렇게 표현한 것이다. 식민지 근대 사회에서 자기와 타자(해외－서구, 근대, 문명)가 시간적 뒤처짐과 문명화의 강박으로 맺는 관계틀을 '학교'로, 1920년대 중반 새로 나타나는 위와 같은 사고틀과 담론의 배치는 일종의 '시장'으로 생각고자 하는 것이다. 균질화된 평등성의 룰로 이루어진, 보이지 않지만 실재하고 작동하는 '장' 혹은 '전체'의 감각이 자본주의적 시장과 상동적으로 논구될 필요가 있다는 생각이다.

물론 근대를 추동하는 이런 역사철학적 전망은, 식민지 시대는 물론 해방 및 건국 이후에도 모더니티의 장 속에 있는 한 완전히 사라졌다고 볼 수는 없을 것이다. 이것이 1920년대 이후 쇠퇴한다고 본것은 그이전과 비교해 상대적이거나 혹은, 그것과 함께 놓인 다른 근대의 틀이 부상한다는 점을 강조한 것이다. 그것은 근대의 또 다른 주요 축인 '자본주의 시장'이다.

이 시장은 우리 식민지 근대 내부가 대중적 소비사회로의 전환이라는 측면과도 관련이 있지만, 본고와 관련해서 더 중요한 것은, 조선이라는 집단적 자기감각의 형성에 관여하는 측면이다. 조선이라는 개별자가 타자(세계, 서구, 문명)와 시간으로 경쟁하지 않는다는 것. 세계와 우리가 동시성의 장 속에 있다는 감각 — 역사철학적 전망의 쇠퇴 — 과, 개별자로서의 자기(조선)가 시장이라는 전체 안에서 평등한 일원이라는 감각이 동시적으로 부각된다는 것이다.

이때 시장 진입의 자격으로 부여된 평등성의 가상, 자기를 변별적 자질로 특화하는 감각(조선적인 것)이 식민지 후발근대 국가가 세계체제와 국민국가를 형성하는 주요한 심상지리가 아닐까? 물론 이 감각은 '존재하는 힘의 위계'를 '차별화된 상품'이라는 가상으로 은폐하는 자본주의 시장이 그런 것처럼, 환영(phantom) 혹은 만들어진 감각이다. 그러나 바로 이런 감각, 상상력의 전환을 통해 식민지 조선 '내부'가, 식민지 시대 '중반기'(과정)가 실제로 축조되었다고 볼 수는 없을까? 그리고 이것이 베네딕트 앤더슨이 언급한 민족의 상상(창안)과 식민지 시대 말기에 집중된 '제국의 내면화' 담론 사이에 비워진 영역, 식민지 내부와 중기를 해명하는 고리일 수 있지 않을까?

본고에서 필자가 제안하는 '세계, 전체, 외국과 우리'를 상상하는 틀로서의 '시장'이라는 은유는, 식민지 근대 조선이 연루되어있는 외부의 장을 '제국'으로 일원화하면서 빚어지는 어떤 편향 때문이다. 현재 일제 말기에 대한 많은 연구들이 기존의 친일과 저항의 이분법을 극복하는 다양한 연구성과를 보여주지만, 자기와 타자를 '제국의 내면화'와 '(대동아)제국의 일원(지방)으로서의 조선'이라는 정체성으로 귀결되는 것에서 보이듯, 타자의 영역을 제국으로 폐쇄하고 이 때문에 담론구조 자체가 의도와 상관없이 제국과 식민의 순환성에 빠지게 된다는 것이다. 식민지 이전 대한제국시대의 세계체제를 상상했던 '만국'의 심상지리가 어떤 과정을 거쳐 일제말기 '제국'의 심상지리에 이르게 되었는지, 그리고 그 과정이 괄호쳐진 그 심상지리를 '제국의 심상지리'로 볼 수 있는지 하는 의문 때문이다.

필자는 이 '학교와 시장'은 '제국과 식민성'의 폐쇄성과 순환성을 피하면서, '세계체제의 심상지리'를 파악할 수 있는 틀로 유용하다고 본다. 특히 세계체제의 이중성 뿐만 아니라, 거기에 속한 식민지근대 내부에서의 변모를 살필 수 있는 틀로 생각된다. 이는 필자가 후속 연구를 통해 탐구할 몫이다.

근대 독본의 성격과 위상 (2)

이윤재의 『문예독본』을 중심으로

구자황

1. 서론

근대적 '주체'의 형성은 '타자'의 배제를 통해 이루어졌다. 그러나 기존의 문학 관념을 해체하고, 문학의 새로운 성격을 수립하는 과정은 일거에 이루어지지 않았다. 새로운 주체들의 지난한 문학적 실천, 즉 독자·매체·언어 등을 둘러싼 경쟁과 대립 속에서 형성되었다. 근대적 텍스트로서 독본(讀本) 및 강화(講話)류가 주목되는 이유는 이 같은 문학적 실천의 나이테가 개별 작품이나 여타의 매체(신문·잡지 등)보다 선명하게 드러나기 때문이다. 근대담론의 성격을 해명하는 장면에서, 특히 서구적 근대관념이 수용되면서 급격히 상승된 문학의 지위를 고찰하는데 있어 독본 및 강화류는 필히 점검해야할 '압축 성장판'인 것이다.[1)]

이 글의 목적은 이윤재의 『문예독본(文藝讀本)』(1931)이 보여주는 '압축

성장'의 실체와 특징을 살펴보고, 그것의 문학사적 성격과 위상을 규명하는 것이다. 『문예독본』의 체재 · 필자 · 구성 · 내용 등을 살펴보되, 중점을 두고 있는 개념 및 장르의 형성과정, 나아가 특징적으로 명시된 사항 등을 추적함으로써 독본에 반영된 담론의 성격과 궁극적 지향을 확인할 것이다.

독본은 편찬자가 '정수'라고 여기거나 '모범'이 될 만하다고 판단하는 글들을 뽑거나 지어서 묶어놓는다. 따라서 편찬될 당시의 담론과 일정한 지향이 그것의 체재와 내용으로 반영된다고 할 수 있다. 또한 독본은 태생적으로 계몽적 성격을 띤다.[2] 근대 담론이 형성되던 식민지 조선의 경우도 예외는 아니었다. 오히려 『국민소학독본(國民小學讀本)』(1895) 이후 독본은 교과서로서의 지위를 통해 제도적 의미와 표준적 의미를 갖고 출발했으며, 근대지(知) 일반을 보급하는 혼종적 텍스트였다. 여기에 독본의 글쓰기 교본으로서의 의미도 간과할 수 없다. 독본이라는 형식을 띠고 있는 책들이 우선 그 안에 담긴 지식과 사상을 흡수하게 하려는 의도를 가지고 있음은 물론이거니와, 나아가 선별되거나 창작된 글들이 그 자체로 문장 형식의 전범이 된다는 점에서 자연스럽게 쓰기 방식을 습득케 하는 역할을 담당했기 때문이다.[3]

---

1) 이 글이 다루고자 하는 독본 및 강화류란, '문학—문예—문장' 등을 주제로 한 읽기 자료 혹은 자료(작품)모음집을 지칭하는 것으로, 이들의 전반적인 형성과정과 실제 출판의 양상을 다룬 것으로는 천정환, 『근대의 책읽기』 제3장, 푸른역사, 2003; 구자황, 「독본을 통해 본 근대적 텍스트의 형성과 변화」, 『상허학보』 13집, 2004 등을 참조할 수 있다.

2) 원래 독본은 근대 일본으로부터 수입된 용어로, 산문성을 중심으로 한 읽기 자료(basic reader)의 총칭이다. 일본의 독본이란, 요미혼[讀本]을 뜻하는데, 에도 시대(江戶時代, 1603~1868) 후기에 유행한 소설의 일종이었으며, 그림을 주로 하는 에조시[繪草子]와 달리 문장을 주로 하고 삽화를 덧붙인 권선징악적, 전기적 소설을 가리킨다. 김혜정, 「국어교재의 문종 및 지은이 변천에 대한 통사적 검토」, 『국어교육』 116집, 2005, 243면.

3) 문혜윤, 「문예독본류와 한글 문체의 형성」, 『어문논집』 54집, 민족어문학회, 2006.10, 201면.

이윤재의 『문예독본(文藝讀本)』(1931)은 1920년대 신문학 운동의 성과를 반영하면서도 당시 문학 장(文學 場, literary field)의 동학(動學)을 보여주는 텍스트다. 이 책은 '문예'를 본격적으로 표방한 최초의 '독본'이라는 점에서 주목된다. 동시에 당시 막 형성되기 시작한 서구적 의미의 '문학'이 '문예'라는 이름을 써야만 했던 조선적 사정을 함축하고 있다. 또 1910년대 민간 독본의 선구적 의미를 지닌 최남선의 『시문독본(時文讀本)』(1917)이나 1930년대 최고의 작문 교과서로 평가받았던 이태준의 『문장강화(文章講話)』(1939)에 필적할만한 대중성을 지니고 있었다.[4] 식민지 시대 총독부가 발행한 각종 조선어 독본 및 민간 독본에서도 『문예독본』의 영향력을 확인할 수 있다.[5]

---

4) 이윤재는 1932년 창간된 조선어학회 기관지 『한글』 편집에 적극 참여하였다. 1934년 1월호부터는 그가 직접 주간(主幹)을 맡았으며, 당시 그의 저서 『문예독본』의 인세로 기관지를 발행했다는 기록이 있다. 『문예독본』은 1910년 휘문의숙이 발행했던 『고등소학독본(高等小學讀本)』과 비슷한 이유로 한때 금지도서가 되기도 하였다. 그러나 1935년 기록에 의하면, "상권 하권 2책은 모다 4천 부씩을 넘겨 판매되어 불원(不遠) 재판을 출판할 예정"이라고 할 정도로 많이 팔렸고(「서적시장조사기, 한도·이문·박문·영창 등 서시(書市)에 나타난」, 『삼천리』, 1935.10, 137면), 해방 후에도 스테디셀러로서의 지위를 누렸음이 판권지 등을 통해 확인된다.

5) 당시 총독부가 발행한 독본으로 『고등조선어급한문독본』(1913)·『신편 고등조선어급한문독본』(1924)·『중등교육 조선어급한문독본』(1933) 정도를 비교해 볼 수 있다. 『신편 고등조선어급한문독본』에는 나쓰메 소세끼[夏目漱石]의 『나는 고양이로소이다』가 수록되는 등의 특징이 확인된다. 하지만 이것은 어디까지나 파격일 뿐 보통은 문학작품이 그 자체로 수록되거나 인용되는 예는 거의 없었다. 전5권으로 구성된 이 책은 중학 1학년부터 5학년까지의 교재였다. 그런데 단원의 구성을 보면, 1권을 기준으로 조선어가 21과, 한문이 50과이다. 다른 권의 편제도 대략 비슷하다. 내용적으로도 여전히 근대 지식을 나열할 뿐이며, 한문이 무차별 혼용되고, 학년이 올라갈수록 한자가 전체의 70%까지 차지하는 모습을 나타내고 있다. 『문예독본』의 체재나 내용이 총독부 발행 독본에 반영되는 사례는 『중등교육 조선어급한문독본』에서 뚜렷하다. 전 4권으로 구성된 이 책은, 매 권마다 조선어와 한문의 단원 구성이 비슷한 분량을 차지한다. 1936년에 간행된 것으로 보이는 4권의 경우, 독본의 기본 체제가 봄—여름—가을 순으로 된 것에서 알 수 있듯이 근대 이전 재래의 독본 모습에 가깝다. 하지만 고전문학에 해당하는 고시조가 10여 수나 수록되어있고, 『문예독본』에 실렸던, 「의기론」(논문, 이광수), 「백두산 갔던 길에」(시조, 변영로) 등이 눈에 띈다. 그 밖에 「백두산 등척」(최남선) 같은 단골 제재가 수록되어 있고, 백제·신라 관련 사료와 고려 가요가 수록되어 있다.

한편 『문예독본』의 체재와 내용은 해방 후 1946년 방종현(方鍾鉉) · 김형규(金亨奎)의 『문학독본』에서부터 다양한 문학(예) 독본류의 근간이 되기도 하였다. 그 흔적은 한국전쟁 이후까지 이어진다. 모기윤(毛麒允)이 펴낸 『(고금명작)문장독본』(1953)은 이윤재의 『문예독본』에 수록되었던 작품 5편을 고스란히 수록하고 있다. 또 주시경학파의 후계자인 정인승(鄭寅承)이 백철, 이병기와 함께 낸 『표준 문예독본』(1955)은 고등학교 국어과의 현대문 보충교재로 쓰였다는 점에서 이윤재의 『문예독본』과 비슷한 독자층을 염두에 두고 있는데, 이 또한 『문예독본』의 체재를 유지하고 있다. 민족주의 진영의 문인들만이 필진으로 참여한 모습이며, 어휘해설이 후주(後註)로 달려있다거나 전문적인 교열자의 도움을 얻어 표기법에 공을 들인 점까지 유사하다.

이 글이 『문예독본』을 주목하는 이유는 근대문학의 형성과정에서 그것이 갖는 뚜렷한 지위 때문이다. 『문예독본』은 당시 문학의 내용을 범주화하고, 문학 내부의 질서를 재배치하고 있기 때문이다. 즉 '선택과 배제의 기율(紀律)'을 통해 문학에 대한 새로운 관념이 형성되고, 일천한 근대문학의 토대와 환경 속에서 '정전(正典, canon)'에 대한 인식이 싹트는 것을 볼 수 있으며, 이 과정에서 정전의 기준이 드러나고 있다.[6] 따라서

6) 『문예독본』에 수록된 작품과 작품 선별의 기준, 특히 순수성과 민족성을 특징으로 하는 '선택과 배제의 기율'은 해방 후는 물론 한국전쟁 이후 체계적인 교육과정(1955)이 정립되기 전까지 독본의 원리로 활용되었다. 해방 직후 사회 전반의 폭발적인 요구는 문학, 교육 분야에서도 예외가 아니었는데, 이러한 분위기 속에서 각종 독본류가 활발하게 간행되었다. 하지만 이러한 독본류는 사실상 선집(選集)류가 대부분이었다. 주로 정식 교재로 쓰이기보다는 학교 교육의 보조 자료로 쓰이거나 문학층의 독서 요구에 부응하여 출판된 것으로 구한말 혹은 근대 형성기의 독본과는 그 성격과 위상이 다르다. 실제로 해방 이후 공교육을 이끌었던 미군정은 독립된 정부 수립이 이뤄지기 전의 임시적 성격이었기에 교육에 대한 책임이나 주체성을 지니지 못했다. 따라서 조선어학회에서 만든 국어 교재, 예를 들면 『한글 첫걸음』(1945.11) · 『초등국어교본』(1945.12~1946.6) · 『중등국어교본』(1946.9~1947.5) 등을 발행하거나 대행하는 수준에 그쳤다. 해방 직후 어문교육에 대한 철학과 방향에 대한 비판적 고찰, 특히 문학정전(혹은 교육정전)에 대해서는 정재찬, 「현대시 교육의 지배적 담론에 관한 연구」, 서울대 박사논문, 1996; 문영진, 「정전 논의에 관련된 몇 가지 문제에 대하여」, 『민족문학

당대 문학이 상정했던 독자층(객체)과 이를 공급하는 전문가들(주체)이 무엇을 문학의 표준으로 삼고, 띄어쓰기와 맞춤법을 포함해 어떠한 근대어 혹은 문학어를 추구했는지를 살펴보는 데 유용한 텍스트인 것이다.

2. 이윤재와 『문예독본』의 배경

이윤재는 주시경(周時經)의 문하생이 아니면서도 주시경의 학문과 사상을 가장 충실하게 계승・발전시킨 어문학자이자 역사학자였다. 실제로 이윤재는 수권의 저서와 150여 편의 논문・논설・수상을 남겼으며 그 영역도 어문, 역사, 민속, 연극 및 희곡에 걸쳐 있었다. 그를 두고 '문사(文史) 민족주의를 창도한 사회사상가'[7]로 평가하는 것도 이러한 사실에서 기인한다.

일찍부터 한글에 관심을 보인 이윤재는,[8] 중국 유학시절 역사학을 공부했으며, 1920년대 후반부터 1930년대 후반까지 각급 학교에서의 교육활동, 한글맞춤법통일안 등의 연구 활동, 그리고 잡지 『한글』의 창간과 기타 사회활동[9]에 적극적으로 참여했다. 특히 이윤재는 국어학자 김

사연구』 18호, 2001; 윤여탁 외, 『국어교육 100년사』 1권 제2부, 서울대 출판부, 2006.8을 참조할 것.

7) 고영근, 「이윤재의 사상체계」, 『주시경학보』 10집, 1992; 고영근, 「어문학자 연구의 현황과 전망」, 『한국인물사연구』 1집, 2004.

8) 최근 연구에 따르면 이윤재의 첫 저작은 흥미롭게도 〈구주탄생〉이라는 찬송가의 작사로 밝혀졌다. 비록 본격적인 활동 이전의 기록이고 분야는 다르지만 일반인들이 쉽게 따라 부르거나 보고배울 수 있도록 하는 '표기'와 관련이 있다는 점에서 그의 이후 행보와 무관해 보이지 않는다. 이장렬, 「환산 이윤재의 출생지와 〈구주탄생〉」, 『지역문학연구』 10집, 2004 가을.

윤경(金允經)의 소개로 알게 된 주시경학파와 교류하면서 1927년 최남선·정인보·변영로·임규·양건식 등과 함께 '조선어연구회'에서 사전편찬활동에 참여하게 된다. 당시 이들과 뜻을 모아 동인지 『한빛』(1928.1~1928.8)[10]을 창간하는데, 이는 『문예독본』의 배경을 이해하는 데 도움을 준다.

『한빛』은 당시 미취학 일반인과 보통학교 학생 정도를 대상으로 실용적 내용을 다룬 잡지였다. "학구적, 연구적인 것을 피하고 되도록은 통속적 실용적 위주로 하여 소년의 독물(讀物)을 삼으려합니다"라는 성격 표방과 함께 원고 및 투고분야도 고담전설, 명승고적, 명인일화, 지방방언, 풍속기습에서 민요, 동요까지 다양했다. '역사와 한글 질문란'을 개설해 운영한 것도 특기할 만한데, 역사 해답자는 최남선, 한글 해답자는 이윤재가 맡았다.

『한빛』은 두 가지 점에서 두드러진 잡지였다. 우선 조선어연구회의 어학자들 중심으로 만들어진 잡지였던 만큼 순한글체의 구현이 특징적이다. 예를 들면 "세종임금은 문화발달에 가장 힘 많이 쓰신 이올시다. 그 중에 가장 큰 썩지 아니할 일은 우리글 훈민정음을 만드신 일이외다"[11]라는 식이었다. 문장에 가급적 한자를 쓰지 않았고, 한글식으로 표현하고자 하였으며, 자연스런 한글의 통사구조에 충실하고자 하였다. 물론 이를 위한 직접적인 설명, 즉 우리글의 변천이나 의미에 대한 '한글 강좌란'을 따로 마련하기도 하였다. 다른 하나는 역사와 문학 중심

---

9) 이윤재의 대표적인 사회활동은 1930년대 초반 『조선일보』·『동아일보』의 협력 하에 전국을 순회하며 개최한 '한글강습회'를 꼽을 수 있으며, 1937년에는 '수양동우회 사건'에 연루되어 1년 6개월간 서대문형무소에서 복역한 사실이 있다. 그는 1942년 10월 소위 '조선어학회 사건'으로 피체되어 복역하다 1943년 12월 8일 향년 56세를 일기로 함흥의 감옥에서 사망하였다.

10) 출판사 등록명은 '한빛사'였으나 주소가 이윤재의 당시 서울 집주소(팔판동 83번지)로 되어 있었고, 잡지의 인쇄와 판매는 『문예독본』을 찍었던 한성도서출판주식회사가 담당했다.

11) 한결, 「한글강좌–조선 말과 글」, 『한빛』 제2호, 1928.2, 7면.

의 문화사적 관심을 토대로 한 '조선적인 것'의 강조였다. 『한빛』의 표지 좌우에는 '조선 얼굴의 거울', '조선 마음의 걸음'이라는 문구가 선명하게 적혀있다. 창간호에서 이윤재는 최남선의 저작에 대한 짤막한 서평을 쓰고 있는데, 최남선의 조선광문회부터 계명구락부까지의 문화사 탐구에 대한 노고와 의미를 지적한 뒤 다음과 같은 평가를 덧붙이고 있다.

> 그의 백발번뇌, 심춘순례, 금강예찬, 백두산근참기 등은 '단순히' 기행문이나 시조집으로만 볼 것이 아니라 어느 것이나든지 다 조선 '정조'가 넘치는 듯한 '문장'으로 조선역사의 보조학과 노릇을 하기에 넉넉하다.[12]

이러한 평가는 역사적 '사실'에 주목하고, 민족의 기원을 정점으로 하는 '문화사적 담론'을 탐색함과 동시에 특정 언어와 감정을 매개로 근대적 '문학'을 논의하는 이윤재의 사유구조를 보여준다. 소재나 형식 그 자체보다도 조선 정조가 담긴 조선적 문장라고 하는 미학적 준거를 통해 그가 특정한 문학 관념을 형성하고 민족주의 이념을 내면화하는 과정을 엿볼 수 있다. 『한빛』 2호 편집후기(여쭙는 말)에서는 "역사·지리·어문·교학·예술 등 '순수히 조선의 것만'을 표방"함으로써 그의 문화사적 담론이나 문학 관념이 혈통이나 신원에 편향되고 있음도 드러난다.

그런데 이러한 점들은 이윤재뿐만 아니라 근대 초기 일군의 국학자들이 천착했던 문화사적 관심과 그것의 실체를 이해하는 데 시사하는 바가 있다. 근대 초 새로운 지식의 등장과 전환과정에서 지식인들은 저마다의 이론적 거점, 예를 들면 유길준은 '정치', 신채호는 '역사', 이광수는 '비평과 소설', 최남선은 '문화사' 등을 통해 국가와 민족 개념을 정립하고, 나아가 개인과 사회를 매개하는 입론을 구성했다.[13] 이 과정

---

12) 이윤재, 「『兒時朝鮮』을 읽고」, 『한빛』 창간호, 1928.1, 32면.

에서 각각의 서사전략도 달라지는데, 이윤재의 그것은 최남선의 '비교 문화사적 연구'[14]와 가장 흡사한 경로를 보인다.

최남선의 『시문독본(時文讀本)』(1917)은 당시로서는 엄청난 규모와 시간이 투자된 국역사업과 그 성과를 반영한 것이었다. 뿐만 아니라 역사·정치·경제·사회를 아우르는 이른바 문화사적 관심을 독본의 근간으로 삼았다. 물론 독본의 성격과 문학사적 위상에서 보자면 근대적 지식 체계와 그것의 계몽이 주된 목적이었고, 근대지(知) 일반의 나열식 체재 등 초기 독본의 특징이 여전했다. 그러나 그것을 전달하기 위한 '가성적 언문', 즉 시문체(時文體)라는 절충적 '문체모형'을 창안했다는 점에서 의미를 지닌다. 즉 읽기뿐 아니라 한글 문장 쓰기의 전범을 마련하기 위한 실험적 텍스트였던 것이다. 아울러 『시문독본』은 당시 고급독자층 혹은 신지식층이라고 할 수 있는 언어주체를 설정하고 서구적 대립항으로서의 '민족모형', 즉 어문·역사·지리 위주의 국학을 대대적으로 동원하여 하나의 상상적 문화공동체를 창안하였던 것인데,[15] 최남선의 이러한 사상이 통사적으로 집대성 된 「조선역사통속강화」가 『한빛』에 연재되고 있었던 것이다.

결국 『한빛』은 통속적·실용적 관심을 기반으로 일반 독자층을 겨냥한 잡지였던바, 문화사적 관심을 근간으로 학술적 성격이 강했던, 특히 중등교육 이상을 표방한 『문예독본』과는 거리가 있어 보인다. 그런데 오히려 핵심은 이 '거리'에 있다고 보아야 할 것이다. 즉 문화사적 관심

---

13) 김현주, 『근대 산문의 계보학』, 소명출판, 2004. 37~42면.

14) 최남선이 역사연구의 대상·목표·필요성·범위·자료·연구방법을 체계적으로 정리한 글은 「조선역사통속강화」다. 여기서 그는 역사연구의 궁극적 목표를 '문화'의 해명으로 보았다. 이후 '단군'과 '불함문화' 연구를 거치면서 문화이론과 문화사 연구가 심화되었고, 「조선역사강화」에서 드디어 통사가 완성되었다. 김현주, 「근대문화사의 이념과 서사전략-1900~20년대 최남선의 역사담론 연구」, 『성균관대 대동문화연구원 학술발표자료집』, 2006.7.

15) 구자황, 「근대 독본의 성격과 위상 (1)-최남선의 『시문독본』을 중심으로」, 『탈식민의 역학』, 소명출판, 2005, 119면.

이 문학으로 수렴되면서 무엇이 배제되고(타자화), 무엇이 선택되는지(주체화)를 알 수 있기 때문이다. 『한빛』에서 빠지고 『문예독본』에서 정형화되는 것이야말로 편찬자인 이윤재가 의식했건 의식하지 않았건 간에 드러난 '문예', 즉 '문학'의 개념과 범주를 반증하는 것이기 때문이다.

3. '문예'의 표방과 괄호 안의 '문학'

이윤재의 『문예독본』은 근대적 텍스트로서의 체재를 갖추고 있다. 하나의 단원이 독립되어 있고, 문종(혹은 장르)이 표기되어 있을 뿐만 아니라 저자에 대한 소개가 들어가 있는 점이 그러하다. 게다가 상하권을 난이도에 따라 차등을 두었다거나 학습기간과 분량을 감안하고 있다는 점에서 교과서로서의 면모가 뚜렷하다.

실제로 『문예독본』의 상권에 수록된 개별 작품들은 하권에서 그 이론적 배경과 특징이 설명되는 방식을 통해 보완된다. 상권에 수록된 현대시조는 「봄비」(주요한)·「근화사 삼첩」(정인보)·「금강산 발초」(이은상)·「백두산 갓던 길에」(변영로) 4편이며, 신시로 명명되어 수록된 것은 「북청물장수」(김동환)·「조선의 맥박」(양주동) 2편이다. 그러던 것이 하권에 오면 개별 작품은 현대시조 「가을」(이병기) 1편, 신시 「봄의 선구자」(박팔양) 1편만 수록된다. 그 대신 시조 이론에 해당되는 이은상의 「시조창작에 대한 의견」과 시 이론에 해당되는 주요한의 「창작의 3종」, 문학이론격에 해당되는 「조선 문학의 개념」(이광수)과 예술론에 가까운 「도막생각」(변영로)이 실린다. 말하자면 하권으로 갈수록 다양한 장르가 획정(劃定)되고, 논의의 수준이 높아지면서 문학교과서에 가까운 편제로 분화하고 있는 것이다. 개별 작품과 함께 문학사나 문학이론, 창작방법 등에 해당되는 이론이 추가되면서 문학개론에 가까운 모습을 보이고 있는 셈이다.

『문예독본』이 체재나 형식에서만 근대적 텍스트의 면모를 갖는 것은 아니다. 내용적인 면, 특히 근대 초기 독본의 전형적 특징인 계몽성을 탈피하고 있으며, 계몽의 내용을 보다 함축적으로 전달하거나 서사전략을 다변화하고 있다는 점을 주목해야 한다. 예를 들어, 「죽송」(이은상)의 '대나무', 「구멍 뚫린 고무신」(주요한)의 '고무신', 「봄의 선구자」의 '진달래'는 당시 조선의 처지와 형편을 상징하는 매개물이자 개별 텍스트 안의 문학적 기제라고 볼 수 있다. 각각의 시작품들은 감각적 언어를 활용하거나 시적 형상화를 통해 절개와 의지로 대변되는 정조(情調)를 전달한다. 소설의 경우, 「봄」(이태준)의 '박씨', 「할머니의 죽음」(현진건)의 '할머니' 등은 계몽의 서사로부터 멀찌감치 떨어져 있는데, 구어체를 강화하고 구체적인 성격을 통해 소설의 육체를 만들어간다는 점에서는 공통점을 보인다. 이러한 과정은 문학의 관념을 형성하고 그 범위 안에서 장르적 관습이나 규범을 구현하는 바, 특히 문학적 형상을 극대화함으로써 계몽을 내면화하는 장면이라 하겠다. 『문예독본』은 독본보다는 문예에 방점이 찍혀있는 텍스트였던 것이다.

이처럼 이윤재의 『문예독본』은 표제에 '문예'를 표방하고 있지만 기실 텍스트가 담지하고 있는 것은 '문학'이었다. 그렇다면 혹시 『문예독본』의 저자는 문학과 문예를 혼동하고 있거나 제목을 편의적으로 사용했던 것일까? 그렇지 않다. 문제의 핵심은 오히려 문학을 부득이 문예라고 명명해야만했던 사정에 있다.

이 점과 관련해서는 『문예독본』에 수록된 이광수의 글과 그가 예전부터 주장해 온 의견을 참조할 필요가 있다. 이광수는 최남선과 함께 이윤재의 『문예독본』을 이론적으로 떠받히고 있는 중심인물이다. 이광수의 글은 해방 이후 『문예독본』이 재발행(1945.12)되면서 삭제되기 이전까지 4편이나 수록된 바 있다. 이는 수록 작가로는 제일 많은 것이다.

문종에 있어서도 문학이론(「조선문학의 개념」)·소설(「궁예의 활」), 평론(「의기론」)·답사기(「이충무공 묘에서」)까지 다양하다. 『문예독본』은 잡지 『조선문단』에 연재했던 이광수의 「문학강화」(1924.10~1925.3)로부터 많은 영향을 받은 것으로 보인다.[16] 「문학강화」는 「문학이란 하오」(1916)와 「문사와 수양」(1921), 「조선 문학의 개념」(1933)으로 이어지는 이광수 문학론의 요체에 해당된다.

> 그런데 우리 청년 간에 점점 문학열이 앙등하여 문학을 감상하는 이가 날로 증가하는 것은 물론이거니와 혹은 시가, 혹은 소설, 드물게는 극 같은 데 마음을 쓰는 이가 점점 늘어가는 것을 봄에 필자는 문학개론을 하나 써서 사랑하는 제매에게 드리고 싶은 정이 심히 간절하여지었다. (…중략…) 소학교도 그러하거니와 중학교의 소위 국어과라는 것은 결국 국문학과다. 그 국민 중에서 고래로 창작된 시문 중에 우수하다, 대표적이라고 인정한 것을 편찬한 것이 **국문독본**이다.[17] (강조—인용자)

이광수가 언급하고 있는 문학개론 혹은 국문독본의 필요성은 우선 재래의 것과는 다른 새로운 문학에 대한 인식을 제고하기 위한 것이다. 그러나 한편으로는 당시 또 하나의 문학 관념을 형성하기 시작한 계급문학과 구별 짓기 위한 의도로 풀이된다. 계급문학과의 구별 짓기는 『문예독본』의 서문이 언급한 네 사람, 즉 실질적으로 작품을 선정했다 해도 과언이 아닌 이태준·변영로·이은상·주요한의 성향에서도 알 수 있다. 보다 직접적으로는 「문학강화」에서 역설한 '조선문단의 우연히 잘못 든 어떤 사로(邪路)'로 계급문학을 적시한다든지, '이 문단을 구할 길'과 같은 노골적인 표현으로 소위 민족문학을 제기하는 대목에서도 드러난다.

---

16) 이윤재와 이광수의 돈독한 관계는 1937년 이광수의 『문장독본』을 이윤재가 교감(校勘)하고, 이를 이광수가 서문에 밝히는 대목을 통해서도 확인된다.
17) 이광수, 「문학강화 (1)」, 『조선문단』 1호, 1924.10.

주지하다시피 1925년 전후 KAPF를 중심으로 한 프로문학이 융성해졌다. 이들은 이광수를 정점으로 삼았던 『조선문단』과는 다른 형태의 조직적 활동을 통해 재래의 문학 관념을 해체하고, 또 하나의 새로운 문학을 성격화하였다. 특히 그들의 이념적 지향과 이론투쟁은 이광수의 「문학강화」(1924.10)가 제출되고 나서, 「이광수론」(1925.1)·「계급문학 시비론」(1925.2) 등을 통해 본격화 되었다. 또한 이윤재의 『문예독본』(1931)이 출판될 즈음 프로문학의 진영에서도 대표 작가·작품 선집(1931)이 나왔다. 이러한 점을 고려해 볼 때, 『문예독본』의 출현은 소위 문학 장(literary field)의 역학 관계 속에서 의미화 하는 것도 가능해진다.18)

그런데 계속되는 이광수의 발언 가운데 눈길을 끄는 것은 다음과 같은 사정을 덧붙이는 대목이다.

> 조선에서는 아직 문학이 자기의 확실한 지위를 얻지 못하였다. 그래서 자녀들이 부형이나 교육자된 이의 다수는 문학을 무슨 독물로 아는 모양이오, 또 청년자녀들도 혹 소일거리로 소설 권이나 사서 읽는다하더라도 그것은 대부분이 활동사진을 보는 대신이오, 별로 그것에 대하여 깊은 이해가 있는 것 같지 아니하다. 그뿐 아니라 문학을 퍽 사랑한다는 청년 중에도 문학의 진의를 잘 모르기 때문에 자기가 사랑하는 문학이 몰이해한 인사들의 공격을 받을 때에 그것을 변호하여 문학의 지위를 옹호할만한 식견과 신념이 없다. 이 모양으로 '문학'이란 것은 조선에서는 극히 어의가 불분명하고 존재의 이유가 박약한 것이 되어버렸다.19)

이광수가 판단했던 당대의 잘못된 문학인식은, 무엇보다도 "조선에서는 문학이라 하면 사서삼경과 제자백가와 사기와 시와 문과 이러한 모든 한적(漢籍)을 연상함에 있다"는 것이었다. 그리고 이로부터 "재래

18) 신문학의 장 내부에서 새롭게 발생한 타자인 프로문학과 이광수 및 『조선문단』과의 길항관계에 대해서는 이봉범, 「1920년대 부르주아문학의 제도적 정착과 『조선문단』」, 『민족문학사연구』 29호, 2005를 참조할 것.
19) 이광수, 「문학강화 (2)」, 『조선문단』 2호, 1924.11.

의 용어 예에 의한 문학의 어의와 지금 쓰는 문학의 어의가 매우 같지 아니한 것을 잊으면 문학에 대하여 여러 가지 오해가 생"긴다는 것이다. 따라서 그는 "지금 일본이나 조선이나 또는 중국에서까지도 문학이라는 것은 서양어 Literature의 번역인 것을 깊이 기억할 필요가 있다"고 강조한다.[20] 그러면서 문학을 예술적 형식에 의한 인류의 생활(사상, 감정 및 활동)의 상상적 표현으로, 특히 인간의 감정을 움직이는 것이라고 규정한다. 다만 현실적으로 문학에 대한 오해로 인하여 일본과 조선에서는 문예라는 말을 쓴다고 하면서, 문예란 "문자로써 하는 예술이란 뜻이니 어의가 너무 광범한 문학보다는 예술인 문학을 표현하기에 심히 적당"하다고 하였다.

이로써 이광수의 문학에 대한 새로운 사유와 논변, 나아가 이윤재의 『문예독본』이 문예라는 이름을 달고 나온 저간의 사정이 드러낸다. 즉 문예는 '문자로 하는 예술'로 한정된 문학의 다른 이름인 것이다. 그리고 그것을 시·소설 등 문사(文士)가 창작한 예술적 작품을 일컫는 구체적 용어로 사용된다. 반면, 문학은 'Literature'의 '역어(譯語)'에 충실할 경우 형식, 상상, 정서를 특징으로 하는 예술 일반으로 개념이 넓어지는 문제가 발생하였다. 심지어 'Literature'의 번역마저 성인(聖人)의 교화도구로 삼아야한다는 논리가 실재했던 것이 당시 조선의 상황이었다.[21] 따라서 문학은 흔히 문예적 작품을 연구하는 문학자적 태도를 가리키

20) 임화 역시 신문학사의 서론에서 'Literature'의 번역어로서의 '문학'이 일종의 '예술문학'을 의미한다면 재래의 '문학'은 경서와 시문 등 넓은 의미로 사용되었음을 지적한 바 있다. 임화, 「개설 신문학사」, 『임화 신문학사』(임규찬·한진일 편), 한길사, 1993, 13~17면 참조. 그러나 재래의 문학과 근대 문학 사이에 장강(長江)을 설정하는 것이 근대문학의 성격, 나아가 국문학사 혹은 한국 문학의 전체 상(像)을 이해하는 데 바람직한 것인지에 대해서는 숙고할 필요가 있다. 이런 점에서 볼 때, 다양한 고전문학과의 교섭 속에서 근대적 글쓰기의 형성과정을 논의한 연구는 시사하는 바가 크다. 배수찬, 「근대적 글쓰기의 형성과정 연구」, 서울대 박사논문, 2006.8 참조.

21) 한기형, 「근대어의 형성과 매체의 언어전략」, 『역사비평』, 역사문제연구소, 2005 여름, 368~369면 참조.

면서 좁게는 문학사 · 문학론 · 시론 · 문학비평 등을 일컫는 의미로 한정되곤 하였던 것이다.

이렇게 볼 때, 『문예독본』의 상권에는 문예의 의미가, 하권에는 문학의 의미가 각각 중심적으로 감안되면서 텍스트의 체재와 내용이 갖춰졌다고 할 수 있다. 문학에 대한 오해를 불식시키고, 동시에 예술 창작으로서의 의미로 제한된 문학과, 문자 예술적 특징이 부각된 문예라는 보다 구체적인 개념의 필요에 의해, 그리고 계급문학과의 구별 짓기가 요구되던 문학 장의 현실 속에서 『문예독본』은 문학과 문예의 절충적 이원집정(二元執政)을 수락하지 않을 수 없었던 것이다.

4. 미문의식과 문학어의 비계(scaffolding)

독본은 일반적인 텍스트와 달리 그것의 성격을 명시적으로 표방하는 경우가 드물다. 오히려 체재와 내용으로 일정한 이념과 지향을 구현한다. 때문에 반영된 작품이나 선정된 맥락 등을 추적함으로써 독본의 성격을 규명할 수 있다. 그런데 『문예독본』의 경우 광고를 통해 체재와 내용을 직접적으로 언급한 대목이 있어 인상적이다. 따라서 『문예독본』이 대외적으로 표방하고 있는 특색 및 특성화 전략을 구체적으로 살펴보고 그것이 함의하고 있는 바를 정리해 볼 수 있다.

> 조선에 신문학운동이 발흥된 이후 백화난만하게 피어난 문인들의 걸작을 모아 편성한 것이다. 신문학의 정수를 맛보고저 하는 이는 반드시 이를 일독하라.

본서의 특색 :

1. 문예작품의 각 종류가 갖춰져 있는 것.
2. 사상이 건실하고 문장이 유리한 것.
3. 작자의 약력과 난어의 주해를 붙인 것.
4. 삽화가 있는 것.
5. 전편을 신철자법에 의한 한글로 쓴 것.[22]

광고가 첫 번째 특색으로 거론한 문예작품의 각 종류란, 다양한 문종(혹은 장르)의 형성과 그것의 반영을 가리킨다. 독본은 교본(教本)이다. 근대지(知) 일반의 전달과 계몽이라는 주된 목표를 부정할 수는 없다. 그 체재와 내용은 '반영성'을 근간으로 한다. 『문예독본』의 경우, 광고가 적시하는 바는 신문학운동의 성과, 즉 '걸작'과 '정수'를 모아 '문예'라는 이름으로 묶었다는 것이다. 저자의 해설과 해석은 오로지 독본의 체제와 내용으로만 구현될 뿐 명시적으로 드러나는 예가 없다. 즉 독본은 특정 텍스트를 대상화(반영)함으로써 메타 텍스트를 지향(생산)하는 것이다.[23]

독본과 강화 모두는 근대 초 문학 개념의 형성과정에서 드러난 하나의 권력의지를 계보화하는 도구이다. 따라서 이 같은 권력의지에 의해 '정상성 규범'을 만들고, 또한 자명한 것으로 받아들이게 했다. 물론 이러한 점은 동시에 독본 및 강화에 대한 비판의 근거가 되기도 한다.[24]

---

22) 배성룡, 『조선 경제의 현재와 장래』, 한성도서출판주식회사, 1933. 뒷면에 실린 『문예독본』 광고 중에서.

23) 근대 독본 및 강화류의 '생산성'에 대해서는 지면을 달리해 논의할 계획이다. 실제로 『문장강화』(五十嵐力, 1908) · 『작문강화 급 문법』(芳賀矢一, 1912) · 『현대 대문장강화』(伊藤小四郎, 1925) 등 초기 독본과 함께 수입 · 유통되었던 일본의 강화류가 적지 않다. 이들에 대한 체재와 내용을 실증적으로 탐구하고 영향관계를 밝히는 것이 필요하다. 아울러 『문예독본』 이전 이광수의 「문학강화」, 그리고 『문예독본』 이후 서서히 등장하는 조선의 각종 '문학－문예－문장' 강화류는 저자의 해설과 해석이 가미된 '생산성'의 측면에서 구별될 수 있을 것이다.

24) 비록 우리의 경우와는 여러 가지 면에서 차이가 있지만 일본의 독본 형성과정 및 독본에 대한 비판적 연구로는 사이토 미나코[齋藤美奈子], 『文章讀本さん江』, 筑摩書房, 2002.2를 참조할 것.

그럼에도 불구하고 이러한 규범과 의식, 특히 장르 및 문학의 하위항목들의 형성이 단기간에 이루어지는 것은 아니다. 또 단일한 작품을 통해 제시되어 진다고 보기는 어렵다. 따라서 특정한 텍스트 안에서 이러한 규범과 의식, 즉 일련의 문학담론이 재배치되는 압축적 장면이 우리의 관심을 끄는 것이다.

『문예독본』의 특징은 바로 이런 압축성을 담지하고 있다는 점이다. 그리고 이 과정에서 논설문과 설명문 같은 문종이 서서히 쇠퇴하고, 문학 내부의 질서가 위계화 되면서 특정 장르로 해소되는 모습을 볼 수 있다. 즉 논설문과 설명문 같은 문종은 근대 초 계몽담론의 필요 속에서 부상한 것이었던바, 점차 현실이 변모하고 서사의 양식이 분화되면서 평론·수필(『문예독본』만 해도 아직은 다양한 이름을 달고 있으며, 기행·서한·고전 양식의 영향이 강한 소품문 등으로 명명된)과 같은 문학 안의 장르로 분화·정착 되어가고, 소설 장르를 핵심으로 하는 근대문학의 경계역(境界域)을 형성하게 된다는 사실을 확인할 수 있다.

『문예독본』의 광고 가운데 두 번째 항목은 매우 문제적이다. 먼저 사상이 건실하고 문장이 육리(陸離)하다고 했을 때, 건실한 사상은 두 가지를 의미한다고 볼 수 있다. 하나는 문학 본래의 개념에서 보는 바와 같이 정치나 사회로부터의 독립, 즉 미적 자율성의 신화다. 그리고 다른 하나는 가급적 정치와 직접적 상관성을 갖지 않아야 한다는 점에서 당시 계급문학 진영을 타자화하면서 민족주의 문학이념과 그 정체성을 확보하기 위한 구별 짓기의 전략이다.

그런데 문제는 육리다. 육리(陸離)란, 사전적 의미로는, ① 여러 빛이 뒤섞여 눈이 부시게 아름다운, ② 뒤섞여 많고 성한 모양을 가리킨다. 그러므로 육리가 표방한 구체적인 함의, 나아가 문학적 함의는 바로 '미문의식(美文意識)'이다. 미문의식은 『시문독본』 이래 국한문혼용에서 한글전용으로 나아가면서 근대문학이 지향하던 핵심이다. 이러한 미문의식 역시 이광수가 규정했던 문학 개념의 대표적 특징 가운데 하나였음은 물론이다.

> 이 쾌미(작품을 감상할 때 드는 감정—인용자)를 불러서 우리는 심미적 감정(그것을 약하여 심미감이라고 부른다)의 만족이라고 하고, 이 감정을 일으키는 물건을 미한 것(The Beautiful)이라고 하고, 어떤 물건으로 하여금 '미한 것'이 되게 하는 요소를 우리는 미(Beauty)라고 부른다.[25]

이광수는 문학의 기원을 '표현의 충동', 그리고 그것으로부터 일어나는 '예술의 충동'으로 보았다. 이로부터 문학(예술)의 변별적 요건으로 심미감과 미의식을 강조하였다. 그리고 이것을 미문으로까지 확장시킨 이가 바로 이태준이다.

주지하다시피 이태준은 한글의 감각성을 문학어의 차원으로 끌어 올린 소설가다. 그가 우리말의 감각성을 중시하는 것은, 문학어라는 것이 사상을 표현하는 것이기보다는 훨씬 더 감정 혹은 감정으로 된 사고를 전달하는 것이라고 생각했기 때문이다. "문예작품에서는 사상보다 감정이다. 사상으로 명문화하기 이전의 사상, 즉 사고를 거친 감정이라야 할 것이다"[26]라는 주장은 '말짓기란 감정을 표현하는 것'이라는 그의 사고에 바탕을 둔 것이다. 이 때문에 이태준은 묘사에 대한 주의를 기울이는 것에 더해 한글의 감각적 특징을 강조하게 된다.[27] 이른바 일상의 발화나 내면의 정서가 일체화되어야 한다는 것인데, 이것이야말로 근대문학의 제일 조건으로서 언문일치가 요구한 핵심이 아닐 수 없다. 이태준의 『문장강화』(1939)는 이를 좀 더 적극적으로 강조하고, 구체적 텍스트와 해설을 곁들인 메타 텍스트라고 할 것이다.

『문예독본』에 수록된 이태준의 소설 「봄」은 근대에 대한 비판적 의

---

25) 이광수, 「문학강화 (3)」, 『조선문단』 3호, 1924.12.
26) 이태준, 『무서록』, 박문서관, 1941, 101면.
27) 배개화, 「『문장강화』에 나타난 문장(文章) 의식」, 『한국현대문학연구』 16집, 2005, 432면.

식이 깔려있다. 그러면서도 뚜렷한 사건이나 서사의 전개보다는 도시생활에 부적응한 인물 박씨의 심리와 그를 둘러싼 근대적 환경과의 불화를 탁월하게 묘사하고 있다. 함께 수록된 현진건의 「할머니의 죽음」은 어떤 사상이나 이념보다 '인생'이라는 단어가 떠오르게 하는 작품이다. 이를 두고 『문예독본』의 광고는 신문학의 정수라고 명명하였던 것인데, 그의 소설은 수많은 이해와 시선이 개제된 번잡한 '이별'이 아니라 화창한 말(언어)의 '죽음'을 서술함으로써 이 둘을 대조적으로 보여주고 있다. 작가의 촉수는 한 인간의 정체 묘연한 인간스런 이별 행사를 감각적으로 묘사하는데 초점을 두고 있었던 것이다. 최상덕의 「궐후 일년」도 마찬가지다. 여기에서는 '효'라는 주제가 계몽적 일성(一聲)으로 단순화되지 않는다. 가슴 뭉클한 감정의 묘사와 부자지간의 형상이 너무나도 또렷하기 때문이다.

이처럼 『문예독본』은 사실적 묘사와 감각적 표현, 그리고 구어체 활용이 뛰어난 작품들을 선정 · 반영하고 있다. 그러므로 『문예독본』의 광고가 표방한 두 번째 특색(건실한 사상과 유리한 문장)은 '민족주의적 사상을 지닌 미문'으로 요약될 수 있다. 확고한 언문일치체 및 감각과 묘사어를 강조한 문학적 국어를 함의하고 있는 것이다.

세 번째 특색, 즉 작자의 약력과 난어(難語)에 주해를 붙인 것은 그 자체로 독본의 간단한 형식적 진화로 볼 수도 있다. 그러나 이는 독자에 대한 배려나 사소하게는 출판기술의 진보에서 나온 것 이상의 의미를 지닌다. 왜냐하면 이러한 방식은 암암리에 작자, 즉 특정 문인의 호명을 통해 '상징권력'을 작동시키기 때문이다. 당시 급격히 형성된 문학청년층 내지 고급독자층에게 이광수, 최남선은 하나의 상징권력 이었다. 특히 계급문학의 발흥 이후 민족주의 문학에서 그들의 위상은 더욱 강화되었다. 이것은 상징권력이라는 것 자체가 획득되는 것이 아니라 특정한 상황에서 나타나는 효과이기 때문이며, 다양한 차이에 기반을 둔 관계가 차별적 질서로 전환되면서 타자의 인정을 통해 발휘되는 속성을 지니기 때문이다.

여기에 난어의 풀이 방식이 순한글체로 서술되면서 한글의 이해를 위해 한자를 덧붙이고 있다는 점 또한 결코 사소한 형식으로 볼 것만은 아니다. 한문 위주로 된 것의 번역이나 번안이 아니고, 또 국한문이 혼용될 수밖에 없는 상황에서 절충적 문장형식을 제안하는 것과는 차원이 다른 표기방식이기 때문이다. 한글 아래 한자 주해(註解) 방식을 가미함으로써 일종의 지식어로서 한자를 활용하였다는 것은 『문예독본』이 국어적 문학의 대중적 소통 이외에 한자의 개념적 효용과 그것을 주로 구사하는 고급 독자들까지 포용하고자 했음을 알 수 있는 대목이다.

광고의 네 번째 특색은 삽화의 문제였다. 사실 삽화의 등장이 그자체로 『문예독본』만의 특징은 아니다. 근대 초기의 독본에서 자주 드러나는 방식이다. 거슬러 올라가면 독본의 본래적 성격도 삽화를 통한 계몽과 무관하지 않다. 다만 문제는 어떤 내용에 삽화를 동원하는 가의 문제이며, 여기에 작동하고 있는 '기준'의 문제다. 초기 독본에서 삽화는 주로 근대 문물에 관한 지식의 나열과 소개에 활용되었다. 즉 그간 조선에서 볼 수 없었던 것이라든지, 외국의 지리와 인물 등이 주로 삽화의 소재로 등장하곤 하였다.

그런데 『문예독본』의 삽화는 이러한 '선택'과는 다른 면모를 확인할 수 있다. 『문예독본』의 상하권에 실린 삽화의 총 수는 단원을 기준으로 8개다. 그런데 삽화(『문예독본』의 경우, 대개는 사진이다)가 담고 있는 모습은 불국사 · 낙화암 · 수원 화성의 화홍문(華虹門) · 대동여지도의 백두산 · 행주산성 · 이상재(李商在) · 이충무공 묘소 · 동요 악보 등이다. 악보를 빼고는 민족적 영웅이거나 기개나 의지가 남다른 인물을 다룰 때, 역사적 사실에 대한 답사와 기행에서 이들을 보충해주는 자료로 쓰이고 있다. 이러한 선택은 단순한 문화유산이나 유명 인물의 소개에 그치지 않는다. 민족적 자긍심을 고취할만한 문화유산이거나 민족적 기상을 상징하는 성지(聖地)이거나 절개와 의지가 돋보이는 실천적 인물들이기 때문이다. 따라서 삽화는 구체적 사료임과 동시에 '역사의 문학화'라는 양식의 전환(transfer)을 보완하는 숨은 나레이션이며, 궁극적으로는 잃어버린 땅을 자극하는 강력한 노스탤지어를 함의하는 것이다.

광고가 거론한 마지막 특색은 텍스트의 전편을 한글전용과 신철자법을 관철시켰다는 점이다. 이 점에 대해서는 출간 때부터 그 의의를 인정받았던 것인데,[28] 구체적으로는 『시문독본』의 '가성적 언문'을 뛰어넘었다는 점에서 국어학과 국문학적 의미를 동시에 가진다. 그러므로 광고는 이에 관한 저자의 헌신적 노력과 최고의 권위를 선전하고 있는 것이다. 물론 신철자법은 1932년 10월 공표된 한글맞춤법 통일안 바로 직전의 것이긴 하다. 그러나 이윤재 자신이 통일안 작업에 참여한 핵심적 인물이었으므로 그 의미가 반감될 이유는 전혀 없다. 오히려 『문예독본』의 이러한 작업이 한글맞춤법 통일안으로 이어졌다고 할 수 있으며, 이후 총독부가 발행한 『조선어독본』(1936)에서조차 1932년 통일안을 반영하고 있으니 당시 독본의 표기를 표준화하는데 명백히 기여했다고 볼 수 있을 것이다.

근대 초기 사회의 언어분열은 심각했다. 지식을 통한 대중소통이 제한적으로 용인되었지만 근대적 주체를 형성하기 위한 언어전략은 논의만 무성했다. 무엇보다도 새로운 문장형식으로 전화되기란 식민지적 현실에서 간단치 않은 일이었다. 대표적인 신문의 언어조차 국문과 국한문 표기를 동시에 동원할 수밖에 없었고,[29] 일상 언어의 혼란과 착종 또한 광범위했다.[30] 『문예독본』이 추구한 '문학적 국어' 역시 이러한 현실적 맥락 위에 놓여 있다. 식민지적 근대의 어문학적 혼란 속에서 '문학적 국어'(문학어에 근거한 언문일치)를 만들어가는 일이란 '국어적 문학(언문일치에 근거한 문학어)'의 축적과 더불어 가능한 것이었다.[31]

---

28) 리종수, 「이윤재 편 문예독본 상권」, 『동광』 22호, 1931.6, 70면.

29) 한기형, 「근대어의 형성과 매체의 언어전략」, 『역사비평』, 역사문제연구소, 2005 여름, 362면.

30) 김철, 「'한국어'의 근대」, 『'국민'이라는 노예』, 삼인, 2005.

일찍이 중국의 호적(胡適)은 「문학혁명론」(1917)에서 '국어의 문학' 창조는 곧 '문학의 국어' 창조로 이어진다고 주장하며 백화문(白話文)에 바탕을 둔 창작을 역설한 바 있다. 이러한 호적(胡適)의 논의를 조선에 소개한 것이 바로 이윤재였다.[32] 결국 『문예독본』은 미문의식과 문학어의 비계(scaffolding)를 설정하고 있었던 셈이다. 또한 일상생활에 사용되는 문장형식의 전면화와 그에 따른 표기의 통일, 그리고 자유로운 표현 및 감각과 묘사로서의 문학어 반영은 『문예독본』의 새로운 가능성을 열어놓았다. '문학적 국어'와 '국어적 문학'이 소통할 수 있는 가능성을 스스로 담지하고, 또한 언어내셔널리즘의 준거를 마련해놓았다는 점이야말로 『문예독본』의 특색이 함의하는 귀착점이 될 것이다.

5. 분기와 진화, 그리고 공존

근대 초기 수신(修身)적 성격이 강했던 각종 독본 및 강화류는 표준화된 서술체계가 없었고, 내용면에서도 백과사전적 근대 지식의 목록이 나열되는 형태였다. 그런데 『문예독본』은 앞서 '문예'의 표방과 '특색'

---

31) 허윤회는 한글과 시조의 연결을 통해 이러한 과정을 창안해 간 가람 이병기(李秉岐)의 사례를 분석하고 있다. 이 논문은 국어학자로는 드물게 '시조부흥론'에 참여한 이윤재와 이윤재를 통해 중국의 문학혁명과 국어문학을 인식하게 된 이병기의 교분을 자세하게 언급하고 있으며, 이러한 공동관심사가 궁극적으로 조선문학의 건설이라는 내포적 의미를 담고 있다고 보고 있는데, 실제로 『문예독본』에 수록된 다수의 시조와 시조 관련 논의는 이러한 맥락에서 이해하는 것이 타당하다고 보인다. 허윤회, 「조선어 인식과 문학어의 상상—가람 이병기를 중심으로」, 『한국 근대문학의 형성과 문학장의 재발견』, 소명출판, 2004.12 참조.

32) 이윤재 抄譯, 「호적(胡適) 씨의 건설적 문학혁명론—국어의 문학 문학의 국어(총4회)」, 『동명』, 1923.4.15~1923.5.5.

의 함의에서 살펴보았듯 문학교과서로서의 성격이 뚜렷하다. 하지만 여전히 국어와 문학의 혼종양상이 눈에 띈다. 개별 텍스트마다 신철자법의 수용정도가 다르고, 아래 〈표 1〉, 〈표 2〉에서 보는 바와 같이 상하권에서조차 문종 및 장르의 명명이 통일되고 있지 못하다. 내용적으로는 어문, 역사, 지리 위주의 문화사에 근간을 둔 민족주의 이데올로기를 지향하고 있음이 드러난다. 그럼에도 불구하고 이제 막 위계화되고 정전화되기 시작하는 민족주의 문학모형의 구체적 실상이 드러나고 있다.

〈표1〉 이윤재 『문예독본』(상권)의 체재 및 내용

연번	제 목	문 종	저 자	출 전	비 고
1	작은 勇士	동화	방정환	어린이	소설-동화,희생,정직
2	盲母와 知恩	史話	이은상	조선사화집	산문-삼국사기 열전,효
3	따오기	동요	한정동	어린이	노랫말-처량,비애
4	새벽	소품문	현상윤	청춘	수필-적막,희망
5	궁예의 활	소설	이광수	마의태자	역사소설-해방후 삭제
6	봄비	시조	주요한	동광	현대시조-기대,희망
7	故鄕에 돌아와서	편지	김 억	동아일보	수필-향수,근대비판
8	花壇	수필	이태준	조선문단	수필-감상,자연미
9	槿花詞 三疊	시조	정인보	신생	현대시조-무궁화 예찬
10	義氣論	논문	장백산인	조선문단	산문-의기,민족의 역할
11	濁浪에 骸魂된 水原의 華虹門	감상문	염상섭	동명	기행수필-화성 답사기
12	金剛行 拔艸	시조	이노산	동아일보	현대시조-금강산예찬
13	佛國寺에서	기행	현진건	동아일보	기행수필-불국사 답사기
14	그믐달	소품문	나 빈	조선문단	수필-고독,정한
15	가을 뫼	노래	작자미상	새별	노랫말-설움,한숨
16	수정 비둘기	스케취	김동인	중외일보	소설-꽁트
17	落花巖 찾는 길에	기행	이병기	신생	기행수필-낙화암 답사기
18	北青 물장사	신시	김동환	국경의 밤	현대시-서사시
19	尹氏의 死	소설	박종화	백조	역사소설-절개,지조
20	牛德頌	송	이춘원	조선문단	수필-해방후 삭제
21	白頭山 갓든 길에	시조	변영로	동아일보	현대시조-총 8수
22	史話 三則	史話	홍명희	시대일보	산문-설명문,온돌,백의
23	大舞臺의 崩壞	희곡	김진구	학생	희곡-史劇,김옥균 소재
24	조선의 脈搏	신시	양주동	문예공론	현대시조-희망,용기
25	月南先生의 逸話	일화	민태원	월남 이상재	산문-전기 발문,기개
부록	한글 철자법 일람표		이윤재		12항목, 상하 차이 없음

〈표2〉 이윤재 『문예독본』(하권)의 체재 및 내용

연번	제 목	문 종	저 자	출 전	비 고
1	竹頌	송	이은상	동아일보	수필－대나무 예찬
2	구멍 뚫린 고무신	동화	주요섭	신가정	소설－동화,유랑
3	봄의 先驅者	시	박팔양	신여성	현대시－진달래꽃 예찬
4	봄	소설	이태준	동방평론	단편소설－서울,노동
5	創作의 三種	평론	주요한	동아일보	평론－창작론
6	李忠武公 墓에서	기행문	이광수	동아일보	기행수필－해방후 삭제
7	斫去 당한 老檜	史話	윤교중	신동아	산문－설명문,왕조
8	百濟의 歌謠	수필	문일평	동광	수필－설명문
9	담요	소설	최학송	조선문단	단편소설－1인칭,곤궁
10	幸州山城의 戰跡	기행문	유광렬	조선일보	수필－행주산성답사기
11	時調 創作에 對한 意見	평론	이은상	동아일보	평론－시조론
12	가을	시조	이병기	동아일보	현대시조－총 2수
13	도막 생각	단평	변영로	젊은 조선	평론－예술론
14	할머니의 죽음	소설	현진건	조선의 얼굴	단편소설－구어체,묘사
15	厥後 一年	감상문	최상덕	신생	수필－父情
16	朝鮮文學의 개념	평론	이광수	신생	평론－문학론
17	朝鮮 紙鳶의 紀元을 살핌	史話	권덕규	조선일보	산문－설명문,역사
18	古山子의 大東輿地圖	해제	정인보	동아일보	산문－설명문,지리
부록	한글 철자법 일람표		이윤재		12항목, 상하 차이 없음

이미 지적한 바와 같이 최남선의 『시문독본』(1917)은 사실상 특정독자(고급독자)를 겨냥한 것이었다. 문학청년이라고 하는 '신인류'의 발견과 대상화야말로 『시문독본』의 대전제가 아닐 수 없으며, 그들의 근대적 교양과 지식의 목록, 그리고 그것들을 문범화하기 위한 문체창안이 『시문독본』의 핵심이었다. 그러나 『문예독본』은 그만큼의 근대적 교양과 지식의 목록을 전제하지 않았다. 또한 치밀한 독자설정 및 대상화 전략도 수반하고 있는 것으로 보이지 않는다. 아니 그럴 필요가 없었다는 것이 정확한 표현일 것이다. 또한 이것은 근대의 매체에 대한 최남선과 이윤재의 감각 차이이거나 관심분야의 차이에서 비롯된 것일 수도 있다. 실제로 최남선은 『시문독본』 이후 저널적 감각을 살려가면서 『동명』(1923)이나 『시대일보』(1924)로 나아갔다. 반면 이윤재는 환산(桓山, 한뫼)이라는 그의 호(號)만큼이나 우직하고 큰길을 걸었다. 『문예독본』 이후 그의 행로는 보다 아카

데믹한 공간에서 중등교육 이상(以上)을 대상으로 학교를 활용하는 제도적 방식이었고, 또 조선어강습회를 통해 독자들과 직접 대면하는 실천적 방식이었다.

또한 『시문독본』의 배후에 『소년』·『청춘』을 중심으로 한 근대적 매체와 '신문관―조선광문회그룹'이 있었다면, 『문예독본』의 배후에는 잡지 『한빛』을 중심으로 한 '조선어학회―수양동우회그룹'의 민족주의진영이 느슨하지만 광범위하게 포진되어 있었다. 『시문독본』의 '시문(時文)'은 '국한문 혼용'을 의미하며, 한문의 구조에 기대지 않은 자연스런 한글의 통사를 바탕에 두고 한자어를 통해 우리의 어휘를 확충하고자 하는 방법이었다. 반면 『문예독본』은 한글전용으로의 이행을 보여주고 있다는 점에서 분기와 진화의 면모를 보인다.

'국가관'의 차이 역시 비슷하면서도 다른 두 텍스트의 거리를 잘 보여준다. 최남선의 『시문독본』은 민족의 기원을 찾아나서는 장정(長征)을 통해 민족이 국가를 대신하면서 추상화되는 특징을 보인다. 유난히 기행문이 많고 국역된 역사적 사료를 광범위하게 활용하는 것도 이와 관련된 것이다. 이윤재의 국가관은 최남선의 그것과 마찬가지로 문화사적 관심의 영역 안에서 출발하면서도 특히 '잃어버린 것에 대한 회한'을 정조(情調)로 한다는 점에서 다르다. 『문예독본』 하권에 수록된 이은상의 「죽송」은 대나무의 유용한 쓰임에서 삼국유사 소재 '만파식적(萬波息笛)' 이야기로 넘어가고, 그러고 나서는 오늘날의 '만파식적'이 없음을 한탄하기에 이른다. 일종의 애국설화를 호명하는 분위기다. 주요한의 「구멍 뚫린 고무신」은 인격화된 고무신이 남양반도에서 태어나 근대 문명의 총아들(배―기차―화물자동차)을 매개로 조선으로 왔다가 다시 남양반도 부근으로 되돌아가지만 끝내 고향과 형제를 만나지는 못한다는 유랑서사로 되어있다. 슬프고 애절한 고무신의 사연이 마치 조선반도의 사연을 상기시켜주는 상징성이란, 기실 유랑 이전의 시공간을 더욱 이상화하고 잃어버린 '집합기억'[33]을 불러내는 문학적 제의(祭儀)에 가깝다.

그러나 동시대를 대표했던 두 독본이 각각 일정한 단계와 시기를 구획하고 있었던 것은 아니다. 오히려 두 텍스트가 스테디셀러의 지위를 확고히 지니고 있었다는 점을 감안해 볼 때, 첫 출판의 시기와 주된 독자층의 상위(相違)에도 불구하고 두 가지 지향이 공존했다고 보는 것이 타당할 것이다.

한편 『시문독본』은 근대지(知) 뿐만 아니라 표현력 차원의 독본, 즉 무엇을 읽을 것인가 뿐만 아니라 어떻게 쓸 것인가까지 포함한 텍스트였다. 『시문독본』의 '가성적 언문', 즉 '시문체(時文體)'의 등장은 이러한 현실적 고민이 근대지(知) 일반의 전달이나 가상의 민족모형과 함께 제안된 것이었다. 반면 『문예독본』은 더 이상 범교과적, 범지식적 근대지(知)가 아닌 문예(학)라는 주제를 관철시키고 동시에 그것을 범주화하였다. 이런 점에서만 보면, 어떻게 쓸 것인가라는 형식주의적 규범 혹은 문학적 국어에 대한 지향과 무엇을 국어적 문학으로 반영할 것인가의 문제가 교차하고 있는 것이 또한 『문예독본』의 특징라고도 하겠다.

『문예독본』의 수사학(修辭學)적 분기와 진화는 국어적 문학과 문학적 국어가 겹쳐지는 장면에서 입증된다. 무엇보다도 두드러진 특징은 재래의 서술방식이나 역사적 사실에 접근하는 방식의 차이인데, 『문예독본』에 수록된 개별 글들은 대상의 전경(全景)을 설명하는 것이 아니라 역사적 사실을 재구성함과 동시에 이를 한글에 기반을 둔 감각적 묘사와 형상화(문학적 국어)로, 일종의 정경(情景)을 드러낸다는 점이다.

현진건의 「불국사에서」는 1929년 『동아일보』에 연재되었던 「고도순례 경주」의 일부분으로, 해방 후의 대다수 독본은 물론 심지어 6차 교육과정까지도 교과서에 수록되곤 했던 대표적인 작품 가운데 하나다.

---

33) 집합기억이란, 개인적 차원의 고립적이고 단절된 기억이 아니라 사회적 현상으로서의 성격을 지니며 당대의 보편인들이 공유함으로써 반영적 측면과 조형적 측면을 동시에 갖는 기억이다. 김영범, 「알박스(Maurice Halbwachs)의 기억사회학 연구」, 『사회과학연구』, 대구대, 1999 참조.

「불국사에서」 주목되는 것은 직접적이고 강한 현실인식이 아니라 역사에 대한 관심이다. 하지만 현진건의 역사에 대한 관심은 신채호・최남선 등의 이전 세대와 현격한 차이가 있다. 현진건의 경우 날로 심해지는 상황을 극복하고 개인과 사회를 매개하는 방식으로 비평이나 소설이 아닌 기행문(혹은 기행수필)을 택했다. 재래의 '문학'이 이광수의 '문학'과 달랐듯 현진건의 '역사' 역시 더 이상 문화사나 민족기원의 탐색도구가 아니었다. 역사라기보다는 하나의 문학적 양식 전환, 즉 '역사의 문학화'라고 보아야 할 것이다. 그러니까 이윤재의 입장에서는 역사 그 자체의 고답적 해설 혹은 계몽성의 노골적 전달보다는 한글문장의 세련과 유창성을 기반으로 한 문학을 선택한 것이라고 할 수 있다. 미문의식과 문학어의 비계(scaffolding)로서 『문예독본』이 빛나는 장면이라고 하겠다.

결국 『문예독본』에 수록된 작품들은 한자어의 사용이나 한자의 노출을 적게 하여 자신의 심정을 기술하거나 근대적 주체의 관점이 보다 강화된 형태를 띤다. 사물과 세계를 형상화하는 문학적인 글들이 지니는 문체적인 전략, 즉 개념을 품고 있는 한문을 사용하는 것보다는 한글이 유용하다는 점을 인식한 것이다.[34] 물론 이러한 작품의 반영과 문종(혹은 장르)의 재배치가 이윤재만의 독립적 감식안이라고 보긴 어렵다. 그것의 대부분은 서문에 밝힌 대로 4인의 지우(知友), 즉 이태준・변영로・이은상・주요한이 선정했을 가능성이 높아 보인다. 그렇더라도 이윤재의 우선적 관심사, 즉 문학적 국어의 지향은 그의 지우들의 관심인 국어적 문학과 궁극에 있어 결합되는 것이다. 또한 이들 모두의 지향이 스스로 의식했건 그렇지 않았건 간에 문학의 범주와 개념의 형성이라는 측면에서 간과할 수 없는 의미를 지닌다. 아울러 그 안에서 『문예독본』이 체제와 내용으로 반영한 것이야말로 '문학어 비중과 지위'에 대한 인식을 설

34) 문혜윤, 「문예독본류와 한글 문체의 형성」, 『어문논집』 54집, 민족어문학회, 2006.10. 218면.

명해 주는데, 이는 달리 말하자면, 근대적 글쓰기에서 한문이나 가성적 언문(시문체)보다 한글의 효과성과 구현에 동의했다는 의미일 것이다.

여기서 이러한 글쓰기가 일정한 문장관(文章觀), 특히 문학적 글쓰기로 규범화(메뉴얼화)되고 관습화 된다는 점은 더욱 중요하다. 뒤이어 이태준의 『문장강화』(1939)가 나올 수 있었던 것은 이러한 맥락 위에서 자연스럽게 이해될 수 있다. 『문장강화』의 핵심은 미문충동인바, 미문충동의 형성배경 및 근대문학의 정전화 속에서 『문장강화』의 본질이 탐색되어질 필요가 있다.

6. 맺음말

『문예독본』의 성격과 위상을 논할 때, 간과할 수 없는 것은 이런 것이다. 『문예독본』은 더 이상 지식 일반의 전달을 목표로 하지 않았다. '문예', 즉 '문학'으로 한정한 것이다. 신문학운동 이후 조선어와 조선의 작품으로만 한정한 것이다. 『문예독본』은 표준화에 대한 인식과 지향, 그리고 그것의 일정한 성과라는 점이 인정된다. 『시문독본』의 '가성적 언문'을 신철자법으로 통일했기 때문이다. 적어도 1932년 한글맞춤법 통일안이 나오기 전까지의 체제다. 이로써 『문예독본』은 어문교육사에서 일정한 의의를 지닌다.

다음은 왜 '문예'일까의 문제다. 이 대목이야말로 『문예독본』의 문학사적 의의를 가늠하는 진정한 지점이다. 『시문독본』은 근대지(知) 일반의 전달과 계몽 이외에 궁극적으로는 문장수련이 주목적인 실험적 독본이다. 그런데 『문예독본』은 중등교육 이상을 염두에 둔 조선어 독본이었다. 하지만 조선어가 2차 교육령(1922)으로 한문과와 합쳐지면서 시수가 절반으로 줄어든다. 따라서 3차 교육령(1938)으로 소학교에서만 그것도 수의과목으로 전락함으로써 사실상 폐과되기 이전까지 독자적인 조선어 수업이나 역사 강독은 어려운 실정이었다. 따라서 계몽적인 내용과 서사전략은 다변화되어 문학 혹은 문예의 영역을 활용할 수밖에 없었다. 이는 한국 근대문학의 기원에서 무시할 수 없는 변인(變因)의 하나였던바, 이러한 변인의 작용이 『문예독본』에도 고스란히 반영되고 있음을 보여준다. 결국 『문예독본』이야말로 당시 '조선어교과서 겸 문학교과서'였던 셈이다. 문학적 국어와 국어적 문학이 자율적으로 소통할 수 있는 비계(scaffolding)와 장(field)을 텍스트의 형태로, 압축적으로 마련한 것이다.

거칠게 도식하자면, 최남선 · 이광수 같은 근대문학 1세대가 『시문독본』을 정전화하고, 이것으로 근대지식과 문학을 배운 이태준 · 현진건 같은 2세대들은 어느덧 『문예독본』에 그들의 작품을 수록하기에 이른다. 최남선의 『시문독본』이 상상의 국어국문학을 지향하며 가상공간(virtual space)으로서의 '민족모형'을 만들어냈다면, 이윤재의 『문예독본』은 이른바 신문학운동의 결과물을 재배치하는 현실공간(real space)으로서의 '민족모형'을 창안하였다. 그리고 이를 '문단'의 상징권력을 통해 '문예'라는 이름으로 표상하였던 것이다. 『시문독본』이 조선의 정전을 만들어 가는 과정을 보여준다면, 『문예독본』은 짧은 시간이지만 근대 초기에 발표된 자국의 텍스트를 기반으로 서양 작품이 하나도 들어가지 않은 채(이는 언문일치의 극단적 논리가 닿는 지점의 하나일 수도 있다는 점에서 매우 중요하다) 만들어진 정전과 근대문학의 재배치 과정을 압축적으로 보여준다. 또한 그것은 '문학적 국어'와 '국어적 문학'이 소통할 수 있는 가능성이기도 하였다.

이윤재의 『문예독본』은 근대 초 민족주의 이념을 구현하는 비교적 정제된 정전의 모습으로 우리 앞에 서있다. 여기서 중요한 것은 그 교육과 경험, 그리고 장르규범이나 관습에 대한 인식이 민족주의 이념과 필진에 의해 구성되고, 이는 장기간 한국문학사를 규정하게 된다는 점이다. 이러한 시각은 해방 이후 문학정전(혹은 교육정전)의 형성과 그 문제를 논의하는 자리에서 심화될 필요가 있으나 이 글이 본격적으로 감당하지는 못하였다. 아울러 '문학 장(literary field)'을 문학적 정당성을 획득하기 위한 문학행위자들 간의 경쟁과 대립이라는 관점에서 볼 때, 이윤재의 『문예독본』은 조선총독부의 『조선어독본』을 오른쪽에, 프로문학의 여러 텍스트를 왼쪽에 두고 있음이 분명한데, 상대적으로 이들과의 맞닿는 지점에 대한 분석이 소홀하다. 차후의 과제로 남긴다.

신문 · 브나로드 · 소설

리터러시의 위계질서와 그 표상

이혜령

1. 문제 제기

1930년대 초반 동아일보, 조선일보사가 추진한 문자보급운동은 민족주의 우파의 타협적 개량주의 운동으로, 그러한 한계 내에서도 민중교육의 기회를 확대한 민족교육운동으로 평가되는 것이 보통이다. 노영택은 동아일보사의 브나로드 운동의 정신적 기원을 이광수의 「민족적 경륜」에서 찾고 실력양성론에 기초한 타협적 민중계몽운동으로 평가한다.[1] 최민지는 동아일보, 조선일보 양사의 이 운동의 역사적인 평가는 "일제가 전시체제 하의 병참 기지로서 조선에서 개발수탈정책의 하나로 추진한 농촌진흥정책의 시기와 일치하고 그 구호와 내용이 또 유사

1) 노영택, 「일제하의 농민계몽운동 연구」, 『역사교육』 26집, 역사교육연구회, 1979.

했다는 점에 주목할" 것을 주장했다.[2] 지수걸의 농촌진흥운동에 관한 연구는 이를 뒷받침해준다.[3] 한편으로는 동아일보의 브나로드운동의 실천과정에 나타나는 교육활동과 내용 등에 초점을 두고 상세하게 논의를 전개한 정태호는 이러한 체제내적 한계를 인정하면서도 1920년대보다 급진적이었던 야학운동 등이 식민권력의 탄압에 의해 불법화, 지하화 되는 상황 속에서 가능한 민족교육운동의 일환으로, 학교교육의 혜택을 받지 못한 민중들에게 교육의 기회를 확대한 사회교육운동으로 평가할 것을 제안한다.[4] 이러한 평가는 이 운동들의 성과와 한계를 적절하게 지적한 것이다. 어떤 논자들도 당시 식민지 조선의 인구 8,90%가 문맹이었으며 문맹퇴치는 어느 사회운동세력에게나 사활을 건 일차적인 목표였다는 사실을 인정하는 데에 이의를 달지 않되 운동의 궁극적 목표, 그것이 식민지 상황에서 어떤 의미를 지녔느냐가 평가의 명암을 가르는 기준이었다. 총칭 브나로드 운동[5]을 논할 때, 이러한 평가의 공정(工程)을 따르지 않는다는 것은 어려운 일이다.

'문맹'이란 문자해득능력에 대한 기술뿐만 아니라 그것을 둘러싸고 있는 지식의 권위 구조적 경계 및 그에 더한 사회계급의 중층적 구조를 반영하는 정당화기제로 창출된 개념이다.[6] 즉, '문맹'은 사회적으로 구성된 개념으로, 이는 한국사회에서 여전히 널리 쓰이는 '문맹'이라는 단어 자체에 담겨져 있다고 해도 과언이 아니다. 한만수는 '문맹'이란 단

---

2) 최민지, 『일제하 민족언론사론』, 일월서각, 1978, 195~202면.

3) 지수걸, 「1932~35년간의 조선농촌진흥운동－운동의 체제안정화정책적 측면에 대한 연구」, 고려대 사학과 석사논문, 1982; 「일제시기 브나로드운동, 재평가해야」, 『역사비평』 11호, 역사문제연구소, 1990 여름.

4) 정태호, 「일제하 '브나로드운동'의 성격에 관한 교육사적 고찰」, 중앙대 교육학과 석사논문, 1995.

5) 이 글은 브나로드운동을 동아일보의 그것만이 아닌 조선일보의 문자보급운동도 아울러 가르치는 개념으로 사용하고자 하며, 그 역으로도 사용하고자 한다. "문자보급운동"은 운동의 내용을, '브나로드'는 운동의 방식을 잘 보여준다.

6) 한숭희, 「문해(文解)의 문화정치학」, 『교육개발』 107집, 한국교육개발원, 1997, 89면.

어는 문자를 해득하지 못한 상태를 시각장애와 동일시하는 은유로, 근대에 생겨났다고 한다. 문자 미해득자와 시각장애우는 근대에 들어 비정상적인, 그리고 근대미달의 존재로 인식되었다는 점에서 동일시될 수 있었으며, '문맹'이라는 부정적인 은유는 문자보급운동을 계기로 급격하게 확산되었다고 지적한다. 근대적 문자매체를 통한 근대 사상의 유포를 근대화의 유력한 수단으로 찾았던 지식인들이 문자를 모르는 대다수의 대중을 근대 성취의 최대 장애이자 구제해야 할 대상으로 설정했으며, '문맹퇴치운동'은 자신의 계몽의 소주체로서 인식하는 조선 지식인의 심리기제에 실감을 부여하고 고착하게 만들어 문맹퇴치운동의 이데올로기를 구술대중에게까지 확산하는 계기가 되었다는 것이다.[7] 나아가 이러한 타자의 표상이 근대 문자매체에 의존한 지식의 생산과 유통을 보편적이고 우월한 것으로 보는 데서 나온 것이기도 하다는 것을 새삼 환기한다. 이렇듯, '문맹'이란 담론적 구성물이자 당대 식민지 조선의 지식인의 사회적 자아의 구성과 안정화를 위해 지속적으로 참조되고 구성된 타자의 표상이었다는 데 동의하는 바이다. 다만 그것의 문화 정치적 파급력과 표상을 소설에 산포된 '시각장애우'에 한정시키는 것은 애초에 제기된 문제의 지평을 협소화시키는 것이라고 생각한다.

신문사의 브나로드운동이 한창인 시기에 이것과 결합된 조선어학회의 장외적 실천이 전개되었다. 조선어학회는 문자보급운동에 나섰던 청년 학생들에게 사전 편찬 작업의 일환으로 방언을 조사해 올 것을 요청했다. 신문사와 조선어학회는 동일한 사업방식[8]을 취했던 것이다. 브나로드에 나섰던 학생들은 문맹 상태에 있는 조선 민중의 '눈'을 띄워줄 것을, 한편으로는 표준어 발음에 정통하여 방언, 그러니까 차이의 '소리'를 수집할 것을 요구받았으며 게다가 농촌계몽 '소설'을 쓰도록 독

7) 한만수, 「식민지 시기 검열과 1930년대 장애우 인물 소설」, 『한국문학연구』 29집, 동국대 한국문학연구소, 2005.

8) 安田民郞, 『「言語」の構築 小倉進平と植民地朝鮮』, 三元社, 1999, 257~261면 참조.

려 받았다. 1935년 동아일보사는 창간 15주년을 기념하여 농촌계몽운동의 제재로 현상소설공모를 하는데, 그 해는 바로 총독부에 의해 계몽운동이 중단된 해이다. 즉, 브나로드 운동의 총체성과 그 성과의 최종적 수렴방식은 공교롭게도 소설이 되어버리고 말았다. 같은 시기에 조선어학회는 장외실천을 그만 두고 한글맞춤법통일안을 성경·신문·교과서 등에 채택하도록 하는 선전활동에 주력한다. 그 때 선전도구 중 하나가 한글맞춤법통일안을 준용하여 한성도서가 간행한 이광수·이태준·심훈 등의 소설이었다.[9] 이처럼 1930년대 중후반에 그 정점에 이르는 '한글'이란 미디어와 '한글 미디어'를 중심으로 형성된 문화적 양상의 성격은 식민지 근대의 한국에서 형성된 리터러시의 위계질서를 규명할 때 보다 온전히 밝혀질 수 있을 것이다. 이 글은 우선 '문맹'이 구축되는 메커니즘을, 신문사의 문자보급운동의 방식과 그것이 어떤 형태로 리터러시의 위계질서를 반영하고 구조화, 변형했는지를 통해서 논하고자 한다.

2. 브나로드의 문화정치

1) '문맹(illiteracy)'라는 새로운 '인구'의 발견

"아는 것이 힘이다 배워야 산다"를 표제로 내걸고 1929년 여름부터 〈귀향학생문자보급운동〉을 실시한 조선일보사는 연두부터 문맹퇴치를

9) 이혜령, 「한글운동과 근대 미디어」, 『대동문화연구』 47집, 성균관대 대동문화연구원, 2004.

전조선의 급무로 내세운다. 1929년 1월 18일자 사설 「문자보급의 고조」는 지난 1년 동안 경성부의 직업소개소에 온 조선인 구직자가 남녀 합해서 7천 995명이었는데 남자는 대부분 자신의 이름 하나 잘 적지 못하고, 여자에 이르면 거의 전부 문맹이라고 하는 사실을 적시하며 시작한다. 두 번째 단락에서는 7천 995명의 부분적인 표본에 만족하지 않고 "현하 조선에 있어 문자를 아는 이"의 수를 헤아려 문제의 심각성을 제시한다.

> 그 수를 정확하게 헤일 수는 없으나 **통계**에 의하면 **대정원년으로부터 동십오년까지** 전조선을 통하야 **공립보교 졸업생** 이십사만여명과 **사립학교졸업생** 약 십만명과 소화원년도 **서당 현재생** 이십삼만명 여명과 및 **소화이년도 공립보교재학생** 사십이만구천여명 **사립학교재학생** 약 이만명을 합하야 약 백만내외이며 **대정원년이전** 학교출신이 빠지고 또 서당출신과 그타자기가정에서 교육바든 남녀가 빠졌지만 그것까지 왼동처서 넉넉히 잡드라고 이백만호를 넘지 못할 것으로 추상된다. 그러면 **소화원년도** 현재 조선내의 **조선인총인구** 일천팔백육십여만명에 비하여서 겨우 구분의 일도 되지 못한즉……(강조-인용자)

이 사설의 취지는 조선의 전민중이 문맹이라는 사실을 환기시킴으로써, 문맹퇴치의 필요성을 역설하는 데 있다. 그런데 여기서 주목하고 싶은 것은, 그 사실을 사실로 구성하는 방식이다. 인용문에서 잘 나오듯이, 문맹자의 수는 "문자를 아는 이"의 규모를 추정하여 산출된다. "문자를 아는 이"는 공사립 학교교육을 마치거나 재학 중인 인구와 그밖에 서당과 같은 사설교육기관을 거친 피교육자의 수를 추정하여 계산된다. 서당이 들어가 있는 이유는 서당은 일찍이 사립학교와 마찬가지로 식민지권력의 관리, 따라서 통계조사의 대상이 되었기 때문이다. '조선인총인구'-'피교육자수'≒'문맹자수'의 산정의 근거는 바로 조선총독부의 '통계'였던 것이다. 문맹자의 수를 추출해냄으로써, 저열한 조선교육의 현실을 드러내고자 했음에 대해서는 이론이 있을 수 없다. "문자를 아는 이"는 "문맹"의 규모를 알기 위해 사용된 불가피한 지표라는 점, 그리고 그것은 기존의 인구집단인 학교교육의 피교육자라는 점을 감안한다면, "문맹"은 당시로서는 식민지권력이 드러내려고 했던 것은 아닌[10] 동질적이고도 새로운 인구집단을 발견한 것이라고 볼 수 있다.

여기서 '인구(population)'가 어떤 한 지역에 사는 사람들의 수(數)를 일컫는 것만 일리는 없다. 푸코에 입각해 보자면, 앎(knowledge)－통치(government)의 대상으로서의 '인구'의 발견이란 근대 국민국가의 가장 중요한 업무였으며, 통계란 앎과 통치가 결합된 근대 국민국가의 특유의 지식형태이다.[11] 생－권력에 기초한 권력의 행사란 옛 군주의 권력행사에서 핵심적인 생의 박탈이 아니라 도리어 생의 증진—복지 · 수명 · 교육을 통한—에 의해 행사되며 인구란 그 작용대상으로 발견된 것이라는 푸코의 의미에서라면, 후지타니의 주장처럼 전시체제가 본격적으로 확립되는 시점까지 조선인은 생을 진작시켜야 할 '인구'의 일부로 간주되지 않았는지도 모른다. 후지타니에 따르면, 전시체제 시기에서야 조선인은 식민

10) 조선일보보다 앞서 1928년 4월 시도되었으나 총독부의 금지로 중단된 동아일보의 "글장님 없애기 운동"에 대해서는 정진석, 「문자보급운동을 통한 농촌계몽과 민족운동」, 『문자보급운동교재』, LG상남언론재단, 1999, 22~24면. 한편 식민지 시기 문맹률의 추이를 살펴보는 데 자주 언급되는 자료는 1930년 10월 1일 '국세조사'에 의한 것이다, 이 자료와 그 통계의 수치가 보여주는 의미에 대해서는 노영택, 「일제시기의 문맹률 추이」, 『국사관논총』 51집, 1994 참조. 또 이 조사의 결과가 신문지상에 보도된 것은 1934년 12월 말이었다. 『조선일보』는 1934.12.21, 2면에 「全조선 문맹수 1천 5백 88만 명. 25~39세간(間)이 최다수 국세조사 최근 집계」라는 제하의 기사를 실었으며, 그 다음날 「文盲者 七七%」라는 제법 긴 사설을 실어, 의무교육의 실시를 주장한다. 조선에서의 문자해득율 조사는 1930년 국세조사 때만 이루어지지만, 인구조사에 학력을 포함시킨 조사는 1940년 국세조사와 1944년 「자원조사법」(1929)에 의거해 실시된 인구조사이다. 1940년 국세조사 항목에는 조선총독부가 별도로 지정한 '직업'과 '병역', '학력'에 관한 지정기능이 추가되었으며, 1944년 조사는 당초 '내지'에 한정에 실시될 예정이었지만 제국 판도 전역에 걸쳐 '센서스'의 형태로 실시되었다고 한다. 박명규 · 서호철, 『식민권력과 통계－조선총독부의 통계체계와 센서스』, 서울대 출판부, 2003, 92~111면.

11) 박명규 · 서호철, 앞의 책, 12~13면.

지 정책과 관료들의 담론 상에 교육과 복지, 사회사업을 통해 그 건강과 수명, 부를 증진시켜야 할 일본 인구의 일부로 다루어지기 시작했다.[12]

그렇더라도 식민지권력은 지속적으로 조선의 '인구'라는 앎을 "통계"의 형태로 산출해왔다. 박명규·서호철의 연구는 조선총독부가 근대적 통계체계를 신속하게 확립했음을 보여준다. 그것은 크게 『조선총독부 통계연보』의 형태로 총화된 업무통계와 매년 말 이루어진 호구조사, 그리고 1925년부터 5년마다 실시된 국세조사와 같은 인구조사로 나뉜다. 우선 "『통계연보』의 편제는 총독부의 통치가 한반도 또는 조선민중 전체에 미치고 있으며, 그리하여 '조선'은 통계표 양식들이 보여주는 그 일관되고 정연한 통치 아래서 하나의 통일된 단위를 이루어 발전하고 있다는 것을 '사실'로 보여주려 하는 것"[13]이었다. 한편, 일본 및 제국 판도 내의 지역에서 5년마다 10월 1일 오전 0시 현재를 기준으로 일제히 실시된 국세조사는 연장되지 않는 시점이라는 감각, 동시성이 지배되는 공간으로서의 제국 일본의 판도라는 감각을 주민들에게 불러일으켰으며, 일본 근대국가가 직접 국민 앞에 임재 하여 그들의 삶을 파악하고 있음을 과시하는 장치였다.[14]

'인구'라는 통계지식 생산을 식민지권력이 독점했다 하더라도, 제한적으로 공개된 그 지식의 해석과 활용의 여지가 식민지인들에게도 주어져 있었다.[15] 『통계연보』를 통해 얻은 피교육자의 누적수와 1925년 10월 1일 조선에서는 처음 실시된 국세조사에서 발표된 조선인총인구수를 활용하여 문맹자수를 얻은 데서 유력한 논거를 마련한 위의 사설

---

12) T・フジタニ, 「殺す權利生かす權利－アジア太平洋戰爭下の日本人としての朝鮮人とアメリカとしての日本人」, 『動員・抵抗・翼贊』(倉澤愛子 外編), 岩波書占, 2006, 182~186면.

13) 박명규・서호철, 앞의 책, 58~59면.

14) 위의 책, 101~102면, 103면.

15) 당시 가장 대표적인 예가 이여성・김세용의 『數字朝鮮硏究』(세광사, 1931~5)이다. 여기에 대해서는, 정병욱, 「숫자를 통해 본 조선인의 삶」, 『역사와 현실』 21집, 한국역사연구회, 1996.9; 박명규・서호철, 앞의 책, 135면 참조.

은 그러한 예이다. 이는 이전에 어림짐작으로 이야기된 문맹자의 규모나 특정한 집단의 통계를 통해서 얻어진 그것[16]과 비슷하다고 해도, 조선의 사정을 전국적인 규모에서 더욱 객관적이고 사실적으로 서술하고 있다는 효과를 발휘했다.[17]

이를 통해 문맹이라는 동질적 인구집단을 조선인구의 분류항목에 하나 더 포함시킴과 동시에 "문자를 아는 이"와 "문맹"으로 조선 인구를 재분류하는 효과를 낳는다. 이 분류를 다른 어떤 것—계급·직업·젠더·지역—보다 더 상위의 분류기준으로 배치하는 데서 문자보급운동은 출발한다. 이처럼 이 운동의 출발이 전조선의 문맹인구라면, 운동의 성과 내지 결과 또한 이 운동에 의해 문자를 해득한 사람의 수로 제시되는 것은 당연한 귀결이었다. 그도 그럴 것이, 근대적 통계의 양화(量化)는 질적인 차이의 배제 또는 무시를 전제로 하기 때문이다.[18]

가령, 조선일보사의 제1회 문자보급운동의 총결산을 보여준 기사의 헤드라인은, "四百餘男女學生動員 / 三千人이文字解得 / 第一回 九十人報告書만의 統計 / 本社主催文字普及班成績"이다. 물론 두 번째 항이 가장 큰 활자로 박혀있다. 운동을 벌이기 전 참가신청을 한 각 중등학교의 학생 수는 409인이었으나, 그중 91인만이 보고서를 보내주었는

16) 예컨대, YMCA 선교부 간사이자 목사인 홍병선은 1923년 2월 서울 근교 30Km 내외에 있는 농촌 10개를 선정하여 농촌조사를 실시했다고 한다. 한국 최초의 지역사회조사로 평가되는 이 조사에 나타난 대상 농촌의 문맹자 비율은 85%였다. 윤복남, 「해방전 우리나라의 문해교육운동—일정하를 중심으로」, 『한국 문해교육 연구』(김종서 편), 26면.

17) 제2회 문자보급운동의 실시를 앞둔 1930년 7월 14일 기사에는 각 학교현재학생수를 각급별, 종별로 나누어 자세히 제시하는 등 문맹자수 계산에 좀 더 신경을 썼다. 이 기사의 헤드라인은, "조선의 신광명은 오천백만문맹퇴치로 / 삼만중등교생이 오백명씩 가르치면 / 참가하라! 문자보급반에"이다(『조선일보』, 1930.7.14, 2면). 또 「마찬창원관내에 문맹삼만오천명」(『조선일보』, 1930.7.19, 7면)이라는 기사는 곧 개시될 제2회 귀향학생문자보급운동을 앞두고 조선일보 마산지국은 "귀향학생 제씨의 다소참고가 될가하야 마산부 청원군관내에 잇는 무학문맹자들"을 조사하고 그 결과를 발표한 내용이다. 그 방법은 각 면내에서 직접 조사를 한 것으로 조선문으로 자기성명을 쓰지 못하는 자를 문맹으로 분류하고, 그 결과를 면별로 게재하였다.

18) 박명규·서호철, 앞의 책, 13면.

데 그것을 추려낸 통계가 위와 같다는 것이다. 많은 문자해득자를 낸 순서대로 1~5등의 수상자명단을 해득자수·씨명·주소·학적 순으로 열거하였다. 보급반원총수, 학습자연령별수, 최저·최고연령, 학습자도별(道別) 통계, 그리고 한글원본과 반원들의 보고서를 촬영한 사진기사가 자리하고 있다.[19] 이러한 방식은 동아일보사의 그것에서도 비슷하게 나타난다. 브나로드 운동의 진행과정중에 계몽대원이 현지에서 보낸 보고서인 〈계몽대소식〉의 주된 형태는 강습소소재지, 강사, 개시일, 수료예정일, 학습생수(성별)만이 기록된 것이었다. 동아일보의 〈브나로드운동총결산〉은 제1회와 2회 운동의 성과를 대원총수, 강습지수, 금지사례, 강습생도수(남·여), 강습새 평균수, 강습개최일수 등을 도표화한 표와, 각 학교별 참가자수, 각 강습지별 책임자와 강습생 남·여 인원, 문자해득자 남·여 인원을 보고하는 형태였다.[20] 이처럼 이 운동들의 최종성과는 '통계'로 제시되었다.

성과주의적인 사업방식의 전형적인 예로 볼 수도 있지만, 이들 운동의 기획자들은 이 통계의 정확성 내지 투명성을 위해 나름의 방안을 고심했던 것으로 보인다. 예컨대, 조선일보의 경우, 오로지 보내온 보고서에만 기초하였으며, 문자해득자수의 산정은 학습자가 자필로 주소와 씨명을 쓴 증명서가 보고서에 첨부되었을 때만이 그 학습자를 해득자로 간주했다. 또 이 운동에 참여하고자 하는 학생들은 참가신청서에 자신의 성명과 주소, 학적을 기록해야 했다.[21] 조선일보와 동아일보 모두 2회 때부터는 그 참가신청을 각 중등학교의 관계자를 통해 받게 된다. 참가신청방식의 이

19) 『조선일보』, 1929.10.3, 그 다음날인 10월 4일자 1면 사설 「귀향학생봉사의 결정」 또한 이 통계를 근거로 사업의 성과를 평가하는 내용이다.

20) 「제2회 브나로드운동총결산」, 『동아일보』, 1932.10.5.

21) 1931년 여름 제1회 브나로드 운동을 시작하면서 동아일보사는 학생계몽대, 학생강연대, 학생기자대의 「대원모집규정」을 통해 대원이 되고 싶은 사람은 왕복엽서에 A. 재적교명 B. 본적지, 현주소, 목적지 C. 지망하는 대별 및 그 대의 종목별을 써서 보내라고 지시한다. 『동아일보』, 1931.7.16, 1면.

같은 변경은 참가자들의 신원증명은 더 확실하고 용이하게 만들었을 것으로 생각된다. 참가자들의 신원증명은 이 운동을 합법성의 바운더리로 제한하기 위한 일차적인 조건이었다. 두 신문사가 이 사업의 대상이자 주체로 내세운 "학생"은 학교라는 합법적 제도가 매개되어 그 신분의 일차적으로 보증이 가능한 사회적 존재였던 것이다.[22] 여하튼 이것이 사업성과를 보여주는 통계의 투명성을 높이는 효과를 낳았다. 신문사의 문맹퇴치운동은 그들 기관이 조선전역을 대상으로 직접적으로 계산 가능한, 인구집단을 창출하는 방식으로 진행되었다.

통계의 산출이 분산된 자료의 총괄적 집적을 통해 가능한 것이듯이, 이들의 운동방식은 전국적이면서도 중앙 집중적이라는 것도 주목할 필요가 있다. 이는 신문사의 본사가 이 사업을 총괄한 데서만이 아니라 운동의 참여자와 기획방식에서 드러나는 서울 중심성을 의미하기도 한다. 민족계 사립학교나 기독교계 사립학교가 많이 참여했음은 물론 참가자수가 많은 학교는 대개 서울에 있는 학교였다. 또한 주최 측은 서울에 있는 중등학교 이상의 학교 교장이나 책임자와 사전에 운동방법을 토의하거나 협조를 구하는 형식을 취하기도 했다.[23] 문자보급운동은 중앙 집중적인 정책결정과 통제 그리고 전국적 차원의 집행구조를 지닌 근대적 시스템 중 하나인 신문사의 위력을 한껏 발휘한 예라고 할 수 있다.[24] 이 위력은 신문(사)의 시스템에 내재되어 있는 것이기도 하지만, 인구조사와 같은 근대 국가의 행정과 공통된 교과과정을 토대로

---

22) 이와 관련하여, '학생계몽운동'이 끝난 뒤 그 대원들인 학생들을 위로하는 신문사의 축하연 장면에서 시작하는 심훈의 『상록수』의 중심서사는 박동혁과 채영신이 각각 재학 중인 XX고등농림학교와 XX여자 신학교를 자퇴한 후에 전개된다는 것에 주목할 필요가 있다.

23) 동아일보사는 제2~3회 브나로드운동을 앞둔 시점에 경성내 각 학교 교장 초청토의 자리를 마련한다. 『동아일보』, 1932.5.16 · 1933.5.9 여기에는 해마다 높은 참여율을 보인 배제보고 · 중동학교 · 경신학교 · 양정고보 · 보성보고 등의 관계자들이 참여하였으며, 연희전문이나 이화여전과 같은 주요 전문학교 관계자도 출석하였다.

24) 이혜령, 「한글운동과 근대 미디어」, 『대동문화연구』 47집, 2004.

한 학교교육의 행정에서 의도적으로 이 사업의 기본 내용과 형식의 모티브를 도출함으로써 얻어진 것이기도 하다.

2) 리터러시의 위계질서

(1) 이름의 현상학

짐작되겠듯이, 학생들은 그저 통계의 대상만은 아니었다. 전부는 아니지만 참가한 학생들의 이름은 여러 형태를 통해 신문지상에 게재되었다. 가장 극명한 예로, 1932년 동아일보는 브나로드운동에 참가 신청한 학생들의 이름과 나이, 학교, 학년, 강습예정지를 전 12회에 걸쳐 게재한다.[25] 그 밖에도 자신이 쓴 보고문이 기사화되거나, '성적우수자'로 뽑혔다고 이름이 나는 등, 학생들의 이름은 많이 활자화된다. 그 반면에 강습자들은 추상화된 양적인 수로만 표기되었다. 보름 안팎으로 진행된 강습을 통해 글을 자신의 이름과 주소를 쓸 줄 알게 되었고, 또 그 자필 증명서가 보고서에 같이 첨부되었다 해도 그들의 이름은 등장하지 않는다. 물론 조선일보의 경우, 학생들이 보내온 보고서로 꾸며진 〈본사주최 문자보급반통신〉에 계단식으로 서서 전원이 함께 찍는 학교졸업사진을 연상시키는, 보급반원들을 담은 사진이 실리기도 했다. 『동아일보』에는 문자를 해득한 강습생의 자필이 사진기사로 실리기도 했다. 그러나 그들의 이름은 알 수 없다. 브나로드 운동의 이 같은 이름의 현상학은 리터러시의 위계질서를 상징한다. 이 운동을 글을 깨우쳤다고 하더라도, 애초 "문자를 아는 이"의 대열에 여전히 포함되지는 않는다는

25) 「제이회 브나로드 계몽대원 참가씨명」, 『동아일보』, 1932.7.3~12. 정태호는 이러한 홍보방식의 목적이 학생들의 참여의욕을 높이고 또한 브나로드운동의 사업성과를 과시하는 한편, 학생들에게 책임감을 갖고 활동하게 하기 위한 것이었다고 평가한다(정태호, 앞의 글, 81면).

것이다. 이 운동에서 "문자를 아는 이"란 제도화된 학교교육을 받고 있는 '학생'이기 때문이다. '문맹'이란 인구의 발견은 그 대쌍 인구집단인 '학생', 그리고 이 운동의 동원대상이자 주체이기도 한 '중등학생' 이상의 집단의 사회문화적 위치를 부각시키고 강화하는 효과를 동반할 수밖에 없었으며 부수적 효과 이상의 의미망을 지니고 있었다.

신문사 편집진에 의해 취사되었을 가능성이 있지만 기사로 게재된 계몽대원들의 보고서는 이 운동이 창출해낸 인구집단을 정체성을 잘 구현해내고 있다. 『조선일보』의 〈본사주최 문자보급반통신〉란에 게재된 학생들의 글은 대체로 귀향의 시점과 자신의 동리에 대한 간단한 소개, 문자보급반 개학 일자, 모집된 반원수, 교수방법 및 성취정도, 강습생들의 학습태도, 보고자의 감상으로 이루어져 있다. 이러한 글의 얼개 자체가 주최 측이 표방한 운동의 지향점을 고스란히 보여주고 있다. 그 내용 중 그들이 문자보급운동에 참여한 동기와 활동을 수행하면서 느낀 감상과 포부를 쓴 부분은 앞에서 말한 정체성의 진술방식을 잘 보여준다. 아래, 「희생적 정신으로 당면한 사업의 완성을 함에 노력하자! 전조선학우여」라는 제하의 글은 충북 진천군 진천면 읍내리에서 경성제대예과 엄태식의 글이다.

> 왼 朝鮮의 學友 여러분이시여 심한더위를 克復하며 無識으로말미암아 광光明 빗에 섯지 못하는 우리의 同族을 가르치기에 奔忙하신 諸友들의 英姿가 眼前에 活如합니다. (…중략…) 大體 村에 劇團가튼것이 엇지다오면 왼洞里가 떠들썩하며 하다 못해 것구경이라도 가는 것이 現狀인 이때에 이만치만히 모힌것을 보면 그들이 얼마나 無識을 늣기며 하로밧비 暗黙한 환경에서버서나랴는 尊貴한 意志의 發揮임을 깨닫겟습니다. 더구나 奇特한것은 밤에도 어린이들이와서 배우고저하는 것이 얼마나 귀엽고 애처러운지몰으겟습니다. 학우 여러분이시여 엇지다만저의 鄕里만이 이려하겟습니까? 왼 朝鮮이다 그러할 줄 암니다.
>
> 그러면 우리들의 미약한 活動으로 말미암어 우리가 다가티나아갈 광명한

길이 열리며 우리도 역사상에 나타난 어느때 어느 민족에게도 뒤지지않는 아니 그들을 훨씬 초월한 문명을 건설할 수 잇을 것입니다.[26] (강조—인용자)

이 발화자가 응답을 얻기를 구하는 대상은 "온 조선의 학우"이며, 그리고 자신의 향리 사정이 곧 "온 조선"의 사정이다. "귀향" 혹은 "브나로드"는 이처럼 이 운동의 공간적이고 문화적인 이동성을 함의하며 동시에 '조선'전체와 그 속에서의 자신의 위치를 설정하게 한다. 여기서 '문맹'·'암묵'·'광명'·'문명'은 이동성(mobility)을 촉진시키는 문화적 표상이자 자신의 위치설정을 가능케 하는 컴퍼스의 움직이지 않는 축 내지 거멀못이라고 할 수 있다. 방학이 끝나면 다시 학교로 돌아가게 되는 학생은 물론이고 지식인의 귀농이나 귀향은 언제나 다시 떠날 가능성을 배제하지 않는다.

연희전문 강치봉은 한껏 고양된 수사로 브나로드 운동을 물산장려운동, 한글운동과 함께 역사적으로 필연적인 이탈리아의 르네상스운동에 빗대고 참여한 자들을 '학생선각자'로 치켜세우면서 "만일 이태리 문호 문예부흥운동에 거인인 폐류락과 보카치오 가튼 사람을 무시할 수 있다면 또한 조선에서 이러나는 학생브나로드 운동의 선봉자들을 무시할 수 잇을 것이다"라고까지 주장한다.[27] 문예부흥의 선구자들로 각각 시인이고 소설가인 페트라르카와 보카치오에 자신을 포함한 브나로드의 학생들을 유비시킨 것은 자아도취적이지만 이 운동의 핵심적인 구조를 보여준다. 글쓴이인 강치봉은 제1기 학생브나로드운동의 '기자대'(記者隊)로 참여하여 7회에 걸쳐 〈기자대소식〉을 연재한다. 동아일보의 브나로드운동은 역할에 따라 계몽대원을 모집했다. 그 자격과 활동내용을 보면,

---

26) 『조선일보』, 1929.8.8, 3면.

27) 강치봉, 「농촌가는 길—경성서 안변까지」, 『동아일보』, 1931.9.2.

- 제1 학생계몽대(중학4~5년생에 한함) 조선문강습, 숫자강습.
- 제2 학생강연대(전문학교생에 한함) 위생강연(민족보건, 공중위생에 치중), 학술강연(자연과학 및 실과에 치중함).
- 제3 학생기자대(전문 및 중학상급에 限) 기행 · 일기, 척서(滌署)풍경, 생활체험.[28]

'학생강연대'의 활동은 1931년 제1회 때도 신문지상에 보고된 예가 없었으며 2회 때부터는 아예 모집대상에서 제외되었다. 학생기자대의 활동도 그리 활발하다고는 볼 수는 없다. 1931년 제1회 브나로드운동 때 학생기자대소식에 게재된 기사는 총 3건, 연재일수는 9일밖에 되지 않는데, 7회의 연재기사가 연희전문이라고 밝힌 앞의 강치봉의 글이다. 1932년 2회 브나로드운동 때에는 총 4번 게재되었다. 사례가 적어 일반화하기는 힘들지만 전문학교생의 경우 상대적으로 더 많은 지면이 할애된 것으로 보인다. 위에서 보여 지는 계몽대원의 분류기준이, 학교교육의 순차적 단계와 연동하는 것으로 인식된 문해능력의 위계에 기초한 것이라는 것은 두말할 나위도 없다.

하지만 조선문과 숫자를 강습하는 학생계몽대보다 더 높은 학력을 자격조건으로 내걸었던 학생기자대의 경우라도 아무리 전문학생이라도 '학생'이라는 범주를 벗어나지는 않았다. "학생기자대라는 것은 실로 사계(斯界)에 초유의 것이어니와 우리는 이것이 학생에게 조선의 자연과 인사를 관찰하고 이해하는 훈련을 얻을 기회를 주기를 바라는 것이다"라는 동아일보사 측의 학생기자대에 관한 언급은 이를 보여준다. 조선에 관한 지식이 부족하고 그것을 교실에서도 얻기 힘든 상황이다, 따라서 조선에 관한 지식을 얻기 위한 방법으로 조선에서 간행되는 신문과 잡지를 보는 것, 그리고 직접 자기가 문견하는 것이 확실한 길이라고 하면서, "자기가 자기의 향리의 산천이나 향리의 인민의 생활을 관찰하

28) 『동아일보』, 1931.7.16, 1면.

야 문장으로 서술하야 보는 습관을 길우는 것은 학생 각자에게 심히 중요한 일일뿐더러 그것이 신문에 발표된다면 청순한 남녀학생의 맘에 비초인 조선의 자연과 인사는 반드시 무상한 흥미를 여할 것을 믿는다."[29] 브나로드운동의 장 자체가 동원된 학생들에게 직접 경험을 통해 '조선에 관한 지식'을 얻게 하기 위한 교육의 장이기도 했듯이, 기자대의 활동은 글쓰기 교육의 일환으로 설정된 것이며 그것을 격려하고 독자들에게 신선함도 주기 위해 '학생'이 쓴 글을 신문 기사화하는 '사계 초유의 일'을 기획했다는 것이다. 이러한 언설은 신문(사)이야말로 리터러시의 위계질서에 있어 정점에 놓인 것임을 은연중에 시사한다.

브나로드운동의 구조적 동학에 내재된 리터러시의 위계질서는 브나로드운동 기간과 병행하여 동아일보가 조선어학회의 후원 하에 실시한 〈조선어강습회〉에서도 잘 드러난다. 이 강습회는 1931년 제1회의 경우, 7월 말에서 8월 말까지 한 달여 동안 전국 29곳에 열리는 등, 1934년까지 동아일보의 계몽운동과 함께 지속적으로 추진된 자매사업이었다. 그 2회째인 1932년에는 강사로 파견된 조선어학회 인사들이 쓴 조선어강습회 현장에 대한 스케치가 〈한글순례〉라는 연재기사로 게재되었는데 이 강습회의 성격을 파악하는 데 참고가 된다.[30] 이 강습회에 참가한 강습생들은 "남녀 칠십여 명으로 관리 · 교원 · 의사 · 은행원이 다수이며…… 모두 전문 학식 이상의 정도"[31]라거나, "청강원은 50명가량, 다수가 교직원 관공리", "교원 4, 학생 4, 관공리 12, 상인 9, 사원 8, 기자 4, 기타 6"[32]으로 보고되었다. 당시 사계의 전문가로 급부상하고 있었던 조선어학회 인사들의 강의 내용은 '바른 철자법, 바른 문법'—신철자법[33]—이었으며 그 대상은 적어도 중등학교 졸업 이상의 안정적인

29) 「학생브나로드와 한글강습」(사설), 『동아일보』, 1931.7.28, 1면.

30) 동아일보의 브나로드운동과 관련된 조선어학회의 〈조선어강습회〉에 대한 대강의 사항은 『한글학회 50년사』, 한글학회, 1971, 320~329면.

31) 이윤재, 「한글순례－영홍에서」, 『동아일보』, 1932.8.10, 4면.

32) 김윤경, 「한글순례－울산에서 (상)」, 『동아일보』, 1932.9.8, 4면.

직업을 갖고 있는 중간계층이거나 중등학생들이었다. 즉, 학생들은 촌의 문맹자들에게 '가갸'를 가르치고, 조선어학회 인사들은 중간계층의 인텔리들에게 '문법'을 가르쳤다. 브나로드운동에 구조화된 구문해능력의 위계는 문자사용의 규범과 지식을 얼마만큼 더 숙지하고 있는가, 더 고급한 규범과 지식을 숙지할 만한 사전교육은 이루어졌는가 등으로도 구현되고 있었다.

전문가들인 조선어학회의 인사들이 직접 전국을 돌면서 진행한 강습회에 참여한 사람들의 직업구성을 보면, '가갸' →'문법'의 단계가 교과과정상으로는 연속적인 것일는지 몰라도 그 사이에는 뛰어넘기 힘든 심연이 존재한다는 사실을 알 수 있다. 글을 모르던 사람이 'ㄱ'에 'ㅏ' 하면 /가/라고 '읽을' 줄 알게 되었다고 해서, 보고서를 '쓰는' 학생들과 똑 같은 문자해득자가 아니듯이 말이다. 물론 근대적 학교교육이 제도화된 이상, 리터러시의 위계가 학력과 나란히 가는 것은 불가피하다. 게다가 "문맹타파의 본로(本路)인 학교의 증설도 심히 지(遲)하여 …… 조선인 리터러시 향상은 보교교육이 의무교육이 되기까지는 민간의 운동에 기대하지 아니하면 아니될 것이다"[34]라고 브나로드 운동의 주최 측이 주장했듯이, 신문사의 문자보급운동은 식민지 교육현실에서 촉발되었다. 하지만 학교교육에 의거한 문해능력의 위계를 구조화하는 방식으로 진행된 이 운동은 바로 그러한 이유에서 학교교육에 의한 사회문화적 위계와 불평등을 자연화하는 효과를 동시에 낳았던 것은 아닐까? 이 지점은 왜 신문사의 문자보급운동의 대상에 있어 아동과 여성의 비중이 상대적으로 높았는가와도 관련이 있다.

---

33) 소위 '신철자법'은 학무국의 제2회 언문철자법개정으로 이루어진 철자법을 가리킨다. 조선어학회 인사들이 다수가 심의위원으로 참여하여 그들의 문법체계에 기초한 표의주의적 철자법을 상당한 부분 관철시켰다. 이에 대해서는 이혜령, 앞의 글, 참조

34) 「남녀학생에게 급고」, 『동아일보』, 1933.5.9.

(2) 브나로드의 젠더

식민지 시기 전개된 사회운동, 대중운동 가운데서도 가장 활발하고 또 대중적 기반도 넓었던 운동인 야학운동[35]은 대체로 학교에 갈 수 없는 학령아동 및 성인의 교육적 구제 대안으로 제시되었으며 따라서 문자해득을 초보적이자 중요한 목표로 내걸었다. 그러나 그 성격 면에서는 피교육자들이 단지 "문맹"이라는 정체성으로만 환원되지는 않았던 것으로 보인다. 가장 단적으로는 '노동야학'·'농민야학'·'여자야학' 등 당시의 분류명에서도 알 수 있듯이, 그 운동의 장은 피교육자의 계급적, 젠더적 정체성, 설립 및 경영주체나 참여자들의 지역적·집합적 정체성과 거기서 비롯된 지향이 중첩되거나 분화되고 있는 장이었다. 『조선일보』의 귀향학생문자보급운동이 1929년, 『동아일보』의 학생브나로드운동이 1931년에 시작하여, 장외활동을 할 수 있었던 1934년까지의 시기는 야학운동의 전반적인 증가와 함께 이른바 민중야학이 대두되고 식민지 권력에 의해 대거 폐쇄되었던 시기와 겹쳐진다. 이른바 민중야학이 본격적으로 대두하여 전성기를 이루었던 1920년대 후반부터 1930년대 초반[36]은 야학운동의 주체와 대상의 정체성, 그 지향이 중첩되고 경합, 분화되는 경향이 두드러졌다고 할 수 있다. 이러한 상황에 비추어 본다면, '문맹'이라는 동질적 인구집단을 창출한 데서 출발하여 그들을 한글로 이름과 주소 정도를 쓸 수 있는 '문자해득자'로 만드는 데 목표를 둔 브나로드 운동은 다양한 정체성을 무시하거나 은폐하는 효과를 낳았으며 또 그래야만 진행될 수 있었다. 신문사의 문맹퇴치운동에서 아동과 여성의 참여가 상대적으로 높은 비중을 차지한다는 사실을 바

35) 일제하 전시기에 걸쳐 야학운동은 노근식에 따르면 연인원 평균 300만 명이 참여했다고 한다. 노근식, 「일제시대 야학운동의 규모와 성격」, 고려대 석사논문, 1992. 그 양에 있어서는 상당한 정도로 진척된 야학운동에 관한 연구사적 검토는 김형목, 「야학운동의 의의와 연구동향」, 『사학연구』, 한국사학회, 2002.6 참조.

36) 노근식, 앞의 논문, 14~17면 참조.

로 그 결과적 현상으로 바라보고자 한다.

동아일보의 총결산에 따르면, 4회 동안 강습생 총수 98,598명 중 여자가 44,171명으로 여자비율이 45%이다.[37] 적절한 비교의 예가 될지 모르겠지만, 1927년 조선농민사의 함흥지부에 의하여 조사된 군내의 농민야학은 약 1백 30개소, 정확히 조사된 야학에서 공부하는 생도수는 남자가 3천 9백 14명, 여자가 7백 54명,[38] 여자비율은 약 16%이다. 이것과 가장 가까운 연도인 1931년의 경우, 브나로드 운동의 총 강습생 수 9,492명에 남자가 5,426명 여자가 4,066명으로, 여자비율은 약 43%인 것을 보면, 브나로드운동의 여성참여 비율은 상대적으로 높았다고 할 수 있다. 동아일보의 경우 참여한 강습생의 연령대의 비중은 알 수 없으나, 조선일보에 1929년 첫 문자보급운동의 통계를 제시한 것에 따르면 보통 학령기라고 할 수 있는 8세에서 18세까지가 큰 비중을 차지했다.[39] 연령대에 따른 성비까지 제시된 게 아니어서 속단하기 힘드나 여기서 여성에는 아동의 일부인 여아가 대다수 포함된다고 보는 것이 적절하겠다. 농번기인 시기에 단기간에 실시되어 지역의 농민들이나 주민들과의 지속적이고 안정적인 유대를 맺기 힘들었기 때문에 농민이 거의 참여하지 않았다는 브나로드운동에 대한 대체적인 평가를 따른다면 다른 야학에 비해 아동 및 청소년, 여성의 비율이 상대적으로 높았던 것으로 보인다. 여기에 더해서 학교교육에 기초한 리터러시 위계질서를 구조화한 브나로드 운동의 지향이 학령기의 미취학 아동과 여성의 비중을 더욱 높이는 결과를 낳았던 것이다.

---

37) 동아일보사 편, 『동아일보사사』, 1975, 341~2면.

38) 『조선농민』, 1927.12. 주봉로, 「1920년대 「조선농민사」의 농민사회교육활동에 관한 연구」, 단국대 박사논문, 1990에서 재인용. 이 논문의 부록에 실려 있는 통계를 보면 농민야학은 거의 남자 비율이 압도적이라는 사실을 알 수 있다.

39) 『조선일보』, 1929.10.3, 학습자연령별수를 연령(수)로 표기하면 다음과 같다. 8세(115) · 9세(148) · 10세(211) · 11세(231) · 12세(319) · 13세(265) · 14세(257) · 16세(157) · 17세(118) · 18세(109) · 19세(77) · 20세(63) · 21세(29) · 22세(32) · 23세(30) · 24(25) · 25(30) · 기타(401).

이러한 상황은 다른 시각에서 보자면, 농민야학이나 노동야학의 경우 여성들의 참여는 쉽지 않았음을 보여준다. 가장 큰 이유는 여성교육에 대한 몰이해일 것이다. 브나로드 운동의 경우도, 다른 야학에 비해 상대적으로 여성의 비율이 높다는 것이지 절대적 수치에서는 남자가 많았다. 학생들의 보고서에서도 간혹 교사나 교실의 부족, 시간표 문제 때문에 남녀 반을 따로 만들기가 어려운 경우 "남녀공학으로" 했다는 것이 주요한 보고내용이거나 "남녀공학"으로 하는 것이 꺼려져서 하는 수 없이 '여자반'은 만들지 못했다는 내용, 또 동리의 촌로들이 완고하여 여자가 배우면 못쓴다는 이유로 강습생 모집에 어려움을 겪었다는 내용이 나온다. 한편으로 야학의 설립 및 운영의 주체들은 야학만이 아니라 지역사회와 경제활동을 위한 다른 사업도 추진했으며 야학은 여러모로 그 사업의 인력재생산을 위한 장이자 네트워크로 활용되었다. 이러한 사회적 경제적 영역으로부터의 소외가 여성의 학교교육 밖에서의 교육기회도 제한했다고 할 수 있다. 이렇게 보자면, 단기적이고 해당 지역의 사회적 관계망에 깊이 의존하지는 않았던 브나로드 운동은 여성들이 참여하기에 훨씬 수월했다고 볼 수 있다.

> 찌는 듯한 낫에 어린 순진한 동모들이 땀을 팔팔 흘려가며 한자한자 집혀가며 읽는 광경이며 처음으로 가지는 연필에 마루장이 뚜러질만큼히드려 한자한자 박여쓰는 것이며 그날 하로 예정한 글을 맛치고 짓거리며 집으로 가는 뒤자태를 바라보는 나로서는 감격과 희열의 눈물이 넘키고 우리도 이제산다 —은 마음에 아모도 업는 곳에 주먹으로 광천을 향하야 뽐내도 싀원치 안흘 것 가튼 마음이 용소슴칩니다.[40]
>
> —김천군, 대구고등보통학교 김사엽

> 삼라만상을 태워버릴 듯한 폭양 아래서 종일일하고 피로함도 잇저버리고 와서 모기에게 뜻기면서 주먹가튼 땀을 씨서가며 한자라도 알려고 하며 순진

40) 「본사 주최 귀향학생문자보급반통신 (3)」, 『조선일보』, 1929.8.1.

한 아동은 떠들지도 않고 졸지도 않으며 정신을 밧작차리어 마치 즉시 전장에 나아가랴 하는 병사와 가티 긴장한 얼골로 칠판을 눈이 빠지도록 보고 제각기 나와 한자한자 써보기도 하며 (…중략…) 한자라도 똑똑히 알려고 하는 그들의 열성을 볼때 내마음은 깃분눈물이 흘러내리면서 "이제 우리도 살길을 차젓다" 하는 희망의 화염이 용소슴치어 나로써도 알지 못하게 주먹을 굿게 쥐게 합니다.[41)]

―공주군, 경신학교 이상○

저이들 두사람은 천진난만한 어린이들의 캄캄한 눈을 광명하게 하려고 수술하려는 의사와가튼 생각이잇습니다.[42)]

―大同郡 藍壤里, 대원 한봉창

훗날 국문학자가 되는 김사엽 들이 쓴 보고문의 내용은 어딘지 낯익다. 브나로드의 파급력은 아동을 '문맹'의 가장 전형적인 표상으로 전면화 시켰다는 데 있다. 글을 배우는 성인 남성의 표상을 발견하기 어려운 이유는 여기에 있다. 아동, 그리고 여성은 '문맹'이라는 단일한 정체성을 투사하기에 그리고 순전한 계몽의 대상으로 설정하기에 좋은 대상이었다. 그리고 이들의 '선생님', 애처롭고도 기특하게도 눈을 뜨고자 애쓰는 자들을 재현하여 대변하고자 한 자는 고등보통학교 재학 이상의 학력을 소유한 남성들이었다. 요컨대, 브나로드 운동의 구조화한 리터러시의 위계질서의 골격은 글을 깨쳐야 할 여성과 아동, 그리고 글을 가르치고 쓰는 청년학생이라는 트라이앵글이었던 것이다.

이 트라이앵글은 그러한 주체를 호명하는 미디어의 발간[43)]이나 지면분할, 배치를 통해 형성되어온 것이다. 특히 『동아일보』 학예면은 1923~4년

41) 「본사 주최 귀향학생 문자보급반 통신 (10)」, 『조선일보』, 1929.8.11.

42) 「제1회 학생브나로드운동 계몽대소식 (7)」, 『동아일보』, 1931.8.12.

43) 가령, 박헌호는 『학생』·『어린이』와 『신여성』과 같은 미디어의 현존은 추상적인 전체로서만 존재했던 민족 단위를 구체적으로 분할하는 사회적 범주를 형성시키는 효과를 낳았다고 주장한다. 박헌호, 「식민지 치하에서 작가가 된다는 것」, 『상허학보』 17집, 상허학회, 2006.2, 13면.

무렵부터 여성과 아동, 그리고 문예(학)을 자기영역으로 구축하면서 형성된다. 소년소녀란과 가정부인란 신설을 위한 사고(社告)는, 여성과 아동은 뒤처지고 가련한 존재로서 계몽과 보살핌이 필요한 사회적 약자이자 무엇보다 세계와 자기 자신에 대한 지식과 표상을 스스로 생성해낼 수 없는 존재로 규정되었다. 여성과 아동을 위한 미디어적 계몽의 실천은 사실상 그들을 대표하고자 하는 미디어적 주체가 수행하는 두 존재에 대한 지식과 표상의 생성, 즉 정체성의 구축과정이었다. 한편 문학은 여성과 아동을 위한 교양과 취미의 영역으로 제공되었으며, 그것의 재생산의 역할은 미디어의 신춘문예나 현상응모를 통해 중등교육 이상의 청년학생에게 부여되었다. 문학이란 청년학생의 탈젠더화된 규정인 셈이다.[44] 브나로드 운동은 연령별로나 존재방식으로나 당시에도 여전히 모호하고도 경합적인 범주인 '청년'으로부터 '학생'을 도려내고 "글자와 세음[數]"의 차원에서 그들을 특권화시킴으로써, 남성 엘리트의 최소한도의 자기규정은 리터러시임을 명징하게 보여준 운동인 것이다. 그것은 최소한이기에 그래서 기각될 수 없는 구별짓기의 마지노선이었다.

3. 리터러시와 근대적 주체 형성의 도그마
—『상록수』의 히로인과 그 죽음에 관한 한 고찰

위 인용문에서 천진한 어린이들이 애처롭고도 악착같이 글을 배우는 장면의 기시감(既視感)은 심훈의 『상록수』에서 온 것이기도 하며 진부한

44) 이혜령, 「1920년대 『동아일보』 학예면의 형성과정과 문학의 위치」, 『대동문화연구』 52집, 성균관대 대동문화연구원, 2005.12, 107~112면.

스테레오타입적 표상이기도 하다. 그러나 『상록수』에서는 아이들 앞에 고등보통학교의 남학생이 아니라 전문학교인 ××여자신학교를 자퇴하고 '타향'에 온 채영신이 서 있다는 것을 눈여겨보아야 한다. 현재까지 한국문학사를 통틀어 고유명을 얻은 몇 안 되는 히로인인 채영신의 형상은 브나로드의 문화정치에 의거한 가장 감동스러운 장면—때문에 통속적이라 비난받는—을 연출했을 뿐만 아니라 그 비극적 비전도 암시했다.

신문사들의 문자보급운동 과정 중에 보내온 몇몇 보고서들은 자신을 도와 함께 일하는 여자 선생님들에 대한 고마움을 표하는 대목이 나온다. 예컨대, 부산에서 소식을 전해온 김상기는 "나는 전부터 각오를 한 몸이지만 세분 선생님 특히 여자의 몸으로 하로에 왕복 이십리길을 폭양을 무릅쓰고 아동을 매일 가르쳐나가시는 것을 보면, 감사한 마음을 금키 어렵습니다"[45]와 같이, 여선생들의 각오와 노고를 남성인 자신의 그것보다 더 대단하고 갸륵하게 여기는 인식을 내비친다. 동아일보의 브나로드 운동의 경우, 여학생들의 참여율은 2회째인 1932년에는 1%, 3회인 1933년에는 7%였다. 늘어났다고는 하나 드문 사례였기에 위와 같은 감상은 자연스러운 것인지도 모르겠다.

브나로드 운동의 참여했던 절대다수의 남학생이 아니라 아주 드물었던 사례인 여학생 채영신이 학교를 자퇴까지 하면서 '문맹타파'라는 브나로드의 모티브를 지속적으로 체현한다. 채영신 곁에는 언제나 어린이들과 그녀에게서 글을 배운, 원재 어머니와 같은 청석골의 아낙들, 즉 아동과 여성들이 있다. 그녀는 박동혁의 고향 '한곡리'에 가서도 김건배의 "보통학교 하나는 명색 졸업이라고 해서, 아주 맹문이는 아닌" 아내를 회장으로 내세워 '여자들의 글눈을 틔워주는 강습회'를 기본사업으로 삼는 '한곡리 부인근로회'를 조직하게끔 만든다. 반면 신문사 문자보

45) 「본사 주최 귀향학생 문자보급반 통신 (11)」, 『조선일보』, 1929.8.13.

급운동에서 가장 많은 문자해득자수를 내어 1등상을 탄 박동혁은 야학을 지속하고 농우회회관을 건립하여 더 많은 아동들을 수용할 구상은 갖고 있지만 작중에 주로 형상화되는 활동의 장은 그를 중심으로 한 마을 청년들의 단체인 농우회이며, 그의 지향은 채영신이 수행하고 있는 현상적인 문화운동을 탈피한 농민의 현실에 기초한 경제운동이다.

대체로 이광수의 『흙』과 『상록수』를 다른 방식으로 읽고자 하는 독해방식은 이러한 채영신/박동혁의 활동과 비전을 종종 기독교/비타협민족주의, 문화운동/정치·경제운동으로 바라본다. 여기서 이 빗금(/)의 농도와 의미망을 어떻게 두느냐에 따라 『상록수』의 해석적 지평은 확장되며 다채로워진다.[46]

그런데 그들이 '동지'로 맺어지던 날 악박골의 약수터 장면을 떠올려 볼 필요가 있다. "난 자진해서 학교를 퇴학하고 싶어요"(47면)라는 박동혁의 말에서 물꼬를 튼 그들의 결정적인 공감은 동질화된 '학생'이란 신분이 은폐하고 있는 자신들을 길러낸 가족들의 계급적 기반, 즉 저마다의 '딱한 사정'을 이야기하는 데서 이루어진다.[47] 이들의 실천이 "자퇴"—학생이라는 유동적이며 기득권적 존재방식의 포기—에서 시작하는 소이는 여기에 있다. "우리 시골로 내려갑시다! 이번 기회에 공부고 뭐고 다 집어치우고서, 우리의 고향을 지키려 내려갑시다"라고 박동혁은 채영신의 손을 덤석 잡고 다짐한다. '우리의 고향'이 모든 농촌이거나 시골이 아니라면, 조선 전역이 아니라면 이때 채영신에게는 돌아갈 고향은 없다. 박동혁에게 '우리의 고향'이란 자신의 실제 고향인 청

---

46) 『상록수』의 해석에 대한 이러한 제언에 대해서는 다음을 참조. 박헌호, 「'늘 푸르름'을 기리기 위한 몇 가지 성찰—『상록수』 단상」; 심훈, 『상록수』, 문학과지성사, 440~457면. 『상록수』의 인용은 이 책을 따르며, 면수만을 밝히기로 한다.

47) 박동혁이 자신 하나 공부시키느라고 논을 거의 다 판 아버지의 이야기를 하자, 채영신은 백선생(백현경)에게밖에 모르는, 행상을 하며 자신하나를 공부시킨 육십이 넘은 홀어머니의 이야기를 한다. 채영신의 자기고백이 불편하도록 진솔해지자 박동혁은 '내가 공연히 그런 소리를 끄집어냈구나'라는 생각을 하게 된다. 여하튼 박동혁은 채영신과 결혼을 맹세하면서도 그녀의 홀어머니에 대한 어떠한 관심도 내비치지 않는다.

석골이자 그것을 원점으로 조선 전역으로 확대되는 동심원적 비전으로 나타나지만, 채영신에게는 타향만이 그런 의미의 고향일 수 있었다.[48] 채영신에게 『흙』의 허숭, 『고향』의 김희준, 그녀의 동지이자 연인인 박동혁과 같은 귀농으로서의 귀향은 가능하지 않은 것이다. 달리 말하자면, 농민과 프롤레타리아트와 같은 근대성의 집단적 주체의 형성과정에 개입하는 것은 남성 지식인의 몫임을 의미한다. 이는 학교제도에 기반한 리터러시의 권력에 안주하지 않음으로써만 가능하다. 반면에 드문 기회를 얻어 고등교육을 받은 여성 엘리트는 그 권력을 끊임 없이 권화함으로써만이 간신히 계몽주체의 자리에라도 설 수 있었음을 의미한다.

이 소설은 모더니티의 주체 기획이란 여성에게는 끊임없는 시간적 지체를 동반할 수밖에 없음을 상징적 무의식적 구조로 드러내고 있다고 해도 과언이 아니다. 가령, '학생계몽운동' 계몽대원 피로연 장에서 여학생 중 가장 큰 성과를 기록한 채영신이 박동혁의 보고와 소감발표가 끝난 후에야 마이크를 건네받는 장면에 주목하자. 그녀는 사회자와 좌중을 향해 당당하게 그 불쾌함을 표시하지만, '남자' 그 다음에 '여자'라는 순서는 이 소설의 라이트모티프에 가깝다. 이는 박동혁에게 무엇인가를 번듯하게 먼저 해보이고 말겠다는 채영신의 계몽적 열정에 기초한 경쟁심으로 드러난다. 채영신은 박동혁의 그림자 속에 자신이 포개지길 욕구하는 주체이며, 그 욕구는 그녀가 박동혁보다 뭔가 뒤처져 있기 때문에 생긴 것이다. 채영신은 피로연장에서는 박동혁의 주장에 동감을 표현하는 것으로 자신의 소감을 대신하고, 자신의 가정환경을 유일하게 말했을 정도로 친밀한 관계이자 스승인 백현경에 대한 비판적 거리 또한 박동혁을 통해서야 취하게 된다. 박동혁이 이룬 것만큼의

48) 박동혁과 그의 동지들이 매일같이 부르는 노래가 '한곡리'의 '애향가'인 반면, 채영신의 청석학원의 낙성식날 울려퍼진, 그리고 자신의 죽음을 앞두고 불러달라고 하던 찬송가가 「삼천리강산 금수강산」인 이유는 그 찬송가가 기독교와 민족주의의 모티브를 결합하고 있기 때문만은 아닌 것이다.

문자보급의 성과 또한 채영신에게는 좀 더 후일을 기해야 하는 과업이었다. 채영신이 걸어갔던 길은 박동혁이 이미 걸어갔던 길인 것이다. 현상적 문화운동에만 머물러서는 안 된다는 박동혁이 줄곧 주장한 바에 대해서 채영신은 뒤늦게서야 "참 그래요. 무엇보다도 먼저 생활이 있고서, 그 다음에 문화사업이고 계몽운동이 있을 것 같아요"라고 '매우 동감인 뜻을 보인다'를 정도이지 자신의 계몽현장인 청석골에서는 과연 무엇을 어떻게 해야 하는지 보여주지 못한 채 죽게 된다.

그렇다고 박동혁의 리터러시의 권력이 철회된 것은 결코 아니다. 채영신의 '청석학원'보다 먼저 건립된 농우회회관의 '도서관'에는 "기만이가 사서 기부한 농업 강의록과 농촌운동에 관한 서책이 오륙십 권이나 되고, 동혁이가 보는 일간 신문과 회원들이 돌려 보는 『서울시보』·『농민순보』 같은 정기간행물이며, 각종 잡지까지 대여섯 가지나 구비되어"(190~191면) 있다. 한곡리에서 박동혁의 위치를 차지하고 싶은 강기천은 동혁에게는 "근처에 없는 고등교육까지 받아서, 마주 앉으면 제가 도리어 인금에 눌리는 것 같"은 압박감을 느낀다. 또 매호 당 한명씩 '호주'가 참가에서 치루는 한곡리 진흥회 선거는 "무기명으로 투표를 하는데도, 대필(代筆)로 쓴 사람이 많았다. 여러 해 가르쳐서 '한곡리' 아이들은 남녀를 물론하고, 글자를 모르는 아이가 거의 하나도 없게 되었건만, 어른들은 반수 이상이 계통문에 제 이름을 쓴 것도 알아보지 못하는 까막눈들이다."[49](343면) 가장 결정적인 증좌는 아마도 반은 자생적으로 반은 형 박동혁을 통해 성장한 박동화일 것이다. 그는 농우회관을 방화하여 박동혁이 쌓아온 모든 것과 오히려 강기천을 이용하여 고리채에 시

---

49) 이러한 선거풍경은 해방 후 남북한이 '국민'형성을 위해 왜 성인문맹퇴치를 포함한 광범위한 문맹퇴치에 급박하게 나서지 않으면 안 되었는지를 미루어 짐작할 수 있도록 해준다. 또 하나는 문자해득을 기본적인 목표로 삼는 보통교육의 의무화는 정치적 권리와 연동해 갈 때만이 가능한 것임을 말해준다. 3·1운동 직후 일본에서 나타난 조선통치에 관한 가장 논쟁적인 사안이 내선공학과 조선인의 제국의회 참정권 부여 문제였던 이유도 여기에 있다.

달리고 있는 마을의 생활난을 해결하려던 동혁의 계획을 수포로 만든다. '방화'와 같은 박동화의 돌출적이고 비이성적인 행동은 "워낙 저만 공부를 시켜주지 않았다고 부형 탓을"(328) 해온 그의 학력 콤플렉스에서 오는 자격지심이 한몫했음을 소설의 화자는 은연중 비치고 있다.

김종욱은 박동혁과 이들의 묘사에 나타난 초점화에 있어서 가장 중요한 기준에 '노동'이 있으며 이는 작품의 강한 민중연대적 성격을 드러내지만 육체노동/정신노동, 농촌/도시의 이분법을 역사화하지 않은 채 윤리적 차원에서 바라본 한계가 있다고 주장한다.[50] 이러한 주장에 공감하지만, 남성 엘리트의 리터러시의 권력은 집단적 주체성 형성과정에 투신할 때라도 철회되지 않고 오히려 보이지 않는 상징권력으로 내재화된다는 것을 간과해선 안 된다. 여기서 필수적인 전략은 그 리터러시의 근원을 '조선'으로 엄격히 제한하는 것이다. 『상록수』에서는 유학파의 상징적 숙청이 이루어진다. 동경의 M대학 정경과(政經科)를 나왔으나 신경쇠약에 걸려 '노새'라 불리는 고등유민 강기만의 초상, 그리고 "기독교연합회 총무이자 세계일주와 개인사의 스캔들로 조선사회에서 누구나 모르는 사람 없이 유명한 백현경. 이들은 '노동하지 않는 인간'[51]일 뿐만 아니라 머릿속 지식도 쓸모 없는 존재들인 것이다. 특히 후자는 한국에서 기독교가 거의 전담하다시피해도 과언이 아닌 여성고등교육의 실패를 의미한다. 그 실패는 채영신에게도 어떤 얼룩으로 남게 된다.[52] 왜냐하면 박동혁 덕분에 치명적인 위기를 간신히 모면케 된 채영신의 건강상태를 결정적으로 악화시켜 죽음으로 몰아넣은 계기가

---

50) 김종욱, 「『상록수』의 '통속성'과 영화적 구성원리」, 『외국문학』 34호, 1993 봄, 152~163면 참조

51) 위의 글, 160면.

52) 이광수의 『무정』 이후 많은 한국 근대소설들은 여성의 근대적 학교교육은 실패했음을 증명하는 데 할애되고 있다고 해도 과언이 아니다. 이광수의 『재생』의 순영에서부터 『상록수』의 채영신까지 그녀들은 대부분 기독교계 여학교를 나온 것으로 설정되어 있다. 기독교는 이때 특정한 종교를 의미한다기보다 서구적 근대성의 가장 흔한 표상이었다.

청석학원을 지은 뒤에 떠난 일본 유학이기 때문이다. 조선의 외부는 의미 있는 지식과 실천의 기반이기는커녕 해악이기조차 하다. 그들을 넘어 선 곳에 있는 박동혁이라는 지식인의 이동성은 '한곡리'를 벗어나기는 하지만 "전 조선의 방방곡곡"(417)으로 제한되어야만 했다. 그러한 제한을 통해 조선의 경계는 물질적이고 이념적인 형태로 설정되는 것이 수순일 수밖에 없다.

> 원재가 저의 이부자리를 안고 건너왔다. 두 사람은 형제와 같이 나란히 누워서 불을 끈 뒤에도 두런두런 이야기를 하였다. 동혁은
> "나는 새로 온다는 여자보다도 원재를 믿고 가네. 나도 틈이 있는 대로 와서 보살펴주겠지만 조금도 낙심을 말고 일을 해주게!"
> 하고 신신당부를 하였다. 원재도
> "채선생님 영혼이 우리들한테 붙어 댕기시는 것 같아서, 일을 안 하려야 안 할 수가 없겠어요"
> **하고 끝까지 잘 지도를 해달라는 말에 동혁은 이불 속에서 나 어린 동지의 손을 더듬어 꽉 쥐어주었다.**(415, 강조-인용자)

채영신의 장례를 치룬 뒤 박동혁은 백현경이 파견할 계획인 채영신의 후임인 여자가 아니라 죽은 채영신에게서 글을 깨우친 청석골의 청년 원재에게 후사를 당부한다. 이렇듯, 채영신이 죽고 난 뒤에 부각된 것은 남성 연대로서의 '동지'이자 지도와 피지도의 관계였다. 이는 브나로드의 문화정치가 구조화한 리터러시의 위계질서란 훨씬 음험하고 견고한 것임을 증명한다. 1995년 채영신의 모델로 회자된 최용신은 건국훈장 애족장을 수여받았다고 한다. 이 모든 사태에서 보자면, 채영신의 사인(死因)과 비극성은 아직 충분히 규명되지 않았다.

극예술연구회의 성립

해외문학파의 욕망과 문화정치

이승희

1. 머리말

극예술연구회(이하 극연)는 일반적으로 한국 근대극의 이상을 실현하고자 했던 구심점이었다고 평가되어 왔다. 이미 당대에 이헌구는 조선 연극계를 신파조와 신극조로 나누고, 후자에 대해 제1기는 문수성과 유일단, 제2기는 토월회, 제3기는 극예술연구회로 계보화했다.[1] 극연 멤버들의 이러한 진술은 이후로도 계속해서 이뤄진 것은 물론, 이두현의 연극사 기술 이래로 유민영·서연호에 의해 마련된 연구사의 전통은 극연의 권위를 보증해 주었고, 극연의 연극사적 위치는 얼마만큼은 자명한 전제로 간주되어 왔다.[2]

1) 이헌구, 「조선연극사상의 극연의 지위」, 『극예술』 1호, 1934.4.
2) 그에 비해 극연에 관한 연구는 거의 불모에 가깝다. 초기 연구로는 김성희, 「1930년대

그러던 가운데 양승국[3]을 필두로 하여 박영정[4]·이상우[5]·김재석[6] 등에 의해 극연에 대한 심화된 연구와 재평가가 이뤄지기 시작했다. 이 연구들은 '극연'이라는 단체의 복원과 재구성이라는 방법 대신, 각각의 관심주제와 결부되어 있는 포괄적인 문제의식 속에서 극연에 대한 다각도의 접근과 해석을 보여주었다. 이 연구들의 성과 가운데 가장 중요한 것은 극연의 연극사적 의미에 대한 문제제기일 것이다. 특히 양승국의 연구는 극연의 운동적 기반으로부터 이들의 연극론에 이르기까지 포괄적이면서 심도 있는 해석을 가하여 극연을 둘러싼 오래된 아우라를 걷어냈고, 김재석의 연구는 스키지소극장(築地小劇場)을 키워드로 하여 이들의 인식론적 구조와 태도를 문제 삼았다. 이 선행연구들은 극연의 사적 지위를 재고하게 하고 이를 한국 근대극의 정체성 탐구에로 확장시키고 있다는 점에서 뚜렷한 성과를 거두었다.

이 글은 극연에 대한 기왕의 성과를 토대로 하되, 극연에 대한 도덕적 판단보다는 실질적으로 그 권위가 어떻게 생성되었는가에 관심을 두고자 한다. 사실, 극연의 권위를 실추시키는 것이 분명한 이론적·실천적 내용들에 대한 차가운 비판에도 불구하고, 극연이 하나의 권위적인 존재가 되어 있었다는 사실 그 자체를 변경시키지는 못한다. 오히려 주목되는 바는 연극사에서 일정한 권력을 획득해나갔던 극연 멤버들의 이해관계와 욕망의 외화과정이며 이를 가능케 했던 문화사적 맥락이다. 양승국의 연구가 밝히고 있듯이, 해외문학파를 중심으로 한 연구부와 홍해성·유치진이 속한 실천부의 잠재된 갈등, 그리고 그 외화로서 극연 후기로

극예술연구회에 대한 연구」, 이화여대 석사논문, 1982; 이대범, 「'극예술연구회' 연구」, 강원대 석사논문, 1987; 이미원, 「근대극의 정립기－극예술연구회를 중심으로」, 『국어국문학』 106집, 국어국문학회, 1991.12 등이 있다.

3) 양승국, 『한국 근대연극비평사연구』, 태학사, 1996.

4) 박영정, 『유치진 연극론의 사적 전개』, 태학사, 1997.

5) 이상우, 『유치진연구』, 태학사, 1997.

6) 김재석, 「일본의 '축지소극장'이 한국 연극에 미친 영향 연구」, 『어문학』 73, 한국어문학회, 2001.

의 진행과정을 설명하는 패턴은, 연극사적 기술의 차원에서 보자면 지극히 자연스러운 귀결이다. 그러나 이것만으로는 그 연극사적 현상을 가능케 한 동력과 그 의미를 충분히 이해할 수 없다. 극연의 '성립'을 우연적인 것으로 바라보지 않는다면, 각각의 이해관계에 기반한 정치적 결합체로서 극연을 해석하는 것이 필요하다. 이때 그 중심에는 근대를 번역해야 했던 식민지적 상황이 있었으며, 바로 그 의제가 해외문학파에 의해 환기되면서 '극연'이라는 조직체에 의해 수행되었던 것이다.

주지하는 바와 같이 한국 근대연극사에서 일본과의 함수관계를 논하지 않고서는 그 형성과정을 말할 수 없다. 신파극의 존재 그 자체가 증명하듯이 연극제작 방식, 레퍼토리의 재료, 일본의 정책적 관여, 그리고 식민지라는 정치적 상황과 결부되어 있는 당대인들의 감정구조에 이르기까지 '일본'을 고려하지 않을 수 없다. 물론 1910년대의 신파극은 자유로운 번역을 구사했다고 말할 수 있다. 이때의 자유로운 번역이란, 한 언어에서 다른 언어로의 정확한 대칭적 변화를 별로 의식하지 않았음을 뜻한다. 어떤 원재료이든 그것은 매우 과감히, 탄력적으로 변개되었으며, 변개의 여부 혹은 정도 그 자체가 평가 기준은 아니었다.

자유로운 번역의 관행은 1920년대에 들어서면서부터 달라지기 시작했다. 3·1운동 이후 봇물처럼 쏟아지던 각종 미디어의 등장 그리고 이를 주도하던 새로운 주체들이 부상하면서 연극계에도 변화가 일어났다. 신파극으로 시작한 윤백남이 근대극에 관한 글[7]을 발표한 것도 상징적인 변화이지만, 그 조짐을 선명히 보여준 것은 현철·이기세·김유방 간에 전개된 '신파극·신극 논쟁'이다.[8] 이 논쟁은 신극 혹은 근대극의 타자로서 '신파'를 구성해내는 인식론적 프레임을 통해서 입센 이후 서

7) 윤백남, 「연극과 사회」, 『동아일보』, 1920.5.4~16.
8) 현철, 「현당극담」, 『조선일보』, 1921.1.24~4.21; 이기세, 「소위 현당극담」, 『조선일보』, 1921.2.28~3.16; 김유방, 「소위 현당극담을 독(讀)하고-케에쓰생(生)에게 고함」, 『매일신보』, 1921.3.19~4.2.

양의 근대극을 번역되어야 할 전범으로 제시하는 계기가 되었다.[9] 김우진이 자기의 경역(境域) 내에서만 안주할 수 없는 근대에는 '진실한 번역시대'의 도래가 필연적이라고 역설한 것,[10] 그리고 이후 토월회가 출현하고 그에 거는 기대가 작지 않았던 것도 이런 맥락에 있었다.

이러한 변화의 바탕에는 사실 '문명화된 타자'를 향한 동일화 욕망이 결부되어 있었고, 그것이 점차 선명해지고 강화됨에 따라 종전의 자유롭고 탄력적이던 번역적 태도는 저급한 단계의 것으로 치부되어 갔으며 아울러 일본 문학과 연극의 비중도 낮아졌다. 이 변화에서 바로 결정적인 역할을 한 것은 다름 아닌 해외문학파의 등장 그리고 극연의 출현이다. 이제 일본을 매개하지 않은 직역이 더 우월하고 가치 있는 것으로 강조되었다. 이혜령이 지적하고 있듯이, 번안에서 직역으로의 변화 그리고 이를 발전으로 파악한 번역의식의 변화는 "지식의 위계질서에 내재된 근대적 시공간 의식의 심화과정"이라 할 수 있으며, 해외문학파의 직역주의는 "일본을 거치지 않는 공간적 거리의 단축이 시간적 지체를 막아줄 것이라는 인식"에서 비롯한 것이었다.[11]

단적으로 말해 이 글의 논점은 바로 근대를 번역해야 했던 식민지시대에 일군의 지식인들이 하나의 권력을 획득해나간 정치적 맥락과 그 수단, 그리고 그 연극사적 효과에 있다. 따라서 지금까지 극연에 대한 논의들이 다분히 유치진을 소실점으로 삼고 있었다면, 이 글은 번역이라는 의제 설정을 통해 문화정치를 기도(企圖)한 해외문학파에 주목하고자 한다. 이것이 번역의 모델로서 제시되었던 스키지소극장의 문화사적 맥락 그리고 해외문학파의 욕망과 미디어정치를 논의의 중심으로 삼은

9) 이승희, 「기표로서의 신파, 그 역사성의 지형」, 『한국극예술연구』 23집, 한국극예술학회, 2006, 21~30면 참조.

10) 김초성, 「소위 근대극에 대하야」, 『학지광』, 1921.6.21, 70면.

11) 이혜령, 「『동아일보』와 외국문학, 해외문학파와 미디어」, 『동아시아 근대지식의 형성에서 문학과 매체의 역할과 성격』(대동문화연구원 중점연구소 지원 사업 학술발표회 자료집), 2006.7.1, 103~104면 참조.

이유이다. 이와 같은 관점에 설 때 적어도 극연의 성립에서 유치진의 존재는 상대적으로 부차화 될 수밖에 없다. 그가 이른바 극연의 '제2기' 이후를 주도해나감으로써 유치진 자신이나 '극연'이 연극사적으로 각인될 수 있었지만, 이를 가능케 한 것은 다름 아닌 해외문학파의 문화정치가 앞서 존재했기 때문이다.

2. 번역의 모델로서의 스키지소극장

1930년 6월, 스키지소극장에서 다년간 활동해왔던 홍해성의 귀국은 연극계의 즉각적인 주목을 받았다. 『조선일보』는 그를 위한 '환영간담회'가 7월 4일 오후 6시 사해루(四海樓)에서 개최될 것이며 회비는 1원이라는 짤막한 기사를 실었다.[12] 그러나 이 환영회의 주체가 누구인지는 밝혀져 있지 않았다. 이후 윤백남·이기세·박승희·김을한·박진 등이 추진한 자리였음이 알려졌지만,[13] 그 기사는 이 환영회가 누구에게든 개방되어 있음을 공개적으로 알리는 것이었고 이는 그만큼 홍해성이 공적인 존재로 환기되고 있었음을 말해주는 것이었다. 그에 대한 이런 환대에는 다름 아닌 스키지소극장이 자리하고 있었다.

주지하는 바와 같이, 1920년대 초반 신파극과 질을 달리하는 신극에 대한 열망이 모종의 기운으로 자리하고 있을 무렵, 1924년 일본에서는 스키지소극장이 출현했다.[14] 오사나이 가오루[小山內薰]와 히지카타 요

12) 「문단풍문－홍해성씨 환영회」, 『조선일보』, 1930.7.3.

13) 박진, 『세세만년』, 경화출판사, 1966, 83면.

14) 스키지소극장에 대해서는 菅井幸雄, 『築地小劇場』, 未來社, 1976 참조.

시[土方与志]가 창립한 이 극단은 극장을 소유한 최초의 단체가 되었고, 바로 이곳에서 일본 신극운동이 본격화되었다. 물론 그 이전의 신극운동을 좌시할 수는 없다. 1906년 츠보우치 쇼요[坪內逍遙]와 시마무라 호게쓰[島村抱月]가 설립한 문예협회, 1909년 오사나이 가오루와 이치카와 사단지[市川左団次]가 설립한 자유극장이 가장 중요할 것이다. 그리고 츠보우치 쇼요와 결별한 시마무라 호게쓰가 1913년에 창립한 예술좌를 추가할 수 있다. 그럼에도 불구하고 이들의 노력은 신극운동이 개화하기에는 아직 충분치 않음을 보여주었다. 특히 예술좌는 "자체 극장이 없이 공연해야만 했던 다이쇼기 신극인이 신극의 직업화라고 하는 과제를 달성하려고 하다가 결국 현실에 타협하고 마는 과정"[15]을 보여준 바 있다. 그러나 이들의 신극운동이 있었기에 사실상 스키지소극장의 창립을 볼 수 있었던 것이고, 이 과정에 오사나이 가오루가 참여했다는 것은 일본 신극운동의 중심이동을 말해주는 것이었다. 스키지소극장은 극장을 소유하고 전개된 명실상부한 소극장운동으로서 일본 연극계에 커다란 반향을 일으켰다. 번역극 공연 그 자체만으로도 일본인들의 연극에 대한 인식을 전환시키는 계기가 되었고, 새로운 연기법을 만들어 냈으며, 연출 개념의 등장으로 이후 일본 연극이 연출가 중심의 연극으로 정립되는 데 기여했다. 그리고 무엇보다도 많은 인재들을 배태하여 일본 근대극사에 공헌한 점을 꼽을 수 있다.[16]

신극운동에 대한 열망은 있었으나 딱히 이렇다할만한 지속적인 움직임이 없었던 조선의 연극계로서는, 스키지소극장이 조선신극의 수립에 있어 참조대상이 되고 있었음에 틀림없다. 그러나 조선에서 연극을 하고 있던 이들에게서보다 그 실질적인 영향은 1920년대에 일본에서 유학하고 있었던 지식인들, 특히 문학과 예술에 뜻을 둔 지식인들에게 미치고 있었다. 물론 그 영향은 대부분 연극사에 실제적으로 관여할 만큼

15) 박세연, 「쓰키지소극장연구」, 중앙대 박사논문, 2002, 18면.
16) 위의 논문, 65~71면.

이라기보다는 매우 광범위한 수준의 교양 정도라고 말할 수 있을 테지만, 강조해두고 싶은 것은 '연극 실험실'이라는 슬로건 아래 진행되고 있던 스키지소극장의 행보가 자국의 신극수립을 위해 서양 근대극을 전유하고자 하는 '엘리트들의 연극운동'으로 받아들여졌다는 점이다. 유치진이 스키지소극장을 두고 "돈 있는 집 애들이 소위 학구적, 예술적으로 연극을 해보자는 모임"[17]이었다고 당시를 기억한 것은—다소 단순화된 감이 없진 않지만—스키지소극장을 소비했던 조선 유학생들에게는 적절한 설명이 될 수 있을 것이다.

1920년대 중반, 동경 유학생들로 조직된 '극예술연구회'가 바로 그런 예일 것이다.[18] 당시 신문기사는 이 단체에 대한 흥미로운 두 가지의 정보를 제공하고 있다. 먼저, 오사나이 가오루와 아키다 우자쿠[秋田雨雀] 등을 고문으로 추대하고 있었다는 점이다.[19] 스키지소극장의 오사나이 가오루, 그리고 스키지소극장의 열성적인 관객이자 좌파 극작가였던 아키다 우자쿠와 같은 인사가 이 단체에 그 어떤 실질적인 관여를 했을 것으로는 생각되지 않지만,[20] 신극운동에 관심을 보인 이들에 대

17) 유치진, 『동랑자서전』, 서문당, 1975, 106면. 유치진은 이미 스키지소극장을 '일반문학청년의 서재', '희곡소개기관'이라 하여 그 한계를 묘사한 바 있다. 「최근 십년간의 일본의 신극운동 (4)」, 『조선일보』, 1931.11.15.

18) 재동경 극예술연구회는 적어도 1926년 2월 이전에 조직되었으며, 회관을 소유하고 있었던 것으로 보아 비교적 부유한 집안의 출신들로 구성되었으리라 짐작된다. 회원에는 나상종(羅祥鍾)·이영한(李永漢)·김철박(金澈珀)·주용운(朱龍雲)·김병룡(金炳龍)·박일(朴一)·김병민(金秉敏)·최돈(崔敦)·이숙종(李淑鍾)·최의순(崔義順)·이동근(李東根) 등이 있었으며 찬조원으로 김문보(金文輔) 등이 있었다. 회원 면면에 대해서는 잘 알려져 있지 않으나, 이들 가운데 박일은 이후 카프 맹원으로서 활동한 시인 '박아지'일 가능성이 높고 이숙종은 이후 여성교육가로 활동한 인물이며 김문보는 김문집의 형으로 당대 유명한 성악가였다. 「극예술연구회 임시총회」, 『조선일보』, 1926.2.5; 「유학생으로 조직된 극예술연구회, 금년하긔를 리용해 조선내디순회연극」, 『조선일보』, 1926.3.13; 「동경조선학생 대음악회」, 『동아일보』, 1926.5.24; 최계원, 「극예술연구회의 음악대회 잡문잡관기(雜聞雜觀記)」, 『조선일보』, 1926.6.3. 참조.

19) 「유학생으로 조직된 극예술연구회, 금년하긔를 리용해 조선내지순회연극」, 『조선일보』, 1926.3.13. 오사나이 가오루와 아키다 우자쿠 외에 나카기 데이이치[仲木貞一]가 언급되었다.

한 호의로 일시적이나마 그와 같은 관계가 성립되었을 것이다. 다른 하나는 이 단체의 주최 행사가 연극공연이 아니라 음악대회(1926.5.23)였다는 점이다. 이를 관람한 최계원은 이 음악대회가 요미우리신문사의 후원으로 1일 대관료 170여 원이나 되는 굉장한 외양의 일본청년회관에서 개최되고 총경비가 8백여 원이나 된다고 시종 비꼬는 어투로 그날의 풍경을 전했다. 그러나 좀 더 신랄한 비판은 행사의 시작이 지연된 이유이기도 했던 몇몇 민족주의자들과 사회주의자들의 격론을 빌어 전달했다—"내지에서는 이왕(李王)의 국상으로 말미암아 가무음곡을 정지하고 애도하는 이때에 너희들은 무엇이 그리 좋아서 이같이 화려한 집을 비싼 돈 주고 빌어가지고 또는 거대한 비용을 들여서 무슨 의미로 음악대회를 개최하였는가?"[21] 음악대회는 그리 성공적이지 못한 채 끝났고, 이후 이 단체의 활동도 더 이상 확인되지 않는다.

이 하나의 사례로 1920년대 스키지소극장에 대한 유학생들의 태도를 일반화할 수는 없다. 그러나 스키지소극장의 신극운동에 냉담했거나 입장을 달리했던 이들을 제외한다면, 일반 관객보다는 좀 더 적극적인 동호활동을 한 이들이 그 어떤 평균치를 보여준다고도 볼 수 있다. 즉 그들은 근대극(혹은 근대적 예술) 수립이라는 명분을 지지하고 있되 그것은 전적으로 (소)부르주아 계급의식의 차원에서 주장되고 있는 것이다. 오사나이 가오루나 아키다 우자쿠에 대한 사숙이, 민족주의자와 사회주의자 양쪽으로부터 강렬한 비난을 받을 수밖에 없었던 음악대회로 귀결되었다는 것은 그런 점에서 필연적이었다. 그들은 이 행사를 위해 요미우리신문사의 후원을 받아냈고, 이 단체의 찬조원이자 유명한 성악가였던 김문보(김문집의 형)뿐만 아니라 그의 아내 요시사와 나오코[吉澤直子]

20) 아키다 우자쿠는 야나기 무네요시와의 대담에서, 자신과 조선의 인연을 거론하면서 현철・홍해성 등만을 언급했을 뿐이다.「조선의 문학과 미술공예, 류종열・추전우작 양씨의 대화록」,『삼천리』, 1940.9.

21) 최계원,「극예술연구회의 음악대회 雜聞雜觀記」,『조선일보』, 1926.6.3.

를 비롯한 일본인 음악가들로 프로그램의 대부분을 구성했다. 이는 이들의 기획이 민족적 정체성을 지양하고 서양적 근대라는 보편을 번역하고자 했음을 드러내는 대목이다. 그리고 이를 뒷받침하고 있었던 것은 아마도 한 발짝도 옮기지 않은 그들의 계급적 위치였을 것이다. 엄청난 대관료와 제작비, 그리고 출연진들의 구성과 후원사의 섭외는 여느 유학생들의 능력을 훨씬 뛰어넘는 것이었다.

여기서 '연극 실험실' 스키지소극장이 서양적 근대를 전유하고자 하고자 하는 엘리트들의 연극운동 그 자체만으로 각인되었다는 사실은 중요하게 환기될 필요가 있다. 스키지소극장이 1926년 3월에 첫 창작극 「수행승[役の行者]」을, 그해 말에 프롤레타리아극 「밤」을 공연했던 행보와 맥락은 따라서 별로 의식되지 않았거나 절단되어야 할 대상이었을 것이다. 지극히 가부키적인 원작 「수행승」을 통해 가부키를 극복하고 근대극으로 나아가고자 한 오사나이 가오루의 시도, 그리고 특히 스키지소극장에 스며들기 시작한 사회주의 사상은 기존의 관객들을 의아하게 만들기에 충분했으며,[22] 이는 조선인 유학생들에게도 마찬가지였을 것이다. 스키지소극장이라는 공간은 단지 이국적인 문화를 향수하면서 근대예술을 만끽할 수 있는 근대적 공간 그 자체로 소묘된 감이 없지 않다. 마해송이 『조선일보』에 기고한 일련의 글들이 스키지소극장에서 공연된 다른 극단의 작품까지 포괄하고 내용위주의 보고로 흐른 것도 같은 맥락에 있다.[23]

그런데 바로 그곳에서, 홍해성이 조선인으로서는 유일하게 배우로서 활동했던 것이다. 잘 알려진 바와 같이 그는 1920년 봄, 김우진・마해

---

22) 菅井幸雄, 『築地小劇場』, 未來社, 1976, 30~36면 참조.

23) 마해송, 「〈毛猿〉을 보다」, 『조선일보』, 1927.6.6; 「마음의 극장－〈리리옴〉」, 『조선일보』, 1927.6.23~24; 「마음의 극장－〈밤의 인상〉, 『조선일보』, 1927.7.3~5; 「마음의 극장－〈푸린스 하겐〉」, 『조선일보』, 1927.7.11~12; 「마음의 극장－〈두견〉」, 『조선일보』, 1927.7.19; 「마음의 극장－〈가을의 불〉」, 『조선일보』, 1927.8.5; 「마음의 극장 －〈버레의 생활〉」, 『조선일보』, 1927.9.17~24.

송・조명희・홍난파・고한승・김영팔・최승일 등 20여 명의 동경유학생들과 극예술협회를 결성했고, 1921년에는 동경의 유학생들과 노동자들의 모임인 동우회(同友會)의 요청으로 순회연극단을 조직하여 그해 여름 전국 25개 지역을 순회했다. 이 순회는 조선에 작지 않은 반향을 일으켰다. 홍해성은 이 과정을 통해 연극에 투신하기로 결심하고 니혼대학(日本大學) 예술과로 편입했고, 1924년 신극배우 도모다 교스케[友田恭助]의 소개로 스키지소극장에 입단했다. 그는 배우로 무대에 서면서 연극에 관한 모든 것을 배웠고, 일본 신극운동의 요람의 유일한 조선인으로서 언론과 연극계의 주목을 받았다.[24] 스키지소극장의 경험이 조선의 신극수립을 위한 것이었던 만큼, 그는 김우진과 함께 조선 연극계의 청사진을 그려나갔으며 이는 「우리 신극운동의 첫길」[25]에 잘 나타나 있다. 김우진의 죽음으로 그 길은 그의 몫으로 남겨졌지만, 귀국하기 전해에도 그는 「민족과 극예술」[26]을 신문에 연재함으로써 신극운동에 대한 포부를 밝혔다.

그런 그가 1930년 6월, 오사나이 가오루가 급작스럽게 타계하면서 스키지소극장이 분열되자, 그곳에서의 활동을 접고 귀국했던 것이다. 근대극의 실제와 이론을 겸비한 홍해성의 귀국, 그리고 그의 거취는 주목되지 않을 수 없었다. 그 역시 자신에게 보내고 있던 기대의 시선을 잘 알고 있었고, 조선 신극의 미래를 스키지소극장에서 찾고 있었던 그가 조선 연극계와의 접속이 필요했던 것은 당연했다. 사해루의 환영회는 이런 상황 속에서 성사될 수 있었다. 그러나 『별건곤』 기자로 재직하면서 연극현장과 관계하고 있던 젊은 박진에게 이 간담회는 다소 실망스러웠던 것 같다.

24) 「축지소극장의 明星, 조선인 홍해성군」, 『조선일보』, 1925.1.9.
25) 홍해성・김수산, 「우리 신극운동의 첫 길」, 『조선일보』, 1926.7.25~8.2.
26) 홍해성, 「민족과 극예술－예술운동과 문화적 사명」, 『동아일보』, 1929.10.15~26.

> 그때 우리의 재정으로서는 과할 정도로 극진한 환영을 했다. 그런 그 회석에서 우리는 앞으로 우리 연극에 큰 힘이 되어줄 것을 당부하고 또 그렇게 될 것을 믿었다. 그러면서 우리는 그의 포부를 물었다. 그랬더니 그는 축지소극장을 그냥 옮겨와서 우리의 신극의 새로운 진로를 열겠다고 했다. 솔직히 말해서 그때 우리에게는 진실한 민족극, 좁혀 말해서 창작극이 요망되었었다. 남의 흉내가 아닌 순수한 내 것을 하는 열의에 떴었고 그래서 새사람이 기다려졌었고 좀 더 앞선 지도자가 아쉬웠었다. 그러므로 해서 그의 그 포부는 좀 실망을 주었던 것이 사실이었다.[27]

여기에는 스키지소극장 때문에 홍해성을 반겼지만, 바로 그 때문에 실망을 느꼈다는 한 연극인의 모순이 고백되어 있다. 이는 비단 박진의 경우만은 아니었을 것이다. "남의 흉내가 아닌 순수한 내 것"의 성취를, 다름 아닌 '남의 것'을 열심히 수년 동안 해온 홍해성에게서 찾아야 했던, 조선연극계가 처한 이율배반이었다. 결국 홍해성은 토월회 연출을 거절하고 극단을 새로이 창립할 뜻을 표했고, 마침내 윤백남·박승희·김을한·이상화 등과 함께 이기세를 고문으로 추대하여 극단 경성소극장을 창립(1930.8)했다.[28] 외견상 이들의 결합은 충분히 주목받을 만한 것이었다. 그러나 동인들의 의식은 모호하기 그지없었으며,[29] 경제적 후원을 약속했던 이상화의 재정적 동원도 여의치 않아 이 계획은 무산되었다. 조선극계에 일정한 인적 네트워크를 갖지 못한 홍해성의 조급함을 엿볼 수 있는 대목이기도 하지만, 이는 사실 스키지소극장의 조선적 번역에 대한 기획의 부재를 드러내는 것과 다름없었다.

---

27) 박진, 앞의 책, 83면.

28) 「신극계 3씨 악수, 경성소극장 창립」, 『동아일보』, 1930.8.28; 「홍해성씨 주재로 경성소극장 조직」, 『조선일보』, 1930.8.28; 홍해성, 「극장창립과 신극운동」, 『삼천리』, 1930.10.

29) "〈극단 경성소극장 선언〉 우리들의 극단 경성소극장은 자유극장의 신극운동으로써 현하 우리 대중의 새로운 희망과 건전한 요구에 적응키 위하여 극예술가 동지를 규합하고 극장인을 기본적으로 교양하며 신시대의 현상을 극예술의 표현형식으로 반영한 문화의 건설과 아울러 조선의 극단을 근본적으로 새로 수립키를 기함. 1930년 8월"(위의 『동아일보』·『조선일보』 기사).

그리고 바로 그 해 10월 극단 신흥극장(新興劇場)이 창립되었다.[30] 토월회계가 대거 참여했지만, 사회주의적 기운과 연관되어 있는 '신흥'이라는 어휘로 극단의 이름을 삼은 데서 짐작되듯이 이 극단은 좌파적인 성향을 띠고 있었다. 이 극단의 발기인 가운데 한 사람으로서 홍해성과는 극예술협회 시절에서부터 인연을 맺어온 최승일은 이미 1922년 염군사 시절부터 프롤레타리아 연극운동과 관계를 해온 카프 맹원이었고, 역시 발기인이었던 시인 홍로작도 사회극 계열의 희곡을 발표하면서 극계와 관계하고 있었다. 이 밖에 이백수・심영・박제행 등의 배우들도 어느 정도의 사회의식을 지닌 인물들이었다. 이러한 성격은 창립공연 레퍼토리에서도 드러나는바, 후지모리 세이키치[藤森成吉]의 〈상련기(相戀記)〉와 〈무엇이 그녀를 그렇게 만들었나?〉, 그리고 막심 고리키의 〈밤주막〉이 선정되었다. 모두 1920년대 후반 좌파적 경향을 띠어가던 스키지소극장의 레퍼토리로, 이는 최승일의 경향성과 홍해성의 경험이 만나 이뤄진 선택이었다. 그런데 이들의 창립공연작은 예고와는 다르게 〈목단등기(牧丹燈記)〉 한 편으로 바뀌었다.[31] 그러나 〈목단등기〉는 『전등신화』를 후지모리 세이키치가 사회주의적인 시각에서 개작한 〈상련기〉의 개제였고, 이를 번역한 이는 이기영(李箕永)이었다.

이처럼 홍해성의 귀국 이후, 그의 일련의 행보와 극계의 반응들은, 홍해성의 편에서 보면 스키지소극장의 기획을 조선에서 실현하기 위한 타진의 과정이었고, 극계의 편에서 보자면 홍해성의 가치, 더 정확히 말해 스키지소극장의 가치를 조선적으로 전유하기 위한 과정이었다. 양자 모두에는 스키지소극장이라는 거대한 그림자가 놓여 있었다. 홍해성이 각기 경향을 달리하는 연극인들과 자유로이 결합할 수 있었던 것은, 그에게 있어 스키지소극장은 모든 것에 우선하는 절대선이었기 때문이다. 스키지소극장은 그에게는 연극 그 자체였다. 번역극만을 했던 초기 2년

30) 「새로 조직된 극단 신흥극장」, 『조선일보』, 1930.10.24.
31) 「극단 신흥극장 제1회 공연」, 『조선일보』, 1930.11.4.

간이나 오사나이 가오루가 '국극(國劇)'을 구상하는 동시에 좌파적인 색채를 띠어갔던 시절이나, 그에게 있어서 이 모든 실험과 변화는 스키지소극장 그 자체를 의미했다. 따라서 그에게 악수를 청하는 연극인들과의 최대공약수가 스키지소극장의 역사에 위배되지 않는다면 기꺼이 받아들일 용의가 있었던 것이다.

그런데 바로 이러한 일련의 과정에서 결국 극단 신흥극장 창립공연이 실패로 귀결되었다는 것을 주목할 필요가 있다. 충분한 숙고와 준비과정 없이는 성공을 기대하기 힘들 뿐더러 향후의 청사진을 위한 대비도 할 수 없다. 짧은 기간 동안[32] 레퍼토리를 교체하고 번역하고 연습한 것만으로도, 홍해성과 극단 신흥극장에 거는 극계 및 평단의 기대치를 결코 만족하지 못했으리라는 것은 쉽게 예측되고도 남음이 있다. 이는 홍해성에게도 마찬가지였을 것이다. 최고를 경험했던 그의 머릿속에는 끊임없이 스키지소극장이 떠올랐을 것이다. 그런데 물리적인 문제와는 별도로 각본의 문제가 이 공연의 큰 문제점으로 꼽혔는데,[33] 그 비판의 핵심은 원작(후지모리 세이키치의 각색본)에 대한 직역적 태도이다. "풍속과 환경이 다른 조선민중"에게 직역을 해놓은 무대는 결코 성공할 수 없다는 것이다. 홍해성으로서는 쉽게 동의하기 어려운 대목이었을 것이다. 오히려 제대로 된 번역극 공연에 대한 갈증만 높아졌으리란 상상을 해볼 수 있다. 마침 11월 말 이화여고보 기청 문학부 주최의 '극(劇)하는 밤'에서 〈벚꽃동산〉을 연출하는 기회가 주어졌다. 3일 동안 열린 이 공연은 〈목단등기〉와는 달리 대성황을 이루었다.[34] 연출자 홍해성과 무대장치가 원우전을 제외하고는 학생들로 이뤄진 이 무대가 〈목단등기〉보다 훨씬 나았으리란 상상을 하기는 어렵다. 그럼에도 불구하

---

32) 극단 신흥극장의 창립공연이 11월 11일부터였으니 극단 창립 기사와 함께 〈상련기〉 등의 레퍼토리가 예고되었던 10월 24일로부터 보름 남짓밖에 안 된다.

33) 고혜산, 「〈목단등기〉 인상기」, 『매일신보』, 1930.11.18.

34) 「대성황 일운 '극(劇)하는 밤'의 첫날」, 『동아일보』, 1930.11.30.

고 이러한 상반된 반응을 목격하면서 홍해성은 직역주의에 대한 확신과 함께, 귀국 후 일련의 경험에 대해 일단의 입장 정리를 해봤음직하다. 즉 그것은 기성 연극인들과 함께 신극운동을 펼친다는 것에 대한 회의, 그리고 사회주의적 연극운동과의 일정한 거리두기이다. 이는 스키지소극장을 조선극계에 번역하는 스트라이크 존을 좁히는 과정이자, 동시에 홍해성과 해외문학파의 만남이 가능했던 전사(前史)이다.

3. 해외문학파와 '연극'의 선택

내부적 조직을 가진 구성체는 아니었지만, 세칭 해외문학파로 불리는 일군의 문인들이 등장하기 시작한 것은 1920년대 중반이다. 1926년 몇몇 동경 유학생들이 조직한 외국문학연구회가 1927년 『해외문학』을 창간한 것이 그 시작으로, 외국문학을 전공한 유학생들이 대거 귀국한 1920년대 말부터 이들의 활동은 본격화되었다.[35] 집단적 결속체가 아니었음에도 불구하고 이들의 등장은 좌우파 양쪽 모두로부터 경계의 시선을 받았다. 그것은 "서구 문학에 대한 선망과 그 수용의 욕망을 서슴없이 천명했던 해외문학파의 투명성에 대한 당혹감과 거부감이 작동"[36]했기 때문이다.

이러한 해외문학파가 집단적 정체성으로 표상되는 과정에서 극연의

35) 서항석은 귀국 직후 일본유학 이후 실업상태에 있던 이들과 교우하면서 농담 삼아 이름 붙였던 '마구회'의 풍경을 회고했는데, 이때의 멤버들이 후일 극연의 기초가 되었다. 서항석, 「연극사적 자서전 ⑪」, 『한국연극』, 1976.11.
36) 서은주, 「번역과 문학 장의 내셔널리티」, 『한국 근대문학의 형성과 문학 장의 재발견』(민족문학사연구소 기초학문연구단), 소명출판, 2004, 267면.

지위는 특별하다고 말할 수 있는데, 이들이 주도적으로 참여하고 있는 특정한 조직체로서는 극연이 유일하기 때문이다. 지금까지의 논의는 대체로 극연의 창립을 어느 정도는 자명한 전제로 받아들였거나 그들의 행보를 딜레탕트적인 취미 정도로 이해해온 편이다. 그러나 논의를 좀 더 진행시킬 필요가 있다.

해외문학파를 존재케 한 동력은 크게 보면 두 가지이다. 첫째는 코스모폴리탄적 열망이다. 서은주는 해외문학파를 비롯한 외국문학 연구자들의 의식 속에는 확실히 '세계문학'이라는 보편성에의 지향이 지배적이었음을 지적하면서 다음과 같이 덧붙이고 있다—"근대에 미달하는 식민지 상황에서 번역자, 혹은 문화의 소개자로서 근대적인 서구문화의 세례를 받은 외국문학 연구자들이 갖는 코스모폴리탄적 지향은 현실의 결핍과 제약성에서 탈출하고자 하는 일종의 유토피아적 열망에 다름 아니다."[37] 문명화된 타자에 대한 동일화 욕망을 강렬하게 불러일으켰던 식민 체제에서, 번역이라는 채널을 가동시킬 수 있는 능력의 소유는 이들의 자존감의 근거가 될 수 있었으며 그 지향성은 훨씬 극대화될 수 있었던 것이다.

둘째는 문화권력에의 욕망이다. 이들은 1927년 『해외문학』을 발간하면서 "이 잡지는 어떤 시대를 획하여 우리 문단에 큰 파동을 일으키는 뜻있는 운동전체의 기관이다. 동시에 주의나 분파를 초월한 광범한 그것"[38]이라 언표한 바 있다. 여기에는 이후 '해외문학파'라 일컬어진 일군의 문학자들이 공유하고 있었던 문단에 대한 입장이 반영되어 있다. 그러나 이런 야심찬 출발에도 불구하고 해외문학파가 처한 곤경을, 이혜령은 다음 두 사례를 통해 지적한다. 첫째는 '문학연구가'라는 직업명으로부터 장르별로 구획된 문학 장에 원활하게 진입하기 어려웠던 사

37) 서은주, 「1930년대 외국문학 수용의 좌표—세계 / 민족, 문학」, 『탈식민의 역학』(민족문학사연구소 기초학문연구단), 소명출판, 2006, 270면.
38) 「창간권두사」, 『해외문학』 창간호, 1927.1, 1면.

정, 둘째는 '프로문학/민족주의문학/해외문학파'라는 삼분법으로부터 "필연적으로 도대체 너희들의 이념적·계급적 정체가 무엇이냐는 문제제기를 야기할 수밖에 없었음에도, 그 도구적·직능적 기준을 고수"함으로써 문단입사를 기도해야 했던 절박함이다.[39] 이 곤경이란 다름 아닌 문단입사에 대한 강렬한 욕망으로부터 야기된 것이며, 그 욕망의 도구와 방법은 외국문학에 대한 지식을 전면화하는 것이었다.

코스모폴리탄적 열망과 문화권력에의 욕망이 맞물리는 지점이 바로 해외문학파의 존재적 상황이었던바, 이로부터 이들이 프로문학 혹은 민족주의문학 양진영 중 그 하나를 택하는 대신 '해외문학파'로 분류되는 것을 기꺼이 받아들인 이유를 짐작할 수 있다. 문단 양축에 대한 부정의식은, 사실 외국문학과의 비교 속에서 조선문단의 수준이 확실히 열등하다는 판단, 그리고 이 미숙함을 자신들이 지닌 지식으로써 문단에 개입하겠다는 의지의 표현이었다. 이때 이들의 욕망이 외화될 수 있는 매개가 필요했는데, 해외문학파가 선택한 것은 바로 연극이었다.

이혜령이 지적했듯이,[40] 해외문학파는 "문단이라는 권역을 스스로 설정함으로써 문단 내 자신들의 존재를 기정사실화"하려는 기도를 했는바 『문예월간』의 발간, 시집의 자비출판이 그러한 예이다. 이들의 시 중심 반산문 경향은, "그들의 장르적 선호나 문학적 지향, 그리고 시가 소설보다 번역하기 쉽다는 점 등이 가장 직접적인 원인이겠지만", 이는 "문학 장의 장르적 위계와 미디어의 역학에 대한 촉수를 통해 강화된 것이기도 하다." 문단 내에서 희곡의 지위가 보잘것없기는 마찬가지라는 점에서, 이들이 연극을 선택한 이유도 같은 맥락에서 이해될 수도 있다. 그러나 희곡은 그 자체로 자기 완결성을 지니지 못하고 공연예술

---

39) 이혜령, 「『동아일보』와 외국문학, 해외문학파와 미디어」, 『동아시아 근대지식의 형성에서 문학과 매체의 역할과 성격』(대동문화연구원 중점연구소 지원 사업 학술발표회 자료집), 2006.7.1, 105~106면 참조.

40) 위의 논문, 110~112면.

의 한 요소로 위치된다는 점에서 좀 더 복잡한 사정이 존재한다. 해외문학파가 관심을 둔 것은 희곡 그 자체가 아닌 '연극'에 있었고, 이는 엄밀히 말해서 다른 분과 영역에로의 이동을 의미한다.

그 실마리는 문학 장과 연극 장의 차이에서 찾을 수 있다. 문학 장의 경우 해외문학파라는 "도구적 · 직능적 기준을 고수"하면서까지 자신들을 문단에 위치시키고자 했지만, 이들의 위치는 그야말로 '곤경'에 처해 있었다. 그러나 연극 장의 경우는—'대중문학'의 항이 사실상 배제되어 있었던 문학 장과는 달리—대중극의 독주라고도 말할 수 있는 상황이었다. 굳이 표현하자면 '대중극 > (프로극) > (신극)'의 형국이었는데,[41] 프로극과 신극을 괄호 처리한 것은 각각이 '프로문학'과 '민족주의문학'에 상응할 만한 것으로서 정립되어 있었다고 보기 어렵기 때문이다. 이런 데에는 근대극운동이 지속될 수 있는 제반 물적 조건의 미비와 함께 조선총독부의 검열정책에 의해 그 가능성을 봉쇄당하거나 굴절을 겪어야 했던 사정이 있었다. 그럼에도 불구하고 프로극이 보다 강세에 있었던 것은, 사회주의 사상의 확산에 따른 좌파운동의 강세 속에서 경향적인 소인극의 발흥과 함께 카프를 중심으로 한 프로극운동이 진전을 보이고 있었기 때문이다. 공연의 사전봉쇄와 각본검열로 좌초되는 경우가 많았지만 프로극의 존재는 훨씬 뚜렷하게 각인되어 있었다. 이에 비해 신극의 정체성은 매우 불투명해보였다.[42]

이런 정황을 감안하면 해외문학파가 자신들의 활동영역을 연극 장으로까지 확장한다는 것은, 한편으로는 아직 영토화되지 않은 신극의 전

41) 넓은 의미에서 프로극은 신극의 범주에 속하겠지만, 이 글에서는 소인극을 포함하여 좌파 경향을 띤 일련의 연극을 프로극으로, 토월회와 같은 부르주아적 성격을 띤 일련의 연극을 신극이라 구분하여 사용했음을 밝혀둔다.

42) 예컨대 신파극의 계보를 잇는다고 간주된 취성좌와 신극의 표상으로 떠올랐던 토월회의 1920년대 후반의 양상을 살피면 그 질적인 차이를 굳이 논한다는 것이 부자연스럽게 느껴진다. 이승희, 「기표로서의 신파, 그 역사성의 지형」, 『한국극예술연구』 23집, 한국극예술학회, 2006, 21~30면 참조.

통을 창조하여 헤게모니를 획득하고, 다른 한편으로는 이를 통해 자신들의 문학적 지향을 포기하지 않으면서도 그보다 상위에 있는 '문화'에 적극 개입한다는 명분의 획득을 의미했다. 즉 코스모폴리탄적 열망과 문화권력에의 욕망이 충족될 수 있는 장소로서 연극 장이 훨씬 유리하다고 판단했던 것이다. 물론 해외문학파의 연극에 대한 전공의식이나 소양은 "고작 서양의 연극을 소개할 수밖에 없는"[43] 비전문적인 것이었다. 서항석은 그때의 일을 다음과 같이 회고한 바 있다.[44]

—동인 12명 가운데 2명(윤백남·홍해성)이 극계의 선배이고 나머지는 전부 외국문학전공의 학사님들인데 이분들의 연극에 대한 전공의식은 어느 정도였는지?

徐. 조희순은 뒤에 약전 교수가 되어서 방향이 달라 자연 멀어갔고 최정우는 원래 소극적이라 번역 정도나 하겠다는 것이었고 정인섭은 괜찮았어요. 그러나 끝까지 달라붙은 정도는 못되었고 이하윤 역시 비슷한 경우였죠. 그 나머지 중에서 끝까지 관계를 가졌던 사람은 김광섭(뒤에 동인이 됐지만), 이헌구·장기제·유치진 등이고 김진섭은 땡겨도 더 당겨오지 않고 내밀어도 더 나가지는 않는 성격이었는데 동인의식은 참 강했어요. (…후략…)

—이 분들이 연극에 대해 어느 정도 알고 있었는지?

徐. 지금과 달라서 그때 외국문학 했다면 아무튼 전부 아는 것으로 되어 있었으니까 자연 본인들도 그렇게 생각했고, 따라서 연극운동한다니까 그때부터 희곡 공부하는 그런 정도가 아니었을까요. 유치진이나 내가 조금 다른 편이었지. (…후략…)

이런 사정이었으니 이들만으로 연극운동을 시작한다는 것은 거의 불가능한 일이었다. 홍해성과의 만남은 바로 그로부터 성립되었다. 그 처

43) 양승국, 앞의 책, 140면.

44) 「인터뷰－서항석」(대담자－여석기), 『연극평론』 2호, 1970 가을, 52~53면.

음은 아주 우연한 것이었다. 윤백남은 경성소극장과 신흥극장의 연이은 좌초 이후 불안정한 생활을 하고 있던 홍해성을 돕기 위해 『동아일보』에 있던 서항석과 함께 '연극영화전람회'(1931.6.18~24)를 개최했고, 이때 유치진도 자신이 소장하고 있던 자료들을 출품하면서 합류했다. 그리고 이 전람회가 열리는 동안 연희전문 학생회의 주최로 1931년 6월 20일에 개최된 '극예술강연회'에 후일 극연 동인이 된 이들이 연사로 참여했는데,[45] 이 강연회는 연희전문 교수였던 정인섭과 『동아일보』 기자였던 서항석의 합작품이었다. 이미 극연 창립에 대한 구상은 구체화되고 있었다.[46] 이 두 번의 경험은 극연의 창립에 결정적인 계기가 되었다. 해외문학파로서는 다년간 스키지소극장의 현장에서 쌓은 홍해성의 노하우와 명성이 필요했으며, 홍해성으로서도 스키지소극장의 조선적 번역에 동참할 동지들이 필요했던 것이다.

물론 해외문학파와 홍해성의 만남에는 스키지소극장이 매개되어 있었지만, 해외문학파는 스키지소극장을 조선신극 수립을 위한 번역의 모델로 삼으면서도 그에 대한 일정한 거리를 두고 있었다. 해외문학파가 주도한 극연 초기의 번역극 우선론은 '연극전통부재론→신종자론→스키지소극장 모델'[47]에 근거하고 있었는데, 여기에는 "남이 십년이나 백년에 달성한 문화를 오년이나 십년간에 추급(追及)"[48]해야 한다는 의식이 가장 중요하게 작용했다. 이 방법론의 전거는 가깝게는 일본 스키

45) 「연전학생회주최 극예술강연회」, 『동아일보』, 1931.6.18; 「기대튼 극예술강연 금 이십일야 팔시」, 『동아일보』, 1931.6.21. 강연내용과 연사는 다음과 같다. 홍해성, 〈신극운동과 축지소극장〉; 서항석, 〈표현주의에 대하여〉; 이하윤, 〈애란의 신극운동〉; 김진섭, 〈연기와 배우〉; 정인섭, 〈극문화의 과정과 세계학생극의 현상〉.

46) 이 강연회 직전에, 연희전문 학생회는 6월 13일 박희도·주요한·백남운을 연사로 초빙하여 조선일보사 학예부 후원으로 강연회를 개최할 예정이었으나, 연사 중 2인에게 강연금지명령이 내려져 부득이 강연회가 무산된 일이 있었다. '극예술강연회'가 이 강연회의 무산으로 대체된 것인지 아닌지는 확실치 않지만, 오래 전부터 계획된 것이라 생각하기는 어렵다. '연극영화전람회' 개최 앞두고 신속하게 진행되었을 가능성이 높다.

47) 이상우, 앞의 책, 276면.

48) 이헌구, 「연극시감」, 『극예술』 2호, 1934.12, 30면.

지소극장의 신극운동이었으며 세계적으로는 신극운동이 입센 작품의 번역을 통해 전개되고 있다는 사실이었다.[49] 즉 스키지소극장은 하나의 방법론적 모델인 동시에 세계사적 보편성에 다가가기 위한 하나의 창(窓)이었고, 해외문학파가 이를 통해서 보았던 것은 세계문학 혹은 세계연극의 전시(展示)였다. 따라서 세간에서 스키지소극장을 모방하는 데 불과하다는 비난에 대해 억울해 한 것이나 홍해성이 극연에서 차지했던 비중을 애써 축소하려 한, 해외문학파의 일련의 반응들은 이들의 입장에서 보면 당연했다.[50] 이렇게 보면 "'극연'의 '축지소극장'에의 경도는 곧 홍해성의 의도를 따른 것"[51]이라거나 "1920년대의 축지소극장의 활동을 답습하고자"[52] 했다는 것, 아니면 스키지소극장의 기획과 한계를 '추체험'에 의해 그대로 적용하려 했다는 비판[53]은 다소의 수정이 필요하다. 이와 같은 평가 이전에 선행되어야 할 것은, 근대의 번역적 필요를 선명하게 천명한 해외문학파의 입장이 기본적으로는 서양적 근대를 서둘러 수혈하고자 했던 근대성 구조의 산물이었다는 점을 하나의 객관으로 긍정하는 일이다. 기성 연극계와 해외문학파 모두 홍해성을 절실히 필요로 했다는 사실에서 보았듯이, 이는 조선신극의 수립을 위해 일본신극의 경험을 참조해야 했던 당시의 사정이었다.

한편으로는 '선진' 연극을 조선에 재연함으로써, 다른 한편으로는 과거 연극운동과의 차별화를 통해서 신극운동의 신기원을 이루고자 한 이들의 기획은, 그럼에도 불구하고 새로이 발족될 단체에 연극사적 정통성을 마

49) 김광섭, 「우리의 연극과 외국극의 영향」, 『조선일보』, 1933.7.30.

50) 서항석은 레퍼토리 선정과 관련된 질문에 대해 다음과 같이 답한 바 있다. "홍해성이 특별히 발언할 정도는 아니었어요. 그 사람이 아는 만큼은 우리도 일본 것 보아 왔으니까. 그리고 축지소극장의 영향은 무시할 수 없겠죠. 그러나 우리가 의식적으로 그쪽 레퍼토리의 모방을 했다고는 생각지 않습니다." 「인터뷰－서항석」(대담자－여석기), 『연극평론』 2호, 1970 가을, 54면.

51) 양승국, 앞의 책, 162면.

52) 박영정, 앞의 책, 66면.

53) 김재석, 앞의 논문.

련하는 것이 필요했다. 이 필요는 기본적으로 해외문학파의 기획이 연극사적 전통을 창조하는 일이었으며 그것이 문화권력에의 욕망과 결부된 것임을 시사한다. 홍해성의 영입으로 상당한 명분과 정체성을 부여받을 수는 있겠지만, 그 '뿌리없음'에 대한 보상으로는 충분치 못했다. 마침 '연극영화전람회'가 윤백남의 주선으로 시작되었고, 1910년대부터 분야를 넘나들며 왕성하게 활동해온 그의 위치는 그가 극연의 창립동인으로 참여하게 된 배경이 되어 주었다. 언론인이자 작가였으며 연극・영화 양분야에서 매우 핵심적인 인물로서 일정한 문화적 권위를 형성해온 경력, 그러면서도 연극현장과는 일정한 거리를 형성하고 있는 연극계 원로라는 위치는 그를 창립동인으로 참여시키는 데 적절해 보였다. 이것이 해외문학파가 '신극조'의 계보를 '문수성・유일단－토월회－극연'으로 잡고 있으면서도, 더 가까운 전사(前史)인 토월회의 박승희가 아닌 윤백남을 선택한 이유이다. 윤백남이 발기총회시에는 불참했다가 나중에서야 합류했던 사정도 이러한 해외문학파의 정치적 고려일지 모른다. 이로부터 연극사적 전통을 창조하고자 한 해외문학파의 욕망이 또렷이 관찰되는바, 그 계보화는 극연의 존재적 필연성과 그 의의를 역설하는 것이었을 뿐[54] 제1기와 제2기의 적극적인 계승을 표명한 것은 아니었다. 한편으로는 그 계보화를 통해 극연의 연극사적 정통성을 확보하면서도, 다른 한편으로는 그 전사와의 단절적 비약을 강조함으로써 해외문학파가 주장해온 근대의 번역을 적극 천명한 것이었다.

이 과정에서 그 연극사적 전통의 정치적 정향도 마련되고 있었다는 점을 마지막으로 지적하고자 한다. 1927년 『해외문학』 발간시 "주의나

54) 이헌구는 입센 이후의 근대극을 목표로 한 토월회의 의의가, "거기에는 연구적 학도로의 충정과 성의와 이상"이 있었고 "현대적 자본주의사회에서 새로운 자유주의적 데모크라시의 정신을 그 이면의 이데올로기로 하려는 사실적 경향을 답습"하여 전에 없던 신국면을 보여주려 한 데 있다고 말한다. 그러나 결정적인 한계는 직업극단으로의 전환으로 비롯하는데, 이에 관한 상세한 기술은 이헌구의 「조선연극사상의 극연의 지위」, 5면 참조.

분파를 초월한 광범한 그것"이라고 천명했고 극연 발족시에도 어떠한 이념 표명 또한 하지 않았지만, 실제로 그것은 좌파의 배제를 함축하고 있는 것이었다. 극연 창립의 이면사는 그 정치적 정향의 상징적 장면을 제공한다. '연극영화전람회'와 연전 강연회가 모두 끝난 직후인 1931년 7월 2일, 서항석의 연락으로 황금정에 있는 중국 요릿집 복해루에서 '조선의 신극수립을 위한 연극 간담회'가 열렸다. 그곳에 후일 창립동인 중 윤백남과 함대훈을 제외한 10명과 박노아가 참석했다. 서항석은 그 때의 풍경을 다음과 같이 전했다.

> 그에게는 이렇다 할 전공이 없었고 또 사상적으로 좌경하여 사고와 행동에 있어 다른 동지들과 조화되기 어려울 것이 예견되었기 때문이다. 그래서 나와 정인섭이 서로 눈짓으로 묵계해가지고 일부러 언쟁을 벌여 회석을 소연(騷然)케 하여 그 회동이 아무 결정도 보지 못한 채 유회되도록 해버렸다. 좀 비신사적인 행태이긴 하였지만 석상의 분위기로 보아서는 그렇게 하지 않을 수 없는 상황이었던 것이다.[55]

박노아가 어떤 계기로 그 자리에 참석했는지는 불분명하지만 서항석·정인섭은 직감적으로 이 "불청객"의 참여를 매우 곤란하게 생각했던 것이고, "좀 비신사적인 행태"로 이 회합을 의도적으로 유회시켰던 것이다. 그리고 그가 여행 떠난 것을 확인한 후 재회동하여 1931년 7월 8일에서야 극연 창립총회를 가졌다.[56] 이는 해외문학파의 정치적 성격에 비추어 당연한 처사였지만, 해외문학파가 극연이라는 조직체로 외화되어 연극계에서 일정한 지분을 가질 수 있었던 것도 좌파의 배제를 통

55) 서항석, 「연극사적 자서전 ⑫」, 『한국연극』, 1976.12, 103면.

56) 창립동인은 김진섭·유치진·이헌구·서항석·윤백남·이하윤·장기제·정인섭·조희순·최정우·함대훈·홍해성 등 총 12명이었고, 이 단체의 목적은 "극예술에 대한 일반의 이해를 넓히고 기성극단의 사도(邪道)에 흐름을 구제하는 동시에 나아가서는 진정한 의미의 '우리 신극'을 수립"하기 위함이라 밝혔다. 「신극수립을 목표로 획기적 단체출현」, 『동아일보』, 1931.7.19.

해 어느 정도의 울타리를 가질 수 있었기 때문이다. 그리하여 극연의 활동은 프로극 활동이 정치적인 이유로 봉쇄되고 있었던 상황 하에서 유일한 근대극 운동으로 간주되는 바가 없지 않았고, 이들 신극운동의 적대적 타자는 이른바 '흥행극'이라 불리는 대중극이 되었던 것이다.

4. 극예술연구회의 미디어 정치

신불출이 세간의 입을 빌어 극연을 '신사(紳士) 소인극단'[57]이라 하고 복혜숙이 극연 배우들을 '공화당배우'[58]라고 표현했듯이, 연극계에서는 공공연히 극연의 비전문성을 조롱했다. 그러나 신문과 같은 매스미디어에 표상된 극연은 신극운동의 대표자였고, 당대로부터 현재에 이르기까지 연극사 기술에서 중요한 위치를 차지해왔음은 물론이려니와, 극연 멤버들은 수십 년 동안 연극계의 핵심인사였다. 이 낙차를 일방적인 매도나 거품의 결과라고 말할 수는 없을 것이다. 극연의 비전문성을 거론할 만한 당대의 감각이란 것이 존재했고, 극연이 점차 연극사적 권위를 획득해온 역사적 도정 또한 사실이기 때문이다. 특히 후자와 관련해 생각해보면 그것은 중요한 역사적 매시기마다 제도적 차원의 변화와 밀접한 연관을 맺으면서 일정한 권력을 획득해온 결과였다. 그 가운데 가장 현저해 보이는 첫 번째 계기는 아마도 식민지시대 말기일 것이다. 조선연극협회 · 조선극작가동호회 · 조선연극문화협회 등이 조직되고 이전의 극연 멤버들이 주도적으로 참여한 현대극장과 국민연극연구소가 발족되면서, 이들이 연극계 내

57) 신불출, 「극예술협회에 보내는 공개장」, 『삼천리』, 1937.1, 177면.
58) 서항석, 「연극사적 자서전 ⑭」, 『한국연극』, 1977.2, 25~26면 참조.

일정한 지분을 갖게 되었기 때문이다.[59] 그러나 극연이 연극계 내에서 위치를 갖기 시작한 것은 엄밀히 말해 그 이전부터였다. 여기서 강조하고 싶은 것은 바로 극연의 대중적 인지도와 권위의 상당부분이 미디어 정치에 의해 구축되었다는 사실이다.

극연의 미디어를 크게 나누어 보면 시청각미디어와 인쇄미디어가 있는데, 전자로는 공연 · 라디오 · 방송극 · 음반 등이 있으며 여기에 연극교육의 차원에서 행해진 학생극 지도와 강연회 및 강습회도 포함시킬 수 있다. 8년여 동안 총 25회의 정기공연을 비롯해 낭독극 공연과 특별공연 각각 1회[60] 그리고 연극경연대회 출품 2회[61]를 기록하는 등 꾸준한 공연활동을 전개했지만, 라디오와 음반과 같은 현대적 미디어를 활용하기도 했다. 방송극 제작에 참여한 회수는 1933년 2월 이래로 총30회를 기록했고,[62] 1934년 콜럼비아 축음기 회사와 계약하여 세계명작극본 레코드를 취입한 바도 있다.[63] 다른 한편, 기관지 『극예술』의 발간을 비롯해 신문 · 잡지와 같은 인쇄미디어를 적극 활용했다. 이처럼 다른 극단들과 달리 여러 경로의 미디어를 사용한 데에는 미디어에 대한 극연 멤버들의 특정한 태도가 반영되어 있다. 그것이 얼마만큼 의식적이었는지는 모르지만, 극연의 미디어들은 두 차원에서 동원되었다고 말

59) 해방기에 관해서는 이승희, 「해방기 우파 연극의 헤게모니 획득과정 연구」, 『한국극예술연구』 21집, 한국극예술학회, 2005.4 참조.

60) 1934년 7월 18일, 창립 3주년을 맞이하여 개최된 '강연과 낭독의 이벤트'에서 〈기차 안에서〉(모르나르 작, 조희순 역)가 이웅 · 김복진 낭독으로 공연되었고, 같은 해 9월 6~7일, 삼남수해구제를 위해 개최된 '음악 · 무용 · 연극의 밤'에서는 〈홍발〉(쥴 르나르 작, 이헌구 역, 홍해성 연출)이 제3부로 구성되어 공연되었다.

61) 이 대회는 동아일보사에서 주최한 것으로, 1938년 제1회에는 〈눈먼 동생〉(슈니츨러 작, 유치진 번안, 이용규 연출)으로 참가해 최우수상과 남자주연상(김일영)을 수상했고, 1939년 제2회에는 〈도념〉(함세덕 작, 허남실 연출)으로 참가했다.

62) 서재길, 「한국 근대 방송문예 연구」, 서울대 박사논문, 2007, 48~49면 참조.

63) 취입한 작품은 〈부활〉 · 〈춘희〉 · 〈로미오와 줄리엣〉 · 〈베니스의 상인〉 · 〈윌리엄 텔〉 · 〈인형의 가〉 · 〈폭풍우〉 · 〈토막〉 · 〈버드나무선 동리의 풍경〉 · 〈사랑의 힘〉 · 〈동방의 비가〉 등이다.

할 수 있다.

첫 번째는 계몽에의 필요이다. 이 단체 이름이 '극예술연구회'이고 한동안 존속했던 극단이 '실험무대'였던 데서 알 수 있듯이, 극연의 목적이 신극 연구와 그 실험에 있다고 말해도 과히 틀린 말은 아니다. 그러나 극연의 공연사가 말해주듯이 그들이 말하는 '우리 신극'의 수립을 위해 이들 스스로 어떠한 연구를 진행시켰다고 말하기는 어렵다. 오히려 이들의 신극수립은 조선 연극계의 현재를 부정하고 그 모델을 외부로부터 불러들이는 과정에서 현실화될 수 있는 것으로 생각되었기 때문에, 사실상 모든 활동에는 계몽적 태도가 그 기저를 이루었다. 그들의 엘리트 의식은 곧 계몽의 주체로서 계몽의 대상에게 관여한다는 경로를 마련하고, 그 경로는 이들이 소유한 외국 문학 및 연극에 대한 지식을 실어 나르는 동시에 신극에 대한 표상을 만들어내는 여러 미디어들로 채워졌다.

일차적으로 가장 기본이 되는 미디어는 공연이고 여기에 방송극[64]과 음반을 덧붙일 수 있지만, 극연의 미디어 정치가 선명히 드러나는 지점은 이를 넘어서는 미디어들의 사용에 있다. 이는 극연의 주체들이 신극운동에 관한 새로운 의제를 제출할 수 있다는 자부심에서 비롯한다. 예를 들어, 인쇄미디어를 통한 외국연극의 소개와 강연회의 개최는 이들이 소유한 지식을 기반으로 주로 외국신극운동의 사례를 제시하고 조선의 신극운동의 나아갈 바를 구상하는 플랜으로 짜여 있었다. 당연히 멤버들의 다양한 전공에 따라 주제가 배치되었고, 그것은 주로 신극운동에 초점을 둔 것으로 일본의 스키지소극장 · 독일의 표현주의와 자유극장 · 영국과 아일랜드의 신극운동 · 프랑스의 예술극장 · 러시아의 모스크바 예술극장 등이 거론되었다. 강습회와 연구생 제도는 신극운동의 인력 양성이라는 차원에서 보다 실천적인 성격을 띠었다. 강습회는 주

64) '통속적 넌센스물'이 과반수를 넘는 형편에서 방송극은 "연극계몽의 한 좋은 방법"으로 생각되었다. 『극예술』 2호, 1934.12, 54면.

로 1~2주일 동안 수강생을 대상으로 연극에 대한 기초적인 교육과 연극사를 가르쳤고, 여배우난을 해소하기 위해 개설된 경우에는 '근대극과 여성'·'세계명여우'·'근대여류극작가연구'와 같은 강좌를 마련하여 그들로 하여금 동기부여를 유도했다. 이 강습회에는 기성 배우였던 심영·박제행 같은 이들이 수강하기도 했지만, 이 제도는 극연의 기획을 수행할 수 있는 새로운 인력의 배출이 일차적인 목표였다. 물론 극연은 연구생 제도를 별도로 마련해 준회원의 자격을 부여하고 이후 회원으로 승격시키는 제도를 별도로 마련했고, 때로는 강습회를 거쳐 연구생으로 받아들이기도 했다.

학생극과의 연계도 같은 맥락에서 이해할 수 있다. 당시 학생들은 자신들이 받은 근대적인 교육, 다종다양한 미디어에서 습득된 지식에 기반하여 학교를 단위로 공연활동을 펼쳤는데, 그에 대한 일반인들의 관심과 호응은 매우 높아서 기성극단의 연극에 뒤지지 않는 환영을 받았다. 극연은 이러한 학생극 운동이 필요로 하는 레퍼토리의 제공이나 연출로써 그에 참여하기도 했다.[65] 정인섭이 제시한 '학생극의 표어' 8가지에서도 보듯이[66] 극연의 기본 입장은 학생극 운동을 독려하는 것이었는데, 여기에는 신극운동의 후속세대가 양성되길 바라는 소박한 발상 또한 있었을 것이다. 그러나 극연이 레퍼토리의 선정 혹은 연출과 같은 지도적 위치에서 학생극에 개입한다는 것은, 곧 극연의 헤게모니가 확대된다는 것을 의미하기도 했다. 학생극 담당자들이 비록 연극운동에 투신하지 않는다 하더라도, 이 개입은 후일 지도적인 위치에 있을 지식

65) 가장 적극적인 개입인 연출의 경우, 대부분 홍해성의 몫이었고 그가 탈퇴한 후에는 이렇다할 만한 것이 없었다.

66) ① 학생극은 전인적 교육의 종합수단이다; ② 학생극은 극술연구의 실험적 천진성을 가졌다; ③ 학생극은 상업적 오락주의의 극계에 폭탄을 던진다; ④ 학생극은 지식계급의 교화적 임무를 가능케 하는 실질적 집합가치이다; ⑤ 학생극은 학생으로 하여금 사회의 호흡을 알게 하는 유력한 매개물이다; ⑥ 학생극은 건조한 학구생활에 신선한 위안을 준다; ⑦ 학생극은 진정한 신극의 동반자이다; ⑧ 학생영어극은 어학공부의 좋은 수단이다. 정인섭, 「학생극의 표어」, 『조선일보』, 1931.11.28.

계급에게 적어도 극연의 정향에 대한 지지와 후원의 계기를 마련하는 것이기 때문이다.

따라서 미디어를 계몽의 도구로 사용했다는 것은 단순히 계몽의 주체가 계몽의 대상에게 특정한 내용을 전달한다는 논리로 이해될 수 없다. 계몽의 실천은 곧 극연의 실리, 좀 더 구체적으로 말하자면 해외문학파의 문화적 권역을 확장하는 이해관계와 직결된 것이었다. 이 지점에서 미디어들이 동원된 두 번째 차원을 지적할 수 있는데, 그것은 바로 극연의 문화사적 좌표의 구축이다. 유례없는 인적 조합으로 출범한 극연은 자신들의 정체성을 문화계 전체에 각인시키는 것이 필요했다. 해외문학파의 주도로 창립된 극연이 애초에 문단입사에의 욕망, 더 나아가 문화권력에의 욕망과 직접적으로 연관되어 있음을 고려할 때 존재의 증명은 연극계의 일정 지분을 획득함으로써 얻어질 것이 아니었다. 극연의 지위는 곧 조선의 문화사적 위치에서 호명되어야 하는 것이었고, 연극사적 위치는 그 다음에 자연스럽게 획득되어질 결과였다.

물론 이런 데에는 실제적인 이유도 없진 않았다. '사도(斯道)'로 표현된 현존하는 연극들에 대한 부정 속에서 자신들의 정체성을 가시화했지만, 극연의 공연이 이에 값하는 것이었다고 보기는 어려웠다. 더욱이 극연의 비전문성에 대한 기성연극계의 공박은 극연의 위치가 사실 당대의 감각 속에 얼마나 간단하게 일축될 수 있는 것인지를 짐작케 한다. 그들이 '실험'을 지향한다고 하더라도 이들의 공연은 일반 관객들의 폭넓은 지지를 받지 못하는 비주류의 일개 섹트에 불과했다. 이들의 엘리트적 자의식을 고려할 때 이런 상황에서 기성연극인들과 인정투쟁을 벌인다는 것은 부질없는 일이었다고 판단했음에 틀림없다.

그러나 이와는 별도로, 공연을 제외한 미디어들의 동원이 극연의 현실태가 노정한 아마추어리즘을 상쇄해주는 보완적 역할을 했다고도 볼 수 있다. 즉 다각도의 계몽적 실천들은 '번역극시대→창작극시대'라는 단계론적 입장의 알리바이로서 '연구'와 '실험'으로 주장된 바가 없지 않았고, 오히려 생경해보였을 이들의 아마추어리즘은 한편으로는 토월회의 방식과는 다르다고 주장되는 '번역'을 통해서 엑조틱한 표상으로 떠올랐고 다른 한편으로는 문화계 인사들의 대거 참여 속에서 시도되는 하나의 문화사적 사건이라는 보상구조 속에서 용해되었다. 극연의 공연으로부터 '관중의 흥미'를 찾으려 하거나 '기술의 미숙성'을 거론하는 것은 그 '진실성'을 보지 못하는 태도일 따름인 것이다.[67] 특히 주목하고 싶은 것은 극연의 공연이 공연 그 자체로 말해지기보다는 문화계 인사들의 연극,[68] 혹은 '문단인의 연극'[69]으로 의미화되는 담론 속에 배치되고 있다는 점이다. 그리고 이와 짝을 이루어 그 소비주체(관객) 역시 지식계급을 향하고 있었다.[70]

이 지점에서 극연의 미디어 정치가 상당 부분 담론의 문제였음을 지적할 수 있다. 물론 처음에는 여러 미디어의 동시적 공략이 있었고 이는 앞서 지적한 바와 같이 극연의 기획을 현실화하기 위한 실질적인 필

67) "이 극단은 일반관중에게 호말의 아첨도 없는 것이다. 의식적으로 관중에게 환심을 사려는 태도를 조금도 가지지 아니한 진실미가 있다. 조선신극운동을 지지하는 의미로라도 일반민중은 이런 공연에 경의와 후원을 아끼지 말아야 할 것이다. 관중의 흥미라든지 출연자의 기술 같은 것만을 운운하는 것은 동극단을 이해하지 못하는 수작이다." 「실험무대 제2회 시연, 작야부터 조극에서, 애극가는 모름즉이 이 극단을 지지하자」, 『조선일보』, 1932.6.30.

68) "출연할 동회원은 극문학에 다년연구가 깊은 조선문단의 활약하는 인사들과 교육계, 언론계, 실업계에 종사하는 인사들도 출연하게 되어 일반의 흥미와 기대는 더욱 높다. 그리하여 금번 동회의 공연은 조선문단 급 연극사상에 초유의 역사적 사실로써 일반은 이에 다수 관람키를 바란다고 한다." 참고로 이 제3회 공연의 캐스트를 열거하면, 함대훈 · 김수임 · 유치진 · 이만례 · 이헌구 · 김진섭 · 조희순 · 윤태림 · 조용만 · 윤백남 · 정인섭 · 최정우 · 이하윤 · 이무영 · 박용철 · 모윤숙 · 최봉측 · 이웅 · 윤정섭 · 김영옥 · 윤성무 · 차정희 · 고장환 · 박해경 등이다. 「문단인도 등장, 극연공연 절박(切迫)」, 『조선일보』, 1933.1.31.

69) 「문단인의 연극」, 『동아일보』, 1933.2.9.

70) 『극예술』 5호(1936.9)에는 「연극문화에 대한 각계인사의 고견」이라는 제하에 설문이 실렸다. 설문 문항은 ① 극연공연 중 특히 인상에 남으신 것; ② 조선 이외에서 보신 연극의 추억; ③ 애독하신 희곡; ④ 극연에 보내는 말씀 등 네 항목으로 이뤄졌고, 설문 대상은 김용준(미술평론가) · 김정진 · 서춘(언론인) · 이광수 · 이일 · 김상용 · 이극로 · 이선근(출판인) · 송석하 · 정지용 등이었다.

요였다. 그러나 1935년 말을 전후로 한 미디어의 비균질적인 운용은 그 실효성에 변화가 있음을 알려준다. 극연의 위상을 대외적으로 알리면서 인력 수급과 같은 현실적 필요성에 의해 가동된 미디어들은 점차로 그 비중이 낮아진 반면, 인쇄미디어는 지속적으로 중요한 기능을 수행했고 공연활동이 강화되었던 것이다.[71] 이는 기왕의 연구에서 지적되었던, 극연의 주도성이 연구부에서 실천부로 옮아간 변화라고 말할 수도 있지만, 인쇄미디어의 중요성이 소실되지 않았다는 점을 강조해둘 필요는 있다. 아니, 오히려 그 중요성은 점차 증대되었다고 볼 수 있다. 이를테면 기관지 『극예술』의 창간(1934.4)은 극연의 기획이 어느 정도의 힘을 보유하기 시작했다는 증좌인 동시에 독자적인 미디어를 소유함으로써 그 이전보다 훨씬 강력하게 집단적 발화를 할 수 있게 된 것을 의미했다. 창간사의 배타적인 진술—"극예술은 항상 그 민족의 모든 운명과 현실을 총체적으로 또는 종합적으로 구현하는 유일의 산 기록"—은 자신들의 신극운동이 문화사적인 견지에서 대표성을 띤 것이라는 점을, 그리고 이헌구의 「조선 연극사상의 극연의 지위」는 극연이 계보학적으로 적자임을 천명한 것이었다. 이런 식의 자기정의는 엄밀히 말해 '언어'와 '미디어'를 소유한 자(집단)이기에 가능한 것으로, 그 실정성을 획득하는 데 있어 유리한 입장에 있었다고 말할 수 있다.

극연 멤버들, 특히 해외문학파의 저술활동이 1930년대 중반으로 갈수록 활기를 띠었던 데에는, 기본적으로는 해외문학파의 욕망이 작용했겠지만 그 작동을 활성화한 조건 두 가지가 있었다. 우선, 당시 저널리즘의 특수(特需)이다. 이는 외국문학 관련 원고의 수요를 의미하는바, 그것은 신문의 학예면이 "근대적 취미와 지식의 영역을 경제나 정치의 변동과는 상대적 안정성과 자율성을 지닌 영역"으로 위치시키면서, 그리고

71) 방송극의 경우, 물론 공연활동의 연장선상에 있지만 경제적 수입원으로서의 가치가 더 높았던 것으로 보인다. 서항석, 「극연경리의 이면사」, 『극예술』 5호, 1936.9, 26~29면 참조.

동시에 문학을 "체계적 학습과 실천을 통해 습득될 수 있는 유용한 기술(art)"로 간주하면서 형성되어간 상황과 관련되어 있다. 이때 "'외국문학' 관련 레퍼토리는 신문편집의 '효율성'을 높여주었"고 이를 위해 신문이 바로 해외문학파를 필요로 했던 것이다.[72] 이 과정은 사실 좌파의 위축과 함께 좌파 저널리즘의 기운이 급격히 하락하는 것과 짝을 이루면서 일어난 변화이기도 하다.

그러나 해외문학파가 단순히 신문의 수요에 동원되었다고만 말할 수는 없다. 극연의 미디어 정치에서 인쇄미디어의 중요성을 거론할 수 있는 것은 무엇보다도 극연의 인적 인프라로부터 결과된 것이기 때문이다. 그것은 우선 극연 멤버들이 매스미디어에 종사했다는 사실에 있다. 극연이 경성방송국의 방송극 제작에 지속적으로 참여할 수 있었던 것이 윤백남과 이하윤의 경송방송국 재직과 관련되어 있었듯이,[73] 미디어 정치에서 신문이 특장을 발휘했던 것도 극연 활동을 하면서 신문사에 재직하고 있던 멤버들이 있었기 때문이다. 극연 시절과 중첩되어 있는 시기의 재직 현황을 일별하면, 『동아일보』에는 서항석이 1929년 4월부터 1939년 9월까지, 윤백남이 1933년 8월부터 1936년 11월까지 편집국 촉탁으로 있었고, 『조선일보』에는 함대훈이 1931년 9월 입사하여 1932년 6월에 퇴사, 다시 1935년 재입사하여 『조광』·『여성』·『소년』 등의 편집책임자로 있었으며, 이헌구는 1935년 지명기고가로 활동하다가 1937년 3월 학예부 차석으로 입사하고 나중에는 역시 『조광』의 편집위원으로 있었다. 그리고 『중외일보』와 『중앙일보』에는 이하윤이 1929년 9월부터 1932년 5월까지 재직했다.

이상의 재직기록이 말해주듯이 극연이 광범위하게 저널리즘을 장악

72) 신문의 학예면 형성과 관련된 이상의 논의는 이혜령, 앞의 논문, 102~103면 참조.
73) 윤백남은 1932년 7월 경성방송국에 입사하고 1933년 제2방송이 출범했을 때 초대 제2방송과장에 취임했다. 이하윤은 1932년 9월 경성방송국 아나운서 공채시험으로 입사하여 이후 제2방송 편성담당으로 1935년 8월까지 재직했다.

할 수 있는 근거는 있었던 셈이다. 그러나 이러한 사실들로 인해 극연의 미디어 가동력을 단순히 멤버 개인의 미디어 종사 여부의 문제로 제한하여 이해해서는 곤란하다. 보다 중요한 것은 극연 멤버들이 형성하고 있던 '사회(관계)자본'[74]이다.

그런 점에서, '극연 연고자(緣故者)' 혹은 '찬조원' 제도의 운영을 주목할 필요가 있다. '극연 연고자'란 극연 창립 이후 직접 찬조를 했거나 출연한 자를 가리켰는데, 1934년 4월 현재 '극연 연고자'는 총17명이었다.[75] 다소 엉성한 이 제도는 이후 '찬조원' 제도로 발전했는데 찬조원은 '특별'과 '보통' 2가지로 나뉘었다. 특별찬조원은 극연의 사업에 찬동하여 직접 본회를 원조하는 자로, 극연을 정신적으로 지지하는 인사와 연 10원 이상의 찬조금을 일시불로 찬조하는 독지가가 있었으며 사업진행에 대한 발언권이 부여되었다. 보통찬조원은 매공연 전에 1원을 찬조하는 인사를 가리켰다.[76] 이 제도의 가장 직접적인 동기는 물론 재정난 해소였고, 관극회원까지 확보할 수 있는 이점도 따라왔다. 그럼에도 불구하고 이 제도는 극연 멤버들이 구축하고 있던 인적 인프라의 윤곽과 함께 재정 충당 이상의 잠재적 가치를 보여준다.

가령 1936년 5월 현재, 특별찬조원은 여성교육가 이숙종(李淑鍾), 언론인 이선근(李瑄根)과 고재욱(高在旭), 민속학자 송석하(宋錫夏), 연희전문을

---

74) 이 개념은 부르디외의 것으로 '상호인식과 상호인정으로부터 제도화된 지속적 관계망의 소유와 관련된 현재적, 잠재적 자본'을 일컫는다. 극연 멤버들의 이 자본은 주로 '학력자본'에 기반하여 형성되었다고 말할 수 있다. 참고로, 극연의 창립동인들은 모두 일본 유학생 출신들로 김진섭 · 이하윤 · 장기제는 호세이대학(法政大學); 서항석 · 조희순 · 최정우는 도쿄대학(東京大學); 유치진은 릿쿄대학(立教大學); 이헌구 · 정인섭은 와세다대학(早稲田大學); 함대훈은 도쿄외국어학교; 홍해성은 니혼대학(日本大學); 윤백남은 도쿄고등상업학교를 졸업했다.

75) 김인규(金寅圭) · 김정환(金貞桓) · 현제명(玄濟明) · 황술조(黃述祚) · 김규열(金奎烈) · 김진순(金鎭順) · 김순길(金順吉) · 김영애(金永愛) · 조유희(曺由喜) · 이만례(李萬禮) · 차부완(車富完) · 박봉업(朴鳳業) · 조리연(趙履衍) · 박명규(朴明奎) · 이형우(李炯雨) · 김호병(金昊柄) · 박용환(朴用煥) 등. 『극예술』 1호, 1934.4, 55면 참조.

76) 『극예술』 4호, 1936.5, 28~30면 참조.

졸업한 부호의 자제 배동필(裵東必) 등 5명이었고, 보통찬조원은 무려 176명을 상회했는데[77] 이희승 · 김상용 · 이극로 · 이철 · 승응순 · 현제명 · 한기악 · 이흡 · 방인근 · 한인택 · 김남천 · 변영로 · 엄흥섭 · 김동인 · 황신덕 · 최승만 · 정지용 · 이여성 · 정래동 · 김동성 · 신남철 · 오장환 등 문화계 인사들이 대거 포함되었다. 보통찬조원은 소액 후원자들인데다가 일회적이었을 가능성이 높지만, 그럼에도 불구하고 이 목록은 이른바 극연이 형성한 인맥의 외연이 상당히 다양하고 광범위하다는 사실을 알려준다. 이것이 가능했던 것은 개인적인 친분이 결정적이었겠지만, 상업주의적인 '사도(邪道)'와 대결하면서 근대적 가치를 구현한다는 범박한 명분만으로도 지식계급의 동의를 암묵적으로 이끌어낼 수 있었던 문화적 상황이 있었기 때문이다. 이는 과거 토월회가 취성좌와 본질적으로 구분되기 어려움에도 불구하고 신극단체로 분류되었던 의식의 연장선상이기도 하지만, 좀 더 근본적인 것은 1936년이라는 시점 덕택이다. 첫째로 카프의 해산과 함께 극연의 위상이 달라지고 동시에 유치진의 영향력이 확대되면서 초기 극연에 대한 거부감이 다소 교정되고 있었다는 것, 둘째로 과거 좌파 이력을 갖고 있던 이들이 찬조원 목록에 포함되어 있는 데서 알 수 있듯이 이미 식자층 사이에는 적어도 외견상 이념적 균질성이 진행되고 있었다는 것이다.

이 기록이 제시하고 있는 또 한 가지의 사실은 그들 가운데 언론 종사자가 다수 포함되어 있다는 것, 그리고 『동아일보』의 중요성이다. 잘 알려진 바와 같이[78] 『동아일보』는 극연의 거점이라 말할 수 있을 정도로 극연에 관한 정보를 다분히 배타적으로 점유한 경향이 있었으며, 이는 『동아일보』가 20여 차례 극연의 공연을 후원한 사실과 직접적인 관

77) 보통찬조원의 나머지는 차호에 게재될 것이라 했으나 실제로는 실리지 않았다.

78) 『동아일보』의 중요성은 이미 양승국이 지적한 바 있는데, 이 신문사의 '문화주의'가 대중문화론으로 변질하여 연예와 오락을 강조하였는바 연극에 대한 관심도 이런 방침과 적절히 맞아 떨어진 결과였다고 지적했다. 양승국, 앞의 책, 150~151면 참조.

계가 있다. 이는 서항석이 10여 년 동안 『동아일보』에 재직했다는 점, 더욱이 1933년 10월부터 퇴사할 때까지 학예부장으로 재직했다는 사실이 가장 크게 작용했을 것이다. 특별찬조원에 고재욱이 기재될 수 있었던 것도 그 때문인데, 그는 서항석의 직장 후배로 1931년 1월 입사한 이래 학예부·경제부 기자에 이어 경제부장으로 승진하고 편집국 차장과 국장까지 겸임하면서 『동아일보』가 폐간될 때까지 재직한 인물로, 서항석과 파트너십을 발휘하여 『동아일보』가 극연의 고정적인 후원사가 되는 데 일정한 역할을 했으리라 짐작된다. 이외에도 보통찬조원으로서 당시 동아일보사에 재직하고 있던 이들로는 조사부장 이여성, 잡지부장 최승만 등이 있었으며, 이 밖에 신남철·변영로·정래동·황신덕 등의 기자들도 포함되었다.

이에 비해 『조선일보』는 극연을 대외적으로 홍보하고 대표적인 신극단체로서의 이미지를 제고하는 데 그렇게 영향력은 크지 않았다. 이 신문사에는 서항석처럼 내내 재직했던 멤버가 없었던 점이 가장 큰 요인일 텐데, 그나마 몇 차례 후원을 받을 수 있었던 것도 함대훈과 이헌구 혹은 함상훈(함대훈의 친형)의 덕분이었을 것이며 『동아일보』라는 고정적인 후원사가 있었던 상황에서 굳이 적극적일 필요도 없었을 것이다. 1936년 찬조원의 현황을 보더라도 당시 재직하고 있던 언론인들은 눈에 잘 띄지 않는다. 그러나 그 가운데 함대훈이 처음 재직했을 당시에 관계를 맺었을 인사들은 더러 있었다. 특별찬조원 이선근은 1929년 3월 입사하고 얼마 안 되어 정치부장·편집국장·문화부장 등에 임용되면서 1932년 초까지 재직한 인물이고, 1934년부터는 한성도서주식회사 상무취체(이사)역에 재임하고 있었다. 보통찬조원 한기악은 『동아일보』·『시대일보』를 거쳐 1926년부터 1932년까지 『조선일보』에 재직하면서 편집국장 및 상무이사를 역임한 바 있고, 1935년부터 중앙고보에 재직하고 있었다. 김동성 역시 『동아일보』를 거쳐 1924년부터 『조선일보』에 재직하다가 1932년 10월부터 『중앙일보』와 『조선중앙일보』에 재직하고 있었다.

극연이 구축하고 있던 이 같은 인적 인프라가 얼마만큼 실질적인 자본으로 전환되었을지는 지금으로서는 구체적으로 확인하기 어렵다. 재정적 후원이나 행사에 찬조하는[79] 정도만을 언급할 수 있을 따름이다. 그러나 뒤집어서 생각하면 이 화려한 찬조원 목록을 제시하는 것 그 자체만으로도 이미 극연의 위용을 드러내는 미디어 정치가 되고 있다는 사실, 그리고 그 잠재적 가치만으로도 극연이 헤게모니를 획득해나갔던 문화적 지반이 되고 있다는 사실을 지적해둘 수는 있을 것이다. 분명한 것은 극연이 '사회(관계)자본'을 기반으로 기왕의 어떤 연극단체도 갖지 못했던 인적 인프라의 규모 그리고 여러 미디어의 전략적 사용을 통해 극연의 존재적 의미를 적극 발화했다는 점일 것이다.

5. 맺음말—유치진의 이유 있는 동거

이상의 논의에서는 스키지소극장, 해외문학파 그리고 극연의 미디어들을 키워드로 하여 극연의 성립이 지니는 문화사적 맥락을 짚어보았다. 근대의 번역을 절실히 요청했던 맥락에서 스키지소극장은 번역의 모델로서 표상되었지만, 무엇보다 '극연'이 성립된 데에는 1930년대 이후 식민체제의 안정화와 함께 새롭게 재편되고 있던 조선의 지식체계에 개입해 들어감으로써 문화적 헤게모니를 획득하려 했던 해외문학파의 욕망이 가장 중요하게 자리하고 있었다. 그리고 이를 현실화하는 데 있어서 결정적인 역할을 수행한 것은 미디어들이었다. 그런 점에서 보

79) 송석하는 정인섭과 함께 조선민속학회를 창립한 인연이 있었고, 극연 창립 5주년 기념 '하기극연강좌'(1936.7.27~8.5)에서 '조선고대극'을 맡은 바 있다.

자면 홍해성은 신극수립이라는 명분을 상징적이면서 실질적으로 보장해준 존재였으나, 극연의 탈퇴와 동양극장 연출가로의 전신이 보여주듯이 그는 소모품으로써 소비된 감이 없지 않다. 그런 반면, 유치진은 해외문학파가 차려놓은 밥상을 자기 것으로 만들어감으로써 홍해성과는 정반대의 길을 걸어갔다고 이해될 수 있을 것이다.

유치진이 10년의 동경 유학을 마치고 귀국한 것은 1931년 봄이다. 유학 시절 그가 키워왔던 꿈은 '행장극장(行裝劇場)'이라는 일종의 이동극장의 형식을 통해 민족계몽운동을 하는 것이었다.[80] 그러나 그는 그 실현가능성이 전혀 없다고 판단했다. 동지의 부재와 일본에 비해 훨씬 엄혹한 정치적 환경이 자신이 구상한 연극운동을 접게 만든 가장 핵심적인 원인으로 꼽았다.[81] 동경유학시절 교유가 있었던 홍해성과, 연극운동의 모델은 서로 달랐지만 '동병상련'의 심정으로 자주 만나 울분을 토로하곤 했다.[82] 이러한 귀국직후의 현실인식과 심경이 홍해성의 적극적인 권유 하에 극연에 참여하게 되었지만, "연극의 예술성보다는 연극을 이용한 계몽만을 추구해오던" 그에게 극연의 방향은 '아주 다른 길'이었기 때문에 "나아갈 방향감각에 혼란이 와서 한동안 허탈감에 빠"져 있었다. 그러나 결국 당시로서는 극연의 연극방향이 가장 현실적임을 깨달았다고 하면서 다음과 같이 고백했다—"만일 그때 극예술연구회가 탄생하지 않았고 내가 그 운동에 투신하지 않았더라면 나는 지금의 내가 아닌 다른 내가 되었을지도 모른다."[83]

그러면 '아주 다른 길'이 어떻게 해서 '가장 현실적임'을 깨닫게 되었던 것일까. 선차적인 문제점은 그의 초기 연극론의 관념성에 있다. 물적 토대의 취약성, 인력의 부족, 조선총독부의 검열정책 등을 고려할 때 유

80) 유치진의 유학시절에 관해서는 윤진현, 「유치진 초기 희곡 연구—아나키즘의 영향을 중심으로」, 인하대 석사논문, 1994, 9~16면; 박영정, 앞의 책, 35~50면 참조.

81) 유치진, 「나의 '극예술연구회'」, 『연극평론』 5호, 1971 가을, 61면.

82) 유치진, 『동랑자서전』, 서문당, 1975, 121면.

83) 유치진, 「나의 '극예술연구회'」, 『연극평론』 5호, 1971 가을, 62면.

치진의 현실파악은 당연했다. 그런 만큼 그가 구상한 연극운동이 조선에서 현실화되기 위해서는 많은 시간과 노고를 필요로 했다. 그러나 그는 단지 "몇몇 연극인들을 만나면서 의사타진을 하는 정도"[84] 외에 더 이상의 수고를 하지 않았다. 그가 귀국했을 때 마침 각종 단체에서 진행되고 있던 계몽운동을 비롯해 1929년부터 『조선일보』사의 문자보급운동이 진행되고 있었고 1931년에는 『동아일보』사의 브나로드운동이 시작되었다. 이런 일련의 움직임은 그의 구상과 관련해 생각해볼 때 일정한 접점을 형성하고 있기도 했다. 두 민간신문이 주도한 운동이 주로 문자보급에 치중했지만, 각 지방 단체와 연관된 프로그램에는 그 이상의 것들이 포함되기도 했다. 여하하든 그는 운동의 방향성에 따른 구체적인 프로그램, 이를 구체화하기 위해 필요한 인적 네트워크 형성에는 무심했다. 그가 귀국 직후 진보적인 연극 형식을 소개하고 로망 롤랑의 민중예술론과 아나키즘에 대한 깊은 호감을 드러냈다 하더라도, 이는 어디까지나 실천적 의의를 지니지 못하는 범박한 수준의 계몽적 태도를 드러내는 것이었을 따름이다. 따라서 귀국해서야 비로소 조선의 '현실'을 보았다는 것, 즉 엄혹한 정치적 환경의 '확인'은—전술상의 코스변경이 아닌—이전의 연극적 이상을 간단히 접어놓을 수 있는 알리바이로 성립될 수 있었다. 더욱이 연극계에서 확고한 입지를 구축하고 있는 신극단체가 없었던 상황에서, 그와 마찬가지로 연극단체를 필요로 했던 해외문학파와의 악수는 그로서는 선택의 여지가 없었다.

그러나 다른 한편으로는 극연이 연극사 전개과정에서 어떤 위치를 지니는지, 거기에 자신은 어떻게 개입해야 할 것인지에 대해 이미 일단의 정리를 함으로써 나름의 논리를 구축했다. 그 상당부분은 일본 신극운동을 거울로 삼아 정립된 것으로, 「최근 십년간의 일본의 신극운동」[85]에서 이를 엿볼 수 있다. 이 평문은 일본에서 신극운동이 출현한 배경으로부터

84) 박영정, 앞의 책, 52면.

85) 유치진, 「최근 십년간의 일본의 신극운동」(전11회), 『조선일보』, 1931.11.12~12.2.

서술을 시작하고 있으나 주로 스키지소극장의 탄생과 분열에 이르는 과정에 역점을 두면서 집필 당시의 신극계 동향까지 상세하게 전하고 있다. 시류(時流)를 읽어내는 저널리스틱한 태도로 그가 바라본 일본 신극운동 10년은 스키지소극장의 탄생과 분열의 필연성으로 요약될 수 있다. 그는 스키지소극장의 행로와 연극사적 위치를 통해 극연의 미래를 가늠했으며, 이는 자신의 연극적 이상과는 다름에도 불구하고 극연의 연극운동에 참여할 수 있는 근거가 되어주었다.[86] 즉 일본보다 훨씬 엄혹한 정치적 환경, 신극운동의 척박함 속에서는 '실험실'의 성격을 띤 극연의 방향이 '가장 현실적'임을 수락한 것이다. 여기에 극연 창립 직후였던 8~10월, 이른바 '카프 제1차 검거'는 자신의 선택에 확신을 주었을지도 모른다. 물론 극연이라고 해서 그런 정치적 환경으로부터 자유롭다고 생각하지는 않았다. 일본에서 좌파 탄압을 위해 만든 '배우자격증제도'가 결국 신극운동의 위축을 가져올 것이라는 우려는 곧 조선의 현실이기도 했기 때문이다.[87] 그럼에도 불구하고 극연은 그가 연극운동을 포기하지 않는 한 최선의 선택지였다. 요컨대 보수적 휴머니즘에 기반 한 그의 공리주의적 태도가 부르주아적 연극운동을 선택하게끔 하고, 일본 사례의 참조로부터 극연 참여의 내적 논리를 구성해내는 이 과정은, 결과적으로 보았을 때 유치진이라는 연극인의 탄생을 가능케 한 바탕이었다.

엄밀히 말해서 유치진은 해외문학파의 주도로 출범한 극연이 아니고서는 지금의 명성을 얻을 수 없었다. 해외문학파는 스스로의 필요, 즉 자신들의 활동영역을 연극 장으로까지 확장함으로써 한편으로는 아직

86) 박영정은 스키지소극장의 의의와 한계를 지적한 유치진의 시각으로부터, "연극운동의 이상은 '행장극장운동'에 두고 있으면서도 현실적으로는 극연의 활동을 선택했던 유치진 자신의 처지에 대응"한 것이었다고 지적한 바 있다. 박영정, 앞의 책, 66면.

87) 배우통제를 위한 법제가 1934년 9월에는 종로서에서, 1935년 6월에는 경기도 보안과에서 기안되었으나 실행되지는 않았고(「배우를 등록하야 극단 통제를 기도」, 『조선일보』, 1934.9.2; 「극장의 배우에도 면허제 채용」, 『동아일보』, 1935.6.5), 이러한 제도는 1941년 4월 1일자로 '기예증' 제도로 현실화되었다.

영토화 되지 않은 신극의 전통을 창조하여 헤게모니를 획득하고, 다른 한편으로는 이를 통해 자신들의 문학적 지향을 포기하지 않으면서도 그보다 상위에 있는 '문화'에 적극 개입한다는 명분을 획득하고자 했다. 그 선택은 매우 적절한 것으로 보였는데, 극연의 연극을 고급연극의 지위로 차별화함으로써 자신들의 기획을 일정하게 실현해고 문화계 인사들의 암묵적인 승인을 이끌어냈기 때문이다. '극연희곡상'의 제정[88]은 그러한 자신감의 표현이었다. 이런 데에는 자신들의 '사회(관계)자본'과 여러 미디어의 전략적 사용, 그리고 이를 극대화할 수 있었던 시류가 중요하게 작용했다. 이런 점에서 기본적으로 극연은 해외문학파의 욕망과 문화정치로부터 성립되었다고 볼 수 있을 것이다. 이 과정에서 사실상 — 동상이몽의 시절을 보내고 있던 — 유치진이 기여한 바는 극히 미미하다고 말할 수 있다. 그러나 해외문학파가 추진한 문화정치는 그의 운동적 기반으로써 매우 유용한 것이었고, 그는 그것을 토대로 해외문학파가 천명했던 극연의 문화사적 가치를 연극사적 가치로 전환시킬 수 있었던 것이다.

88) 「'극연희곡상' 창설, 희곡작품 공모중」, 『동아일보』, 1936.8.6; 「'극연희곡상' 제도를 창설하면서」, 『극예술』 5호, 1936.9, 23면.

1930년대 연극대중화론과 관객

정호순

1. 서론

1930년대는 카프를 중심으로 한 프롤레타리아 연극, 극예술연구회의 연극, 흥행극단의 연극으로 뚜렷이 분화되었다. 크게 세 갈래로 전개된 이 시기 연극계는 각 진영의 이념에 따른 연극론을 왕성하게 전개하였으며 이론의 실천방안을 적극적으로 모색하였다. 특히 연극운동의 이념적 목표가 뚜렷했던 프로연극계와 극연은 이전의 계몽주의적 관점에 긴박되어 있었던 연극론에서 나아가 조선연극의 현실을 인정하고 논의를 전개하는 진전을 보인다.

이들 연극론에 나타난 조선연극의 현실에 대한 고려는 곧 실재하는 관객에 대한 인식이었다. 양 진영은 연극이념과 운동적 목표를 달리하고 견제하였지만 이전의 근대극론[1]이 조선연극의 현실을 도외시한 이상적 논의에 머물러 있었다는 한계를 인식했다는 지점에서 만나고 있다. 당대 조선 사회에서 근대극 수립을 위한 이론적 논의가 '사회개조'와 '민중계몽'이라는 정당성을 확보할 수는 있었으나 정작 공연으로 이어져 관객과 만나지는 못했기 때문이다. 연극이 '관객'을 만나지 못했을 때, 공연이라는 형식을 지닌 종합예술로서의 연극이 성립될 수 없음을 비로소 인식하게 되었던 것이다. 관객이 없는 연극운동의 한계가 연극이념을 앞세워 교화의 대상으로 파악했던 관객을 발견하게 함으로써 '연극대중화'를 위한 논의[2]가 시작되었다.

1920년대에는 서구 근대극을 조선이 배우고 수립해야할 전범으로 설정한 문명적 교화론이 주요한 연극론이었다. 그 내용은 서구 근대극의 역사와 구성요건, 작가와 작품 소개 등이었다. 연극의 사회적 효용성에 집중한 근대극론은 조선의 연극사를 부정함으로써 그 정체성을 확보해 갔다. 근대극을 소개하고 배워서 수립해야 한다는 당위론이 앞섰기 때문에 전통극을 포함한 기왕의 조선 연극은 물론이고 조선의 연극현실과 관객에 대한 고려는 답보 상태였다. 서구 근대극과 같은 연극이 없는 조선을 통탄하고, 신파극에 열광하는 저급한 관객만이 존재하는 현실로 파악했던 것이다. 따라서 이때의 연극론은 민중연극, 민족연극의 개념으로 근대극을 수립하길 원했으나 연극의 주체이자 수용자인 관객을 교화의 대상으로만 생각했다. 그러다보니 서구 근대극의 요건만을 앞세우는 비현실적 이상론의 한계를 지니게 되었고, 근대극론자들이 비문명국이라 파악한 조선 사회와 조선인을 타자화하는 식민성의 함정에 빠지게 되었다.[3]

---

1) 서구리얼리즘 연극을 전범으로 한 근대극운동은 1920년대 계몽주의 연극운동으로 수용되었다. 신파극을 비판하면서 이론적 주도권을 형성한 근대극운동은 '신극수립운동'의 개념으로 일반화되어 1930년대 극예술연구회와 프로연극운동을 가능하게 하는 토대가 되었다. 양승국, 『한국 근대연극비평사연구』, 태학사, 1996, 13~19면 참조.

2) 이 글에서 사용한 '연극대중화론'이란 연극의 구성요건으로서 관객을 인식하고, 연극을 소수의 것이 아닌 다수로 확대하기 위한 논의를 총괄하여 명명한 것이다.

이렇게 볼 때, 1930년대의 연극대중화론은 조선의 연극을 가능하게 하는 조선관객을 발견하고 연극의 주체로 인식하는 중요한 담론이라고 할 수 있다. 현실의 관객을 무시한 것이 목적했던 연극의 계몽적 역할에 실패하게 된 원인임을 알고, 조선의 관객을 찾아 본격적인 논의를 했기 때문이다. 이것은 프로연극측이나 극연 모두의 문제였던, 소수 인텔리 계층에 한정된 관객을 어떻게 넓히고 획득하느냐 하는 문제로 좁혀졌다. 각 진영의 예술관점에 따라 차이는 있으나 관객양성과 획득을 위한 논의는 공통적이었으며, 이러한 노력은 곧 연극의 본질과 특성을 인식하게 된 발전양상으로 평가할 수 있다. 아울러 기왕에 부정했던 전통연희의 활용이나 흥행극의 연극적 형식도 검토하는 계기가 된다는 점에서도 그 의미를 찾아볼 수 있다.

이 글은 1930년대 연극대중화론에 나타난 근대 연극의 '관객'을 고찰하고자 한다.[4] 특히 프로연극과 극연의 연극대중화와 관련된 논의를 중심으로 하여 각기 관객을 어떻게 파악하고 구성하였는지 살펴보려고 한다. 두 진영의 연극인들은 근대 연극이론을 주도적으로 생산함으로써 흥행극이 '관객'으로 확보하고 있던 광범위한 조선의 '대중'을 연극론의 중심에 올려놓은 장본인들이기 때문이다. 그러나 그들의 '관객'은 현실화되지 못한 이상적 관객이며 실제 운동적 성과로 확보되지 못했다. 따라서 당대 연극에 있어 이론적 우위를 차지하고 있었던 대중화론의 검토는 역설적으로 조선연극의 실체로 존재하던 '대중'에 대한 인식의 계기를 형성한다.[5]

---

3) 정호순, 「1920년대 연극론의 구조와 이념」, 『한국극예술연구』 22집, 한국극예술학회, 2005.10 참조.

4) 이 글은 1930년대 중반까지 발표된 프로연극측과 극연의 연극대중화 관련 논의를 대상으로 한다. 두 진영의 연극대중화론은 이 시기에 가장 왕성하게 전개되었다. 현상적으로는 1935년에 극단 '신건설'이 해산됨과 함께 프로연극운동이 막을 내렸고, 극연은 1936년 4월, '부민관'에서의 「춘향전」 공연을 계기로 전문극단화하면서 그 성격을 달리하고 있기 때문이다. 동시에 1935년 11월 동양극장의 개관으로 흥행극이 전성기를 맞이함으로써 한국연극은 1930년대 전반기와는 또 다른 양상으로 전개된다.

2. 1930년대 연극대중화론의 출발점과 경계

1930년대의 연극대중화 논의는 관객을 연극의 본질적 요소로서 파악하고 그 주체성을 인식해가는 과정이라고 할 수 있다. '연극의 대중성'이나 '연극은 관중예술'이라는 논의와 표현에서 드러나고 있는 바와 같이 관객을 구성하는 것은 개인들의 집합체인 '대중'이다. 서구 사회에서 대중은 산업혁명과 함께 등장하여 19세기에 대량 생산되었다.[6] 한국의 경우에는 서구와는 달리 식민지 자본주의라는 조건에서 대중이 출현하였다. 근대 자본주의 사회로의 이행과정에 있어 식민지라는 조건 속에 놓여 있던 조선은 사회경제적 토대가 빈약한 상황이었고, '평균인으로서의 사회대중'을 폭넓게 형성하지 못 하였다.

그러나 개화기 이후 서서히 진행되어오던 근대적 교육이 확산되고 자본주의적 사회관계가 번져나가면서 대중의 존재가 사회전면에 드러나기 시작했다. '경성'과 같은 도시를 중심으로 한 새로운 미디어의 영향력은 새로운 대중문화를 형성하고 문화적 헤게모니를 발휘하기 시작했다. 대량복제가 가능한 활자매체가 만들어낸 문자문화와 극장 · 방송국의 등장으로 인한 새로운 시청각 문화가 사회구성원을 대상으로 전면적인 힘을 발휘했다. 매스미디어의 발전과 함께 도시에 기반한 대중문화 영역과 영향력이 커진 1920년대를 거치면서 대중은 독자로서, 관

5) 1930년대 전반기 연극대중화론은 1920년대 연극론이 관객을 대상화시켰던 한계를 극복하는 논의로서 주목받아왔다. 선행연구는 대체로 관객에 대한 연극적 인식의 확보와 대중화를 위한 실천방안의 모색을 주요 성과로 평가함과 동시에 이론 우위의 관념성을 지적하고 있다. 본고 또한 이러한 선행연구의 성과에 기반하여 논의를 전개하였다. 다만 기존 연구가 프로연극이나 극연의 대중화론에서 지향하는 관객을 구분하고 그에 따른 실천방안의 허실을 검토하였다면, 이 글은 대중화론을 통해 당대 조선연극의 관객이자 사회적 실체였던 '대중'의 존재를 검토하는 데 주안점을 두었다.

6) 오르테가 이 가세트, 황보영조 역, 『대중의 반역』, 역사비평사, 2005, 76~79면.

객으로서 신문화를 소비하고 향유하는 다수가 된다.

> 現今은 선전의 세상이다. (…중략…) 어떤 사실의 진상과 사상의 내용을 대중에게 소개하랴면 선전의 방식을 취할 수밖에 없으며 모든 것이 민중화 되어오는 금일에 선전이 유행됨은 실로 당연한 추세라 할 수밖에 없다. (…중략…) 선전을 이용한다 함은 즉 대중의 위력을 인정한 까닭이다. 그러나 世人은 대중의 위력을 인식하면서도 그 대중을 기만 혹은 우롱코자 하는 대담한 위험을 반복한다.7)

위의 글은 당시 대중매체로서 큰 위력을 발휘하고 있던 신문(동아일보)의 사설이다. 대중의 존재와 사회적 영향력을 전제한 내용으로 대중을 '솔직하고 정직하며, 열정적 행동'을 하는 존재로 높이 평가하고 있다. 아울러 대중을 '우중(愚衆)'이라 하여 기만하는 것에 대한 경고를 함으로써 신문독자인 대중에게 언론의 필요성을 '선전'하는 효과도 거두고 있다. 부정한 선전자들에게는 대중에 대한 정당한 인식을, 대중을 향해서는 총명함을 촉구하는 결론은 조선의 대중이 이미 각성되어있다는 판단에서 도출된 것이라고 할 수 있다. 이는 '모든 것이 민중화되어오는 금일'이란 시대적 판단에서 드러나듯이 당대 문화운동론자들이 제1차 세계대전 이후, 세계의 변화를 '민중의 시대'로 파악한 것과도 관련된다.8) 여기서의 '대중'은, 상반된 견해에도 불구하고, '각성한 민중'이란 의미로 쓰이고 있음을 알 수 있다. 그런데 '각성한 민중'이란 뚜렷한 사회계급적 인식을 바탕으로 한 것이 아니라 억압받고 있는 상태의 '민족'과 거의 동일한 의미였다.9)

---

7) 「대중의 총명」, 『동아일보』, 1924.4.24.

8) 「세계개조의 벽두를 당하여 조선의 민족운동을 논하노라 (3)」, 『동아일보』, 1920.4.6. 당시 민족주의문화운동이 견지했던 비계급적 노선에서 '민족'은 계급을 초월한 개념이며 '민중'은 '민족'의 다른 이름으로 쓰였다.

9) 이러한 혼용은 근대극론자들에게서도 확인할 수 있다. 현철이 제창한 '민중극'(「문화사업의 급선무로 민중극을 제창하노라」, 『개벽』, 1921.4)에서의 '민중' 역시 '지방적

이렇듯 '대중'이란 용어는 그 쓰임이 명확하지 않은 채로 혼용되었으나, 대중의 존재는 그 사회적 영향력이 점점 확대됨에 따라 실체화되었다. 1930년대에 들어서면 가히 대중문화의 성행기라 할 정도로 영화·출판·방송·가요·스포츠 등 대중문화 전반이 두드러진 발전을 보인다. 대중문화의 여러 영역에서 기업화, 산업화가 이루어졌으며, 그 소비자인 대중은 대중문화를 주요한 오락거리이자 삶의 양식으로 수용하였다.[10] 이 시기의 대중은 그 짧은 연혁에도 불구하고 더 이상 낯설거나 수동적인 대상이 아니었다. 따라서 근대적 미디어를 통해 문화를 소비하는 대중은 미디어를 장악하고 신문화를 생산하는 엘리트 계층에게도 주요하게 고려해야 할 존재가 되었다. 이러한 사회문화적 현상에서 문학대중화론이나 연극대중화론의 제기는 극히 자연스럽다.

그런데 일본 등지에서 해외유학을 하고 서구의 근대문명을 접하고 돌아온 조선의 인텔리층은 존재하는 대중을 인정하면서도 부정적인 시각으로 바라보았다. 근대극론자들은 계몽주의적 관점에서 조선의 대중을 '비속하고 무지한 속중'[11]으로 홍행극의 관객은 향락주의자들로 규정했다.[12] 이러한 인식은 1930년대로 이어져 대중은 여전히 근대극으로 계몽해야 할 대상이었다. 프로극과 극연측은 홍행극[13]과 홍행극을 선택한 관객, 대중

구획이나 계급적 사상으로부터 분리된 일반 동포'로, '민중극'은 식민지 조선민족의 교화를 위한 연극의 의미로 쓰였다.

10) 『별건곤』(1926)·『삼천리』(1929)와 같은 대중오락지 창간과 『킹』·『주부지우』·『강담구락부』와 같은 대중잡지의 판매가 활발하였으며 신문연재소설이 전성기를 맞는다. 1920년대 후반 『개벽』같은 유력월간지는 약 7천~1만 부를 찍었고 1929년 조선인 신문독자는 하루 총 8만 7천여 명 정도였다. 라디오, 유성기와 레코드의 보급 또한 증가하였다. 1927년 2월 경성방송국이 개국한 이후 1930년이 되면 140,309대로 10배가 증가한다. 뿐만 아니라 연극영화의 관객 수는 기하급수적으로 늘어나 1933년에는 590여만 명, 34년 650만 명, 1935년에는 880만 명을 기록할 정도였다. 천정환, 『근대의 책읽기』, 푸른역사, 2003.11, 32~34면.

11) 김우진, 「소위 근대극에 대하야」, 『학지광』, 1921.6, 68~69면.

12) 홍해성·김수산, 「우리 신극운동의 첫 길」, 『조선일보』, 1926.7.25~8.2.

13) 서항석(「신극과 홍행극」, 『극예술』 1호, 1934.4)은 '신극은 예술본위, 인생본위의 연극'이며 '홍행극은 이득본위, 인기본위의 연극'으로 당대 연극을 구분하였다. 최근, 여

에 대한 인식은 거의 동일했다. 이것은 근대극운동이 흥행극에 대한 비판을 전제로 그 당위성을 확보한 것과도 연결된다. 따라서 계몽의 대상이 되는 대중의 저열한 관극수준은 이들의 선구자적 사명과 운동의 정당성을 확보하는 효과를 얻게 된다. 그러나 '내용적으로 건전하고 기술적으로 세련된' 대중적 연극의 필요성은 어느 시대에나 요청되는 과제였다.[14] 무엇 때문에 조선 사회의 대중이 흥행극의 객석을 채우게 되는지에 대한 연구는 결여한 채 무조건적인 비난을 일삼았다. 그 결과, 조선의 대중과 구별되는 소수의 관객, 즉 그들의 이념을 이해하는 관객만을 대상으로 한 대중화론을 주창하는 함정에 빠지게 된다.

1920년대에는 전 민족을 대상으로 한 계몽주의적 연극운동의 차원이었기에 관객의 사회적 성분을 파악하고, 일정한 관객층을 지향하는 것이 중요하게 고려되지 않았다.[15] 관객은 대상화되었으며 민족 전체로 추상화되었다. 따라서 미약하나마 이미 조선에서 형성되기 시작한 대중을 근대극의 관객으로 확보하지 못 하였다. 관객 없는 연극운동의 한계는 관객에 대한 관심과 관객 확보를 위한 방안모색을 이끌어냈고, 이것이 대중화론의 핵심이었다. 그런데 프로극과 극연측이 '대중'이라 명명한 관객은 각각의 이념에 따라 지향하고 선택한 특정계층에 제한되었다. 정작 폭넓은 관객층을 형성하고 있던 흥행극의 관객은 그들의 관객과 구별되었다. 이렇게 볼 때, 프로극과 극연의 연극대중화론은 자신들의 관객층을 넓히기 위한 담론으로 실제하는 대중과는 구별되는 것이었다. 프로극의 관객은 막시스트 대중'[16]으로, 극연의 관객은 '민중교화의 사회적 책임을 지닌 지식계급'[17]으로 240일 이상의 장기 흥행을 가

러 층위의 흥행극을 아우르는 개념으로 '대중극'이란 용어를 많이 쓰지만 본고에서는 당대에 신극과 대타적 개념으로 사용되던 흥행극이란 용어를 쓴다.

14) 서연호, 『한국연극사－근대편』, 연극과인간, 2003, 257면.

15) 신아영, 「1930년대 연극과 관객」, 『한국 근대극의 이론과 연극성』, 태학사, 1999, 34면.

16) 박태양, 「김광섭군의 극단제언을 격(駁)함」, 『조선일보』, 1933.2.15.

17) 김광섭, 「실험무대에 바라는 바」, 『동아일보』, 1933.11.14.

능케 한[18] 홍행극의 관객과는 다른 존재였다.

홍행극의 관객은 단지 저급한 취향을 지닌 무비판적이고 수동적인 대상이 아니었다. 초기 신파극에 대한 대중의 열광은 전통극과 다른 새로운 연극에 대한 관심이었다. 점차로 그 내용과 형식에 식상해진 대중들은 극장에 발을 끊기도 하였으며, 예정된 프로그램이 바뀌었다고 소동을 일으켜 연극을 중지시키거나[19] 극장의 환경에 대한 개선 요구를 강력하게 제기하기도 하였다.[20] '예원좌'(1935)와 같은 막간 전문극단이 탄생하기도 하고, 영화 상영 중에 '레뷰'가 끼어들기도 하였다.[21] 당대 최고의 인기를 구가했던 임선규의 〈사랑에 속고 돈에 울고〉(청춘좌, 1936.7.23~31)의 속편이 변경되었던 것도 텍스트와 관객의 상호작용의 결과였다.[22] 모두 대중의 요구를 반영한 것으로써 이 시대의 대중이 문화형성의 과정에 적극적으로 개입한 증거이기도 하다.[23] 더 이상 계몽되는 대상이 아닌 향유하는 관객[24]이었으며 능동적인 관객이었다.[25]

---

18) 김광섭, 「극계의 전망・제언」, 『조선일보』, 1933.1.4.

19) 「관객소동으로 연극까지 중지」, 『동아일보』, 1933.10.6; 「설비 불완전한 극장에 종로서에서 일침－일반관객의 투서빈빈」, 『조선일보』, 1937.2.10.

20) 「스크린의 위안, 서울맛・서울정조」, 『별건곤』 23호, 1929.9.27.

21) '막간'은 1930년대 홍행극단의 공연프로그램 중 하나로, 비극(정극)과 희극 사이에 여러 가지 형태로 이루어졌다. 넌센스・레뷰・스켓치・만담・만극 등이었다. 동양극장은 '막간'을 폐지하였지만 한성레뷰단・예원좌・만소좌와 같은 막간전문극단이 결성되었다. 홍재범, 「1930년대 한국 대중비극 연구」, 서울대 박사논문, 1998.8, 41~46면.

22) 홍재범, 앞의 논문, 104~106면.

23) 대중들은 문화형성과정에서 텍스트를 생산하거나 문화적 자원을 만들어 내고 동시에 이를 사용하거나 거부할 수 있는 다양한 형식을 가지고 있다. 박성봉, 『대중예술의 미학』, 동연, 1995, 43면.

24) 윤금선, 『경성의 극장만담』, 연극과인간, 2005.11, 155~189면.

25) mass culture 또는 popular culture는 대중문화의 향유자인 '대중'을 각각 부정적이거나 긍정적인 관점에서 사용한 용어이다. 전자는 대중집단이 출현한 이후에 나타난 대중문화로 자본주의적 생산과 소비의 관점에서 대중을 상업주의에 길들여진 존재로 인식한 용어이다. 후자는 수동적이고 획일적인 의미에서의 대중개념에서 나아가 문화를 선택하고 생산하는 능동성을 지닌 존재로 인식한 용어로 쓰인다. 그러나 '대중문화'를 뜻하는 용어는 시대적 맥락과 논자에 따라서 다르게 해석되고 있으므로 이 글에서는 용어의 구별보다는 대중의 주체성을 인정하는 관점을 유지하려고 한다(박성봉, 앞의

대중의 출현과 대중문화의 성장은 자본주의적 사회경제관계가 두드러진 도시를 중심으로 이루어진다. 경성만 해도 근대적 문명을 가장 빠르게 흡수하고, 과거와는 다른 새로운 공간으로 재탄생되었다. 경성역·경성운동장·반도호텔·화신백화점·한성도서주식회사·극장 등이 세워져 자본주의적 생산과 대중의 소비가 집중되는 공간이었다. 그러므로 대중문화를 소비할 수 있는 집단의 가장 큰 외연은 일차적으로 도시에 있다고 해야 할 것이다. 1910년과 1940년 사이에 보이는 1차 산업 종사자의 감소율 15%[26]는 곧 자본주의화에 따른 도시노동자의 증가라고 보아도 무방하다. 그러나 이들 대부분은 도시빈민층이었고 농촌보다는 근대적 교육률이 높았으나 경제적 궁핍으로 인해 실질적인 대중문화의 향유계층이라고 보기 어렵다. 그렇다면 연극공연 입장료로 40전 이상(당시 보통교육의 월 등록금은 1원 내외였다)을 지불할 수 있는 계층은 중산층 이상이어야 가능한 것이었으며[27] 그 수입은 교육정도에 따른 것이었으므로 단순히 저급한 계층이라고 전제하기 어렵다.

개화기 이후 연극의 존재방식은 새로운 미디어와 새로운 독자층 형성에서 자유로울 수 없었다. 신문, 잡지를 통해 발표된 문학은 연극과 영화의 주된 원천[28]이 되었을 뿐만 아니라 연극과 영화는 신문, 잡지에 상연(영)광고를 냄으로써 관객을 확보하였다. 활자매체와 시청각매체가 공존하고 경쟁하면서 대중의 문화수용 방식을 구축하였던 것이다. 이

책, 31~34면 참조).

26) 1933년, 1차산업 종사자는 78.9%로 여전히 전체 인구의 대다수를 차지하고 있지만, 계속 도시로의 이농현상과 도시 노동자등으로의 전환이 가속화된다. 1940년에는 71.6%로 1910년의 86.1%에 비추어보면 총 15%의 하락률을 보인다(홍재범, 앞의 논문, 24면).

27) 천정환, 앞의 책, 492면. 이 책에서는 「기밀실－현대 쌀라리맨 수입조」(『삼천리』, 1936.1)를 재구성하여 1930년대의 도시 생활자를 수입과 노동시간 등을 기준으로 계급계층을 나누었다. 의사와 변호사를 상층으로, 여교원(월급45원)·신문기자(50원)·은행원(70원)·목사(50원)를 중간층으로 나누었다. 중간층은 식민지 조선의 사회구성에 의해 결정되는 지위로 중등학교 이상의 신교육을 받고 도시에서 일상성을 유지한 계층이다.

28) 유민영, 『한국 근대연극사』, 단국대 출판부, 1996, 246면.

점에서 주의를 기울여야 할 것은 시청각 매체를 통해 문화를 선택하게 되는 수용자의 객관적 조건과 취향의 문제이다. 위에서 살펴보았듯이 근대적 교육의 확산과 도시의 자본주의화가 급속히 진행된 조선이었지만 조선인 모두가 글자를 읽거나 문화를 향유할 수 있는 것은 아니었다. 또한 신문이나 책을 읽고 독해하는 능력과 공연을 볼 수 있을 만큼의 경제적 조건을 갖춘 계층이라 하더라도 이데올로기적 지향점이나 개별적인 취향의 차이에 따라 선택되고 수용되었다. 식민지라는 정치사회적 조건과 자본주의하의 계층적 분화를 고려할 때, 1920년대 이후 본격화된 대중문화의 생산과 소비는 서로 다른 체계와 유통망 속에서 이루어진 것으로 보아야 할 것이다.[29]

주지하다시피 1930년대의 연극대중화론에 언급된 '저급한 관객'은 흥행극의 관객을 지적한 것이다. 그런데 흥행극을 찾는 관객들은 단지 똑같은 기호를 가진 대중이 아니었다. 이에 대중잡지 삼천리의 흥행극단 탐방기[30]는 관객에 대한 흥미로운 시사를 보여주고 있다. '대중적'이면서도 각각 극단의 성격과 상연물에 따라 관객층과 교양의 정도가 달랐다는 관찰기이다. 1930년대 동양극장을 찾는 주된 관객층인 화류계 여성들과 한량들이 '토—키'(유성영화)의 자막을 읽을 능력은 없고, 당시 3~4류로 취급받던 무성영화 상설관엔 가기 싫었기 때문이라는 최독견(동양극장의 지배인)의 술회[31] 또한 관객이 연극을 찾는 이유가 단지 대중적인 오락취미에 부합하기 때문만은 아니라는 것을 보여준다. 돈은 있으나 최첨단 매체를 수용하기에는 지적 능력이 부족한 관객이 당시 흥

29) 개인적 기호에 따른 취향의 차이만으로 이 시대 문화의 생산과 소비현상을 설명할 수 없다는 것이다. 그 차이는 식민지 조선인들의 민족적 정체성, 일제가 만든 근대적 공적영역과 제도에 적응해가는 방식, 식민지 자본주의 사회에서 새롭게 재편된 계급과 계층의 정체성 실현 문제와 관련되어 있다(이에 대해서는 천정환, 앞의 책, 271~388면 참조).

30) 「예원정보실」, 『삼천리』 13권 3호, 1941.3.1(윤금선, 앞의 책, 112~115면 참조).

31) 「좌담—영화와 연극 협의회」, 『삼천리』, 1938.8.

행극의 손님이었다는 것은 곧 대중문화 향유자의 분화현상에 다름 아니다.

그러므로 1930년대의 연극 대중화론은 엘리트계층에 국한된 연극운동을 대중화하기 위한 논의로 출발하였지만 대중의 사회·경제·문화적 토대에 따른 계층적 분화 양상을 고려하지 못 하였다. 이는 연극의 관객으로서 대중의 존재를 인식하고 대중을 확보하기 위한 논의의 발전이면서도 그 논의가 연극이념과 실재 사이의 경계선에 서 있음을 말해준다.

3. 프로연극의 대중화론과 관객

프로연극운동은 1920년대 초부터 학생층을 중심으로 활발하게 전개되던 전국 각지의 소인극을 토대로 한 진보적 연극운동이다. 1920년대 중반 이후, '카프'를 중심으로 한 프로연극은 산발적인 활동을 조직화하려고 하였으나 정치적 조직이나 다름없는 조직구성과 현실과 괴리된 운동방침으로 인하여 부진을 면치 못 하였다. 일본의 좌익극운동방침을 여과 없이 수용하여 조선연극의 현실을 간과하였기 때문이다.[32] 그러나 1930년대에 들어와 대중적 기초에 서지 못했던 오류를 비판하면서 '볼셰비키적 대중화론'[33]에 따른 연극대중화론을 제기하고 실천하게 된다.

32) 양승국, 앞의 책, 81~85면.

33) 예술운동의 볼셰비키화론은 제1차 방향전환의 연장선상에서 제기된 논의로 당시 국제정세의 변화와 일제의 탄압에 대한 사회운동의 변화에 따라 그 구체적 내용과 수행 방식이 달라진 것이다. 제1차 방향전환에 의한 카프의 예술운동은 무산계급예술의 임무를 정치투쟁을 위한 것으로 규정하고 대중에게 투쟁의식을 고양하고 교화하기 위한

프로연극의 관객인 노동자·농민 대중을 관객주체로 인식하게 된 발전적 논의였는데, 관객획득을 위한 대중화론은 현실적 제약과 운동적 논리에 귀속되어 실효를 거두지 못하였다. 그것은 우선 공연의 방식과 관객구성의 문제에서 잘 드러난다.

> 극예술연구회의 신극운동에 놀랜 좌익극 운동자들은 실험무대 제1회 공연에 놀램을 거듭하게 되엿다. 그리하야 극연 及 직속 실험무대를 소시민 학생 지식계급의 소부르조아에 뿌리를 버티는 반계급적 문화운동의 前哨라고 부처놋코 황급하게 준비도 업시 냅더선 것이 좌익극단 메가폰이다. (…중략…) 그러나 우리가 제1회 공연에서 가장 놀랜 것은 그들의 압헤 실험무대의 공연에서 본 학생지식계급이 소수의 관중의 대부분을 점하고 소위 부르지즌바 노동자농민이 결석하엿다는 것이다. 따라서 노동자농민이고야 참으로 이해하고 감상할 메가폰의 공연은 소부르조아적 학생 지식계급의 현상때문이엇는지 완전히 실패하고 말엇다. (…중략…) 그러나 메가폰의 제1회 공연에서 제일 늣긴 바는 그들이 세계를 보면서 조선의 현실을 보지 못한 듯 하엿다.[34]

위의 글은 극연의 회원인 김광섭에 의해 씌어진 것으로 프로연극측의 소시민적 극관행을 꼬집은 것이다. 다분히 프로연극측을 견제하고 비난하는 태도를 엿볼 수 있으나 프로연극운동측의 이념에 위배되는 공연이었으므로 일정한 설득력을 지닌다고 하겠다. 메가폰 제1회 공연(1932.6)은 프로연극측이 볼세비키적 대중화론을 표방한 이후, 이동식 소형극장 운동을 대중화의 주된 실천방침으로 내세운 이후의 공연이다.

영리를 추구하는 극장에서의 공연[35]은 프로연극운동에 위배되는 것

것이었다. 이때에 제기된 예술대중화론은 노농대중을 예술창작과 향유의 주체로 설정하지 못하고 교화대상으로 파악하는 한계를 지닌다(정호순, 「1920~40년대 연극대중화론과 소인극운동」, 『한국희곡과 연극운동』, 연극과인간, 2003, 171~173면).

34) 김광섭, 「조선극단에 제언 (5)」, 『조선일보』, 1933.1.14.

35) 극단 메가폰의 공연은 1922년 11월 영화상설관으로 지어진 조선극장에서 이루어졌다. 당시에는 영화와 연극 겸용 극장으로 쓰였다. 유민영, 『한국 근대극장변천사』, 태학사, 1998, 184~187면.

으로 내부에서의 비판에 직면한 경험이 있다. 그것은 1930년 9월, 카프 연극부의 간부인 최승일 연출로 이루어진 '미나도좌' 공연이다. 이 공연은 미숙한대로 '프롤레타리아 연극의 첫 행진'으로 평가[36]받기도 하지만 프로연극인들에 의해 부정되었다. 가장 큰 이유는 관객구성에 있다. '노동자 · 농민을 아지프로'한다는 프로연극이 '미나도좌라는 커다란 극장 안에서 중산계층의 자제 · 기생 · 부랑자 · 모던뽀이 · 변호사 · 신문기자' 등을 대상[37]으로 하였기 때문이다. 〈하차〉 · 〈탄갱부〉 · 〈이층의 사나이〉와 같은 조선의 정세에 맞지 않는 레퍼토리나 영리주의와의 결합 또한 프로연극운동의 '정당한 출발'로서 평가할 수 없는 이유였다.[38]

극단 메가폰의 제1회 공연은 〈메가폰〉 · 〈깨여진 장한몽〉 · 〈지옥〉 · 〈박첨지〉 · 〈호신술〉 등 5편을 레퍼토리로 하였다. 미나도좌 공연과는 달리 모두 1막의 창작극이며 극단의 각본부에 속해있던 김형용, 유진오, 송영의 작품과 문예부의 창작으로 짜져 있다. 이렇게 볼 때 메가폰의 구성원들이 '좌익극운동의 동반자적 지위'[39]로 폄하되었다 하더라도 '근로대중의 이익을 위해' 결성[40]된 프로극단으로서의 성격을 망각한 것은 아니었다. '과거에나 현재에나 무슨 극장 무슨 극단하고 그 이름만 제작하고 하등의 실질적 활동'을 못 가진 것이 프로연극운동의 현실이었기 때문이다.[41] 문제가 되는 것은 연극을 팔고 사는 유통방식을 지닌 영리적 극장에서의 공연이라는 점이다.

1930년대의 프로연극운동이 실질적 성과를 지니지 못하고 만 것은 프로연극이 획득해야 할 구체적인 관객을 망각한 데에 그 원인이 있는 것이 아니다. 그보다는 프로연극에 대한 일제의 검열이나 탄압이 극심

36) 박영희, 「1930년 조선프로예술운동」, 『조선지광』, 1931.1, 6면.
37) 민병휘, 「박씨의 프로극관과 포영씨의 '깨어진 거울'」, 『조선일보』, 1931.2.11.
38) 신고송, 「연극운동의 출발」, 『조선일보』, 1931.7.29.
39) 박태양, 앞의 글, 『조선일보』, 1933.1.29.
40) 『동아일보』, 1932.5.28.
41) 신고송, 앞의 글.

한 상황에서 합법적인 공연활동을 할 수 없는 외적 조건과 내부 경영의 문제에서 근본적인 원인을 찾아야 할 것이다. 합법적인 공연활동이란 공연에 대한 검열 통과와 허가를 전제로 한 극장에서의 공연을 말한다. 극장공연 자체가 프로연극운동의 본위에서 벗어난 것이라기보다는 공연공간으로서의 극장이 프로연극 상연의 내외적 조건에 적합한 현실이 아니라는 점에 비판의 무게중심이 실려야 할 것이다. 또한 프로연극의 관객인 노동자 농민은 극장 밀집지역인 경성이 아니더라도 '2일간 일하고 얻은 임금 이상의 입장료'[42]를 내고 공연관람을 하기가 어렵다. 따라서 다음과 같은 신고송의 발언은 주목할 만하다.

> 과거에 있어서 결성된 수 개의 극단이 하등 활동도 못하고 죽어버렸다는 것은 그 극단의 활동 방침에 근본적 오류를 가지기 때문이다. 그 근본적 오류란 무엇인가. 그것은 공연함으로써 全 활동이라고 봄이라 하겠다. 우리는 공연 무용론까지 생각하고 싶다. 물론 그것은 극좌적 편향이라 하겠지마는 진실한 프롤레타리아 연극은 노동자 농민층의 집합체 내에 이동하여 활동하여야 할 것이다. 현금에 있어서 영리업자의 극장의 차용으로 우리의 극을 상연한다면 노동자를 도저히 동원할 수 없을 것이다. 그들을 동원시키기 위하여 입장요금의 저하를 한다면 당장에 경제 문제의 난관에 부대낄 것이다. 이것이 제일로 우리들에게 공연을 허하지 않는 이유일 것이다. 또 우리가 상연하고자 하는 레파토리는 검열문제에 걸리고 만다. 공연을 할 수 있고 없는 것은 완전히 여기에 달렸다. 우리가 여하한 좋은 레파토리를 수없이 가졌다 할지라도 '커트'란 것의 밑에는 패배하고 말 것이다. 이것을 대중의 힘으로 아무렇게도 할 수 없는 오늘 공연의 불성립은 불가피의 사실이다.[43]

이와 같은 공연무용론은 곧바로 이동적 활동방침으로 이어지게 된다. 이동식소형극장(1931.9)의 연출을 맡았던 김유영은 이 극단이 '계급분화가 선명한 한 계급을 위해 X쟁하는 소형의 이동식 극장'임을 언급한

42) 민병휘, 앞의 글.
43) 신고송, 「연극운동의 출발」, 『조선일보』, 1931.8.1.

후, '소시민층에 있는 회색극인'을 제외하고 극장내부에서 계급의식을 확립한 기술자를 양성함과 동시에 조합 공장 농촌 등지에 투입하여 연극서클을 조직하겠다는 방안을 밝혔다.[44] 이러한 방침은 연극과 노동자·농민을 결합할 수 있는 프로연극을 건설하기 위해 모색된 것[45]으로 소인극 활성화 방안과 함께 볼셰비키적 대중화론에 가장 근접한 실천방안이었다.

프로연극운동은 노동자·농민을 대상으로 연극을 하는 것만으로 그 임무를 다하는 것이 아니다. 그 성과는 '노동자 농민이 얼마나 동원되었으며 관객을 어떻게 조직화'했느냐에 의해 가름될 수 있다. 합법적인 공연공간에서의 활동이 불가한 형편에서 이동식소형극장운동은 '노농대중과 프로연극의 완전한 결합'을 목표로 한 대중화론의 현실적인 대안이 아닐 수 없다. 이와 함께 광범한 프롤레타리아 획득과 연극운동의 대중적 기초를 마련하기 위한 방안으로 제시된 '연극서클'은 프로연극의 관객조직 문제로 주목을 요한다. 연극 서클은 '직장 기업 농촌 내에서 극을 조하하는 사람이 서로 모여서 극에 대한 이야기도 하고 갓치 극을 보라단기기도 하며 또 자기들이 직접 극을 하기도 하는 그룹'[46]으로 프로연극운동의 기초 조직이다.[47]

관객조직의 필요성은 신고송에 의해 제기된 바 있는데[48] 그 방법으로 제시된 '드라마리그'는 일본 '프로트'의 방침을 그대로 옮겨온 것이었다. 이것이 프로연극의 이동적 활동과 함께 연극서클 조직의 필요성으로 재차 제기된 것이다. 그런데 신고송이 제안한 '드라마리그'는 극단

44) 김유영, 「이동식소형극장 공연을 압두고」, 『시대공론』 1호, 1932.1(양승국 편, 『한국근대연극영화비평자료집』 4권, 태동, 1991, 161면. 이하 자료집으로 표기함).
45) 신고송, 앞의 글, 1931.7.29.
46) 김파우, 「프롯트의 현세」, 『연극운동』, 1932.7, 17면.
47) 이 시기 프로연극운동은 'PROT'(일본프롤레타리아극장동맹)을 중심으로 한 일본 좌익연극운동에서 많은 영향을 받았다. 연극서클 조직방침은 1931년 10월 프로트 제4회 대회에서 결의한 운동방침으로 대단한 성공을 거두었다. 양승국, 앞의 책, 109면.
48) 신고송, 앞의 글, 1931.8.4.

신건설의 해산을 목전에 둔 시점에서 나웅에 의해 비판되었다. 즉 '드라마리그'가 '프롤레타리아 연극을 지지하는 일정한 이데올로기를 요구'하는 조직으로 일본에서도 대중적 조직화의 방해요소가 되었으며, '광범한 대중을 포섭'해야 할 상황에서 이데올로기적 제한을 지닌 드라마리그의 조직은 적합하지 않다는 것이었다. 따라서 연극서클의 형태가 '프롤레타리아 연극의 영향을 넓혀서 반동연극 하에 있는 대중을 정당히 인도함으로써 현재의 다수자 획득이라는 당면한 전면적 과제'[49]를 수행할 수 있는 방안으로 강조된다. 이 글은 노동 대중만을 관객으로 설정한 논의에 비하면 한 단계 진전한 것으로 보인다. '반동연극 하에 있는 대중'이란 극연의 인텔리층과 흥행극에 열광하는 관객 모두를 뜻하는 것으로 읽히기 때문이다. 그러나 일본의 경우와는 달리 '연극서클'의 조직은 뚜렷한 성과를 거두지 못 하고, 극단 신건설이 해산됨과[50] 동시에 프로연극의 대중화 논의는 막을 내리고 말았다.

이상에서 살펴본 바와 같이 1930년대 프로연극운동의 연극대중화론은 노동자·농민을 구체적인 대상으로 한 연극론이다. 즉 프로연극의 관객은 노동자·농민이라는 계급적 성격을 분명히 하고, 객관적 정세의 불리함을 극복할 수 있는 이동적 공연방식과 연극서클의 조직 및 소인극 활성화 방침을 세웠다. 이는 관객의 존재를 단지 교화대상으로 파악하고 대상화했던 한계에서 벗어나 주체가 될 수 있는 관객을 발견하게 된 결과이다. 관객인 노농대중과 유리된 채 행해진 지식인 중심의 극관행에서 벗어나 노농대중의 창의성 발휘에 관심을 둔 실천 방안이었다는 점에서도 그 의미가 크다고 하겠다.

그런데 프로연극운동의 대중화론은 대체로 노동자·농민을 제외한 계급[51]에 대해서는 철저히 배격하였다. 이들은 극도로 상품화한 극단에

---

49) 나웅, 「연극운동의 신단계」, 『조선중앙일보』, 1934.3.30.

50) 『조선일보』, 1935.6.6.

51) "그 반대의 계급에 종속한 상품화한 작가 내지 비평가는 물론이고 그 중간 형세를

속하여 '연극운동의 좌익적 진전의 부진'을 초래하는 자들이며, 그 연구의 대상은 부르주아로 '그와 동반되는 생활적 희구는 상품을 시장에 제공하여 이익을 종국적 목적으로 삼는 일반 상업자의 판매적 심리'와 같은 것으로 파악한다. 박영호가 반동적 부류로 분류하여 열거하고 있는 계급은 한편으로는 프로연극의 대중화를 위해 주의를 기울여야 할 대상이었다. 앞서 살펴본 '미나도좌'와 '메가폰' 공연의 관객은 프로연극의 관객인 노동자·농민이 아니었지만 그 경향과 연극적 활동에 대한 관심을 가진 또 다른 관객이었던 것이다. 프로연극 대중화의 필요에 따른 현실적 실천이었던 이동식 소형극장은 근로대중의 생활 속에서 이루어져야 할 것은 물론이고 프로계급에 반하는 계급과 연극운동의 현장(극장)에서도 공개되어야 할 필요가 있었다. 그랬을 때, 비로소 프로연극운동의 대중화에 접근할 수 있었을 것이다.

프로연극운동은 노동자·농민으로 국한된 계급만을 관객으로 구성하려 함으로써, 그 계급적 성격은 분명히 하였으나 매우 제한적인 활동에 머물고 말았다. 극장 공연 역시 이러한 관객구성을 문제 삼아 비판함으로써 그 활동반경을 스스로 좁히는 결과를 초래하였다. 당대 조선사회의 새로운 계층구성과 근대적 방식의 연극시스템 속에서 움직이는 대중의 문화향유 방식을 간과하였기 때문이다. 또한 조직원의 이데올로기적 사상의 통일을 강조하고[52] 높은 수위만을 지속적으로 요구함으로써 진영 내의 조직원들조차 포용하지 못하고 말았다. 따라서 프로예술운동에 대한 일제의 탄압이 본격화된 시점에서 대중적이지 못했던 조직과 운동방침에 대한 통렬한 자기비판[53]에 또다시 직면하게 되었다.

지지하고 잇는 사회민주주의 일화견주의 만성(漫性)적이며 퇴영(退嬰)적인 푸트 인테리켄차(좌익화하면서 잇는 식자계급) 등등의 반동적 부류" 박영호, 「프로연극의 대중화문제」, 『비판』 11호, 1932.3(자료집 4권, 237~239면).

52) 김태오, 「연극운동의 신전계」, 『조선일보』, 1930.2.23.

53) 김승일, 「연극운동의 발전을 위하야-극단 '신건설'을 중심으로」, 『조선중앙일보』, 1933.10.2~3; 나웅, 앞의 글, 1934.3.21~22.

4. 극예술연구회의 대중화론과 관객

1931년 7월에 창립된 극예술연구회는 1930년대의 근대극운동을 주도하였다. 극연은 "신극수립을 위하야 극예술에 대한 일반의 리해를 넓히고 긔성극단의 邪道에 흐름을 구제하는 동시에 나아가서는 진정한 의미의 '우리 신극'을 수립하려는 목적"[54]으로 창립하여 근대극이론을 전개하였다. 근대극 수립에 대한 목표의식은 극연이 아니면 안 된다는 사명감으로 강화되었으며, 그것이 지닌 내적 정당성이 연극대중화를 위한 관심으로 이어진다. 그러므로 극연의 대중화 논의를 살피기 위해서는 우선 근대극에 대한 그들의 이해에서부터 출발할 필요가 있다.

> '조선의 진정한 극문화를 수립하자' 이 일언이 『극예술』이 가지는 의도요 지표다. (…중략…) 극예술은 항상 그 민족 사회의 모든 운명과 현실을 총체적으로 또는 종합적으로 구현하는 유일의 산기록이다. 그러므로 극은 단순한 민중의 교화를 의미하지 않는다. 그러나 왕왕 위대한 교화는 진정한 극예술에서 발현된다. 여기에 극이 가지는 생명의 신비와 恒遠한 위대성이 잇다. 우리는 목하의 모든 사회적 정세의 험악과 무언의 沈吟, 그 속에서 무시로 세기말적 생의 타락과 위압을 느끼고 생각하는바 가지가지 고민의 더 깊은 인식과 반성과 회오와 결의가 ᄋᆞ로지 극예술의 친밀한 용해로 말미암아 새로운 생의 창의를 발견하기까지 이 노력의 미래를 감히 약속하고 실천하랴 한다.[55]

'단순한 민중교화'가 '극'의 의미가 아니며 '위대한 교화'는 '진정한 극예술' 자체로서 저절로 이루어질 것이며, 나아가 극연이 그 주역이 되겠다는 야심찬 내용이다. 이러한 자신감은 조선에 진정한 극예술이 없다는 합의가 그 출발점이다. 따라서 신극운동의 계승자이며 적자를

54) 『조선일보』, 1931.7.19.
55) 『극예술』 창간호, 1934.4(유민영, 앞의 책, 808면 재인용).

자처한 극연은 프로연극이나 흥행극과의 차별성을 전제하고 논의를 전개하였다. 프로극은 정치적 편향을 지니고 제한적인 활동에 머물고 있으며, 흥행극은 상업성만을 추구하면서 연극정신을 결여한 것이라고 매도하였다.

극예술연구회 회원들 대부분은 해외문학파로 분류되는 이론분자이다. 홍해성과 유치진을 제외하고, 이헌구를 비롯한 해외문학파 인사들은 해외문학(연극) 소개나 신극 수립에 대한 극연의 목표만을 반복할 뿐이다.[56] 따라서 극연은 연극이 없는 조선에 서구의 근대극을 수립하기 위한 극연의 창립과 활동이 어떠한 정당성을 지니는지에 대한 논의를 지속하게 된다. '구미 선진 제국이 2세기에 亘한 근대 문명이 일본에서는 반세기에 발달되었고 조선은 그보다도 훨씬 짧은 시일에 훨씬 불리한 처지에서 이를 감수'하지 않으면 안 될 상황이므로 극연이 제창한 조선의 극문화 운동'의 정당성을 주장하게 된다.[57] '극문화운동의 계몽적 초창기'에 놓인 조선의 현실에서 '남이 십 년이나 백 년에 달성한 문화를 오 년이나 십 년 간'에 달성하기 위한 것이 극연의 목표이며 활동이라는 것이다. 그러므로 그 문화적 계승의 정당성을 확고히 한 출발을 하지 않으면 안 된다는 사명감을 드러내게 된다.[58] 이러한 사명감은 일본에서 서구 문화의 세례를 받고 돌아온 근대극론자들의 일반화된 의식이자 자신감이라고 할 수 있다. 서구 근대극, 즉 소극장운동에서 출발한 반기성적, 반상업적 연극운동이 곧 극연의 지향점이었으며 이는 '민중극 운동의 미래에 앞선 신극운동의 전기'로 설정하였다.[59] 따라서 연극이 없는 조선에 '선진 제국'의 극문화를 소개하는 것이 1차적인 과제가 된다.

---

56) 양승국, 앞의 책, 139~143면.

57) 이헌구, 「극연 일년간의 업적과 보고 (5)」, 『동아일보』, 1932.7.13.

58) 이헌구, 「연극시감」, 『극예술』 2호, 1934.12(자료집 7권, 220).

59) 서항석,「신극과 흥행극」, 『극예술』 1호, 1934.4(자료집 6권, 359); 「극계의 동정」, 『신동아』 13, 1932.11(자료집 4권, 463~464).

이와 같은 논리는 창립 이후 '실험무대'의 서구 번역극 레퍼토리로 실천되었다. 제1회 공연 〈검찰관〉(1932.5), 제2회 공연 〈해전〉·〈옥문〉·〈관대한 애인〉(1932.6), 제3회 공연 〈기념제〉·〈우정〉(1933.2) 등이 그것이다. 제3회 공연 중 유치진의 〈토막〉을 제외한 이러한 번역극은 극예술연구회 당사자들에게는 대단한 자부심을 안겨 주었다.

> 이 극을 대할 때 무엇보다도 제씨의 열성과 진실이 관중으로 하여금 敬服케 한다. 조선의 신극운동은 이 열성과 진실로서 비로소 진정한 스타-트가 될 것이라고 생각한다. (…중략…) 극본으로도 5막이라는 장편물을 공연하기는 조선의 신극사상에 큰 이채가 될 것이다. 현재 관중의 대부분이 1,2막 단편물 그중에서도 일시적 자극과 흥분제를 요구하고 있는 이때 만인의 기우를 일축하고 이 지리해 보이는 장막극을 상연하야 단연히 성공하야 여러 관중에게 무한한 환영을 바덧고 따라서 진실한 신극운동은 여하한 코-쓰를 취하여야 한다는 것을 우리에게 얼마간이라도 깨닷게 함은 무엇에 기인함일까? 오로지 신극운동에 대한 이해가 확연함에 인한 것이 아닐까.[60)]

조선에서는 한 번도 시도해보지 않았던 5막의 번역극은 '신극'을 아는 극연이었기에 가능한 것이었다는 논지이다. 공연방식과 연극창조에 있어 새로운 시도였다는 점에서 극연의 창립공연은 근대연극사의 전환점을 만들었다는 평가가 가능하다. 그러나 직역된 각본이나 공연상의 아마추어리즘과 같은 연구적 실험의 미숙함 등은 이 공연의 문제점으로 지적된다.[61)] 이러한 문제점은 '실험무대' 제2회 공연에서도 이어진다. 표현주의극 〈해전〉에 대한 평가가 그것인데, 관중의 이해가 없는 작품의 상연이었기 때문이다.[62)] 여기에 대해 극연은 실험무대의 공연이 '우리의 생활과 감정과 이상을 가장 구체적으로 잘 대변해주는 역량 잇

---

60) 나웅, 「실험무대 제1회 시연초일을 보고 (3)」, 『동아일보』, 1932.5.13.
61) 유민영, 『한국 근대연극사』, 단국대 출판부, 1996, 812면.
62) 박용철, 「실험무대 제2회 시연 초일을 보고 (1)」, 1932.6.30.

는 극작가'의 출현으로 극예술의 수립을 이루었을 때에야 신극운동의 한 단락'을 짓는 것이라고 하여 번역극 상연의 단계론을 주장한다.

> 실험무대는 일반관중에 대하야 추종적이 아니오 지도적인 점에서 종래의 기성제극단과는 그 사회적 존재의의를 달리한다. 그리고 실험무대는 결코 반동적이 아닌 범위에서 극행동을 제1의로 함으로 실천이 봉쇄되어 잇지 아니하야 현 단계에 있어서는 가장 실제적 효과를 만히 낼 수 있다. 실험무대는 최선을 다하야 현단계의 역할을 수행함으로써 신극수립의 기치 아래에 무한한 미래를 포장하고 배태하면서 전진할 것이다.[63]

단체의 창립 때부터 지속되고 있는 이러한 논의는 곧 프로연극과 흥행극에 대한 우월의식을 바탕으로 하고 있다. 그러므로 극연의 연극운동은 '일반에게 극의 본질과 사명과 의의를 대중에게 사회에게 이해시켜야 하는' 중대한 사명을 띠고 있다.[64] 여기서 '일반'으로 표현된 '관중' 혹은 '대중'은 극연의 관객이 되는 것인데, 실험무대의 근대극을 통해 계몽되어야 할 대상이다.

서항석이 「신극과 흥행극」(『극예술』 1호, 1934.4)에서 언급한 것처럼 극연의 신극운동은 서구리얼리즘 연극운동과 같은 이름인 소극장운동의 개념으로 출발한다. 따라서 그러한 연극이 없는 조선에서 극연의 연극운동은 계몽의 사명을 띠게 된다. 그러나 이러한 이해는 서구 소극장운동의 개념과 활동방향과는 엄연한 차이가 있다. 서양에서의 소극장운동은 낭만주의 대극장 공연을 비판하면서 새로운 시대를 담아낼 수 있는 예술개혁운동이다. 민중을 계몽하기 위한 수단으로서의 연극운동이 아니라 연극을 민중 속으로 가져가자는 운동이다.[65] 1920년대 근대극론자들이 민중의 개념을 조선민족 전체와 동일시하던 것[66]과 같이 극연 회원들 또한

63) 서항석, 앞의 글. 같은 면.
64) 이헌구, 「극단 일 년 간 동향」, 『제일선』 20호, 1932.12.
65) 양승국, 앞의 책, 166~167면.

계급적 의미가 없는 개념으로 '민중'이란 단어를 사용하고 있다. 극예술연구회의 '민중'은 계급성이 제거된 '일반' 대중으로 프로연극의 관객인 '민중'의 의미와는 판이하게 다르다. 일찍이 『개벽』(1922.8~11)지에 소개되었던 로망롤랑의 '민중예술론'의 영향을 받은 1920년대의 근대극론자들이 민중을 주체가 아닌 교화의 대상으로 삼고, 민중극이 지닌 저항의 의미를 문화주의적 논리로 희석해버렸던 오류가 반복되는 것에 다름 아니다.[67] 그런데 다음과 같은 글에서는 한층 진전된 관객인식을 확인할 수 있다.

> 연극과 관중의 교호작용은 관중은 한편 연극에 지배되는 수동적 입장의 형식을 가지면서 동시에 다른 한편으로 연극 자체를 지지하는 심리적 입장의 내용을 가진다. 그러므로 위대한 연극의 시대란 연극과 관중과의 통일적 도취에서 결과되는 예술적 감각의 향상적 시대이며, 저급한 연극의 시대란 그와 반대로 연극과 관중의 사이에서 발효되는 바 예술심 내지 문화심을 수축시키는 결과로 비속한 野趣에 흐르는 시대일 것이다. 오늘의 우리의 흥행극과 그 관중은 정히 후자에 속하고 있다.[68]

김광섭은 연극이 '관중의 예술'임을 전제하고, '연극'과 '관중(관객)'의 '교호작용'이 연극의 효과를 일으킬 수 있다고 서술한다. 즉 관객의 존재가 연극의 성립에 주요한 요소이며 연극과 관객과의 상호작용이 연극을 완성할 수 있다는 인식이다. 비로소 '관객'에 대한 정당한 인식에 다가간 것이라 볼 수 있다. 그런데 관객 인식의 도착점은 온전히 관객의 주체성을 인정하는 데 있지 않다. '위대한 연극의 시대' 와 '저급한 연극의 시대' 여부는 사회현실의 환경에 따라 결정되기도 하지만 결정

66) 현철(「문화사업의 급선무로 민중극을 제창하노라」, 『개벽』 10, 1921.4)의 '민중극' 개념이 그 대표적인 예라 하겠다. 현철은 민중을 식민지 조선 민족 전체로 등치시키고 민중극을 민족교화를 위한 연극으로 받아들였다.

67) 정호순, 앞의 글, 100~101면.

68) 김광섭, 「관중시론」, 『극예술』 2호, 1934.12(자료집 7권, 203면).

적 이유는 연극인의 노력과 관객의 '예술적 감흥에의 정열' 여하에 있다고 판단하기 때문이다. 따라서 조선의 흥행극과 그 관객은 '저화되고 비속화'되었다는 결론을 내린다. 근대극 이후의 신극이 관객을 획득하기 어려운 상황도 바로 여기에 이유가 있다는 것이다.[69] 결국 '모랠'이 불안정한 조선에서 흥행극의 관객층은 연구되어야 할 대상이 된다. 그래야만 흥행극의 장기흥행을 가능케 하는 관객이 신극을 이해하고 지지하는 관객으로 획득될 수 있다는 것이다.

흥행극의 관객을 교화대상으로서만 보는 것이 아니라 연구 대상으로 볼 수 있었다는 것은 대단한 발견이다. 이에 따라 '통속극'의 상연을 민중화의 방법으로 제의하고, 그것이 극연 및 실험무대의 중대한 과제라는 논의도 제기될 수 있었다.[70] 그러나 관중 즉 관객예술로서 연극의 본질을 파악하는 진전에도 불구하고 여전히 신극과 흥행극의 관객을 구분하는 모순을 보이고 있다. 당대에 형성된 관객의 분화양상을 인식한 논의라기보다는 관중으로 표현하고 있는 '대중'을 신극과 흥행극의 관객으로 양분하는 단순논리에 빠졌기 때문이다. 흥행극과 흥행극에 몰리는 대다수 조선의 관객을 저속하다고 전제한 논의는 여전히 근대극의 위상을 우월하게 설정하고 관객을 근대극을 통해 계몽되어야 할 대상으로 여기는 데서 비롯된 것이다.

극연의 회원이면서도 해외문학파 인사들의 논의와는 일정한 거리를 형성했던 유치진은 일찍이 연극의 본질로서 대중성을 간파했다. 연극은 다른 예술과는 달리 관객의 직접 관람이 이루어지는 예술이며, 관객의 존재 없이는 연극이 성립될 수 없기 때문에 연극은 본질적으로 대중성을 지니고 있다고 보았다. 탈춤과 같은 전통연희가 이루어지던 방식에

---

69) 양승국은 김광섭이 언급한 '관중'이 연극의 대상으로 파악한 수동적 관객이며, 극연의 신극을 옹호하기 위한 것으로 연극의 본질과는 관련이 없다고 평가하였다(양승국, 앞의 책, 321~322면).

70) 김광섭, 「극계의 전망 제언」, 『조선일보』, 1933.1.17.

주목하여 '민중이 극을 구성하는 한 요소이며 극을 진행시키는 한 도구'임을 지적한다. 연극과 관객의 유기적 관계가 연극의 대중성을 담보할 수 있다고 본 것이다. 유치진의 대중화론은 관객이 연극의 성립조건임을 인식하는 것에서 나아가 우리의 전통극에서 그 본류를 찾았다는 점에서 그 선구성을 알 수 있다. 대다수 해외문학파 일원의 근대극론이 서양의 소극장운동에서 출발하는 데 비해서 유치진이 제시하는 근대극은 연극의 구성요소로서 '관객'을 인식하는 데서부터 출발하고 있다.

> 연극은 결코 생명 없는 표본 — 희곡의 입체화 — 으로 끄치는 것이 아니다. 마참내 연극은 소수의 특수 문학청년의 손에서 전문적으로 경화하야 대중의 참관에서 고립한 所以이다. 연극상업화를 구하랴 한 소극장은 다시 한 번 연극의 전문화적 欖中에 가처서 거리에 지내치는 대중의 존재를 망각하야 버렷다. 이 연극에서도 연극의 理想하는 참된 대중성은 박탈되야 버리고 마랏다.[71]

유치진은 거리의 대중(관객)을 놓치고 소수 인텔리층만의 연극인에 의해 이루어진 소극장운동을 비판한다. 관객을 확보한다는 것은 결국 관객이 창작과 수용의 주체가 될 수 있는 방안의 모색과 병행한다. 따라서 '산신문극' '노동자구락부극' 등 프로연극측에서나 있을 법한 근대극의 방안을 거침없이 주장하게 된다.[72] 그러나 극연의 신극을 '이해하고 지지하는' 관객을 획득하는 것은 쉽지 않았다.

관객획득을 위한 '연극조성운동'으로서의 '드라마리그'의 제창[73] 역시 실효를 거두지 못하였다. 윤백남이 제창한 드라마리그는 신극단에게 '지도와 편달의 무형적 원조'와 '경제적 원조'를 하는 일종의 '조합운동'으로 소비자 후원조직과 같은 성격이다. 조직의 대상은 학생과 봉급자, 일반 인텔리 중 동호자로 하였다. 이것 역시 관객 확보를 위한 조직방

71) 유치진, 「연극의 대중성」, 『신흥영화』, 1932.6(자료집 4권, 364면).
72) 박영정, 『유치진연극론의 사적전개』, 태학사, 1997, 70~76면.
73) 윤백남, 「연극운동에 대한 신제창 (4)」, 『매일신보』, 1932.1.7~8.

안으로 제안된 것이나 그 구체적 방법에 대한 논의는 더 이상 존재하지 않았다. 또한 그 대상이 의도한 바대로의 대중이라고 보기에는 무리가 있다. '연극연구에 취미를 가진 학생'이나 '봉급생활자나 인텔리층의 동호자'란 이미 신극에 대한 이해와 기호가 형성되어있는 대상이기 때문이다. 따라서 극연의 관객조직을 위한 방법으로 두드러진 활동으로는 학생대상의 연극강좌 개최였고[74] 이것은 현실에 존재하는 관객 확보에 앞선 근대극 계몽을 선행한 것이었다.

극연의 연극대중화론은 연극본질에 대한 심도 있는 논의로 연결되기보다는 관객획득이란 실천론에 더욱 관심을 쏟게 된다. 그들의 연극을 이해할 수 있는 관객이 그다지 많지 않다는 현실적인 한계에 부딪친 데 따른 것이다. 그러나 실재하는 대중의 계층적 분화현상에 대한 연구를 결여하고, 근대극의 관객과 흥행극의 관객을 이분법적으로 구분함으로써 소수 엘리트층을 관객으로 확보하는 데 그치고 말았다.

5. 결론

1930년대 연극론은 '연극대중화'를 위한 논의에 그 초점이 맞추어져 있다고 해도 과언이 아니다. 1920년대에 본격화된 근대극 이론이 현실

74) 극예술연구회는 창립 직후인 1931년 8월 조선극장에서 개최한 연극이론과 실제에 대한 강습을 시작으로 하여 1931년 11월 28일, 1934년 7월과 1936년 7~8월의 연극강좌 등 서구 근대극을 소개하는 연극 강연회를 지속적으로 개최하였다. 이와 함께 학생극운동을 진정한 신극의 동반자로 주장하는 등(정인섭, 「학생극의 표어」, 『조선일보』, 1 931.11~15)에서 볼 때, 지식계층을 대상으로 한 관객확보에 주력하고 있음을 알 수 있다. 이는 이미 1920년대에 홍해성과 김우진이 관중양성의 방법으로 제안한 것이기도 하다(「우리 신극운동의 첫 길」, 『조선일보』, 1926.7.26).

과 만나면서 근대극 수립의 이상은 조선 사회에서 실천되지 못하고 어려움을 겪었기 때문이다. 1920년대 근대극론자들은 계몽주의적 관점에서 수용한 서구리얼리즘 연극을 조선에 수립하는 데 집중하였다. 조선의 연극전통을 배제하고 신파극을 포함한 흥행극을 비판하면서 이론의 정당성을 확보해나갔던 연극론은 당대 공연문화의 주도권을 형성하지 못했다. 특히 흥행극에 몰리는 대다수의 관객을 저급한 관객으로 매도하고 교화계몽의 대상으로 규정하는 이론적 오류는 이 시기 근대극운동이 조선연극을 주도하지 못 하는 근본적 원인으로 작용한다. 이러한 시행착오는 1930년대의 연극운동을 연극대중화로 이끌었으며 다시 연극의 본질을 탐구하게 하는 토대를 마련하였다.

프로연극측과 극예술연구회에 의해 활발히 전개된 연극대중화론은 소수의 엘리트적 연극운동에서 벗어나 연극을 대중적으로 확장하기 위한 이론과 실천방안의 모색으로 나타났다. 그것은 이론과 이론의 실천으로 결합되어 진행되었으나 공연상의 관객획득에 있어서는 늘 부족한 것이었다. 따라서 프로연극측과 극예술연구회는 연극운동의 목표와 구체적인 실천방안의 차이에도 불구하고 '관객'의 조직과 양성을 위한 논의를 통해 근대극을 이해하는 소수의 관객에서 다수의 관객대중으로 영역을 확대하려는 노력을 기울였다.

연극 대중화론은 연극이 실연형식의 종합예술로서 무대와 관객의 상호작용에 의해 완성된다는 연극예술의 본질[75]을 인식해가는 발전적 과정이므로 매우 중요하다. 관객이 없는 연극운동의 한계는 그 이념의 차이에도 불구하고, 이것은 각 진영이 세운 연극운동의 정당성을 앞세우

75) 관객은 단순히 관람자로서의 역할에 머무는 것이 아니라 무대 위의 작품과 상호 소통 작용을 통해 연극을 완성시킨다. 관객은 관극의 과정에서 실제 삶의 경험을 무대 위 상상의 경험세계에 전이시키는 지각 행위와 그에 따르는 반응으로 연극의 의미를 재창조한다. 또한 관객은 다양한 계층에 속한 개인의 집합체이면서 관극체험의 집단성을 통해 연극의 사회적 기능을 발휘하도록 한다(파벨 캉파뉘, 이인성 편, 「관객이라는 이차적 역할」, 『연극의 이론』, 청하, 1988, 325~326면).

고 기왕의 조선연극의 토대를 인정하지 않던 오류를 극복할 수 있는 가능성을 지닌 논의였다. 관객에 대한 인식은 연극본질에 대한 탐구과정과 함께 이루어졌으며 관객 확보를 위한 실천론으로 이어져 일정한 성과를 거두게 된다. 그러므로 이 시기의 연극론은 1920년대의 연극론이 지닌 관념적 한계를 극복하려한 발전적인 면모를 보이며 조선의 연극 현실과 본질에 접근하게 되었다는 점에서 연극사적 의의를 지닌다고 하겠다.

그런데 '볼셰비키적 대중화론'에 따른 프로연극측의 연극대중화론이나 '소극장운동'의 논리로 출발한 극예술연구회의 관객획득을 위한 대중화론은 각각의 운동적 논리에 귀속되어 크게 실효를 거두지 못하였다. 프로연극은 노동자 농민이라는 계급적 구분이 확연한 관객만을 선택하여 논의하는 이데올로기적 제한성을 강하게 드러냈다. 극연은 학생층을 중심으로 하여 그들의 근대극을 이해하고 지지하는 관객을 육성하는 데 집중하였다. 따라서 실재하는 조선연극의 관객을 확보하지 못하고 여전히 근대극의 이상을 앞세운 계몽적 사명에 긴박되고 말았다.

프로연극과 극연은 다같이 흥행극의 관객을 의식하였고 비판하였다. 그러나 흥행극을 찾는 관객들도 극단의 성격이나 상연물에 대한 판단과 선택의 능동적인 과정을 거치는 적극적인 관객이었다. 흥행극을 즐기는 관객은 곧 당대 문화를 선택하고 소비하는 근대적 대중이었다. 근대적 교육과 도시를 중심으로 한 자본주의적 사회관계가 확산되면서 등장한 대중은 새로운 대중매체의 영향력에 지배됨과 동시에 영향력을 행사하는 존재였다. 그러므로 흥행극의 관객을 저급한 오락취미를 지닌 관객으로 매도하는 것은 조선연극의 현실로 존재하는 관객에 대한 단순한 논리에 불과하다. 극연의 회원들이 신문 저널리즘을 활용하여[76]

76) 극연의 멤버들은 각 신문사에 재직하면서 극연의 위상을 한껏 높였다. 동아일보에 서항석, 중앙일보에 이하윤, 조선일보에 함대훈·이선근·이헌구 등이 재직하면서 극연의 근대극 이론과 공연을 활발히 소개하였다. 신문 저널리즘의 대중적 영향력이 지

대중에 대한 강력한 영향력을 행사했던 것을 떠올려본다면, 관객의 선택과 수용이 일방통행적인 것이 아님을 알 수 있다.

또한 근대적 대중은 교육의 정도와 경제적 조건, 이데올로기적 지향 등에 따라 구별되는 취향을 지니게 됨으로써 내부적인 분화과정을 겪는다. 이 과정은 일반 대중과 소수의 엘리트층을 가르게 되며, 문화예술을 향유하는 방식의 차이를 결정하게 된다. 그렇다면 프로연극과 극연의 연극운동이 대중화되기 위해서는 대중의 계층적 분화양상을 전제로 한 세분화된 논의가 필요할 것이다. 무엇이 흥행극의 관객 확보를 가능하게 하는지에 대한 면밀한 검토가 이루어졌어야 할 것이다. 그랬을 때 소수 지식인 계층에 의해 주도되고 이해되던 근대극의 대중적 확대 방안은 실효를 거둘 수 있었을 것이다. 결국 1930년대의 연극대중화론은 1920년대의 계몽주의적 연극론을 극복하는 발전적 과정이었으나 논의의 중심인 '대중'을 단순화하고 특정 계층으로 제한함으로써 진정한 의미의 대중화에 이르지 못하는 한계를 노정하였다.

대했던 시대였기 때문에 극연은 곧 저널리즘을 매개로 한 일종의 문화권력을 형성했다고 볼 수 있다(김윤식, 『한국 근대문예비평사』, 일지사, 1974, 141면 참조).

잡지 『문장』의 성격과 위상

이봉범

1. 문제의 제기

『문장(文章)』(1939.2~1941.4, 통권 26호)은 『인문평론』(1939.10~1941.4, 통권 16호)과 더불어 일제 말기 문학의 중심매체로서 각별한 의의를 지닌다. 조선총독부의 국어(=일본어) 상용 강제, 전시물자동원계획에 의한 용지보급의 제한과 이에 상응한 신문잡지의 감면(減面), 검열정책의 강화에 따른 출판물 통제 강화, 내선일체의 실천 강화를 노골적으로 표방한 친일 일본어잡지의 본격적인 등장—『동양지광(東洋之光)』(1939.1)·『국민신보(國民新報)』(1939.4) 등—과 같은 조선어문학잡지의 발간 자체가 현실적으로 곤란한 문화 환경 속에서 창간된 『문장』은 엄혹한 검열과 일본인들의 지면 침략으로 말미암아 자진 폐간할 때까지 일제 말기 조선어문학의 튼실한 보루였다.[1] 그것은 문단의 공기(公器)라는 문예지의 일반적인 위상을 넘어서는 수준으로, 1930

년대 중·후반 이른바 '전형기'의 다양한 문학적 조류를 총괄하는 동시에 파시즘적 위기에 직면한 부르주아문학의 최후의 자기보존적인 대응의 구심체였다. 즉 『문장』은 일제 말기 급격한 정치사회적 구조변동과 역학적인 제약 관계 속에서 탈현실의 '상고주의'와 '문학주의'라는 당대 지배적인 문화 흐름을 수렴하고 확산시키는 가운데 문예저널리즘의 새로운 차원을 개척했던 것이다.[2] 이것이 원고난·검열난·재정난·종이난 등 갖은 악재에도 불구하고 『문장』 특유의 문학적 권위와 매체적 영향력을 행사한 원천이었으며, 당대 문화예술인들 대다수를 흡인할 수 있었던 원동력이었다. 후대 문인들이 이 시기를 '문장시대'로 명명하는 것에서 『문장』의 이와 같은 영향력이 여실히 확인된다.

『문장』의 공적은 문학사에서 일찌감치 '유일(唯一)한 문학적(文學的) 민족적(民族的) 등대(燈臺)',[3] '우리문학의 부두교(埠頭橋)'[4]로 언급된 바 있다. 특히 조연현은 『문장』의 성격과 지향을 『인문평론』과의 대조—친동양적·친한국적 / 친서구적·친외국적지향, 창작중심 / 평론중심, 감성적 / 지성적, 우리문학중심 / 서양문학중심 소개, 국내의 창작발표에 주력 / 해외문학의 소개와 문학평론에 더 많은 관심 표명—을 통해 그 차이를 소상하

1) 통권 20호(1940.10)부터 편집에 참여했던 조풍연은 총독부 도서과의 검열로 인해 '삭제' 또는 '전문삭제'가 매번 수두룩하여 잡지발간 자체가 어려워지는 상황이 연속되다가 급기야 일본문이 실릴 수밖에 없는 상황이 도래하게 되고 따라서 문학잡지를 발간하는 원래의 뜻이 무화된 것이 『문장』 폐간의 결정적인 이유였다고 회고한 바 있다(조풍연, 「문장·인문평론 시대」, 『한국문단이면사』(김동인 외), 깊은샘, 1983, 220~221면 참조). 이에 덧붙여 일본인들의 지면 침략도 잡지 폐간의 한 원인으로 꼽을 수 있다. 통권 18호(1940.6~7 합본호) 히라노 요시타로[平野義太郎]의 「日支文化提携에의 길」을 시작으로 총 9편이 실리는데, 주로 신체제와 국민문학의 방향을 선전하거나 규제령을 개설하는 글들이다. 鈴木庫三(육군성정보부 육군소좌, 1940.11), 岡田順一(총독부경무국도서과원—영화담당검열관, 1941.3), 矢鍋永三郎(국민총력조선연맹문화부장, 1941.4) 등 당시 문화통제의 실질적 기능을 담당했던 이들의 글이 발표되는 것에서부터 잡지의 본질이 현저히 훼손되었다고 판단할 수 있다.

2) 조연현, 『한국신문학고』, 문화당, 1966, 195~199면.

3) 조연현, 『한국현대문학사』, 성문각, 1993, 588면.

4) 이병기·백철, 『국문학전사』(증판), 신구문화사, 1993, 442면.

게 밝히고 있어, 이후 『문장』 및 1940년 전후 문학계의 동향을 파악하는데 유력한 전거로 작용해왔다. 그럼에도 두 잡지의 현상적 차이에 주목한 결과 『문장』의 이념적 · 문학적 지향의 시대적 · 문학사적 의미가 충분히 규명되지 못했다.

『문장』의 본질에 대한 연구는 1970년대 후반에 접어들어 본격적으로 이루어진다. 김윤식은 『문장』지의 세계관을 '선비다운 맛'과 '고전에의 후퇴'로 요약하면서 문장파의 정신적 지향을 비(非)민중적 지향성(선민의식)과 심정적 차원의 반(反)근대주의로 설명하고 있다.[5] 『문장』의 주체세력이었던 이병기와 이태준의 세계관(문학관)에 대한 분석을 통해 귀납적으로 도출한 그의 견해는 『문장』의 이념적 기초를 날카롭게 드러내는 동시에 『문장』이 일제 말기 정신사의 지배적인 한 흐름을 대변하고 있음을 분명히 밝혀주고 있다. 황종연은 이 문제를 한층 심화시켜 이병기 · 이태준 · 정지용 등 문장 주체의 정신적 유대관계에 착안 '『문장』—문장파—문장파문학'이라는 도식을 설정하고 '상고주의'를 문장파의 정신적인 특성으로 규정했다.[6] 아울러 유교적 문화와 밀접하게 관련되어 있는 상고주의가 진정한 의미의 전통계승 정신과는 다른 차원의 개인주의적 이데올로기에 불과하며 따라서 식민지지배 메커니즘의 재생산적 요소로 기능할 수밖에 없었음을 규명하고 있다. '『문장』—문장—문장파문학'의 도식에서 짐작할 수 있는 바와 같이 그의 논의는 주체와 매체 그리고 이념의 상호연관성을 통해 『문장』을 둘러싼 사회문화적 맥락을 총체적으로 조망하는 특징을 보여준다. 그것은 문장파문학의 근대성과 반근대성을 논의하는 것으로 진전되기에 이른다.[7] 그리고 최승호는 문장파의 범위를 이병기 · 정지용 · 이태준 · 김용준에다 『문장』을 통해 등단한 조지훈을 포함시켜 그 외연을 확장한 가운데 문장파의 시론과 미의식을 규명한 바 있다.[8] 그의 논의에서 주목되는 것은 문장

5) 김윤식, 『한국 근대문학사상비판』, 일지사, 1978, 162~173면.
6) 황종연, 「『문장』파 문학의 정신사적 성격」, 『동악어문논집』 21집, 1986.
7) 황종연, 「한국문학의 근대와 반근대」, 동국대 박사논문, 1991.

파의 문화운동이 퇴영적인 고전에의 후퇴이거나 반근대적인 것이 아닌 고전의 현대화를 적극적으로 실천한 것으로 평가하고 있는 점이다. 하지만 문장파의 역사철학이 진보적 혹은 현대적이라는 해석은, 비록 '조선적인 것의 현대화'를 성취했다고 평가하는 가람의 시조학을 그 근거로 제시하고 있다 할지라도, 논증되지 않은 가설의 수준으로 제기되고 있을 따름이다.

『문장』을 사회문화적 콘텍스트 속에서 조명하고 있는 위의 논의들은 『문장』의 독특한 정신적 지향점을 밝히는데 매우 유용하게 작용했으며 그 성과 또한 충분한 설득력을 지닌다. 그럼에도 사상적 통일체로 설정한 문장파를 중심에 둔 접근방법은 문장파 내부의 편차 문제는 물론이고 『문장』이 갖는 풍부한 의미를 제한적으로 드러낼 수밖에 없는 가능성을 원천적으로 내포하고 있다. 무엇보다 『문장』을 문장파의 상고주의가 현시된 매체로만 볼 수 없기 때문이다. 『문장』에 문장파의 상고주의 정신이 직접적으로 현시된 글(작품) 뿐만 아니라 이와 관련된 내용이 기획·특집의 형태로 풍부하게 게재된 것은 분명한 사실이나 이에 포섭되지 않는 또 다른 측면이 다양하게 존재한다.

이 점에 착안해 차혜영은 문장파의 입장으로 환원되지 않는 내용들에 주목하여, 『문장』의 고전과 조선학이 놓인 사회문화적 맥락을 근대적 문화제도와 재현체계의 관점에서 논의했다.[9] 이 연구는 『문장』이라는 매체가 '전통'·'과거'·'조선'을 전유하는 다양한 방식을 고찰하는 가운데 식민지근대의 지(知)의 제도 속에서 여타 매체와 다른 『문장』의 차별적 의의와 역할을 규명함으로써 『문장』의 의미 지평을 확대시키는 성과를 거둔다. 그러나 문학창작과 심미주의에 편향된 기존연구의 주체 중심적 편향으로부터 탈피하여 매체로서의 『문장』을 예각화하겠다는 의도에도 불구하고 여전히 『문장』의 사회문화적 콘텍스트의 다른 한

8) 최승호, 『한국 현대시와 동양적 생명사상』, 다운샘, 1995.

9) 차혜영, 「'조선학'과 식민지 근대의 '지(知)'의 제도-『문장』을 중심으로」, 『국어국문학』 140집, 2005.9.

측면을 집중 부각시킴으로써 『문장』의 매체적 의의를 총체적으로 규명하는데 제한적일 수밖에 없었다.

이렇게 기존 연구 대부분이 1930년대 또는 식민지시대의 사회문화적 맥락에서 『문장』을 접근했던 것은 잡지가 존재했던 일제 말기 사회문화적 상황의 중요성과 더불어 잡지에 실린 내용들의 다양성 때문이었다. 기실 『문장』에는 판소리·고전소설·한문학·고시조·가사 등의 고전문학작품에서부터 근대적 의미의 문학작품(소설·시·시조·수필·평론)·연구논문·번역·주해 등 학술적 성격의 글, '전선문학선'을 비롯한 시국관련 글들에 이르기까지 문예지로 한정할 수 없을 만큼 다양한 성격의 글들이 혼재되어 있다. 따라서 매체의 성격을 어떻게 규정할 것인가의 문제가 제기될 수밖에 없고, 또 그 규정 방식에 따라 『문장』의 성격과 의의에 대한 평가가 달라질 수밖에 없는 것이다.

이에 본고는 매체로서의 『문장』에 주목하여, 이 잡지가 우리 근현대문학사에서 최고 수준을 보여준 문예 잡지라는 자명한 사실을 되묻고자 한다. 『문장』이 1920~30년대 문예지의 전통을 수렴하는 가운데 당대 다양한 문학조류를 총괄하는 문단 공기(公器)로서의 위상, 개방성에 입각한 편집체계와 구성, 독자적인 문학론의 생산과 전파의 거점, 문학주의와 저널리즘의 적절한 결합과 그 가능성의 시현, 독자적인 출판사업과 조직적인 유통망 구축을 통한 재생산기반의 건설, 추천제라는 등단제도의 구축을 통한 문단적 혹은 문학적 권력 창출의 전략 등 문예지의 제반 요건이 『문장』단계에 이르러 비로소 세련된 형태로 완성되었다는 사실은 이 잡지의 성격을 규명하는데 일차적으로 검토해야 할 요목이다. 이에 『문장』이 일제 말기 급격한 정치사회적 구조변동과 역학적인 제약 관계 속에서 어떻게 문학적 권위를 확보했는가를 중심으로 『문장』의 매체적 성격을 규명하고자 한다. 특히 『문장』의 최대 성과였음에도 불구하고 그동안 소홀하게 다루어졌던 추천제를 집중적으로 살필 것이다. 『문장』의 추천제는 문장주체들이 최대의 업적이요 자랑으로 여길 만큼(「편집여묵」, 1939.8) 가장

공들인 사업이었으며, 그 성과 또한 능력 있는 신인의 배출이라는 의미를 넘어 잡지의 권위와 영향력을 보증해주는 객관적인 장치였기에 대단히 중요한 의미를 갖는다.

2. 문학적 권위의 창출 전략

『문장』을 규명하고자 할 때 선결해야 할 사항은 잡지에 다수 실려 있는 시국관련 글들의 성격 문제이다. 정도의 차이가 있을망정 『문장』 또한 동시대 여느 잡지매체와 마찬가지로 '대동아공영권 건설'・'내선일체'・'국민문학'・'전쟁문학' 등 국책에 부응하는 글들이 지속적으로 게재된다. 특히 잡지의(또는 편집진의) 공식적인 입장을 담는 권두언 형식의 글, 이를테면 「시국(時局)과 문필인(文筆人)」(창간호)・「세모유감(歲暮有感)」(1939.12)・「연두언(年頭言)」(1940.1)・「사변3주년을 마지하며」(1940.7)・「축시정삼십주년(祝始政三十周年)」(1940.10)・「대동아공영권확립(大東亞共榮圈確立)의 신춘(新春)을 맞이하며」(1941.1)와 같은 글에서 국책의 실천 강화를 목표로 내걸었던 친일잡지에 못지않은 수준의 국책 순응의 입장을 분명히 표명하고 있다. "太陽과 같은 一親同仁의 皇國精神은 東亞大陸에서 긴 밤을 몰아내는 燦爛한 아츰에 (…중략…) 모름지기 筆鋒을 武器삼아 시국에 動員하는 熱意가 없언 안될 것"(「時局과 文筆人」), "과거의 추억반성과 함께 肇國精神에 귀일협화하여 대동아신질서건설에 매진하지 않으면 안 될 것"(「祝始政三十周年」), "위로 팔굉일우의 聖旨를 받들어 정부를 신뢰하고 제국의 명예를 보장하고 봉공멸사의 정신만 궁행해나간다면 비록 총후에 있되 명예스러운 제국성전의 일전사일 수 있을 것"(「大東亞共榮圈確立의 新春을 맞이하며」)을 통해 명백하게 확인할 수 있다.[10] 이와 같은 글들이 어떤 경위를 통해 게재되었는지, 또 그것이 문장주체들의 자발적인 입장인지를 명확하게 확인할 수 없다. 다만 공공연하게 친일 협력을 표방하지 않았던 『문장』임을 고려할 때 당시 검열의 산물로 추정할 수 있을 뿐이다.[11]

이것은 『문장』이 2호(1939.3)부터 24호(1941.2)까지 지속적으로 게재한 '전선문학선'란에서도 확인할 수 있다. 히노 아시헤이[火野葦平]의 『흙과 병대(兵隊)』, 하야시 후미꼬[林芙美子]의 『전선(戰線)』을 중심으로 총 16명의 전쟁문학작품을 발췌해 번역소개하고 있는데, 박광현의 지적처럼 조선에서 전쟁문학의 첫 시험으로 평가되는 경무국 검열관 니시무라 신타로[西村眞太郎]의 『보리와 병정(兵丁)』이 1939년 7월 번역 간행되면서 전쟁문학에 대한 논의가 본격 진행되는 것에 앞서 『문장』이 '전선문학선'을 기획 게재했다는 것은 문제적일 수밖에 없다. 그는 이 문제를 편집자의 단독기획이라기보다는 경무국의 의도에 따른 기획일 가능성이 높으며, 그것은 검열당국과 편집자의 위계화된 관계에서 점차 편집자의 지위와 책임이 검열의 한 부분을 담당하게 되는 전조적 단계의 성격으로 파악한다.[12] 요컨대 『문장』의 지향에 위배되는 시국관련 글들이 기획 게재된 것은 당대 검열로 인한 불가피한 산물인 동시에 검열당국과 잡지 편집진의 일정한

10) 이와 관련된 개인적인 차원의 글로는 임학수, 「북지견문록(北支見聞錄)」, 1939.7~8; 인정식, 「내선일체(內鮮一體)의 신과제(新課題)」, 1940.1; 백철, 「내선유연(內鮮由緣)의 깊은 부소산성(扶蘇山城)」, 문화인부대근로봉사기, 1941.3; 이태준, 「지원병훈련소(志願兵訓練所)의 일일(一日)」, 1940.11; 박영호, 「예술성과 국민극」, 1941.4 등이 있다.

11) 『문장』이 상시적인 검열로 인해 잡기 발간에 큰 애로가 있었다는 것은 앞서 언급한 바 있다. 잡지의 권위에 대응해 독자들의 기대수준이 높아지는데도 불구하고 검열로 인해 애초 계획했던 편집이 불가능하게 되는 상황이 자주 반복되는 것은 잡지의 존폐를 좌우할 만큼 심각한 문제였다. 가령 나도향의 유고 발견을 계기로 '백조'동인 특집을 계획하고 원고를 수합했으나 검열로 인해 절반이 삭제되는 상황이 발생하는 것과 같은 경우이다(조풍연, 앞의 글, 220~221면). 그 결과 '백조'동인 특집을 계획했던 1940년 12월호는 검열을 통과한 나도향의 「미정고장편」(유고), 박종화의 「아랑의 정조」, 박종화의 「도향의 인물과 작품—유고에 대하여」 등 3편의 글만이 수록될 수 있었다.

12) 박광현, 「검열관 니시무라 신타로에 관한 고찰」, 『식민지시기 검열연구의 토대구축을 위한 자료집 편찬』(심포지엄 자료집), 동국대 한국문학연구소, 2006.8, 69~77면 참고.

타협의 산물, 즉 자발적인 자기검열의 표현이라고 할 수 있다.13) 그렇다고 이를 성급하게 『문장』의 국책순응 또는 대일협력의 징표로 보기는 어렵다. 협력—저항의 이분법적 구도 속에서 『문장』을 평가하는 것은 생산적이지 못하다. 중요한 것은 검열이 잡지 존립의 관건적 요소였다는 점이며, 따라서 잡지의 지향, 편집 방향, 게재되는 글의 내용과 수준 등 잡지 전반이 검열의 영향력으로 말미암아 제한 · 굴절될 수밖에 없었다는 사실이다. 『문장』을 접근하는데 있어 이 점은 우선적으로 고려되어야 한다.

한편 『문장』에 실린 글들을 일별할 때 우선 눈에 띄는 것은 필진의 다양함이다. 이광수에서부터 갓 등단한 청록파에 이르기까지 세대적인 다양성은 물론이고 이기영 · 김남천 · 한설야 등 구카프계열과 이효석 · 이태준 등의 순수문학계열, 박태원 · 김기림 등의 모더니즘계열 등 유파적 다양성, 기타 미술 · 음악 · 연극 · 영화 · 잡지편집에 관여하고 있던 당대 문학예술인들이 거의 망라되어 있다.14) 창작 부문으로 한정해 보더라도 편집진이 야심차게 기획했던 『창작32인집』(임시증간호, 1939.7)과 『창간2주년기념 창작34인집』(1941.2)에 수록된 작가 및 작품에서 그 면모가 더욱 뚜렷하게 나타난다. 그 뿐만이 아니다. 김윤경 · 조윤제 · 정인승 · 고유섭 · 손진태 · 안자산 · 이명선 · 최현배 · 이희승 등 다양한 영역의 전문가(학자)들까지 대거 참여하고 있다. 『문장』이 이렇게 상호이질적인 영역을 포괄할 수 있었던 것은 무엇보다 잡지의 개방적인 태도에서 비롯된 것이다.15) 더불

---

13) 잡지 및 편집진의 타협적인 면모는 여러 측면에서 확인 가능하다. 김동인은 '황군위문조선문단사절파견'이 비록 총독부의 강권에 의해 이루어진 것이지만 그것을 자발적으로 성사시킨 주역이 '문장사'의 이태준이었다고 회고한 바 있다(김치홍 편저, 『김동인평론전집』, 삼영사, 1984, 499~501면). 기실 문장사는 '인문사' · '학예사'와 마찬가지로 '문단사절파견비각출자'의 일원으로 100원을 냈으며, '황군위문품비각출'에도 이태준 · 정지용 · 이병기 · 김용준 · 정인택 등 잡지편집진 모두가 각각 1원씩 낸 바 있다.

14) 필진의 구체적인 내역을 살펴보면, 창작(소설 · 희곡 · 시나리오)에 48명; 시(시조)에 43명; 평론학예에 46명; 수필(또는 수제) 118명; 중복을 제외하면 약 130명 정도이다. 문장사가 펴낸 『조선문예가총람』(1940.1)에 등재된 문예가가 129명임을 감안하면 당대 문학예술인들 대부분이 필진으로 참여했음을 알 수 있다.

15) 『문장』이 당대 좌우익적 조류를 예술적으로 합류시켰다고 한 이병기의 회고는 이를

어 일본어 상용이 강요되는 상황에서도 조선어문학을 끝까지 고수하려 했던 잡지주체들의 노력과 『조선일보』·『동아일보』가 폐간되고 유력한 종합지였던 『삼천리』·『조광』 등이 점차 일본문에 잠식당하는 등 조선어 발표지면이 현저하게 축소되는 매체 환경, 그리고 당대 아카데미 영역의 연구 성과를 적극적으로 반영하고자 했던 편집진의 지향 또한 『문장』의 흡인력을 높여주는 요인이 되었다.

필진의 다양성은 곧 잡지 내용의 다양성과 풍부함으로 현시된다. 앞서 언급했듯이 『문장』은 고전 및 근대를 아우르는 문학작품뿐만 아니라 다량의 논문·번역·주해와 같은 학술적 성격의 글까지 포괄하고 있다. 즉, 문예와 학술을 겸비한 종합지적 성격을 보여준다. 그런데 이를 당대 문화 흐름과 관련지어 분류해 보면, 크게 '상고주의'와 '문학주의'로 대별할 수 있다.

『문장』의 '조선적인 것'에 대한 숭상과 고전에의 관심과 정열은 제자(題字), 표지화와 같은 장정(裝幀)에서부터 고전의 발굴과 확정, 학술논문들을 통한 전통문화의 가치 규명, 현대시조론의 새로운 정립과 시조창작의 전폭적인 후원, 이태준의 「고완품(古翫品)과 생활(生活)」(1940.10)을 비롯한 많은 수필들, 실로 그 내용도 다양하고 폭도 매우 넓다. 특히 고전문학 자료의 발굴과 소개는 문장주체들의 확고한 사명감과 의지의 산물이었다. 그것은 「한중록」이 훌륭한 고전이요 문장이란 전제 아래 이 작품과 같이 '영구히 소멸되려는 작품을 발견해 다시 가치를 구하는 것도 원작자만 못하지 않은 공로와 명예를 가질 것'이며 따라서 그 적임자를 물색해 동원하겠다는 의지를 표명한 것에서 어렵지 않게 확인할 수 있다(「편집여묵」, 1939.4). 이렇게 의도된 기획은 「한중록」 12회 연재(이병기 주해, 1호~13호)·「조선문학연구초」(이희승 해설, 1~10호)·「근고문선—서기문역초」 10회 연재(양주동, 2호~12호/그 중 12호의 『호질』)·「조선한문고전선—

뒷받침해준다. 이병기, 「『문장』을 회고하며」, 『문예』 제1권 4호, 1949.11, 153면.

박지원의 「도강록」』 8회 연재(이윤재 역주, 11호~18호) · 이인직의 「혈의 누」 전재(14호) · 「인현왕후전」 6회 연재(이병기 주해, 14호~19호) 등으로 구체화되며, 15호부터는 아예 '특별부록'란을 신설하여 「고시조선」(이병기 선, 15호) · 순한문소설 「서대주전」(이태준 발굴, 16호) · 「토별가」(신오위장 편, 17호) · 「봉산가면극 각본」(송석하 편, 18호) · 「무격의 신가」(손진태 선, 19호) · 「고시조」 2편(이병기 주해, 20호) · 신소설 「요로원야화기」(이병기 주, 21호) · 고사본 「춘향전」(이명선 해설, 22호) · 고본 「춘향전 상 / 하」(23호 / 25호) · 「보성전문학교소장 춘향전」(26호) 등 가사 · 시조 · 가면극 · 무가 · 고전소설 · 판소리 · 신소설과 같은 다양한 영역의 국문 및 한문고전들에 많은 지면을 할애했다. 동시에 문장주체들, 주로 이태준이 「편집여묵」을 통해 각 고전들에 대한 개략적인 평가를 행하는데, 예컨대 「도강록」은 '우리 선인들이 끼친 정신문화로 엄숙한 국고(國庫)이며 「한중록」과 아울러 조선고전의 쌍벽(雙璧)'이고(11호), 「인현왕후전」은 '「한중록」에 못지않은 조선고전의 지보(至寶)'로서 마땅히 보전해야 할 대상임을 강조하고 있다. 고전의 획정과 가치규명은 관련 전문가들의 학술적인 글, 특히 이병기의 소론을 통해 확장 · 보완된다.

그리고 『문장』은 편집체제상 '평론학예란'(1호~19호)을 설치하여 학술논문과 평론을 대등하게 취급하는 가운데 고전관련 연구(논문)들을 다수 게재한다. 김태준의 「이조시대의 인물화—주로 신윤복 · 김홍도를 논함」(창간호)과 「최북과 임희지」(5호) · 김용준의 「이조의 산수화가」(3호) · 이병기의 「전고진응론(典故眞膺論)—한중록에 대하여」(4호) · 방종현의 「'正音설명' 소감」(8호) · 안자산의 「시조시와 서양시」(13호) · 고유섭의 「흡월당잡식—전통회화소고」 5회 연재(17~21호) · 조윤제의 「조선소설사개요」(19호)와 「설화문학고」(25호) · 양주동의 「사뇌가석주서설—향가의 원칭과 그 원의」(22호) · 이명선의 「춘향전 고사본에 대하여」(22호) · 정인승의 「고본훈민정음의 연구」(22호) · 최현배의 「한글의 비교연구—외래어표기법문제」(26호) 등이 대표적인 예다. 이 또한 '학자들의 논문을 게재하려 함은 가장 명예스러운 소망'이라고 이태준이 밝히고 있듯이 문장주체들의 의도된 기획의 산물이었다(「편집여묵」, 1941.3).

그러면 이태준이 『문장』을 최고의 문학잡지를 만들겠다고 공언했음에도 불구하고 문학과 직접 관련이 없는 고전문학작품과 고전관련 연구논문들을 지속적으로 게재한 까닭은 무엇일까? 물론 이병기를 중심으로 한 이른바 문장파의 미적 취향이 반영된 것으로 볼 수 있다. 즉, 사대부 취향의 유가적 세계관을 공통분모로 하고 있는 문장파가 조선조 문학고전들을 능동적으로 수용하여 문화 창조의 새로운 가능성을 타진하려는 욕망이 현시된 것으로 또 그 과정에서 1930년대 조선학과 고전부흥운동의 성과를 적극적으로 반영한 결과로 볼 수 있다.16) 그러나 문장파의 차원이 아닌 매체로서 『문장』을 접근할 때 이와 같은 평가는 부분적일 수밖에 없다. 주체(및 이념)와 매체의 관계뿐만 아니라 매체와 독자의 관계를 종합적으로 고찰할 필요가 있는 것이다. 기존에 형성되어 있는 독자층을 흡수하는 동시에 새로운 독자층을 창출하여 포획하는 것은 잡지 매체의 필수적인 생존 조건이다. 그것은 곧 독자와의 소통과정에서 그들의 취향과 수준을 적극 반영해야 함을 의미한다.

이런 맥락에서 볼 때 『문장』의 고전주의적 지향은 1930년대 출판문화의 세분화, 전문화 과정 속에서 새로 창출된 훈련된 소비자층, 즉 교양이라는 차별화된 감각을 통해 훈련되고 창출된 소수의 전문 독자군을 포획하기 위한 전략으로 볼 수 있다.17) 1920~30년대 독자층의 추이를 보면, 1930년대 후반은 사회 전반의 문화역량이 크게 높아지고 이에

16) 이에 대해서는 황종연, 「『문장』파 문학의 정신사적 성격」, 『동악어문논집』 21집, 1986, 140~143면 참고.

17) 차혜영, 앞의 글, 517~518면 참고. 그는 1930년대 조선학이 매체와 관련해 어떻게 소통되는가에 주목하는 가운데 『문장』의 고전 지향의 차별성을 날카롭게 분석 규명하고 있다. 즉 학문적 전문성 내에서의 전문적 연구를 통한 논쟁이나 입장표명은 『신흥』·『진단학보』와 같은 당대 학술지에 개진되고, 익명의 광범위한 대중을 상대로 한 입장표명은 신문지면을 통해 이루어졌다면, 『문장』에서는 전문적 연구자들이 개괄적 설명과 요약의 방식으로 이 논쟁의 성과를 사후적으로 정리·선별하고 있음에 주목하여, 『문장』이 고전에 관한 차별화된 감각을 갖는 전문적 독자대중을 창출하는 장으로 기능했음을 밝히고 있다.

따라 고급한 취향을 가진 독자층이 대두하면서 그들의 성향과 취향은 제도화된 문학의 규칙을 만들어내는 기준으로 작용한다.[18] 따라서 문학 제도권 내에서 창작을 중심으로 한 대중성의 획득은 한계가 있을 수밖에 없다. 『조선문단』의 경우처럼 근대문학이 제도적으로 정착되는 시점에서는 창작 위주의 문학(론)을 교육 계몽하는 것만으로도 충분히 독자를 흡인할 수 있었지만,[19] 1930년대 후반에서는 불특정 독자를 대상으로 한 무차별 전략으로는 매체의 재생산 기반을 마련할 수 없었다. 『문장』이 비록 문예잡지이지만 1930년대 중후반 저널리즘과 각종 매체를 통해 대중적으로 확산된 전통과 고전에 관한 논의들을 일정하게 반영할 수밖에 없었던 것은 이 때문으로 여겨진다. 『문장』이 시정(市井)에서 팔리던 이야기책을 주로 향유하던 전근대적인 독자들을 상대로 한 계몽운동이 아니라 문학적 교양이 있는 독자층을 향상시키기 위해 전력(專力)했다는 이병기의 회고는 이를 잘 뒷받침해준다.[20] 요컨대 『문장』의 고전 지향은 문장파의 미적 취향의 반영인 동시에 당대 교양 있는 독자층을 획득하기 위한 매체 전략이 유기적으로 결합되어 나타난 산물이라고 할 수 있다.

그러나 유념할 것은 『문장』의 본질은 무엇보다 문예지라는 사실이다. 고전관련 글들이 다수 게재되었다고 하더라도 잡지 전체를 압도하는 내용은 문예 관련 글들이다. 『문장』의 편집을 실질적으로 주재했던 이태준은 좋은 작품의 생산과 소통에 적극 조력하는 산파역을 자처하면서 최고의 문예잡지를 만들겠다고 선언한다(「편집여묵」, 창간호). 그것은 정실관계를 철저히 배제하는 것이고, 원고난이 매우 심각하지만 '엄선주의'를 최우선으로 삼는 것이며, '시간과 지면이 허락하지 않아서'류의

18) 천정환, 『근대의 책읽기』, 푸른역사, 2003, 478면 참고.

19) 이봉범, 「1920년대 부르주아문학의 제도적 정착과 『조선문단』」, 『민족문학사연구』 29호, 2005 참고.

20) 이병기, 앞의 글, 153면.

글들을 결코 싣지 않겠다는 것으로 구체화된다(「편집여묵」 2호). 흔히 문예지 편집주간이 말하는 수사가 아니었다. 기실 『문장』은 개방성을 기본 원칙으로 하되, 작품성을 최우선적인 기준으로 정해 문학작품을 선별 게재하는 원칙을 일관되게 고수한다. 표지조차 단순한 장식물이 아닌 하나의 작품으로 취급해 그 완성도를 강조할 정도이다. 그 결과 목록을 일일이 예거할 필요가 없을 만큼 문학사에서 지금까지 가치를 인정받고 있는 기념비적인 문학작품들이 대거 수록될 수 있었다.

이렇게 엄선주의에 입각한 문학주의 원칙은 상업성을 노골적으로 표방했던 신문매체와 뚜렷하게 구별되는 점으로 잡지의 문단(학)적 권위를 확보하는데 중요하게 작용한다. 물론 그 원칙의 세부내역을 구체적으로 밝힌 바 없다. 그렇지만 「편집여묵」을 통해 가늠해볼 때 통속성을 배제한 것만큼은 분명하다. 또 최명익의 「심문」과 박태원의 「골목안」이 『문장』이 자랑할 수 있는 역편(力篇)임을 강조한 것에서 원칙의 수준을 엿볼 수 있다. 『문장』이 대중적 영향력을 획득해가는 속도는 여느 잡지에 비해 그 속도가 대단히 빨랐다. 창간호가 5일 만에 매진되었고, 이후 평균 3천 부를 찍었는데 일주일 내에 매진되었으며 특히 지방에서 추가 주문이 쇄도하지만 종이가 없어 증쇄를 못할 정도였다.21) 당시 3천 부 정도면 수지 균형을 맞출 수 있는 수준이었음을 감안하면, 초기 단계에서부터 재생산기반을 확고하게 구축했음을 알 수 있다.

특히 임시증간호(1939.7) 형태로 『창작32인집』(당시 대표적인 화가 11인의 작품선 포함)을 간행하면서 잡지의 권위가 확고부동한 반열에 올라선다.

21) 종이난은 검열난 이상으로 『문장』이 봉착한 치명적인 문제였다. 다달이 값이 오르는 것뿐만 아니라 절품이 되는 상황이 속출했다. 그래서 증쇄는 물론이고 조판까지 했다가 용지를 제때 구하지 못해 정기적인 간행이 몇 차례 연기되는 상황이 초래된다. 1940년 6월호를 6~7월 합본호로 낼 수밖에 없었고, 1940년 9월호를 결했다. 또 이태준의 「딸 삼형제」는 재판을 제때 하지 못한다. 당시는 책을 인쇄해서 파는 것보다 차라리 종이를 그대로 놔뒀다가 파는 것이 훨씬 이익이 높았다는 증언을 통해 종이난의 심각성을 여실히 확인할 수 있다. 이경훈, 『속 · 책은 만인의 것』, 보성사, 1993, 305면 참고.

이는 당시 출판사들의 상업적인 목적에 의해 유행했던 문고본처럼 기간된 작품을 선별해 엮는 것이 아니라 창작을 전제로 작가를 선별하는 것이기 때문에 웬만한 능력을 갖추지 못한 매체에서는 불가능한 기획이었다. 이 창작집은 '문단유사이래 최초의 위관(偉觀)'(이태준), '조선서는 처음 보는 기록적 업적'(정인택)으로 자찬할 만큼 당시 대표적인 작가의 작품을 망라하여 수록하고 있다. 이 기획이 중요한 것은 창작집을 구성할 작가를 선정하는 것을 통해 잡지의 권위와 영향력을 행사하는 것이기 때문이다. 동시에 문예대중화의 유력한 방편이기도 하다. 이를 통해 『문장』 스스로 당대 문단 및 문학의 유력한 기구가 되고자 했던 것이고 또한 그것을 달성하면서 잡지의 권위는 한층 배가될 수 있었다. 이와 같은 권위 행사방식은 『창간 2주년 기념창작 34인집』(1941.2)과 『현대단편문학선』 기획(「편집여묵」, 1941.3, 잡지폐간으로 실행되지는 못했다)으로 확대되는 가운데 『문장』은 다른 매체에 비할 수 없는 대중적 권위와 영향력의 우위를 확보할 수 있었다. 눈여겨 볼 대목은 이 기획들이 모두 단편집이라는 점이다. 『현대단편문학선』은 아예 '조선문학의 정수(精髓)는 단편에 있다'는 부동의 신념에 의해 기획된다. 단편소설이 근대소설사에서 예술적 본령으로서 특권적 지위를 갖는다는 것을 감안할 때, 이 기획들은 『문장』의 단편 위주의 문학주의 원칙을 더욱 강화하는 계기로 작용했다고 볼 수 있다.

그런데 『문장』이 대중적 권위와 영향력을 획득할 수 있었던 것은 지속적으로 대중조직을 추진한 것에 힘입은 바 크다. 즉, 지사를 설치하여 유통망을 확보하고 이를 바탕으로 새로운 독자를 창출·견인해내려는 노력을 통해 문예의 저변 확대를 꾀할 수 있었던 것이다. 그것은 추천제에 투고가 지속적으로 이루어지는 곳 대부분이 바로 이 유통망이 확보된 지역이었다는 것에서 확인할 수 있다. 동경지사를 필두로 총 24개의 지사를 건설하는데,[22] 동경·만주를 포함해 전국에 걸쳐 골고루 분포되어 있고 또 비교적 빠른 기간 안에 설치함으로써(1939.9에 완료한다) 잡지의 안정적인 재생산기반을 구축하는데 중요하게 기여했다. 문예지는 신문매체와 달리 독자적인 유통망을 스스로 건설해 판로를 개척하고 이를 매개로 독자들을 획득하는 것이 생존전략의 필수 요소이다. 『조선문단』에서 처음 시도된 이 전략은 1930년대 여러 잡지들이 시도했으나 실패하고 『문장』단계에 이르러 가장 광범위한 형태로 자리 잡는다. 물론 그것이 원활하게 이루어진 것은 아니다. 여러 지사를 개척해 판로를 확보했으나 특히 지방에서는 대금이 제때 회수되지 못하는 일이 빈번하게 발생해 잡지 운영에 큰 지장을 초래하게 된다. 그래서 이태준은 당대 빈약한 출판문화의 적은 외부가 아닌 출판계의 불량서점에 있다고 한탄한다(「편집여묵」, 1940.9). 여하튼 『문장』은 당대 문화예술의 주류적 경향을 적극적으로 수용해 당대 문인들과 전문독자들을 획득하는 한편 대중조직을 통해 불특정 다수의 독자들을 광범하게 흡인해내면서 일제 말기 가장 강력한 문학적 기구가 될 수 있었다.

3. 추천제와 재생산구조

매체로서의 『문장』을 거론할 때 빼놓을 수 없는 것이 추천제이다. 우선 문학사적 맥락에서 볼 때 대단히 중요한 의미를 지닌다. 1920년대

22) 구체적으로 그 지사와 책임자를 살펴보면, 동경지사(김호영) · 해주지사(김용규) · 예천지사(황장해) · 용철지사(용천+철산, 최종범) · 성진지사(박성호) · 예산지사(김억환) · 단천지사(설태우) · 정주지사(이경화) · 사천지사(이상권) · 주을지사(윤시철) · 숙천지사(백연식) · 대유동지사(박창덕) · 평택지사(이행규) · 구미지사(신준원) · 상주지사(신대식) · 연백지사(송평국) · 청주지사(정대영) · 사리원지사(이형택) · 해룡지사(만주, 윤태엽) · 신계지사(유승복) · 강동지사(하석조) · 정읍지사(최귀철) · 함흥지사(이한선) · 홍원지사(강길모) 등이다.

중반 『조선문단』을 통해 처음으로 도입되어 합리적이고 세련된 등단제도로 공인된 바 있는 추천제는 1930년대 접어들어 문학의 표현기관이 신문 학예면으로 그 무게중심이 이동되는 것과 상응해 그 권위를 상실해갔으며 급기야 유명무실한 제도로 전락하고 만다. 추천제에서 신춘문예로의 등단제도의 권력적 변환이 이루어졌던 것이다.[23] 1930년대 새롭게 등장한 중요 작가들 대부분이 『동아일보』·『조선일보』·『(조선)중앙일보』·『매일신보』의 신춘문예 당선자들이라는 사실이 이를 잘 입증해 준다. 신춘문예의 압도적인 영향력 속에서 재등장한 『문장』의 추천제는 일제 말기 매체 환경의 변화, 즉 『문장』·『인문평론』과 같은 문예잡지가 신문매체와 대등한 혹은 그 이상의 문학적(문단적) 권위를 획득해갔던 상황의 결과물이다. 물론 여기에는 두 문예잡지가 짧은 기간이나마 상업적으로 성공해 대중성을 확보했던 것도 크게 작용했다. 따라서 『문장』의 추천제는 식민지시대 매체와 등단제도의 상호작용 및 이에 따른 매체의 권력변환 양상을 함축하고 있다 하겠다.

다른 한편으로 『문장』의 추천제는 단정수립 후 『문예』에 의해 등단제도가 복원되기까지 등단제도의 공백을 최소화하는 역할을 했다. 『동아일보』와 『조선일보』 그리고 『문장』이 폐간된 뒤 등단제도는 『매일신보』의 신춘문예, '조선문인협회'의 현상모집, 『국민문학』의 추천, 『동양지광』의 독자현상모집 등이 있었지만 이들 매체의 속성상 제도적인 골격은 있으되 의미가 없는, 오히려 새로운 친일작가들을 배출하는 통로로 기능했을 뿐이다. 해방 직후에도 동인지를 통한 등단방식, 신춘문예, (현상)추천제, 신문매체의 신인란 및 독자란을 통한 방식 등 과거 등단방식의 제 양상을 복원하려는 산발적인 움직임이 나타나나 문학적 권위를 확보하는데 실패하게 되고 따라서 지속될 수 없었다. 모든 매체가 정치운동에 주력할 수밖에 상황이었기에 불가피한 결과였다. 단정수립

23) 이에 대해서는 박헌호, 「동인지에서 신춘문예로―등단제도의 권력적 변환」, 『대동문화연구』 53집, 2006.3 참고.

후 『문예』의 추천제가 제도적으로 안착된 이후에야 비로소 등단제도의 복원이 완성되는데,[24] 그 과정에서 『문장』의 추천제는 제도적 준거로 작용하게 된다. 그만큼 『문장』의 추천제는 후대에 등단제도의 '상징'으로 간주되었던 것이다.

일반적으로 등단제도는 다른 어떤 수단보다도 매체의 문학적 권위의 창출과 안정적인 재생산을 담보할 수 있는 가장 확실하면서도 효과적인 제도적 장치이다. 문예지에 있어서는 더욱 그러하다. 우리 문학사에서 권위를 누렸던 모든 문예지가 예외 없이 등단제도의 구축을 통해 생존전략을 도모했던 것도 이런 맥락에서다. 『문장』 또한 예외가 아니었다. 잡지주체들이 최대의 업적으로 꼽을 만큼 가장 역점을 둔 사업이었다. 그 결과 『문장』은 매체의 권위와 (등단)제도가 상호 보완하면서 선순환의 관계를 유지하게 된다. 이는 동시대 『인문평론』과 뚜렷하게 비교되는 지점이다. 『인문평론』은 상시적인 등단제도를 보유하지 않았다. '창간1주년기념 현상모집' 정도가 있을 뿐인데,[25] 그것도 장편소설(전기소설(傳記小說)과 생산소설(生産小說) / 심사위원 : 김남천 · 임화 · 이원조 · 최재서)과 평론(작가론 / 심사위원 : 임화 · 이원조 · 최재서) 두 종목으로 제한해 이루어진 것으로 매체의 존립을 위한 고육책이라는 혐의가 짙다. 생산소설부문에서 국책을 다룬 것을 고려하겠다는 광고나 작가론으로 한정한 평론의 대상도 '인문사'가 기획한 『전작장편소설총서』의 일환으로 출판된 작가(김남천 · 이효석 · 유진오)의 작품으로 제한한 것에서 잘 드러난다.

『문장』의 추천제는 창간호에 공고를 내고 곧바로 실시된다. 규정은

24) 이에 대해서는 이봉범, 「잡지 『문예』의 성격과 위상」, 『상허학보』 17집, 2006 참고.

25) 당선작으로 장편생산소설에 윤세중의 『백무선(白茂線)』 한 편만 뽑았고, 평론부문은 당선작을 내지 않았다. 그 외에 1940년 10월호에 '신인창작집'이라는 특집 형태로 유항림의 「부호(符號)」(김남천 추천); 김영석의 「월급날 이러난 일들」(유진오 추천); 이석징의 「도전」(임화 추천)을 추천한 바 있으나 일회적인 행사로 그쳤으며, '신춘문예현상모집'(단편소설 · 시 · 평론)을 공고했지만 실시되지 못했다. 『인문평론』이 등단제도에 소극적이었던 것은 『문장』과 달리 창작보다는 인문과학 · 철학 · 역사 · 해외문학을 중심으로 한 제안과 평가에 주력했던 잡지 전략의 필연적인 결과로 판단된다.

시조(이병기 선)·시(정지용 선)·(단편)소설(이태준 선) 등 당대 문학의 중심 장르로 모집종목을 한정해 3회 추천으로 완료하는 체계였다. 문장주체들의 문학적(또는 미적) 취향을 엿볼 수 있는 대목이다. 그런데 19호(1940.9)부터 그 규정이 변한다. 기성작가 한 사람의 추천이면 되고 그것도 1회 추천완료 방식이었다(과거 규정에 따라 2회 추천된 작가는 전 규약에 적용을 받는 병행시스템). 그 변화는 외형상으로는 '신인에게 기회의 폭을 넓혀 주기' 위한 편집진의 배려였지만(1940.9 '신추천제 발표' 공고), 추천제를 통해 권력화되는 『문장』 및 문장주체들에 대한 주변의 경계가 크게 작용했다고 봐야 한다. 시 고선자로 당시 막강한 문학적 권력을 향유하던 정지용이 좌담회에서 동료들로부터 공개적인 비판을 받는 것이 대표적인 예다.[26] 지용이 추천한 후진들이 모두 '지용이즘'이다(양주동), 지용의 '에피고넨'들은 언어만 가지고 시가 되는 줄 안다(김기림), 선자를 바꾸지 않으면 에피고넨만 만들어낼 것이다(모윤숙·이원조) 등 추천제를 통해 획득된 정지용 및 『문장』의 권력을 정면 비판하기에 이른다. 이에 대해 정지용은 '나한테 가까운 놈한텐 가장 엄하게 했다'고 항변하고 이에 덧붙여 이태준은 선자의 취향이 일방적으로 관철될 것으로 생각하는 것은 단순한 선입견에 불과하다고 방어하지만, 『문장』의 추천제 규정 변경은 이런 정황과 무관치 않다. 변경의 이유 가운데 고선자가 고정되어 있는 문제를 든 것도 이를 뒷받침해준다.

그런데 『문장』 추천제의 권위는 매체의 영향력과 더불어 제도 자체의 특징에서 창출된다. 즉, 고선자의 위상과 자기완결적인 시스템을 통해 가능했다. 고선자의 위상은 추천제의 성패를 좌우하는 관건적 요소이다. 『문장』의 경우, 고선자였던 이병기·정지용·이태준은 당대 각 문학 장르의 최고 권위자로서 그들이 이미 획득한 대중적·문학적 권위는 『문장』의 추천제가 제도적으로 안착되는데 결정적으로 기여한다.

---

26) 「문학의 제문제」(신춘좌담회), 『문장』, 1940.1.

흥미로운 것은 이들이 문장파의 핵심 멤버라는 점이다. 이 점은 문장파가 추천제를 통해 그들의 상고주의 및 문학주의 담론을 권력화하려는 욕구와 밀접한 연관이 있다. 그들의 권력화욕구를 정당화하고 저변을 확대시키는데 추천제만큼 효과적인 장치가 없기 때문이다. 장차 문학에 투신하려는 광범한 예비문학가들의 심사위원으로 군림함으로써 그들의 문학에 자신들의 의지를 투영시키고 나아가 그들을 자신들의 담론 안으로 포획하는 일종의 재생산회로망이 추천제를 통해 구축되는 것이다. 『문장』의 추천제가 당시 신춘문예나 여타 잡지의 추천 종목과 달리 시・시조・(단편)소설로 한정하는 가운데 특히 시조를 중요시한 것, 또 잡지주체들이 『인문평론』과 달리 추천제에 진력했던 것도 이와 같은 맥락에서 이해 가능하다.

이와 더불어 추천제 자체의 내적 시스템을 갖춘 것도 권위 창출의 중요한 요인이었다. 즉 고선의 엄격함과 합리적인 기준 제시[27]→선후평을 통한 창작 가이드라인 제시→추천 완료한 신인들에 대해 발표기회의 우선권 부여 및 책임 보장→월평을 통한 사회적 승인(추인)으로 이어지는 내적 체계로 말미암아 추천작은 대단한 권위를 인정받게 되고, 나아가 『문장』의 추천제는 작품성의 객관적인 보증장치로 공인되기에 이른다. 특히 추천작 및 추천신인들에 대한 승인을 통해 인적・미학적 네트워크를 형성하는 것이 『문장』 추천제의 백미라고 할 수 있다.

『문장』은 다른 잡지에서 찾아보기 어려울 정도로 반복적인 승인절차를 시행한다. 우선 대가들의 선후평을 통해 일차적인 추인을 거친 뒤, 추천이 완료되면 곧바로 편집실 명의의 '사고(社告)' 형식으로 신인의 작품성을 요약 평가해주고, 동시에 월평을 통해 동업자 내부의 승인을 받

---

27) 고선의 엄격함은 당대에 이미 정평이 나 있었으며, 『문장』 출신 문인들의 회고에도 자주 언급된다. 가령, 박목월은 "꾀꼴이가 울듯 스므살 무렵에 몇 편의 서정시를 엮지 못하는 자가 무슨 시인이 될가부냐"는 정지용의 혹독한 채찍에 해방될 때까지 정지용에게 연락 한 번 하지 않았다고 회고한 바 있다. 박목월, 「나의 추천시대」, 『문학예술』, 1956.5, 157면.

게 하며, 선자들은 선후평과 별도로 자기가 추천시킨 신인들을 소개하는 글을 발표하는 과정을 거치게 함으로써 추천된 신인작가가 문화적 제도권 안에 빠르게 진입·인정받게 만드는 것이다. 이와 같은 시스템을 구비함으로써 『문장』의 추천제는 빠른 기간 안에 대중적인 권위를 확보하게 되는 동시에 안정적인 재생산구조를 구축할 수 있게 된다.

여기에다 추천 완료한 신인을 철저히 보호·육성했던 방침도 추천제의 공신력을 높이는 중요한 이유였다. '적극 지도·옹호할 것이다'(「두 신인의 뒤에서」, 1939.9), '발표 기회의 우선권을 주어 하루바삐 그가 일가를 이루기에 함께 노력한다'(이태준, 「신작가 최태응군」, 1940.1)와 같은 입장을 공식적으로 밝힐 뿐만 아니라 실제 실행함으로써 신인들이 성장할 수 있는 확고한 발판을 마련해준다. 이를테면 적극적인 지면 할애는 물론이고 두 차례의 '창작집', 즉 『창작32인집』에 그때까지 추천된 곽하신의 작품을, 『창작34인집』에는 임옥인·곽하신·최태응의 작품을 파격적으로 당대를 대표하는 작가들의 작품과 함께 실어주기까지 한다. 뿐만 아니라 김종한·이한직이 당시 '세대논쟁'에 관여되어 30대의 기성 평론가들부터 공격을 받게 되고 그 책임 소재로 『문장』이 거론되자 정지용이 '책임지겠다, 그 방법을 보이라'고 항변할 정도였다.[28]

[부록]에 제시되어 있는 바와 같이 추천제의 결과는 매체의 영향력과 내적 시스템의 효과를 잘 입증해준다. 최태응·곽하신·임옥인·조지훈·박목월·박두진·김종한·이한직·박남수·조남령·이호우·김상옥 등 해방 이후 문학의 중추적인 역할을 했던 다수의 유망한 신인들이 등단하게 된다.[29] 특히 시 분야의 성과는 다대한 것으로 추천시인들이

---

28) 정지용, 「시선후」, 『문장』, 1940.1, 195면.

29) 대체로 '중고신인'이라고 할 수 있다. 『문장』의 추천을 받기 전에 신춘문예를 통해 등단했거나 작품 활동을 이미 전개하고 있던 신인들이 많다. 가령, 박목월은 1934년 『신가정』 현상문예에 동요 3편이, 박남수는 1935년 『조선문단』 추천제에 희곡 「기생촌」이, 곽하신은 1938년 『동아일보』 신춘문예에 단편 「실낙원」이, 장응두는 1935년 『조선문단』 추천제에 시조 「압록강을 건느면서」와 1938년 『조선일보』 신춘문예에 시조 「관란(觀蘭)」

새롭게 들고 나온 시적 경향은 이후 한국시사의 한 주류를 형성하기에 이르며, 또 그들은 등단제도의 주요 심사위원으로 막강한 영향력을 행사하는 가운데 문단 권력을 향유하게 된다.[30]

그런데 『문장』 추천제의 보다 중요한 성과는 그것이 끼친 영향 내지 효과에서 찾아져야 한다. 일반적으로 추천제는 독자에게 특정 장르(양식)의 선택을 암묵적으로 강제하고 또 그것을 통해 특정 장르의 분업화, 전문화를 촉진시키는 기능을 한다. 『문장』이 시 · 시조 · 단편소설 장르만을 개설한 것은 이와 관련해 중요한 의미를 지닌다. 무엇보다 문장주체들의 개성적인 취향이 반영된 것으로 볼 수 있다. 그들의 취향이 '심미적'이라는 사실을 고려하면, 그러한 취향을 예술적으로 승화하기에 유리한 위의 장르만을 선택한 것은 필연적이다.

다른 한편으론 그것은 『문장』이 지향한 상고주의와 문학주의를 제도적으로 정착시켜 권력화하려는 의지의 산물이기도 하다. 특히 시조의 경우, 1930년대 중반 고전부흥운동의 흐름을 타고 근대적인 문학 장르로 시조를 부활시키려는 움직임이 활발하게 전개되지만 그것의 가능성에 대해서는 대체로 회의적이었다.[31] 오히려 부르주아적 국수주의로 비판하는 경우가 우세했다. 그럼에도 『문장』은 시조 장르에 권위를 부여

이, 조남령(본명 조영은)은 1939년 『동아일보』 제1회 신인문학콩쿠르에 「익어가는 가을」(백철 추천)과 1940년 『조선일보』 신춘문예에 시조가 각각 당선된 바 있으며, 임옥인은 시 「달밤」(『조선문단』, 1935.12), 「환멸황혼」(『시원』, 1935.12)을, 김상옥은 1938년 김용호 · 함윤수 등과 『맥』 동인으로 활동하며 시 작품을 발표한 바 있다. 나름의 문재를 인정받고 있던 문학청년들이 『문장』의 추천제로 수렴되는 현상은 그만큼 『문장』의 추천제가 당대 문화적 제도권 내에서 큰 영향력을 발휘하고 있었음을 반증해준다.

30) 『문학예술』(1954.4~1957.12 통권 32호)이 대표적인 경우이다. 『문학예술』은 『문장』의 후신이라고 할 만큼 편집체계에서부터 추천제 시스템에 이르기까지 『문장』의 면모를 고스란히 계승하고 있다. 이는 무엇보다 편집과 추천제를 관장하면서 잡지를 실질적으로 운영한 주체들인 박남수 · 이한직 · 조지훈이 『문장』 출신이라는 것과 밀접한 연관이 있다.

31) 그것은 『문장』이 주최한 좌담회에서 시조의 현대화 문제에 대한 문인들의 반응에서도 이를 확인할 수 있다. 임화 · 이원조가 그것의 가능성을 회의적으로 본 반면에 이병기 · 정지용은 가능하다고 보고 있다. 「문학의 제문제」(신춘좌담회), 1940.1, 192~193면.

하고, 고시조의 발굴 및 소개, 체계적인 '현대시조론'을 지속적으로 전개하면서 현대시조의 가능성을 기정사실화한다. 그 과정에서 추천제는 시조 장르의 가치를 공표하고 그것의 규범화를 제도적으로 뒷받침하는 역할을 하게 된다. 이렇듯 추천제는 시·시조·단편소설에 장르적 우수성과 배타적 권위를 부여하는 가운데 문장주체들의 미적 지향을 권력화하는 장치로 기능하는 것이다.

그리고 추천제는 『문장』의 문학주의 원칙과 결합해 일제 말기 문학에서 탈현실적·탈이념적 순수문학이 주류적 미학으로 자리 잡는데 크게 기여한다. 그것은 작품 창작의 공식적 기준을 제시하는 가운데 내용과 형식을 동시에 규제함으로써 가능했다. 이는 선후평에 잘 나타나 있다. 『문장』의 선후평은 여타 잡지의 선후평과 비교될 수 없는 높은 수준의 전문성을 보여준다. 선후평을 모으면 하나의 훌륭한 시론·(단편)소설론으로도 손색이 없을 정도이다. 독자들이 당선이 못 되도 독후감을 보내달라는 요청까지 할 만큼 인기 또한 컸다(1939.4 '사고(社告)').

이태준이 선후평을 통해 제시한 단편소설 창작의 가이드라인은 '소설은 발견이 아니라 제작이다'(1939.6), '인물만 살면 플롯은 없어도 좋다'(1939.7), '들려주는 것은 소용이 없다, 보여줘야 소설이다'(1939.8), '소설은 인물로 만든다는 정의를 가져라'(1939.9), '소설은 건축이다'(1939.11), '실증정신이 곧 소설의 정신이다'(1939.12), '단편작가는 임상의(臨床醫)와 같이 늘 속력이 필요하다'(1940.3), '단편에서는 단일성을 잊어서는 안 된다'(1940.5) 등 전반적으로 단편소설의 완성도에 초점을 두고 있다. 이러한 기준은 「작가지망인을 위하여」(1940.2)라는 독립된 글을 통해 재차 강조되는데, 이 글에서 특히 주목되는 것은 작가는 고도의 전문성을 갖춰야 하며 따라서 전문 또는 대학의 학력이 없어 가지고는 작가가 되기 어렵다는 다소 엘리트주의적인 발언을 하고 있는 점이다.[32] 이에 독자들로부터 많은 항의를 받게 되지만

32) 이태준은 『문장』뿐만 아니라 『조선일보』 신춘문예 심사를 통해서 당시 작가지망생들이 공통적으로 안고 있는 문제점을 통박한다. 준비가 없는 일시 조작(造作), 주제의

그는 양보다 질을 중시하겠다고 되받아치면서 5편의 후보작을 모두 낙선시킨다. 실상 단편소설의 대가로 여전히 '조선문학의 정수는 단편에 있다'(「편집여묵」, 1941.3)는 신념을 간직하고 있던 이태준이 제시한 창작기준은 매우 높은 수준이었다. 시에 비해 소설의 추천이 적었던 것도 이와 무관하지 않다. 아무튼 소설 선후평을 통해 단편소설로의 양식적 선택을 암묵적으로 강제하는 동시에 그 형식적 요건을 배타적으로 규범화하는 효과를 낳는다. 이는 현실연관성을 지닌 경향을 배제하는 효과를 수반한다고 볼 수 있다.[33] 그의 추천을 받은 곽하신·최태응의 작품이 대체로 현실연관성이 없는 가운데 점착적인 문장이 두드러지는 것, 임옥인·허민·유운경의 작품이 소박한 사람들의 애련한 심리가 주조를 형성하는 것은 이와 무관하지 않다.

한편, '감시자'(1939.6), '시어미 노릇'(1940.2)을 자처한 정지용의 선후평은 독설로 유명하다. 그는 선후평을 통해 창작적 기준을 명시적으로 제시하기보다는 1회 이상 추천을 받은 개개 작가에 대해 마치 개인교사처럼 지도하고 교육하는 방식을 취한다.[34] 그 효과는 매우 컸다.[35] 그 결

식의 불명료, 소설기술의 제1장제1과적인 묘사의 무관심을 거론하면서 작가란 먼저 상식자 이상의 상식자라야 하며 따라서 문학이 이것도 저것도 할 수 없는 무능자들의 최후의 길처럼 간주되는 것, 또 "조선문장이 언문일치인 것을 행(幸)으로만 여겨 자기의 상식과 교육정도를 반성하지 않고 허덕 소설에 붓을 대는 것은 좋은 편으로는 일종의 감상이요 나쁜 편으로는 일종의 허영"에 불과하다고 지적하고 있다.

33) 이태준이 리얼리즘적 경향의 배제를 공식적으로 밝힌 바 없다. 다만 앞서 언급했듯이 작가지망생들의 공통적인 병폐 가운데 하나로 '주제의식의 불명료함'을 지적하면서, 그 주제의식이란 "반드시 시대색이거나 경향조의 주의만을 가리킴이 아니다"라고 언급한 것을 통해 그가 소설의 현실연관성 문제와 일정한 거리를 두고 있었음을 간접적으로 추정할 수 있다. 또 이태준이 조선소설의 전범이 최명익과 박태원의 단편이라고 강조한 것을 감안하면 소설의 현실연관성보다는 소설적 완성도에 무게중심을 두고 있었다고 볼 수 있다.

34) '미적 연금(鍊金)'(1939.10), '언어의 긴축 절제'(1939.12), '대가숭배벽과 시류에 차거(借據)하는 문학에 대한 경계'(1940.2) 정도를 밝히고 있을 뿐이다. 다만 '1년에 잘해야 한 두 사람 우수한 시인을 얻기가 목적이요, 무정견한 포용책을 갖지 않는다'(1939.5)고 강조한 바와 같이 그는 시적 완성도를 중시하는 가운데 3회 추천을 받기까지 순차적으로 작품의 수준이 나아지지 않으면 절대 추천하지 않았다.

과로 나름의 개성을 갖춘 특출한 시인들을 상당수 배출하기에 이른다. 오히려 그의 추천을 받고 등단한 작가들의 시에 대한 태도를 통해서 역으로 『문장』의 시 추천이 어떤 미적 규범을 강조했는지 가늠해볼 수 있다. '종래의 정치와 사상에 의한 시와 편석촌 등의 주제시를 배척한다'(김종한, 1939.9), '훌륭한 표현만이 예술가의 특권이다', '적어도 사상이 예술 속에 포섭되어 있을 때만 예술은 탄생한다'(박남수, 1940.2), '모더니즘이란 이 땅에다 뿌리박고 건전하게 성장할 수 없는 극히 부자연한 것이 아닐 수 없다'(박두진, 1940.2), '시는 사상의 성명서가 되기에는 적당치 않다'(조지훈, 1940.3) 등 신인들의 '당선소감'에서 밝힌 시에 대한 입장을 종합해보면, 대체로 1930년대 시의 주류를 형성해왔던 모더니즘시, 경향시에 대해 강하게 반발하면서 시 본래의 문학성으로의 복귀를 꾀하고 있음을 확인할 수 있다. 이는 추천작들에서도 공통적으로 확인되는 바다. 순수시의 복원, 이것이 『문장』의 시추천이 낳은 결과이다. 조지훈이 한국시사에서 '어떻게 쓰느냐'의 문제가 『문장』단계에서 이미 그 과업을 완성했다고 말한 것도 이런 맥락에서다.[36)]

지금까지 살펴본 바와 같이 『문장』의 추천제는 매체의 권위와 제도가 상호보완하면서 선순환의 관계를 유지했던 가장 전형적인 경우라고 할 수 있다. 당시 지리멸렬해가던 등단제도의 주도권을 장악함으로써 『문장』은 일제 말기 총체적인 위기에 봉착한 조선어문학의 사회적 위상을 제고시키는 가운데 잠재적인 독자대중을 창출하고 동시에 문화적 제도권 내에서 자신의 권력을 강화하는 이중의 효과를 거두게 되는 것이다. 더불어 시조의 경우에서 확인되듯이 추천제는 문장주체들의 심미적 취향을 제도적으로 정착시키고 나아가 그 가치를 공표하여 규범화

---

35) "첫 회의 당선으로부터 3회를 마치기까지의 6~7개월 동안의 피나는 노력은 지금 생각해도 아찔할 만큼 상상을 절(絶)한 것이었고, 정작 본격적인 시 공부라면 나는 이때로부터 비로소 출발한 셈"이었다는 박두진의 회고에서 정지용의 지도·교육의 효과를 확인할 수 있다. 박두진, 「나의 추천시대」, 『문학예술』, 1956.2, 179면.

36) 조지훈, 「시천기」, 『문학예술』, 1955.10, 142면.

하는데 유용하게 활용된다. 『문장』 주체들이 갖은 난관에도 불구하고 추천제를 끝까지 고수하려 했던 것은 이 때문이다.[37] 그리고 『문장』의 추천제는 단편소설과 순수시문학의 배타적 권위와 정당성을 창출하고 그것을 문학 지망생들에게 체화시킴으로써 당대는 물론이고 해방 후 한국문학의 주류적 미학이 형성되는데 중요하게 작용한다.

4. 맺음말

『문장』은 일제 말기 급격한 정치사회적 구조변동과 역학적인 제약 관계 속에서 탈현실의 '상고주의'와 '문학주의'라는 당대 주류적인 문화흐름을 수렴하고 확산시키는 가운데 문예저널리즘의 새로운 차원을 개척했던 문예잡지이다. 그런데 『문장』이 문예와 학술을 겸비한 종합지적 성격을 지님으로써 어느 측면에 무게중심을 두느냐에 따라 잡지에 대한 평가가 사뭇 다르게 나타난다. 이 논문에서는 매체로서 『문장』을 주목하여 이 잡지가 어떻게 문학적 권위를 확보하는 가운데 일제 말기 가장 강력한 문학 기구가 되는지를 고찰하였다. 그 내용을 요약하면 다음과 같다.

우선 『문장』은 「전선문학선」과 권두언 형식으로 제시된 시국관련 글

37) 잡지 입장에서 볼 때 추천제의 상설화는 여간 어려운 일이 아니다. 매달 밀려드는 투고 검토, 선후평 게재 뿐만 아니라 검열까지 고려해야 하는 상황이었다. 추천작품도 검열에서 예외일 수 없었는데, 연1회 이루어지는 신춘문예보다는 상대적으로 자유로울 수 있었으나 잡지의 추천제 또한 검열의 영향을 받을 수밖에 없었다. 『문장』의 경우 1940년 7월 노장환의 「삭발(削髮)」이 추천되었으나 발표되지 못했다. 「편집여묵」을 통해 '사정상 발표치 못한다'고 했는데 그 정황을 정확히 확인할 수 없으나 검열 때문인 것으로 추정된다.

들에서 확인되는 바와 같이 동시대 여타 매체와 마찬가지로 검열의 영향에서 자유로울 수 없었다. 외적 검열과 아울러 자기검열로 인해 잡지 전반이 규정될 수밖에 없었으며 따라서 일제가 불허하는 민족현실 및 계급의식과 관련된 내용의 수록은 원천적으로 봉쇄된다. 이 점이 탈현실의 순수문학으로 매체 성향이 고착되는 일차적인 원인이었다.

그리고 『문장』의 고전 지향은 이른바 문장파의 미적 취향의 현시인 동시에 1930년대 조선학과 고전부흥운동의 성과를 적극적으로 반영한 결과이다. 그것은 각계의 전문가들이 필진으로 참여했기 때문에 가능한 것이었고, 보다 중요한 것은 교양을 갖춘 전문독자들을 겨냥한 매체의 대중 획득 전략의 산물이라는 점이다. 그 전략은 문학주의 원칙에서도 구현된다. 엄선주의를 기저로 한 문학주의는 특히 세 차례의 '창작집' 기획에서 명확하게 드러나는데, 이를 통해 『문장』은 다른 매체에 비할 수 없는 대중적 권위와 영향력의 우위를 확보할 수 있었다. 다른 한편으로 대중조직을 건설해 문학예술의 저변을 확대하는 전략이 동시적으로 이루어진다. 이렇듯 『문장』은 당대 문화예술의 주류적 경향을 적극적으로 수용해 당대 문인들과 전문독자들을 획득하는 동시에 대중조직을 통해 불특정 다수의 독자들을 광범하게 흡인해내면서 일제 말기 가장 강력한 문학적 기구가 될 수 있었다. 또한 추천제는 잡지의 권위와 영향력을 보증해주는 객관적인 장치로서 중요한 의미를 갖는다. 『문장』은 매체의 권위와 제도의 상승작용을 통해 당대 문화제도권 내에서 등단제도의 주도권을 장악함으로써 매체의 권력을 강화시키고 잠재적인 독자층을 창출하는 이중의 효과를 거두게 된다.

끝으로 『문장』이 지닌 풍부한 의미는 식민지시대 전반을 아우르는 거시적인 관점에서 정신사적·매체적·문화적 맥락을 동원해야만 해명이 가능하다. 더불어 해방 후와의 연속성, 즉 『문장』의 학습효과가 현대문학사에 어떻게 나타나는가를 살펴야 한다. 앞으로 좀 더 정치한 논의가 수행될 것으로 믿는다.

【부록】

추천제 당선자 목록

▶ 추천 소설

작 품	작 가	선자(選者)	호 수	비 고
「바보 용칠이」	최태응	이태준	3호(1939.4)	선후평 게재/47편 투고/후보작 3편에 대한 세평
「카츄-샤에게」	정진업	이태준	4호(1939.5)	선후평 게재/후보작 5편에 대한 세평
「少女」	한병각	이태준	5호(1939.6)	선후평 게재/후보작 4편에 대한 세평
「마냥모」	곽하신	이태준	6호(1939.7)	선후평 게재/후보작 4편에 대한 세평
「鳳仙花」	임옥인	이태준	8호(1939.8)	선후평 게재/47편 투고/후보작 4편에 대한 세평
「봄」	최태응	이태준	9호(1939.9)	선후평 게재/최태응 작품에 대한 세평
「失人記」	선진수	이태준	10호(1939.10)	선후평 게재/후보작 4편에 대한 세평
「조갯살」	유운향	이태준	11호(1939.11)	선후평 게재/初選 6편에 대한 세평
「沙工」	곽하신	이태준	12호(1939.12)	선후평 게재
추천작 없음		이태준	14호(1940.2)	「작가지망인을 위하야」(선후평 겸)/초선된 5편이 탈락한 이유
「港口」	최태응	이태준	15호(1940.3)	선후평 게재/초선된 5편에 대한 세평
「孤影」	임옥인	이태준	17호(1940.5)	선후평 게재
「削髮」	노장환	이태준	18호(1940.7)	사정상 발표치 못함(「편집여묵」) 선후평 게재
「後妻記」	임옥인	이태준	21호(1940.11)	
「訣別」	지하련	백철	22호(1940.12)	추천문 게재 *당선소감(임옥인)
「魚山琴」	허민	이태준	23호(1941.1)	추천문 게재
「德性」	임서하	백철	25호(1941.3)	추천문 게재

▶ 추천 시(시조 포함)

작 품	작 가	선자(選者)	호 수	비 고
「古風衣裳」	조지훈	정지용	3호(1939.4)	선후평 게재 / 100여 편 투고
「歸路」	김종한	정지용	3호	
「鶴」	황민	정지용	3호	
「風葬」「北極圈」	이한직	정지용	4호(1939.5)	선후평 게재 / 수백 편 투고 / 추천 보류(박남수, 김종한, 조지훈)
「아미의 그늘」	조정순	정지용	4호	
「召燕歌」「故鄕」	김수돈	정지용	4호	
「故園의 詩」「그늘」	김종한	정지용	5호(1939.6)	선후평 게재
「香峴」「墓地頌」	박두진	정지용	5호	
「羈旅抄」	이한직	정지용	5호	
「窓-어느 스승님께」「金山寺」(시조)	조남령	이병기	6호(1939.7)	선후평 게재 / 후보작에 대한 세평 / 조영익 보류
「수양버들」(시조)	오신혜	이병기	6호	
「溫室」「駱駝」	이한직	정지용	8호(1939.8)	선후평 게재
「할아버지」「系圖」	김종한	정지용	8호	
「落葉松」	박두진	정지용	9호(1939.9)	선후평 게재 / 추천 보류(오신혜, 김수돈, 조지훈, 김두찬) *당선소감(김종한, 이한직)
「길처럼」「그것은年輪이다」	박목월	정지용	9호	
「冬眠」「駱駝」	김수돈	정지용	10호(1939.10)	선후평 게재
「深夜」「마을」	박남수	정지용	10호	
「鳳仙花」(시조)	김상옥	이병기	10호	선후평 게재
「다듬질」	신진순	정지용	11호(1939.11)	선후평 게재
「酒幕」「초롱불」	박남수	정지용	11호	
「鄕愁」(시조)	조남령	이병기	12호(1939.12)	선후평 게재
「僧舞」	조지훈	정지용	12호	선후평 게재
「산그늘」	박목월	정지용	12호	
「蟻」「들菊花」	박두진	정지용	13호(1940.1)	선후평 게재
「밤길」「距離」	박남수	정지용	13호	
「鳳凰愁」「香紋」	조지훈	정지용	14호(1940.2)	선후평 게재 *당선소감(박두진, 박남수)
시 추천작 없음		정지용	15호(1940.3)	「편집여묵」을 통해 알림 *당선소감(조지훈)
「寒夜譜」(시조)	장응두	이병기	16호(1940.4)	선후평 게재
시 추천작 없음		정지용	16호	선후평 게재
「봄-追憶片片」(시조)	조남령	이병기	17호(1940.5)	선후평 게재
「달밤」	이호우	이병기	18호(1940.7)	선후평 게재 *당선소감(조남령)
「가을 어스름」「年輪」	박목월	정지용	19호(1940.9)	선후평 게재 *당선소감(박목월)
「夜山路」	허민	유엽	21호(1940.11)	
「바람」「길」	김영기	이병기	22호(1940.12)	
「城壁길」	박일연	이원조	25호(1941.3)	
「落鄕消息」	최람령	김안서	25호	

【 자료 】

『의태리국삼걸전』

『의태리국삼걸전』 해제

의태리국삼걸젼

일

의태리국을회복훈세호걸의ᄉᆞ적
대한국 리현셕 번역

一 마시니 Ginseppe Mazzini.
二 가리발디 Ginseppe Garipaldi.
三 가부어 Camillo BensopiCavowr.

시작ᄒᆞ는의론
량계쵸 가라대 텬하에 셩훈 덕과 큰 업은 나라를 사랑ᄒᆞ는 일에서 더훈것이 어듸잇ᄂᆞ뇨
참으로 나라를 사랑ᄒᆞ는 쟈는 나라 일 외에는 다 족히 마음에 둘것이 업는 고로 나라 일 외에는 조화홀것도 업고 나라 일 외에는 바랄것이 업고 나라 일 외에는 근심홀것도 업고 나라 일 외에는 분홀것도 업고 나라 일 외에는 다홀것도 업고 나라 일 외에는 깃버홀것도 업스며 또 나라를 참으로 사랑ᄒᆞ는 쟈는 나라 일을 어려은줄로 ᄉᆡᆼ각지도 안이ᄒᆞ고 험훈줄로 ᄉᆡᆼ각지도 안이ᄒᆞ고 못홀줄로 ᄉᆡᆼ각지도 안이ᄒᆞ고 될 줄로 ᄉᆡᆼ각지도 안이ᄒᆞ고 못될줄로 ᄉᆡᆼ각지도 안이ᄒᆞ며 또 나라를 참으로 사랑ᄒᆞ는 쟈는 나라를 사랑ᄒᆞ여 ᄒᆡᆼᄒᆞ는

이

일이 반ᄃᆞ시 서로 ᄀᆞᆺ지 안이ᄒᆞ니 혹은 혀로 ᄒᆞ고 혹은 피로 ᄒᆞ고 혹은 붓으

로ᄒᆞ고 혹은 칼로 ᄒᆞ고 혹은 긔계로 ᄒᆞ여 아페서 부르고 뒤에서 응ᄒᆞᆯ새 서로 난호여지기도ᄒᆞ고 서로 시비도 ᄒᆞ고 서로 ᄃᆡ덕도 되고 서로 미워홈도 잇스나 활을 쏘는것과 ᄀᆞ티 관혁을 향ᄒᆞ여 쏘기는 다 일반인고로 필경에는 서로 건지고 서로 도아 합ᄒᆞ지 안이 홈이 도모지 업ᄂᆞ니라

량계쵸 ᄯᅩ 가라대 지금 셰계의 나라가 수십이로되 부강ᄒᆞᆫ 쟈는 열에 한아가 지나지 못홈은 그 고동식이며 불이며 지으며 노래ᄒᆞ며 씩々홈이 엇지 한 두어 나라 사랑ᄒᆞ는 사람의 마음과 힘과 피와 혀와 붓과 칼과 긔계로 조차 옴이 안이리오 슈빅년릐 유롭의 나라 세운 력ᄃᆡ ᄉᆞ긔에 가히 노릐도 부르며 가히 울기도 ᄒᆞ며 가히 긔록도 ᄒᆞᆯ것이 이로 헝언 ᄒᆞᆯ수 업고 그 나라 사랑ᄒᆞ는 호걸을 우리 평ᄉᆡᆼ에 ᄉᆡᆼ각ᄒᆞ고 존슝ᄒᆞ는 바가 ᄯᅩᄒᆞᆫ 이로 헝언ᄒᆞᆯ수 업는지라 그 나라 세우기 젼에 젼상을 궁구ᄒᆞ어 보면 우리 즁국의 오날 쳐지됨이 의태리와 ᄀᆞ트며 그 나라 사랑ᄒᆞ는 쟈의 뜻과 일이 가히 오날 즁국 ᄇᆡᆨ셩의 법이 되기도 의태리의 세호걸만ᄒᆞᆫ 사람이 업는지라 저 세 호걸이 그 ᄃᆡ위가 ᄀᆞᆺ지못ᄒᆞ고 그 결과도 ᄀᆞᆺ지 못ᄒᆞ나 그 엣날 의태리로 ᄒᆞ야곰 오날 다시 의태리를 회복 홈은 ᄀᆞᆺ지안이홈이 업스나 세 호걸이 업스면 의태리가 업슬것

삼

이요 만일 세 호걸에 한아만 업서도 의태리가 업슬지라 이런즉 세 호걸은 의태리로 부모와 셩명을 삼ᄂᆞ니 슬프고 위틱롭다 오날 즁국에 엇지 그 세 호걸과 ᄀᆞ튼 사람이 업다 ᄒᆞ리오 슬프고 쇠ᄒᆞ엿도다 오날 즁국에 엇지 그 세 호걸과 ᄀᆞ튼 사람을 엇드리오 나는 자나 ᄭᆡ나 탄식ᄒᆞ며 말ᄒᆞ노니 내 나라 ᄇᆡᆨ셩이 오히려 나라 사랑홈을 알겟ᄂᆞ뇨 비록 그 ᄃᆡ위나 회포나 지략은 서로 일만 가지요 그 말과 ᄭᅬ와 업이 일만 가지로되 그 읏듬 되는 쟈도 가히 세 호걸에 한아가 되지 못ᄒᆞᆯ 것이요 그 다음되는 쟈는 가히 세 호걸즁 한아의 젼톄의 일 분도 되지 못ᄒᆞ리니 사람 사람이 힘써 세 호걸의 일분의 일이 되면 곳 우리 즁국에 호걸이 날것이요 곳 우리 즁국이 강ᄒᆞᆯ지라 이러홈으로

의태리 나라 회복ᄒᆞᆫ 세 호걸의 ᄉᆞ젹을 져슐ᄒᆞ노라

뎨일졀 삼호걸이 젼에 의태리 의형셰와 삼걸의 어려서 형편

오날 의태리는 옛젹 로마국이라 유롭과 아셰아와 아비리가 세 큰 육디를 아울러 한 큰 뎨국을 세워 셰계상에 문명의 조죵이 될ᄲᅮᆫ안이라 이ᄯᅢ를 당ᄒᆞ여 텬하는 로마국의 텬하라 홀만ᄒᆞᆫ지라 엇지 그리 번셩ᄒᆞ엿스며 엇지 하로 아츰에 북방 오랑캐의 짓밟힘이 되어 날로 ᄶᅡᆨ기고 달로 줄어질것을 헤아렷스리오 둘재로는 회회교 족쇽에게 매인바 되고 세재로는 셔비리아에 매인바 되고 넷재로는 법란셔에 매인바 되고 다섯재로는 일이만에 매인바 되엇으니

ᄉᆞ

새것을 맛고 옛것을 보냄은 늙은 기싱이 졍든 산ᄋᆞ히를 관ᄃᆡᄒᆞᆷ과 ᄀᆺ고 아츰에는 셋을 주고 젼녁에는 넷을 줌은 짓는 개가 먹이는 주인을 의지ᄒᆞᆷ과 ᄀᆞ터서 길이 쇠패ᄒᆞᆷ이 년년이 더욱 심ᄒᆞ여 한갈ᄀᆞ티 십구 셰긔의 쵸년에 이르러 산하가 쇠패ᄒᆞᆷ이 더욱 다 긔록ᄒᆞᆯ수 업스니 동으로는 법국의 고을이 되고 셔으로는 오국의 부쇽이 되고 즁앙으로는 셔반아의 다ᄉᆞ림을 밧드니 의태리 세 글ᄌᆞ가 겨우 셰상에 일홈만 잇고 졍치의 일홈은 업서 진지가 이제 일쳔여년이라 가셔ᄉᆞ의 함락ᄒᆞᆫ 불씰을 바라보고 법라의 슬픈 노래를 부르매 푸른 불에 아츰 이슬은 쳐량ᄒᆞᆫ 빗을 머금고 패ᄒᆞᆫ 셩에 점은 안긔는 참담ᄒᆞᆫ 거동을 씌엇도다 옛 사람의 글에 일컷으되 칙 가운ᄃᆡ 졍히 집과 산이 잇으니 한 쪽 상ᄒᆞᆫ 마음을 그려 일우지 못ᄒᆞ는도다 슬프다 ᄋᆡ통ᄒᆞᆷ이 나라 망ᄒᆞᆫ 빅셩의 ᄋᆡ통ᄒᆞᆷ만 ᄀᆞᄐᆞᆷ이 업는지라 후셰에 ᄉᆞ긔를 읽는 자도 오히려 감개히 역이거든 ᄒᆞᆷ을며 졔몸에 당ᄒᆞᆫ 자야 엇더ᄒᆞ리오

엇지 다시 십구 셰긔의 알에 슈십년 사이에 한 새로 지은 나라 가 루루히 쇠잔ᄒᆞᆫ 빗돌과 력력히 황무ᄒᆞᆫ 궁뎐 속에서 은연히 솟아나서 오십여만명 졍병과 이빅륙십여쳑 군함과 륙쳔여 영리의 텰로와 십일만여영리의 ᄯᅡ와 이쳔구빅여만명의 빅셩을 두어 안으로 립헌의 아름다은 졍ᄉᆞ와 박그로 독립의

위엄을 ᄯᅳᆯ쳐 슈십ᄃᆡ 조죵의 큰 붓그럼을 씻고 이쳔년 지낸 ᄉᆞ긔의 영광을

오

도리켯으니 이제 맛당이 형명ᄒᆞ던 달ᄉᆞ리아는 디하에서 눈을 감을 바요 시ᄒᆞ던 사롬 단뎡의 늣겨 울ᄯᅢ에 원ᄒᆞ여도 밋지 못ᄒᆞ던 바라 슬프다 누가 능히 ᄒᆞ여 이에 이를엇으리오

십팔 셰긔의 말년을 당ᄒᆞ여 나파륜이 의태리를 짓밟으니 그ᄯᅢ에 의태리는 임의 멸ᄒᆞᆫ지 오래어 열다섯 적은 나라에 난호엿는지라 나파륜이 텰편으로 한번쳐서 합ᄒᆞ여 셋을 만들어 법국 정부가 총독ᄒᆞ여 다ᄉᆞ리는 알에 두엇는지라 그 러나 의태리가 이후에 독립홈이 진실로 나파륜의 식힘이로다 나파륜이 그 적은 죠정을 폐ᄒᆞ여 호활ᄒᆞᆫ 가족들을 멸ᄒᆞ고 봉ᄒᆞ여 쥬는폐단을 쓸어 버리고 법국에 민법의 ᄌᆞ유ᄒᆞ는 정신으로 그 ᄯᅡ에 시힝ᄒᆞ니 이에 의태리 사람의 마음과 눈가운ᄃᆡ 비로소 ᄌᆞ유ᄒᆞ는 것과 통일ᄒᆞ는것이 잇음을 알며 ᄯᅩᄒᆞᆫ 박그로 동ᄒᆞ여 뒤집기도 쇠ᄒᆞ매 독립이라 ᄒᆞ는것이 잇음을 알앗으니 나파륜은 진실로 의태리국에 뎨일 은혜 잇는 사람이니 풀움이 처음나매 소와 염소를 먹임이로다

대개 나파륜이 패ᄒᆞ매 각 나라에 젼제ᄒᆞ는 님군들이 서로 유아랍에 모혀 의론 ᄒᆞᆯ새 텬하에 절등ᄒᆞᆫ 간웅 메특달이 감히 의ᄐᆡ리가 셰상에 헛 일ᄒᆞᆯ 뿐이라는 거짓말로 눈을 부릅ᄯᅳ고 쓸개를 벌여 뭇 사람에게 블으지즈며 이에 젼 님군 족쇽의 압제ᄒᆞ던 옛 일을 회복ᄒᆞ고 약간 적은 나라를 만들어 박게서

륙

온 족쇽 파방의 집안 홉보ᄉᆞ박들의 난호와 거ᄂᆞ리는 바가 되게ᄒᆞ니 그 님군의 위에 의태리 사람 혈ᄆᆡᆨ과 족쇽된 자는 오즉 살덕니아가 잇어 나라 왕의 한 집 뿐이나 ᄯᅩ한 여러 웅ᄒᆞᆫ 자에게 눌려 긔운이 아조 쇠잔ᄒᆞ니 대개 이

때에 의태리는 텬일을 가린것 ᄀᆞ티 흑암ᄒᆞᆫ 형셰를 당ᄒᆞ엿더라 슬프다 시셰가 영웅을 만ᄃᆞ ᄂᆞ니 이에 이름어 엇지 극ᄒᆞ지 안이ᄒᆞ리오

하ᄂᆞ님이 참아 신셩ᄒᆞ던 로마국을 길히 비린 바람과 피계 속에 무드시며 또한 슈쳔 만 되는 문명ᄒᆞ고 당당ᄒᆞᆫ 의태리 ᄇᆡᆨ셩의 족속으로 참아다른 족쇽의 알에 고통케 안이ᄒᆞ샤 이에 일쳔 팔ᄇᆡᆨ 오년 륙월 이십 이일에 한 호걸을 의태리 싸 치나아 저자에 내시니 일홈은 마시니라 나파륜이 미륜에서 의태리 임군 위에 나아가니 법국이 크게 혁명ᄒᆞᆫ 후 열세해요 나파륜이 의태리를 쳐서 황복 바든후 십년이라 오히려 족ᄒᆞ지 못ᄒᆞ여 그 이듬 해는 곳 일쳔팔ᄇᆡᆨ칠년 칠월 이십이일이니 다시 한 호걸을 의태리 니ᄉᆞ부에 내시니 일홈은 갈이발디라 오히려 족ᄒᆞ지 못ᄒᆞ여 또 그 이듬 해는 곳 일쳔 팔ᄇᆡᆨ 십년 이니 다시 한 호걸을 의태리 살이유아에 내시니 일홈은 가부어라 이제로 부터 쳔년 된 무덤 가운ᄃᆡ 의태리가 다시 솟아낫도다

마시니는 한 션비의 아들이라 나가 열 셋에 대학교에 들엇으나 그 때는 유아랍에서 회의ᄒᆞᆫ후 삼년이라 법국의 혁명ᄒᆞ는 힘이 크게 일어 나고오대리에

칠

압제홈이 더욱 심ᄒᆞ여 나라 운수가 날로 더욱 글러지는지라 매양 젼에 ᄉᆞ긔를읽으매 우둑커니 무엇을 일은것ᄀᆞ튼지라 이후로는 오즉 기피 먹 물 들인 상뎨의옷을입 고 그 몸을 맛치려ᄒᆞᆫ지라 혹 그 연고를 뭇는 사람이 잇으 면 마시니 ᄃᆡ답ᄒᆞ되 내가 당시에는 그리됨을 아지 못ᄒᆞ고 오즉 모든 아희와 여러 사람들의 난장이 웃고 짓거ᄒᆞ는 가운ᄃᆡ 잇서 스ᄉᆞ로 슬픈 기운이 침침히 와서 마음을 샹케 홈을 깨달으매 사람으로 ᄒᆞ여곰 ᄋᆡ통 ᄒᆞ는 가운ᄃᆡ 늙는지라 슬프다 나는 나라업는 ᄇᆡᆨ셩 인고로 내가 나라 일은 복을 입고 나의 평싱을 보내려 홈이니 여러 사람 모힌 자리에 눈물을 가리고 죠용히 거ᄒᆞ는 창 알에 슬피 노래홈은 대개 한도 만코 졍도 만은 영웅이 다 그러ᄒᆞᆫ지라 내가 열일곱에 모든 학문의 오묘홈을 다 통달 ᄒᆞ고 지식과 문장이 시쇽에 졀등ᄒᆞᆫ지

라 하로는 그 어마니를 모시고 치나아 바다 언덕으로 슬슬다니더니 뭇득한 사람이 얼고은 매우 검고 슈염은 칠 ᄀᆞ티 빳빳ᄒᆞ고 신장은 칠척이요 풍치 가름름ᄒᆞᆫᄃᆡ 표연이 압프로 와서모ᄌᆞ를 벗고례ᄒᆞ여 가라대 원컨ᄃᆡ 의태리의 망명ᄒᆞᆫ 사람을 위로ᄒᆞ여 힘을 다ᄒᆞᆯ 바가 잇노라 ᄒᆞ거늘 그모친이 슬피눈 물을 흘리며 품 가운ᄃᆡ서 약간금젼을 더듬어 내어 그 큰 사람의 떨어진모ᄌᆞ 가운ᄃᆡ 들이치는지라 마시니가 모친에게 엇더ᄒᆞᆫ 사람이요 물은ᄃᆡ 모친이 가라대 이는 나라를 사랑ᄒᆞ는 남아라 저 사람들이 이 나라를 구원ᄒᆞ려 ᄒᆞ되

팔

일을 일우지 못ᄒᆞ고 부모와 쳐ᄌᆞ를 리별ᄒᆞ고 여긔유락이 되엇다 ᄒᆞ거ᄂᆞᆯ 마시니가 이 말솜을 들으매 찬 물로 등에 ᄲᅮ리는것 ᄀᆞ티 마음이 크게 감동ᄒᆞ여 그 한 몸으로 희싱이 되어 나라 빅셩의 ᄯᅳᆺ을 갑흐려ᄒᆞ고 비로소 결뎡ᄒᆞ다 가리발디는 배 부리는 리사람의 아둘이니 셩졍이 강개ᄒᆞ고 의긔가 강ᄒᆞ매 의안인 것을 원슈 ᄀᆞ티 미워ᄒᆞ며 사람의 급ᄒᆞ고 어려옴을 위ᄒᆞ여 분격히 의긔를 발ᄒᆞᆷ으로 목숨을 한 털과 ᄀᆞ티 가볍게 보는지라 날로 로마국 대도회 빈터에 유람ᄒᆞ다가 그젼에 큰 문과 큰 셩이 다 ᄯᅡ에 업들어지고 단청ᄒᆞᆫ 것이 랑자히 더러음을 보고 감개히 방황ᄒᆞ니 나라 망ᄒᆞᆫ 슬픔이 가슴 가운ᄃᆡ 울울ᄒᆞ여 스ᄉᆞ로 금ᄒᆞ지못ᄒᆞ는지라 나가 열 다섯이 못 되어 임의 나라 일로 제 몸의 마튼 일로 아는ᄯᅳᆺ이 잇어 사람을 ᄃᆡᄒᆞ여 말ᄒᆞ되 내가 밍셰코 우리 의태리를 회복ᄒᆞ고 우리 옛 로마를 즁흥ᄒᆞ리라 ᄒᆞ며 이 후로는 모든 일을 다 버리고 오즉 졍신을 혁명ᄒᆞ는 일에 두더라
가부어는 살뎍이아 왕족에 한 귀ᄒᆞᆫ 공ᄌᆞ라 그몸의 쳐디가 임의 저 두 호걸과 다르고 졂어서 지낸것도 ᄯᅩ한 이 두 호걸과 ᄀᆞᆺ지안이ᄒᆞᆫ지라 처음에는 스ᄉᆞ로 거만ᄒᆞ고 겸손치 안이ᄒᆞ여 한 무뢰빈의 악ᄒᆞᆫ 소년이라 나가 십셰에 비록 소학교에 졸업은 ᄒᆞ엿으나 다시 배호기를 조하 안이ᄒᆞ고 날마다 여러ᄋᆞ히를 모아 악ᄒᆞᆫ 희롱을 ᄒᆞ더니 문득 군인이 되고자ᄒᆞ여 쵸령병학교에 들어

구

학업을 향ᄒᆞ매 측량ᄒᆞ는 산술을 연구ᄒᆞ여 열여섯살에 졸업ᄒᆞ고 ᄲᅡᆸ혀 ᄶᅡ 측량ᄒᆞ는 관원이 된지라 비록 그러ᄒᆞ여도 나라를 근심ᄒᆞ는 마음이 나지못ᄒᆞ엿더니 그 후로 점점 장셩ᄒᆞ여 옛적 ᄉᆞ긔를 읽고 이제 형셰를 살펴 보매 나라를 위ᄒᆞ여 힘을 다ᄒᆞ여야 될줄은 ᄉᆡᆼ각ᄒᆞ나 일ᄒᆞ는 방칙의 ᄉᆞᆷ씨를 엇지 못ᄒᆞᆫ지라 그러ᄒᆞ나 자조 치나아 모든 ᄯᅡᆼ으로 ᄅᆡ왕ᄒᆞ여 여러 망명ᄒᆞᆫ 사람들로 더블어 상죵ᄒᆞ며 ᄌᆞ유ᄒᆞ는 긔운을 호흡ᄒᆞ매 그 옛날 귀족의 습관된 셩질이 한번 변ᄒᆞ더라

데이졀 마시니 소년 의태리 를 챵립홈과 살뎍니아 왕에게 상셔ᄒᆞᆫ것

쳐음에 의태리십팔 세긔 이젼을 당ᄒᆞ여 임의 쳘리가와 문학가에 단졍과 ᄆᆡᆨ야비이와 하사가란 사람들의 길게 탄식ᄒᆞ는 말과 크게 부르는 소ᄅᆡ로 나라를 회복ᄒᆞ고 새로 변혁ᄒᆞ는 의긔로 나라 ᄇᆡᆨ셩을 인도ᄒᆞ여 소문이 졈졈 퍼지매 이에 가과나리의 당패가 셜시 되니 가과나리의 숫을 불사르는 의리는 진실로 비밀히 혁명을 ᄆᆡᆼ셰ᄒᆞ는 회라 일쳔 팔ᄇᆡᆨ 이십년을 당ᄒᆞ여 ᄉᆞ셰의급박홈이 한 털과 ᄀᆞ튼지라 이에 의태리 나라 즁왕에 이포ᄉᆞ와 박특문과 윤파뎍 모든 디방이 한겁에 폭동ᄒᆞ니 이 ᄣᆡ에 마시니는 십오셰오 가리발디는 십삼셰요 가부어는 십셰라 그러ᄒᆞ나 ᄆᆞᆺ춤내 일이 일우지 못ᄒᆞ고 슈두된 쟈는 혹 칼날에 죽으며 혹 옥에서죽고 그 남은 당류는 치나아로 귀양 가는 쟈를 이로

십

다 세알일 수 업는지라 치나아는 곳 마시니의 고향이니 의태리셔남 방에 잇어 디즁히 가에 한 큰 항구라 졍부에셔 이리로 뜻 잇는 션비를 내 좃차 귀양을 보내니 귀양사는 쟈 임의 만하 치나아가 드듸어 ᄌᆞ유를 쥬쟝ᄒᆞ는 의리에 즁심 졈이 되는지라 마시니의 ᄆᆞᆫ져 ᄆᆞᆺ나던 큰 사람은 곳 일쳔 팔ᄇᆡᆨ 이십

년 란리 즁에 한 일홈 업는 영웅이러라

몬저 마시니가 나라 사랑ᄒᆞ는 더운 피가 솟아 남으로 싱각에 빙쟈홀 바가 잇어 이에 가파나리 당류 즁에 쒸어 들엇더니 ᄎᆞᄎᆞ 그 ᄂᆡ졍을 살펴 보고 ᄒᆞ되 이 당류의 사람들이 혈긔는 넉넉ᄒᆞ나 도덕의 마음은 부족ᄒᆞ니 맛당히 그 피흘음이 랑쟈ᄒᆞ여 하늘을 가르쳐 날을 밍셰홈이 비록 름름히 운쇼를 사못치고 금셩을 ᄶᆡ치는듯 ᄒᆞ나 만일 한번 썩김을 맛나면 젼에 장ᄒᆞᆫ 회포와 셩ᄒᆞᆫ 긔개가 다 녹아질지라 마시니 가라대 대ᄉᆞ를 일우고자홀진ᄃᆡ 불가불 몬저 그셩패와 득실을 세아리지 안이ᄒᆞ는 것은 오날 일우지 못ᄒᆞ면 명일로 긔약ᄒᆞ고 금년에 엇지 못ᄒᆞ면 릭년으로 긔약ᄒᆞ여 이와 ᄀᆞᄐᆡ 십년 이십년 으로 빅년 수빅년이라도 ᄉᆞ양치 안이홀것이요 ᄯᅩ한 내 몸으로 일우지못ᄒᆞ면 ᄌᆞ식에게 긔약ᄒᆞ고 ᄌᆞ식도 오히려 일우지못ᄒᆞ면 손ᄌᆞ에게 긔약ᄒᆞ여 이와 ᄀᆞᄐᆡ 증손과 현손과 릭손에게 이를지라도 ᄉᆞ양홀 바가 안이요 ᄯᅩ 내 힘으로 일우지못ᄒᆞ면 내 친구에게 긔약ᄒᆞ고 내 친구도 일우지 못ᄒᆞ면 내 친구의 친구에

십일

게 긔약ᄒᆞ니 만일 나의 당류가 일우지 못ᄒᆞ고 다른 사람의 당류가 일울지라도 ᄉᆞ양홀바 안이요 오즉 나의 ᄯᅳᆺ을 힝ᄒᆞ며 나의 쥬장ᄒᆞ던 의리를 맛칠 ᄯᆞ름이라 마시니가 가라대 이러ᄒᆞᆫ 긔개와 이러ᄒᆞᆫ ᄉᆞ상이 잇지 안이ᄒᆞ면 족히 혁명을 말ᄒᆞ지 못홀것이요 족히 텬하 ᄉᆞ를 말ᄒᆞ지 못홀지니 이 ᄀᆞ튼 긔개와 ᄉᆞ상을 길우고자 홀진ᄃᆡ 불가불 학력과 도덕에 근본된지라 이에 마시니 깁피 가파나라의 당류로 더불어 족히 말ᄒᆞ지 못홀것을 알고 이에 몸이 벗어나서 스ᄉᆞ로 한 당패를 죠직ᄒᆞ고 일홈을 소년의태리라ᄒᆞ니 곳 일쳔 팔빅 삼십년이라 법국에 뎨이ᄎᆞ 혁명이 이러나니 이 ᄯᅢ는 마시니의 나는 이십 오셰요 갈리발디는 이십 삼셰요 가부어는 이십셰니 풍파에 불려 영향이 두루 미치는지라 가파나리 당이 다시 그 남은 긔셰를 ᄯᅳᆯ쳐 각 고을에서 벌데 이러나듯ᄒᆞ거늘 오국이 군ᄉᆞ를 보내어 멸홀새 슌식간에 침졍ᄒᆞᆫ지라 마시니가 졍탐

군의 팔린 바 되어 옥 중에 가치어 여섯달 만에 겨우 ᄉ형에 일등을 감ᄒ여 의태리 디경 박게내침을 당ᄒ엿더라

일쳔 팔빅 삼십 일년에 살뎍니아젼 인군이 죽고 그 죵뎨 아이발이 이어 서니 아이발은 근셰에 가쟝 영걸ᄒ고 어진 인군이라 일ᄏ는 일홈이라 일즉 의태리를 회복홀 ᄯ을 품고 가파나리 당류의 사람에게 밍셰를 일즉 더ᄒ지라 이 ᄯ에 마시니가 법국에 건너가 잇더니 이 소문을 듯고 크게 깃거ᄒ여 이

십이

에 글을 아이발에게 올려 가라대

마시니는 죽을 죄로 글을 사랑ᄒ는 살뎍니아 왕 아이발 뎐하에게 올리ᄂ니 멀리 바다 박게 잇어 우리 왕게서 죵통을 이어 샤직을 쥬쟝ᄒ심을 듯고 진심으로 음죽여 깃부옵ᄂ니다 비록 그러ᄒ오나 왕은 싱각 ᄒ소서 왕이 새 의태리에 쳐음 되는 한 큰 공 일우는 인군이 되고자 하실지라도 오족 오날이요 옛 의태리의 가장 뒤에ᄒ 빅셩의 도젹이 되고자 ᄒ실지라도 오족 오날이니 우리 의태리 인민이 가히 아즉 아즉 으로 인쥰ᄒ여 어루만져 진압ᄒ랴는 것이 안임은 다만 한 날이 안이오 저의들이 슈빅년리에 구ᄒ여도 엇지 못ᄒ는 빅셩의 권리라 이제 알고 바라기를 목마른것 ᄀ티ᄒ여 저의들이 법률과 ᄌ유와 독립홈과 통일홈을 사랑ᄒ나 그러ᄒ나 우에로 직단홈과 박게로 막고 끈으며 가운ᄃ로 억졔ᄒ고 눌임을 당ᄒ여 텬디 간에 호쇼홀 곳이 젼혀 업는지라 이제 나라가 어ᄃ 잇는 것을 아지 못ᄒ며 집이 어ᄃ 부팀을 아지 못ᄒ며 몸이 어ᄃ 잇음을 아지 못ᄒ고 새 외국 사람이 그 나라의 유람ᄒ는쟈 가라대 노례의 나라라 일홈ᄒ고 그 사람을 ᄃᄒ면 가라대 임의 죽은 사람이라 시호ᄒ니 저의들도 혈긔와 슈발이 잇거든 이런 말을 익히 들으매 차라리 목셕이 될지라 홈을며 소리를 삼키고 한을 참아 노례로 ᄃ졉ᄒ는 잔을 마신지가 임의 슈십셰라 이제로 부터는

십삼

이 몸이 잔으로 더불어 한가지 부서지기를 밍셰ᄒᆞ노니 왕이여 지금 의태리의 나라 ᄇᆡᆨ셩이 이마에 손을 부티며 목을 느리고 발뒤측을 쾌이고 귀를 기울여 뎐하의 명령을 기ᄃᆞ리지 안이ᄒᆞ는쟈가 업슴은 뎐하를 위ᄒᆞ여 실을 사서 긔우에 ᄌᆞ유와 독립과 통일 세 글ᄌᆞ를 슈노코자 ᄒᆞ노니 원ᄒᆞ건ᄃᆡ 뎐하는 나아가 국민의 말아페서서 ᄇᆡᆨ셩의 권리를 챵도ᄒᆞ며 보호ᄒᆞ는쟈 되시고 의태리를 온젼이 세우며 혁신ᄒᆞ는 쟈가 되셔서 슈쳔만 동포를 거ᄂᆞ려 저 야만족쇽의 손에서 나와 우리 의태리의 평안홈을 도리키소서 왕게서 만일 뜻을 두실진ᄃᆡ 우리들이 지죠업스나 원컨ᄃᆡ 그 신명을 잡아 왕의 모는 채직을 기ᄃᆞ려 의태리의 흐터진 모든 고을을 모아 왕의 휘하에 이르러 혀와 칼로 왕을 위ᄒᆞ여 견마 ᄀᆞᆺ티 분츄ᄒᆞᆫ 력ᄉᆞ를 복죵홀지라 ᄇᆡᆨ셩은 가히 오래 곤치 못홀것이요 ᄣᆡ의 긔회ᄂᆞᆫ 가히 일치 안이홀지니 오즉 대왕은 도모ᄒᆞ소서 아이발이 본ᄃᆡ 마시니를 아는것은 그 위인을 진실히 공경ᄒᆞ엿으나 그러나 스ᄉᆞ로 깃과 털이 풍죡지 못ᄒᆞ여 가히 놉피 날지 못ᄒᆞ고 기피 마시니의 경솔ᄒᆞ여 큰 판을 해롭힐가 념려ᄒᆞ고 ᄯᅩ한 스ᄉᆞ로 혐의로은 ᄶᅡ에 거ᄒᆞ고자 안이ᄒᆞ더니 그의 친히 쓴 글을 바다 일즉 ᄃᆡ답지 안이ᄒᆞ고 도로혀 엄ᄒᆞᆫ 명령을 나려 가라매 마시니가 만일 ᄃᆡ경을 건너 다시 의태리에 들어 오거든 곳 잡아 결박ᄒᆞ라 ᄒᆞ니 그러ᄒᆞ나 한 사람의 님군이

십ᄉᆞ

그 귀먹음이 막은것 ᄀᆞᆺ티 ᄒᆞ매 수ᄇᆡᆨ만 의태리국 인민이 그 귀 기우리기를 우레와 ᄀᆞᆺ티 ᄒᆞ더니 이 엄ᄒᆞᆫ 명령이 한번 나리매 온 나라가 바라는 것을 일코 서로 거ᄂᆞ려 쇼년 의태리에 드는쟈 수쳔으로 제알지라 마시니가 더욱 나라 사랑ᄒᆞ는 뜻잇는 션ᄇᆡ의 즁심졈이 되더라
쇼년 의태리와 가파나리가 달음은 저는 다 해쳐 업시ᄒᆞ기만 쥬의ᄒᆞ는 쟈

요 이는 힘을 싸하 ᄒᆞ기를 쥬의ᄒᆞ는 쟈니 저들은 관리와 학졍을 미워ᄒᆞ여 당 시에 적은 졍부로 더불어 함씌 셔지 안이ᄒᆞ기를 밍셰ᄒᆞ니 그러ᄒᆞᆫ즉 저들은 다만 파ᄒᆞ여 업시ᄒᆞᆯᄯᅳᆺ ᄲᅮᆫ이요 다시 건셜ᄒᆞᆯᄯᅳᆺ은 업는 쟈라 마시니는 파ᄒᆞ기를 ᄡᅳ리지 안이ᄒᆞ나 그러나 파ᄒᆞᆯ것은 다시 건셜ᄒᆞᆷ을 위ᄒᆞ여 파ᄒᆞ는 쟈니 진실로 파ᄒᆞ여 버리기만 위ᄒᆞ여 파ᄒᆞ는 것이 안이오 쟝ᄎᆞ 파ᄒᆞ여야 ᄒᆞᆯ것인고로 파ᄒᆞᆷ이니 엇지 파ᄒᆞ기만 ᄒᆞᆫ다ᄒᆞ리오 ᄯᅩ한 파ᄒᆞ는 ᄉᆞ업을 잡아 능히 일울지니 쇼년의태리의 목뎍이 실샹 여긔 잇는지라 이에 우리가 아름다은 사람 마시니는 저 야만의 셩질로 졍부만 업시ᄒᆞ기를 쥬의ᄒᆞ는 사나온 쟈로 더부러 한 무리로 아울러 보지 안이ᄒᆞᆯ지라

마시니가 일즉 가라대 혁명이라 ᄒᆞ는것은 나라 빅셩의 텬연ᄒᆞᆫ 직분이라 이것은 나라 빅셩을 위ᄒᆞ며 나라 빅셩으로 말미암아 ᄲᅮ리가 되어 두 가지 큰 의리 가온ᄃᆡ서 나아온 쟈라 이런고로 우리 무리가 이를 버린 외에는

십오

학슐이 업스며 이를 버린 외에는 종교가 업스며 이를 버린 외에는 빅셩도 업느니라

셔양에 어진 쟈의 말이 잇으되 졍ᄉᆞ 다ᄉᆞ리는 것이 세 가지 명의가 잇으니 그 말이 가장 간략ᄒᆞ고 가장 졍미로은지라 가라대 (of People)뎨일의 ᄯᅳᆺ은 나라는 인민으로 된것이요 (Fir People)뎨이의ᄯᅳᆺ은 졍부는 인민을 위ᄒᆞ여 세운것이요 (By People)뎨삼의ᄯᅳᆺ은 나라 일은 인민으로 말미암아 쳐치ᄒᆞ는 것이니 졍치의 졍ᄒᆞᆫ 리치가 이 세 죠건 ᄯᅳᆺ에 다ᄒᆞᆫ지라 만일 님군이 올케 다ᄉᆞ리는 졍톄는 빅셩에게 사나은 졍ᄉᆞ를 베프던지 착ᄒᆞᆫ 졍ᄉᆞ를 베프던지 의론ᄒᆞᆯ것 업시 다 (To People)인민에게 물어 쳐치ᄒᆞᆷ에 지나지 안ᄒᆞᆯ ᄯᅡ름이라 의론ᄒᆞ는 쟈 별로히 그 근본을 살필것이 안이요 즁국에 션비의 말ᄒᆞᆫ바 어진 졍ᄉᆞ라는 것을 들어 저 셔양의 오날 졍치에 비ᄒᆞ고자 ᄒᆞᆯ진ᄃᆡ 그 일허버린 분간이 멀도다

마시니의 마시니 된 바가 이에 잇는지라 그러ᄒᆞ나 가파나리당의 실패ᄒᆞᆫ 바의 근원이 오히려 이에 근치지 안이ᄒᆞ엿고 저들의 가장 결핍ᄒᆞᆫ 바는 화ᄒᆞᆫ 마음으로 서로협동ᄒᆞ여 운동ᄒᆞᆷ이 업슴이니 화ᄒᆞᆫ 마음으로 협동ᄒᆞ는것이 목숨을 돌아보지 안코 일우기를 도모ᄒᆞ는 뎨일 긴요ᄒᆞᆫ 의라 저들이 한 정치의 강령이 업스며 한 밋고 바랄것이 업스며 한 놉고 먼ᄃᆡ 리치의 ᄉᆡᆼ각이 업스

십륙

니 이럼으로 화ᄒᆞ여 협동ᄒᆞ는 실상을엇지 못ᄒᆞᆫ지라 그런고로 마시니가 이 큰 업을 일우고자ᄒᆞ여 몬저 나라 ᄇᆡᆨ셩을 교육ᄒᆞᆷ으로 독립ᄒᆞᆫ 의리의 힘 씀을 삼ᄂᆞ니 그 교육ᄒᆞ는 법이 웃듬에 잇어 당시에 썩고 패ᄒᆞᆫ 종교로 더불어 싸홈이 된지라

마시니 ᄯᅩ 가라대 오날의 큰 문뎨는 종교에 뭇는 뎨목이라 저 물론을 잡은 쟈 일으ᄃᆡ 너의 신고ᄒᆞ고 쥬션ᄒᆞᆷ을 허비ᄒᆞ여 한 새 나라 세움을 구ᄒᆞ매 찰알히 옛 것을 두어 곳치고 변혁ᄒᆞᆷ이 업스면 진실로 오즉 새로히 ᄇᆡᆨ셩을 편케ᄒᆞᆷ이 비록 난호고 찟기어도 무엇이 해로으며 비록 항복ᄒᆞ고 부텨도 무엇이 해로리오 ᄒᆞᄂᆞ니 이런 의론을 ᄒᆞ는 쟈는 이는 종교에 ᄃᆡᄒᆞ여 그 놉픈 텬상에 직분을 내쳐 바리는 쟈니 능히 나를 어르만지는 쟈는 무론 엇던 정부던지 달게 역여 복죵ᄒᆞ고 능히 나를 구원ᄒᆞ는 쟈는 무론 엇던방법이던지 다 응ᄒᆞ여 허락ᄒᆞ는것은 가히 눈 앞페 잠싼 고통을 구원ᄒᆞ는 쟈로 무론 엇더ᄒᆞᆫ 약쇽이던지 다 즐거히 맛는것은 사람의 사람 되는 도리가 안이라 이런고로 맛당히 알것은 이김을 엇고자ᄒᆞ는 쟈는 다만 한 도가 잇으니 가라대 몸을 버리고ᄯᅡ름이요 ᄯᅩ 가라대 눈 아페 즐거은 리욕을 버릴것이요 물건 우에 질거은 리욕을 버릴 ᄯᅡ름이니라

이 일은바 마시니 오즉 마음에 의론ᄒᆞᆫ 종교요 이는 마시니의 교육ᄒᆞ는 졍신

십칠

이라 그 순결혼 리치의 ᄉᆞ상이 빙셜 보담 맑고 그 졍일혼 감졍이 운쇼 보담 노프니 마시니는 엇지 한갓 호걸만 되리오 진실로 셩현이라 저가 이에 그 미든바를 빙거ᄒᆞ여 의회의 강령을 뎡ᄒᆞ여 가라대

쇼년 의티리는 의태리사람 가운딕서 걸음을 나아 가는 의무를 미더 확실히 우리 의태리 가 하놀이 주신 한 나라 빅셩 쟈격이 된 모든 한 뜻 가진 쟈가 모혀 일운것이니 이 회에 드는 쟈는 한 ᄌᆞ유로 평등 됨과 독립 ᄌᆞ유ᄒᆞ는 의태리를 두 번재 세우는것으로 목뎍을 삼는지라 므릇 이 목뎍 박게 잇어 ᄉᆞ샹과 동쟉홈은 다 즘싱이니 일로 마음을 결단ᄒᆞ여 이에 회를 조직홈이라

이 목뎍의 달ᄒᆞ는 방법은 곳 가라대

교육과 다못 폭동홈이 아울러 일시에 힝혼지라

이 두 일로 합ᄒᆞ여 한 몸이 되는것은 가히 긔이혼 일과 긔이혼 글이라 비록 그러ᄒᆞ나 지식 기픈 쟈가 잇어 진실로 그 연고를 싱각ᄒᆞ면 칙샹을 치고 세번 탄식ᄒᆞ기를 금ᄒᆞ지 못홀지라 온 셰상이 공번되이 원슈로 딕뎍ᄒᆞ는 오대리를 디경 박게 물리치고자 ᄒᆞ는 권리를 거두어 조리키는것이 그 뎨일 되는 착슈라 저가 비린 바람과 피가 비 오듯ᄒᆞ는 젼징의 참혹홈을 슬퍼ᄒᆞ지 안이치 안이ᄒᆞ나 그러나 진실로 마춤닉 가히 피치 못홀지니 임의 그 파렬홈이

십팔

하로를 일즉ᄒᆞ면 하로의 리로음을 어들지라 비록 그러ᄒᆞ나 외국을 살피는 졍략을 쓰고 타국의 졍부에 구원홈을 비는 것이 이 마시니의 허락ᄒᆞ는 바가 안이라 그 말에 가라대

연락을 쥬의혼 쟈는 의뢰ᄒᆞ는 용렬혼 셩픔에서 발ᄒᆞ여 의태리로 ᄒᆞ여금 그 쟈격을 세계에 일케ᄒᆞ는 쟈라

마시니의 무리가 이러훈 쥬의로 인민에게 젼파호여 빨리 불으고 강경히 이르매 목ᄉ와 신부의 교를 젼ᄒ듯키ᄒ는지라 비록 그러ᄒ나 저들이 힘으로 강박히 인민의 뜻을 옴기고쟈ᄒ는 쟈가 안이라 하로 날 만일 나라 빅셩의 통일 ᄒ는 업을 일우면 곳 엇더훈 죵류의 졍부를 응ᄒ여 세워 한번 국민의 스ᄉ로 갈임을 맛김이 마시니 당의 뜻ᄒ는 바 그 모임 가운디 강령에 이르대 우리 당이 나라 빅셩의 표를 더져 세운 졍부에 디ᄒ여 그 형식이 엇더홈을 물론ᄒ고 다 마음에 달게 그 아페 절ᄒ기를 ᄉ양치 안이홀지니 대개 공의를 복졍ᄒ는 쟈는 진실로 사람 마다 응당 직히는 의무라

이 우에 쓴 바는 동편 비늘과 셔편 손톱이 비록 샹셔롭지 안이ᄒ나 쏘한 가히 쇼년 의태리의 강령과 지취를 대강 살필지니 그 마음을 고로게 ᄒ여 경영ᄒ는 사람의 학식과 지략을 쏘한 가히 알지라 다시 언약훈 말에 쇼

십구

년 의티리의 목뎍이 의태리를 구졔ᄒ는디 잇어 공화 졍부의 알에 통일홀지라 그 방법인즉 교육과 폭동이요 그 표ᄒ는 말인즉 텬시와 인민이요 그 기치는 곳 한편에는 독립과 통일이란 글ᄌ 모양을 쓰고 한 편에는 ᄌ유와 평등인졍이라는 글ᄌ 모양을 쓰엇더라

당류의 톄격이 임의 서매 응ᄒ는쟈 소리홈과 ᄀ티 학싱들은 학싱으로부터 오고 쳥년들은 쳥년으로부터 오매 그 결합됨의 쇽훈 힘이 거의 젼고에 일즉 잇지 못ᄒ던비러라 그 쌔에 가리발디는 바야흐로 일으나 느즈나 황황ᄒ여 잇는디서 뜻 ᄀ튼 쟈들을 모집ᄒ더라 맛참 쇼년의티리의 한 당파 사람을 맛나 이에야 비로소 셰상에 마시니라 ᄒ는 쟈가 잇어 그 뜻훈 바와 일훈 바가 졍히 ᄌ긔로 더부러 ᄀ틈을 알고 크게 깃버ᄒ여 곳 몸을 더져 회에 드는지라 가부어는 당시에 가리발디가 이는 것을 아지 못훈지라 자못 마시니를 듯고 모혀 보기를 원ᄒ나 그 긔회를 엇지못ᄒ더라

뎨삼졀 가부어의 몸소 밧을 간일

그 때에 가부어는 엇더ᄒᆞ엿ᄂᆞ뇨 법국에 두번재 혁명이 일어나매 마시니와 가부어 두 호걸이 진실로 옷 깃을 떨치며 팔을 거더 한번 쾌히 설치ᄒᆞ고자 ᄒᆞ는지라 가부어가 ᄯᅩ한 쇼년의 셩ᄒᆞᆫ 긔운을 능히 스ᄉᆞ로 억졔ᄒᆞ지 못ᄒᆞ여 일즉 여러 모힌 좌즁에서 통분히 살덕니아졍부의 고치지 못홈을 ᄭᅮ지저 의

이십

텬리 사람이 남아된 쟈는 한아도 업다ᄒᆞ는지라 졍부에서 듯고 곳 륙군부에 명ᄒᆞ여 이를 금ᄒᆞ니 치나아와 쵸령 두 ᄯᅡ에 살기를 허락지 안이ᄒᆞ고 드ᄃᆡ어 궁벽ᄒᆞᆫ 고을로 귀양보내어 파특셩에 토목 감독을 삼는지라 한해를 거기서 살매 앙앙히 질거 안이ᄒᆞ고 곳 관을 벗어 걸고 가는지라 그 ᄉᆞ긔를 보는 쟈 칙을 덥고 한 번 ᄉᆡᆼ각ᄒᆞ건ᄃᆡ 가부어의 가는 것이 장ᄎᆞ 어ᄃᆡ로 가리오 그 혁명당으로 들어 가지 안이ᄒᆞ면 곳 졍부당으로 들어 갈 ᄯᅡ름이라 가부어의 마음에 홀로 가는 곳이 심샹ᄒᆞᆫ 사람은 능히 ᄉᆡᆼ각ᄒᆞ여 알지 못홀일이로다 슬프다 중국 한 나라 환령 두 인군이 나라 법각을 일으매 ᄉᆞ히가 솟의 물 끌틋 ᄒᆞ여 여러 영웅이 다리를 문지르고 팔을 들어 일어 날 즈음에 졀ᄃᆡ히 큰 사람 졔갈양은 이에 몸소 남양에서 밧 갈고 법국의 혁명을 당ᄒᆞ여 온 유롭이 흐터진 삼대 ᄀᆞ터 호걸이 별 ᄀᆞ티 일어나고 물 ᄀᆞ티 솟아 날 ᄯᅢ에 졀ᄃᆡᄒᆞᆫ 큰 사람 가부어가 이에 려리에서 포뎐을 갈앗으니 예로부터 큰 업을 일우고자ᄒᆞ는 쟈는 마음에 길으는 바가 반듯이 잇스니 슬프다 그도 ᄯᅩ한 가히 스승이 될지로다

대개 기리발디는 군인의 ᄌᆞ격이라 그 뜻의 이르되 저 가싀가(나파륜의난ᄯᅡᆼ)의 영웅은 법국의 위급ᄒᆞᆫ 존망의 ᄯᅢ를 당ᄒᆞ여 능히 만번 불러 텬하를 헷치고 안으로 ᄂᆡ란을 평ᄒᆞ며 박그로 아보오의 세큰 도적 나라를 당뎍ᄒᆞ엿으니

이십일

달음 안이라 능히 그나라 사람으로 ᄒᆞ여금 반ᄃᆞ시 죽을 ᄯᅳᆺ을 품어 그 나라를 갑고자ᄒᆞ여 곳 농ᄉᆞᄒᆞ는 ᄇᆡᆨ셩과 장ᄉᆞᄒᆞ는 ᄇᆡᆨ셩을 연습ᄒᆞ여 다 졍예ᄒᆞᆫ 군ᄉᆞ가 되어 당뎍ᄒᆞᆯ수 업게 ᄒᆞ엿으니 저는 엇더ᄒᆞᆫ 사람이며 나는 엇더ᄒᆞᆫ 사람이랴 우리 의ᄐᆡ리가 이제 비록 극히 약ᄒᆞ나 ᄇᆡᆨ셩의 분발ᄒᆞ는 긔운이 일어나 가히 쓸만ᄒᆞ게 될지라 내가 장ᄎᆞ 거나려 내 죠샹 반비의 큰 공을 ᄯᅡ르고 우리 ᄉᆞ긔에 로마의 빗난 영화를 회복ᄒᆞ여 오볍 두 나라를 쳐서 억졔ᄒᆞ기가 어렵지 안이ᄒᆞᆯ줄을 미들지라 ᄒᆞ니 이는 곳 가리발디의 ᄯᅳᆺ이라 마시니는 이와 다르니 학문과 리치를 ᄉᆡᆼ각ᄒᆞ는 사람이라 말ᄒᆞ기를 혁명을 ᄒᆡᆼᄒᆞ고자ᄒᆞᆫ즉 불가불 혁명의 씨를 ᄲᅮ릴 것이요 문명을 ᄒᆡᆼᄒᆞ고자ᄒᆞᆫ즉 불가불 문명의 집을 ᄡᅡ하야 ᄒᆞᆯ지라 그런고로 맛당히 근본을 국민의 졍신으로 세워 흔들리도 안이ᄒᆞ고 굽히지도 안이ᄒᆞᆯ 도덕의 마음을 길으며 죽은 후에야 말리라 ᄒᆞ는 원원ᄒᆞᆫ 긔운을 고동ᄒᆞᆯ지라 ᄒᆞ니 이는 곳 마시니의 ᄯᅳᆺ이라 가부어는 두 호걸로 더불어 연구ᄒᆞᆷ이 달으니 말ᄒᆞ되 오날은 교ᄒᆞ는 시ᄃᆡ라 긔운으로 한 셰샹을 덥던 나파륜도 셩긔연과 (나파륜의죽은ᄯᅡᆼ) 외로은 셤의 귀신을 면ᄒᆞ지 못ᄒᆞ엿으니 ᄯᅩ 긔운으로만ᄒᆞ면 나파륜과 엇지 달음이 잇게 되리오 텬하에 대뎍만 될 ᄯᅡ름이라 대범 내가 내 힘을 미더 달은 사람의 도음을 바라지 안이ᄒᆞᆷ은 진실로 뎡긔의 맛당ᄒᆞᆫ 바요 인도의 응당ᄒᆞᆯ 바라 그러나 이 도와 이 긔운

이십이

이 엇지 내게 잇지 안이ᄒᆞ리오 오날 이 텬하에 거ᄒᆞ여 오즉 큰 말로 셩패도 도라보지 안이ᄒᆞ고 리해도 ᄉᆡᆼ각지 안이ᄒᆞ여 의를 베프는 것이 심히 놉지 안이치 안이ᄒᆞ나 그러나 업이란 것은 긔필코 일울 것이니 긔필코 일울 업이 엇지 도만 미드리오 대개 ᄭᅬ도 ᄯᅩ한 가히 안이 ᄡᅳ지 못ᄒᆞᆯ 쟈가 잇는지라 그런고로 가파나리의 오합ᄒᆞᆫ 무리와 ᄭᅬ 업는 군ᄉᆞ는 족히 말ᄒᆞᆯ것이 안이로ᄃᆡ

저 쇼년의틱리는 ㅿ한 지극훈 셩의는 넉넉ᄒᆞ나 지혜와 힘이 죡히 건지지 못훌가 념려ᄒᆞ여 내가 싱각ᄒᆞ고 거푸싱각ᄒᆞ노니 오날 의틱리 여러 나라 가운딕 셕셕리와 이파ᄉᆞ와 로마와 달ᄉᆞ가이와 윤파덕가튼 ᄯᅡ으로 다 죡히 빙쟈ᄒᆞ여 큰 업을 일우지는 못훌지라도 가히 훌만훈 쟈는 우리의 종통 되는 나라 살덕니아라 비록 그 ᄯᅡ가 좁고 무리가 적어 죡히 유롭에 경ᄒᆞ고 즁ᄒᆞ든 안이ᄒᆞ나 만일 잘 쓰는 것은 엇지 사람에게 잇지 안이ᄒᆞ리오 살뎍니아는 진실로 내 일싱의 춤출 ᄯᅡ이라 이는 가부어의 ᄯᅳᆺ이라
가부어의 ᄯᅳᆺ훈 바는 임의 이에 잇고 저긔 잇지 안이 ᄒᆞ니 그 춤 출 ᄯᅡᆼ에 쓸 ᄭᅬ로 잘 쓴즉 엇더ᄒᆞ리오 저가 스ᄉᆞ로 몸이 귀족에 반렬 되어 한번 ᄯᅱ어 지상이 됨이 자못 어렵지 안이훈 일이로딕 이제 혐의로 귀양 보냄을 입으니 만일 스ᄉᆞ로 중계ᄒᆞ지 안이ᄒᆞ면 한갓 이 긔틀을 일훌지라 찰알이 스ᄉᆞ로 숨는 것이 달은 날에 터가 될지니 맛당히 돌아 가서 포뎐을 갈지라 그 친구가

이십삼

글을 보내어 조상ᄒᆞ는 쟈가 잇어 훌만훈 몸으로 당셰에 미음을 맛아 산야에 늙는 것을 가셕히 역여거늘 가부어가 희롱으로 딕답ᄒᆞ여 가라대 일을 가히 알지 못훌지니 하놀이 만일 공의 년셰를 빌려 쥬시면 기ᄃᆞ려 달은 날에 가부어가 오릇이 의틱리의 직상이 될 ᄯᅢ를 보리라 ᄒᆞ니 슬프다 큰 사람의 스ᄉᆞ로 뎡ᄒᆞ고 스ᄉᆞ로 미듬이 이 ᄀᆞ튼 쟈가 잇도다
가부어의 농ᄉᆞᄒᆞ는딕 숨는 것이 한갓 숨는것만 안이오 참으로 농ᄉᆞ를 ᄒᆞ엿ᄂᆞ니 대개 범도 잡고 퇴기도 잡는딕 다 온젼훈 힘을 쓰는 호걸이라 저가 려리에서 비로소 일을 ᄒᆞ여 갓가은 이웃 모든 ᄯᅡ에 ᄭᅥ지 농ᄉᆞᄒᆞ는 일을 긔량훔으로 부터 도로를 슈츅ᄒᆞ며 개천을 통ᄒᆞ는 새 법과 무자위를 만ᄃᆞ는딕 ᄌᆞ샹ᄒᆞ고 부즈런이 만이훔이 업시 몸으로 친히 일을 ᄒᆞ는지라 그 ᄯᅢ 화륜션을 짓는 법이 새로나매 이에 몬져 치용ᄒᆞ여 매아리의 호슈 우에 물건을 운젼케 ᄒᆞ여 일톄로 디방 빅셩의 일을 다 간셥ᄒᆞ며 친장ᄒᆞ고 드딕여 히특문에 가장 큰

농ᄉᆞᄒᆞ는 회샤를 셜립ᄒᆞ매 쵸경에 은힝을 창셜ᄒᆞ여 날로 신고홈이 잠시도 편히 거ᄒᆞ지 못ᄒᆞ는지라 대개 갑부어의 멀리 알므로 일즉 유롭 회샤에서 본 바가 잇어 반ᄃᆞᆺ이 한번 크게 변혁ᄒᆞ여 산업을 흥케홈이 진실ᄒᆞᆫ 근원이 잇는지라 그런고로 몬저 그 빅셩을 인도ᄒᆞ여 이에 익히고 저가 그 후에 이 나라 일을 당ᄒᆞᆯ ᄯᅢ에 능히 들어 쓰는것이 큰 싱션을 삶은 쟈가 젹은 싱션을 미리

이십ᄉᆞ

길으는것과 ᄀᆞ튼지라

저가 ᄯᅩ 이 빈 틈을 타서 두로 영 법 모든 나라에 유람ᄒᆞ니 대개 저가 이믜 쟝리에 지상 자픔으로 곳 각 나라 졍치의 실샹 졍황을 살핌이 가히 연숙지 안이ᄒᆞ지 못ᄒᆞᆯ지라 영국에 이를어는 (Coheden) 갑덴으로 더불어 가장 친ᄒᆞ엿고 그 법국에 이를어는 (Giuiyrt) 귀소트로 더불어 가장 죠하ᄒᆞ엿는지라 갑덴의 ᄌᆞ유 ᄉᆞ상과 귀소트의 보슈ᄌᆞ부ᄒᆞ는 졍신을 저가 다 능히 마음에 맛는지라 ᄯᅩ 여러번 영국에 가서 국회의 방텽 자리에 참예ᄒᆞ여 ᄃᆡ시에 큰 졍치가 격란사돈과 비강사불등의 언론을 배불리 들엇으매 크게 감동ᄒᆞᆫ 바가 잇어 이로 부터 영국의 졍치에 마음이 취ᄒᆞ여 더옥 그 ᄌᆞ유ᄒᆞ는 졍치의 왕셩홈을 흠앙ᄒᆞ고 모든 썝아 드는 법을 긔뎡ᄒᆞᆫ것과 교를 ᄌᆞ유로 밋는것과 로예를 젼혀 폐ᄒᆞ는 것들의 루ᄎᆞ 싱일홈으로 맛참내 승리ᄒᆞ는ᄃᆡ 돌아 가 비록 헤령탄의 영걸ᄒᆞᆫ 일홈으로 오히려 능히 당시 빅셩의 긔운을 압졔치 못홈을 보고 곳 칙상을 치며 쾌히 소리ᄒᆞ여 가라대 올토다 올토다 우리 의티리 국민의 졍신도 ᄯᅩ한 불가불 이를 관역을 삼을지다 우리 무리는 이졔 오히려 죵이 되엿고 이제 오히려 결박을 ᄃᆞᆼᄒᆞ엿도다 이로부터 가부어가 영국을 슝빅홈이 텬하에 들리는지라 비록 그러ᄒᆞ나 저가 쟝황ᄒᆞ는 바도 업고 텹진ᄒᆞ는 바도 업스매 부지런이 다시 영국의 문명과 학업을 연구ᄒᆞ여 ᄌᆞ샹히 영국

이십오

의 졍치와 죵교와 교육과 농 공 샹 각 ᄉᆞ업을 살펴 쟝ᄅᆡ에 나라 다ᄉᆞ림의 쓸것을 갓초는지라 대개 가부어가 농ᄉᆞ와 람으로 스ᄉᆞ로 숨은지가 모도 십륙년이라 십륙년의 광음이 가히 오라지 안이ᄒᆞ다 못홀지라 십륙년 안에 의태리의 ᄉᆞ변이 오즉 적지 안이ᄒᆞ니 비록 그러ᄒᆞ나 저가 슬퍼 안이ᄒᆞ고 동치 안이ᄒᆞ는지라 대개 그 흉즁에 일즉 스ᄉᆞ로 주장홈이 잇어 졍ᄒᆞᆫ 지식과 졍ᄒᆞᆫ 학력이 셰일에 능히 앗기지 안이홀 바니 가부어는 진실로 참고 견ᄃᆡ는 힘이 넉넉ᄒᆞᆫ 큰 사람이라 이제 십륙년 가운ᄃᆡ 마시니와 가리발디의 두 호걸을 아울러 보면 곳 엇더ᄒᆞ겟ᄂᆞ뇨

뎨ᄉᆞ졀 미시니와가리발디의망명

마시니가 내침을 당ᄒᆞ매 법국 마사텬 저ᄌᆞ에 도망ᄒᆞ여 한 신문샤를 스ᄉᆞ로 셜시ᄒᆞ고 곳 그 당명으로 일홈ᄒᆞ여 가라대 쇼년의태리라 ᄒᆞ고 그 놉히 슝샹ᄒᆞ고 슌결ᄒᆞᆫ 리치의 ᄉᆞ상과 널리 통ᄒᆞ고 크게 넉넉ᄒᆞᆫ 학식과 죵횡활달ᄒᆞᆫ 문ᄉᆞ로 쓰거은 피를 붓 ᄭᅳᆺ테 ᄲᅮ리어 큰 의를 텬디간에 펴는지라 젼국에 지ᄉᆞ가 응ᄒᆞ는 쟈가 구름 일어나고 물 솟아나듯 ᄒᆞ더라 이 ᄣᅢ에 가리발디는 한 션장이 되어 칸스탠트노풀(토이기 서울)로 항히홀새 배 가운ᄃᆡ서 한 션ᄉᆞ문패 (션ᄉᆞ문쟈는 토이기 국에 한 쳘학ᄉᆞ가로 큰 공동산 쥬의를 챵ᄀᆡᄒᆞ여 일즉 그 무리로 더불어 실샹을 힝ᄒᆞ더라)의 법국 사람을 서로 보고 강개히 괄

이십륙

을 잡아 언론에 풍치가 나느지라 이에 비로소 그 본국에 마시니라 ᄒᆞ는 사람이 잇음을 알고 그 한 글ᄌᆞ에 한눈물로 지은 격문과 한 몽치와 한 소리로 불으는 신문을 차자 읽으매 곳 크게 감동ᄒᆞ여 이에 결단ᄒᆞ여 션쟝의 업을 버리고 마시니를 마ᄉᆞ텬에 차자 큰 ᄭᅬ를 도모홀새 두 사람이 서로 당ᄒᆞ여 보매 말ᄒᆞ는 바는 쇼년의태리의 리력과 그 목뎍에 지내지 안이ᄒᆞ니 범범히 문

답으로 한 저녁을 말ᄒᆞ는지라 서로 이별홀 때에 이를어 마시니가 사람ᄃᆞ려 말ᄒᆞ되 내가 가리발디를 보매 나의 짐이 가벼어 그 반이 감ᄒᆞ엿다 ᄒᆞ고 가리발디도 ᄯᅩ한 사람ᄃᆞ려 말ᄒᆞ되 내가 마시니를 보매 그 쾌홈이 고륜호가 새로 아미리가를 차자 어들 때 보담 더옥 죠흠이 잇다 ᄒᆞ더라 이후로 부터 두 영웅이 손을 잡아 반기나 반도의 풍운이 ᄶᅡᆼ을 거더오더라

마시니가 아이발(살덕이아의왕)의 족히 더불어 꾀ᄒᆞ지 못홀것을 보고 이에 가리달디와 동지쟈로 더불어 꾀를 뎡ᄒᆞ고 큰 제ᄉᆞ 지내는 밤을 타서 일을 이ᄅᆞ켜 살덕니아 졍부를 걱구러 트리고 왕을 좃차 내여 오국 굴레를 벗으려 ᄒᆞ다가 불힝히 일이 누셜되어 당류가 혹 잡히며 혹 도망ᄒᆞᆫ지라 가리발디는 변 남을 듯고 급히 도망ᄒᆞ여 한 떡 파는 집에 들어가 숨기를 구ᄒᆞᆫ디 떡 장ᄉᆞ의 ᄯᆞᆯ이 불상이 역여 옷을 주어 밧고아 입히고 밤에 달아나게 ᄒᆞ는지라 십일만에 겨우 고향 집에 일을어 한번 ᄌᆞ친에게 고ᄒᆞ여 이별ᄒᆞ고 다시 도망

이십칠

ᄒᆞ기를 싱각ᄒᆞ다가 문득 법국 순ᄉᆞ에게 잡혓다가 밤이 깁고 사람이 고요홈을 기ᄃᆞ려 가만히 다섯 길 되는 층 집에서 ᄯᅱ어 나려 산 깁흔 슈풀 속에 숨어 이틀 동안 밥을 굼고 마ᄉᆞ텬에 달ᄒᆞ여 우연히 신문을 한 번 보매 곳 ᄌᆞ긔의 셩명이 임의 ᄉᆞ형을 밧아 선고된지라 그러나 오히려 모든 동지로 더불어 소식을 뭇고 두 번 새 일ᄒᆞ기를 도모홀새 ᄯᅳᆺ이 조금도 쇠ᄒᆞ지 안이ᄒᆞ더라 이 때는 일쳔 팔빅 삼십 이년이니 마시니는 이십 칠세요 가리발디는 이십 오세요 가부어는 이십삼셰러라

그러나 당시에 호랑과 사갈의 유롭 렬국으로 만방일치되엇으니 우리 긔운이 장차 궁ᄒᆞ매 텬디가 비록 크냐 어ᄂᆞ곳이 가히 의태리 형명 영웅의 몸을 기우려 용납홀고 일쳔 팔빅 삼십 삼년 팔월에 법국이 살덕니아 졍부의 요구홈으로 마시니를 디경 박게 좃차 내매 이에 셔ᄉᆞ국으로 가서 몸을 숨기니 이 때 부터 십여년을 갓치고 사로잡힌자와 ᄀᆞᆺ티 지내는지라 졍탐을 피ᄒᆞ며 살

희를 피ᄒᆞ여 컴컴ᄒᆞᆫ 두 옥 가운ᄃᆡ와 쳐량ᄒᆞᆫ 등잔 알에 숨으매 쥬야에 강개홈을 익이지 못ᄒᆞ여 조히를 펴고 붓을 ᄲᆡ나 그러나 가슴속에 쳔길이나 부터 올나가는 불길로 글을 져술ᄒᆞ여 의론을 초출ᄒᆞ매 하늘을 가ᄅᆞ치고 ᄯᅡᆼ을 거서 밍셰ᄒᆞ여 방칙을 각 디방에 흐터 그 동지쟈들을 지휘ᄒᆞ는지라 슬프다 마시니는 장쾌ᄒᆞ며 진실ᄒᆞ며 광명ᄒᆞ며 뇌락ᄒᆞᆫ 한 남ᄌᆞ의 심모원려로 경위를

이십팔

통찰ᄒᆞ며 정신을 차려 은밀ᄒᆞᆫ 혁명가로 방칙이 여일ᄒᆞ니 왕고릐금에 그비홀 ᄃᆡ를 보지못ᄒᆞ겟도다 그 지은 글을 지금에 모든 졍치에 유지ᄒᆞ여 비밀히 결ᄉᆞ쟈가 반들어 침셕 즁에 큰 비결을 삼아 그 쬐를 어더 ᄯᅳᆺ을 달ᄒᆞᆫ 쟈 모도 몃몃인지 아지못ᄒᆞ는지라 쳔 팔빅 삼십 륙년에 다시 셔ᄉᆞ 졍부의 용납ᄒᆞᆫ바가 되지 못ᄒᆞ여 힝탁이 류리ᄒᆞ여 겨우 죵릐에 국ᄉᆞ법을 ᄶᅩᆺ지 안이ᄒᆞ는 쟈 영국에 발을 부려 쳔 팔빅 삼십 칠년 이후로 부터 거홈을 뎡ᄒᆞ엿으니 영국은 마시니이에 둘 재 고향이러라 나라 가기가 더옥 멀고 오는 날이 더옥 어려은지라 한 나라에 큰 도젹과 싸홈이 마지 못ᄒᆞ여서 한 몸의 적은 도젹이 ᄯᅩ한 분답히 일을어 오니 질병과 싸호며 기한과 싸화 삼순에 구식ᄒᆞ고 십월에 홋옷이라 시표를 뎐당ᄒᆞ고 외투를 뎐당ᄒᆞ며 장화를 뎐당ᄒᆞ여도 오히려 족히 당ᄒᆞ지 못ᄒᆞ여 최후로는 이에 한 보관을 빌어 글을 팔아 ᄉᆡᆼ활을 삼으나 그러나 오히려 날날히 분쥬ᄒᆞ게 불으고 불러 피와 눈물을 화ᄒᆞ여 져술ᄒᆞ기에 죵ᄉᆞᄒᆞ며 다시 새로 한 당을 조즉ᄒᆞ여 일홈을 쇼년유롭아라ᄒᆞ고 박그로 타국의 졍을 통ᄒᆞ며 안으로 동포의 바람을 매어 이 ᄀᆞᆺ티 ᄒᆞᆫ지 ᄯᅩ 십년이라 대개 십년 가운ᄃᆡ 그 국민을 교육ᄒᆞ는 쥬의가 이에 비로소 크고 완젼ᄒᆞᆫ지라 이 뒤에 비단도 ᄌᆞ고 차도 ᄀᆞ튼 의텨리의 ᄲᅮ리가 이에 비롯 ᄒᆞ엿도다

마시니 임의 영국에 머믄지 오래매 일홈난 ᄉᆞ상 격란사돈으로 더불어 교졔

이십구

가 심히 긴혼지라 홍샹 의터리 빅셩의 압졔 당ᄒᆞ는 고로옴과 ᄌᆞ긔의 푸부혼 바로 문관에 그 글을 팔는것을 호쇼ᄒᆞ여 홍샹 의터리의 국졍과 유롭아 렬국이 의터리를 ᄃᆡᄒᆞ는 도리를 발명ᄒᆞ는지라 영인이 듯고 크게 감동ᄒᆞ여 이 후에 가부어 일통ᄒᆞ는 졍칙이 크게 격란ᄉᆞ돈의 찬죠를 어더 일유기에 일을엇으니 가히 마시니의 십년 류락ᄒᆞ여 ᄭᅵ쳐 줌이 안이라 ᄒᆞ지못ᄒᆞ리로다

뎨오졀 남아미리의가리발디

가리발디가 이믜 법국에 용납홈을 보지 못ᄒᆞ여 넓고넓은 온 유롭 ᄯᅡ에 탁신홀 곳이 업서 이에 표연히 칼을 비겨 멀리 남아미리에 도망 ᄒᆞ엿으니 이러케 지내어 유롭의 흙을 밥지 못혼지 십ᄉᆞ년이라 이십 ᄉᆞ년 동안에 ᄯᅩ한 가정군의 한 텬연혼 학교가 장리의 하늘을 둘울 ᄉᆞ업의 연습장이 되엿으니 가히긔록지 안이ᄒᆞ지 못ᄒᆞ리로다

십년에 한 칼을 갈아 서리 ᄀᆞ튼 날을 일즉 시험ᄒᆞ지 못ᄒᆞ엿도다 온 셰상 사이에 사람이 누가 불편혼 일이 잇ᄂᆞ뇨 ᄒᆞ엿으니 쳔고에 큰 협사기 왕왕히 머리 털을 헷치고 이웃 싸홈을 구원ᄒᆞ며 칼을 ᄲᅢ쳐 길을 힝ᄒᆞ는 사람을 돕는지라 대개 그 지셩의 더운 피가 창ᄌᆞ 속에 울뎍ᄒᆞ여 한 번 대질으면 곳발홈이 그러케 ᄒᆞ려고ᄒᆞ여 혼바가 안이요 대개 이것이 안이면 질거히 홀것이 업는지라 룡을 잡고 범을 더지는 가리발디로 일죠에 가히 고향 만리박에 더

삼십

져 두어 거룽 가운ᄃᆡ 빗난 털과 안장 우에 볼기 살이 차탄혼 셰월을 엇지 ᄯᅳᆺ을 위로ᄒᆞ리오 저 창장혼 쟈 가히 한가혼 영웅을 불상히 역이는지라 무단히 리아격난 공화국의 독립을 창긔ᄒᆞ여 파셔 뎨국으로 더불어 ᄀᆡ젼혼 일이 나니 호협ᄒᆞ여 긔운을 슝샹ᄒᆞ는 가장군이 이믜 동병상련홈으로 다시 싸홈을 보고 마음이 깃버ᄒᆞ여 저가 배 사람의 아돌로 십여년을 히상에 싱장ᄒᆞ엿

으니 배 부리기를 말 ᄀᆞ티ᄒᆞ여 일즉 능ᄒᆞᆫ 지조를 갓촌지라 이에 열 두 사람을 거ᄂᆞ리고 가벼은 배를 타고 파셔의 한 군함을 앗어 웅거ᄒᆞ여 독립군을 위ᄒᆞ며 응원ᄒᆞ매 여러 번 싸화 승첩ᄒᆞ엿으니 이 열두 사람은 다 의태리 망명ᄒᆞᆫ 지ᄉᆞ라 가장군으로 더불어 싱ᄉᆞ와 환란을 한가지로 ᄒᆞ는쟈라 하로는 어느 항구에 배를 다엿더니 익일 아춤에 큰 안개가 하늘을 막아 지쳑을 불변ᄒᆞ더니 문득 두 도젹 배가 잇어 그 겻테 다이고 소릐질러 속히 항복ᄒᆞ라 ᄒᆞ매 드듸어 대포를 노하 급히 치니 이 열 두 사람중에 유명ᄒᆞᆫ 비아륜이라는 쟈가 방포응젹ᄒᆞ매 빅발 빅즁ᄒᆞ니 뎍병이 바다에 빠지는 쟈 무수ᄒᆞ더라 맛춤 탄환이 이마를 맛쳐 짜에 업들어지거늘 가장군이 아페 가서 구원ᄒᆞ다가 ᄯᅩ한 탄환을 마자 업들어지는지라 배 가운딕 ᄉᆞ관이 치를 굴려 급히 도망홀새 배가 닷 ᄭᅳᆫ어진 것 ᄀᆞ티 히상에 표류ᄒᆞ니 디리도 밝지 못ᄒᆞ며 방침도 실치못ᄒᆞᆫ지라 이 ᄯᅢ를 당ᄒᆞ여 가리발디의 죽지 아니홈이 사이가 능히 한 털

삼십일

을 용납지 못홀지라 비아륜은 맛춤내 ᄯᅳᆺ을 품고 길히 가는지라 한 ᄉᆞ관이 바다 디도를 펴서 가장군에게 보이며 지휘ᄒᆞ기를 빌거늘 장군이 손을 능히 동ᄒᆞ지 못ᄒᆞ고 입으로도 능히 말ᄒᆞ지 못ᄒᆞ매 한 방울 눈물을 디도 가운딕 상득비의 졈에 ᄲᅮ린지라 ᄉᆞ관들이 그 ᄯᅳᆺ을 ᄭᆡ닷고 이 항구를 향ᄒᆞ여 배질ᄒᆞ니 표박ᄒᆞᆫ지 십구일 만에 갑가 항구에 달ᄒᆞ여 치료ᄒᆞ더니 저가 타일에 친구에게 말ᄒᆞ여 가라대 내가 죽기를 앗김이 안이라 다만 내가 간담을 본국 토디에 뭇고자 홈이오 비아륜과 ᄀᆞ티 수즁에 장ᄉᆞᄒᆞ기를 달게 안이역이노라 ᄒᆞ니 슬프다 이 말이여

하늘이 의태리 를 위ᄒᆞ여 큰 사람을 내시매 엇지 맛당히 의태리 나라를 셰우지 못ᄒᆞ여서 앗으리오 가장군이 가이가 항구에 유ᄒᆞᆫ지 여섯달에 의약에 효험이 잇어 졈졈 편복이 되는지라 그러나 가이가는 딕적의 ᄯᅡᆼ이라 스ᄉᆞ로 돌아보건딕 이 몸이 임의 사로잡혀 가친 쟈와 ᄀᆞᆺ고 배는 관형의 젹물이 되

엇스며 동지쟈는 다 표박을 당ᄒᆞ엿는지라 곤궁ᄒᆞᆫ 몸이 ᄯᅩ한 죠셕을 가히 층양ᄒᆞᆯ수업스매 일일은 이에 말을 채질ᄒᆞ여 급히 도망ᄒᆞ기를 ᄉᆡᆼ각ᄒᆞ여 한 산림 속에 들어가니 인마가 함게 피곤ᄒᆞᆫ지라 풀을 의지ᄒᆞ여 조곰 쉬더니 ᄯᆞ르는 탐졍이 뭇듯 이를어 사로잡힘을 입어 흑 주만이로 담아 말우에 얽어 싯고 수십리 되는 못을 건너 다시 가이가 장관의 ᄯᅳᆯ 알에 가둔바 되어 엄ᄒᆞ게

삼십이

국문ᄒᆞᆯ새 두 손을 뒤로 결박ᄒᆞ여 들보 우에 달아 두 시간이 되매 긔운과 숨이 거의 ᄭᅳᆫ어지고 ᄉᆞ지가 얼음이 되어도 죵사불굴ᄒᆞ고 ᄆᆡ양 피 ᄲᅮ리는 눈으로 한 번 당상의 사람을 흘겨보매 맛춤내 강도 살인죄로 뎡ᄒᆞ여 옥에 더져 두 달을 지낸지라 다시 옥에서 도망ᄒᆞ여 리아격륜에 돌아와 ᄌᆡᆨᄎᆞ 타셔 군을 항거ᄒᆞ여 향ᄒᆞ는ᄃᆡ 마다 유공ᄒᆞᆫ지라 비록 그러나 이에 이를어 가리발디가 아홉 번 죽을디경에 맛난지 임의 삼회라 고금으로 즁국과 외국에 ᄉᆞ긔나 쇼셜에 긔ᄌᆡᆨᄒᆞᆫ 바를 지내어 보매 영웅의 환란 당ᄒᆞᆫ 일이 경심락ᄇᆡᆨᄒᆞᆫ 쟈 족히 다 게알일수 업스나 스ᄉᆞ로 환란게 들고 스ᄉᆞ로 환란에 벗어 남이 ᄌᆡ삼ᄎᆞ를 가장군 ᄀᆞ튼이가 잇지 못ᄒᆞ엿으니 장군은 자못 환란으로 ᄋᆡ히들의 희롱을 삼앗도다

기장군은 ᄯᅩ한 다졍ᄒᆞᆫ 호걸이라 두 해 젼에 일즉 오가이 국의 평파ᄉᆞ 빈 들에 잇어 길을 일코 쥬져ᄒᆞ더니 문득 한 가인을 맛나 쉬어잔을 ᄃᆡᄒᆞᆯ새 위ᄒᆞ여 히랍 국쳔쳘 하마의 엣 노릐를 부르거놀 장군이 늣기는 ᄉᆞ상이 잇어 일즉 회포를 버리지 못ᄒᆞ는지라 이제 기연으로 항례를 일우니 곳 절대ᄒᆞᆫ 녀호걸 마니타 부인이라 이후 가장군이 고국에 요병ᄒᆞᆯ ᄯᆡ 만ᄉᆞ 일ᄉᆡᆼ ᄒᆞ는가운ᄃᆡ 츌립ᄒᆞ여 ᄊᆞᆷ ᄒᆞ로는 말의 슈고로움을 돕는 쟈라 텬ᄋᆡ의 류락ᄒᆞᆫ 몸이 풀은 눈으로 불근 얼골을 맛나니 죠물이 졍이 잇어 봄 긔운으로 겨을마음을 고로

삼십삼

는지라 오호라 영웅의 감개홈이 엇더ᄒᆞ리오
그 후에 리아격란공화 국이 가히 일우지 못ᄒᆞ여 미국에 다시 오가이 졍부가 애여ᄉᆞ로 더불어 기젼ᄒᆞ는 일이 잇어 가리발디가 다시 도아 상안니아 일젼으로 오릇이 승쳡을 어더 문덕유랍부에 개자를 불으고 돌아오니 부하의 빅셩이 환영ᄒᆞ고 온 나라가 밋치고자ᄒᆞ나 쟝군은 공을 자랑ᄒᆞ지 안이ᄒᆞ고 거ᄒᆞ는 곳에 물러가 한 망명훈 고긱졍샹이 된지라 이 ᄯᅢ에 법국 슈ᄉᆞ 뎨독이 그 노픈 의를 ᄉᆞ모ᄒᆞ여 문에 일을러 보기를 구ᄒᆞ니 곳 뚜어간 패옥이 풍우를 견듸지 못ᄒᆞ고 죠불모셕훈지라 촉불을 들지안이ᄒᆞ거늘 뎨독이 이상히 역여물은듸 쟝군이 셔셔히 듸답ᄒᆞ여 가라대 복이 공화 졍부로더불어 언약ᄒᆞ고 일용ᄒᆞ는것을 공급홀새 우연이 랍축의 용비를 이즘으로 능히 촉불을 들지못ᄒᆞᄂᆞ니 족하가 욕되히 엄ᄒᆞ매 장ᄎᆞ 마음으로 말홀것이요 반듯이 내낫을 보지안이홀지라 ᄒᆞ거늘 뎨독이 슉연ᄒᆞ여 군무경에게 말ᄒᆞ고 이에 일빅 금으로 주거늘 바다서 다 난호아 군ᄉᆞ의 죽은 자의 족쇽에게 주고 오즉 족히 촉을 살 ᄌᆞ본만 남겨 두며 부인에게 말ᄒᆞ여 가라대 뎨독이 지ᄎᆞ 올ᄯᅢ에 쓸것을 예비홈이라 ᄒᆞ니 슬프다 큰 사람이어 운중에 학이냐 죠양에 봉이냐 비록 배호고자ᄒᆞ나 어듸로 조차 배호리오
소ᄌᆞ경이 히상에 거ᄒᆞ매 윤ᄌᆞ가 임의 나고 진빅지가 강남을 바라매 모든 쇠

삼십ᄉᆞ

고리가 요란ᄒᆞ엿고 대개 이제 이를어 가장군이 남미에 손 된지 홀홀히 십ᄉᆞ년이라 이 열네해 중에 ᄌᆞ녀 삼인을 어더 문덕유랍 졍부로 조차 오묘 되는 밧을 빌어 쳐ᄎᆞ를 거ᄂᆞ리고 몸소 가는지라 이 ᄀᆞ티훈지 여러해라 그러나 그간 ᄒᆞ상고국 지ᄉᆞ를 모아 졍신으로 서로 됴련ᄒᆞ며 ᄯᅩ 리아격륜과 오가이의 량ᄎᆞ 됴젼홈으로 동위쳘마의 가운듸 분돌표홀홈을 더ᄒᆞ며 의태리국민의 탄

텬연흔 륙군학교가 되니 이에 가장군 부하에 임의 아력산 대왕의 이르는 바 모군딕가 이빅인이 잇더라 이에 일쳔 팔빅 亽십 칠년이 되어 의티리의 형셰가 한 번 변흐엿더라

뎨륙졀 혁명젼의형셰라

당시 의태리에 나라 사랑흐는 지亽 즁에 셰 패가 분흐엿으니 그 일은 마시니 패니 (가리발디마시니패)젼혀 공화 亽샹으로 새 국가를 죠직흐고자 흐는 쟈요 그 일은 가부어 패니 살뎍니아 국을 빙즈흐여 그 뜻을 힝흐고자흐는 쟈요 이밖게 다시 한 패가 잇으니 일홈이 이아기포당이라 로마 교황을 후딕흐여 련합홈을 젼에 흐고자흐는 쟈라 저 셰파가 그 익국흐는 열셩이 한가지요 그 의태리 민죡의 일통 독립으로 목뎍이 한가지니 다뭇 그 졍셩이 달으면 곳 그슈단이 스亽로 부득불 달을것이로 그 슈단이 달으면 곳 그 당셰가 스亽로 부득불 달을지라 이 삼亽가 누가 무젼이 되며 누가 원모가 될리오

삼십오

당시에 잇어 오히려 한뎡흐지 못흔문뎨라

이에 일쳔 팔빅 亽십 륙년에 의태리의 즁앙에 수탉 한 소리에 텬하가 밝을 긔틀이 잇으니 때에 곳 로마 교황 피아亽 뎨구가 새로 즉위흐니 피아亽는 야심이 잇는쟈라 가만히 텬하의 풍운을 엿보고 빅여년 젼 교황의 혁혁흔 권력을 회복흐여 리용코자흐여 이에 감언으로 민망을 쳬결흐여 졍톄를 곳치며 헌법을 반포흐며 의회를 열어 빅셩으로 더불어 한가지로 다亽린다 셩칭흐니 피아亽의 말이 춤 말이 안이라 비록 그러나 당시에 오래 디옥에 곤흐여 텬일을 갈망흐는 의태리 사람으로 이 말을 속낙이 깃티 듯고 자못 확쳘에 부어가 물을어드며 롱속에 새가 얼킴을 벗어 남 깃티서 뛰고 솟으며 분쥬히 서로 경亽를 일큿르며 서로 말을 고흐더니 때에 맛춤 오대리로 더불어 디계약됴를 의론흐는 일이 잇어 피아亽가 력징흐여 굴치 안이흐거늘 이에 인망이 더옥노파서 교황 만세 의태리 만셰 흐는소리가 문득 온 나라에 편만흐니

마시니는 진실로 깃거 안이ᄒᆞ고 살뎍니아 왕도 교황을 깃거 안이ᄒᆞᆫ지라 비록 그러나 그 조국을 사랑ᄒᆞ며 동포를 구원ᄒᆞᆯ 열심이 순식간도 스ᄉᆞ로 능히 억제치 못ᄒᆞᄂᆞᆫ지라 이에 교황에게 한 글을 썻서 ᄎᆡᆨ임의 즁대ᄒᆞᆷ으로 고ᄒᆞ며 그 ᄒᆡᆼ홀의의 쵸죵을 권면 ᄒᆞ엿고 가리발디는 남아미리로 부터 글을 올려 가라대 교황 폐하여 그윽히 폐하게서 의태리 삼쳔만 동포를 위ᄒᆞ여 쳥명코쟈

삼십륙

ᄒᆞ심을 들엇ᄉᆞ오니 모등은 십여년의 득달치 못ᄒᆞᆫ 뜻을 회포ᄒᆞ여 장ᄎᆞ 오즉 폐하에게 이에 의뢰ᄒᆞ노니 모가 지죠 업스나 한 군함으로 서로 조차 견마의 힘을 본 밧기를 원ᄒᆞ노니 오즉 ᄎᆡ용ᄒᆞ심을 나리소서 가리발디가 이 글을 임의 발ᄒᆞ매 이에 동지를 거나려 ᄒᆡᆼ장을 단쇽ᄒᆞ고 명을 기ᄃᆞ리더니 맛춤내 답셔가 묘연ᄒᆞ더라

니아기포 당이 이에 크게 깃붐이 과만ᄒᆞ여 열심이 흡연히 물 즁긔와 ᄀᆞ티 ᄭᅳᆯ는 도슈가 더욱 더ᄒᆞ매 졈졈이 온흙에 흐터지니 달ᄉᆞ니 왕과 살뎍니아 왕은 다 ᄒᆡᆼ졍상에 크게 ᄀᆡ혁ᄒᆞᆫ 바가 잇고 이포ᄉᆞ 왕 불득남 외에 포학ᄒᆞᆫ 인군의 잣최를 젼의ᄒᆞᄂᆞᆫ쟈를 졔ᄒᆞ고는 쟝ᄎᆞ 쓸어 ᄭᅳᆫ어진지라 므릇 ᄀᆡ혁은 조ᄒᆞᆫ 일이라 그러나 ᄀᆡ혁ᄒᆞᆷ이 허ᄒᆞ여 실샹으로 안이ᄒᆞ며 편벽ᄒᆞ고 오롯ᄒᆞᆷ으로 안이ᄒᆞᆫ즉 왕왕히 혁명의 즁ᄆᆡ가 되ᄂᆞ니 력ᄉᆞ상에 등록이 그러ᄒᆞᆫ 것이라 의ᄐᆡ리가 마시니 십슈년에 대셩질호ᄒᆞ여 열심 훈련ᄒᆞᆷ을 지냄으로 부터 그 나라 ᄇᆡᆨ셩의 ᄉᆞ상ᄒᆞᄂᆞᆫ 긔력이 임의 다시 이젼에 박약ᄒᆞ고 부패ᄒᆞᆷ이 안임은 날로 날이 달으고 달로 달이 달으며 격양ᄒᆞᆫ 도슈가 더옥 놉고 더옥 ᄆᆡᆼ렬ᄒᆞᆷ이 날로 날이 달으고 달로 달이 달으니 의ᄐᆡ리 젼국 사람이 귀쳔과 빈부와 로유가 업시 다 본 족쇽의 독립 통일ᄒᆞᆯ 결심을 회표ᄒᆞᆷ이 더옥 굿고 더욱 극ᄒᆞ여 졍치 상에 비밀히 운동ᄒᆞᄂᆞᆫ 쟈 비비히 다 이러ᄒᆞᆫ지라 디나아에 학술 회의가

삼십칠

잇고 살이에 농업 회의가 잇으니 실상인즉 다 정치회라 의티리의 동흘 긔틀이 자못 활 줄에 잇는 살과 ㄱ티 가득히 다려 발흐기를 기ᄃ리며 언덕에 폭발ᄒ는 불이 별을 ᄯᅡᆯ아 진동홈 ㄱᄐᆫ지라
그 ᄣᅢ에 가부어는 엇더ᄒ뇨 저의 농ᄉ에 숨은지 임의 십여년이라 피아ᄉ 임의 헌졍을 셜립ᄒ여 인심이 크게 진동ᄒ는ᄃᆡ 밋쳐 저가 ᄣᅢ 긔틀이 쟝ᄎ 열숙홈을 엿보고 이에 궐연히 일어나 두세 동지로 더불어 한 큰 보관을 셜시ᄒ엿으니 그 강령과 지츄가 넷이 잇으니 일은 립헌이요 이는 진보요 삼은 의태리의 독립이요 ᄉ는 렬방의 련합이라 마시니는 일통홈을 쥬챵ᄒ고 가부어는 련합홈을 쥬챵ᄒ니 이에 그연고를 불가불 기픠 싱각홀 것이 잇는지라 대개 마시니는 공화 졍뎨를 쥬쟝ᄒ엿으니 그런고로 독립 된 후에 국민 다수의 의견을 ᄃᆡ표ᄒ여 대통령을 두어 쥬권을 힝케ᄒ니 그 일통홈을 말홈이 맛당ᄒᆫ지라 그러나 가부어는 웃고 말ᄒ되 이는 능히 말ᄒ고 능히 힝ᄒ지 못홀지라 진실로 실상 흘진ᄃᆡ 곳 나의 살뎍니아 국이 헐릴터이니 므릇 살뎍니아는 오날 의태리의 독일 무이ᄒᆫ 빙쟈 ᄶᅥ리라 일죠에 헐리면 이는 유롭 사람의 도아줌으로 도젹을 먹이는 것이라 가부어도 통일홈을 갈망ᄒ지 안임이 안이로ᄃᆡ 반ᄃᆺ이 연합 글ᄌ로 ᄃᆡ신ᄒ는 쟈는 가라ᄃᆡ 임의통일을 창긔ᄒ면 그 통일홀 사람이 가히 업지안이홀지니 그 이런 ᄌ격을 가초은 쟈는 우리

삼십팔

살왕을 버리고는 부틸ᄃᆡ가 업는지라 비록 그러ᄒ나 오날 살뎍니아가 렬국을 병탄ᄒ겟다 홈으로 챵언홈은 내가 붓그러음이니 그런고로 찰랄히 지혜를 운동ᄒ여 연하홀지라 ᄒ니 이는 가부어의 회포라 가부어는 그 빙쟈ᄒᆫ 바를 버리고 마시니를 좃기를 불긍히ᄒ고 마시니도 ᄯᅩ한 그 밋는 바를 굽혀 가부어를 좃기를 불긍히 ᄒᄂ니 이에 두 영웅이 부득불 서로 ᄃᆡ뎍ᄒ는 ᄃᆡ위에 서

서 죵시를 맛칠지니 오호라 지ᄉᆞ가 괴로은 마음이 만타ᄒᆞ니 엇지 그러치 안이ᄒᆞ며 엇지 그러치 안이ᄒᆞ리오

가부어 임의 이 목뎍을 뎡ᄒᆞ매 다시 겨테 다른 일에 달리지 안이ᄒᆞ고 오즉 살뎍니아 의 ᄀᆡ혁으로 급무를 삼으니 그 ᄀᆡ혁ᄒᆞᆷ이 엇더ᄒᆞ엿ᄂᆞ뇨 웃듬으로 헌법을 반포ᄒᆞ며 국회를 열고 상하가 화츙ᄒᆞ여 군민 일치ᄒᆞᆫ 졍신을 불러 일으키는지라 이에 나라 의론이 졈졈동ᄒᆞ매 살왕 아이발이 그 말에 마음을 기우랴 맛참내 일쳔 팔ᄇᆡᆨ ᄉᆞ십 치련에 국회를 소집ᄒᆞ매 가부어가 고향 쵸렴으로 브터 ᄲᅩᆸ혀 의원이 되니 이에 곳 피아ᄉᆞ는 로마에 헌법을 펴고 가리발디가 남미로 부터 발인ᄒᆞᆯ ᄯᅢ라

이에 살뎍니아에 다시 한 큰 사람이이잇으니 달디격리아라 ᄒᆞ는 쟈라 가부어로 더불어 한 가지 살방에 귀족이 되어 한가지로 ᄌᆞ유와 립헌 쥬의를 챵도ᄒᆞ고 방장 온 의태리 각 디방을 유람ᄒᆞ여 동지를 규집ᄒᆞᆯ새 시세의 날로 젼박

삼십구

ᄒᆞᆷ을 보고 이에 급히 돌아와 그 왕 아이발에게 말ᄒᆞ여 가라대 옛 말에 잇으니 비록 지혜가 잇어도 승세ᄒᆞᆷ만 ᄀᆞᆺ지 못ᄒᆞ고 비록 ᄌᆞ긔가 잇어도 ᄃᆡ시ᄒᆞᆷ만 ᄀᆞᆺ지 못ᄒᆞ다 ᄒᆞ엿으니 의태리 통일ᄒᆞᆯ 업이 죵당 가히 마지 안이ᄒᆞᆯ지라 우리 왕게서 그 ᄯᅳᆺ이 업ᄂᆞ이가 이제 피아ᄉᆞ ᄌᆞ유를 챵언ᄒᆞ매 ᄇᆡᆨ셩의 응ᄒᆞᆷ이 소ᄅᆡ와 ᄀᆞ튼지라 신은 우리 왕의 의향 두신바를 듯기 원ᄒᆞ노니 왕이 만일 텬하를 뎡ᄒᆞ실 ᄯᅳᆺ을 두시면 신등은 쳥컨ᄃᆡ 당ᄒᆞ리이다 아이발이 히미히 턱으로 응ᄒᆞ여 ᄃᆡ답지 안이ᄒᆞ거늘 달씨가 크게 소ᄅᆡᄒᆞ여 가라대 왕이 말이 업슬진ᄃᆡ 엇지 텬하를 샤례ᄒᆞ리오 ᄒᆞ는지라 아이발이 좌우를 돌아보며 ᄯᅥ는 소ᄅᆡ로 ᄃᆡ답ᄒᆞ여 가라대 내가 이곳을 품은지가 오래로ᄃᆡ 돌아보아 감히 말ᄒᆞ지 못ᄒᆞ엿으나 ᄯᅢ가 만일 왓으면 곳 내가 비록 나의 왕위와 나의 ᄉᆡᆼ명과 나의 ᄌᆞ손으로 희ᄉᆡᆼ이 될지라도 ᄯᅩ한 ᄉᆞ양치 안이ᄒᆞᆯ배라 ᄒᆞ더라 아이발은 호긔와 담력이 불굴ᄒᆞᆯ 사람이 안인지라 그러나 그 ᄯᅳᆺᄒᆞᆫ바가 진실로 이에 잇으니 군

ᄌᆞ가 아름다이 홀지라

데칠졀 일쳔 팔빅 ᄉᆞ십 팔년의 혁명

톄의라 눈이 쒸며 등불에 꼿이 열리며 오쟉이 지저귀며 칩혼 우뢰가 울며 바람이 누각에 가득ᄒᆞ고 물결이 언덕에 솟는지라 뎍구혼 유야랍의 회의 ᄒᆞ여 온 삼십년의 긔이혼 원망과 심슈혼 도긔가 이에 유롭의 십구셰긔에 뎨일

ᄉᆞ십

큰 긔렴의 해를 잉틱ᄒᆞ엿으니 실로 일쳔 팔빅 ᄉᆞ십 팔년이라 이에 법국 서울 파려에 이월의 혁명이 일어나 아랑죠 왕통이 일죠에 핑폐혼지라 로이나파륜 이 쏩혀 대통령이 되니 뎨이ᄎᆞ의 공화국이 현츌혼지라 오 흉 각국 민당이 잇는 바에서 봉긔ᄒᆞ니 이에 ᄉᆞ십년리 온 유롭에 종횡ᄒᆞ여 긔렴이 혁혁ᄒᆞ여 구은손이 가히 더옵고 나는 새가 쩔어지지 안이ᄒᆞ는 매특날이 그 담담부에 집으로 함양의 한 홰불에 부티고 그 융융혼 쳐ᄌᆞ로 왕손의 걸식홈이 되어 포두셔찬ᄒᆞ여 혈혈혼 몸이 밤에 영국으로 도망홀새 그젼의 포락 빅쳔만의 지ᄉᆞ로 이제 그딕를 쳥ᄒᆞ여 독 가운딕 들고 스ᄉᆞ로 노끈을 얽엇 는지라 이에 이를어 의티리 사람의 립헌 평화ᄒᆞ는 ᄉᆞ상이 날이 구소운외에 향ᄒᆞ여 혁명 운동이 촌으로 부터 촌과 시졍으로 부터 시졍과 고을로 부터 고을과 나라로 부터 나라에 착목의 긔와 게간의 병이 쇼요ᄒᆞ는지라

진오의 칼날을 츙돌ᄒᆞ는 윤파덕 사람은 의티리의 동북에 잇오 오국 으로 더 불어 서로 졉양혼 쟈 오즉 ᄎᆞ는 젹젹리 사람이라 칼을 쌔어 왕궁을 에우고 완고 강경혼 불득남도 부득불 드딕어 헌법을 반포ᄒᆞ여 눈셥의 화를 구원ᄒᆞ며 미아남 비니ᄉᆞ 모든 쌍이 서로 거ᄂᆞ혀 매특날의 패졔홈을 내어 쫏고 공화국을 창건혼지라 살뎍니아 왕 아이발이 스ᄉᆞ로 일어나 국민 군ᄉᆞ의 두령이 되고 날ᄉᆞ니대 공작이 쏘한 국민 운동에 들어 북방 모든 고을이 한째

ᄉᆞ십일

에 응원ᄒᆞ여 아이발 휘하에 모히고 츄쥰ᄒᆞ여 밍쥬를 삼아 수빅년의 공덕으로 더불어 서로 쥬션ᄒᆞ니 새 의틱리의 변환ᄒᆞ는 영향이 믄득 큰 륙디로 조차 솟아남을 보겟도다

아이발이 이에 그 살덕니아 국 긔를 변ᄒᆞ여 뎍 쳥 빅 삼식의 의틱리 국긔를 만둘어 오만의 군병을 옹위ᄒᆞ고 당당 름름히 륜파덕을 향ᄒᆞ니 악갑도다 아이발이 오히려 그 사람이 안이니 지긔는 유여ᄒᆞ나 진략은 족히 졔셰치 못ᄒᆞᆯ지라 일죠에 덕국의 로장 랍덕긔로 더불어 서로 맛나 루젼 루패ᄒᆞᆫ지라 최후 나파륜 한 싸홈에 한번 업들어져 다시 썰치지 못ᄒᆞᆫ지라 맛춤내 일쳔 팔빅 ᄉᆞ십 구년 오월 이십 삼일 야반에 혈우는 쇼쇼ᄒᆞᆫ 때 군ᄉᆞ로 더불어 영결ᄒᆞ고 스ᄉᆞ로 졀력에 손피ᄒᆞ여 오군의 셩냄을 쓸으고 달지격리아를 둘아 보아 명ᄒᆞ여 어린 인군을 도아 끼친뜻을 잇게ᄒᆞ엿으니 곳 이후에 의태리 통일 공화 쥬로 만장 광망을 력ᄉᆞ우에 머므는 영마로의 황뎨가 이라 익익ᄒᆞᆫ 빅뎨는 두견의 피로 울매 누가 드르며 침침ᄒᆞᆫ 뎡호에 룡슈를 겨우 잡으매 그 엇지 밋치리오 슬프다 저 몸을 버려 빅셩을 구원ᄒᆞ는 아이발은 양위ᄒᆞᆫ 녁둘 후에 드듸어 심장이 파렬됨으로 종텬ᄒᆞᆫ 한을 고텬듸에 돌아가니 혁명의 큰 업이 다시 한번 돈좌ᄒᆞ더라

뎨팔졀 로마 공화국의 건셜홈과 그 멸망홈

ᄉᆞ십이

그 때에 마시니와 가리발디가 어듸잇느뇨 가리발디는 교황에게 상셔ᄒᆞᆫ 후 미긔에 곳 남미에서 발힝ᄒᆞ여 일심으로 피아ᄉᆞ의 후원이 되엇더니 엇지 도모ᄒᆞ여 지포랍달 히협에 이를어 문득 살덕이아 상션을 맛나 삼식긔를 달고 우리 배를 빗겨 셔편으로 가거늘 쏘한 깃부고 쏘한 놀내어 그 연유를 물어 이에 살덕니아 왕 아이발의 창의ᄒᆞᆫ 일을 알고 이에 장쾌ᄒᆞ고 표상한 장군이

삼뵉번 이나 쒸고 삼뵉번 이나 움즉여 곳 달려 살덕니아에 들어가 왕의 휘하에 매어 구치ᄒᆞ가에 갓촘을 구ᄒᆞᆫ지라 셕지라 이 마음만 길고 지조 적은 인군이 쓰리고 두려어 ᄒᆞ여 능히 용납지 안이ᄒᆞ여 가라대 저 남미쥬 한 히적이 엇지 가히 일을 한가지ᄒᆞ리오 ᄒᆞ거늘 가장군이 크게 분ᄒᆞ나 그러나 엇지 홈이 업는지라 이에 곳쳐 미아남에 붓다르니 시졍에 빅셩이 그 일홈을 듯고 졍셩을 다ᄒᆞ여 환영ᄒᆞᆯ새 사방에 의용ᄒᆞᆫ 션비가 휘하에 달려모혀 열흘이 못ᄒᆞ여 두령 오십팔인을 엇고 ᄉᆞ졸이 삼만이라 바야으로 미아남 경닉에 비상ᄒᆞ여 그 힘을 듯터이 모일새 살왕의 패ᄒᆞᆫ 보장이 임의 날로 들리는 바가 잇고 화의가 장ᄎᆞ 쥐셔된지라 가리발디가 극히 분ᄒᆞ여 이에 소쇽을 거ᄂᆞ리고 로마로 향ᄒᆞ니라 오래 영국에 려류ᄒᆞ든 마시니는 피아ᄉᆞ의 밍셔를 션고ᄒᆞᆯ 때를 당ᄒᆞ여 임의 가리발디로 더불어 릐왕통문ᄒᆞ여 밀의ᄒᆞᆫ 바가 잇는지라 법국에 혁명이 일어남을 밋쳐 곳 나는 듯이 바다를 건너 파려에 들어가

ᄉᆞ십삼

한 번 형셰를 살피고 드듸어 고항에 돌아가 처음에 살덕니아에 이를어 아이발과 달지격리와 가부어의 무리를 살펴보매 가히 몸으로 더불어 동ᄉᆞ치 못ᄒᆞᆯ지라 쏘한 말 머리를 둘러 로마에 들어가니라
로마 교항 피아ᄉᆞ가 ᄌᆞ유와 독립을 창언ᄒᆞ매 입에 피가 마르지 못ᄒᆞ여서 일죠에 ᄉᆞ변이 일어나는지라 문득 잠복좌축ᄒᆞ여 슈족을 용납ᄒᆞᆯ 바가 업는지라 호의만단ᄒᆞ여 세 번 싱각후에 맛춤내 국민 운동에 가립지 안이ᄒᆞᆫ다 션언ᄒᆞ여 오대리에 아당ᄒᆞ고 쏘한 ᄌᆞ유 패의 령슈 날지빅을 들어 새 졍ᄉᆞ를 힝ᄒᆞ게ᄒᆞ여 국민에게 아당ᄒᆞ엿더니 미긔에 날지빅이 드듸어 질러 죽거놀 피아ᄉᆞ 두려ᄒᆞ여 ᄒᆞᆯ 바를 아지못ᄒᆞ고 이에 혈신으로 가만이 도망ᄒᆞ여 이포ᄉᆞ에 우거홈을 지은지라 이에 로마에 혼란홈이 극ᄒᆞ여 무졍부의 형상에 빠진지라 마시니와 가리발디 량웅이 임의 로마에 들어가 운동ᄒᆞᆫ지 한달이 못ᄒᆞ여 새 로마 공화국이 셩립ᄒᆞ니 일쳔 팔빅 ᄉᆞ십 구년 이월 구일로 국회를 결집ᄒᆞ고

독립을 션고ᄒᆞ는지라 오호라 이제 십 칠년 젼에 두 영웅이 처음 서로 마뎌 ᄉᆞ에서 볼ᄯᅢ에 다 편편ᄒᆞᆫ 졀셰 일 소년이더니 셰졀이 여류ᄒᆞ여 사람과 하늘이 손을 둘러 이별은 만ᄒᆞ고 회합은 적어 유형 무형ᄒᆞ엿더니 오날 합병되매 곳 임의 한 가지로 즁년이 되어 쌍빈이 반반ᄒᆞ고 이모가 되엇도다 이에 서로 더불어 한 줄기 영웅 눈 물을 평싱 서로 사랑ᄒᆞ고 싱각ᄒᆞ며 공경ᄒᆞ고 ᄭᅮᆷ에도

ᄉᆞ십ᄉᆞ

잇지 못ᄒᆞ든 바 옛 로마 회당에 ᄲᅮ리니 저 ᄯᅢ 두 호걸의 심ᄉᆞ가 그 비회홈이 맛당이 엇더ᄒᆞ리오 이에 마시니가 듧을 입어 공화국에 임시 대통령이 되어 밍쥬로 국회를 지휘ᄒᆞ고 가리발디는 경늬에 장뎡을 발ᄒᆞ여 상비군 일만 오쳔인을 어더 일야로 훈련ᄒᆞ여 나라 방비홈을 삼고 마시니의 ᄯᅳᆺ에 싱각ᄒᆞ되 법란셔가 이제 새로 곳쳐 공화 졍톄가 되엇으니 나의 독립ᄒᆞᆫ 디위를 듯고 반듯이 깃거ᄒᆞ여 서로 도을것이요 곳 서로 돕지 안이ᄒᆞ면 ᄯᅩ한 맛당이 즁립ᄒᆞ여 내가 간셥지 안이홀지라 엇지 저 반복겁과ᄒᆞᆫ 교황 피아ᄉᆞ의 실지ᄒᆞᆫ 후에 분한ᄒᆞ여 스ᄉᆞ로 증집지 안이ᄒᆞ고 외국의 힘을 빙쟈ᄒᆞ여 그 위를 회복ᄒᆞ기를 싱각ᄒᆞ고 맛춤내 ᄉᆞ리를 흔들어 법국에 비는것을 도모ᄒᆞ리오 법국 대통령 나파륜 뎨삼은 졍히 야심이 발발ᄒᆞ여 그위엄을 디경 박게 심어 그 위를 굿게ᄒᆞ고 이 긔회를 잡아 본국 교도와 군ᄃᆡ의 즐기는 마음을 사고자 ᄒᆞ여 이에 급히 삼만 오쳔 명의 큰 군ᄉᆞ를 보내어 로마 셩에 임ᄒᆞ여 션언ᄒᆞ여 가라대 너의 등이 무도ᄒᆞ여 교황을 ᄶᅩᆺ고 셩디를 앗앗으니 내가 장ᄎᆞ 문죄ᄒᆞ노라 ᄒᆞ고 법군이 처음 로마에 오매 가리발디의 셜복홈과 의국 대학 교학싱의 죠젼홈으로 크게 패ᄒᆞ니 로마가 온젼히 승쳡ᄒᆞᆫ지 두어달이라 이에 오월 말에 법인이 다시 ᄉᆞ만의 웅병과 삼십륙문의 대포로 오니 로마 새로 지은 나라가 진실로 족히 이 ᄃᆡ덕을 당히 못홀지라 가리발디가 부하를

ᄉᆞ십오

거ᄂᆞ리고 분젼ᄒᆞᆫ 십여일에 효용ᄒᆞᆫ 장ᄉᆞ가 죽은쟈 십에팔구라 맛참내 륙월 이십구일로 도젹과 크게 습격ᄒᆞ여 최후에 결젼이 되매 가장군이 일만 번 죽기로 한 번 삶을 돌아 보지 안이ᄒᆞ고 칼을 두르고 뎍진에 돌립ᄒᆞ니 ᄉᆞ졸이 분격ᄒᆞ여 뎍병의 죽음이 슈가 업더라 마시니는 한 장슈의 용밍을 겨우 미더 가히 일을 구졔치 못ᄒᆞᆯ지라 또한 가리발디을 상ᄒᆞᆯ가 져어ᄒᆞ여 이에 급히 국회 명으로 쇼환ᄒᆞ여 뒤에 조흔 방칙을 의론ᄒᆞᆯ새 가리발디가 의장에 들이오매 붉은 피가 림리ᄒᆞ고 갑쥬가 젼혀 붉은지라 임의 부러지고 임의 익으러진 칼이 반은 칼 집에 솟쳐 들어가지를 못ᄒᆞ엿는지라 이에 칙 상을 치며 소리를 들쳐 가라대 오날 도읍을 버리고 달은 곳에 옮아 별로히 회복을 도모ᄒᆞ기 외에는 다시 달은 꾀가 업다 ᄒᆞ는지라 비록 그러나 큰 소리가 귀에 들지 안이ᄒᆞ여 마시니 외에는 한 사람도 찬셩ᄒᆞ는 쟈 업더라 이 새 로마 국회 우에 고믈 고믈ᄒᆞᆫ 일빅 오십 낫의 두령은 오히려 빌어 황복ᄒᆞ여 란을 면ᄒᆞ는 것으로 독일 무이ᄒᆞᆫ 션후칙으로 알고 소위 고관달쟉ᄒᆞᆫ 자는 임의 분분히 쳐ᄌᆞ를 잇글고 셩 박게 도망ᄒᆞ거ᄂᆞᆯ 가리발디가 분울홈을 스ᄉᆞ로 익이지 못ᄒᆞ여 다시 고군을 잇글어 도젹을 엄습ᄒᆞᆯ새 뎨이젼투ᄒᆞ는 디션 박게 틈을 타서 쒸어 머리를 둘러 보니 곳 한 조각 참혹ᄒᆞᆫ 흰 항긔를 임의 상안계아 셩 우에 달엇는ᄃᆡ 셕양은 셔편에 기울어지고 만죵은 창량ᄒᆞᆫ지라 마시니 일이 가

ᄉᆞ십륙

히 되지못ᄒᆞᆯ줄 알고 다시 망명ᄒᆞ여 둘재 고향 영국으로 도망ᄒᆞ고 가리발디는 칠월 이일 저녁으로 그 병ᄉᆞ를 쇼집ᄒᆞ여 말ᄒᆞ되 군ᄉᆞ는 죽여도 가히 욕되지 안이ᄒᆞᆯ것이요 그 만일 병긔를 더지고 부패ᄒᆞᆫ 교회가 뎍군의 무릅 알에 아쳠ᄒᆞᆫ것 ᄀᆞ티 ᄒᆞᆯ진ᄃᆡ 찰아리 산야에 도망ᄒᆞ여 흙을 거더 거듭 옴을 도모ᄒᆞ기만 ᄀᆞᆺ지 못ᄒᆞ다 ᄒᆞ고 군ᄉᆞ아페 연셜ᄒᆞ여 가라대

내가 불쵸ᄒᆞᆷ을 세아리지 못ᄒᆞ고 졔군으로 더불어 한 새 젼장을 다시 짓기를 원ᄒᆞ노니 나를 조차 놀고자 ᄒᆞ는 쟈가 잇ᄂᆞ뇨 이르는 ᄯᅢ에 우리 국민이 반ᄃᆞ시 간뢰로 서로 졉ᄒᆞ기를 내가 감히 단언ᄒᆞ는 바라 비록 그러ᄒᆞ나 내가 졔군에게 요구ᄒᆞ는 한 일이 잇으니 곳 타는것 ᄀᆞᆺ고 ᄶᅵ여지는것 ᄀᆞ트며 ᄊᆞᆯ는것 ᄀᆞ튼 ᄋᆡ국ᄒᆞ는 졍신이라 내가 능히 제군에게 월급으로 주지 못ᄒᆞ고 ᄯᅩ한 졔군에게 휴식ᄒᆞᆷ으로 주지 못ᄒᆞ나 므릇 군ᄉᆞ 먹는것은 곳 이르는 바 ᄯᅢ에 가히 취ᄒᆞᆯ 쟈는 취ᄒᆞ고 이 고ᄉᆡᆼ을 견ᄃᆡ며 만일 이 험ᄒᆞᆫ 것을 무릅쓰는 쟈는 나의 어진 벗이요 나의 골육이라 만일 그 능히 못ᄒᆞᆯ진ᄃᆡ 차라리 힝ᄒᆞ지 말지라 오날 한 번 국문에 나가서 법군을 믈리쳐 한 ᄶᅡᆨ 그림ᄌᆞ로 ᄒᆞ여금 로마에 머므지 못ᄒᆞ게 ᄒᆞ는 날에 이르지 안이ᄒᆞ면 곳 ᄆᆡᆼ셰ᄒᆞ고 돌아오지 안이ᄒᆞᆯ지라 오호라 우리 들의 조흔 신슈가 임의 법인의 피로 물들어 쟉쟉히 그 붉엇으니 이제청ᄒᆞ건ᄃᆡ 졔군으로 더불어 오군의 진

ᄉᆞ십칠

에 돌립ᄒᆞ여 수ᄇᆡᆨ년 원슈의 피를 마셔 간간히 그 취ᄒᆞ리로다

이 일단 연셜이 언언이 격동ᄒᆞ고 ᄌᆞᄌᆞ이 ᄉᆡᆼ식ᄒᆞᆫ지라 듯는쟈 슬프고도 셩나며 셩나도고 분나며 분나고도 곡ᄒᆞ며 곡ᄒᆞ고도 노래ᄒᆞᆯ지라 순식 간에 보병과 긔병이 응모ᄒᆞ여 모힌 쟈가 오쳔 인이라 다 ᄊᆞᆯ코 사랑ᄒᆞ는 셩심으로 머리를 들어 하늘을 보며 노피 가리발디 장군의 일홈을 불러 상뎨게 저를 돌아 보심을 빌고 ᄯᅩ 서로 ᄯᆞᆯ아 말ᄒᆞ여 장군을 조차 종신 ᄒᆞ기로 ᄆᆡᆼ셰ᄒᆞ니 이에 이 명예 잇는 패군의 장슈가 ᄯᅩ 소소ᄒᆞᆫ 락일속에 오쳔 명 건장ᄒᆞᆫ 남ᄋᆞ를 거ᄂᆞ리고 슉슉히 힝ᄒᆞ더라

가장군이 장ᄎᆞ 로마에 가매 미국 공ᄉᆞ 기랴ᄉᆞ가 가서 차자 보고 ᄯᅩ한 고ᄒᆞ여 가라대 일이 임의 이에 이를엇으니 죡하가 만일 버리지 안이ᄒᆞᆯ진ᄃᆡ 청ᄒᆞ노니 의션으로 내 나라를 향ᄒᆞ라 복이 반ᄃᆞ시 죡하를 위ᄒᆞ여 보호의 슈고로옴을 힘쓸지라 ᄒᆞ거늘 장군이 가라대 로마가 비록 타락ᄒᆞᆫ 셩이 되엇으나 대

ᄉᆞ가 오날 다 ᄒᆞ지 못ᄒᆞ엿으니 내가 능히 환란과 ᄉᆞ싱을 한가지 ᄒᆞ는 부하를 노치 못ᄒᆞᆯ지니 우리가 장ᄎᆞ ᄒᆞᆯ바가 잇다ᄒᆞ고 드듸어 사례ᄒᆞᆫ지라 가장군의 부인이 졀셰ᄒᆞᆫ 녀즁 호걸이라 장군이 젼에 미쥬에 잇어 젼장ᄒᆞ는 바가 잇으매 부인이 서로 조차 찬조치 안이ᄒᆞᆷ이 업더니 로마국의 란이 일어남을 당ᄒᆞ여 부인이 잉틱ᄒᆞᆷ이 임의 팔삭이라 오히려 급급히 긔계와 군향을 운젼

ᄉᆞ십팔

ᄒᆞ는 일에 진력ᄒᆞ거ᄂᆞᆯ 장군이 그 병들가 긍련이 ᄒᆞ거ᄂᆞᆯ 부인이 가라대 나라란 것은 쳡과 장군으로 더불어 한가지 ᄒᆞ는쟈라 군이 홀로 군ᄌᆞ가 되면 참아 쳡을 두리오 ᄒᆞ고 맛춤내 듯지 안이ᄒᆞ고 이에 이름어 ᄯᅩ한 남장을 단쇽ᄒᆞ고 오쳔 군ᄃᆡ즁에 편졔ᄒᆞ여 장군을 좃는지라 비록 그러ᄒᆞ나 의태리 겁운이 미진ᄒᆞ여 장군의 압길이 날로 더옥 참담ᄒᆞ여 일이 만음으로 더불어 억이는지라 처음에는 법국에게 핍박을 입엇고 기ᄎᆞ는 오군에게 핍박을 입어 아편어산을 넘어 셔편 으로 ᄒᆞᆯ새 죽기에 가기가 능히 털도 용납지 못ᄒᆞᆯ지라 부하가 날로 즁격ᄒᆞᆷ을 입어 흐터지매 불슈일에 겨우 일쳔 오ᄇᆡᆨ인이 남고 ᄯᅩ 불슈일에 겨우 이ᄇᆡᆨ인이 남아 한 어션을 타고 유이ᄉᆞ 하슈를 건늘지음에 일ᄇᆡᆨ 오십인이 ᄯᅩ 오국의 단졀ᄒᆞᆫ 바 되어 팔월 삼일에 겨우 좌긔랴 ᄒᆡ안에 득달ᄒᆞ매 서로 슈반ᄒᆞᆫ 쟈 오즉 부인과 몃몃 친구 ᄲᅡ름이라 가려ᄒᆞᆫ 이 졀셰ᄒᆞᆫ 녀호걸이 림산ᄒᆞ여 오래 병든 몸으로 칼을 빅여 군ᄉᆞ를 조차 아홉번 죽고 한 번 사는 속에 츌립ᄒᆞ여 이제 이름어 ᄶᅩᆺ는 군ᄉᆞ의 엄습ᄒᆞᆫ 바가 되어 곤뢰ᄒᆞ여 거의 힝보치 못ᄒᆞ고 장군의 엇개에 의지ᄒᆞ여 한 적은 삼림속에 도맛ᄒᆞ여 이름어 믄득 한 죽은 아희를 ᄒᆡ산ᄒᆞ고 한시경을 긔졀ᄒᆞ엿더니 겨우 셩홍의 루안을 ᄯᅳ고 랍황의 웃는 입을 열어 장군의 손를 어르만지며 한 소리를 강연히 일으고 나라를 위ᄒᆞ여 진즁ᄒᆞ소서 길히 눈을 감는지라 오호라 영웅

ᄉᆞ십구

영웅이여 십만 ᄃᆡ적을 림ᄒᆞ여도 영웅의 심셔가 일즉 요란홈이 업고 죵일 고형으로 심문을 지내어도 영웅의 장ᄒᆞᆫ 눈물이 일즉 한 졈도 썰어 지지 안이ᄒᆞ엿으나 이제 이를어 부득불 간장이 일빅 번 매쳐 눈물이 기울어 지는것 ᄀᆞᆺ도다

장군이 스ᄉᆞ로 부인을 춍림즁에 빅토에 임의 장ᄉᆞᄒᆞ고 이로 부터 가매 뎐디에 표류ᄒᆞᆫ 손이 됨이 ᄉᆞ년이라 후에 순찰ᄒᆞ는 긔병의 잡힌바 되어 지나아 옥에 가쳣더니 미긔에 옥을 넘어 도망ᄒᆞ여 미국 뉘욕에 달아나 한 랍쵹 만드는 상뎜에 고용이 되어 긔한을 면ᄒᆞ더니 그 후로 가만이 본국에 돌아와 셩명을 곳치고 농부가 되어 하보텰랍 셤에 숨어 호걸ᄒᆞᆫ 션비를 길으고 시긔를 가ᄃᆞ려 즁원을 도모ᄒᆞ더라

뎨구졀 혁명ᄒᆞᆫ 후의 형셰

단명ᄒᆞᆫ 로마 공화 국이 임의 죽엇으매 그 것 낫으로 보면 곳 일쳔 팔빅 ᄉᆞ십구년 이후의 의태리가 일천 팔빅 십오년 이릐의 의태리와 다름이 업스나 비록 그러나 대범 나라의 존망이 그 졍신에 잇고 그 형질에 잇지 안이ᄒᆞᆫ지라 진실로 졍신이 업스면 비록 오날 이 만만리의 디구와 ᄉᆞ만만여의 인구를 가진 즁국으로도 안이 망ᄒᆞᆫ다 못ᄒᆞᆯ것이요 진실로 졍신이 잇으면 비록 당시에 곳 분렬되고 영구히 압졔ᄒᆞ는 의태리로도 흥치 못ᄒᆞᆫ다 일으지 못ᄒᆞᆯ지라

오십

대개 의태리의 나라 세움이 일쳔 팔빅 칠십 일년 로마의 도읍 뎡ᄒᆞᆯ 때로 부터 비롯 홈이 안이요 실상 일쳔 팔빅 ᄉᆞ십구년 로마가 함락ᄒᆞᆯ 때로 비롯ᄒᆞᆫ지라 또한 일쳔 팔빅 ᄉᆞ십 구년 로마 함락ᄒᆞᆯ 때로 비롯홈만 안이라 실상 일쳔 팔빅 이십년 소년 의태리 창립ᄒᆞᆯ 때로 비릇홈이로다 비록 그러ᄒᆞ나 이럭ᄉᆞ 후로 부터 의태리 사람이 새로 경험ᄒᆞ여 어든바가 둘이 잇으니 일은

가라대 ᄌᆞ유와 통일의 업이 맛츰내 가히 셩취치 못ᄒᆞᆯ 것이 안임을 알앗고 이는 가라대 살뎍니아 왕실의 가히 신용ᄒᆞ고 가히 의뢰ᄒᆞᆷ을 알지라

이로 부터 마시니의 ᄉᆞ업이 임의 맛치매 가부어의 ᄉᆞ업이 바야로 비롯ᄒᆞ엿으니 슬푸다 나의 절대 가인 마시니가 맛칠짜름이라 가라대 그러ᄒᆞ나 졍신으로 의론ᄒᆞ면 곳 마시니의 ᄉᆞ업이 무시 뮤죵ᄒᆞ니 비록 이제 잇다 이를지라도 가ᄒᆞ며 형질로 의론ᄒᆞ면 곳 내 의태리 삼결젼이니 뎨괄졀로 부터 이후에는 다시 마시니의 나타난 곳이업스니 그런고로 가라대 마침이라 마시니의 임육샹ᄌᆞᄒᆞᆫ 바가 이십년을 지내어 다시 소셩ᄒᆞ엿으니 비록 그러ᄒᆞ나 그 소셩ᄒᆞᆷ에는 죽음을 빌려 혼을 도릭힌지라 통일이 연합이 안이요 공화가 립헌이 안이니 그 일우는 쟈가 마시니의 당인이 안이오 마시니의 졍ᄉᆞ를 ᄃᆡ뎍ᄒᆞᆫ 쟈라 고로 가라대 맛침이로다 그런즉 마시니는 눈을 감엇ᄂᆞ뇨 가라대 감은지라 의태리가 업스면 마시니 근심ᄒᆞ고 의태리가 잇으면 마시니가 질거ᄒᆞᆯ

오십일

지니 저의 마음과 눈가운ᄃᆡ 오즉 의태리는 잇고 다시 마시니는 업는지라 가라대 의태리가 임의 립헌으로 일우엇은즉 그 셩질이 립헌에 맛당ᄒᆞᆷ이 소연ᄒᆞᆫ지라 마시니는 임의 형명을 창언ᄒᆞ고 ᄯᅩ 공화를 창언ᄒᆞ엿으니 무식ᄒᆞ지 안이ᄒᆞ며 다ᄉᆞᄒᆞ지안이ᄒᆞ뇨 가라대 안이라 이엇진 말이뇨 혁명의 의론이 업스면 곳 립헌을 일우지 못ᄒᆞᄂᆞ니 이제 세계에 립헌ᄒᆞᆫ 군쥬국을 토ᄒᆞ여 보면 엇지 한안들 형명풍파의 시ᄃᆡ가 나지 안이ᄒᆞ엿으리오(영국헌법이ᄌᆞ연발ᄉᆡᆼᄒᆞᆫ으리로다)ᄯᅩ한립헌국이 두 일을 가장 결핍지 못ᄒᆞᆯ지니 그 한아는 곳 군쥬가 감히 임의로 헌법을 짓밥지 못ᄒᆞᆯ것이요 그 둘재는 곳 국민이 헌법을 가히 귀ᄒᆞᆫ 보화로 알것이라 대범 내 몸에 특별ᄒᆞᆫ 권리가 잇는 쟈는 누가 사람에게 난호아 주기를 질거ᄒᆞ리오 그런고로 민간에서 혁명ᄒᆞᆯ ᄉᆞ상이 업스면 곳 군쥬가 결단코 완젼ᄒᆞᆫ 헌법으로 능히 ᄇᆡᆨ셩을 주지 안이ᄒᆞᆯ 것이 한아요 므릇 엇기를 가장 쉽게ᄒᆞᆫ 쟈는 보기를 즁히 안이ᄒᆞ고 보기를 즁히 안이ᄒᆞ는 쟈는

곳 직히기를 굿게 안이ᄒᆞᄂᆞᆫ것이라 그런고로 민간에서 진실로 일쳔 피와 일만 눈물로 헌법을 밧구어 엇지 안이ᄒᆞ면 곳 비록 군쥬가 세 번 읍ᄒᆞ고 세 번 ᄉᆞ양ᄒᆞ여 주더래도 ᄯᅩᄒᆞᆫ 능히 그리로옴을 먹지 못ᄒᆞᆯ 것이 둘재라 그런고로 무론 혁명ᄒᆞ고자 ᄒᆞᄂᆞᆫ쟈ᄂᆞᆫ 맛당히 혁명을 말ᄒᆞ며 곳 립헌ᄒᆞ고자 ᄒᆞᄂᆞᆫ쟈

오십이

도 진실로 불가불 혁명을 말ᄒᆞᆯ지라 곳 내 몸으로 말ᄒᆞ고자 안이ᄒᆞ여도 ᄯᅩᄒᆞᆫ 불가불 소망이 달은 사람에게 잇어 발ᄒᆞᆯ지니 혁명 업ᄂᆞᆫ 립헌은 곳 고려국ᄲᅮᆫ이라 (고려국이광셔이십삼년에스ᄉᆞ로립헌국이라ᄒᆞ엿으니그헌법이한아도군쥬의권리를옹호ᄒᆞ지안임이업도다)시험ᄒᆞ여 고려헌졍의 압길이 엇지 됨을 물을지라 그런고로 의태리의 나라 세운 공을 의론ᄒᆞ면 머리로 반ᄃᆞ시 마시니를 츄ᄃᆡᄒᆞᆷ은 텬하의 공론이라 마시니ᄂᆞᆫ 갈고 가부어ᄂᆞᆫ 비엿ᄂᆞ니 시험ᄒᆞ여 비ᄂᆞᆫ 쟈의공덕이 가ᄂᆞᆫ쟈와 엇더ᄒᆞᆷ을 물어볼지라 므릇 마시니ᄂᆞᆫ 도잇ᄂᆞᆫ 션비 공명의 사람은 안이라 혁명을 창긔ᄒᆞ여 일우지 못ᄒᆞ면 그 궁극ᄒᆞ여ᄂᆞᆫ 사람이 나의 무식ᄒᆞᆷ을 웃고 나의 다ᄉᆞᄒᆞᆷ을 비방ᄒᆞ며 나의 노피 참고 경히 ᄲᅧᆷ을 ᄭᅮ지저 이 ᄀᆞ티 ᄒᆞᆯᄶᅡ름이라 텬하 일을 진실로 건짐이 잇을진ᄃᆡ 일우ᄂᆞᆫ 것이 엇지 반ᄃᆞ시 내게 잇으리오 아페 이 마시니가 업섯으면 곳 비록 일빅 가부어가 잇어도 큰 공을 맛참내 일우지 못ᄒᆞᆯ것이요 뒤에 이 가부어가 업스면 곳 마시니의 감화ᄒᆞᆷ을 밧ᄂᆞᆫ 쟈가 엇지 그 열매를 비ᄂᆞᆫᄃᆡ 사람 업슴을 걱졍ᄒᆞ리오 그런고로 의태리를 지은 쟈ᄂᆞᆫ 삼걸이여 저 두 호걸을 지은 쟈ᄂᆞᆫ 마시니라 이에 이를어 마시니가 물러 가ᄂᆞᆫ지라 이에 이를어 의태리가 일우엇도다

데십졀 살뎍니아 신왕의 현법ᄒᆞᆷ과 가부어의 승상됨

혁명이 실패ᄒᆞᆫ 이후로 젼에 이 의태리에 허슈압이 노릇 ᄒᆞ던 졔후 왕들이

오십삼

다 쳡쳡훈 말로 그 위를 회복훌새 정칙 다 오국을 본바다 압졔가 더욱 더 극렬훈지라 살덕니아 새 안군 영마로의가 임의 일쳔 팔빅 亽십 구년 오월로 션위를 바다때에 경닉에 잇어 국졍을 감찰훌새 명을 듯고 곳 실셩 통곡후여 칼을 빼어 오국의 공즁을 흘겨보며 쏘한 가루치고 말후여 가라대 이제 의태리가 오히려 한나라 됨을 일치 안이후엿누냐 후고 일어나 춤추기를 세 번후고 이에 죠셔를 밧는지라 신왕이 어려셔 학업을조하 안이후고 오즉 말을 달리며 칼 쓰기를 조하후여 용략으로 국즁에 들리는지라 저가 대개 굿세고 슬긔러은 사람이니 그 부왕의 능히 밋칠바가 안이러라 임의 명을 뎍왜훈 뒤에 바다 때에 국른이 분분후여 결뎡후지 못훈지라 다 남은 것을 슈습후여 오군으로 더불어 셩을 등지고 한 번 빌리고자 후나 왕은 힘이 부죡후여 이에 밋치지 못훌것을 알며 쏘 크게 안으로 다亽림을 졍졔후지 안이후면 죡히 즁원을 도모치 못훌것을 아는지라 이에 모든 의론을 물리치고 오국으로 더불어 구화훈지라 오장 랍덕긔가 쇽히 헌법을 폐홈으로 핍박후여 이에 다른 일을 의론후라 후거늘(젼왕이일쳔팔빅亽십칠년으로임의헌법을펴서뎨륙절에나타나다)왕이 의연히 가라대

장군이 이로써 서로 협박후는 쟈는 내가 비록 쳔빅 번 왕의 관으로써 싸훌지라도 쏘한 亽양훌바 안이니 내 부왕이 임의 이로 내 빅셩에게 밍셔후신

오십亽

지라 부왕의 밍셔훈 말이 곳 내게 밍셔후신 말이라 장군이 곳 싸호고자 후나냐 살국이 비록 적으나 내가 팔을 쩔쳐 한 번 불러 우리 로약을 모아 싸훌 시량을 싸매 벌과 개미도 독이잇는지라 쟝군이 감히 슈빅만 살덕니아 인민을 취후여 한 닭을 묵기와 그티 일으겟누뇨 내가 이로 죽는것이 영화됨이 클지니 장군아 우리 집에 죽은 왕이 잇고 황복후는 왕은 업누니

장군은 그 싱각홀지어다

오호라 큰 도젹이 디경을 진압ᄒᆞ여 창이홈이 만목ᄒᆞᆫ 남어지에 감히 결단코 범의 슈염을 쓸며 붕됴의 날개를 썰쳐 한 몸으로 희싱이되고 국민의 권리의 보장이 되는지라 왕의 왕이 됨을 가히 볼지니 이에 이를어 온 의틱리에 예망이 다 살뎍니아 왕의 한 몸에 모히매 가부어가 졈졈 영웅이 용무홀 짜이 잇더라

마시니의 무리가 살에잇는쟈 젼 왕 아이발이 한 번 패ᄒᆞ여 좔긔ᄒᆞ고 그 업을 시죵치 못홈을 분히 ᄒᆞᆫ지라 나파륜 판악ᄒᆞᆫ 일홈으로 더ᄒᆞ여 그 아들이 위를 잇지 못ᄒᆞ리라 ᄒᆞ고 이에 니란을 지츳 일으켜 지나아를 앗어셔 웅거ᄒᆞ여 공화 정치를 젼니 마시니는 실상 억강홈을 잡는 사람이니 그 쥬의를 직힘을 빼지 못홀 쟈라 비록 그러ᄒᆞ나 하놀이 임의 공화 정치로 의태리를 졍치 안이ᄒᆞ사 다시 박멸을 입게ᄒᆞ시니 마시니이 후로는 부득불 졍계에 숨을

오십오

지로다

영마로의 위에 올으매 곳 달지격이아를 들어 총리 대신으로 삼는지라 달씨가 방쟝 젼왕을 젼 도젹에게 뺄아 상ᄒᆞᆫ 곳이 오히려 낫지 못ᄒᆞ나 나라를 사랑ᄒᆞ는고로 병을 알으며 명을 응죵ᄒᆞ더라 때에 가부어로 말ᄒᆞ는 쟈가 잇거놀 왕이 가라대 안이라 이제 오히려 그 때가 안이라 ᄒᆞ니 대개 오란의 졍ᄒᆞ지 못홈으로써 홈이라 달씨가 니각을 죠직ᄒᆞ고 상덕괴사로 농상 무 대신을 삼으니 상씨는 가부어의 졍우라 젼에 이 한가지로 보관을 창셜ᄒᆞ던 사람이라 일쳔 팔빅 오십년에 상씨가 졸ᄒᆞ거놀 달씨가 이에 가부어를 들어 그 임직을 이으니 그러나 달씨는 오히려 족ᄒᆞ지 못ᄒᆞ여 두해를 지나(일쳔팔빅오십이년)맛춤내 병을 의탁ᄒᆞ고 히골을 빌며 가부어를 쳔거ᄒᆞ여 ᄌᆞ긔를 디임케ᄒᆞ는지라 이에 가부어가 드디어 살뎍니아 지상이 되니 오호라 현왕이 잇지 안이ᄒᆞ면 긔이ᄒᆞᆫ 지조를 능히 쓰지 못ᄒᆞ며 명상이 잇지 안이ᄒᆞ면 능히

어진 이에게 길을 ᄉᆞ양치 못ᄒᆞᄂᆞ니 달지격이아는 ᄯᅩ한 인걸이로다

뎨십일졀 가부어가 ᄂᆡ졍을 ᄀᆡ혁ᄒᆞᆷ

가부어가 임의 졍승 되매 군신이 일심ᄒᆞ여 ᄀᆡ혁ᄒᆞᆷ을 ᄲᆞᆯ리 ᄒᆞ니 그 ᄀᆡ혁을 엇지 ᄒᆞᄂᆞ뇨 가부어 가라ᄃᆡ 강국이 되고자 ᄒᆞ면 반ᄃᆞᆺ이 몬저 부민을 ᄒᆞᆯ지라 이에 뎨일은 식산과 흥업을 장려ᄒᆞ여 ᄌᆞ유와 무역의 졍칙을 치용ᄒᆞᆷ이니(곳

오십륙

각항구의출립ᄒᆞ는셰금을면ᄒᆞ는졍칙)이는 저가 영국에 유람ᄒᆞᆯᄯᆡ에 가포뎡에게 바다서(영국의일홈난션비니ᄌᆞ유무역ᄒᆞ는졍칙을쥬장ᄒᆞ여의원에서셜젼ᄒᆞ다가맛참내그ᄯᅳᆺ을달ᄒᆞᆫ쟈라)감화ᄒᆞᆫ 쟈라 뎨이는 젼국에 철로를 ᄀᆡ통ᄒᆞ여 영 법 비리시 등국으로 더불어 통상 죠약을 체결ᄒᆞ니 대개 십륙년즁에 농ᄉᆞᄒᆞ는데 숨어 비포ᄒᆞᆫ 바라 비록 그러나 가부어의 큰 목뎍은 이에 잇지안이ᄒᆞ고 저의 ᄯᅳᆺᄒᆞᆫ 바는 살뎍이아로 ᄒᆞ여금 외국의 간셥ᄒᆞ는 ᄀᆡ반에 벗어나 완젼ᄒᆞᆫ 한 독립국이 되는ᄃᆡ 잇으며 저의 ᄯᅳᆺᄒᆞᆫ 바는 살뎍니아로 온 의태리에 모든 적은 나라로 련합ᄒᆞ여 우리 조국을 환위ᄒᆞ며 유럽 여러 강국의 사이에 동등케 ᄒᆞᆷ이 잇는지라 이에 그 뎨삼의 나타남은 부득불 급히 군비를 확장ᄒᆞᆷ에 군ᄉᆞ를 세알여 몬저 군항을 예산 ᄒᆞᆯ것이요 이에 그·뎨ᄉᆞ에 나타남은 부득불 증셰ᄒᆞᆷ을 의론ᄒᆞᆯ지니 저 최이ᄒᆞᆫ 적은 나라로 피폐ᄒᆞᆫ 후를 이엇으니 중셰 ᄒᆞ는 것이 실로 한 지극히 어려은 문뎨라 가부어의 처음 ᄂᆡ각에 들어오매 국즁에서 뎍시 ᄒᆞ는 쟈가 진실로 적지 안이ᄒᆞᆫ지라 그러나 저 창ᄌᆞ의 가득ᄒᆞᆫ ᄋᆡ국열심이 면목에 나타나 사람을 부지불각간에 감동ᄒᆞᆷ이 잇는지라 반ᄃᆡᄒᆞ던 쟈로 ᄒᆞ여금 다 동졍을 표ᄒᆞ더라 저가 종신ᄒᆞ도록 다시 안ᄒᆡ를 취ᄒᆞ지 안이ᄒᆞ고 가라대 의태리는 나의 사랑ᄒᆞ는 안ᄒᆡ라 ᄒᆞ고 저가 집안 사람의 ᄉᆡᆼ산과 작업을 다ᄉᆞ리지 안이ᄒᆞ며 가라대 의태리는 나의집 고간이라 ᄒᆞᄂᆞ니 이런고로

오십칠

지셩이 사람을 감동ᄒᆞ여 국민이 다 그 싱명으로 회싱이 되어 상공의 비포ᄒᆞ는ᄃᆡ 공궤ᄒᆞ기를 원ᄒᆞ는지라 그런고로 비록 원긔가 소셩치 못ᄒᆞ여 창이홈이 눈에 가득ᄒᆞᆫ ᄌᆞ음이라도 증명ᄒᆞ고 증셰ᄒᆞ는 의론이 털 ᄭᅳᆺ 만치도 막힘이 업시 의회를 통ᄒᆞ여 지낸지라 오호라 큰 졍치가에 가히 빅셩에게 신의를 맺지 안이ᄒᆞ지 못ᄒᆞᆯ것이 이 ᄀᆞᄐᆞᆫ지라 이에 그 십륙년의 날지못ᄒᆞ고 ᄯᅩᄒᆞᆫ 울지 못ᄒᆞ던 쟈가 졍히 오날 한 번 날매 하늘에 다ᄋᆞ며 한 번 울매 사람을 놀내는 것을 알겟도다

그 뎨오는 긔혁의 나타냄이니 곳 빅셩에게 언론ᄒᆞ는 ᄌᆞ유와 집회ᄒᆞ는 ᄌᆞ유와 츌판ᄒᆞ는 ᄌᆞ유로 주며 일졀 긔회ᄒᆞ는 일을 견졔ᄒᆞ여 텬하로 더불어 곳치기를 비롯ᄒᆞ는지라 이에 모든 사람이 반ᄃᆞᆺ이 깃부게 감복ᄒᆞ고 빅셩의 지혜가 크게 나아가나 비록 그러나 그 뎨륙에 일은 가부어가 닉치ᄒᆞ는ᄃᆡ 뎨일 위란ᄒᆞᆫ 문뎨니 곳 교인의 치외법권에 안건이라 유롭의 로마 교황이 잇으니 그 즁고에 잇어 온 유롭쥬의 각국 뎨왕이 발 알에 졀ᄒᆞ지 안이ᄒᆞ는 이가 업는지라 그러나 마틘루터의 신교를 창셜ᄒᆞᆫ 이후에 그 권혁 범위가 날로 싹겻으나 그러나 의태리는 곳 로마교황의 도읍ᄒᆞᆫ 바라 고로 그 위엄이 오히려 혁혁ᄒᆞ여 쇠ᄒᆞ지 안이ᄒᆞᆫ지라 살뎍니아 인민이 오즉 국왕에게 다ᄉᆞ림을 밧지 안이ᄒᆞ고 ᄯᅩ한 교황에게 신하와 죵이 된지라 이에 소위 교ᄉᆞ 교민이 죠뎡의

오십팔

한 특권이 잇어 국즁에 횡힝ᄒᆞ되 누가 엇지 ᄒᆞ지 못ᄒᆞ는지라 범죄ᄒᆞᆫ 쟈가 잇으면 졍부에서 벌을 쓰지 못ᄒᆞ고 별로히 교황의 치하로 말미암아 법뎡에 직판ᄒᆞ니 이에 십수만 명의 인민이 치외법권 알에 선지라 가부어 가라대 국민이 일치ᄒᆞ지 못ᄒᆞ면 안에서 졍무를 능히 베풀지 못ᄒᆞ고 박으로 능히 국권을 ᄯᅥᆯ치지 못ᄒᆞ여 한 국즁에 두쥬권이 잇으면 곳 국민이 맛춤내 일치ᄒᆞ지

못홀지라 이에 굿세히 기혁ᄒᆞ는 안건을 뎨츌ᄒᆞ여 교회의 특권을 박탈ᄒᆞ고 일톄히 ᄇᆡᆨ셩들로 더불어 등별이 업게 ᄒᆞ는지라 그러나 당시 교회의 세력으로 인민의 미혹홈을 도아 의론이 벌 ᄀᆞ티 일어나는지라 가부어 한 몸이 ᄉᆞ면의 쵸나과 노래 속에 ᄲᅡ젓으니 ᄯᅢ의 가부어가 살왕에게 관즁이 제환공에게 ᄀᆞ튼지라 비록 그러나 왕태후와 왕후는 다 교에 미혹홈이 가장 기퍼 강ᄒᆞ게 왕의 겨테 서 식글어이 ᄒᆞ며 ᄯᅩ ᄭᅮ짓고 ᄯᅩ 권ᄒᆞ여 티후는 지극히 왕을핍박ᄒᆞ되 가부어로 만일 죵시 곳치지 안이ᄒᆞ면 장ᄎᆞ 왕의 졍ᄉᆞ를 간셥ᄒᆞ리니 상뎨를 위ᄒᆞ여 이 마귀 도젹을 졔ᄒᆞ리라 ᄒᆞ니 왕은 순효ᄒᆞᆫ 사람이라 이 좌우량단ᄒᆞᆫ 사이에 쳐ᄒᆞ여 일ᄇᆡᆨ 쐬로 막고 머추매 지혜와 용밍이 한가지로 곤ᄒᆞ여 졀식ᄒᆞᆫ지 여러 날이라 가부어는 국가 대국에 안위가 매인바요 압길에 영화롭고 쇠홈이 관계된 바로 반복ᄒᆞ여 베풀어 말ᄒᆞ니 왕의 ᄯᅳᆺ이 맛참내 결졍ᄒᆞ고 이에 굿세히 가라대내가 비록 사람의 아들이나 오히려 나라 인

오십구

군이니 국왕의 의무를 내가 가히 다ᄒᆞ지 안이치 안이홀지라 ᄒᆞ고 드듸여 가부어를 물리치지 안이ᄒᆞ니 이 안건이 맛참내 힘써 힝ᄒᆞᆫ지라 슬프다 가부어가 비록 일ᄇᆡᆨ 번 ᄭᅥᆨ허도 흔들리지 안이ᄒᆞ는 영웅이로되 영명과 단ᄒᆞᆫ 인군 영마로의 ᄀᆞ튼 이를 맛나지 못ᄒᆞ엿으면 ᄯᅩ한 엇지 셩공ᄒᆞᆫ 일홈을 후셰에 어녓으리로 이에 이믈어 살딕니아의 ᄂᆡ치홈이 일졀 ᄎᆔ셔가 되어 침침히 신긔ᄒᆞᆫ 긔마가 규유에 나고 밍렬ᄒᆞᆫ 매가 젹간에 벗어난 ᄯᅳᆺ이 잇더라

뎨십이졀 가부어 외교 졍칙 뎨일단(격리미아의력ᄉᆞ)

가부어는 십구셰긔 유롭의 외교 가운듸 뎨일 류라 저가 십여년 젼으로 부터 곳 지혜로은 눈으로 유롭 대셰를 살펴 보아 오날 쵀이ᄒᆞᆫ 적은 나라에 통일ᄒᆞᆫ 큰 업을 알외고자 ᄒᆞ매 그 형셰가 부득불 외교를 빙쟈 홀지라 그런고로 각국에 류람홀ᄯᅢ에 곳 잇는듸에서 ᄯᅳᆺ을 두고 비포ᄒᆞᆫ바가 잇어 이에 이믈어 살뎍니아 의 일ᄇᆡᆨ 졍ᄉᆞ가 닥가 밝고 나라 진보홈이 날로 증증ᄒᆞ여 모든 나라

가 시긔ᄒᆞ는 눈으로 흘겨보는지라 당시에 온 유롭에 젼졔ᄒᆞ는 물결이 더욱 노픈 졈수에 달ᄒᆞ여 보 오 등국이 살뎍니아의 ᄀᆡ혁됨을 리로히 안이 ᄒᆞ는지라 간셥ᄒᆞᆫ다 빙쟈ᄒᆞ고 압졔코자 ᄒᆞ여살왕에게 가라대 왕은 그 세 번 ᄉᆡᆼ각ᄒᆞ라 민권이 흥ᄒᆞ면 국권이 망ᄒᆞᄂᆞ니 ᄀᆡ혁을 ᄆᆡᆼ렬ᄒᆞ게 극히 ᄒᆞ는것이 나라의 복이 안이라 왕은 엇지 의ᄐᆡ리에 다른 나라 졍칙을 본바다 그 ᄇᆡᆨ셩을 방

륙십

한치 안이ᄒᆞᄂᆞ뇨 왕이 가라대 삼가 샤례ᄒᆞᄂᆞ니 나는 나의 뜻ᄒᆞ고자 ᄒᆞᆷ으로 ᄒᆡᆼᄒᆞ노라 이는 진실로 뢰락ᄒᆞᆫ ᄃᆡ답이라 비록 그러ᄒᆞ나 ᄯᅩ한 위험ᄒᆞᆫ ᄃᆡ답이로다 토이긔와 희랍 ᄀᆞ튼 나라들은 다 다른 나라들의 츙고ᄒᆞᆷ을 밧지 안이ᄒᆞ고 맛춤내 간셥ᄒᆞᆷ을 무릅써어 국난을 ᄉᆡᆼᄒᆞ엿으니 이는 머지안이ᄒᆞᆫ 압수레의 경계니 가부어 그ᄋᆡᆨ히 ᄭᅬᄒᆞᆯ지라 오날 내 힘이 가늘고 박ᄒᆞᆷ이 이 ᄀᆞ트며 압졔ᄒᆞ는 힘의 강대ᄒᆞᆷ이 저 틈으로 본국의 독립을 유지ᄒᆞ기 도모ᄒᆞᆷ이 오히려 알알히 그 어렵거든 하믈며 이에 진취ᄒᆞ여 즁원을 도모ᄒᆞᆯ쟈리오 그런즉 이 목뎍을 달ᄒᆞ고자 ᄒᆞᆯ진ᄃᆡ 불가불 유롭의 한 두 웅ᄒᆞᆫ 나라에 구원을 빌어야 ᄒᆞᆯ지니 그 머리로 쥬의ᄒᆞᆫ 쟈는 즉 영국이니 영국은 가장 ᄌᆞ유를 사랑ᄒᆞ는 나라요 가부어의 오래 노든 ᄯᅡ이라 그 ᄉᆞ대부의 현쟈를 만히 사괴어 아는지라 마시니 오래 이 ᄯᅡ에 손 노릇ᄒᆞ매 여러 번 각 신보 즁에 의론을 져슐ᄒᆞ여 의태리 나라 졍형을 의론ᄒᆞ엿으니 영웅이 기피 감졍을 한 가지 ᄒᆞ는지라 이 가히 나라로 더불어 한쟈가 일이요 그 법국에 잇어 로이나파륜의 새로 졍부를 어더 야만ᄒᆞᆫ 마음이 발발ᄒᆞ여 은연히 가살극에 진보코자 ᄒᆞ나 (나파륜뎨일의난ᄯᅡ이라)늙은 영웅의 후진이라 가부어 그 반듯이 오국으로 더불어 틈이 쟝ᄎᆞ 잇음을 살피고 내가 그를 리용ᄒᆞ여 우리 나라 원슈를 갑고 나의 큰 업을 달ᄒᆞ는 것이 가히 나라로 더불어 ᄒᆞᆯ쟈가 둘재라 대개 동으로

룩십일

련ᄒᆞ고 북으로 막는 지략을 가부어가 몸으로 가는 시ᄃᆡ에 온축ᄒᆞᆫ 쟈가 임의 십여년이라 이에 이를어 졈졈 실시ᄒᆞᆯ 긔회가 되더라

과연 하늘이 의태리를 도으사 가부어가 졍승된 두 해가 남아셔 격리미아 젼쟁이 일어나니 몬저 로이나파륜이 ᄲᅩᆸ혀 임의 법국 대통령이 되어 화심을 품엇더니 얼마 못되어 곳 국회를 짓밟고 몸과 다른 쟈를 ᄶᅩᄎᆞ며 드ᄃᆡ어 인군의 위를 ᄲᅢ앗아 나파륜 뎨삼이라 일ᄏᆞᆯ엇으니 ᄯᅢ는 넉넉히 아라사 황뎨 이고자 뎨일이라 ᄯᅩ한 비상ᄒᆞᆫ 먼 지략을 품어 큰 피득뎨의 ᄯᅳᆺ을 잇기를 ᄉᆡᆼ각ᄒᆞ고 우쥬 안을 자리 건듯키ᄒᆞ여 날과 밤에 토이긔를 ᄒᆞᆯ겨 보아 긔틀을 ᄶᅡᆸ아 남으로 나리려ᄒᆞᆯ새 나파륜이 알고 가라대 내가 새로 인군 위에 올으매 국민이 심복지 못ᄒᆞ엿으니 위엄을 디경박게 ᄯᅥᆯ쳐 큰 군ᄉᆞ로 림ᄒᆞ지 안이ᄒᆞ면 가히 ᄯᅳᆺ을 엇지 못ᄒᆞᆯ지라 ᄯᅩ한 영국은 아국의 ᄃᆡ덕ᄒᆞ는 나라라 내가 만일 싸홈을 도다 합ᄒᆞ여 아국을 치면 유롭의 반듯이 큰 란리가 일어날지니 내가 그긔틀을 타면 곳 빅부로라 황의 큰 업을 가히 다시 볼지라ᄒᆞ고 이에 가만이 영국과 토국을 톄결ᄒᆞ여 ᄯᅢ를 기ᄃᆞ릴새 이에 몬저 틈을 내어 셩인의 무덤을 보호ᄒᆞᆫ다 일ᄏᆞᆷᄒᆞ고 토이긔를 향ᄒᆞ여 례루살렘 ᄯᅡ를 차즈니(예수의무덤잇는ᄯᅡ이라)아황이 듯고 ᄯᅩ한 특별ᄒᆞᆫ 권을 토국에 요구ᄒᆞ니 대범 토국 가운ᄃᆡ 희랍교를 좃는 인민은 다 아라사 치하의 돌아가니 아국과 법국에 교

룩십이

권리의 다롬이 실로 격리미아 젼쟁에 근원ᄒᆞ엿더라 아황은 다른 사람 몬저 발ᄒᆞ고자 ᄒᆞ는 사람이라 문득 군ᄉᆞ 십오만을 발ᄒᆞ여 토국 디경에 진압ᄒᆞ거놀 토인이 법국에 급ᄒᆞᆷ을 구ᄒᆞ니 법국이 이에 영국을 달내어 서로 일을 좃차ᄒᆞ니 영국이 아국의 남으로 옴을 미어 ᄒᆞ는지라 ᄯᅩ한 왜타로 뒤로부터 ᄉᆞ십년에 싸홈 일이 업서 인심이 동ᄒᆞ기를 ᄉᆡᆼ각ᄒᆞ는지라 이에 토 영 법 세

나라 연합훈 군ᄉᆞ가 아국을 항거ᄒᆞ여 격리미아의 큰 전장을 여니 곳 일쳔 팔빅 오십 ᄉᆞ년 삼월이라
가부어 가라대 이는 쳔직에 일시 긔회라 유롭바 온 ᄶᅡ 사람으로 ᄒᆞ여금 우리 살덕니아 나라가 잇는 것을 알게홈이 장ᄎᆞ 오날에 잇으며 빅년의 원슈를 갑파 아페 한 몽치로 강훈 오국에 더훌 것도 쟝ᄎᆞ 오날에 잇다 ᄒᆞ고 이에 토 법 영 삼국에 밍셔를 더하여 아국을 항거홀 의론 안건을 나라 모임에 써서 내니 비록 그러ᄒᆞ나 큰 붕됴가 남으로 날기를 도모ᄒᆞ매 적은 법새가 웃고 양츈에 힌 눈을 파촉 사람이 웃는지라 국회가 ᄯᅥ들어 덕을 세아리지 못ᄒᆞ여 힘을 세아리지 못ᄒᆞ고 엇지 이 ᄀᆞ티 ᄒᆞ리오 ᄒᆞ거놀 가부어 앙연히 가라대
졔군졔군아 졔군이 의태리 젼국의 압 길을 ᄉᆡᆼ각ᄒᆞ지 안이ᄒᆞᄂᆞ뇨 이제 아라사 사람이 익이면 곳 칸스탄트노퓸의 함락홈을 기ᄃᆞ리지 안이ᄒᆞ고 달달

륙십삼

리ᄉᆞ와 타ᄉᆞ불랍이 임의 아라사 사람의 손에 들어 디즁히의 큰 권이 길이 아국에 잇을지니 졔군이 엇지 능히 겨테서 보겟ᄂᆞ냐 ᄯᅩ한 우리 살덕니아가 엇지 가히 망령도이 스ᄉᆞ로 비박히 ᄒᆞ기를 심히 ᄒᆞ리오 스ᄉᆞ로 즁히 ᄒᆞ는 자는 사람이 ᄒᆞᆼ상 공경ᄒᆞ고 스ᄉᆞ로 경히 ᄒᆞ는 쟈는 사람이 ᄒᆞᆼ상 업시역이ᄂᆞ니 이졔 히륙 군ᄉᆞ의 졔도가 임의 크게 뎡ᄒᆞ엿으니 각국으로 더불어 합ᄒᆞ여 범과 시랑을 ᄶᅵᆨ거 쏫고 한 번 들어 쳔년에 굴훈 욕의 더러은 일홈을 씻을것이 졍히 오날에 잇도다
슬프다 호걸아 직히기는 쳐ᄌᆞ ᄀᆞ티ᄒᆞ고 ᄯᅱ어 나기는 닷는 톡기 ᄀᆞ티 홀지니 십여년릭의 온 나라 호걸이 바람 일듯 물 솟듯 ᄒᆞ는 ᄯᅢ에 버레 ᄀᆞ티 업듸어서 한 일도 ᄒᆞ는바가 업스면 텬하의 디극히 겁홈이 누가 이에 지나며 일죠에 밝은 눈으로 큰 탄을 보아 파ᄒᆞ고 가히 잡을만훈 긔회를 맛나면 곳 급히 일어나 바로 조차서 일치 말게ᄒᆞ여 름연히 한 셰상 디덕을 당ᄒᆞ여 무

서은 바가 업스면 텬하의 큰 용밍이 ᄯᅩ 누가 이에 지나리오 ᄒᆞ나 당시에 국회는 임의 쥬져ᄒᆞ여 감히 결단치 못ᄒᆞ고 졍부에 모든 동료도 ᄯᅩ한 한 사람도 저로 더불어 ᄯᅳᆺ이 한가진 쟈 업서 분분히 벼술을 ᄉᆞ양ᄒᆞ고 가는지라 가부어가 굴ᄒᆞ지 안이ᄒᆞ며 흔들리지 안이홈으로 살왕에게 쳥ᄒᆞ여 한 몸으로 각부 대신의 직칙을 다 겸ᄒᆞ여 여러 의론을 누르고 그 ᄯᅳᆺ을 힝ᄒᆞ여 곳 이만

륙십ᄉᆞ

오텬의 큰 군ᄉᆞ를 발ᄒᆞ여 흑히에 나가다 대군이 임의 힝ᄒᆞ매 가부어 슈단의 활발홈이 더옥 가히 놀낼것이 잇는지라 저가 곳 죵용히 젼에 직상 달지경리아로 한가지 살왕을 모시고 영 법 두 나라에 놀아 지날새 영황 역다리아가 비상ᄒᆞᆫ 졍셩으로 저들을 깃부게 마자 사람ᄃᆞ려 가라대 영마로애는 참 한 셰상에 장슈지조라 ᄒᆞ고 론돈 시장은 ᄯᅩ한 시즁의 빅셩들을 거ᄂᆞ려 가장 셩ᄒᆞᆫ 거동으로 살왕을 잔치ᄒᆞ여 ᄃᆡ졉ᄒᆞ더라 그 법국에 일으매 나파륜 뎨삼과 그 황후가 다 친절ᄒᆞ고 간측ᄒᆞ게 서로 졉ᄃᆡᄒᆞ여 이르는 곳 마다 의 법 두 나라 국긔를 합ᄒᆞ여 세우고 한가지 졍을 표ᄒᆞ는지라 ᄯᅢ에 의태리 혁명당의 령수 면령이 방장 법국 서울에 잇더니 젼에 가부어가 여러 번 불러 한가지로 일을 ᄒᆞ려ᄒᆞ되 즐겨 나아가지 안이ᄒᆞ던 쟈라 이에 이를어는 나라 긔를 사고여 세움을 보고 극히 늣겨 울고 가부어의 졍칙이 과연 족히 이 나라를 구원홀줄로 미더 이에와서 왕과 두 졍승에게 뵈고 가라대 우리는 일즉 공화 의론을 가진 쟈라 비록 그러나 이 의론을 가진 목뎍은 의태리 를 통일 ᄒᆞ는ᄃᆡ 잇더니 이제 임의 보매 우리가 다시 엇지 슬허ᄒᆞ리오 쳥컨ᄃᆡ 글을 마시니에게 보내어 이제 후로는 다시 공등과 더불어 ᄃᆡ뎍홈이 업게 홀지라 ᄒᆞ더라 이제 이르러 가부어의 솜씨를 온 나라에서 더옥 한가지 아는바가 되엿더라

륙십오

뎨십삼절 가부어의 교경칙 뎨이단(파려회의)

격리미아의 싸홈에 아라사 군ᄉᆞ가 드듸여 패ᄒᆞ엿는지라 이 력ᄉᆞ에 영 법의 곡이 비록 노프나 의태리 장속 마마랍의 싸홈 잘ᄒᆞᆫ 위명이 ᄯᅩ한 문득 유롭 디경에 굉장ᄒᆞᆫ지라 아황이 패홈을 듯고 분ᄒᆞ여 죽거늘 렬국이 이에 회의를 파려에 열고 뒤에 맛당히 잘홀 일을 의론ᄒᆞ니 이는 진실로 가부어의 일싱에 가장 큰 춤추는 ᄃᆡ라 ᄯᅢ에 법뎨 나파륜이 밍셔쥬장이 되고 영 아 보 오토의 모든 나라 ᄉᆞ신이 다 모혓으매 가부어가 이에 친히 젼권ᄒᆞᆫ 직임을 당ᄒᆞ여 이 모임에 참예ᄒᆞ니 방장 팔을 들치고 손목을 잡아 의론을 열기를 기ᄃᆞ리더니 오국 ᄉᆞ신이 믄득 말을 굿세히 가라대 살뎍니아는 반튼인군의 나라니 그 ᄉᆞ신이 회의ᄒᆞ는 동렬에 참예홀 ᄌᆞ격이 업다ᄒᆞ니 이는 ᄯᅳᆺ 박게 일이안이라 ᄯᅳᆺ 안에 일이라 살뎍니이의 영 법에 밍셔를 참예홈은 졍히 갠 하늘에 한 벽력이 오국 사람의 머리 우에 소리 남과 ᄀᆞᆺ튼지라 그 ᄯᅳᆺ이 어ᄃᆡ 잇ᄂᆞ뇨 오인이 알고 법인도 알며 곳 유롭 여러 나라가 ᄯᅩ한 누가 아지못ᄒᆞ리오 그런즉 오날 오국 ᄉᆞ신의 항거ᄒᆞ는 의론을 가부어가 일즉 익히 ᄶᅬᄒᆞ고 거살려 세아림이라 이에 이를어 젼에 살왕이 영 법에 놂이 묘ᄒᆞᆫ ᄶᅬ가 잇는 것을 알지라 저가 샹죵홀ᄯᅢ에 일즉 임의 나파륜으로 더불어 말을 일움이 잇는지라 이에 나파륜이 의장의 힘으로 바로 오국 ᄉᆞ신의 의론을 빅쳑ᄒᆞ고 의국

륙십륙

의 젼권 ᄉᆞ신으로 명ᄒᆞ여 한 자리를 어더 참예ᄒᆞ엿으나 의론을 열 시작에 당ᄒᆞ여 가부어가 묵묵히 한 말도 발ᄒᆞ지 안이ᄒᆞ고 의론 ᄒᆞ는 안건이 더옥 더옥이 나아가는ᄃᆡ 가부어는 유유 락락ᄒᆞ여 ᄯᅢ로 한 두어 긔이ᄒᆞ고 일ᄶᅢ우는 말을 ᄒᆞ여 사람으로 ᄒᆞ여금 이 가운ᄃᆡ 한 인물이 잇는것을 알게홀 ᄯᅡ름이요 그 큰 ᄶᅬ에 관계ᄒᆞᆫ 쟈는 맛ᄎᆞᆷ내 이 박게 밋치지 안이ᄒᆞ는지라 슬프고

슬프다 큰 지혜나 미련홈과 ᄀᆞᄐᆞ니 가부어가 그 과연 미련ᄒᆞᆫ 옛 보황 유렴이 일즉 사람에게 말ᄒᆞ여 가라ᄃᆡ 가부어는 혁명ᄒᆞ는 인지가 안이요 가부어는 과연 혁명ᄒᆞ는 인지가 안이라 가부어는 진실로 ᄆᆡᆼ렬홈이 범과 ᄀᆞᆺ고 폭력홈이 화약과 ᄀᆞᄐᆞᆫ 사람이라 ᄒᆞ니 과연 ᄒᆞ도다 회의가 장ᄎᆞ 마치매 그 골작이 바람이 한 번 휘 바람ᄒᆞ매 일ᄇᆡᆨ 즘싱이 ᄯᅥᆯ며 두려어ᄒᆞ는 긔상이 이에 크게 나타나 발ᄒᆞ도다 가부어가 임의 회의ᄒᆞ는 즈음에 렬국 ᄉᆞ신으로 더불어 사괴매 내가 ᄡᅳᆯ는 졍셩이 굴ᄒᆞ지 안이 ᄒᆞ는 인물로 알며 망ᄒᆞ게 된 나라에 한 큰 졍치가가 됨을 알게ᄒᆞ엿고 의론ᄒᆞ는 안건이 장ᄎᆞ 맛침에 밋쳐는 이에 의장에게 쳥ᄒᆞ여(의장은 법국 외무대신 화리ᄉᆞ기라)가라대 원컨ᄃᆡ 내 나라 의태리 사람을 위ᄒᆞ여 한 말을 발ᄒᆞ겟노라ᄒᆞᆫᄃᆡ 의쟝이 허락ᄒᆞ는지라 오국 ᄉᆞ신이 비록 분ᄒᆞ고 분ᄒᆞ나 엇지 ᄒᆞᆯ수 업는지라 가부어 이에 하수 물을 달아 ᄊᆞᆺ는듯ᄒᆞᆫ 웅ᄒᆞᆫ 구변으로 쳔쳔히 ᄯᅥᆯ쳐 누십년리의 의태리 력ᄉᆞ를 력력히 펴니

륙십칠

그 대략에 일럿으되 우리 나라 ᄇᆡᆨ셩이 갓가은 해로써 오매 폭동ᄒᆞ고 ᄯᅩ 폭동ᄒᆞ며 혁명ᄒᆞ고 ᄯᅩ 혁명ᄒᆞ여 한갓 ᄉᆡᆼ민으로 ᄒᆞ여금 도탄케ᄒᆞ여 일ᄇᆡᆨ 가지 ᄉᆞ무가 황양케ᄒᆞ니 이는 진실노 혁명가의 죄라 내가 능히 내 나라 ᄇᆡᆨ셩을 위ᄒᆞ여 휘ᄒᆞ지못ᄒᆞᆯ 쟈라 비록 그러나 나아가 ᄂᆡ부에 권셰를 쥬장ᄒᆞ는 쟈가 강포ᄒᆞ고 압졔억지ᄒᆞ는 형상을 보매 그 ᄆᆡᆼ호 ᄀᆞᄐᆞᆫ ᄶᅡ다러은 졍ᄉᆞ 알에 ᄉᆡᆼ활ᄒᆞ는 쟈가 진실로 ᄯᅩ한 가련ᄒᆞᆫ지라 ᄇᆡᆨ셩이 누가 살기를 조하ᄒᆞ고 죽기를 미어안이ᄒᆞ며 평안홈을 조하ᄒᆞ고 위란홈을 미어안이ᄒᆞ며 이에 ᄇᆡᆨ쳔만의 머리골과 혈륙을 저달게 고히를 메어 뉘웃치지 안이ᄒᆞ는 쟈리오 이는 반듯이 이 ᄇᆡᆨ셩에게만 허물을 오릇이 ᄒᆞᆯ것이 안이라 ᄒᆞ며 이에 나아가 의태리 렬국의 ᄶᅡ다럽고 포학ᄒᆞ며 참혹ᄒᆞ고 억졔ᄒᆞ는 졍형과 인민의 신음ᄒᆞ고 호쇼ᄒᆞ는 상틔를 ᄡᅥᆸ앗으니 온 좌셕에 듯는쟈가 다 위ᄒᆞ여 얼골을 갈리고 쳬읍ᄒᆞ는지라 드ᄃᆡ어 모든 큰 나라 ᄉᆞ신을 쳥ᄒᆞ여 한가지 한 공함으로 이포ᄉᆞ 왕 불득남

에게와 모든 달은 나라에 츙고ᄒᆞ여 곳쳐 변혁ᄒᆞ게 ᄒᆞ는지라 연셜이 장ᄎᆞ 마치매 이에 더옥 곳 가운ᄃᆡ 구든것을 쑤다려 오국 ᄉᆞ신을 흘겨보며 소ᄅᆡ를 가다듬어 가라대

내가 긔술ᄒᆞᆫ바 죵죵 참혹ᄒᆞᆫ 형상의 근원이 어ᄃᆡ잇ᄂᆞ냐 곳 오대리라 오대리는 나의 텰쇄오 ᄌᆞ유의 도뎍이오 독립의 원슈라 오대리는 진실로 한 큰

륙십팔

마귀니 나의 ᄃᆡ표ᄒᆞᆫ바 력ᄉᆞ도 잇고 명예도 잇는 의태리 젼국에 ᄌᆞ유ᄒᆞ는 빅셩의 버레와 도뎍이 되도다

슬프고 슬프다 이 엇더ᄒᆞᆫ 말이뇨 이는 진실로 오대리에 ᄃᆡᄒᆞ여 싸홀 글을 베풀어 나려 말ᄒᆞ는것 ᄲᅮᆫ 안이라 실상 이 시골 한 늙은 농부가 그 한 몸 가운ᄃᆡ 담이 얼마가 잇어 이에 감히 일만 산 가운ᄃᆡ 의향ᄒᆞ여 ᄆᆡᆼ호의 슈염을 잡을줄을 아지 못ᄒᆞ엿는지라 당시에 오국 ᄉᆞ신은 눈이 둥굴ᄒᆞ여 들치지 못ᄒᆞ고 얼골이 셩나서 여러 번 변ᄒᆞ여 이에 다시 의론을 황거ᄒᆞ여 가라대 이것이 나라 교제의 말이 안이니 쳥ᄒᆞ건ᄃᆡ 의쟝은 금지ᄒᆞ라ᄒᆞ나 비록 그러나 온 좌셕에 모든 ᄉᆞ신이 임의 가부어의 지셩 ᄆᆡᆼ렬홈으로 가장 감동ᄒᆞᆫ 바가 된지라 한 사람도 오국 ᄉᆞ신에게 한 가진 쯧을 표ᄒᆞ는이가 업고 오즉 서로 더불어 놀나며 탄식ᄒᆞ여 마음과 입으로 서로 말ᄒᆞ여 가라대 쯧 안이ᄒᆞᆫ 아초ᄉᆞ 산 알에 한 적은 나라에 이에 이럿틋ᄒᆞᆫ 인지가 잇도다 슬프다 ᄆᆡᆼ호가 산에 잇으매 아옥 나물을 캐지 못ᄒᆞᆫ다 ᄒᆞ니 진실로 사람이 잇으면 엇지 적다고 일으리로 군ᄌᆞ가 가부어젼을 읽으매 소리가 막히고 눈물을 마시기를 금ᄒᆞ지 못ᄒᆞ여 저의 쳔리 디방으로 사람을 두렵게 ᄒᆞ는 쟈 다시 무슨 면목으로 텬디 간에 설는지 아지 못ᄒᆞ겟도다

뎨십ᄉᆞ졀 가부어 외교 졍칙 뎨삼단(의법밀약)

륙십구

가부어가 파려 회의를 지낸뒤에 셩훈 일홈이 온 유롭에 문득 굉장흐매 의태리 본 젼례 즁의 륜파뎍과 비이스아와 로마와 이포스와 타스아이 모든 싸 인민이 다 분주흐여 살국의 싸홈 익임을 하례흐고 합흐여 대포 일빅문을 주어 살과 오의 디경에 다은 아력샨드리아 포디에 방어 흐기에 이르는지라 가부어가 임의 챵긔흐여 말흐되 오대리는 우리의 공번된 도뎍이라 흐엿으니 그 오국을 디흐여 싸호기를 베풀섇 안이라 임의 싸호기를 베풀엇으니 반둣이 한 가지로 밍셔홈을 구훌지라 영국과 법국이 비록 한 가진 졍을 표흐엿으되 치고 직힐 언약에 이를어는 다 가히 밋지못훌지라 가부어가 쳐음에 나파륜을 뵈임에 당흐여 나파륜이 물어 가라대 내가 장추 무엇으로 그디를 도으리오 흐거놀 가부어가 쳔쳔히 디답흐여 가라대 폐하에게 도음을 구홈이 졍히 만코 만흐니다 비록 그러나 밝히는 말흐지 안이훈지라 저가 엇지 밝히 말을 안이흐엿느뇨 저가 나황이 극히 궤휼흐여 밋지 못홈을 아는지라 그런고로 가라대 법으로 더불어 친홈이 차랄히 영으로 더불어 친홈만 굿지 못흐다흐고 이에 스스로 영국스신 격여령돈후에게 뜻을 통흐여(곳영국서파리회의에패견훈젼권공스라)가라대 우리 나라가 오국으로 더불어 싸홈을 열 것은 맛참내 피치 못훌지니 이로 부터써 가매 혹 오인의 완젼훈 노례국이 되거나 혹 일쳔년의 임의 떨어진 영특훈 일홈을 회복흐던지 두 쟈 가운디 반둣이 한

칠십

아에는 거훌지니 군후는 그 도모흐소서 훈디 격후가 턱으로 디답흐고 돌아가니 비록 그러나 영국은 본릭 보존흐면 직히기로만 나타나는지라 본디 큰 륙디에 모든 강훈 나라로 더불어 경션히 흔단을 내고자 안이흐여 그 왜타로 한 력스와 격리미아한 력스에도 그 본국 힘으로 가서 경영흐는 길을 막기에 지나지 안이흐여 스스로 위흐는 꾀로 싸홈에 나는지라 이제 일죠에 의국

을 도아 오국으로 더불어 원슈 됨이 내 몸에는 실과 털만치도 리가 업고 오국에는 이만치 큰 원망을 삼을 것이 업스니 영인이 ᄒᆞ지안이 홀것이요 더옥 마잠 달 축 포 졔후에 련락ᄒᆞ는 일을 맛나 영과 법이 여긔 안자 틈이 잇으니 영인이 문득 오국으로 더불어 서로 맷는 형셰가 잇는지라 가부어가 부득이 ᄒᆞ여 이에 법국을 연홀 방칙을 결뎡ᄒᆞ여 취ᄒᆞ더라

계회이 익지못ᄒᆞ여 무단히 한 뜻박게 ᄉᆞ변이 일어나니 곳 마시니의 무리가 ᄒᆞᆫ 바라 몬져 마시니의 뎨ᄌᆞ 아셔이란 쟈가 잇어 일즉 미아람의 역ᄉᆞ에 참여ᄒᆞ여 (곳일쳔팔빅ᄉᆞ십팔년혁명의역ᄉᆞ니뎨팔장에보라)싸홈에 공이 잇더니 그 뒤에 영국에 도망ᄒᆞ여 미국 령ᄉᆞ관 상달ᄉᆞ가 의태리 혁명당을 론돈에서 연향ᄒᆞ는ᄃᆡ 당ᄒᆞᆫ지라 아씨가 마시니와 가리발디와 파ᄉᆞ긔 모든 호걸로 더불어 다 좌셕을 버리니 빗나고 빗난 일홈이 영 의의 사이에 잇더니 그 후에 마시니가 남으로 ᄉᆞ을아를 음습ᄒᆞ고 북으로 륜파뎍을 음습ᄒᆞ여 (다일쳔팔빅

칠십일

ᄉᆞ십년이후에일이라) 다 일우지 못ᄒᆞᆫ지라 이에 이를어 다시 감히 죽을 군ᄉᆞ 팔십인을 편집ᄒᆞ여 오국 장교를 허미질 ᄒᆞ듯기 치기로 꾀홀새 아셕이가 비록 참예ᄒᆞ여 그 일을 들엇으나 그러나 유익홈이 업는지라 질겨 서로 좃지 안이ᄒᆞ고 이에 홀로 파리에 가서 나파륜 뎨삼을 질으기를 꾀ᄒᆞ니 때는 일쳔팔빅 오십 팔년이라 나황이 맛츰 그 황후를 잇글고 연극ᄒᆞ는 마당에 가더니 문득 큰 폭발약이 슈레 겨테 터지며 소리가 텬디를 진동ᄒᆞ여 시죵 ᄒᆞ는 쟈 열 사람이 죽고 그 샹ᄒᆞᆫ 쟈가 일빅 륙십명이라 황뎨와 황후는 다힝히 면ᄒᆞ고 아셔이이는 잡힘을 당ᄒᆞ여 곳 가라대 오날 일의 뜻이 나파륜을 죽이기에 잇어 법국 혁명으로 일어나게 ᄒᆞ여 그 쓱어은 것을 우리 의태리 인민에게 젼ᄒᆞ고자 홈이로다 임의 옥즁에 잇어 글을 나황에게 올려 가라대 경이 일즉 의태리 사람의 다 힘쓴바가 되지 안이ᄒᆞ엿ᄂᆞ뇨(나파륜뎨삼이한미ᄒᆞ엿을때에일즉숫을불살으는당에들엇더라) 엇지 변ᄒᆞ는 졀ᄎᆞ가 그리 빠르뇨 경

이 오히려 곳치지 안이ᄒᆞ고 스ᄉᆞ로 속신 ᄒᆞ기를 ᄉᆡᆼ각지 안이ᄒᆞ면 곳 우리 무리가 나를 위ᄒᆞ여 ᄒᆞ고자 ᄒᆞ는 쟈가 얼만지 아지못ᄒᆞ니 경이 이제 뒤에는 베개를 편케 ᄒᆞᆯ ᄯᅢ가 업스리라 나파륜이 이 글을 보고 크게 놀내어 이에 미복으로 가만이 옥즁에 가서 위로ᄒᆞ여 효유ᄒᆞ고 가라대 짐이 반ᄃᆞ시 경의 경계홈을 직히어 감히 잇지 안이ᄒᆞᆯ지라 ᄒᆞ고 얼마 안이ᄒᆞ여 아셔이를 저자에

칠십이

버히니 죽기에 당ᄒᆞ여 빙긋이 웃어 가라대 나파륜이 밍셰ᄒᆞ여 그 말을 발부면 내가 죽어 눈을 감을지라 ᄒᆞ더라 ᄯᅢ에 가부어는 힘을 다ᄒᆞ여 법국을 사괴더니 급히 이 긔별을 듯고 마음이 스사로 불안ᄒᆞ여 방장 한 글을 지극히 간절ᄒᆞ고 정셩ᄒᆞᆫ 뜻으로 나황을 위로ᄒᆞ여 보내며 국민을 위ᄒᆞ여 무상홈을 샤례ᄒᆞ엿는지라 나황이 아셔이를 봄으로부터 그 후로는 ᄉᆞᆼ연ᄒᆞ여 찬물을 등에 ᄡᅵ트리는것 ᄀᆞ튼지라 써ᄒᆞ되 오날 밋쳐 만일 ᄇᆡᆨ셩의 바람을 저 나라에 사지못ᄒᆞ면 곳 이 다음 아셔이를 가히 면ᄒᆞ지 못ᄒᆞᆯ지라 ᄒᆞ고 이에 급히 가부어를 포랑비리 뎐에 불러 서로 더불어 의 법의 밀약을 결졍ᄒᆞ엿더라 오호라 마시니와 가부어 두 호걸이 비록 가라대 졍치에 반ᄃᆡ라 ᄒᆞ나 마시니 당의 거동이 왕왕히 혹 직졉 혹 간졉 혹 경동 혹 반동으로 가부어의 셩ᄉᆞ홈을 도음이 ᄯᅩ한 그 한ᄭᅳᆺ이라 군ᄉᆞ 이에 보매 더옥 탄식ᄒᆞ여 크게 서로 달으나 한가지 돌아가는 길에 한 글 ᄀᆞ티 일빅 걱졍을 일운다 ᄒᆞ는 말이 나를 속이지 안이ᄒᆞ도다

의 법의 밀약은 한가지로 동밍ᄒᆞᆫ 목뎍을 직히는 것이니 그 큰 뜻이 이알에와 ᄀᆞᆺ도다

일은 ᄡᅡᆷ이 긴 후에는 오국에 부틴 비리셔아와 륜파덕을 버혀 살뎍니아에 합ᄒᆞ여 아우르게홈

칠십삼

일은 이런연고로 살뎍니아 는 그 부틴바 사파와 이스 두 짜를 버혀 법국에 스양ᄒᆞ여 가파줌
일은 달스아리로 즁심졈을 삼아 즁앙 의태리 국을 세워 셜치홈
일은 로마와 이포스를 합ᄒᆞ여 한 나라를 삼고 교황으로 ᄒᆞ여금 쥬장홈
일은 살왕 영마로애의 ᄯᆞᆯ 오모로 법뎨 나파륜의 죵뎨 아모에게 시집보냄
사파와 이스를 버힘은 진실로 살뎍니아의 ᄒᆞ고자 홈이 안이나 비록 그러나 그 ᄯᅡ이 근본 법국 디경에 개 이발 ᄀᆞ티 어금매씐지라 여긔 거ᄒᆞ는 쟈가 법국에 매인 ᄇᆡᆨ셩이 만흔지라 이 적은 쟈로 저 륜파뎍과 비리셔아 큰 ᄯᅡ에 비ᄒᆞ면 그 엇고 일는 것이 가히 하로날 의론홀수 업는지라 한 왕국을 세워 교황에게 부티기에 이르니 그 후환됨이 진실로 적지 안이흔지라 교황이 ᄒᆞᆼ샹 법국에 의지홈 으로 스스로 즁ᄒᆞ게 역이니 이는 실상 법국이 스스로 그 셰력을 심으는 가만흔 ᄭᅬ라 과연 그런즉 오국이 가고 법국이 오는것이 아페 법을 막으매 뒤에 싀랑이 나아오는지라 가부어의 지혜로 엇지 아지못ᄒᆞ리오 비록 그러나 저가 써ᄒᆞ되 우리가 ᄊᆞᆷ 이김을 타서 륜파뎍과 비리셔아를 아울은즉 토디와 인구가 다 임의 오날에 삼배라 쾌쾌히 대국의 터가 임의 서매 그런후에 ᄎᆞᄎᆞ로 틈을 즁앙에 모드면 즁앙 ᄇᆡᆨ셩이 그 법국의 멍에알에 달게 복죵치 안이홀것이 밝은지라 가부어가 이믜 일운ᄭᅬ가 잇으매 걸음걸음

칠십스

이 한치를엇고 한 자를 낙아들이는 ᄭᅬ를 경영ᄒᆞ여 이에 법국에 쳥홈을 ᄲᆞᆯ으더라

뎨십오졀 의 오긔젼흔 쥰비 (가부어와가리발디의회합)

포랑비리 밀약은 나파륜 가부어 영마로의 세 사람 박게는 한 사람도 아는이가 업는지라 그러나 영마로의 ᄒᆞᆼ샹 사람에게 말ᄒᆞ여 가라대 내가 오라지 안

이ᄒᆞ여 장ᄎᆞ 나의 위치를 뎡ᄒᆞ여 온 의태리에 국왕이 되지 못ᄒᆞᆯ지라 ᄒᆞ니 곳 사파의 한 평민이 듯고 그 일즉 큰 뜻을 두엇는고로 괴히역이지 안이ᄒᆞ엿더니 얼마 못ᄒᆞ여 쏘 일쳔 팔빅 ᄉᆞ십팔년 나파륜의 싸홈에 몬져 인군을 조차 국란의 죽은 쟈가 된지라 한 긔렴ᄒᆞ는 비를 세우고 한 용밍ᄒᆞᆫ 션빅의 톄샹을 지어 노픈 산 이마에 세워 칼을 둘러 오국을 흘겨보니 나파륜이 쏘한 급급히 싸홈을 가초아 게을리 안이ᄒᆞ는지라 비록 쑴 가운ᄃᆡ 오대리라도 쏘한 뭇지 안이ᄒᆞ고도 그 연고를 알지라 가부어가 외로히 한 번 더질때를 당ᄒᆞ여 졍신을 가다듬고 ᄉᆡᆼ각을 썰쳐 쉬기를 결을치 안이ᄒᆞ고 안으로 졍부에 달은 의론이 남을 막을새 스ᄉᆞ로 각부 대신을 겸ᄒᆞ여 일국 권셰로 ᄒᆞ여금 귀일케ᄒᆞ며 박으로 혁명당의 가닥이 날가 두려어ᄒᆞ여 힘을 다ᄒᆞ여 더불어 교통ᄒᆞ여 쥬션ᄒᆞ매 비밀케 큰 꾀로 고ᄒᆞ여 조금 안연히 조급홈이 업게ᄒᆞ더라 쏘영국의 들어나게 구원홈을 빌리고자ᄒᆞ여 이에 파미ᄉᆞ돈후에게의결ᄒᆞ

칠십오

니 (당시에영국의웃듬대신이라) 파후가 비록 한 졍은 표ᄒᆞ나 그러나 밝히 능히 병력으로 서로 돕지 못홈을 고ᄒᆞ니 이에 이를어 싸홈 긔틀이 임의 눈섭에 급박ᄒᆞ엿더라
(누락)

칠십륙

라 가부어가 곳 살왕의 명으로 가리발디를 명ᄒᆞ여 군단장을 삼고 아포ᄉᆞ 산하게 용병을 썹아 때 긔틀을 기ᄃᆞ리니 비록 그러나 가장군은 이 ᄉᆞ에 난쟈라 나파륜의 비워ᄒᆞ는바니 가부어가 그런줄을 아는고로 그 가리발디를 임용ᄒᆞ는 일을 숨기어 나파륜으로 알게안이홈은 나파륜을 일을가 저어홈이오 쏘 이ᄉᆞ를 버혀 ᄉᆞ양홈을 숨겨 가리발디로 알게안이홈은 가리발디를 일을가 홈

이라 오호라 영웅의 기픈 계척을 가히 공경ᄒᆞ겟고 영웅의 괴로은 마음올 가히 어엿블지로다

일쳔 팔ᄇᆡᆨ 오십 구년 일월에 나파륜이 새해를 하례ᄒᆞᆯ제를 당ᄒᆞ여 오국공ᄉᆞ를 졉견ᄒᆞ고 놀난 모양으로 가라대 비록 오 법 량국의 관계로 ᄒᆞ여금 능히 나의 ᄀᆡ약ᄒᆞᆫ 바와는 ᄀᆞᆺ지못ᄒᆞ나 그러나 짐이 오뎨로 더불어 사사로 사굠이 다시 예와 달음이 업다ᄒᆞᄂᆞᆫ지라 오국 ᄉᆞ신이 그말의 경션ᄒᆞᆷ으로 크게 달리 역이나 그러나 임의 그 ᄯᅳᆺ 쓰는 것이 잇는바를 알더라 그ᄯᅢ에 살뎍니아 왕은 국회에서 연셜ᄒᆞ여 가라대

우리 나라여 우리 나라여 디방이 편소ᄒᆞᆫ 우리 나라로 엄연히 유롭회의에 참예ᄒᆞ여 신용을 넓히고 명예를 어드니 우리 ᄯᅡ이 비록 적으나 ᄃᆡ표ᄒᆞᆫ바의 ᄉᆡᆼ각과 늣기는 바의 한 졍이 실샹 크고 ᄯᅩ 기픈지라 비록 그러나 오날이 우리 군민샹하가 노피 볘ᄀᆡ 베고 질거ᄒᆞᆯᄯᅢ가 안이라 우리가 기피 됴약

칠십칠

을 ᄯᆞᆯ아 직히기를 원ᄒᆞᆯ지니 다뭇 우리 동포는 압흐고 슬퍼 부르지기는 소리가 의태리 각 디방으로부터 와 모히는 쟈를 내가 능히 귀를 막고 듯지 안이ᄒᆞ지 못ᄒᆞᆯ지라 오호라 내가 내 힘을 짓고 내가 내권을 뎡ᄒᆞ야 조심ᄒᆞ매 굿셈을 슝상ᄒᆞ여 공경ᄒᆞ여 황텬 상뎨의 아름다은 명을 기ᄃᆞ릴지로다

국회가 이 죠칙의 말을 질거히 마즈니 곳엇더ᄒᆞ뇨 당시에 잇어 눈으로 본 쟈가 그 실샹을 ᄀᆡ록ᄒᆞ여 가라대 왕이 한 말을 발ᄒᆞ매 문득 국왕 폐하 만셰의 소리로 사이에 나더니 그 압흐고 슬픔으로 부르짓는다는 한 구졀에 일을어는 겨우 왕의 혀ᄶᅦ떨어지매 집에 가득히 번개 ᄀᆡ운이 격동ᄒᆞ여 ᄶᅵᆯ으는 것 ᄀᆞ튼지라 그 강개ᄒᆞ고 격발ᄒᆞ는 형상이 붓으로 능히 ᄀᆡ록ᄒᆞᆯ바 안이요 입으로 능히 젼ᄒᆞᆯ바 안이러라 상원에 의원들과 하원에 ᄃᆡ의ᄉᆞ들이 겨테서 듯는 쟈들이 다 자리를 차고 올라 ᄲᅱ며 온 몸이 거의 ᄯᅳ어운 ᄀᆡ운과 깃거은 소리

가 깨어지는듯 ᄒᆞ는지라 영 법 아 보 모든 공ᄉᆞ가 눈으로 이 형상을 친히 보고 마음과 쓸개가 함게 떨리는지라 이포ᄉᆞ 대ᄉᆞ가 낫빗이 문득 푸르고 히며 노픈 소리로 ᄭᅮ짓고 나즌 소리로 말ᄒᆞ여 가라대 오호라 우리는 고ᄒᆞᆯᄃᆡ 업는 유리ᄒᆞᆫ ᄇᆡᆨ셩이라 ᄒᆞ며 가라대 우리의 고통홈을 긔억ᄒᆞ는 국왕이라 ᄒᆞ며 가라대 나라 언약으로 우리게 주는 국왕이라 ᄒᆞ여 감동ᄒᆞ고 찬숑ᄒᆞ며 탄복ᄒᆞ

칠십팔

여 말이 륜ᄎᆞ가 업는지라 밋쳐서 견ᄃᆡ지 못ᄒᆞ고 손벽 침으로 화답ᄒᆞ며 솟는 죠슈와 나는 폭포의 늙은 눈물로 셕기엇더라 의태리 각디방에 ᄃᆡ표ᄒᆞᆫ 쟈가 이에 임의 감격홈이 진실로 맷쳐 한 의태리국 통일ᄒᆞᆯ 공화 쥬가 그 가슴가 운ᄃᆡ 삭여썻더라

오국 사람이 이런 말을 듯고 진실로 말ᄒᆞ지 안이ᄒᆞ고자 ᄒᆞ여도 안이 ᄒᆞᆯ수 업는지라 젼에 임의 싸ᄒᆞ여 죽은 자의 비를 세우고 이졔 다시 이 흔단 내는 말을 ᄒᆞ는지라 이에 공ᄉᆞ로 살 뎡에 질문ᄒᆞ여 그 회가 보홈을 재쵹ᄒᆞ니 영국이 그 ᄉᆞ긔가 급박홈을 보고 나가서 남의 력ᄉᆞ를 근치게 ᄒᆞ기를 마트니 그 졍지 식히는 대략에 가라대 오 법 두 나라는 다 군ᄉᆞ 갓초음을 거더서 교황의게 부텬 디경 안에 잇게 말며 가라대 오국이 장ᄎᆞ 문뎍라파마 보호ᄒᆞ는 권셰를 폐지ᄒᆞ며 가라대 오인이 맛당이 의태리 모든 고을로 긔혁홈을 허락ᄒᆞ라 ᄒᆞ니 이는 실상 영국 사람이 법 오의 셰력이 의태리 디경ᄂᆡ에서 약ᄒᆞ게 ᄒᆞ고자 홈이요 살뎍니아로 그 실상 권리가 굉고케ᄒᆞᆯ 은밀ᄒᆞᆫ 뜻이라 그러나 법 오가 엇지 능히 허락ᄒᆞ리오 오국 사람이 이에 응당ᄒᆞ여 가라대 몬저 살뎍니아로 ᄒᆞ여금 싸에 갓초음을 것고 이에 달은 일을 의론ᄒᆞ라 ᄒᆞ며 법데 나파륜도 ᄯᅩ한 살국의 뜻 어듬을 리로이 안이ᄒᆞ는지라 ᄯᅩ 가리발지가 살국 군중에 잇음을 듯고 자못 젼에 언약홈을 뉘우쳐 다시 번복ᄒᆞ고자 ᄒᆞ나

칠십구

붉은 눈과 민첩ᄒᆞᆫ 솜시에 가부어는 그러ᄒᆞᆷ을 엿 보고 이에 급히 파려에 가서 나황을 위협ᄒᆞ여 가라대 일이 임의 이에 이를엇으니 일죠에 퇴축ᄒᆞ면 공이 한 삼탐이 이에 문어질지라 폐하가 즁원을 자리 것듯ᄒᆞᆯ 영웅의 도모ᄒᆞᆷ이 ᄯᅩᄒᆞᆫ 물 거픔 ᄶᅥ지듯 ᄒᆞᆯ지라 신은 말지 안이ᄒᆞᆯ지니 청ᄒᆞ건ᄃᆡ 포랑비리의 은밀ᄒᆞᆫ 언약으로 셰상이 공번되이ᄒᆞ여 그 일이 폐하에게 남을 밝힐지니다 ᄒᆞ니 나파륜의 ᄯᅳᆺ이 이에 결정 된지라 오인은 나파륜의 쥬져ᄒᆞᆷ을 들은지라 긔회를 가히 일치 못ᄒᆞᆯ지니 맛당히 오날로 몬져 군ᄉᆞ를 발ᄒᆞ여 살덕니아를 한 싸홈 알에 부슬지니 법인이 비록 돕고자 ᄒᆞ나 저어ᄒᆞ여 맛춤내 소매를 드리고 볼지라 ᄒᆞ고 이에 일쳔 팔ᄇᆡᆨ 오십구년 사월 이십 삼일로 애턱미돈 글을 살국 정부에 나려 그 사ᄒᆞᆯ 안으로 다 군ᄉᆞ 가초음을 쓸으라 ᄒᆞ되 살인이 응ᄒᆞ지 안이ᄒᆞ니 싸홈이 드ᄋᆡ어 열다

데십륙절 의 오의 젼징과 가부어의 직임을 사례ᄒᆞᆷ

나파륜이 임의 가부어의 축망ᄒᆞᆫ 말을 듯고 이예 그달 이십 륙일에 오국에 잇는 공ᄉᆞ에게 고ᄒᆞ여 가라대 만일 오국 군ᄉᆞ가 디셔락 하슈를 건느면 곳 법란셔의 뎍국으로 의론ᄒᆞ여 싸홈ᄒᆞᆯ 글을 베풀이라 ᄒᆞ엿더니 이십 구일에 오군이 과연 하슈를 건느는지라 이에 법 의가 한가지 밍셔ᄒᆞ여 오국을 항거ᄒᆞᆯ 판국이 일우어 오월 이일에 살덕니아 왕이 그 부친의 무덤에 밍셔ᄒᆞ고

팔십

죠셔를 나려 싸홈 일을 나라 안에 반포ᄒᆞ며 친히 다섯 영문 군ᄉᆞ를 거느리고 압서서 ᄃᆡ덕에게 달려드니 그 힝ᄒᆞ기를 임ᄒᆞ여 궤에 봉ᄒᆞᆫ 죠셔로 여러 신하에게 ᄭᅵ쳐주어 가라대 짐이 만일 살아오지 못ᄒᆞ거든 뒤에 일을 이 가운ᄃᆡ 취ᄒᆞ여 결뎡ᄒᆞ라 ᄒᆞ더라 법뎨도 스ᄉᆞ로 근위병을 거느리고 와서 디라아에 모히고 가부어 ᄯᅩ한 그 정신이 변ᄒᆞ여도 가히 의론을 ᄉᆡᆼ각지 안이ᄒᆞ고

운동을 ᄯᅥᆯ쳐 별로히 류격ᄃᆡ가 되어 의용병 삼쳔 칠ᄇᆡᆨ 명을 거ᄂᆞ리고 쵸령에서 발ᄒᆞ니 도ᄆᆡᆼᄒᆞᆫ 군ᄉᆞ의 날낸 긔운이 가히 당ᄒᆞ지 못ᄒᆞᆯ너라 한 달 사이에 형셰가 대쪽 파ᄒᆞ기와 ᄀᆞᆺ터 륙월 ᄉᆞ일에 멕경달에서 승젼ᄒᆞ고 ᄯᅩ 팔일에 미륜에 들어가 이십 ᄉᆞ일에 사비리라에서 대젼ᄒᆞ니 이 싸흠에 동ᄆᆡᆼ군이 십오만명이요 오국 군ᄉᆞ도 ᄯᅩ 더ᄒᆞᆫ지라 비록 그러나 가리팔디와 영마로ᄋᆡ와 나파륜은 다 한 셰상 나는 장군이니 결단코 오인이 능히 당뎍ᄒᆞᆯ바 안이라 이에 뎍군이 죽고 샹ᄒᆞᆫ 쟈 일만 오쳔 여명이라 이 ᄶᅢ에 가부어의 웅ᄒᆞᆫ 마음이 문득 구텬 우에 날고 ᄯᅱ니 저가 수십년ᄅᆡ에 소ᄅᆡ를 머금고 눈물을 삼켜 밤낫으로 신고ᄒᆞᆫ 사업이 하로 아ᄎᆞᆷ에 눈 아페 솟아나니 영웅의 쾌ᄒᆞᆫ 마음이 무엇이 이에 지남이 잇으리오

달이 밝으매 엇지 ᄯᅳᆫ 구름의 일을 간예ᄒᆞ리오 편벽ᄒᆞ게 두렷ᄒᆞᆯᄶᅢ를 향ᄒᆞ여 ᄎᆞᄎᆞ로 나는지라 아람다은 긔약은 그릇치기가 쉽고 조흔 ᄭᅮᆷ은 온젼히 일우

팔십일

기가 어렵ᄂᆞ니 오호라 한 ᄉᆞᄉᆞ 사람의 신셰 지냄으로 오히려 왕왕히 일쳔 물결에 일ᄇᆡᆨ 번 ᄶᅵᆨ겨셔 혹 밋그러지며 ᄯᅩ 나아가고 혹 일어낫다가 ᄯᅩ 업드러지니 적은 ᄋᆞ희의 희롱ᄒᆞ고 시험ᄒᆞ는 것 ᄀᆞ튼지라 그 어렵고 고로음을 가초 지낸후에야 그 목뎍을 달ᄒᆞᄂᆞ니 함을며 한 나라를 셰우는 쟈리오 가부어의 웅ᄒᆞᆫ 마음이 졍히 극ᄒᆞᆫ ᄃᆡ경에 달ᄒᆞ여서 무단히 ᄯᅳᆺ박게 한 큰 란이 ᄯᅩ 일어나니 이는 싸호는 일이 졍히 기픈 밤에 군즁에 문득 나파륜의 잇는 바를 일어 버린지라 앗갑도다 이사람이 어ᄃᆡ로 갓ᄂᆞ뇨 대개 나파륜은 의태리에 사랑ᄒᆞᆷ을 두는쟈가 안이라 저가 가라대 나의 오국을 억졔ᄒᆞᆷ이 진실로 이만큼 ᄒᆞ여도 ᄯᅩ한 족ᄒᆞᆯ지라 이에 더 지나 가면 곳 살닉이아로 장ᄎᆞ 깃과 날개를 크게 일우어 두로 ᄉᆞ히를 횡졀ᄒᆞ여 다시 그물을 능히 베풀지 못ᄒᆞᆯ 바라 ᄒᆞ고 이에 가만이 ᄒᆡᆼᄒᆞ여 오국 군즁에 들어가 오뎨 불란셔ᄉᆞ로 더불어 보고 살왕과 가부어를 팔아 홀로 결단ᄒᆞ여 화친의 언약을 뎡ᄒᆞ니 비랍보랑

아 죠약이라는 것이라 그 대략에 가라대

오인은 륜파뎍의 ᄯᅡ를 버혀 살뎍니라에 합ᄒᆞ고 의태리 즁앙에는 로마 교황을 츄ᄃᆡᄒᆞ여 연ᄒᆞᆫ 나라를 셜시ᄒᆞ고 달ᄉᆞ아이와 문뎍라 모든 ᄯᅡ에는 혁명당을 ᄶᅩᆺ고 그 옛 쥬인에게 돌려 보냄이러라

이 됴약을 의지ᄒᆞ고 곳 비리ᄉᆞ는 잉존ᄒᆞ여 오국에 부티고 교황은 연리 즁ᄒᆞᆫ

팔십이

권셰를 잡으니 그 달은 의태리 즁앙 모든 ᄯᅡ에 인민늘은 날과 밥으로 옷 깃을 염이고 ᄉᆡᆼ각고 바라면서 맛당히 부용ᄒᆞ든 로례의 괴로은 멍에를 벗고 ᄌᆞ유ᄒᆞ는 텬국에 들어가기로 ᄒᆞ는 자들이 문득 이 긔별을 맛나매 탄식ᄒᆞ며 통한ᄒᆞ여 장ᄎᆞ 바라든 바가 ᄭᅳᆫ어졋더라 나파륜이 오군 즁으로 부터 돌아 와서 이 ᄉᆞᄉᆞ로 언약ᄒᆞᆫ 것을 싸가지고 살왕에게 보이며 그 허락ᄒᆞ기를 재촉ᄒᆞ여 이것만 안이라 ᄯᅩ한 다시 은혜를 팔아 사파와 이ᄉᆞ 두 ᄯᅡ를 토식ᄒᆞ거ᄂᆞᆯ 가부어가 이 긔별을 듯고 ᄶᅵ져 버릴것 가티 셩내어 바로 영즁에 달려 들어 두 님군을 볼새 다시 외교ᄒᆞ는 례의로 돌아 보지 안이ᄒᆞ며 다시 각신의 졀졔도 돌아 보지 안이ᄒᆞ니 옛 날 상여가 긔동을 흘겨보매 머리와 구실이 장ᄎᆞ 부서지고원진이 죠뎡에 춤 바트매 소릐와 눈물이 함긔 솟아 겨테 사람이 업는것 ᄀᆞᆺ튼 마음으로 우는 사ᄌᆞ ᄀᆞ티 ᄲᆞᆯ리 두 인군의 겻테 ᄯᅥᆯ쳐셔 더러은 욕과 거만히 ᄭᅮ짓는 소릐가 비 오듯 ᄒᆞ는지라 그 다음에 다시 그 님군에게 종용로히 고ᄒᆞ여 가라대 반ᄃᆞ시 이런 언약을 허락지 마시며 반ᄃᆞ시 륜판뎍을 밧지 마소서 진실로 그럴진ᄃᆡ 신은 오즉 머리 털을 헛치고 산에 들어가 다시 우리 왕을 위ᄒᆞ여 달리고 모는 힘을 쓰지 안이ᄒᆞ리로소이다 ᄒᆞ나 왕이 법뎨의 ᄯᅳᆺ이 이믜 변ᄒᆞ여 다시 도리커지 못ᄒᆞᆯ 것을 알고 ᄯᅩ한 홀로 힘으로 족히 오국과 법국을 항거치 못ᄒᆞᆯ 것을 보아 다시 가부어의 말을 쓰지 안이

팔십삼

ᄒᆞ고 맛츰내 오국으로 더불어 화평ᄒᆞ니 가부어 드ᄃᆡ어 관을 벗어 걸고 가서 다시 여리에 한 늙은 농부가 되더라

가부어 일싱에 럭ᄉᆞ를 둘러 보매 그 ᄯᅳᆺ 긔운과 일ᄒᆞ는ᄃᆡ 능히 ᄉᆞᄉᆞ로 억졔치 못ᄒᆞᆫ 쟈가 오즉 이 한 싸홈이라 이 한 싸홈에 대개 영마로ᄋᆡ의 판단ᄒᆞ는 힘이 진실로 가부어에게 넉넉지 못ᄒᆞᆫ지라 비록 그러ᄒᆞ나 이는 족히 가부어에게 허물ᄒᆞ지 못ᄒᆞᆯ 것이니 저가 그 싸홈 열기 젼에 근심과 걱정과 싱각과 념여와 지혜와 ᄭᅬ와 슈고롬과 병듦을 싸코 싸핫으니 텬하 고금ᄉᆞ긔 우에 인물이 여긔 비ᄒᆞᆯ 쟈를 보지 못ᄒᆞᆯ지라 저 한 몸으로 온 나라의 원망ᄒᆞᆫ 독긔가 가장 깁고 늣긔는 ᄯᅳᆺ이 가장 밍렬ᄒᆞ고 의로은 협긔가 가장 핍졀ᄒᆞ여 요란ᄒᆞᆷ이 가장 극ᄒᆞ며 군쇽ᄒᆞᆫ ᄋᆡᆨ회가 가장 심ᄒᆞᆫ 웅덩이 가운ᄃᆡ 서서 안에 압졔ᄒᆞᆷ에 ᄭᅳᆯ어 올으는 것 ᄀᆞ튼 혁명과 박게 흘겨 봄이 범과 이랑 ᄀᆞ튼 튼 도젹과 겨테 귀신과 ᄲᆞᆯ다가 ᄀᆞ티 부튼 여러 나라의 그 큰 형셰를 얼으만져 쳔지에 한 번 엇는 ᄣᅢ 긔회를 손 가운ᄃᆡ 잡은지라 그런고로 디극히 고요ᄒᆞᆫ 것으로 텬ᄒᆞ의 지극히 동ᄒᆞᆷ을 억졔ᄒᆞ며 지극히 부드럼으로 텬하의 지극히 굿셈을 억제ᄒᆞ여 죵시를 조심ᄒᆞ며 화평ᄒᆞ며 참고 견ᄃᆡ는 ᄐᆡ도로 나니 조심ᄒᆞ며 화평ᄒᆞ며 참고 견ᄃᆡ는 것이 상실 가부어 일싱에 공을 일우는 둘 업는 법문이라 이 ᄣᅢ를 당ᄒᆞ여 가부어는 묘묘ᄒᆞᆫ 몸으로 춍리대신과 외무대신과 군무대

팔십ᄉᆞ

신과 ᄂᆡ무대신의 각죵 즁요ᄒᆞᆫ 직임을 겸ᄒᆞ여 그 자는 집을 군무부 안에 짓고 밤이면 자는 옷을 입고 이 아문에서 저 아문으로 왕릭ᄒᆞ며 경찰 ᄒᆞ는 ᄉᆞ무를 쳐담ᄒᆞ고 외교ᄒᆞ는 문서도 감독ᄒᆞ며 젼징ᄒᆞ는 쥰비를 지휘ᄒᆞ여 옷에 씌를 ᄭᅳᆯ으지 못ᄒᆞ며 눈이 가를 부치지 못ᄒᆞᆷ이 가장 반년이라 그런고로 살뎌니아 사람들이 서로 가라대 우리가 한 졍부가 잇고 한 국회가 잇고 한 헌법

이 잇으니 그 일홈이 다 가부어라 오호라 그 굿고 참음이 이 곳고 그 각박ᄒᆞ고 괴로음이 이 곳고 그 슈고롭고 병듦이 이 ᄀᆞ트니 므릇 한 큰 희망과 한 큰 결과를 오날에 거두어 공이 이믜 일우기에 당ᄒᆞ여 하로 아츰에 패ᄒᆞ니 비록 공ᄌᆞᄀᆞ튼 셩인과 셕가ᄀᆞ튼 불톄라도 오히려 능히 실망홈이 업지 안이ᄒᆞ며 분격홈이 업지 아니ᄒᆞ거든 하물며 나라 근심ᄒᆞ기를 타 듯기 ᄒᆞ는 가부어리오 군ᄌᆞ 이에 보매 더욱 박게 힘을 만번 이라도 가히 밋지 못홀 것이라 비록 쓰어은 졍셩이 가부어 곳고 긔틀변홈이 가부어 눗고 독ᄒᆞ고 날냄이 가부어 ᄀᆞ터도 오히려 사람의 꾀을 면치 못ᄒᆞ엿으니 진실로 의태리 젼톄 빅셩의 실ᄒᆞᆫ 힘이 잇어 그 뒤를 밧추지 못ᄒᆞᆫ 쟈는 곳 이 싸홈 력ᄉᆞ니 쏘 장ᄎᆞ 일쳔 팔빅 ᄉᆞ십 팔년에 일을지라 슬프다 가히 두렵고 두렵도다

뎨십칠졀 가리발디의 벼술을 샤례홈

가부어가 이믜 가매 왕이 위로ᄒᆞ여 만류ᄒᆞ되 엇지 못ᄒᆞ고 이에 랍달지로 ᄃᆡ

팔십오

신ᄒᆞ니 랍달지라는 쟈는 쥬장ᄒᆞᆫ 뜻도 업고 얼명ᄒᆞᆫ 소견도 업서 아직 참을 ᄉᆡᆼ각만 잇으니 란셰에 지상의 지목이 안이라 일을 바든 후에 곳살국에 명ᄒᆞ여 의용병을 흐터버리니 (의용병은나라를사랑ᄒᆞ는인민이니가리바디의거느린바라) 가리발디가 올치 안이역여 스ᄉᆞ로 령을 군즁에 나려 가라대
졍ᄉᆞᄒᆞ는 방침은 우리 국민의 듯고 참예홀바가 안이라 비록 그러나 오날이 어느날 이며 직금이 어느때뇨 이는 반ᄃᆞ시 우리가 갑옷을 벗고 옛 뜻을 버리지 못홀때라 나는 달은 바를 아지못ᄒᆞ고 오즉 우리 영걸ᄒᆞ시고 밝으시며 신긔럽고 용무ᄒᆞ신 폐하를 밧들어 더욱 군병의 실상을 연습ᄒᆞ여 유롭 모든 나라로 우리 의태리 남ᄌᆞ가 결단코 한 번 업드러저 다시 일어나지 못홀 젹은 장부가 안임을 알게홀지라 오호라 모든 그ᄃᆡ는 이회포를 한가지로 홀진져 나는 감히 흑을 거더 거듭 긔희와 하늘이 진동ᄒᆞ고 싸이 꺼질 긔관이 결단코 머지 안이홈을 밋노라

얼마 못되어서 살왕이 명ᄒᆞ여 불라령에 가 즁앙 의태리군 춍독이 되니 가리발디가 이믜 이ᄶᅢ에 이르매 그 일홈의 위엄을 우러르며 바람을 조차 돌아와 부치는 쟈가 연ᄒᆞ여 ᄭᅳᆫ치지 안이ᄒᆞ니 슌식간에 달ᄉᆞ아리와 문뎍라와 파마와 교황에게 부친바 한 부락이 거의 그 손에 ᄯᅥᆯ어지는지라 이ᄣᅢ를 당ᄒᆞ여 가장군의 위망이 날이 즁텬에 남과 ᄀᆞᆺ더니 이에 나무가 수풀 속에 ᄲᅢ어나매

팔십륙

바람이 곳 썩거 치는지라 새로 당ᄒᆞᆫ 군무대신 복안치(랍당디의ᄂᆡ각에군무대신이라)등이 그 능홈을 미어ᄒᆞ고 그 공로를 싀긔ᄒᆞ여 이에 가만히 험ᄒᆞ고 더러은 슈단을 부려 그 큰 업의 일움을 막으니 대개 일쳔 팔ᄇᆡᆨ ᄉᆞ십 구년이 ᄅᆡ로부터 살뎍니아의 흑암ᄒᆞᆫ 시ᄃᆡ가 이두어달에 더 심홈이 업는지라 가리발디가 이에 길이 탄식ᄒᆞ여 가라대 말지로다 내가 다시 아보렬랍 섬에 한 늙은 농부가 될진져 ᄒᆞ는지라 살왕이 일ᄇᆡᆨ ᄭᅬ로 위로ᄒᆞ여 달내며 공슌ᄒᆞ게 붓잡으되 능히 만류치 못ᄒᆞᆫ지라 이에 어용ᄒᆞ던 항샹 챠는 황금 장식이 찬란ᄒᆞᆫ창을 ᄭᅳᆯ러 주어 그 사랑ᄒᆞ고 사모홈을 표ᄒᆞ니 가장군이 물러갓더라

가장군이 이믜 가매 온 의태리에 탄식ᄒᆞ고 고통ᄒᆞ는 소ᄅᆡ가 디경 안에 편만ᄒᆞ고 그 부하에 장교들은 ᄯᅩ한 분분히 해골을 밀어 돌아 가거날 장군이 듯고 이에 아보렬랍 섬으로 부터 한 장 글을 발ᄒᆞ여 위무ᄒᆞ고 가라대

오호라 의태리 즁앙에 동지ᄒᆞᆫ 모든 그ᄃᆡ여 그 ᄃᆡ들은 나의 한 ᄶᅢ 직임을 일홈으로 그 신셩ᄒᆞ신 인군의 위를 이저 버리며 타는것 ᄀᆞ티 ᄯᅳᆨ어은 마음을 차게 말지어다 내가 심히 공경ᄒᆞ고 사랑ᄒᆞ는바 의태리를 ᄃᆡ표ᄒᆞ여 ᄌᆞ유ᄒᆞ는 모든 그ᄃᆡ로 더불어 서로 잇ᄭᅳᆲ을 난호매 내가 슯흠을 스ᄉᆞ로 이기지 못ᄒᆞᆫ지라 비록 그러나 나는 우리가 반ᄃᆞ시 모든 그ᄃᆡ로 더불어 다시 손을 잡고 힘을 다ᄒᆞ여 우리 들의 몽매 간이라도 잇지 못ᄒᆞ는 한 큰 일을 일울 날이 잇

팔십칠

을 것을 아노니 내가 이로 ᄉᆞᄉᆞ로 밋고 ᄉᆞᄉᆞ로 위로ᄒᆞ노라 모든 그ᄃᆡ어 완악ᄒᆞ고 더러은 외교가는 진실로 족히 나라 집에 큰 일을 말ᄒᆞ지 못ᄒᆞᆯ지니 혹 그ᄃᆡ들을 지목ᄒᆞ여 가라대 조급ᄒᆞ다 어둡다 ᄒᆞ드래도 비록 그러나 저의 외교가의 ᄡᅡ홈을 근치는 묘약은 결단코 길이 연쇽지 못ᄒᆞᆯ 것이라 우리는 진실로 외국을 침범ᄒᆞ여 로략ᄒᆞ고자 ᄒᆞᆷ이 안이오 우리 조종과 우리 형뎨의 진실로 둔바 토디에 당ᄒᆞ여는 비록 한자 한치라도 달은 사람에게 주지 안이ᄒᆞᆯ지니 우리가 이로 결심ᄒᆞ고 텬디에 서서 우리로 더불어 ᄃᆡ덕ᄒᆞ는 쟈 잇으면 곳 우리가 ᄌᆞ유와 더불어 한 가지 죽음이 영화가 이만콤 큼이 업슬지라 저 공번된 도적 놈으로 우리 ᄶᅡ은 비록 힘으로 가히 취ᄒᆞᆯ지라도 우리 ᄇᆡᆨ셩은 가히 위엄으로 황복 밧지 못ᄒᆞᆯ 것을 알게 ᄒᆞᆯ지니 모든 그ᄃᆡ어 그ᄃᆡ어 우리가 진실로 이 쥬장ᄒᆞᆫ 의리를 굿게가져 비록 즁도에서 죽드래도 이 원슈를 한가지 ᄒᆞ고 도적을 가풀마음을 오히려 우리 ᄌᆞ손에게 젼ᄒᆞ여 우리들이 창과 총과 독립ᄒᆞᆯ 마음을 ᄌᆞ손에게 ᄭᅵ쳐 주어 저 나라 원슈와 ᄇᆡᆨ셩의 도적으로 결단코 능히 베개를 노피 ᄒᆞ고 눕게 못ᄒᆞᆯ 지라 ᄒᆞ엿더라

데십팔졀 가부어의 두번재 졍승ᄒᆞᆷ과 북 의태리의 통일ᄒᆞᆷ

일쳔 팔ᄇᆡᆨ 이십년 효탄당의 혁명ᄒᆞᆷ으로 오매 이제 날에 당ᄒᆞ여 쳔 팔ᄇᆡᆨ 륙십년이라 이 ᄶᅢ 마시니는 오십오셰요 가리발디는 오십삼셰요 가부어는 오십

팔십팔

셰니 이 ᄉᆞ십년 가운ᄃᆡ 어지러음이 이어 어지러으며 업들어 짐이 이어 업더지니 의태리에 ᄯᅳᆺ 잇는 션비의 노례 피가 ᄯᅩ한 이믜 다 ᄒᆞᆯ지라 큰 업이 일우기에 당ᄒᆞ여 간웅 나파륜의 판바가 되어 일홈난 졍승과 장슈가 서로 이어 벼슬을 사례ᄒᆞ니 의태리의 흑암ᄒᆞᆷ이 이에 일을어 극ᄒᆞ엿으니 비록 그러나 ᄡᅡ힌 슈십년ᄅᆡ에 지ᄉᆞ의 노례 피가 단졍코 결과ᄒᆞᆷ이 업시 마초지 안이ᄒᆞᆯ지

라 이예 일을어 의태리 통일ᄒᆞ는 업이 이믜 벽 우에 그린 용이 비늘과 발톱이 나타나며 그 졈찍은 눈 동ᄌᆞ가 다라가 비로소 ᄣᅢ를 기ᄃᆞ림 ᄀᆞᄐᆞᆫ지라 과연 두어달이 못되어 가부어가 졍승을 회복ᄒᆞ엿도다

비록 그러나 비랍보랑아 됴약뒤로 부터 큰 판의 형셰가 한 번 변ᄒᆞ엿으니 다시 파려에 됴약홀 시ᄃᆡ에 옛 날이 안이라 법국은 굿게 비랍보랑아 됴약을 직히기를 힘써 즁앙 의태리에 부친 적은 후왕으로 다 그 옛 위를 회복ᄒᆞ게 ᄒᆞ고 오국은 법국으로 더블어 뜻을 한 가지ᄒᆞ여 다시 살덕니아를 독촉ᄒᆞ게 실상으로 힝ᄒᆞ게 ᄒᆞ며 영국은 졈졈 의태리의 참 얼골을 알아 반ᄃᆞᆺ이 빅싱의 ᄒᆞ고자 ᄒᆞ는바를 맛당히 조차 졍치를 베풀라 ᄒᆞ고 의태리 인민은 곳 ᄀᆞᆫ졀히 통일을 바라니 기피 일쳔 팔빅 ᄉᆞ십 구년의 업들어진 박휘를 다시 발불가 저어ᄒᆞ여 급급ᄒᆞ고 황황홈이 가히 죵일치 안이홀지라 이에 가부어가 이믜 두번 재 산에서 나오매 불가불 더러은것을 머금고 욕됨을 참는 한 일이 잇

팔십구

으니 엇던 연고뇨 가부어 오날에 졍ᄉᆞᄒᆞ는 ᄭᅬ가 오 법을 막는 합죵ᄒᆞ는ᄃᆡ 급홈만 ᄀᆞᄐᆞᆷ이 업는고로 오 법을 막는 합죵홈이 곳 부득불 젼에 허락을 밟아 사파와 이ᄉᆞ 두 ᄶᅡᆼ을 버여 법국에 그 깃거ᄒᆞ는 마음을 사는 연고라

이 ᄯᅢ 살덕니아에 뜻 잇는 션비 달지격리아와 비리이 의 무리가 분쥬히 ᄉᆞ방에 놀며 달낼새 그 인민을 고동식히니 혹 파라격라에 가며 혹 문덕라에 가며 혹 달ᄉᆞ아리아와 피이마와 로마와 겨라 모든 ᄯᅡ에 가서 그 빅셩을 츙돌과 방패를 잡아 그 허수아비된 인군들을 좃차 내어 살국에 합ᄒᆞ기를 구ᄒᆞ지 안이 ᄒᆞ는 쟈가 업스니 저 ᄯᅢ에 살국을 위ᄒᆞ는 쟈가 엇지 기ᄃᆞ리리오 ᄯᅩ한 한 곤단ᄒᆞᆫ 뭇는 뎨목이라 글을 들릴진ᄃᆡ 이는 ᄉᆞ이로 비랍랑아 됴약을 멸시ᄒᆞ고 버려 강ᄒᆞᆫ 도젹에게 말 걸이를 만둘어 줌이오 그 막을 진ᄃᆡ 저들의 음덕니아의 위엄과 신용을 ᄯᅡ에 ᄯᅥᆯ어침이라 가부어 이에 나파륜을 달내 가라대 이제 일이 여긔 이를엇으니 ᄯᅩ한 엇지 ᄒᆞ리오 내가 사파와 이ᄉᆞ를 버혀

귀국에 주고 귀국은 나를 허락ᄒᆞ여 ᄌᆞ유로 저들을 쳐지ᄒᆞ겟ᄂᆞ뇨 ᄒᆞᆫᄃᆡ 나파륜이 유예 미결ᄒᆞ거늘 가부어 가라대 일 변홈이 맛츰내 나타남이 업지 안이ᄒᆞᄂᆞ니 모든 ᄯᅡᆼ이 오국을 미어홈이 극ᄒᆞ엿는지라 이제 살국에 합ᄒᆞ지 안이

구십

ᄒᆞ면 곳 법국에 합홀지니 이제 혁명당이 이미 셰력을 어더 비록 그 령슈의 ᄯᅳᆺ은 만히 우리 살국을 향ᄒᆞ나 그러나 ᄇᆡᆨ셩의 ᄯᅳᆺ은 오히려 가히 뎡ᄒᆞ지 못ᄒᆞ엿으니 엇지 모든 각 ᄯᅡᆼ에 여론을 불러 인민으로 ᄒᆞ여금 감히 한 표를 더져서 법을 좃던지 살을 좃던지 오즉 그 가란바로 세 수에 두수를 결뎡ᄒᆞ여 만흔 표를 취ᄒᆞ여 하늘의 운수를 맛김이 ᄯᅩ한 갓지 안이ᄒᆞ겟ᄂᆞ뇨 나파륜이 가라대 올타ᄒᆞ고 이에 온 나라 넓히 통ᄒᆞ는 투표를 만둘어 맛츰내 만흔 수로 모든 나라가 다 살뎍니아에 합흔지라 나파륜이 악연히 놀나매 의태리 만셰 만셰 만만셰의 소릐가 텬디 진동ᄒᆞ더라
일쳔 팔ᄇᆡᆨ 륙십년 ᄉᆞ월 이일에 의태리 뎨일ᄎᆞ 국회라 다 각기 ᄃᆡ의ᄉᆞ를 ᄲᅩᆸ아 내어 쵸령에 모도 모히니 가부어의 깃거홈을 가히 알겟도다 이 ᄯᅢ에 사파와 아ᄉᆞ가 비록 법국에 버엿으나 오히려 실상으로 힝ᄒᆞ지는 안이ᄒᆞ엿는지라 마시니는 고향 지라아와 가리발디는 고향 이ᄉᆞ로부터 ᄲᅩᆸ혀 나와 의ᄉᆞ가 되니 이ᄉᆞ의 버힘은 질실로 가부어의 ᄒᆞ고자홈이 안이요 가리발디의 더욱 마음에 통분히 역이는 바라 ᄉᆞ월 십륙일에 국회ᄒᆞ는 마당에 잇어 ᄎᆡᆨ상을 치며 소릐를 가다듬어 가부어의 무상홈을 통분히 ᄭᅮ지러 개와 여호와 더러은 죵놈과 의태리의 도젹이라 ᄒᆞ며 ᄯᅩ 뒤에 가라대 가부어 ᄀᆞ튼자 무졍ᄒᆞᆫ 슈단으로 나라를 외국에 팔아 우리 동포로 ᄒᆞ여금 서로 잔해ᄒᆞ며 서로 죽이는

구십일

화를 도두어 내니 이러ᄒᆞᆫ 정부와 내가 더불어 손을 잡고 한 가지로 일을 홀

진딕 내가 죽어도 능히 ᄒᆞ지 안이 ᄒᆞᆯ지라 ᄒᆞᆫ딕 마시니 등도 다시 서로 응ᄒᆞ여 화답ᄒᆞ매 그 무례히 공갈ᄒᆞᆷ이 실로 형언ᄒᆞᆯ수 업더라 가부어가 쳐음에 악ᄒᆞᆫ 말을 듯고 ᄯᅩᄒᆞᆫ 분만ᄒᆞ여 스ᄉᆞ로 역졔ᄒᆞ지 못ᄒᆞ겟더니 한 참 동안에 문득 옛 날 치잠ᄒᆞ는 틱도를 돌이켜 화평ᄒᆞ게 딕답ᄒᆞ여 가라대 내가 나의 가장 공경ᄒᆞ고 사랑ᄒᆞ는 가장군으로 더불어 그 사이에 한 기픈 못이 잇는것 ᄀᆞᆺ티 우리 두 사람으로 ᄒᆞ여금 막켜끈어짐이 잇는것을 아노니 내가 ᄯᅡᆼ 버히는 일로 우리 왕게 권ᄒᆞ고 우리 국회에 질뎡ᄒᆞᆷ은 가장 나의 마음이 상ᄒᆞ는 의무라 ᄯᅩᄒᆞᆫ 나의 일싱에 죵죵ᄒᆞᆫ 의무를 완실케 ᄒᆞ여 부득이ᄒᆞᆫ 쟈니 당일에 나의 경험ᄒᆞᆫ 바와 한탄ᄒᆞᆫ 바가 (이풀보면거젼에ᄉᆞ격ᄒᆞᆷ을가ᄅᆞ침이라)ᄯᅩᄒᆞᆫ 가장군에게 감ᄒᆞ지 안이ᄒᆞᆯ지라 나는 비록 장군에게 풀기를 바라노니 만일 장군이 반ᄃᆞ시 나를 풀고 나를 용셔치 안이ᄒᆞ여도 나는 장군을 공경ᄒᆞ고 사랑ᄒᆞ는 싱각이 맛츰내 이로 조곰도 변ᄒᆞ지 안이ᄒᆞᆯ지라 그러나 가리발디는 크게 셩냄이 맛츰내 개지 안이ᄒᆞ여 그날 국회 의론 마당에 분요ᄒᆞᆷ이 극ᄒᆞ니 안이ᄒᆞ거늘 의장이 이에 의론을 졍지ᄒᆞ라 명ᄒᆞ니 뒤로 부터 각각 ᄯᅳᆺ 잇는 쟈가 자조 화평ᄒᆞ기를 권ᄒᆞ되 두 사람의 사이에 큰 굴학이가히 파ᄒᆞ지 안이ᄒᆞ는지라 국왕이 이에 근심ᄒᆞ여 맛츰내 쵸령셩 박게셔 리궁에 두 사람을 불러

구십이

가만히 말ᄒᆞᆯ새 가리발디를 위ᄒᆞ여 ᄌᆞ상히 나라 운수에 안과 박게 실졍을 긔술ᄒᆞ여 젼에 졍부의 춰ᄒᆞ던 방침이 부득이ᄒᆞᆫ 연고를 변명ᄒᆞ고 가부어도 ᄯᅩᄒᆞᆫ 잔을 헤치며 쓰레를 걸러 장군의 셩냄을 풀고 큰 판을 도라보기를 쳥ᄒᆞ니 이에 뎨일 큰 졍치가와 뎨일 큰 장군이 다시 그 노피고 사랑ᄒᆞ는바 국왕 폐하의 아페서 손을 잡고 한 가지 의태리 만셰를 불으고 한 가지힘을 다ᄒᆞ여 쟝릭를 도모ᄒᆞ더라

뎨십구졀 당시 남 의태리의 형셰

북 의태리 통일ᄒᆞᆷ에 큰 업이 일우어 이믜 반에 지낸지라 비록 그러나 가부

어가 파려회의에서 션언흔 것이 특별이 이포스의 참혹흔 형상을 가르쳐 여러 셩냄을 격동ᄒᆞ고 한가지 졍을 널리ᄒᆞ니 이제 이표스의 밧겻 족쇽을 츄딗ᄒᆞ여 압졔를 바듬이 오히려 의연흔지라 당시에 의태리 모든 나라 사나은 졍ᄉᆞ를 비록 일만 나라가 한 가지로 긔탄ᄒᆞ나 그 더욱 심흔쟈는 이포ᄉᆞ만 ᄀᆞ틈이 업는지라 일쳔 팔빅 오십 일년을 당ᄒᆞ여 영국 일홈난 졍승 격란사돈이 저 ᄯᅡᆼ에 놀아 지낼새 돌아가 그 본 바를 긔술ᄒᆞ여 신문지에 공포ᄒᆞ고 크게 이포ᄉᆞ 졍부의 졍ᄉᆞ 일을 공격ᄒᆞ여 힘써 그 ᄯᅡᆼ에 뜻 잇는 션비가 날날히 폭동ᄒᆞ기를 싱각ᄒᆞ는 것을 말ᄒᆞ니 진실로 그 연유가 업지안이ᄒᆞ여 가만히 유롭 렬국이 맛당이 손을 붓잡어 이 썩구로 달림을 끌을 뜻을 보이는지라 이

구십삼

ᄯᅢ에 이포ᄉᆞ 졍부가 비록 한 공함으로 변박ᄒᆞ엿으니 그러나 변박흠이 더욱 그 말의 진실흠을 증거흔지라 의론ᄒᆞ는쟈 일으되 격공의 글을 읽으매 당시 이국 빅셩의 원망을 길우고 셩남을 싸하 한번 졍부를 마음대로 ᄒᆞ고자 흠을 알지니 반듯이 우에 범ᄒᆞ여 란 짓기를 조하ᄒᆞ는 무리로 가히 비ᄒᆞ지 안이홀지라 (격공의글을보면글뜻이심히넉넉ᄒᆞ여달은글에만히번역ᄒᆞ엿으니그본문이가장긴고로긔록안이흠) 이 ᄯᅢ에 이포ᄉᆞ 왕이 셕셕리왕을 겸ᄒᆞ여 진실로 파방왕통을 딗표ᄒᆞ니 (법국로이뎨십ᄉᆞ에곳파방왕통에부텻더라) 오 법 두 강흔 딗의지ᄒᆞ여 오국의 구원흠이 된지라 처음 유롭 즁간 세상 ᄯᅢ에 ᄌᆞ유를 쥬의ᄒᆞ는 밍일이 실상 남 의태리로부터 일어 낫으니 곳 남 의태리의 ᄌᆞ유ᄒᆞ는 저자와 슈부가 가장 몬저 거느린쟈가 되니 셕셕이와 이포ᄉᆞ가 곳 그 저자와 슈부에 한아라 저가 그 력ᄉᆞ 우에 일즉 ᄌᆞ유로 명예를 어덧더니 이제 돌오혀수 아비 ᄀᆞ튼 박겻 족쇽에게 압졔흔 바되어 온 유롭 가운딗 뎨일 고홀딗 업는 빅셩이 되엇으니 곳 한 번 극히 셜치ᄒᆞ기를 싱각흠이 맛당ᄒᆞ도다
이에 일을어 의와 오가 방쟝 북에서 싸홀새 셕셕리와 이포ᄉᆞ의 인민들이 가라대 만일 이 ᄯᅢ를 일코 도모치 못ᄒᆞ면 곳 다른 날에 다시 가히 스ᄉᆞ로 설

소망이 업슬지라 ᄒᆞ고 방장 일을 일울새 문득 북방에서 화친ᄒᆞ는 의론이 젼ᄒᆞ매 일이 이포ᄉᆞ 졍부의 형찰ᄒᆞᆫ바만 되어 형세가 쟝ᄎᆞ 짓어져 파ᄒᆞ는 지라

구십ᄉᆞ

뜻을 한가지 ᄒᆞᆫ쟈들이 부득불 손을 묵거 졀박ᄒᆞᆷ을 당ᄒᆞ엿으니 이에 마시니 당류즁 한 호걸이 잇으니 가라대 격리ᄉᆞ비쟈라 일ᄋᆞ되 몬져 발ᄒᆞᆫ 일을 가히 말지 안이ᄒᆞᆯ지라 ᄒᆞ고 이에 슈두로 란을 발ᄒᆞ여 의로은 긔를 파랍 마와 멸ᄉᆞ리와 아돌이라 모든 ᄯᅡᆼ에 굿게 셰우고 일면으로는 마시니와 가리발디 두 호걸에게 와서 구원ᄒᆞ기를 비니 진실로 일쳔 팔빅 륙십년 봄이라

데이십졀 가리발디가 쳐서 남 의태리를 뎡ᄒᆞᆷ

이 ᄯᅢ에 가리발디가 방장 고향 이ᄉᆞ가 법국의 버힘이 됨을 듯고 분로ᄒᆞᆷ이 가슴에 막켜 완완히 탄식ᄒᆞ여 가라대 이졔 고국에 잇는 것이 도로혀 외국 사람이 됨을 ᄉᆡᆼ각지 못ᄒᆞ엿도다 ᄒᆞ고 기피 가부어를 마음에 만죡히 안이ᄒᆞᆫ지라 이제 일을어 남 의태리의 란을 듯고 뜻을 결단ᄒᆞ여 스ᄉᆞ로 더지며 스ᄉᆞ로 도아 그 뜻을 달ᄒᆞ기로 뎡ᄒᆞ고 힝ᄒᆞ기를 당ᄒᆞ여 한글을 영마로애에게 올려 가라대

신이 스ᄉᆞ로 신이 이제 바라고 획칙ᄒᆞᆫ바는 지극히 위티ᄒᆞ고 지극히 험ᄒᆞᆫ ᄉᆞ업이라 비록 그러나 신이 감히 피ᄒᆞ지 안이ᄒᆞ노니 신의 뜻ᄒᆞᆫ바를 만일 일우면 원컨ᄃᆡ 다시 새롭고 ᄯᅩ한 말은 한 보비 옥으로 왕의 면류관을 ᄭᅮᆷ이고 신이 더욱 원ᄒᆞ건ᄃᆡ 폐하 독히 건단ᄒᆞ심을 ᄯᅥᆯ쳐 죠뎡 신ᄒᆞ의 용렬ᄒᆞᆫ 졍칙을 물리쳐 나의 여기서 노리도ᄒᆞ며 여기서 울기도ᄒᆞ여 여기서 고기

구십오

도 낙그며 여기서 허염도 ᄒᆞ는이 고향 한 조각 ᄯᅡᆼ을 돌아와 신으로 저기 부쇽ᄒᆞ여 달은 족쇽에게 로예노릇을 말게ᄒᆞ소서 신이 루루ᄒᆞᆷ을 이기지 못

ᄒᆞᄂᆞ니다

가리발디가 이믜 글을 올리매 가타 ᄒᆞ는 회답을 기다리지 안이ᄒᆞ고 그 휘하에 본ᄅᆡ 감고을 한 가지 ᄒᆞ든 일쳔 사람ᄃᆡ를 거ᄂᆞ려 지로아 ᄒᆡ안에서 발ᄒᆡᆼᄒᆞ여 남방으로 향ᄒᆞ더라 오호라 누가 가장군이 한갓 용ᄆᆡᆼ쁜이라 ᄒᆞ리오 그 ᄯᅢ 의무가 가히 살뎍니아 졍부로 서로 관셥지 안이 ᄒᆞᆯ지니 서로 관셥ᄒᆞ면 이는 공을 일우지 못ᄒᆞ고 몬저 살뎍니아를 가시 나무 밧 가운ᄃᆡ 빨칠지라 이 뒤에는 ᄯᅩ한 의무가 살뎍니아 졍부로 더불어 관셥지 안이 못ᄒᆞᆯ지니 서로 관셥지 안이ᄒᆞ면 곳 의태리를 통일ᄒᆞᆯ 묵뎍이 가히 달ᄒᆞ지 못ᄒᆞᆯ지라 이에 가장군이 몬저 흉중에 획칙을 일우고 이에 토ᄭᅵ가 ᄯᅱ어 나고 골죠가 날아 ᄯᅥᆯ어지는 수단으로 표연히 긴 바람을 타고 ᄒᆡᆼᄒᆞ니 일쳔 팔ᄇᆡᆨ 륙십년 오월 오일이라

저 ᄯᅢ에 가부어는 엇지 ᄒᆞᆯ쟈뇨 그를 허락ᄒᆞ겟ᄂᆞ냐 이웃 나라의 반ᄒᆞ여 어지러음을 리로히 ᄒᆞ여 부하ᄇᆡᆨ셩을 션동식켜 응원이 됨은 졍부의 맛당히 ᄂᆡᆯ바가 안이며 그를 금ᄒᆞ겟ᄂᆞ냐 동지 쟈의 큰 업을 막으며 동포 인의 도탄을 줌이니 더욱 졍부의 내고자 ᄒᆞᆯ바가 안이라 이에 가부어가 ᄯᅩ 그 외교ᄒᆞ는 수

구십륙

단을 내어 그 즁앙에 울이 되엇으니 만일 가리발디의 가만ᄒᆞᆫ ᄭᅬ를 듯지 못ᄒᆞᆫ쟈는 졀졔ᄒᆞᆷ에 참예치 못ᄒᆞ고 듯고 스ᄉᆞ로 가서 각국에 포고ᄒᆞ여 엄ᄒᆞ게 즁립ᄒᆞᆷ을 직히고 폭동ᄒᆞ는 ᄇᆡᆨ셩을 탄압ᄒᆞᆫ자 소ᄅᆡ질으며 도리혀 ᄒᆡ군 함ᄃᆡ를 패츌ᄒᆞ여 가부어의 뒤를 ᄯᅡᆯ아 ᄒᆡᆼᄒᆞ며 일홈ᄒᆞ기를 ᄶᅩᆺ는다 진압ᄒᆞᆫ다 ᄒᆞ되 실상인즉 그 뒤를 응원ᄒᆞᆷ이라 ᄒᆡᆼᄒᆞ기를 임ᄒᆞ여 가부어가 지극히 간단ᄒᆞᆫ 한 말로 그 ᄒᆡ군 뎨독에게 훈계ᄒᆞ여 가라대 이에 가매 맛당히 가리발디와 이포ᄉᆞ 함ᄃᆡ의 사이로 배를 ᄒᆡᆼᄒᆞ되 원컨ᄃᆡ 족하는 이뜻을 알아ᄒᆞ라 뎨독 비이실나가 ᄯᅩ한 간단ᄒᆞ게 ᄃᆡ답ᄒᆞ여 가라ᄃᆡ 내가 이믜 그ᄃᆡ의 뜻을 알앗노니 내가 만일 글읏ᄒᆞ거든 청컨ᄃᆡ 그ᄃᆡ는 나를 옥에 나리소서 ᄒᆞ고 ᄯᅥ나니라

가리발디가 이믜 힝ᄒᆞ매 이 소식이 각국에 들리니 외교ᄒᆞ는 지리에 격앙ᄒᆞᆷ이 가히 의로ᄒᆞ기를 ᄉᆡᆼ각지 못ᄒᆞ는지라 이 ᄯᆡ에 오직 한 영국이 기픠 이포ᄉᆞ의 도탄이 심ᄒᆞᆷ을 민망히 역여 일으ᄃᆡ 이 거조를 가히 말지 못ᄒᆞᆯ지라 ᄒᆞ되 남은 여러 나라에서는 곳 바다 도뎍이라 ᄒᆞ며 밋친 사람이라도ᄒᆞ여 거만히 ᄭᅮ짓는 소릐가 귀로 견듸어 들을수 업더라 다ᄒᆡᆼ히 가라발디의 ᄃᆡ위가 외교ᄒᆞ는 간셥이 능히 밋지 못ᄒᆞᆯ지라 가부어는 로련ᄒᆞ고 민활ᄒᆞᆫ 졍략으로 한 몸이 비란히 공격ᄒᆞ는 가운ᄃᆡ 능히 서서 동ᄒᆞᆫ바가 업는지라 슯흐다 가리발디가 남편으로 오매남방에 수ᄇᆡᆨ년 싸힌 참혹ᄒᆞᆷ은 실험ᄒᆞᆫ 물과 폭렬ᄒᆞᆫ 불이

구십칠

이에 일을어 ᄯᅳ어음이 더욱 ᄯᅳ어은지라 가장군이 일ᄇᆡᆨ 번 싸운 사나은 장수의 위엄과 신령ᄒᆞᆷ으로 임ᄒᆞ매 쇄란ᄒᆞᆫ 굴음이 공즁에 거치고 모진 바람이 락엽을 쓸어 버림과 ᄀᆞ튼이 동으로 치매 션편이 위에 옴을 원망ᄒᆞ여 우리 후가 소셩식히러 온다 ᄒᆞ더라 이 째에 이포ᄉᆞ 졍부에 교련ᄒᆞᆫ 군ᄉᆞ가 비록 이만명이 잇으나 션셩을 듯고 쎨지 안이ᄒᆞ는쟈 업서 바람을 바라고 헤어져 달아나니 두어 날이 못되어 셕셕리를 온젼히 뎡ᄒᆞ고 포학ᄒᆞᆫ 인군 불란셔ᄉᆞ 뎨이를 사파덕에 내쫏고 구월 칠일에 이포ᄉᆞ에 들어가니 이포ᄉᆞ가 곤ᄒᆞᆫ 짐승이 오히려 싸호는 형셰로 죽을 힘을 다ᄒᆞ여 항거ᄒᆞ는지라 가장군의 부장 비기지라 가라대 우리들이 맛당히 조곰 몰러나 그 칼날을 피ᄒᆞᆯ지로다 ᄒᆞ거ᄂᆞᆯ 가장군이 바로 아포로가 그 입을 갈이며 가라대 슯흐다 말지 말지어다 우리들이 일으는 곳에 다 가히 죽을바를 어덧으니 엇지 ᄶᅡ를 가리리오 ᄒᆞ고 맛춤내 분격히 싸화 수일이 못되어 가리발디가 그 동지쟈 한 쩨로 드듸어 남 의태리 젼국에 쥬인이 되엇으니 슯흐다 칠쳑의 칼을 쩔처 삼군의 아페 몬저 서서 두달이 못되어 만승의 권셰를 답앗으니 이는 ᄉᆞ긔가 셰상에 잇음으로 부터 오매 하놀이 진동ᄒᆞ고 짱이 ᄶᅥ지는 큰 공이라 ᄒᆞ리라 이 뒤에 비록 오는 쟈가 잇어도 다시 능히 그 엇개와 등을 바라지 못ᄒᆞ리로다 이에 나는 긔별

이 왼 셰계에 굉장히 달ᄒᆞ매 왼 셰계에 사람들이 눈을 홉ᄯᅳ고 능히 감지못

구십팔

ᄒᆞ며 혀가 구더서 능히 펴지못ᄒᆞ여 숢도 ᄀᆞᆺ고 쌤도 ᄀᆞ터 서로 더불어 분주히 고ᄒᆞ여 가라대 가리발디는 하늘에 사람이요 심상ᄒᆞᆫ 혈륙잇는 사람의 류가 안이라 ᄒᆞ더라 슯흐다 이 ᄯᅢ에 가부어의 질거ᄒᆞᆷ을 가히 알지라 가부어는 젼에 가장 가리발디가 경홀ᄒᆞ고 밍렬ᄒᆞᆫ 슈단이 과ᄒᆞᆷ을 질졍ᄒᆞ여 그 털 한아를 잇글면 온 몸이 동ᄒᆞ는 것 ᄀᆞ티 큰판에 일을 글읏칠가 두려워ᄒᆞ엿더니 이런 ᄯᅢ를 당ᄒᆞ고 이런 ᄯᅡᆼ에 잇어 이런하늘이 놀나고 ᄯᅡᆼ이 동ᄒᆞ는 큰 소릐와 일ᄒᆞᆷ을 당ᄒᆞ여 비록 일빅 가졍승이 잇어도 능히 한 가장군의 한 손가락을 당ᄒᆞ지 못ᄒᆞᆯ지라 이에 이포ᄉᆞ와 셕셕리의 옛 졍부가 이믜 폐ᄒᆞ매 가리발디가 한 번 쒸어 두 나라에 셥졍ᄒᆞ는 관원이 되엇더라

이십일졀 남 북 의태리의 합병

이 ᄯᅢ에 마시니가 방장 가리발디의 국즁에 잇어 일빅 ᄉᆞ무를 참예ᄒᆞ매 큰 공이 이믜 일우어도 가리발디가 스ᄉᆞ로 셥졍관이라 칭ᄒᆞ고 독립ᄒᆞᆯ ᄯᅳᆺ이 업슴을 보고 이에 칙망ᄒᆞ여 가라대 엇지 공화ᄒᆞ는졍치를 폐지 안이ᄒᆞᄂᆞ뇨 ᄒᆞ니 가장군은 진실로 공화를 사랑ᄒᆞ는 쟈나 비록 그러ᄒᆞ나 그 공화를 사랑ᄒᆞᆷ이 의태리를 사랑ᄒᆞᆷ만 ᄀᆞᆺ지 못ᄒᆞ니 가장군의 ᄯᅳᆺ이 통일ᄒᆞᆷ이 업스면 곳 의태리가 업슴이니 만일 공화로 통일을 어드면 곳 우리의 일빅 일을 희싱 삼아서 공화ᄒᆞᆷ을 좃는것이요 만일 공화를 안이ᄒᆞ고 통일을 어드면 곳 우리의 일빅

구십구

일을 희싱삼아서 공화 안이ᄒᆞᆷ을 좃는것이라 구ᄒᆞ는바는 이 통일ᄒᆞ 는 목뎍을 달ᄒᆞᆷ이니 만일 그 슈단이 곳 마음을 용납ᄒᆞᆷ이 업슬진ᄃᆡ 오날날 가히 한 의태리가 업지 안이ᄒᆞᆯ것이요 ᄯᅩ한 두 의태리를 가히 두지 못ᄒᆞᆯ지라 오날 살

덕니아가 이믜 통일홀 ᄌ격을 갓초아서 북방에 일어낫고 우리도 ᄯᅩ한 가히 통일홀 ᄌ격을 가초아서 남 방에 일어낫으니 이는 두 의태리라 참으로 의태리를 사랑ᄒᆞ는 마음이 잇으면 진실로 한아를 굽혀서 한아를 펴지안이 ᄒᆞ지 못홀지라 저 슈십년에 졍신을 가다듬고 다ᄉᆞ리기를 도모ᄒᆞ여 군ᄉᆞ가 강ᄒᆞ고 나라가 부ᄒᆞ며 님군이 밝고 신하가 어진 살뎍니아로 하로 아ᄎᆞᆷ에 그 직힌바를 버리고 나를 좃고자 홈이 의론이 능치 안이홈이 안이오 곳 능홀지라 공화졍치의 압길이 엇지 감히 안보ᄒᆞ기가 저긔 더 다홈이 잇으리오 이에 가장군이 남을 굽히여 북을 펼 ᄯᅳᆺ이 확뎡ᄒᆞ여 가히 ᄲᆡᆺ수 업는지라 마시니가 어려옴이 업시 드듸어 그 ᄒᆞ는바를 들으니 비록 그러ᄒᆞ나 가리발디와 마시니는 다 옛로마를 노피 졀ᄒᆞ여 수십년에 밤낫 업시 ᄭᅮᆷ에라도 일즉 마음에 버리지 못ᄒᆞᆫ쟈라 ᄯᅳᆺᄒᆞ기를 만일 로마가 업스면 의태리가 맛ᄎᆞᆷ내 의태리 되지 못홀것이니 저들은 살왕이 스ᄉᆞ로 족ᄒᆞ게 역여 구챠히 편홈을 취홀가 저어ᄒᆞ여 이에 글을 올려 왕에게 요쳥ᄒᆞ며 가라대 신이 이제 권도로 셥졍관이 되어 일힝ᄒᆞ기에 편의케홈이 진실로 우리 왕게서 로마를 뎡ᄒᆞ시는 날이 안이

빅

면 신이 일빅 일에 감히 죠셔를 밧들지 안이ᄒᆞ겟ᄂᆞ니다 ᄒᆞ니 이는 당시에남방 모든 호걸이 획칙을 비포ᄒᆞᆫ 졍형이라

가부어가 이믜 가리빌디의 남 빙을 뎡홈을 듯고 ᄯᅩ 마시니가 그 군즁에 잇음을 들으매 ᄯᅩ한 깃거ᄒᆞ며 놀내며 두려워 ᄒᆞ여 급히 령을 뎨독 비이살라에게 나려 가라대 의태리가 박게 ᄶᅩᆨ쇽의 능모와 핍박과 젼졔와 쇽박홈과 밋친 사람의 ᄯᅱ고 더지는 세가지 괴로은 바다를 벗어나지 안이하면 곳 능히 스ᄉᆞ로 잇지 못ᄒᆞ리라 ᄒᆞ니 일으는바 밋친 사람의 ᄯᅱ고 더진다 홈은 마시니의 무리를 가ᄅᆞ침이라 엇지 ᄒᆞ여 밋친 사람으로 지목ᄒᆞ엿ᄂᆞ뇨 가부어가 일은 가리발디가 마시니의 희미케 밋는 공화를 쥬쟝ᄒᆞ는 의무에 혹홈이 되어 서로 나리지 안이ᄒᆞ고 분졀이 될가 념려ᄒᆞ며 이는 저들이 한번 익인위력을 타서 스

ᄉᆞ로 힘을 헤아리지 안이ᄒᆞ고 바로 나아가 로마를 칠가 념려ᄒᆞ니 진실로 그러면 반ᄃᆞ시 법국의 간셥ᄒᆞᆷ을 불러 이 구구ᄒᆞᆫ ᄇᆡᆨ셩 즁에 의용ᄃᆡ가 맛춤내능히 강ᄒᆞᆫ 나라에 오래 련습ᄒᆞᆫ 군ᄉᆞ를 당뎍지 못ᄒᆞ고 멸망ᄒᆞᆷ을 취ᄒᆞᆯ지라 그런고로 과타듯키 급ᄒᆞᆷ이 가히 ᄉᆡᆼ각ᄒᆞ고 의론ᄒᆞ기에 일으지 못ᄒᆞ리로다 이는 당시 북방 모든 호걸의 획책을 배포ᄒᆞᆫ 졍형이라

이 때에 의태리는 텬상과 디하에 분계가 한 털억을 다톨지라 가부어의 일ᄉᆡᆼ ᄉᆞ업을 이에 보며 마시니의 일ᄉᆡᆼ ᄉᆞ업을 이에 보며 가리발디의 일ᄉᆡᆼ ᄉᆞ업을

ᄇᆡᆨ일

이에 볼지라 우리들이 ᄉᆞ긔를 읽는 쟈여기 이르매 곳 취ᄒᆞᆫ 노릐로 이러나 춤추며 칙상을 치고 소릐ᄒᆞ여 졍히 모든 호걸의 속에 골을 다 ᄒᆞ고 마음에 피를 토ᄒᆞ며 죠심ᄒᆞ고 화평ᄒᆞ며 침잠ᄒᆞ고 두려워 ᄒᆞᆯ째를 아지 못ᄒᆞ리로다 이에 가부어는 그 련슉히 졍치ᄒᆞ는 방법을 내어 이 지극히 어렵고 지극히 큰 ᄎᆡᆨ망과 임ᄉᆞ를 옴겨 저 거칠고 호결ᄒᆞᆫ 협긔 잇는 션비의 손에서 내어 침잠ᄒᆞ고 온젼ᄒᆞᆫ 졍치가의 손에 들어 오고자ᄒᆞ여 이에 즁ᄒᆞᆫ 군병을 발ᄒᆞ고 로마에 향ᄒᆞ여 몬져 그 긔틀을 졔어ᄒᆞ고 가리발디의 운동을 막기로 결졍ᄒᆞᆫ지라 비록 그러나 가리발디가 남으로 치매 각 나라의 ᄭᅮ짓는 말이 분분히 일으되 그 장슈는 곳 살국에 엣 장슈요 그 군ᄉᆞ도 다 살국의 ᄇᆡᆨ셩이니 그 반ᄃᆞ시살뎍니아 졍부의 가ᄅᆞ쳐 부린바라 ᄒᆞ여 일ᄇᆡᆨ 입으로도 능히 번명ᄒᆞᆯ수 업는지라 이에 일을어 다시 즁ᄒᆞᆫ 군병으로 로마에 향ᄒᆞ매 각 나라가 엇지 능히 묵묵ᄒᆞ리오 가부어의 졍치ᄒᆞ는 수단이 이에 ᄯᅩ 나오도다

가부어 이에 각 나라에 잇는 본국 공ᄉᆞ에게 고ᄒᆞ여 가라대 만일 우리 군ᄉᆞ가 능히 가리발디의 군ᄉᆞ가 개덕니아에 이르기 젼에 몬저 하덕텬라 하를 졈령치 못ᄒᆞ면 우리 나라가 반ᄃᆞ시 망ᄒᆞᆯ것이요 의태리가 반ᄃᆞ시 혁명의 고회에 잠길지라 ᄒᆞᆫᄃᆡ 법뎨 나파륜 뎨삼이 듯고 가라대 너의 살뎍니아가 이믜이 것이 해 됨을 아느냐 이믜 오날에 스ᄉᆞ로 구원ᄒᆞᆷ을 가히 말지 안이ᄒᆞᆯ 것을 아

빅이

느냐 그러면 불가불 외로운 한 번 더질 운슈와 명을 취ᄒᆞ여 스ᄉᆞ로 그 션동ᄒᆞ는 사람을 억졔홀지라 이 ᄯᅢ에 나파륜이 흔흔히 깃거온 빗이 잇는 듯ᄒᆞ여 가부어의 구ᄒᆞ는바가 졍히 저의 이 한 말에 잇는 것을 아지 못ᄒᆞ더라 이에 가부어가 히연히 일톄로 칙망과 임ᄉᆞ를 다 내가 지기로 고ᄒᆞ고 이에 살뎍니아의 군병이 구월에 진을 옴겨 남 방으로 향ᄒᆞ여 로마 교황의 군ᄉᆞ와 아ᄉᆞ뎍비달라에서 맛나 크게 패ᄒᆞ고 드디어 안가라의 ᄶᅡᆼ을 웅거ᄒᆞ엿더라

가부어의 념려ᄒᆞᆫ바 뎨일ᄉᆞ는 대개 과히 념려홈이니 가리발디는 이믜 일즉 뎡ᄒᆞᆫ ᄯᅳᆺ이 잇는지라 그 뎨이ᄉᆞ에 일을어는 곳 헤아린바에 나지 안이ᄒᆞ니 만일 가부어가 급히 일어나 바로 ᄯᆞᆯ으지 안이ᄒᆞ엿으면 곳 압길을 가히 물을수 업스리로다 마시니가 가리발디에게 말ᄒᆞ여 가라대 우리 군ᄉᆞ가 이십일 안으로 곳로마와 혹 비리ᄉᆞ에 이로지 못ᄒᆞ면 우리 무리의 ᄯᅳᆺ을 맛춤내 달ᄒᆞ지 못홀지라 ᄒᆞ니 가장군이 알아 듯고 급히 군ᄉᆞ를 경졔ᄒᆞ며 말을 먹여 힝ᄒᆞ더니 다힝이 하놀이 의태리를 도으샤 이포ᄉᆞ에 남은 군졸을 슈습ᄒᆞ여 가리발디를 하뎍텬라하의 북쪽 언덕에 막음을 맛나 십월 일일에 두 군ᄉᆞ가 비로소 싸홈을 결단ᄒᆞ니 이포ᄉᆞ 군ᄉᆞ가 크게 허여지고 그 님군은 기달에 달아나는지라 살뎍니아 군ᄉᆞ가 이믜 하슈를 건너 남 쪽으로 오니 이 ᄯᅢ에 영파로애는 오히려 가장군의 ᄯᅳᆺ이 엇더홈을 아지 못ᄒᆞ여 기피 두 군ᄉᆞ가 혹 츙돌홈이 잇을

빅삼

가 념려ᄒᆞ엿으나 가장군이 이믜 항오를 졍제케 신칙ᄒᆞ고 그 넓은 소매로 ᄯᅢ에 저즌 불은 외투를 입고 손으로는 그풀은 끈이 나려드린 ᄲᅥᆯ어진 모ᄌᆞ를벗어 들고 웃으며 나가 만저 가라대 신이 우리 왕을 기ᄃᆞ림이 오래로소이다 왕도 ᄯᅩ한 그 손을 잡고 위로ᄒᆞ여 가라대 경의 착ᄒᆞ고 수고홈을 샤려ᄒᆞ노라 ᄒᆞ니 슯흐다 그 뢰락ᄒᆞ고 표상ᄒᆞᆫ 틔도를 쳔지 알에 오히려 장ᄎᆞ 보겟도다 군

ᄌᆞ가 ᄉᆞ긔를 읽다가 이에 일으러 의태리의 홍ᄒᆞᆫ바가 대개 여긔 잇음을 탄식 ᄒᆞ도다
가리발디가 쟝ᄎᆞ 그 피와 ᄯᆞᆷ으로 어든바 토디를 그 님군에게 드릴새 이에 하로를 견긔ᄒᆞ여 몰러감을 고ᄒᆞ는 말을 베풀어 가라대
모든 그ᄃᆡ들이어 명일은 진실로 우리 나라 ᄇᆡᆨ셩의 한 큰 긔렴이 됨날이라 엇더ᄒᆞᆫ 연고뇨 우리가 한가지로 쥬장ᄒᆞᆫ 님군 영마로애가 장ᄎᆞ 수ᄇᆡᆨ년리의 우리 나라 ᄇᆡᆨ셩의 사이에 막키고 눌림을 허져 파ᄒᆞ시고 이 ᄯᅡ에 림ᄒᆞ신고로 우리 무리가 졍셩을 다ᄒᆞ여 공경을 다ᄒᆞ여 우리 왕을 맛고 우리 무리가 졍셩을 다ᄒᆞ고 공경을 다ᄒᆞ여 상뎨 게서 우리에게 주신바 님군을 마졋으니 우리들의 사랑ᄒᆞ는 졍을 능히 왕으로ᄒᆞ여곰 늣길지니 우리 무리가 협농ᄒᆞ여 조흔 ᄯᅳᆺ으로 왕의 ᄒᆡᆼᄒᆞ시는 길에 펴 능히 왕으로 ᄒᆞ여곰 깃부게 ᄒᆞ리로다 이로부터 가매 다시 졍치우에 ᄯᅳᆺ이 업스며 이로부터 가매 다시 당패도 업

ᄇᆡᆨᄉᆞ

스며 이로부터 가매 다시 다톰도 업스며 다시 화평ᄒᆞ지 안이ᄒᆞᆷ도 업스며 이로부터 가매 나의 비단 ᄀᆞᆺ고 차돌ᄀᆞ튼 의태리가 우리 영무ᄒᆞ시고 인ᄌᆞᄒᆞ신 영마로애 왕의 다ᄉᆞ리시는 알에 통일ᄒᆞᆯ지니 의태리 만셰 만셰 영마로애 만셰 만셰
십일월 칠일에 왕이 가리발디로 더불어 말 곳비를 알우러 이포ᄉᆞ에 들어가니 이 ᄀᆞ티 담박ᄒᆞ고 영졍ᄒᆞᆫ 쟝군이 온 군병과 온 ᄯᅡᆼ을 들어서 왕에게 드리고 공훈과 벼술을 일졀 밧지 안이ᄒᆞ여 상주는바를 일졀 밧지 안이ᄒᆞ며 한아 츄죵ᄒᆞ는쟈도 잇글지 안이ᄒᆞ며 한 긴 물건도 슈습지 안이ᄒᆞ고 표연히 한 몸으로 바로 돌아가 아보렬랍섬에 누은지라 오호라 내가 동셔양에 예와 이제 수쳔년 ᄉᆞ긔를 두루 읽어 쟝군 ᄀᆞ튼 한 사람을 구ᄒᆞ고자 ᄒᆞ나 엇지 가히 어드리오 곳 북미 합즁국의 나라 아비되는 화셩돈이 그에 가직ᄒᆞ리로다

뎨이십이졀 뎨일국회

영마로애가 이믜 이포ᄉᆞ와 셕셕리를 어덧으나 비록 그러ᄒᆞ나 이 왕 불란셔ᄉᆞ가 마음에 달게 역이는바가 안이라 이에 살왕과 가리발디의 무도홈을 각나라에 호소ᄒᆞ고 ᄯᅩ 구원ᄒᆞ기를 오 법에 비는지라 오 왕은 진실로 구원ᄒᆞ고자ᄒᆞ나 그러나 매특달의 젼졔홈을 지낸후에 나라 가운ᄃᆡ 반ᄃᆡ홈이 크게 일어나니 큰군ᄉᆞ를 한 번 동ᄒᆞ매 혁명의 참혹홈을 면치 못ᄒᆞᆯ가 저어ᄒᆞ는지라

ᄇᆡᆨ오

그런고로 감히 군병을 박게 내지 못ᄒᆞ는지라 나파륜이 바로 군함을 파숑ᄒᆞ여 구원ᄒᆞᆫ다 소ᄅᆡᄒᆞ여 말ᄒᆞ나 그러나 ᄭᅮ지즐 ᄯᅡ롬에 지내지 안이ᄒᆞ고 반ᄃᆞᆺ이 구원ᄒᆞᆯ 결심은 업더라 가부어 이에 왕게 고ᄒᆞ여 가라대 렬국의 ᄯᅳᆺ 향홈을 가히 볼지라 하늘이 주어도 ᄎᆔᄒᆞ지 안이ᄒᆞ면 반ᄃᆞᆺ이 그 앙화를 밧ᄂᆞ니 비록 그러ᄒᆞ나 일을 ᄎᆞ례로 슌ᄒᆞ게 ᄒᆞᆯ지니 이제 청컨ᄃᆡ 젼에 북방의 등록을 의지ᄒᆞ여 온 나라에 넓이 통ᄒᆞ는 투표를 만둘어 조ᄎᆞ소서 맛춤내 ᄆᆞ흔수효로 살국에 합ᄒᆞ니 불란셔ᄉᆞ가 크게 분히 역어 ᄡᅡ홈을 도다 한 번 패ᄒᆞ고 빌어 황복ᄒᆞ엿더라

일쳔 팔ᄇᆡᆨ 륙십 일년 이월 십팔일에 뎨일ᄎᆞ 국회를 열새 로마와 비리ᄉᆞ 두 ᄡᅡᆼ을 졔ᄒᆞᆫ 외에 그 남은 의태리 온 나라 ᄇᆡᆨ셩들이 다 각기 ᄃᆡ의ᄉᆞ를 ᄲᅩᆸ아 ᄇᆡᆨ셩의 ᄯᅳᆺ을 ᄃᆡ표ᄒᆞ여 쵸령에 모다 모히니 이 국회는 승젼ᄒᆞᆫ 로ᄅᆡ가 양양ᄒᆞᆫ 가운ᄃᆡ 열어으니 이로 경ᄉᆞ를 ᄉᆡᆼ각ᄒᆞ매 경ᄉᆞ를 가히 알지로다 비록 그러ᄒᆞ나 아롬다음에 오히려 부죡홈이 잇으니 부죡ᄒᆞᆫ쟈가 무엇이뇨 곳 로마와 비리ᄉᆞ 두 ᄡᅡᆼ은 진실로 의태리의 즁심이라 이졔 즁심 되는 ᄡᅡᆼ에 오히려 고ᄃᆡ로 입이 통ᄒᆞ엿으니 로마는 의태리 ᄯᅳᆺ 잇는 션비의 노피고 셤기는바라 가리발디의 셰력이 이에서 졈을 일으키고 마시니의 셰력도 이에서 졈을 일으키엿으니 저 두 호걸이 다 로마를 어더 두지못ᄒᆞ면 비록 죽어도 눈을 감지 못

ᄇᆡᆨ륙

ᄒᆞᆯ 결심이라 엇지 오즉 저 두 호걸분이리오 가부어의 침잠ᄒᆞ고 련슉ᄒᆞ며 근심ᄒᆞ고 묵즁ᄒᆞᆷ으로도 ᄯᅩᄒᆞᆫ ᄒᆞᆼ샹 말ᄒᆞ기를 의태리가 로마에 도읍을 뎡ᄒᆞ지 못하면 곳 강ᄒᆞᆫ 나라의 통일ᄒᆞᆷ을 맛ᄎᆞᆷ내 가히 엇지 못ᄒᆞ리로다 하니 ᄯᅩ 엇지 제 세 호걸 ᄲᅮᆫ이리오 온 의태리에 피가 잇고 눈물도 잇는 남ᄋᆞ들이 진실로 노ᄅᆡ도 로마요 울어도 로마요 로마에 절ᄒᆞ고 로마에 쉼ᄒᆞ지 안이ᄒᆞ는쟈가 잇지 못ᄒᆞ는지라 이에 의태리 젼뎨가 이믜 ᄀᆞᆺ초매 모든 통이 그 머리가 업슴 ᄀᆞ튼지라 그런고로 가라대 아ᄅᆞᆷ다옴에 오히려 부죡ᄒᆞᆷ이 잇다 ᄒᆞ도다

뎨이십삼절 가부어의 길이 가매 그 맛치지 못ᄒᆞᆫ뜻

뎨일ᄎᆞ 국회를 ᄀᆡ회ᄒᆞᆫ 두어달 후에 가상국이 엄연이 길이 가니 상국이 평싱에 ᄯᅳᆺᄒᆞᆫ 일이 ᄯᅩ 한 일에 이믜 여돏 아홉을 일운지라 비록 그러나 나라의 진보ᄒᆞᆷ이 다ᄒᆞ지 못ᄒᆞ며 사람의 바람의 바람이 다ᄒᆞ지 못ᄒᆞᆫ고로 나라를 ᄉᆞ랑ᄒᆞ는 ᄯᅳᆺ 잇는 션ᄇᆡ의 ᄎᆡᆨ임과 회포와 감졍이 ᄯᅩᄒᆞᆫ 다ᄒᆞ지 못ᄒᆞᆫ지라 이에 가부어가 스ᄉᆞ로 한량업시 다 치 못ᄒᆞᆫ 연분을 기쳐 나림을 ᄭᆡ달아 ᄯᅳᆺ을 싸고 죽으니 가쟝 큰 쟈가 돌이 잇는지라 첫ᄌᆡ는 이포ᄉᆞ에서 뒤를 잘 ᄒᆞᆯ 문뎨니 이포ᄉᆞ가 비록 합병ᄒᆞ엿으나 그 ᄇᆡᆨ셩이 능히 다 화ᄒᆞ지 못ᄒᆞ엿으니 이포ᄉᆞ 사람이 오래 젼졔ᄒᆞ는 졍부 알에 업ᄃᆡ어 법률이 잇음을 알지 못ᄒᆞ고 가직히 ᄇᆡᆨ셩의 ᄀᆡ운이 크게 동ᄒᆞᆫ 뒤로는 식글업게 ᄒᆞ는ᄃᆡ 익어서 건ᄯᅳᆺᄒᆞ면 정

ᄇᆡᆨ칠

부를 반ᄃᆡᄒᆞ기로 일삼는지라 이에 정부가 엄ᄒᆞᆫ 슈단으로 다ᄉᆞ리기를 의론ᄒᆞ는쟈가 잇거ᄂᆞᆯ 가부어 크게 근심ᄒᆞ여 ᄒᆞᆼ상 사람ᄃᆞ려 말ᄒᆞ여 가라대 만일 망령 되게 엄히 경계ᄒᆞ는 령을 나려 위력으로 나라를 다ᄉᆞ리고 군졍으로 ᄇᆡᆨ셩에게 림ᄒᆞ면 비록 지혜 잇는쟈가 잇어도 반ᄃᆞᆺ이 그 뒤를 능히 잘ᄒᆞ지 못ᄒᆞᆯ지라 ᄒᆞ고 가부어 기피 ᄌᆞᄀᆡ가 죽은후에 졍ᄉᆞ 잡은 쟈가 이걸로 그 엽을 ᄶᅧᆯ

어 칠가 두려워ᄒᆞ여 병든 평상에 누어 잇어 ᄭᅮᆷ에 말ᄒᆞ는 것 ᄀᆞ티 문득 스ᄉᆞ로 말ᄒᆞ여 가라대 계엄ᄒᆞ는 령을 나리지 말나 계엄ᄒᆞ는 령을 나리지 말라 ᄒᆞ며 이와 ᄀᆞ티 하로에 수십ᄎᆞ를 ᄒᆞ니 대개 근심ᄒᆞᆷ이 깁더라 둘재는 가라대 교황의 권한 문뎨니 로마 교황이 쳔년 이릐에 의태리의 큰 권셰를 잡앗으니 그 권셰가 한갓 종교와 교육 ᄲᅮᆫ이 안이라 겸ᄒᆞ여 정치에 밋치엇으니 교황으로 ᄒᆞ여금 이번 튼섬이 (곳의태리라)저의 관할ᄒᆞᆫ 토디로 알면 곳 의태리 왕은 결단코 국민 정부의 웃듬 머리가 되지 못ᄒᆞᆯ지니 그 ᄉᆞ리가 지극히 밝히기 쉬은지라 그러나 교황의 놉고 엄ᄒᆞᆷ으로 진실로 능히 이포ᄉᆞ 왕을 ᄃᆡ졉ᄒᆞ는 법으로 ᄃᆡ졉ᄒᆞ지 못ᄒᆞᆯ지니 저의 스ᄉᆞ로 물러가 사양ᄒᆞ기를 달게 ᄒᆞᆯ진ᄃᆡ 쳔년에 구지 잇는 권력을 잡아 공슈ᄒᆞ여 의 왕을 주는것인 ᄯᅩ한 일이 지극히 바라기 어려으니 이에 외국 정부가 부득불 궁ᄒᆞ리로다 일쳔 팔ᄇᆡᆨ 륙십년을 당ᄒᆞ여 로마 강달에 ᄶᅡᆼ이 의태리에 합ᄒᆞ매 교황이 크게 셩내어 그 ᄇᆡᆨ셩

ᄇᆡᆨ팔

을 교 박그로 내ᄶᅩᆺ기를 션언ᄒᆞ고 영마로애와 가부어로 ᄒᆞ여금 곳 교황에게 ᄭᅳᆫ침을 당ᄒᆞ니 ᄯᅩ한 족히 두 사람의 덜림을 위ᄒᆞᆷ이 안이라 저 군신 ᄀᆞ튼 이가 업스니 다 교회에 렬심ᄒᆞ는 사람이라 그럼으로 항샹 조심 조심ᄒᆞ여 범ᄒᆞᆯ 바가 잇슬가 ᄒᆞ나 비록 그러나 일국의 큰 ᄭᅬ를 ᄒᆞ매 ᄯᅩ 엇지 먹음고 참아 예를 ᄲᅡᆯ으리오 가부어는 ᄀᆡ혁ᄒᆞ는 업이 온 판을 통ᄒᆞ지 못ᄒᆞ면 능히 공이 되지 못ᄒᆞᆯ 것을 기피 아는지라 저가 ᄒᆞᆼ상 가라대 므릇 일국의 도읍을 가릴진ᄃᆡ 가히 인민의 감졍이 업지 못ᄒᆞᆯ지라 로마가 진실로 대국의 도읍될 ᄶᅡᆼ에 졍당ᄒᆞ니 모든 력ᄉᆞ 우에나 지식 우에나 덕의 우에 증거ᄒᆞ여도 다 그러ᄒᆞᆯ쟈라 이졔를 위ᄒᆞ여 ᄭᅬᄒᆞᆯ진ᄃᆡ 맛당히 교황으로 ᄒᆞ여금 교회에 위력이 반듯이 정ᄉᆞᄒᆞ는 권셰를 의지ᄒᆞ지 안이ᄒᆞ고 능히 독립ᄒᆞᆷ을 알게 ᄒᆞᆯ지니 교황이 정ᄉᆞ 권셰를 벗어 버린후에야 교회가 더욱 빗나고 영화로를지라 내가 한 쥬의가 잇어 의태리에 션포ᄒᆞ고자 ᄒᆞ노니 곳 ᄌᆞ유 교회를 ᄌᆞ유국에 세움이 이것

이라 ᄒᆞ엿으니 가부어는 이런 쥬의를 품어 루ᄎᆞ 로마 궁뎡에 ᄀᆞᆫ졀히 의론을 협동ᄒᆞ되 일과 원ᄒᆞᆷ이 억이어 의태리가 매양 한 거름을 나아가매 곳 교황의 잡은바가 ᄭᅥᆨ김이 더욱 한 층이 기픈지라 이러ᄒᆞᆫ 몽ᄆᆡ간 ᄉᆡᆼ각이 이런 큰 졍치가 들의 뇌속에 ᄅᆡ왕ᄒᆞᆷ이 슈십년이로되 맛참내 이러ᄒᆞᆫ 몽ᄆᆡ간 ᄉᆡᆼ각을 품고 디하에 들어 가니 한심ᄒᆞ고 가히 슬프도다

ᄇᆡᆨ구

가부어 삼십여년에 ᄉᆡᆼᄋᆡ가 사람의 능히 못 지낼 부즈런과 슈고를 지내고 사람의 능히 당치못ᄒᆞᆯ 근심과 걱졍을 당ᄒᆞ엿는지라 그 만년에 지낸바는 지극히 가히 깃분 승리와 지극히 가히 슬픈 실패ᄒᆞᆷ이 순환ᄒᆞ여 셔로 이으니 저 쇠와 돌의 구듬에 비ᄒᆞ고 금과 옥에 빗을 일은 것 ᄀᆞ튼 몸이 ᄯᅩ한 녹아서 다 ᄒᆞᆫ지라 왕 영마로애가 그 병이 극ᄒᆞ기젼 열ᄒᆞᆯ에 촌보도 일즉 겨테 ᄯᅥ나지 안이ᄒᆞ고 명이 ᄭᅳᆫ어질ᄯᅢ에 한 발도 달은 일이 업고 오즉 ᄲᅡᆯ리 불러 가라대 계엄ᄒᆞ는 령을 이포ᄉᆞ에 나림은 신이 긔어히 긔필코 가치 안이ᄒᆞ오니 오즉 저의 ᄯᅢ를 말키고 저들을 말키소서 저들을 말키소서

가장 뒤에 한참 잇다가 오히려 그 겨테 모시는 아우를 돌아보고 말ᄒᆞ여 가라대

나의 아우야 나의 아우야 ᄌᆞ유국 즁에 ᄌᆞ유 교회니라 ᄒᆞ더라

일쳔 팔ᄇᆡᆨ 륙십 일년 륙월 오일에 의태리를 독립ᄒᆞᆫ 큰 정치가 ᄌᆡ상 ᄇᆡᆨ쟉 가부어가 홍ᄒᆞ니 우에로 님군과 알에로 ᄉᆞ대부와 농ᄉᆞᄒᆞ는 ᄇᆡᆨ셩과 상고와 ᄋᆞ희들과 군졸들이라도 슬피 통곡ᄒᆞ기를 부모의 초상 ᄀᆞ티ᄒᆞ여 죠뎡에는 죠회를 파ᄒᆞ고 들에는 저ᄌᆞ를 파ᄒᆞ여 온 의태리 나라 ᄇᆡᆨ셩이 번뢰ᄒᆞ여 바다에 잠긴지 두어달이라 오호라 의태리 사람의 질곡을 가부어가 쓸으고 의태리 사람의 형극을 가부어가 호무질ᄒᆞ고 의태리 사람의 지식을 가부어가 가ᄅᆞ치

빅십

고 의태리 사람의 ᄌ유를 가부어가 주엇으니 의태리는 가부어의 안히가 안이오 가부어의 ᄋ히라 가부어가 의태리를 버리고 가매 나가 겨우 오십일셰라 다시 십년만 빌려주면 다 맛치지 못ᄒᆞᆫ 업을 가히 맛칠것이요 그 갑지 못ᄒᆞᆫ 원을 가히 가풀지니 나는 감히 의태리의 국셰가 오날에 근치지 안이홈을 미들지라 가부어의 의태리를 지옴이 비ᄉᆞ믹이 덕국을 지옴과 ᄯᅳᆺ이 ᄀᆞᄐᆞ니 비ᄉᆞ믹의 죽음은 가부어의 삼십년 후라 이러홈으로 덕국은 능히 저 ᄀᆞᄐᆞᆫ 바요 오국은 겨우 이 ᄀᆞᄐᆞᆫ바라 이것이 나의 부득불 의태리 사람을 위ᄒᆞ여 슬퍼ᄒᆞ도다 비록 그러ᄒᆞ나 가부어는 ᄯᅩ한 가히 눈을 감으리로다 임금은 노례를 노음으로 일싱에 큰 ᄉᆞ업을 삼아남 북미의 란리가 겨우 뎡ᄒᆞ미 임금이 가고 가부어는 의태리의 통일홈으로 일싱에 큰 ᄉᆞ업을 삼아 뎨일 국회가 겨우 열매 가부어가 가니 오호라 가부어는 ᄯᅩ한 가히 눈을 감을 지로다

데이십ᄉᆞ졀 가리발디의 하옥과 류 영국

이 ᄯᅢ에 의태리는 진실로 한 가부어가 업지 못홀것인ᄃᆡ 가부어가 길이 가니 온 나라가 바람을 일어 홀바를 아지 못ᄒᆞ더니 다힝이 나파륜 뎨삼이 오히려 동졍을 표ᄒᆞ여 륙월 금음에 의태리 독립을 공번되이 인허ᄒᆞ고 공ᄉᆞ를 파숑ᄒᆞ여 의국 서울에 멋츄게 ᄒᆞ니 가부어의 뒤를 이은 자는 남쟉 이아사리라 쇼하의 규모를 조참이 ᄯᅡᆯ앗으니 특별ᄒᆞᆫ 슈단은 업ᄉᆞ나 족히 사람의 바라는

빅십일

바가 되엿더라 그해(일쳔팔빅륙십일년)칠월에 의태리 졍부에서 로마 교황으로 더불어 교셥ᄒᆞ는 한 법안을 쵸츌ᄒᆞ여 법국에 부탁ᄒᆞ고 교황 피아ᄉᆞ 뎨구에게 보내어 허락ᄒᆞ되 교황이 만일 졍권을 노아 버리면 긔만금으로 서로 주고 ᄯᅩ한 그 교권에 무한ᄒᆞᆫ ᄌ유를 엇게ᄒᆞ여 졍부는 결단코 간셥지 안이ᄒᆞ기로 ᄒᆞ되 피아아ᄉᆞ가 고집ᄒᆞ여듯지 아니ᄒᆞ고 션언ᄒᆞ되 쳔년이릐로 력ᄃᆡ에

교황들이 그 정권을 잡고 거ᄂᆞ려 부린 토디를비록 척촌이라도 ᄉᆞ양ᄒᆞ여 버히지 못ᄒᆞᆯ지라 ᄒᆞ니 정부에 부틸쐬가 자못 궁ᄒᆞᆫ지라 이에 의태리 인민이 크게 격앙ᄒᆞ여 혁명이 ᄯᅩ벌 ᄀᆞ티 일어 나서 잇는바에 츌몰ᄒᆞᆫ지라 가리발디가 이에 긴 호무를 더지고 긴 칼을 잡아 다시 아보렬랍에서 일어나 의용병 일쳔 오빅을 거ᄂᆞ리고 셕셕리로 부터 길에 올으니 겨우 한 달만에 미셔로 바다가를 건너 교황의 경ᄂᆡ에들어가니 의태리정부는 여러 의론이 일어나며 렬국의 간셥이 잇어 ᄉᆞ직에 위태ᄒᆞᆷ이 될가 두려워ᄒᆞ고 급히 군ᄉᆞ를 발ᄒᆞ여 막으니 팔월이십 구일에 두 군ᄉᆞ가 서로 아ᄉᆞ보라 문에 맛나 츌돌ᄒᆞᆯ새 가장군이 상ᄒᆞᆷ을 입어 드되어 님군의 군ᄉᆞ가 사로잡은바 된지라 이때에 가리발디는 우에로 님군과 알에로 상고와 ᄋᆞ동과 군졸이라도 노피어 절ᄒᆞ기를 우샹과 ᄀᆞ티 안이ᄒᆞ는쟈가 업는지라 그러나 한갓 외교 우에 혐의가 된으로 부득불 파력라라에 가두니 유롭 렬국에 모든 의론이 더욱 경도ᄒᆞ여 싱각ᄒᆞ고

빅십이

의론ᄒᆞᆯ 결을이 업는지라 장군이 파력라라에 잇으매 일즉 모시는 쟈에게 우연이 말ᄒᆞ여 가라대 영인의 소릐를 내가 장 듯기를 질거ᄒᆞ는 바라 ᄒᆞᆫᄃᆡ 이이 한 번 나매 각신문들에 다토아 긔슐ᄒᆞ여 파젼ᄒᆞ는지라 영국에 일홈 잇는 게집과 일홈 잇는 션비들이 한 번그 기침ᄒᆞ는 소릐라도 친ᄒᆞ여 명예가 되고자 안이ᄒᆞ는쟈가 업는지라 한 말로 그 잠뎍ᄒᆞᆷ을 위로ᄒᆞ여 스ᄉᆞ로 한량업는 공덕을 삼고자 ᄒᆞ는쟈 귀ᄒᆞᆫ이나 쳔ᄒᆞᆫ이나 늙은이나 졂은이나 촌이나 셩이나 업시 다 분쥬히 달아 모히매 뒤에 올가 저어ᄒᆞ니 파력라라에 여관들이 문득 영국 손님의 다 뎜령ᄒᆞᆫ바되엇더라 그 가운ᄃᆡ 한 로구가 잇어 그 사랑ᄒᆞ는 졂은 ᄯᅡᆯ을 다리고 ᄯᅩ한 본국에서 만리 바다를 건너 가장군의 가친 ᄯᅡᆼ에 일을어 간호부가 되어서 장군으로ᄒᆞ여곰 날로 그 소릐를 듯고 깃거히 ᄒᆞ기를 빌거ᄂᆞᆯ 장군이 구지 ᄉᆞ양ᄒᆞ여 드리지 안이ᄒᆞ는지라 져 모녀가 타국말을 한말도 아는바가 업시 로비가 이믜 다ᄒᆞ매 외로히 돌아 갈수가 업는지라

의국 졍부의 구조홈으로 겨우 고토에 돌아와 오히려 반돗이 그 목뎍을 달ᄒᆞᆫ 뒤에 말고자ᄒᆞ여 이뜻을 장군에게 달ᄒᆞ고 맛춤내 일각 사이라도 가친집에 들어가 장군의 친히쓴 글ᄌᆞ 한아와 힌 털 한줄기를 빌어 허락ᄒᆞ면 밋치게 깃거히돌아가겟다 ᄒᆞ는지라 오호라 이것이 비록 적은 일이나 가장군의 렬셩이 한 셰상을 호흡홈과 쏘한 셔방에 인민의 풍쇽이 영웅을 노피고 영웅을

빅십삼

혹ᄒᆞ는 긔상을 다 가히 싱각ᄒᆞ여 보리로다
미구에 옥에서 나와 가장군이 마시니일은 둘재 고향되는 영국에 한만히 놀아 장ᄎᆞ 영인이 로마에 ᄃᆡᄒᆞᆫ 렬졍을 불러 일으키려ᄒᆞ니 영인이 본릭 손을 조하홈으로 텬하에 들리는지라 그 깃거히 ᄃᆡ졉ᄒᆞ는 ᄀᆞᆫ졀ᄒᆞᆫ 졍셩이 경동ᄒᆞ여 극렬ᄒᆞᆫᄃᆡ 일음이 이때에 심홈이 업는지라 장군의 탄배가 사승보톤에 일을어 겨우 륙디에 올으매 영인이 강 가에 모힌 쟈가 문득 일관으로 세 알일지라 서로 손을 잡고 다시 손을 잡으며 서로 입을 대고 다시 입을 대어 반일이 되도록 능히 촌보를 힝ᄒᆞ지 못ᄒᆞ더라 장군이 칼을 시험ᄒᆞ던 활발ᄒᆞᆫ 손이 이믜 뺏々ᄒᆞ여 능히 움직이지 못ᄒᆞ며 장군의 풍진에 창고ᄒᆞᆫ 얼골이 이믜 춤이 싸여 흘러 나리고자 ᄒᆞ는지라 장군이 수십년릭로 츌립ᄒᆞᆯ 때 한 가지ᄒᆞᆫ 그 붉은 외투가 렬셩나서 슝빅ᄒᆞ는 쟈들의 잡아 찟고 서로 쌧는바 되어 빅 수십 쏘각에 씨어져 각각 한 치와 한 실이 라도 서로 빗나기가 보화로 역여 영국은 나라에 사회가 죠뎡이나 시골이나 늙은이나 졂은이나 업시 다 그 뇌에 힘이 업고 그 마음을 일은 것 ᄀᆞᆺ티 그 마음과 뇌 가운ᄃᆡ 다시는 직업이 잇음을 알지 못ᄒᆞ며 학문이 잇음을 알지 못ᄒᆞ며 번뇌홈이 잇음도 알지 못ᄒᆞ고 오즉 한 가리발ᄃᆡ 장군이 잇는 것만 알더라 오호라 대장부 참 남ᄌᆞ가 맛당히 이ᄀᆞᆺ티 안이ᄒᆞ며 맛당히 이ᄀᆞᆺ티 안이ᄒᆞ리오

ᄇᆡᆨ십ᄉᆞ

나파륜 뎨삼이 본ᄅᆡ 가장군의 위인을 깃거히 안이ᄒᆞ는지라 그 영국에 환영ᄒᆞᆷ을 바듬이 이ᄀᆞ티 극ᄒᆞᆷ을 듯고 유롭 온판에 영향이 될가 저어ᄒᆞ여 이에 가만히 영국 졍승 파미사돈에게 권ᄒᆞ여 상등 손으로 고국에 돌아 가기를 청ᄒᆞ니 미구에 가장군이 돌아가다

뎨이십오졀 가리발디의 ᄌᆡ립 로마와 두 번 패ᄒᆞ고 두 번 잡히다

일쳔 팔ᄇᆡᆨ 륙십 ᄉᆞ년에 왕 영마로애가 다시 로마 문뎨로 나파륜과 일부러 의론을 협도ᄒᆞᆫ바가 잇어 그 해 구월에 두 나라가 언약을 톄결ᄒᆞ엿으니 법인은 로마에 수자리 ᄒᆞ는 군ᄉᆞ를 것고 의왕은 그 졍권을 침범치 안이ᄒᆞ기로ᄒᆞ니 이는 진실로 외교ᄒᆞ는 졍칙이 졈졈 나아감이니 부득불 그러ᄒᆞᆯ지라 렬셩이 찌어짐 ᄀᆞ튼 가장군은 이에 일을어 더욱 참고자ᄒᆞ여도 가히 참지 못ᄒᆞ니 저가 그 졂어서 옴으로 찌고 잡은바 공화 쥬의가 다시 나타나는지라 가라대 이런인수ᄒᆞ는 님군의 졍부알에 잇어 맛츰내 통일ᄒᆞᆫ 큰 업을 일우지 못ᄒᆞᆯ지라 ᄒᆞ고 이에 뭇사ᄅᆞᆷ에게 션언ᄒᆞ되

오날날 우리가 불가불 공화국 국지로 파뎍간 궁뎐 우에 세울지니 돌탄ᄒᆞ다 공화쥬의는 한 날이라도 가히 느질업게 못ᄒᆞᆯ것이요 한 날이라도 가히 느질업게 못ᄒᆞ리로다ᄒᆞ더라

이ᄯᅢ에 의왕은 이믜 침잠ᄒᆞ며 련슉ᄒᆞ고 민쳡ᄒᆞ며 통달ᄒᆞᆫ ᄌᆡ상을 일코 이에

ᄇᆡᆨ십오

잇으매 공화당의 급격ᄒᆞᆫ 운동이 잇고 저긔 잇으매 산악당의 졀ᄃᆡᄒᆞᆫ 반ᄃᆡ가 잇으며 (산악당은교황의졍권을쥬장ᄒᆞᆫ자라)박게잇으매 다시 법뎨 나파륜의 엿보고 ᄉᆡ긔ᄒᆞᆷ이 잇어 의왕이 ᄉᆞ면으로 쵸나라 노릐 가운ᄃᆡ 서서 타게 고ᄉᆡᆼᄒᆞᆷ을 가히 의론치 못ᄒᆞᆯ지라 일쳔 팔ᄇᆡᆨ 륙십 칠년 가을에 졍부의 명으로 ᄒᆞᆯ연이 장군을 잡아서 아보렬랍에 칩복ᄒᆞ여 살게ᄒᆞ고 디방관에게 단쇽ᄒᆞ며 관

활ᄒᆞ니 미구에 장군의 아들 일홈은 미라치라 ᄒᆞ는쟈가 박게 잇어 스ᄉᆞ로 의치못ᄒᆞ고 십월 십ᄉᆞ일로 아보렬랍에서 도망ᄒᆞ여 나오니 일으는 바에 소릐를 응ᄒᆞ고 모구 ᄀᆞ티 모여 부쳐 달리는 바람과 소락이 비의 형셰로 문득 로마라에 달ᄒᆞ여 그 아들로 더불어 맛나 로장군이 말 곳비를 아울러 로마에 들어가 뎍군으로 문덕랑에서 밍렬히 싸화 크게 이기니 로마가 두 번 재 가장군의 손에 썰어졋는지라 불라령졍부 (의태리가일쳔팔빅륙십오년으로부터초령으로불라령에도읍ᄒᆞ다)는 흔단을 잡아 일을 패홀가 두려워ᄒᆞ여 이믜 몬저 긔틀을 졔어홀새 급히 군ᄉᆞ를 로마에 파숑ᄒᆞ고 법란셔 군병도 ᄯᅩᄒᆞᆫ 쌀아 일으는지라 이에 가장군이 삼면으로 도젹을 바다나아가나 물러가나 오직 골이라 이에 휘하를 모아 거듭 경고ᄒᆞ여 가라대 우리들의 귀즁ᄒᆞᆫ 피로 이 로마를 의태리 나라도젹의 손에서 사앗을지라 이제 불라령 졍부가 병력으로 침

빅십륙

로ᄒᆞ여 들어오니 우리 무리는 기피 원ᄒᆞ여 다시 우가 업는 사랑ᄒᆞ는 졍으로 우리 동포를 깃거히 마자 (이를보면왕과졍부의군ᄉᆞ를가라침이라)서로 힘을 다ᄒᆞ여 잔학ᄒᆞᆫ 품드는 군병을 (이는법군을가라침이라)디경 박게 말아 내 ᄶᅩ츰이니 구구ᄒᆞᆫ 십년이릐로 품은바 본릐 ᄯᅳᆺ이니 졔군은 한가지 들은 바라 비록 그러나 저 용렬ᄒᆞ고 잔약ᄒᆞᆫ 졍치가들이 그 둥굴게 둘다 올타 ᄒᆞ는 졍칙을 써서 그일 은바 구월에 톄결된 괴이ᄒᆞᆫ 죠약을 이어 유지ᄒᆞ고자 ᄒᆞ는쟈가 (이는일쳔팔빅륙십ᄉᆞ년에의왕이나파륜과졍ᄒᆞᆫ바약죠라)강악히 우리를 핍박ᄒᆞ여 병긔를 버리고저 요망ᄒᆞᆫ 여호와 간활ᄒᆞᆫ 마귀의 물읍 알에 (이는나파륜과교황을가리침이라)굴ᄒᆞ여 황복ᄒᆞ게 홀지니 이ᄯᅢ를 당ᄒᆞ여 내가 오즉 스ᄉᆞ로 아노니 내 몸에 칼로 내 몸의 부터 잇는 ᄯᅡᆼ을 보호홀 권리ᄲᅮᆫ이오 달은것 들은바가 안이라 로마 졍부는 불가불 로마 인민의 공번된 ᄯᅳᆺ으로 죠를 더져 ᄲᅢᆷ을지니 졔군아 제군아 그 ᄉᆡᆼ각이 우리의 쳔년릐로 죠죵의 졍신 근본 도읍에 ᄌᆞ유로 통일ᄒᆞᆫ 의태리를 그 우에 세우고자 ᄒᆞ는쟈가 잇느냐 만일 잇을진

ᄃᆡ 곳 우리 ᄉᆡ 의태리에 모릉 업는 쥬의의 폐ᄒᆞᆫ 터를 기ᄃᆞ리지 안이ᄒᆞ고 량심으로 ᄌᆞ유ᄒᆞᆫ 뎐국의 뒤를 달ᄒᆞ며 쳔년리로 나라 도젹 사나은 군ᄉᆞ를 그 자최가 우리 국토에 ᄭᅳᆫ어진 뒤를 기ᄃᆞ리지 안이ᄒᆞ면 우리들은 결단코 군병을 노아 질기지 못ᄒᆞᆯ지로다

ᄇᆡᆨ십칠

이로 볼진ᄃᆡ 가리발디의 당시 디위를 가히 보겟도다 곳 왕의 군ᄉᆞ가 우리와 ᄀᆞᆺ티 죵지를 한 가지 ᄒᆞ고 슈단을 한 가지 ᄒᆞ면 곳 정당ᄒᆞᆫ 방법으로 서로 됨을 다ᄒᆞ여 로마를 취ᄒᆞᆯ것이요 글엇지 못ᄒᆞ여 왕의 군ᄉᆞ가 만일 겻테서 보거나 이에 심ᄒᆞ여 반ᄃᆡᄒᆞ면 ᄯᅩ한 반듯이 혼자 힘으로 로마는 맛ᄎᆞᆷ내 로마인의 로마가 될지니 대개 가장군의 ᄉᆞ업이 실상 로마로 비롯ᄒᆞ엿다가 로마로 맛친쟈라 불힝히 나파륜 뎨삼이 법국을 호휘ᄒᆞᆫ다ᄒᆞ고 일즉 이믜 대병을 패숑ᄒᆞ여 디경을 물러 오매 ᄋᆡᆨ겨 돌아 볼바도 업고 머츌바도 업서 저 만코 적은 슈가 이믜 서로 달리는지라 가장군의 휘하는 다 훈련ᄒᆞᆷ도 업고 병긔도 업시 빈 쥬먹으로 싸호는 군ᄉᆞ요 ᄒᆞᆫ갓 대장의 위평과 렬력으로 분주히 모히어 비록 의용이라 ᄒᆞ나 ᄉᆡᆼ각ᄒᆞ면 엇지 족히 일ᄇᆡᆨ 번 싸혼 법국을 당뎍ᄒᆞ리오 이에 면달리 한 적은 마을 겨테서 두 군병이 서로 맛나 가장군이 크게 패ᄒᆞ니 사졸의 죽고도망ᄒᆞᆫ쟈 반에 지나더라 왕 영마로애 듯고 간장이 마듸마듸 찌어저 통곡ᄒᆞ여 먹지 안이ᄒᆞᆫ지 삼일에 가직히 잇는 신하 ᄃᆞ려 가라대오호 통지라 션후 당의 맹렬ᄒᆞᆫ 창으로 나의 사랑ᄒᆞ는 ᄌᆞ식을 족ᄒᆞ게 ᄒᆞ고나의 어엿분 ᄋᆞ히를 ᄭᅳᆫ어으니 나의고통ᄒᆞᆷ이 탄환이 나의 몸과 사지를 침과 더욱 심ᄒᆞ도다 오호통지라 일ᄇᆡᆨ 몸을 쇽ᄒᆞ지 못ᄒᆞ니 일만 원통ᄒᆞᆷ을 뉘와 의론ᄒᆞ리오 내가 슬피 늑길 결ᄒᆞᆯ이 업스니 내가 오직 슬픔에 잠기고 내가 분히 한

ᄇᆡᆨ십팔

ᄒᆞᆯ 결ᄒᆞᆯ이 업스니 내가 오직 스ᄉᆞ로 누우칠지라 ᄒᆞ니 비록 그러나 영마로애는 진실로 오래 가부어에 가라침을 바다 침잠ᄒᆞ고 련슉ᄒᆞᆫ 사람이라 저가 비록 ᄋᆡ통ᄒᆞᆷ이 박졀ᄒᆞ여 창자가 아홉 구부로 ᄭᅳᆫ어지나 박게로 법란셔를 ᄃᆡᄒᆞ고 안으로 본국에 창란ᄒᆞᆫ 의민을 ᄃᆡᄒᆞ여 다 그 뎍당ᄒᆞᆫ 위엄으로 안보ᄒᆞ며 셔셔히 나파륜에게 고ᄒᆞ여 가라대 군이 덕 베풀기를 맛치지 못ᄒᆞ여서 젼으로 온 셩ᄒᆞᆫ ᄯᅳᆺ이 다 동으로 흘으는 물에 부텨 간지라 이제 의태리 온 나라 국민 즁에 군의 옛 덕을 ᄉᆡᆼ각ᄒᆞᆯ쟈가 다시 한 사람도 업는지라 양국 동맹ᄒᆞᆫ 의가 다시 졍부의 힘으로 밋지 못ᄒᆞᆯ가 두려워ᄒᆞ노니 오호라 엇지ᄒᆞ여 그라션 탄환으로 외람이 도당ᄒᆞᆫ 나라 ᄇᆡᆨ셩의 머리 우에 더졋ᄂᆞ뇨 ᄒᆞ나 비록 그러나 영마로애 스ᄉᆞ로 그 슈두로 일ᄒᆞᆫ 사람을 증계ᄒᆞᆷ이 거짓ᄒᆞᆯ바가 업서 이에 가리발디를 다시 잡아 두 번재 명ᄒᆞ여 아보살랍섬에 침복ᄒᆞ여 거ᄒᆞ라ᄒᆞ니 가장군이 ᄉᆞ업이 드ᄃᆡ어 맛치엇더라

의태리에 나라 세움이 로마를 어듬으로 맛침이 되ᄂᆞ니 그 로마를 어들ᄣᅢ에는 저 삼걸이 일직 직졉으로 효력이 잇지 못ᄒᆞ엿으니 그 ᄣᅢ에 마시니는 이믜 폐ᄒᆞ엿고 가부어는 이믜 죽엇고 가리발디는 이믜 갓치엿는지라 젼에 이들이 노쇽에 골이 말라 다 ᄒᆞ고 목에 피를 흘려 박구어서 수십년을 지내도 능히 엇지 못ᄒᆞᆫ쟈를 이제 안연히 손에 춤밧텨 그 거두고 일우엇는지라 식견

ᄇᆡᆨ십구

이 적은쟈 혹 일으되 이것이 하늘에 잇다ᄒᆞ며 사람의 힘으로 능히 ᄒᆞ지 못ᄒᆞᆯ것이라 ᄒᆞᄂᆞ니 엇지 사람에 일이 다ᄒᆞ매 이믜 극ᄒᆞᆫ 졈에 달ᄒᆞᆷ을 알리오 룡을 벽 우에 그리 엇으매 나라 가지 못ᄒᆞ는 것은 다못 ᄒᆞᆫ 동ᄌᆞ를 다톰과 ᄀᆞ티 동ᄌᆞ 한 졈이 진실로 ᄣᅢ가 잇ᄂᆞ니 그림 거리는 쟈의 마음과 힘이 대개 더욱 ᄉᆡᆼ각ᄒᆞ고 의론치 못ᄒᆞᆯ지라 가장군의 일을 든 후로 의졍부는 ᄒᆞᆼ샹 좌단

ᄒᆞᆷ으로 본국 나라 ᄇᆡᆨ셩의 의향잇는바를 표ᄒᆞ여 밝켜 여러 나라에 페어 고ᄒᆞ니 여러 나라가 ᄯᅩ한 의민의 용ᄆᆡᆼ과 과단을 두려워 ᄒᆞ며 그 ᄯᅳᆨ어은 졍셩을 어엿버 ᄒᆞ여 동졍을 표ᄒᆞ는쟈가 날로 더옥 만ᄒᆞᆫ지라 이런하ᄂᆞᆯ을 놀내며 ᄯᅡᆼ이 움쟈이는 크게 활농ᄒᆞ고 극렬ᄒᆞᆷ이 두렷ᄒᆞᆫ 시졀을 가직히 당ᄒᆞ엿으니 일쳔 팔ᄇᆡᆨ 칠십년에 보로사와 법란셔에 싸홈이 일어나 모진 바람과 사나은 비가 잣최를 두릿기지 못ᄒᆞ여 판이 드듸어 졍ᄒᆞ니 유롭바의 형셰가 크게 변ᄒᆞᆫ지라 소ᄅᆡ를 삼키고 한을 마시어 셩 알에 ᄆᆡᆼ셰를 ᄒᆞ는 법란셔가 이믜 남은 용ᄆᆡᆼ이 다시 교황의 보호ᄒᆞ는 주인이 되지 못ᄒᆞ는지라 이제 일을어 의태리 왕이 두 번재 창ᄌᆞ에 가득ᄒᆞᆫ 셩의로 교황을 달내어 길음을 사양케ᄒᆞ니 피아ᄉᆞ 졔구가 오히려 완만ᄒᆞ여 듯지 안이ᄒᆞ거ᄂᆞᆯ 마지 못ᄒᆞ여 일쳔 팔ᄇᆡᆨ 칠십 구년 구월 이십일로 왕의 군ᄉᆞ가 드듸어 로마에 들어 가서 삼색기를 가장 노픈 신의 궁뎐에 세우고 이튼날 령을 부즁에 나려 그 ᄇᆡᆨ셩으로 ᄒᆞ여금 각

ᄇᆡᆨ이십

기 저의 ᄯᅳᆺ으로 왕을 좃고쟈ᄒᆞ는 쟈와 교황을 좃고쟈ᄒᆞ는 쟈로 ᄌᆞ유로 표를 더지고 표 모힌 궤를 여니 왕을 좃는 슈는 ᄉᆞ만 칠ᄇᆡᆨ 팔십 팔이요 교황을 좃는 수는 겨우 ᄉᆞ십 륙이라 이듬해 일쳔 팔ᄇᆡᆨ 칠십 일년 륙월 이일에 살뎍니아 왕 영마로애가 드듸어 의태리 황뎨가 되어 국회를 로마에 열고 칙령을 국민의 ᄲᅩᆸ은 대의ᄉᆞ에게 고ᄒᆞ여 가라대

오히라 우리 동포들아 우리가 수십년ᄅᆡ로 일만 번 죽어도 한 번 살기를 돌아 보지 안이ᄒᆞ고 경영ᄒᆞᆫ ᄉᆞ업이 이제 이믜 일우엇으니 한량업는 ᄀᆞᆫ난과 신고를 지내고 위티ᄒᆞᆷ과 험ᄒᆞᆫᄃᆡ를 쫄기ᄒᆞ여 맛춤내 의태리로 ᄒᆞ여금 의태리에 돌아오고 로마로 로마에 돌아 와서 우리의 슈ᄇᆡᆨ년ᄅᆡ에 탕패ᄒᆞ고 류리여 간과 담이 진나라와 월나라 ᄀᆞ티 난호인 부ᄌᆞ 형뎨가 이제 ᄃᆡ의 ᄉᆞ의 일ᄒᆞᆷ으로 한 집 가운ᄃᆡ 모여 늑기고 깃거은 한 줌 눈물을 시쳐 우리의 ᄉᆡᆼ각ᄒᆞ며 ᄭᅮᆷᄭᅱ는 고향을 알앗으니 아ᄅᆞᆷ답고 슬푸다 일언 지낸 것은 진

실로 우리들의 씩씩ᄒᆞ고 엄ᄒᆞᆫ 신당에 고ᄒᆞ며 쏘ᄒᆞᆫ 의로 힘써 보고 ᄉᆡᆼ각ᄒᆞᆫ 것을 우리들의 손 가운ᄃᆡ 삭여 능히 잇지 안이 ᄒᆞᆯ지라 우리들이 ᄌᆞ유를 사랑홈으로 이제 날이 잇으니 이제로 가며 우리들이 불가불 ᄌᆞ유와 차례 가운ᄃᆡ 살지니 힘과 평화 두 가지 덕으로 ᄉᆡᆼ명의 ᄌᆞᆼ요로히 갓촘을 안보 ᄒᆞᆯ지라 우리의 압길이 그 다ᄒᆡᆼᄒᆞᆫ 복이 바다와 ᄀᆞᆺ고 그 바라는 ᄯᅳᆺ이 조슈

ᄇᆡᆨ이십일

와 ᄀᆞ티 셰계 큰 나라 ᄇᆡᆨ셩가운ᄃᆡ 서서 의태리 명예와 로마 명예를 대표 ᄒᆞᆯ ᄎᆡᆨ임이 잇ᄂᆞ니 우리가 이런 ᄎᆡᆨ임을 지고 불가불 일언 책임의 덕당ᄒᆞ고 실상힘을 길을지라 알음답고 슬프다 공경ᄒᆞᆯ진져 의태리 만셰 만셰 의태리 국민 만셰 만셰

이에 일을어 새 의태리 통일ᄒᆞᆫ 큰 업이 이믜 일움을 고ᄒᆞ매 이 ᄯᅢ에 가부어 죽은 뎨십년이요 그 이듬해는 일쳔 팔ᄇᆡᆨ 칠십 이년 이월이니 마시니가 졸ᄒᆞ니 년이 륙십 칠이요 다시 십년을 지내니 진실로 일쳔 팔ᄇᆡᆨ 팔십이년 륙월 이라 가리발디가 졸ᄒᆞ니 년이 칠십오러라

의태리국삼걸젼 죵

『의태리국삼걸전』(1908) 해제

번역자를 중심으로

정승철

1.

량치차오[梁啓超]의 『意大利建國三傑傳』(1902)은 이탈리아 건국의 전설적인 세 영웅 즉 마치니(Giuseppe Mazzini, 1805~1872), 가리발디(Giuseppe Garibaldi, 1807~1882), 카보우르(Camillo Benso Cavour, 1810~1861)의 활약상을 서술한 일종의 전기 소설이다. 이 소설에는 샤르데나(Sardegna) 왕국을 중심으로 이탈리아가 오스트리아의 지배에서 벗어나 통일(1861)을 이루면서 근대 국가로 정립되어 가는 과정이 서사되어 있다.

이 책은 당시 한국 사회에서 크게 세 차례, 번역 소개되었다. 첫째는 원문을 "압축 번역"한 「讀意大利建國三傑傳」(『황성신문』, 1906.12.18~22, 24~28)이며, 둘째는 신채호의 국한문체 『伊太利建國三傑傳』(『광학서포』, 1907.10.25), 셋째는 순국문판 『이태리건국삼걸젼』이다(牛林杰, 2002). 이 글에서 소개하고자 하는 『의태리국삼걸젼』은 바로 이 마지막의 순국문 번역본이다.

2.

『의태리국삼걸젼』(菊版, 본문 121면, 정가 25전)은 융희 2년(1908) 6월 13일, 서울 남문안 상동의 박문서관에서 발행되었다(金秉喆, 1975 : 246~248). 현재 전하는 것으로는 고려대 소장본이 유일하다(다음의 사진들은 고려대 소장본을 직접 촬영한 것이다).

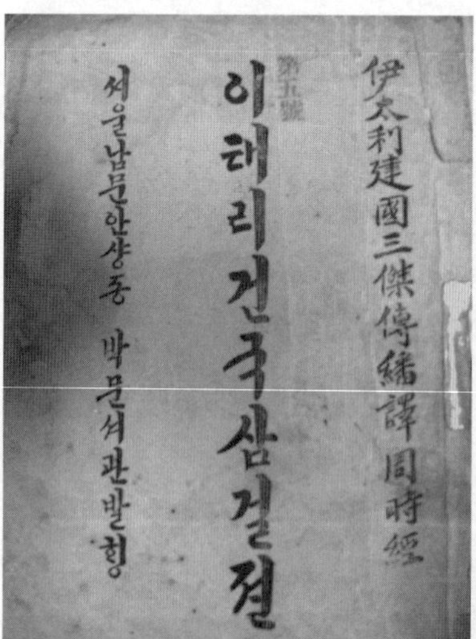

〈사진1〉 표지

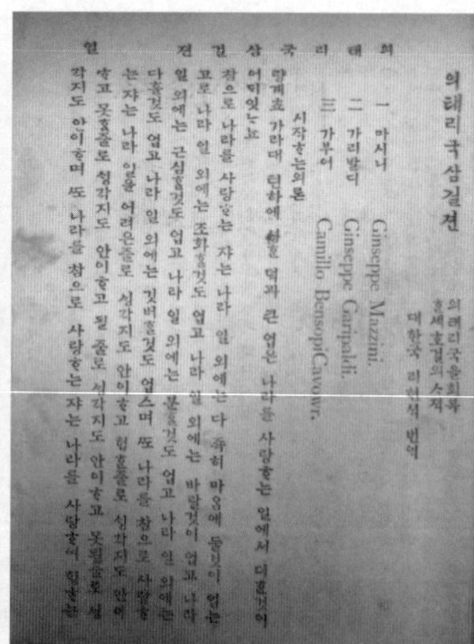

〈사진 2〉 권두(卷頭)

위의 〈사진 1〉, 〈사진 2〉에서 보듯 이 책은 표지와 권두의 서명이 다르다. 표지에는 '伊太利建國三傑傳 이태리건국삼걸젼', 권두에는 '의태리국삼걸젼'이라 되어 있다. 정승철(2006 : 39~40)에 따르면, 표지보다 권두 쪽의 기록이 본문에 더 부합하므로 권두의 '의태리국삼걸젼'을 이 책의 정식 이름으로 삼는 것이 옳다. 이는 "갖은이름"으로 나타나는 권두서명을 표지서명보다 중시하는 서지학의 일반적인 태도(安秉禧, 1982 : 272)를 따르는 일이기도 하다. 그런 까닭에, 검색의 편의를 위해 서명을 '이태리건국삼걸젼'이라 한 정승철(2006)과 달리 이 글에서는 '의태리국삼걸젼'으로 부르기로 한다.

아울러 『의태리국삼걸젼』은 번역자가 누구인지도 문제가 된다. 〈사진 1〉, 〈사진 2〉에서 보는 대로, 표지와 권두에 명기된 번역자명이 각각 다르기 때문이다. 표지에는 '繙譯 周時經'(〈사진 1〉), 권두에는 '대한국 리현셕 번역'(〈사진 2〉)으로 되어 있다.

한편 〈사진 3〉은 이 책의 권말 간기를 보인 것인데, 번역자명에서는 표지와 동일하다. 그러한 이유로 김병철(金秉喆, 1975)에서 성현자(成賢子, 1997), 우림걸(牛林杰, 2002), 정환국(鄭煥局, 2004) 그리고 최근의 손성준(2007)에 이르기까지 이를 주시경의 번역물로 이해하여 온 것으로 여겨진다.

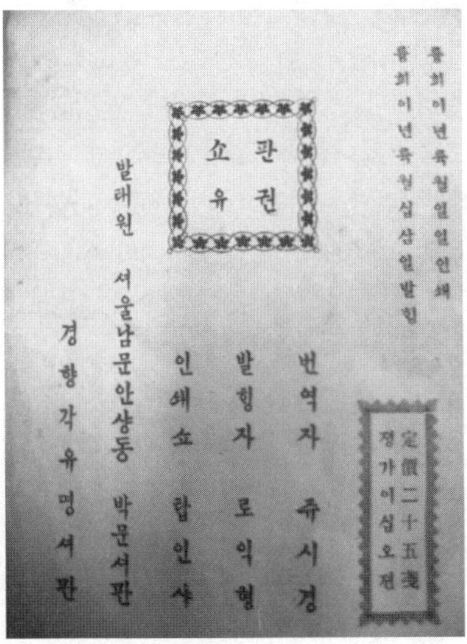

〈사진 3〉 권말(卷末) 간기(刊記)

하지만 『의태리국삼걸젼』의 번역자를, 그 표지에 의거하여 주시경으로 단정하는 것은 옳지 않다. 왜냐하면 이 책의 표지가 권두를 포함한 본문과는 이질적인 성격을 띠고 있기 때문이다.

무엇보다, 표지에 나타나는 '이태리'란 지명이 본문 어디에도 출현하지 않는다는 사실은 상당히 의아하기까지 하다(본문에는 '의태리'로 일관되어 있다). 표지와 권두에 공히 등장하는 '삼걸'이란 단어가 본문에서 발견되는 것과는 대조적이다. 표지서명의 '건국(建國)'도 이 책 본문에는 나타나지 않는데 해당하는 곳에서 이는 언제나 '나라 세움' 또는 '나라를 셰우-'로 풀어 번역될 뿐이다(정승철, 2006 : 39~40). 이로 보아 표지의 기록은 언어적으로 본문과 합치된다고 할 수 없으며 결국 『의태리국삼걸젼』은 표지에 기록된 바 주시경의 번역물이 아닐 가능성이 매우 농후한 것이다.

또한 주시경의 번역물이 확실한 『월남망국亽』(1907)와의 비교도 『의태리국삼걸젼』의 번역자가 주시경이 아닐 가능성을 시사한다. 이에 대해 정승철(2006 : 37~44)에서 제시한 근거를 정리하여 보이면 다음과 같다.

① 주시경의 이력서에서 『월남망국亽』는 자신의 저작임을 밝히고 있으나 『의태리국삼걸젼』에 대해서는 일언반구의 언급도 없다.

② 번역 태도에서 『월남망국亽』와 『의태리국삼걸젼』은 상이한 양상을 보여준다. 전자에서는 간간이 원문에 대해 수정 및 가감을 행하였지만 후자에서는 원문을 축자적으로 거의 그대로 번역하였다.

③ 표기상으로도 두 책은 상당히 이질적이다. 특히 지명 표기나 'ㅆ'받침의 표기에서는 두 책이 확연히 구별되는 모습을 보여준다. 『월남망국亽』의 '라마, 구라파, 라팔륜, 와싱돈' 등이 『의태리국삼걸젼』에서는 '로마, 유롭, 나파륜, 화셩돈' 등으로 나타난다. 또 『월남망국亽』('잇스니, 알앗스리오')의 '잇ㅅ-[有], -앗ㅅ/엇ㅅ-(과거의 선어말어미)'은 『의태리국삼걸젼』('잇으니, 알앗으니')의 '잇-, -앗/엇-'으로 대응된다.

이를 종합하여 판단할 때, 『의태리국삼걸젼』은 주시경의 저작이 아니며 그 번역의 중심에는 권두의 기록대로 '리현셕'이 자리하고 있었을 것으로 생각된다(정승철, 2006 : 40). 물론 '리현셕'이라는 인물에 관한 어떠한 정보도 지금까지 확실히 알려져 있는 바는 없다.

한편 주시경의 『월남망국ᄉᆞ』나 『의태리국삼걸젼』은 모두 량치차오의 저작을 원문으로 한다. 전자는 1905년의 『越南亡國史』, 후자는 1902년의 『意大利建國三傑傳』을 국문으로 번역한 것이다. 그리고 두 책 모두, 국한문 번역본이 먼저 간행되었다는 점에서도 공통된다. 즉 『월남망국ᄉᆞ』(1907)는 현채의 번역본(1906), 『의태리국삼걸젼』(1908)은 신채호의 번역본(1907)을 매개로 하여 량치차오의 원작과 맥이 닿아 있는 것이다.

그런데 주시경의 『월남망국ᄉᆞ』가 현채의 국한문본을 따른 것과 달리 『의태리국삼걸젼』은 신채호의 국한문본보다 량치차오의 원작을 따라 번역이 이루어졌다(鄭煥局, 2004 : 21). 일관된 번역 태도를 전제할 때 이러한 사실은 『의태리국삼걸젼』의 번역자가 주시경이 아님을 함축하기도 한다(주시경이 량치차오의 원문을 정확히 번역할 능력을 갖추지 못했을 수도 있다). 말하자면 『의태리국삼걸젼』을, 주시경에 의한 번역물이 아니라 "주시경의 명성에 의지하여 출간된 저작물"(정승철, 2006 : 41)로 간주하는 셈이다.

3.

여기에 부록으로 덧붙이는 『의태리국삼걸젼』은, 필자가 정승철(2006)을 준비하면서 복사 및 필사한 고려대 소장본을 입력한 것이다. 입력자료는 원문의 면과 행을 유지하면서 띄어쓰기 등을 포함하여 원문을 그대로 보이고자 하였다. 자료의 입력은 필자와 천춘화 · 오선화 · 권창섭(서울대 국어국문학과 대학원생)이 나누어 했는데 상당한 부분을 필자의 필사본에 의지하고 있으므로 이 입력 자료를 이용할 때에는 주의를 요한다. 아울러 이 책 일부에 대한 사진 촬영과 복사, 그리고 필사의 편의를 제공해 준 고려대 도서관 관계자, 또 자료 입력을 도와준 천춘화·오선화·권창섭에게 이 자리를 빌려 감사의 마음을 전한다.

참고문헌

金敏洙 편, 『周時經全書』 1~6, 탑출판사, 1992.

金秉喆, 『韓國近代飜譯文學史硏究』, 을유문화사, 1975.

류준범·장문석 역, 『이태리 건국 삼걸전』(량치차오 저, 신채호 역), 지식의풍경, 2001.

成賢子, 「丹齋 申采浩의 歷史傳記小說硏究」, 『동방문학비교연구총서』 3, 국학자료원, 1997.

손성준, 「『이태리건국삼걸전』의 동아시아 수용양상과 그 성격」, 성균관대 석사논문, 2007.

安秉禧, 「國語史資料의 書名과 卷冊에 대하여」, 『관악어문연구』 7, 서울대 국어국문학과, 1982.

牛林杰, 『한국 개화기문학과 양계초』, 박이정, 2002.

李秉根, 「周時經」, 『국어연구의 발자취 I』, 서울대 출판부, 1985.

정승철, 「개화기 국어 음운」, 『국어의 시대별 변천 연구』 4, 국립국어연구원, 1999.

_____, 「근대국어학과 주시경」, 『한국 근대 초기의 언어와 문학』, 서울대 출판부, 2005.

_____, 「純國文 『이태리건국삼걸젼』(1908)에 대하여」, 『어문연구』 132, 2006.

鄭煥局, 「근대계몽기 역사전기물 번역에 대하여-『越南亡國史』와 『伊太利建國三傑傳』의 경우」, 『대동문화연구』 48, 성균관대 대동문화연구원, 2004.

한국학문헌연구소 편, 『歷史·傳記小說』, 아세아문화사, 1979.

필자 소개

구자황 성균관대 국어국문학과 및 동 대학원 졸업. 현재 성균관대 연구교수. 주요논문으로 「이문구 소설 연구」, 「구인회와 주변단체」, 「독본을 통해 본 근대적 텍스트의 형성과 변화」, 「최남선의 시문독본 연구」, 「대학 글쓰기 교육을 위한 예비적 고찰」 등이, 저서로는 『이문구 문학의 전통과 근대』, 『관촌가는 길』(편저), 『창조적 사고 개성적 글쓰기』(공저) 등이 있다.

권성우 서울대 국어국문학과 및 동 대학원 졸업. 문학평론가. 현재 숙명여대 인문학부 교수. 저서로 『비평의 매혹』(1993), 『모더니티와 타자의 현상학』(1999), 『비평과 권력』(2001), 『비평의 희망』(2001), 『논쟁과 상처』(2006), 『횡단과 경계』(2008), 『낭만적 망명』(2008) 등이 있다.

김명인 서울대 국어국문학과 및 인하대 대학원 국어국문학과 졸업. 문학평론가. 현재 인하대 사범대 국어교육과 교수 및 계간 『황해문화』 편집주간. 주요 논문으로 「김수영의 '현대성' 인식에 관한 연구」, 「조연현 연구」 등이, 저서로는 『희망의 문학』, 『불을 찾아서』, 『자명한 것들과의 결별』, 『김수영, 근대를 향한 모험』, 『조연현, 비극적 세계관과 파시즘 사이』, 『살아 있는 김수영』(공편저) 등이 있으며, 기행문집으로 『잠들지 못하는 희망』이 있다.

김양선 서강대 영어영문학과 및 동 대학원 국어국문학과 졸업. 현재 한림대 기초교육대학 강의전담 교수. 주요 논문으로 「1930년대 모더니즘 소설의 영화기법 연구」, 「염상섭의 「광분」 자세히 읽기」, 「1930년대 모더니즘 소설과 몸의 서사」, 「탈식민의 심상지리와 여성(성)의 발명」, 「민족의 자기구성 방식과 여성」 등이, 저서로는 『허스토리의 문학』, 『1930년대 소설과 근대성의 지형』 등이 있다.

김옥란 한양대 국어국문학과 및 동 대학원 졸업. 현재 한양대 강의전담교수. 주요 논문으로 「1950년대 연극과 신협의 위치」, 「5·18을 재현하는 방식」 등이 있으며, 주요 평론으로 『객석』의 극작가 시리즈 「우리가 잊어서는 안 될 우리시대의 극작가」(2007), 「우리가 주목해야 할 우리시대의 극작가」(2008) 등이, 저서로는 『한국 현대 희곡과 여성성/남성성』, 『한국 여성 극작가론』, 『한국 연극론, 분열과 생성의 목소리』 등이 있다.

서은주 연세대 국어국문학과 및 동 대학원 졸업. 현재 연세대, 한국교원대 강사. 주요 논문으로는 「최인훈 소설 연구」, 「환상, 새로운 질서 세우기의 욕망」, 「독재체계의 알레고리」, 「경계 밖의 문학인」, 「번역과 문학 장의 내셔널리티」 등이, 저서로는 『한국 현대 예술사대계 V—1980년대』가 있다.

심진경 서강대 국어국문학과 및 동 대학원 졸업. 문학평론가. 현재 서강대 강사. 주요 논문으로 「채만식 소설과 여성」, 「친일 여성작가 연구」 등이, 저서로는 『한국문학과 모성성』, 『한국문학과 환상성』(공저), 『근대성과 페미니즘』(공역) 등이 있다.

이봉범 성균관대 국어국문학과 및 대학원 졸업. 현재 동국대 문화학술원 연구교수. 주요 논문으로 「잡지 『문예』의 성격과 위상」, 「전후 문학 장의 재편과 잡지 『문학예술』」, 「검열의 내면화와 그 정치적 발현」, 「1950년대 문화재편과 검열」 등이 있다.

이승희 성균관대 국어국문학과 및 동 대학원 졸업. 현재 성균관대 대동문화연구원 연구교수. 주요 논문으로 「멜로드라마의 근대적 상상력」, 「기표로서의 신파, 그 역사성의 지형」, 「식민지시대 연극의 검열과 통속의 정치」 등이, 저서로 『한국 사실주의희곡, 그 욕망의 식민성』 등이 있다.

이혜령 성균관대 국어국문학과 및 동대학원 졸업, 현재 고려대 민족문화연구원 연구교수. 주요 저서로 『흔들리는 언어들』(공저, 2008), 『한국소설과 골상학적 타자들』(2007), 『한국 근대소설과 섹슈얼리티의 서사학』(2007) 등이 있다.

임병권 서강대 영어영문학과 및 동 대학원 국어국문학과 졸업. 현재 인하대 강사. 주요 논문으로 「1930년대 모더니즘 소설에 나타난 은유로서의 질병의 근대적 의미」, 「이상 소설에 나타난 근대성과 주체의 문제」, 「서사이론의 쟁점과 그 역사적 전개」, 「탈식민주의와 모더니즘」 등이, 역서로 『이야기하기의 이론』(공역), 『텍스트의 역학』, 『서사의 본질』, 『문화/메타문화』 등이 있다.

정호순 단국대 국어국문학과 및 동 대학원 졸업. 현재 경기대 강사. 주요 논문으로는 「국민연극에 나타난 모성연구」, 「일제말기 연극경연대회 작품경향연구」 등이, 주요 저서로는 『한국의 소극장과 연극운동』, 『한국희곡과 연극운동』 등이 있다.

차혜영 한양대 국어국문학과와 동 대학원 졸업, 현재 한양대 한국언어문학과 조교수. 『한국 근대문학 제도와 소설양식의 형성』(2004), 『1930년대 한국문학의 모더니즘과 전통 연구』(2004), 『한국 현대소설의 주체와 이데올로기』(2004). 논문으로 「세계체제 내 식민지 근대의 심상지리」, 「지역간 문명의 위계와 시각적 대상의 창안—1920년대 해외기행문」 등이 있다.

하정일 연세대 국어국문학과 및 동 대학원 졸업. 문학평론가. 현재 원광대 한국어문학부 교수. 주요 논문으로 「민족문학론의 역사와 탈식민성, 30년대 후반 문학비평과 '이식' 논의」, 「한국 근대문학 연구와 탈식민」 등이, 저서로는 『민족문학의 이념과 방법』, 『20세기 한국문학과 근대성의 변증법』, 『분단 자본주의 시대의 민족문학사론』, 『한국 근대민족문학사』(공저) 등이 있다.

한수영 연세대 중어중문학과 및 동 대학원 국어국문학과 졸업. 문학평론가. 현재 동아대 국어국문학과 교수. 저서로 『문학과 현실의 변증법』, 『소설과 일상성』 『친일문학의 재인식』 등이 있다.

허윤회 성균관대 국어국문학과 및 동 대학원 졸업. 현재 성균관대 강사. 주요 논문으로 「서정주 시 연구」, 「한국 근대시의 양식론적 접근」, 「1960년대 참여문학론의 도정」 등이, 저서로 『한국의 현대시와 시론』(2007) 등이 있다.